# CONTROLLING PRAXIS

Herausgegeben von Prof. Dr. Péter Horváth
und Prof. Dr. Thomas Reichmann

# Geschäftsprozeßoptimierung für Versicherungsunternehmen

Theoretische Konzeption und praktische Durchführung

von

Dr. Andreas Wiesehahn

Verlag Franz Vahlen München

VERLAG
VAHLEN
MÜNCHEN
www.vahlen.de

Die Deutsche Bibliothek – CIP-Einheitsaufnahme

**Wiesehahn, Andreas:**
Geschäftsprozeßoptimierung für Versicherungsunternehmen: theoretische
Konzeption und praktische Durchführung / Andreas Wiesehahn. –
München: Vahlen, 2001
    (Controlling-Praxis)
    ISBN 3-8006-2671-3

ISBN 3 8006 2671 3
© 2001 Verlag Franz Vahlen GmbH, Wilhelmstraße 9, 80801 München
Satz: DTP-Vorlagen des Autors
Druck und Bindung: Schätzl-Druck,
Am Stillflecken 4, 86609 Donauwörth

Gedruckt auf säurefreiem, alterungsbeständigen Papier
(hergestellt aus chlorfrei gebleichtem Zellstoff)

# Vorwort

Seit etwa Mitte der neunziger Jahre befindet sich die deutsche Versicherungswirtschaft in einem nachhaltigen Umbruchprozeß. Die Deregulierung der Versicherungsaufsicht, das veränderte Nachfrageverhalten und die Dynamisierung des Wettbewerbs sind wesentliche Entwicklungen, welche deutsche Versicherungsunternehmen zur Optimierung ihrer Aufbau- und vor allem Ablauforganisation zwingen. Daher ist es Ziel der vorliegenden Untersuchung ein Konzept zur Optimierung der Ablauforganisation von Versicherungsunternehmen theoriegeleitet zu entwickeln und dessen praktische Anwendbarkeit zumindest fallweise zu prüfen. Das Buch richtet sich damit sowohl an „theoriegeleitete Praktiker" in Versicherungsunternehmen und Unternehmensberatungen als auch an „praxisorientierte Theoretiker" in Akademien, Fachhochschulen und Universitäten.

Die Untersuchung entstand während meiner Zeit als wissenschaftlicher Angestellter am Lehrstuhl Industriebetriebslehre der Universität Dortmund. In diesem Zusammenhang gebührt Prof. Dr. *Egon Jehle* großer Dank für die Betreuung der Untersuchung und seine Offenheit gegenüber praktischen Problemstellungen und pragmatischen Lösungsansätzen. Dies erschien mir zu keinem Zeitpunkt als selbstverständlich. Prof. Dr. *Thomas Reichmann* und Prof. Dr. *Hans-Günther Käseborn* danke ich herzlich für die Übernahme der weiteren Gutachten. Für die Aufnahme des Buches in die Reihe CONTROLLING PRAXIS des Vahlen Verlages danke ich den Herausgebern Prof. Dr. *Péter Horváth* und erneut Prof. Dr. *Thomas Reichmann*.

Der praktische Untersuchungsteil wäre ohne die Förderung des *LVM Landwirtschaftlichen Versicherungsvereins a. G.* nicht möglich gewesen. Mein Dank gebührt somit zunächst Herrn *Werner Schmidt*, Herrn *Helmut Arz* sowie Herrn *Heinz Gressel* für die Entscheidung, die Projekte zur Geschäftsprozeßoptimierung wissenschaftlich begleiten bzw. leiten zu lassen. Sehr intensiv wurde ich von der Projektgruppe BALTASAR, namentlich Herrn *Olaf Busch*, Herrn *Michael König*, Herrn *Thomas Korves*, Herrn *Klaus-Peter Kuhlgert*, Frau *Silke Seeber* und Herrn *Wolfgang Surres* unterstützt. Ihnen gebührt mein Dank für die engagierte Projektarbeit. Frau *Iris Lüningschroer*, Herr *Oliver Soete* und Herr *Christoph Vielhaber* haben maßgeblich bei der Erstellung der Tabellen und Abbildungen geholfen und meine unzähligen Korrekturen geduldig ertragen. Ihnen ein herzliches „Dankeschön" wie auch (abermals) Frau *Silke Seeber*, Herrn *Raimund Stöcker* und meinem Bruder *Oliver Wiesehahn* für die Genauigkeit und Sorgfalt beim Korrekturlesen des Manuskriptes.

Letztlich wäre die Durchführung der Untersuchung ohne die ständige Unterstützung und bisweilen auch Aufbauarbeit im Privaten nicht möglich gewesen. Großer Dank gebührt meinen Eltern *Gudrun* und *Eberhard Wiesehahn* für die unermüdliche Arbeit „hinter den Kulissen". Den größten Anteil an der Erstellung des Buches hatten jedoch meine Frau *Margaret* und meine Tochter *Alison Wiesehahn*. Meine mal nur geistige zumeist jedoch geistige und körperliche Abwesenheit erforderten ein Höchstmaß an Geduld und Verständnis. Ihnen sei dieses Buch gewidmet.

Königswinter, im November 2000                    *Dr. Andreas Wiesehahn*

# Inhaltsverzeichnis

# Abbildungsverzeichnis

**Abbildung**                                                                                          **Seite**

**Abbildung** **Seite**

**Abbildung**                                                                    **Seite**

# Tabellenverzeichnis

**Tabelle**                                                                  **Seite**

# Abkürzungsverzeichnis

A      AbAp ............................ Außerbetrieblicher Arbeitsplatz
         AbAp-MA ..................... Außerbetriebliche(r) Arbeitsplatz Mitarbeiter
         AbAp-Tag ..................... Arbeitstag am außerbetrieblichen Arbeitsplatz
         Abb. ............................. Abbildung
         Abs. ............................. Absatz
         abs. ............................. absolut
         Abw. ............................ Abweichung
         AD ............................... Abteilungsdirektor
         a. G. ............................ auf Gegenseitigkeit
         AL ............................... Abteilungsleiter
         a. M. ........................... am Main
         Anm. d. Verf. ................ Anmerkung des Verfassers
         AP ............................... Arbeitsplatz
         AS ............................... Anspruchsteller
         Aufl. ............................ Auflage
         AWV ............................ Ausschuß für wirtschaftliche Verwaltung in Wirtschaft
                                       und öffentlicher Hand e. V.

B      B .................................. Bearbeitung
         BALTASAR ................... Bewertung alternierender Telearbeit im Hinblick
                                       auf Arbeitsverhalten und Arbeitsergebnisse
         BAV ............................. Bundesaufsichtsamt für das Versicherungswesen
         BB ............................... Betriebs-Berater
         Bd. .............................. Band
         BL ............................... Bereichsleiter
         BLZ ............................. Bankleitzahl
         BVW ............................ Betriebliches Vorschlagswesen
         bzw. ............................. beziehungsweise

C      ca. ............................... cirka
         CIT .............................. Critical Incident Technique
         CPU ............................. Central Processing Unit
         CTV ............................. Computerunterstützte Textverarbeitung

D      DBA ............................ Direktionsbeauftragter
         DBW ............................ Die Betriebswirtschaft
         d. h. ............................. das heißt
         dib ............................... Deutsches Institut für Betriebswirtschaft e. V.
         Diss. ............................ Dissertation
         DM .............................. Deutsche Mark
         DV ............................... Datenverarbeitung
         d. Verf. ........................ de(r)/s Verfasser/s

E      EDV ............................ Elektronische Datenverarbeitung
         EG ............................... Europäische Gemeinschaft

**E**    EPK ............................ Ereignisgesteuerte Prozeßkette
        et al. ........................... et alii
        etc. ............................ et cetera
        e. V. ........................... eingetragener Verein
        evtl. ........................... eventuell

**F**    f. ............................... folgende
        ff. .............................. fortfolgende
        F-AbAp-MA ................. Führungskraft/(-kräfte) von Außerbetrieblichen
                                        Arbeitsplatz Mitarbeitern
        FM ............................. Flächenmaß

**G**    GDV ........................... Gesamtverband der Deutschen Versicherungs-
                                        wirtschaft e. V.
        GE ............................. Geldeinheiten
        ggf. ........................... gegebenenfalls
        GL ............................. Gruppenleiter
        GM ............................ Gablers Magazin
        GPKR ......................... Grenzplankostenrechnung
        GPO ........................... Geschäftsprozeßoptimierung

**H**    Haus-SV ...................... Haussachverständiger
        HGB ........................... Handelsgesetzbuch
        Hrsg. .......................... Herausgeber
        HUK ........................... Haftpflicht-, Unfall- und Kraftfahrtversicherung
        HUKR ......................... Haftpflicht-, Unfall-, Kraftfahrt- und Rechtschutz-
                                        versicherung
        HUK-Schaden .............. Schadenabteilung der Haftpflicht-, Unfall- und
                                        Kraftfahrtversicherung
        HWB ........................... Handwörterbuch der Betriebswirtschaft
        HWM .......................... Handwörterbuch des Marketing
        HWO .......................... Handwörterbuch der Organisation
        HWP ........................... Handwörterbuch des Personalwesens

**I**    IbAp-Tag ..................... Arbeitstag am innerbetrieblichen Arbeitsplatz
        i. e. S. ......................... im engeren Sinne
        i. d. R. ........................ in der Regel
        i. w. S. ........................ im weiteren Sinne
        IfaA ............................ Institut für angewandte Arbeitswissenschaft e. V.
        inkl. ........................... inklusive
        Inc. ............................ Incorporated
        int. ............................ intern
        i. S. d. ........................ im Sinn de(r)/s
        IuK-Technik ................. Informations- und Kommunikationstechnik
        IV .............................. Informationsverarbeitung

**J**    Jg. .............................. Jahrgang

**K**    k. A. ........................... keine Angaben
        kalk. ........................... kalkulatorisch/e

| | | |
|---|---|---|
| **S** | SPC | Statistical Process Control |
| | Sp. | Spalte |
| | Std. | Stunde/n |
| | SV | Sachverständiger |
| **T** | T | Technik |
| | TA | Teilungsabkommen |
| | Tab. | Tabelle |
| | Tel. | Telefon |
| | TDM | Tausend Deutsche Mark |
| | TMU | Time Measurement Unit |
| | TR | Technische Rundschau |
| **U** | u. | und |
| | u. a. | unter anderem |
| | u. ä. | und ähnliche/s |
| | UB | Unterschriftsberechtigter |
| | USA | United States of America |
| | usw. | und so weiter |
| | u. U. | unter Umständen |
| **V** | v. | von |
| | VAA | Versicherungsanwendungsarchitektur |
| | VDI | Verein Deutscher Ingenieure |
| | Verantw. | Verantwortlich/er |
| | vgl. | vergleiche |
| | VL | vorläufige Liste |
| | VM | Versicherungsmakler |
| | VN | Versicherungsnehmer |
| | V.-Schutz | Versicherungsschutz |
| | vs. | versus |
| | VU | Versicherungsunternehmen |
| | VW | Versicherungswirtschaft |
| | VVW | Vorschlags- und Verbesserungswesen |
| **W** | WHU | Wissenschaftliche Hochschule für Unternehmensführung |
| | WiSt | Wirtschaftswissenschaftliches Studium |
| | WISU | Das Wirtschaftsstudium |
| **Z** | Z-AbAp-MA | Zukünftige(r) Außerbetriebliche(r) Arbeitsplatz Mitarbeiter |
| | z. B. | zum Beispiel |
| | ZE | Zeiteinheiten |
| | ZfB | Zeitschrift für Betriebswirtschaft |
| | ZfbF | Schmalenbachs Zeitschrift für betriebswirtschaftliche Forschung |
| | ZfO | Zeitschrift Führung + Organisation |
| | ZKB | Zeitkorrekturbogen |

z. T. ............................... zum Teil
ZVersWiss ...................... Zeitschrift für die gesamte Versicherungswissenschaft
z. Z. .............................. zur Zeit

*"Die betriebswirtschaftliche Forschung darf bei aller Freiheit theoretischen Erkenntnisstrebens ihr reales Erkenntnisobjekt, die Betriebswirtschaft der Praxis, nicht aus dem Auge verlieren."*

EDMUND HEINEN 1962

# 1 Problemstellung, Gang der Untersuchung und definitorische Grundlagen

## 1.1 Problemstellung

Noch vor ca. zehn Jahren wurden von wissenschaftlicher Seite nicht unberechtigte Zweifel an dem unternehmerischen Selbstverständnis vieler Führungskräfte von deutschen privatwirtschaftlich tätigen Versicherungsgesellschaften geäußert.[1] Die nahezu harmonische Wettbewerbssituation, der durch bestehende Gesetzesnormen und Verwaltungsvorschriften verbleibende Handlungsspielraum der Führungskräfte sowie deren Bedenken gegen eine Harmonisierung der europäischen Versicherungsaufsichtssysteme zeichneten ein höchst eigenwilliges Bild von "Unternehmern". Etwa seit Mitte der neunziger Jahre erscheinen solche Zweifel jedoch als völlig unbegründet: Der seitdem stattfindende Umbruchprozeß kann ohne Übertreibung als bislang einmalig in der Geschichte der deutschen Assekuranz bezeichnet werden.

Wichtigste Ursache dieses grundlegenden Wandels ist die Minderung der seit 1901 in Deutschland bestehenden umfassenden und intensiven Versicherungsaufsicht im Rahmen der sog. **"Deregulierung"** auf ein europaweit festgelegtes Niveau. Dies wurde zum einen durch die im Zuge der Gestaltung des europäischen Binnenmarktes angestrebte Schaffung eines europäischen Binnenversicherungsmarktes unumgänglich, zum anderen nahmen die "Indizien für eine Verbesserungsbedürftigkeit des Ordnungsrahmens der deutschen Versicherungsmärkte"[2] seit den achtziger Jahren beständig zu. Als aus betriebswirtschaftlicher Sicht wichtigste Korrektur an der deutschen Versicherungsaufsicht kann die autonome Produktgestaltungsmöglichkeit der VU durch Versicherungsbedingungen und Prämiengestaltung beurteilt werden. Auch der weitgehende Verzicht auf eine systematische Vorlage der Versicherungsbedingungen und der Prä-

---

[1]    Vgl. beispielsweise Eisen/Müller/Zweifel 1990, S. 13f.

[2]    Finsinger 1988, S. 198. Dieser nennt als Indizien u. a. den Mangel an kundenwunschkonformen Risikoabsicherungen und an modernen, kundenorientierten Versicherungsprodukten und -vertriebsformen sowie die Überwälzung des Unternehmensrisikos auf den Endverbraucher (vgl. Finsinger 1988, S. 198).

mienberechnungen bei dem *BAV* ist eine zentrale Folge der Vollendung der "Deregulierung" in der Bundesrepublik Deutschland im Jahre 1994.[1]

Parallel zu der Harmonisierung der Versicherungsaufsicht der europäischen Länder sehen sich deutsche VU mit einem **veränderten Nachfrageverhalten** konfrontiert. Im Privat- aber z. T. auch im Firmenkundengeschäft resultiert dies vor allem aus gesellschaftlichen und politischen Veränderungen sowie der demographischen Entwicklung. So hat z. B. die Änderung des Sozialversicherungssystems in Kombination mit einer staatlichen Sparpolitik zu einer Versorgungslücke im Bereich der Alters- und Hinterbliebenenversorgung geführt, die eine individuelle Vorsorge unumgänglich erscheinen läßt.[2] Aufgrund stagnierender Realeinkommen sind die Privatkunden zudem preissensibler geworden, wobei sie im Zuge der gesellschaftlichen Individualisierungstendenzen gleichzeitig die Steigerung der Qualität und Individualität der Produkte, der Beratung und des Services erwarten.[3] Im Firmenkundengeschäft drückt sich diese Entwicklung durch die Zunahme der Selbstversicherung vor allem über **Captive-Versicherungsgesellschaften** aus, welche die "guten Risiken" langfristig aus dem Gesamtversicherungsmarkt extrahieren.[4] Als wesentliche demographische Entwicklungen mit Einfluß auf das Nachfrageverhalten werden die geringere Haushaltsgröße, der höhere Ausländeranteil und die Zuwanderungsströme aus dem Osten identifiziert.[5]

Die skizzierten Entwicklungen haben in Kombination mit der **"Renaissance der Allfinanz-Vision"**[6] zu einer erheblichen Dynamisierung des Bedingungs- und Prämienwettbewerbs der VU geführt. Direkte Konsequenz ist ein geringeres Wachstum der

---

[1]     Ausgenommen von der systematischen Vorlage der Versicherungsbedingungen und der Prämienberechnungen sind substitutive Krankenversicherungen und Pflichtversicherungen (vgl. umfassend zur "Deregulierung" Farny 1995, S. 98f.).

[2]     Eine im Februar 1999 durchgeführte repräsentative Umfrage des *Emnid-Institutes* ergab, daß 64,5 % der Bundesbürger Maßnahmen zur individuellen Alterssicherung getroffen haben. Im September 1997 lag dieser Anteil noch bei 55,1 %. Als beliebteste Vorsorgeform wurde die Lebensversicherung angegeben (vgl. o. V. 1999b). Nach Angaben des *GDV* hat auch die Rentenversicherung deutlich an Beliebtheit gewonnen: "Während 1980 lediglich 1,3 Prozent der von Privatkunden neu abgeschlossenen Versicherungsverträge Rentenversicherungen waren, waren dies 1998 bereits 14,1 Prozent" (o. V. 1999c, S. 437).

[3]     Diese Entwicklung wurde von der Delphie-Studie "Insurance in a Changing Europe 1990-95" von *Arthur Andersen* und *Andersen Consulting*, die auf der Meinung von 420 Führungskräften und Experten aus fünfzehn Ländern basierte, treffend prognostiziert (vgl. Andersen Consulting 1991, S. 70f.). Vgl. hierzu auch die Beurteilung der Kundenanforderungen aus Sicht der Praxis (vgl. o. V. 1999a, S. 566).

[4]     Vgl. Andersen Consulting 1991, S. 13; Muth 1994, S. 289.

[5]     Vgl. Heidrick & Struggles International Inc. 1992, S. 8.

[6]     Schulte-Noelle 1998, S. 324. Vgl. dort auch die geschichtliche Entwicklung der Allfinanzbewegung sowie deren jüngste Entwicklung in Deutschland aus Sicht der Praxis. Eine praxisseitige, thesenartige Beurteilung des Verhältnisses zwischen Banken und VU findet sich bei o. V. 1999a.

Beitragseinnahmen des Gesamtversicherungsmarktes. Steigerte sich das Beitragsvolumen aller Versicherungsmärkte von 1996 auf 1997 noch um 2,4 %, so ist dieser Anstieg von 1997 auf 1998 auf lediglich 1,8 % zurückgegangen.[1] In einigen Sparten können die Prämieneinnahmen die Schadenaufwendungen und die gestiegenen Betriebskosten aufgrund der Aufnahme immer neuer Risikomerkmale in die Tarifierung nicht mehr ausgleichen.[2] Die sich einstellenden versicherungstechnischen Verluste sind nur noch bedingt durch Zinserträge der vorschüssigen Prämienzahlungen im Sinne eines **Cash flow-Underwriting** ausgleichbar. Ungeachtet dessen scheint sich in naher Zukunft kein nachhaltiger Rückgang des Wettbewerbsdrucks abzuzeichnen.[3]

Zweifelsohne erfordern die aufgezeigten strukturellen Veränderungen von den Führungskräften von VU unternehmerische Initiative. Die einfache Automatisierung der tradierten Abläufe durch die Einführung leistungsfähiger EDV-Systeme, von der man sich gleichzeitig die Lösung des "Millenium-Problems"[4] erhofft, muß zu kurz greifen, da lediglich die Wirkungen von organisatorischen Ineffizienzen gemildert, aber nicht deren Ursachen beseitigt werden. Notwendig ist vielmehr eine nachhaltige Veränderung der Organisationsstruktur von der **Sparten- zur Prozeßorientierung**.[5] Voraussetzung für diesen organisatorischen Wandel ist eine Konzeption, mit deren Hilfe die Geschäftsprozesse in VU zunächst erkannt, dann bezogen auf ihren Beitrag zur Erfüllung der Kundenanforderungen und der Unternehmensziele beurteilt und schließlich zielgerichtet gestaltet werden können. Eine solche Konzeption gerade aufgrund ihrer

---

[1]    Vgl. o. V. 1999c, S. 437.

[2]    Diese Entwicklung führte beispielsweise bei den Kraftfahrzeugversicherungen (Kfz-Haftpflicht-, Vollkasko-, Teilkasko- und Insassen-Unfallversicherung) im Jahre 1998 zu einem versicherungstechnischen Verlust von ca. 2,9 Milliarden DM (vgl. o. V. 1999c, S. 438).

[3]    So urteilt etwa der Präsident des *GDV* im März 1999: "Obwohl der Preiswettbewerb in einigen Sparten inzwischen die Grenzen des Möglichen erreicht hat, sind - mit Ausnahme der Autoversicherung - Beitragsanpassungen auf breiter Front derzeit noch nicht in Sicht" (o. V. 1999c, S. 439). Daß die moderaten Beitragserhöhungen der Kfz-Haftpflichtversicherung ein dauerhaftes Nachlassen des Wettbewerbsdrucks dieser Sparte bedeuten, kann n. M. d. Verf. bezweifelt werden.

[4]    Vgl. hierzu Müller 1999.

[5]    Aus der Sicht der Praxis läßt sich dies durch die Ergebnisse einer im Jahre 1992 durchgeführten Befragung von 754 Vorständen der 120 größten deutschen VU sowie ihrer Tochtergesellschaften (Rücklaufquote über 30 %) der *Heidrick & Struggles International Inc.* in Zusammenarbeit mit dem *Institut für Versicherungswirtschaft* der Universität Köln stützen: Als zukünftig wichtige Ziele nannten die Beteiligten die verstärkte Kundennähe (75,8 %), die Verbesserung der Ablauforganisation (70,9 %) sowie die Senkung der Betriebskosten (60,5 %). Nur 7,2 % der Beteiligten sahen eine Stärkung der Versicherungszweigorientierung als wichtiges Zukunftsziel (vgl. Heidrick & Struggles International Inc. 1992, S. 13f.). Von theoretischer Seite bestätigt dies u. a. PLEIN wenn er feststellt: "Die Orientierung an Prozeßfolgen ist für eine integrative Lösung aufbau- und ablauforganisatorischer Problemstellungen als grundlegendes Gestaltungsparadigma zu befürworten" (Plein 1997, S. 230; vgl. auch die in diesem Zusammenhang beachtenswerten Regelungen des Versicherungsaufsichtsgesetzes bei Plein 1997, S. 40ff.).

starken Problem- und Praxisorientierung theoriegeleitet zu entwickeln und ihre praktische Anwendbarkeit zumindest fallweise zu prüfen, ist das Ziel der vorliegenden Untersuchung.

## 1.2 Gang der Untersuchung

Aufgrund der Begriffsvielfalt in der einschlägigen Literatur bedarf die zu entwickelnde Konzeption zunächst **begrifflicher Grundlagen**, die in dem folgenden Kapitel 1.3. gelegt werden. Auf diesem begrifflichen Fundament wird in den Kapiteln zwei bis sechs die theoretische Konzeption der Geschäftsprozeßoptimierung (GPO) für VU schrittweise aufgebaut. Das Konzept muß, um zur langfristigen und nachhaltigen Sicherung bzw. Stärkung der Wettbewerbssituation von VU beitragen zu können, Ziele verfolgen, die mit den Unternehmenszielen in Einklang stehen. Daher werden die Ziele der GPO auf der operativen Ebene systematisch aus den Formalzielen von VU deduziert und im Rahmen der **Entwicklung eines strategischen Bezugsrahmens** im zweiten Kapitel mit einer Unternehmens- und Wettbewerbsstrategie verknüpft. Konkret wird die Eignung der fast klassisch zu nennenden marktorientierten Unternehmensstrategie und der in jüngerer Zeit (recht kontrovers) diskutierten ressourcenorientierten Unternehmensstrategie als strategischer Anknüpfungspunkt der GPO geprüft. Im dritten Kapitel werden die **Ziele der GPO** im Detail dargestellt. Das in der betriebswirtschaftlichen Literatur festgestellte konfliktäre Zielverhältnis zwischen Zeit-, Kosten- und Qualitätszielen kann zwar im Rahmen der GPO nicht völlig aufgelöst werden, ergibt sich aber auf einem höheren Zielerreichungsniveau, so daß zumindest von einer neuen Zielharmonie gesprochen werden kann. Zur systematischen Zielerreichung ist ein **Phasenmodell** notwendig, das in Kapitel vier abgeleitet und der weiteren Untersuchung als Strukturierungsrahmen zugrundegelegt wird.

Den Schwerpunkt der Untersuchung bildet die **instrumentelle Ausgestaltung der Geschäftsprozeßoptimierung** im fünften Kapitel. Hierzu werden, aufbauend auf der Annahme der "Hypothese der gleichen Prozeßhülsen", sieben für das Dienstleistungsgeschäft von VU typische Geschäftsprozesse identifiziert. Aus dieser "Mindestprozeßausstattung" wird der Geschäftsprozeß "Schaden/Leistung bearbeiten" herausgegriffen, um an diesem die methodische Vorgehensweise der Instrumente der GPO exemplarisch darzustellen. Der Beispielprozeß durchzieht die Untersuchung dabei wie ein "roter Faden", auf den die folgenden Kapitel mehr oder weniger umfangreich rekurrieren. Für die **Prozeßerkennungs- und Prozeßauswahlphase** der Konzeption werden die ABC-Analyse und die Prozeßselektion als zweckmäßige Instrumente identifiziert. Da bei starken Leistungsverflechtungen der Geschäftsprozesse die Gefahr besteht, daß bei einer isolierten Optimierung Suboptima entstehen, wird die Prozeßabhängigkeitsanalyse als zusätzliches zieladäquates Instrument dieser Phase erkannt. Die genannten Instrumente werden ausführlich in Kapitel 5.1. analysiert und auf ihre Eignung im Rahmen der GPO geprüft.

An die Prozeßerkennungs- und Prozeßauswahlphase schließt sich die **Prozeßstrukturermittlungsphase** an. Ziel dieser Phase der GPO ist die Aufdeckung der Struktur der Geschäftsprozesse als Voraussetzung zur Behebung struktureller Schwachstellen. Bevor konkrete Vorschläge zur instrumentellen Ausgestaltung dieser Phase gemacht werden, stehen zunächst besonders diskussionswürdige Prozeßmodelle im Mittelpunkt des Kapitels 5.2. Ohne inhaltlich zu stark vorgreifen zu wollen, wird das Prozeßmodell nach PFEIFFER, WEIß und STRUBL als Bezugsrahmen der instrumentellen Ausgestaltung dieser Phase festgelegt. Im Lichte dieses Modells werden sodann die Aufgabenanalyse, eine Heuristik zur Bestimmung der optimalen Prozeßgliederungstiefe sowie ausgewählte Instrumente zur Visualisierung der Prozeßstruktur ausführlich analysiert. Mit Hilfe dieser Instrumente kann die Geschäftsprozeßstruktur in VU weitreichend transparent gemacht werden.

Prozeßschwachstellen können nicht nur strukturelle, sondern auch ressourcenbedingte Ursachen haben, die sich im allgemeinen in der Prozeßzeit, den Prozeßkosten bzw. der Prozeßqualität niederschlagen. Ziel des Kapitels 5.3. ist es daher, Instrumente zur **Prozeßdatenermittlung** darzustellen und auf ihre Eignung im Rahmen der GPO zu untersuchen. Hierzu werden die Instrumente zur Bestimmung von **Prozeßzeiten** in durchlaufzeit- und durchführungszeiterfassende Instrumente unterteilt. Im einzelnen werden sodann das Laufzettelverfahren, die Komplexitäts-Index-Analyse, die Multimomentaufnahme, die in praxi geschätzte Selbstaufschreibung sowie die EDV-gestützte Zeitmessung mit ihren mathematischen und statistischen Hintergründen dargestellt und aus betriebswirtschaftlicher Sicht gewürdigt. Zur Erfassung von **Prozeßkosten** werden in Theorie und Praxis vor allem die Grenzplankostenrechnung, die Prozeßkostenrechnung, die Ressourcenorientierte Prozeßkostenrechnung und das Time Based Costing diskutiert. Aufbauend auf einem durchgängigen Zahlenbeispiel, in dessen Zentrum der Beispielprozeß steht, werden die genannten Instrumente ausführlich methodisch analysiert. Für die GPO wird eine Erweiterung des Time Based Costing um die Ideen des Fixkostenmanagement zu dem Extended Time Based Costing vorgeschlagen. Zur Erfassung der **Prozeßqualität** in VU wird das Integrative Qualitätsmodell entwickelt, daß n. M. d. Verf. durch attributorientierte Prozeßqualitätsdiagramme, die Critical Incident Technique und das Beschwerdemanagement instrumentell konkretisiert werden sollte.

Nachdem bislang die Aufnahme der Ist-Prozeßstruktur und der Ist-Prozeßdaten dargestellt wurde, sind zur Prozeßwürdigung Soll-Strukturen und Soll-Daten notwendig, um
über eine Gegenüberstellung im Sinne von Soll-Ist-Vergleichen Optimierungsbedarfe
aufdecken zu können. Folgerichtig werden in Kapitel 5.4. die Instrumente zur **Prozeßbeurteilung** thematisiert. Das Prozeßbenchmarking ist in der Lage, Soll-Daten sowohl
für die Prozeßstruktur als auch für die Prozeßzeit, -kosten und -qualität zu liefern und
ist daher als zentrales Instrument dieser Phase einzuschätzen. Das ebenfalls dargestellte Extended Time Based Costing und die Instrumente des Statistical Process
Control eignen sich hingegen für eine kostenspezifische bzw. qualitätsspezifische Prozeßbeurteilung und vervollständigen den instrumentellen Rahmen dieser Phase der
GPO.

Das nachfolgende Kapitel 5.5. befaßt sich mit der **Prozeßgestaltungsphase** der GPO.
Aufbauend auf der Erarbeitung des Wesens der Prozeßgestaltung werden grundlegende
theoretische Prinzipien der Prozeßgestaltung identifiziert, auf die nahezu alle in praxi
vorkommenden Gestaltungsmaßnahmen reduziert werden können. Zur instrumentellen
Ausgestaltung dieser Phase wird ein Portfolio, mit dessen Hilfe die Beseitigungspriorität und der Grad der instrumentellen Unterstützung der Schwachstelleneliminierung
systematisch ermittelt werden können, vorgestellt. Stellt sich bei der Beurteilung mit
Hilfe des Instrumentes heraus, daß aufgrund des Neuigkeitsgrades und der Komplexität
der Schwachstelle eine weitere instrumentelle Unterstützung notwendig wird, so
eignen sich hierzu besonders die Kreativitätstechniken sowie das Vorschlags- und
Verbesserungswesen. Folgerichtig werden die genannten Methoden dargestellt und
ihre Eignung im Rahmen der GPO diskutiert. Bei der praktischen Gestaltung von Geschäftsprozessen wird der IuK-Technik eine zentrale Rolle zugeschrieben, da sich deren Einfluß nicht nur auf die Schaffung der Voraussetzungen zur Optimierung von Geschäftsprozessen im Sinne eines Enablers beschränkt, sondern auch die Unterstützung
jeder Phase der GPO umfaßt (Facilitator) und sich bis zur Umsetzung der neuen
Strukturen erstrecken kann (Implementer). Die erstgenannte Funktion wird in diesem
Zusammenhang aufgegriffen, um sodann die konkreten Prozeßgestaltungspotentiale
von Telearbeit und Workflow-Anwendungen vielschichtig zu analysieren. Zur Beurteilung des Beitrags von Telearbeit zur zielgerichteten Prozeßgestaltung wird das Drei-
Ebenen-Konzept entwickelt und operationalisiert. Die Ausführungen zur Prozeßgestaltung werden durch die Prüfung der Gestaltungspotentiale des in praxi vieldisku-
tierten Case Management abgerundet.

Im Zentrum des sechsten Kapitels steht die bereits angedeutete Rolle der IuK-Technik
als Facilitator und Implementer. Untersucht wird, inwieweit die IuK-Technik in der
Lage ist, die unterschiedlichen Konzeptphasen durch die **Bereitstellung von speziellen**

**Optimierungstools** zu unterstützen. Dazu werden phasenspezifische Anforderungen an DV-Tools abgeleitet, um in deren Lichte die Funktionsumfänge von am Markt erhältlichen Optimierungstools zu prüfen. Damit ist die Entwicklung der theoretischen Konzeption der Geschäftsprozeßoptimierung für Versicherungsunternehmen abgeschlossen.

Dem in der Einleitung formulierten pragmatischen Untersuchungsziel folgend, wird im siebten Kapitel die **praktische Durchführbarkeit** der theoretischen Konzeption geprüft. Dazu wurden Teile des Konzeptes in der Zeit von September 1996 bis Januar 1999 im Rahmen von zwei Projekten praktisch umgesetzt. Der Schwerpunkt des Kapitels liegt demgemäß auf der Darstellung der Projektziele, der methodischen Vorgehensweise im Rahmen der Projekte und der wichtigsten Projektergebnisse. Ferner werden die Grenzen und Beschränkungen der praktischen Durchführung des Konzeptes, soweit sie anhand der beiden Praxisprojekte erkennbar sind, diskutiert.

Die Untersuchung endet schließlich mit der **Zusammenfassung der Untersuchungsergebnisse** im achten Kapitel.

## 1.3 Definitorische Grundlagen

In diesem Kapitel werden zentrale begriffliche Grundlagen der Gesamtuntersuchung gelegt. Die nur für Teile der Untersuchung relevanten Termini werden in den betreffenden Kapiteln definiert.

### 1.3.1 Versicherung und Versicherungsgeschäft

In der Vergangenheit wurden im deutschen Sprachraum zahlreiche Versuche unternommen, das Wesen von Versicherung zu erklären, zu charakterisieren und letztlich zu definieren. So wurden z. B. aus der Sicht der mathematischen, rechtswissenschaftlichen und wirtschaftswissenschaftlichen Disziplinen Definitionsversuche vorgenommen, wobei die wirtschaftswissenschaftlichen Begriffsbestimmungen in der Vergangenheit nochmals in spieltheoretisch, schadentheoretisch, leistungstheoretisch, bedarfstheoretisch und gefahrentheoretisch orientierte Sichtweisen unterschieden wurden.[1] Der Versuch des DEUTSCHEN VEREINS FÜR VERSICHERUNGSWISSENSCHAFTEN dieser inhaltlichen Vielfalt des Begriffs Versicherung mit der modifizierten Definition nach HAX im Jahre 1966 einen den genannten Disziplinen übergeordneten Begriff entgegen-

---

[1]   Vgl. hierzu die Arbeit von WÄLDER, der zwölf, für den Zeitraum von ca. 1930 bis 1970 stellvertretende Versicherungsbegriffe gegenüberstellt (vgl. Wälder 1971). Vgl. auch die Übersicht bei Farny 1993, Sp. 4582 - 4587.

zusetzen,[1] kann als gescheitert beurteilt werden. Vielmehr setzte sich die Erkenntnis durch, daß es nicht einen Begriff, sondern entsprechend der "vielfältigen realen und wissenschaftlichen Hintergründe der Versicherung [...] zahlreiche Ansätze [geben muß, Anm. d. Verf.], die Merkmale von Versicherung zu beschreiben und einen Versicherungsbegriff festzulegen, der sowohl versicherungswissenschaftlich akzeptiert wird als auch für praktische Zwecke geeignet ist."[2]

Die dieser Untersuchung zugrundeliegende Sichtweise auf Versicherung ist diejenige der **Versicherungsbetriebslehre**.[3] Innerhalb dieser Untermenge der Allgemeinen Betriebswirtschaftslehre,[4] oder genauer der Betriebswirtschaftslehre der Dienstleistungsunternehmen,[5] wird das Wirtschaften in Versicherungsunternehmen untersucht.[6] Da Versicherungsunternehmen vor allem durch ihre Geschäftstätigkeit charakterisiert werden können, ist diese genauer zu betrachten. Zur detaillierten Analyse erscheinen grundsätzlich Partial- und Globalmodelle geeignet.[7] Da die Produktionstechniken der einzelnen Geschäftsteile des Versicherungsgeschäftes allerdings höchst unterschiedlich

---

[1]     Versicherung wurde als die "planmäßige Deckung eines im einzelnen ungewissen, insgesamt aber schätzbaren Geldbedarfs auf der Grundlage eines durch Zusammenfassung herbeigeführten Risikoausgleichs" (Deutscher Verein für Versicherungswissenschaft 1966, S. 1, zitiert nach Wälder 1971, S. 20) definiert.

[2]     Farny 1993, Sp. 4582. Inhaltlich ähnlich auch MAHR: "Je nachdem, welche Einzelmerkmale man zu einem über die Wirklichkeit zu legenden, fein- oder grobkörnigen Raster zusammenfügt und wie man durch diesen Raster die realen Phänomene betrachtet, ergibt sich ein verschiedenes Bild der Versicherung und ergeben sich in dem sich über das ganze Wirtschafts- und Gesellschaftsleben erstreckenden Kontinuum der angesprochenen Phänomene innerhalb des aufgestellten Versicherungsbegriffs Einschlüsse oder Ausschlüsse mit weitreichenden und schwerwiegenden Konsequenzen" (Mahr 1976, S. 440f.).

[3]     Vgl. zur Versicherungsbetriebslehre beispielsweise Farny 1990; Farny 1995; Hax 1972; Helten 1993; Koch 1972; Koch 1998, S. 231 - 241 u. S. 369 - 376; Koch/Weiss 1994, S. 924f. FARNY weist darauf hin, daß die Versicherungsbetriebslehre genaugenommen Versicherungsunternehmens(wirtschafts)lehre heißen müßte (vgl. Farny 1990, S. 4).

[4]     Vgl. z. B. Farny 1990, S. 3; Farny 1995, S. 2.

[5]     Vgl. Helten 1993, Sp. 4599. Die dienstleistungsspezifischen Merkmale der Versicherungsproduktion sind in der Literatur umfassend herausgearbeitet worden (vgl. z. B. Hesse 1988, S. 19 - 25; Plein 1997, S. 14f.; Pusch 1976, S. 24 - 31; Tröndle 1974, S. 2 - 10).

[6]     Vgl. zum Wirtschaften in Versicherungsunternehmen als den Gegenstand der Versicherungsbetriebslehre z. B. Farny 1990; Farny 1995, S. 1; Helten 1993, hier Sp. 4598. Je nachdem welche Merkmale des Wirtschaftens fokussiert werden, wurden in der Literatur der entscheidungsorientierte Ansatz, der güterwirtschaftliche Ansatz, der funktionale Ansatz, der genetische Ansatz, der systemtheoretische Ansatz, die sozialwissenschaftlichen oder verhaltenswissenschaftlichen Ansätze, der informationstheoretische Ansatz und der kapital-(markt-)theoretische Ansatz der Versicherungsbetriebslehre unterschieden (vgl. umfassend Farny 1995, S. 2 - 11 sowie die dort angegebene weiterführende Literatur).

[7]     HELTEN identifiziert versicherungstechnische und nichtversicherungstechnische Partialmodelle sowie versicherungsbetriebliche Globalmodelle (vgl. Helten 1993).

sind, ist es notwendig, das Gesamtgeschäft (gedanklich) in seine Bestandteile zu zerlegen und diese Partialmodelle zu optimieren.[1]

Unter Zugrundelegung des von FARNY maßgeblich geprägten Versicherungsschutzkonzeptes kann das **Versicherungsgeschäft** aus einer produktionsbezogenen und einer verwendungsbezogenen Perspektive erklärt werden.[2] Diese Sichtweise führt zu den drei theoretischen Bestandteilen Risikogeschäft, Spar-/Entspargeschäft und Dienstleistungsgeschäft des Versicherungsgeschäftes, die in der einschlägigen Literatur als umfassend thematisiert und gemeinhin akzeptiert bezeichnet werden können.[3] Im Rahmen des Geschäftsverkehrs des VU mit der Umwelt treten die drei Bestandteile allerdings nicht getrennt, sondern als einheitliches Wirtschaftsgut auf.[4] Abb. 1 verdeutlicht die identifizierten Bestandteile aus der Sicht des Versicherungsunternehmens und des Versicherungsnehmers.

---

[1] Dies erkennt auch FARNY, wenn er ausführt: "Die Optimierung der versicherungstechnischen und betriebstechnischen Verfahren kann in Globalmodellen nicht gelingen, sondern nur in Partialmodellen für diese Geschäftsteile" (Farny 1990, S. 29).

[2] Die wirtschaftlichen Aktivitäten von VU werden durch das **Kapitalanlagegeschäft** und das **sonstige Geschäft** vervollständigt. Das Kapitalanlagegeschäft kann als ein eigener Geschäftsbereich aufgefaßt werden, der durch das Versicherungsgeschäft veranlaßt wird. Konkret handelt es sich vor allem um die Kapital- und Mietüberlassung an Dritte. Das sonstige Geschäft erstreckt sich im allgemeinen auf die Produktion von Dienstleistungen (z. B. Finanzdienstleistungen, Datenverarbeitungsdienstleistungen) für Dritte. Beide Geschäfte sind nicht Gegenstand dieser Untersuchung (vgl. zu den Bereichen umfassend Farny 1995, S. 81f. u. S. 734 - 752).

[3] Vgl. zu dieser Unterscheidung vor allem Farny 1990, S. 10ff. u. S. 29f.; Farny 1993, Sp. 4586f.; Farny 1995, S. 14 - 44, S. 325 - 337, S. 382 - 385, S. 503 - 513 u. S. 664 - 667. PUSCH identifiziert lediglich zwei Bestandteile des Versicherungsgeschäftes: die "Kernleistung" und die "Schalenleistungen". Unter "Kernleistung" subsumiert der Autor das Risikogeschäft, während er unter "Schalenleistungen" das Spar- und Entspargeschäft sowie das Dienstleistungsgeschäft zusammenfaßt (vgl. Pusch 1976, S. 25f.). Beide Begriffe können daher als Oberbegriffe der Unterscheidung nach FARNY aufgefaßt werden.

[4] Vgl. Farny 1990, S. 11.

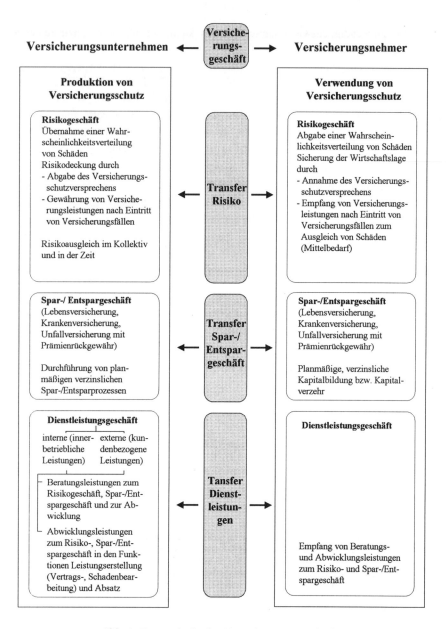

*Abb. 1: Bestandteile des Versicherungsgeschäftes[1]*

---

[1]    Darstellung in Anlehnung an Farny 1995, S. 15, Abb. II.11.1.

Als Kern des Versicherungsgeschäftes kann das **Risikogeschäft** bezeichnet werden.[1] Im Rahmen des Risikogeschäftes übertragen die Versicherungsnehmer ihre individuellen Wahrscheinlichkeitsverteilungen von Schäden auf das Versicherungsunternehmen, welches die Verteilungen übernimmt und das Versprechen abgibt, im Versicherungsfall Versicherungsleistungen in Geldform zu gewähren. Für den externen Kunden[2] ergibt sich ein Nutzen aus der Erhöhung seiner Sicherheitslage, für die er als Gegenleistung eine Prämie an das VU zu zahlen bereit ist. Durch die Übernahme einer großen Zahl an unabhängigen, gleichen oder ungleichen Schadenverteilungen kommt es auf Seiten des VU zu einem Risikoausgleich im Kollektiv und in der Zeit.[3] Entscheidet sich der Versicherungsnehmer für einen der in Abb. 1 angegebenen Versicherungszweige, ist das Risikogeschäft rechtlich oder faktisch mit dem **Spar- und Entspargeschäft** verknüpft. Im Rahmen des Spar- und Entspargeschäftes nimmt das VU - ähnlich dem Spareinlagengeschäft einer Bank - die in den Prämienzahlungen enthaltenen Sparanteile entgegen und verpflichtet sich zu deren verzinslicher Ansammlung und Rückzahlung zu bestimmten oder ereignisabhängigen Zeitpunkten. Beide Bestandteile des Versicherungsgeschäftes sind in das **Dienstleistungsgeschäft** eingebettet. Da das Konzept der Geschäftsprozeßoptimierung aufgrund der eingangs skizzierten Notwendigkeit einer zielgerichteten Gestaltung der Organisationsstruktur auf das Dienstleistungsgeschäft von VU fokussiert ist, soll dieses detaillierter charakterisiert werden.

FARNY identifiziert im Rahmen des Dienstleistungsgeschäftes **Beratungs- und Abwicklungsleistungen**.[4] Bei versicherungsnehmerbezogenen Abwicklungsleistungen handelt es sich um die praktische Durchführung des Risiko- bzw. Spar-/Entspargeschäftes zu jedem Zeitpunkt des Kundenlebenszyklusses. Konkret wird darunter die Abwicklung des Absatzes, des Vertragsabschlusses, der Erstbearbeitung, der Folgebearbeitungen, der Schlußbearbeitung, des Prämieninkassos sowie u. U. der Schadenbearbeitung und der damit zusammenhängenden Schadenexkassovorgänge gefaßt.[5] Ziel der externen Beratungsleistungen ist es, dem Versicherungsnehmer zu jedem Zeitpunkt die Beiträge des Risiko- bzw. Spar-/Entspargeschäftes zur individuellen Bedarfs-

---

1     Die Beschreibung der Bestandteile erfolgt - soweit nicht anders angegeben - nach Farny 1995, S. 14 - 44.

2     Die Begriffe "externer Kunde" und "Versicherungsnehmer" werden im Rahmen dieser Untersuchung synonym gebraucht.

3     Vgl. zu dem Risikoausgleich im Kollektiv und in der Zeit Albrecht 1987; Farny 1993, Sp. 4584f.; Farny 1995, S. 31 - 40 sowie die dort angegebene Literatur; Helten 1993, Sp. 4600 - 4604.

4     Vgl. zu dieser Unterscheidung Farny 1995, S. 42 - 44 u. S. 382 - 385.

5     Vgl. Farny 1995, S. 42.

deckung zu erklären sowie die dazu notwendigen Abwicklungsleistungen transparent zu machen. Dies kann z. B. in persönlicher, fernmündlicher aber auch schriftlicher Form geschehen. Die Voraussetzungen für kundenbezogene Beratungs- und Abwicklungsleistungen werden durch interne oder innerbetriebliche Leistungen geschaffen. Hierzu zählen vor allem die Schaffung der Betriebsbereitschaft und die große Zahl der mittelbar (z. B. Betreuung des Außendienstes) und unmittelbar produktbezogenen Leistungen (z. B. Rückversicherungsbearbeitung).[1] In Abb. 2 sind die beschriebenen Bestandteile des Dienstleistungsgeschäftes von VU zusammenfassend wiedergegeben.

| | Interne (innerbetriebliche) Leistungen | Externe (versicherungsnehmerbezogene) Leistungen |
|---|---|---|
| **Beratung** | Innerbetriebliche Schaffung der Voraussetzungen für externe Beratungsleistungen | Beratung des Kunden über<br>• Risikogeschäft<br>• Spar-/Entspargeschäft<br>• Abwicklung<br>im sachlichen und zeitlichen Zusammenhang mit<br>• Absatz<br>• Vertragsbearbeitung<br>• Schadenbearbeitung |
| **Abwicklung** | Innerbetriebliche Schaffung der Voraussetzungen für externe Abwicklungsleistungen, insbesondere<br>• Schaffung der Betriebsbereitschaft<br>• nicht produktbezogene Leistungen<br>• produktbezogene Leistungen in den Bereichen Absatz, Vertrags- und Schadenbearbeitung | Abwicklung des<br>• Risikogeschäfts<br>• Spar-/Entspargeschäfts<br>jeweils einschließlich Inkasso und Exkasso bei<br>• Absatz bis Vertragsabschluß<br>• Vertragsbearbeitung<br>  - Erstbearbeitung<br>  - Folgebearbeitung<br>  - Schlußbearbeitung<br>• Schadenbearbeitung |

*Abb. 2: Bestandteile des Dienstleistungsgeschäftes[2]*

Das Dienstleistungsgeschäft von VU besteht "aus einer Vielzahl simultan und sukzessiv vollzogener einzelner Leistungsprozesse, deren Ergebnisse zum Versicherungsprodukt zusammenfließen."[3] Daher ist es naheliegend, den Dienstleistungsteil der wirt-

---

[1]    Vgl. Farny 1995, S. 384.

[2]    Darstellung in Anlehnung an Farny 1995, S. 43, Abb. II.14.1.

[3]    Farny 1995, S. 382.

schaftlichen Aktivität von VU nicht aufbau-, sondern ablauf- bzw. prozeßorganisatorisch zu betrachten. Dazu ist jedoch zunächst der Prozeß- bzw. Geschäftsprozeßbegriff zu definieren.

## 1.3.2 Geschäftsprozeß

In der betriebswirtschaftlichen Literatur ist die Bedeutung des Begriffs Geschäftsprozeß nicht einheitlich (**Mehr-Deutigkeit**). Beispielsweise definieren SCHWARZER und KRCMAR Geschäftsprozesse "als die Transformation eines Objektes durch vor und/oder nebengelagerte Aktivitäten eines oder mehrerer Menschen oder Maschinen in Raum und Zeit" mit dem Ziel der Erreichung "einer auf das Unternehmensziel ausgerichteten Leistung".[1] Während für diese Autoren der Beitrag der Prozeßleistung zur Erreichung der **Unternehmensziele** ein spezielles Charakteristikum von Geschäftsprozessen ist, stellen OSTERLOH und FROST den **funktionsübergreifenden Charakter** eines Geschäftsprozesses und die **Eindeutigkeit der eingesetzten Produktionsfaktoren und Prozeßleistungen** in das Zentrum ihrer Definition. Diese Autoren verstehen Geschäftsprozesse als "die Bündelung und die strukturierte Reihenfolge von funktionsübergreifenden Aktivitäten mit einem Anfang und einem Ende sowie klar definierten Inputs und Outputs".[2] Für DERNBACH[3] sowie HAMMER und CHAMPY[4] wiederum ist der Marktwert bzw. die **Kundennutzenstiftung** der Prozeßleistung von besonderer Bedeutung. HINTERHUBER fügt den genannten Merkmalen u. a. die **Wiederholbarkeit** hinzu.[5] Wird somit der Definition HINTERHUBERs gefolgt, kann nicht von einem Geschäftsprozeß gesprochen werden, wenn eine "Gesamtheit von integrierten Tätigkeiten"[6] lediglich einmalig - also z. B. im Rahmen eines speziellen Projektes - durchgeführt werden kann. Werden hingegen die Geschäftsprozeßdefinitionen nach SCHWARZER und KRCMAR, OSTERLOH und FROST, DERNBACH sowie HAMMER und CHAMPY zugrundegelegt, so könnte eine solche Tätigkeitenfolge durchaus als Geschäftsprozeß bezeichnet werden.

Ferner herrscht im einschlägigen Schrifttum keine Einigkeit darüber, wie das, was unter dem Begriff Geschäftsprozeß verstanden wird, bezeichnet werden soll (**Mehr-

---

[1]  Beide Zitate: Schwarzer/Krcmar 1995, S. 11.

[2]  Osterloh/Frost 1996, S. 31.

[3]  Vgl. Dernbach 1993, S. 145.

[4]  Vgl. Hammer/Champy 1993, S. 35. Die Autoren definieren den Begriff "business process", welcher im allgemeinen in der deutschsprachigen Literatur mit "Geschäftsprozeß" übersetzt wird.

[5]  Vgl. Hinterhuber 1994, S. 61.

[6]  Hinterhuber 1994, S. 61.

**Namigkeit).**[1] Für SCHWARZER und KRCMAR beispielsweise unterscheidet der Beitrag der Prozeßleistung zur Erreichung der Unternehmensziele einen Geschäftsprozeß von einem Prozeß.[2] Dies ist für STRIENING kein Unterscheidungskriterium, wenn er Prozesse als "inhaltlich geschlossene und in ihrem logischen Zusammenhang erfaßbare Vorgänge [...], bei denen erkennbar ist, daß sie zur Durchsetzung der Unternehmensziele beitragen"[3], definiert. Obgleich die weiter oben genannte Definition des Begriffs Geschäftsprozeß nach SCHWARZER und KRCMAR und die Prozeßdefinition nach STRIENING nicht völlig identisch sind, ist deren große inhaltliche Ähnlichkeit bemerkenswert.

Dieser, aus theoretischer aber auch praktischer Sicht unbefriedigende Zustand der Unklarheit über die Namen und Inhalte dessen, was unter dem Begriff Geschäftsprozeß verstanden wird, ist um so erstaunlicher, als das die prozeßorientierte Betrachtungsweise in der Organisationslehre auf eine nahezu siebzigjährige Geschichte zurückblicken kann.[4] Auch das aktuelle Interesse für ablauforganisatorische Fragestellungen in der betriebswirtschaftlichen Diskussion hat - wie die wenigen definitorischen Beispiele darstellen sollten -[5] nicht dazu beigetragen, die begrifflichen Inhalte eindeutig zu fassen.

Für diese Untersuchung wird ein **Prozeß** als eine Folge logisch zusammenhängender Aktivitäten zur Erstellung einer Leistung definiert.[6] Aktivitäten können Prozesse einer nachgelagerten Ebene[7] oder - auf der untersten Gliederungsebene - einzelne Tätigkeiten sein. Folgerichtig sind Tätigkeiten die Basiselemente von Prozessen. Darüber hinaus wird deutlich, daß die Aktivitäten eines Prozesses der Aufgabe bzw. dem Auftrag dienen, eine Leistung zu erstellen. Anders ausgedrückt verfügen Tätigkeiten und

---

[1]    Vgl. zu der Unterscheidung in Mehr-Namigkeit und Mehr-Deutigkeit Hummel 1997, S. 258 sowie die dort angegebene Literatur.

[2]    Vgl. Schwarzer/Krcmar 1995, S. 11.

[3]    Striening 1988, S. 190.

[4]    Vgl. zu den Entwicklungsstufen der prozeßorientierten Organisationslehre Gaitanides 1983, S. 3 - 22; Fuhrmann 1998, S. 13 - 19. Anzumerken ist allerdings, daß der Ablauforganisation im Vergleich zur Aufbauorganisation eine nachgeordnete Rolle in der Organisationslehre zukam.

[5]    Vgl. darüber hinaus die verschiedenen Prozeß- und Geschäftsprozeßdefinitionen bei Abramowski/Beckmann 1998, S. 13; Aichele 1997, S. 16; Becker/Vossen 1996, S. 18f.; Bogaschewsky/Rollberg 1998, S. 185 - 189; Franz 1991, S. 537; Fuhrmann 1998, S. 22 u. S. 46f.; Heinz/Jehle/Mönig/Schütze/Willeke 1997, S. 16ff.; Hess 1996, S. 9 - 13; Kaeseler 1998, S. 15ff.; Körmeier 1997, S. 47ff.; Kruse 1996, S. 21 - 27; Lamla 1995, S. 73ff.; Remme 1997, S. 29; Schiemenz 1996, S. 106f.; Siegle 1994, S. 166; Weth 1997, S. 24f.; Wildemann 1996, S. 18f sowie die dort identifizierten Geschäftsprozeßmerkmale.

[6]    Definition in Anlehnung an Schulte-Zurhausen 1995, S. 41.

[7]    Die hierarchische Unterscheidung mehrerer Prozeßebenen erfolgt in Anlehnung an HAIST und FROMM (vgl. Haist/Fromm 1989, S. 97).

Prozesse über eine **Aufgabe** bzw. einen **Auftrag**. Unter einer Aufgabe versteht z. B. KOSIOL recht allgemein die "Zielsetzung für menschliche Aktionsmöglichkeiten als solche"[1]. Konkreter wird für diese Untersuchung eine Aufgabe als die dauerhaft wirksame Aufforderung, Verrichtungen an Objekten durchzuführen, definiert.[2] Demgegenüber stellt ein Auftrag im allgemeinen eine nur einmalige Verpflichtung dar.[3] Definitionsgemäß besteht eine Aufgabe bzw. ein Auftrag aus den Merkmalen **Verrichtung** und **Objekt**.[4] "Das Merkmal Verrichtung beschreibt die Art der Leistung, die zu erbringen ist."[5] Das Merkmal Objekt gibt den persönlichen oder sachlichen Gegenstand an, an dem sich die Verrichtung vollzieht.[6] Demzufolge bestehen vollständige Aufgaben- bzw. Auftragsformulierungen aus einem Substantiv, welches das Objekt bezeichnet, und einem Verb, das die Verrichtung angibt (z. B. "Brief schreiben", "Auftrag annehmen" oder auch "Schaden bearbeiten"). Obgleich sich in Theorie und Praxis die präzise Bezeichnung von Prozessen mit einem Substantiv und einem Verb nur langsam durchsetzt, wird die Nähe dessen, was in der jüngeren Literatur zum Prozeßmanagement als repetitiver bzw. einmaliger Prozeß bezeichnet wird, zu der Aufgaben- bzw. Auftragsdefinition deutlich. Genaugenommen ist allerdings ein Prozeß keine Aufgabe bzw. kein Auftrag, sondern er **hat** eine Aufgabe bzw. einen Auftrag, und wird nach Zielen ausgerichtet.[7] Die Aufgaben- bzw. Auftragsformulierung wird im Rahmen dieser Untersuchung zur Bezeichnung von Prozessen und Tätigkeiten verwendet.

Aufbauend auf dieser Prozeßdefinition wird ein **Geschäftsprozeß** als eine Folge funktional miteinander verbundener Prozesse zur Erstellung eines inhaltlich abgeschlossenen Ergebnisses definiert.[8] Das Ergebnis eines Geschäftsprozesses kann z. B. ein neues Produkt, der Absatz eines Produktes oder die Bearbeitung eines Schadenfalls sein. Geschäftsprozesse werden damit als höchste Aggregationsstufe von Arbeitsabläufen definiert. Im Rahmen einer "top down" Betrachtung können Geschäftsprozesse in Prozesse, diese wiederum in weitere Prozesse und diese abschließend in Tätigkeiten zerlegt werden. In diesem Zusammenhang ist die Abgrenzung des Geschäftsprozeß- und Prozeßbegriffs zu den von HORVÁTH und MAYER im Zusammenhang mit der Ent-

---

1    Kosiol 1976, S. 45.

2    Definition in Anlehnung an Liebelt/Sulzberger 1989, S. 89.

3    Vgl. Liebelt/Sulzberger 1989, S. 89; Schulte-Zurhausen 1995, S. 41.

4    KOSIOL unterscheidet darüber hinaus die analytischen Merkmale Sachmittel, Rang, Phase und Zweckbeziehung (vgl. Kosiol 1976, S. 49ff.).

5    Schulte-Zurhausen 1995, S. 34, im Original z. T. hervorgehoben.

6    Vgl. Kosiol 1976, S. 43.

7    Vgl. auch Schulte-Zurhausen 1995, S. 42.

8    Definition in Anlehnung an Schulte-Zurhausen 1995, S. 46.

wicklung der Prozeßkostenrechnung geprägten Begriffen Hauptprozeß und Teilprozeß vorzunehmen.[1] Dies geschieht in Anlehnung an LAMLA, der Geschäftsprozesse hierarchisch betrachtet auf einer Ebene mit Hauptprozessen definiert. Hauptprozesse enthalten allerdings nur Gemeinkosten, wohingegen Geschäftsprozesse Einzel- und Gemeinkosten umfassen.[2] Wird der Gliederungslogik der Geschäftsprozesse gefolgt, so können Hauptprozesse in Teilprozesse, diese wiederum in weitere Teilprozesse und diese schließlich in Tätigkeiten untergliedert werden.[3] Die geschilderte, auf die Zurechenbarkeit von Kosten auf einen Kostenträger abstellende Differenzierung zwischen Geschäftsprozessen und Hauptprozessen bzw. zwischen Prozessen und Teilprozessen wird dem Charakter der Prozeßkostenrechnung gerecht, da die Rechnung vor allem zur verursachungsgerechten Allokation von Gemeinkosten konzipiert wurde. Die beschriebenen Definitionen, deren Zusammenhänge stark an die Verknüpfungen der bekannten polnischen Puppen erinnern, sind in Abb. 3 visualisiert.

In diesem Zusammenhang wurden in der einschlägigen Literatur die Begriffe "Prozeßlandschaft"[4], "Prozeßarchitektur"[5] und "Prozeßsystem"[6] mit z. T. unterschiedlichen Inhalten geprägt.[7] Da für diese Untersuchung eine Unterscheidung der Begriffsinhalte keinen Erkenntnisfortschritt bedeutet, sondern eine solche Differenzierung eher zu (unnötigen) sprachlichen Komplikationen führen würde, werden im Folgenden für das in Abb. 3 dargestellte Gefüge aus Geschäftsprozessen, Prozessen und Tätigkeiten eines Unternehmens die Bezeichnungen Prozeßlandschaft, Prozeßarchitektur, Prozeßsystem und Prozeßgefüge synonym verwendet.

---

[1]    Vgl. Horváth/Mayer 1989, S. 216. Die Prozeßkostenrechnung wird als Instrument der GPO ausführlich in Kapitel 5.3.2.2. thematisiert.

[2]    Vgl. Lamla 1995, S. 97.

[3]    Auf Tätigkeitenebene wird aus pragmatischen Gründen keine Unterteilung nach Kostenbestandteilen vorgenommen.

[4]    Körmeier 1997, S. 59.

[5]    Weth 1997, S. 25.

[6]    Weth 1997, S. 27.

[7]    So versteht WETH beispielsweise unter Prozeßarchitektur den Aufbau eines einzelnen Prozesses, während der Autor das Prozeßsystem als die Verbindung einzelner Prozesse innerhalb und zwischen Unternehmen interpretiert (vgl. Weth 1997, S. 25 - 27).

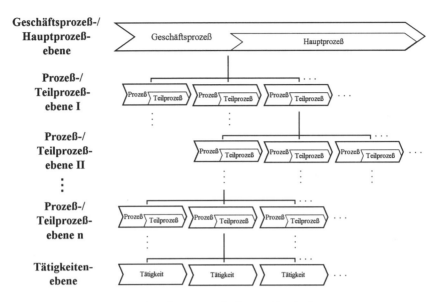

*Abb. 3: Hierarchie der Bestandteile von Geschäftsprozessen[1]*

Der Versuch, Prozesse in Abhängigkeit von bestimmten Kriterien zu ordnen, hat zu einer großen Zahl an unterschiedlichen **Prozeßarten** bzw. an Kategorisierungen von Prozessen geführt. So identifiziert beispielsweise WETH auf der Grundlage einer Literaturrecherche die Unterscheidungskriterien

- Prozeßobjekt (physical und informational processes)[2],

- Standardisierbarkeit (Nebenprozesse, Routineprozesse, strategische Managementprozesse und operative Managementprozesse)[3],

---

[1]  Eine ähnliche grafische Darstellung allerdings mit einer anderen Terminologie findet sich z. B. bei Fuhrmann 1998, S. 113, Abb. 4-3; Lamla 1995, S. 97, Abb. 6-1; Tönz 1994, S. 50, Bild 3.4.

[2]  Die sich aus dem Unterscheidungskriterium Prozeßobjekt ergebenden Prozesse werden in der Literatur sehr unterschiedlich benannt: MOHR fokussiert seine Ausführungen auf industrielle Prozesse und versteht darunter vor allem materielle Prozesse (vgl. Mohr 1991, S. 17 - 24). SCHULTE-ZURHAUSEN unterscheidet informationelle und materielle Prozesse (vgl. Schulte-Zurhausen 1995, S. 43f.). BOGASCHEWSKY und ROLLBERG differenzieren zwischen Managementprozessen und Verwaltungsprozessen (vgl. Bogaschewsky/Rollberg 1998, S. 186), während STRIENING den Verwaltungsprozessen die Fertigungsprozesse gegenüberstellt (vgl. Striening 1988, S. 66 - 70).

[3]  HILL, FEHLBAUM und ULRICH unterscheiden lediglich operative Prozesse und Managementprozesse (vgl. Hill/Fehlbaum/Ulrich 1989, S. 26).

- Wertschöpfungsnähe (core und support processes)[1],

- Wettbewerbsbezug (competitive und infrastructure processes)[2],

- Spezifität (unternehmensspezifische, branchenspezifische und unspezifische Prozesse) sowie

- Leistungsbeziehung (aktive, passive, interdependente und unabhängige Prozesse).[3]

Darüber hinaus nennt KRUSE nicht weniger als dreizehn weitere Kriterien zur Differenzierung von Prozessen.[4] KÖRMEIER unterscheidet zudem in Abhängigkeit von den Prozeßzielen in Vorgabeprozesse, Marktprozesse, Potentialprozesse, Aggregationsprozesse und Führungsprozesse.[5]

Eine beachtenswerte Kategorisierung, die insbesondere in der ingenieurwissenschaftlichen Literatur weite Verbreitung gefunden hat,[6] geht nach Kenntnis d. Verf. auf KAMISKE und TOMYS zurück. Die Autoren unterscheiden in Anlehnung an die in der Elektrotechnik beheimateten Leistungsbegriffe die vier Prozeßleistungsarten **Nutzleistung, Stützleistung, Blindleistung** und **Fehlleistung**.[7] Während Nutzleistungen und Stützleistungen zur Bezeichnung von geplanten Prozessen verwendet werden, umfassen Blindleistungen und Fehlleistungen ungeplante Prozesse.[8] Die Nutzleistungen haben den marktlich verwertbaren Prozeßoutput zum Ergebnis und tragen daher direkt zur Nutzensteigerung des externen Kunden bei (z. B. Produkt entwickeln, Rohstoffe einkaufen). Stützleistungen sind Nutzleistungen unterstützende Prozesse, die nicht di-

---

[1]    Vgl. auch Osterloh/Frost 1996, S. 34 - 37. FUHRMANN differenziert tiefer in Infrastrukturprozesse (Supportprozesse), Leistungserstellungsprozesse (Kernprozesse) und Kundenserviceprozesse (Kernprozesse) (vgl. Fuhrmann 1998, S. 109ff.). Vgl. ähnlich auch Scholz 1995, S. 160f.

[2]    PORTER unterscheidet demgegenüber in Primärprozesse, Sekundärprozesse und Innovationsprozesse (vgl. Porter 1987 u. 1996).

[3]    Vgl. Weth 1997, S. 27 - 36, sowie die dort angegebenen Literatur.

[4]    Vgl. Kruse 1996, S. 25ff. Die Merkmale werden im Sinne eines Morphologischen Tableaus angeordnet und ermöglichen so die präzise Charakterisierung von Prozessen.

[5]    Vgl. Körmeier 1997, S. 81 - 105.

[6]    Vgl. z. B. Abramowski/Beckmann 1998, S. 27f.; Dechange/Deuss 1999, S. 124f.; Schönheit 1997, S. 156f.; Winz/Quint 1997, S. 93.

[7]    Vgl. Kamiske/Tomys 1993; Tomys 1994, S. 223 - 228; Tomys 1995, S. 71 - 74. In älteren Veröffentlichungen werden die Stützleistungen auch Scheinleistungen genannt (vgl. Kamiske/Tomys 1993, S. 41). Die folgende Beschreibung der Leistungsarten basiert - soweit nicht anders angegeben - auf diesen Quellen.

[8]    TOMYS und KAMISKE nutzen die Leistungsarten gleichzeitig als Bezeichnungen der Prozesse. Bei ABRAMOWSKI und BECKMANN sowie WINZ und QUINT finden sich hingegen die Bezeichnungen Nutzprozesse, Stützprozesse, Blindprozesse und Fehlprozesse (vgl. Abramowski/Beckmann 1998, S. 27f.; Winz/Quint 1997, S. 93).

rekt zur Nutzensteigerung des externen Kunden führen, aber zur Sach- bzw. Dienstleistungserstellung unverzichtbar sind (z. B. Zwischenprodukt transportieren, Zwischenprodukt prüfen). Unterschiede zwischen geplanten und realen Prozeßleistungen werden durch Blindleistungen verursacht. Blindleistungen verursachen Kosten und führen zu keiner Wertsteigerung des Prozeßoutputs (z. B. Produktgestaltung ändern, Informationen vervollständigen). Demgegenüber führen Fehlleistungen zu einer Wertminderung des Prozeßoutputs. "Fehlleistungen entstehen ungeplant infolge nicht fähiger bzw. nicht unter Kontrolle befindlicher Prozesse, die der Erbringung von Nutzleistung dienen."[1] Abb. 4 zeigt die beschriebenen Prozeßarten in Abhängigkeit von der Planbarkeit und der Wertbeeinflussung im Überblick.

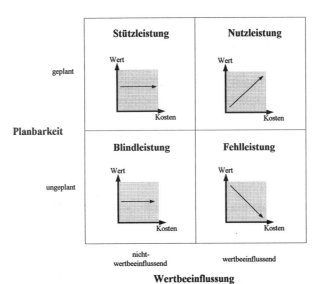

*Abb. 4: Prozeßarten nach KAMISKE und TOMYS[2]*

Aus theoretischer Sicht ist die dargestellte Kategorisierung, die - so die Autoren - auch in administrativen Abläufen Gültigkeit besitzt,[3] unvollständig. Nicht jede mögliche Ausprägung der Wertbeeinflussung wird mit jedem Planbarkeitszustand kombiniert. Ein geplanter, wertmindernder Prozeß kann ebensowenig kategorisiert werden wie ein

---

1    Tomys 1995, S. 73.

2    Darstellung in Anlehnung an Tomys 1995, S. 72, Bild 15.

3    "[...] die Leistungsarten [Nutzleistung, Scheinleistung bzw. Stützleistung, Fehlleistung und Blindleistung, Anm. d. Verf.] sind nicht nur im produktiven Bereich der Werkstatt, sondern auch in den administrativen Abläufen zu finden" (Kamiske/Tomys 1993, S. 43, im Original kursiv).

ungeplanter Prozeß, der den Wert einer Sach- bzw. Dienstleistung steigert. Wird aber unterstellt, daß der Kategorisierung die Annahme zugrunde liegt, daß geplante Prozesse grundsätzlich nicht wertmindernd bzw. ungeplante Prozesse nicht wertsteigernd sind, so kann der Einteilung vor dem hier relevanten Hintergrund immer noch eine stark begrenzte Praxistauglichkeit vorgehalten werden. Beispielsweise verfügt ein Versicherungsnehmer im Rahmen des Geschäftsprozesses "Antrag bearbeiten" durch ein schnelles Underwriting des Vertrages schnell über Versicherungsschutz. Wird nun angenommen, daß ein in diesem Zusammenhang regelmäßig (geplant) anfallender Prüfprozeß durchgeführt wird, der grundsätzlich nicht notwendig zur Entscheidung über Annahme oder Ablehnung des Antrags wäre, so mindert dieser den Wert des Geschäftsprozeßoutputs bzw. des Versicherungsproduktes erheblich, wenn während der Durchführung des Prüfprozesses der Versicherungsfall eintritt und der Versicherungsnehmer noch nicht über Versicherungsschutz verfügt. Dieser geplante Prozeß erhöht die Prozeßdurchlaufzeit, wirkt dadurch tendenziell wertmindernd und läßt sich daher keiner der Prozeßarten nach KAMISKE und TOMYS zuordnen.[1] Aufgrund der theoretischen (und praktischen) Schwäche dieser Kategorisierung wird sie im Rahmen dieser Untersuchung nicht verwendet. Auf die übrigen erwähnten Prozeßkategorisierungen wird zurückgegriffen, wenn sie dem Erkenntnisfortschritt während der Konzeptkonstruktion bzw. der instrumentellen Ausgestaltung des Konzeptes dienlich sind.

### 1.3.3 Geschäftsprozeßoptimierung

Wird der Versuch unternommen, sich dem Begriffsinhalt Geschäftsprozeßoptimierung etymologisch zu nähern, ist nach der Definition des Geschäftsprozeßbegriffs die Bedeutung des Begriffs Optimierung zu untersuchen. Unter Zugrundelegung des mathematischen Optimalitätsbegriffs bedeutet Optimierung in dem hier genutzten Zusammenhang die Schaffung von optimalen, d. h. besten Geschäftsprozessen.[2] Wann ein Geschäftsprozeß am besten ist, zieht die Frage nach den Optimierungszielen nach sich. Die Optimalität eines Geschäftsprozesses ist nur unter Zugrundelegung konkreter Optimierungsziele zu beurteilen. Unter Optimierung wird dann die Ermittlung der besten Lösung für bestimmte Zielstellungen verstanden.[3] Mit Hilfe dieses Begriffsverständnisses kann Geschäftsprozeßoptimierung wie folgt definiert werden:

---

[1] Der beschriebene Sachverhalt läßt sich wie folgt verallgemeinern: Wird der Wert eines Geschäftsprozesses oder Produktes durch die Dauer der Prozeßdurchlaufzeit beeinflußt, so führt jeder zwar geplante aber unnötig durchgeführte Prozeß zu einer Wertminderung. Analog dazu läßt sich problemlos ein Beispiel für den Fall eines ungeplanten aber wertsteigernden Prozesses konstruieren.

[2] Vgl. Müller-Merbach 1973, S. 21.

[3] Vgl. Drosdowski/Müller/Scholze-Stubenrecht/Wermke 1990, S. 553.

**Geschäftsprozeßoptimierung für Versicherungsunternehmen ist die Ermittlung der zur Erfüllung bestimmter Zielstellungen besten Folge funktional miteinander verbundener Prozesse des Dienstleistungsgeschäftes, welche der Erstellung eines inhaltlich abgeschlossenen Ergebnisses dient.**

Zur Optimierung von Geschäftsprozessen werden eine große Anzahl unterschiedlicher Ansätze diskutiert,[1] die von GAITANIDES, SCHOLZ und VROHLINGS zu **Reengineeringmodellen**, **Prozeßorganisationsmodellen** und **Geschäftsprozeßoptimierungsmodellen** zusammengefaßt worden sind.[2] Während Reengineeringsmodelle eine radikale Verbesserung der Prozesse unter weitgehender Vernachlässigung der bestehenden Prozeßlandschaft und Prozeßorganisationsmodelle eine Stellen- und Abteilungsbildung auf Basis einer umfassenden Aufnahme der Ist-Prozesse zum Ziel haben, sind Geschäftsprozeßoptimierungsmodelle nach dem Verständnis der Autoren auf die Prozeßgestaltung nach EDV-technischen Anforderungen gerichtet. Die letztgenannte Modellkategorie hat sich allerdings nicht als eigene Klasse durchsetzen können, sondern wird, je nachdem ob die Gestaltung im Vorfeld der Softwareeinführung radikaler oder inkrementaler Natur ist, den beiden erstgenannten Klassen zugeordnet.

Gegenwärtig werden somit die **Evolutionsmodelle** von den **Umbruchsmodellen** unterschieden.[3] Als bekannteste Evolutionsmodelle lassen sich die (Einführung der) Prozeßorganisation nach GAITANIDES[4], das Prozeß-Management nach STRIENING[5], das Business Process Improvement nach HARRINGTON[6] sowie das Prozeßkettenmanagement der Autoren um KUHN[7] identifizieren. Diese Modelle folgen dem Kaizen-Gedanken und zeichnen sich durch eine lange und nachhaltige Prozeßverbesserung in kleinen

---

[1] Vgl. hierzu z. B. den Ansatz bei Abramowski/Beckmann 1998; Buggert/Maier/Wielpütz 1998; Fuhrmann 1998; Körmeier 1997; Scholz/Vrohlings 1994b; Scholz/Vrohlings 1994c; Traut/Corrêa 1997; Weth 1997 und die Ansätze der *Action Incorporated Boston Consulting Group, Diebold Deutschland GmbH, IBM Unternehmensberatung GmbH, McKinsey & Company, Ploenzke AG* sowie die Ansätze nach DAVENPORT, EVERSHEIM, HAMMER, HARRINGTON, JOHANSSON, MALONE, SCHEER, die umfassend bei HESS dargestellt werden (vgl. Hess 1996).

[2] Vgl. Gaitanides/Scholz/Vrohlings 1994, S. 3ff.

[3] Vgl. zu dieser Unterscheidung Krüger 1994, S. 203ff. In der Literatur finden sich auch die Unterscheidungen in Verbesserungsmodell - tiefgreifendes Veränderungsmodell (vgl. Gaitanides 1995, S. 70), Organisationsentwicklungs- oder Evolutionsstrategie - Bombenwurf- oder Revolutionsstrategie (vgl. Osterloh/Frost 1996, S. 206; ähnlich Körmeier 1997, S. 11ff.), Process Improvement - Process Innovation (vgl. Davenport 1993, S. 11f.), Prozeßmanagement - Reengineering (vgl. Lamla 1995, S. 72 - 81).

[4] Vgl. Gaitanides 1983.

[5] Vgl. Striening 1988.

[6] Vgl. Harrington 1991.

[7] Vgl. Pielok 1995; Kuhn 1995; Kuhn/Manthey 1996; Winz/Quint 1997.

Schritten mittels eines teamorientierten, eher bottom up geprägten Vorgehens unter Berücksichtigung der bestehenden Prozeßarchitektur aus. Als wichtigste Vertreter der Klasse der Umbruchsmodelle lassen sich das Business Reengineering nach HAMMER und CHAMPY[1] und das Process Innovation nach DAVENPORT[2] nennen. Die Umbruchs-modelle können durch die innovationsorientierte, kurze und tiefgreifende Prozeßneu-gestaltung in großen Schritten mittels eines individuellen, eher top down geprägten Vorgehens unter Vernachlässigung des bestehenden Prozeßsystems charakterisiert werden. Die zentralen Charakteristika beider Modellklassen sowie deren Chancen und Risiken sind in Tab. 1 gegenübergestellt.

Das Konzept der GPO für Versicherungsunternehmen wird als Evolutionsmodell kon-zipiert, mit dessen Hilfe Geschäftsprozesse dauerhaft, kontinuierlich und zielgerichtet im Sinne eines **prozeßorientierten Controllings** gestaltet werden können. Die Ent-scheidung, die Konzeption nicht als Umbruchsmodell anzulegen, resultiert vor allem aus den in der Tabelle genannten Risiken dieses Modelltyps. Darüber hinaus sind in der jüngsten Vergangenheit die methodisch-konzeptionellen Defizite des Business Re-engineering, als prominentestem Vertreter der Umbruchsmodelle, umfassend aufge-zeigt worden.[3] Ferner belegen empirische Studien, daß ein großer Prozentsatz der in den USA durchgeführten Business Reengineering Projekte seine Ziele nicht erreicht.[4] Mit Bezug auf die Anwendung des Ansatzes in Europa kommt HAMMER zu der nüchternen Erkenntnis: "It [Business Reengineering, Anm. d. Verf.] doesn´t work at all with European countries [...] they don´t get it. I think they are going to have a terrible time adjusting."[5]

---

[1]    Vgl. Hammer/Champy 1993. Vgl. zum Business Reenigineering in VU Bick 1994; Greiner 1994; Plein 1997, S. 185 - 196 u. S. 212 - 219.

[2]    Vgl. Davenport 1993.

[3]    Vgl. z. B. Bogaschwesky/Rollberg 1998, S. 252 - 259; Gaitanides 1995; Jaspert/Müffelmann 1996; Kamiske/Füermann 1995; Klimmer 1995; Osterloh/Frost 1994; Theuvsen 1996; Wiesehahn/Althaus 1996, S. 61.

[4]    HALL, ROSENTHAL und WADE geben beispielsweise an, daß nur 33 % der Projekte ihre Ziele erreichen (vgl. Hall/Rosenthal/Wade 1994). Eine ähnliche Größenordnung nennt auch KLIMMER: "Bis zu 70 Prozent der Unternehmen, die sich für den Weg des Business Reengineering entschieden haben, konnten nach Einschätzung von Hammer und Champy die anvisierten durchschlagenden Leistungssteigerungen nicht erreichen. Zu einem ähnlichen Ergebnis kommt auch eine Studie der amerikanischen Unterneh-mensberatung CSC Index zum Stand des Reengineering bei mehr als 600 Konzernen in Amerika und Europa" (Klimmer 1995, S. 259, sowie die dort angegebene Literatur).

[5]    Maglitta 1994, zitiert nach Jaspert/Müffelmann 1996, S. 174.

| Charakteristika | Umbruchsmodelle | Evolutionsmodelle |
|---|---|---|
| **Grundlegende Idee** | • Erheblicher Druck ist nötig, um Wandlungsbarrieren zu überwinden! | • Zuviel Wandel auf einmal kann das System nicht verkraften! |
| **Eigenschaften des Wandels** | • Tiefgreifend<br>• Total<br>• Schnell | • Inkremental<br>• Partiell<br>• Langsam |
| **Ausgangspunkt** | • "Grüne Wiese" | • Bestehende Prozeßarchitektur |
| **Rolle des Management** | • Architekt des Wandels<br>• Rationaler Planer | • Prozeßmoderator<br>• Coach |
| **Zeitliche Dauer** | • I. d. R. begrenzte Projektdauer | • I. d. R. dauerhafter Lernprozeß |
| **Vorgehensweise** | • Top down<br>• Zumeist Einzelideen<br>• Ausschluß der Betroffenen<br>• Tendenzielle Konfliktvermeidung<br>• Einheitliche Fremdregelung | • Bottom up<br>• Zumeist Teamideen<br>• Beteiligung der Betroffenen<br>• Tendenzielle Konflikthandhabung<br>• Vielfältige Selbstregulierung |
| **Chancen** | • Klare Trennung von "Ruhephasen" und "Wandlungsphasen"<br>• Wandel "aus einem Guß"<br>• Zeitlicher Vorteil in Krisensituationen | • Große Akzeptanz bei den Mitarbeitern<br>• Lernprozesse bei allen Beteiligten<br>• Kleine Veränderungen wirken "natürlich"<br>• Entwicklungsrhythmus korrespondiert mit Entwicklungsfähigkeit<br>• Erwerb von Selbstentwicklungsfähigkeit |
| **Risiken** | • Begrenzte Planbarkeit<br>• Hohe Instabilität in der Wandlungsphase<br>• Akzeptanzprobleme und Widerstände der Mitarbeiter<br>• Keine kontinuierlichen Lernprozesse bei den Mitarbeitern<br>• Reibungsverluste bis sich die neuen Strukturen einspielen<br>• Kurzfristige Verbesserungen zu Lasten langfristiger Entwicklungen | • Bei hoher Umweltdynamik u. U. zu langsam<br>• Permanenter Wandel im Unternehmen<br>• Begrenzte Fähigkeit sich in Frage zu stellen |

*Tab. 1: Charakteristika der Umbruchsmodelle und Evolutionsmodelle*[1]

Auf diesen definitorischen Grundlagen wird im Folgenden die theoretische Konzeption der Geschäftsprozeßoptimierung in Versicherungsunternehmen aufgebaut.

---

[1]   Darstellung in Anlehnung an Bogaschewsky/Rollberg 1998, S. 250, Abb. 4.6.; Davenport 1993, S. 11, Abb. 1-3; Emrich 1996, S. 55, Abb. 2; Gaitanides 1995, S. 70; Gaitanides/Scholz/Vrohlings 1994, S. 10, Tab. A-1; Körmeier 1997, S. 14, Tab. 2-2 u. S. 15, Tab. 2-3; Krüger 1994, S. 204, Abb. 3; Osterloh/Frost 1996, S. 206, Abb. 73.

## 2 Entwicklung eines strategischen Bezugsrahmens

Das Konzept der GPO in VU ist - vereinfacht ausgedrückt - als organisatorisches Mittel zur Erreichung bestimmter Ziele[1] zu verstehen. Werden die Geschäftsprozesse nach Maßgabe der im Rahmen dieser Untersuchung schrittweise zu entwickelnden Konzeption optimiert, so erfolgt dies nicht als Selbstzweck, sondern dient - wie noch darzustellen ist - der Erreichung mehrerer Ziele, die in Beziehung zueinander stehen. Da sich dieses Zielsystem an den allgemeinen Zielen von VU orientieren muß, um die langfristige Wettbewerbsfähigkeit der Unternehmen zu sichern, ist ein **strategischer Bezugsrahmen** zu entwickeln, in den das Phasenmodell einzubetten ist. Besondere Aufgabe des Bezugsrahmens ist es, das Zielsystem der Geschäftsprozeßoptimierung mit dem von VU in Einklang zu bringen. Dies erscheint notwendig, da zwischen beiden Zielsystemen u. U. keine komplementäre Zielbeziehung besteht.[2]

Die Existenz eines Zielkonfliktes läßt sich an folgendem einfachen Beispiel verdeutlichen: VU, die ihre Produkte über den Direktvertrieb distribuieren, verfügen i. d. R. über ein geringeres Serviceleistungsspektrum als VU mit ”klassischen Vertriebsformen”[3]. Der Kunde muß zunächst eine Servicetelefonnummer wählen, häufig warten, bis ein Mitarbeiter den Anruf entgegennimmt, wiederum warten, bis ihm Informationsmaterial zugesendet wird, sich dann durch die zumeist komplexen Produktinfomationen arbeiten, um (vielleicht) festzustellen, daß ihm die gesuchte Information nicht vorliegt. Sind die Informationen vollständig, muß der Kunde das Antragsformular selbst ausfüllen und zurücksenden. Dieses bewußt überzeichnete Szenario eines Verkaufsprozesses im Rahmen des Direktvertriebs könnte aus Kundensicht optimiert werden, indem auf ”klassische Vertriebsformen”, wie z. B. den angestellten Vertriebsmitarbeiter oder den Einfirmenvertreter, zurückgegriffen würde. Diese Mitarbeiter kommen bei Bedarf ins Haus, beraten den Kunden ausgiebig und erledigen sämtliche Formalitäten, die mit dem Versicherungsabschluß verbunden sind. Die Ökonomie des Einzelprozesses (**Prozeßökonomie**)[4] würde aus Kundensicht deutlich gesteigert, je-

---

[1]  Vgl. zum Zielbegriff und dessen etymologischer Ableitung umfassend Kaluza 1979, S. 125 - 135; Kürble 1991, S. 3 - 11. Die Begriffe ”Ziel” und ”Zweck” werden nachfolgend synonym verwendet.

[2]  Vgl. zu Zielbeziehungen in VU Farny 1995, S. 291ff.

[3]  Vgl. ausführlich zu den Vetriebsformen von VU z. B. Farny 1995, S. 624 - 631.

[4]  Vgl. zu dieser Definition Mertens 1997a, S. 110. Die Prozeßökonomie oder Prozeßeffizienz ist nur eine mögliche Zielkategorie zur Bewertung von organisatorischer Effizienz. Daneben werden in der einschlägigen Literatur die Ressourceneffizienz, die Markteffizienz, die Delegationseffizienz und die Motivationseffizienz genannt (vgl. Frese 1994, S. 122f.; Theuvsen 1996, S. 74f.).

doch würde sich u. U. kurzfristig der Produktpreis erhöhen, was tendenziell zu einer sinkenden Nachfrage und damit zu einem geringeren Unternehmenserfolg führen könnte. Dieses und ähnliche in der Literatur gegebene Beispiele[1] machen deutlich, daß es einen Zielkonflikt zwischen der Prozeßökonomie und der **Ressourcenökonomie**, verstanden als den wirtschaftlichen Umgang mit Ressourcen, geben kann.[2]

Vor diesem Hintergrund setzt die systematische Ableitung des strategischen Bezugsrahmens an den **Zielen von Versicherungsunternehmen** an. Deren Erreichung durch Unternehmensstrategien hat seit der sog. "Deregulierung" des deutschen Versicherungsmarktes zunehmend an Bedeutung gewonnen. Da in Theorie und Praxis die insbesondere durch die Veröffentlichungen von PORTER geprägte **marktorientierte Unternehmensstrategie** als Möglichkeit zur langfristigen Erreichung der Ziele von VU thematisiert wird,[3] ist die Eignung der Strategie als Grundlage des Bezugsrahmens zu diskutieren. An dieser Stelle sei bereits vorweggenommen, daß die Strategie n. M. d. Vert. beachtenswerte Nachteile besitzt, die sie zur Verwendung in dem zu konstruierenden Bezugsrahmen als ungeeignet erscheinen läßt. Aus diesem Grund wird der Versuch unternommen, die Geschäftsprozeßoptimierung mit der **ressourcenorientierten Unternehmensstrategie** zu verknüpfen.

## 2.1    Ziele und hierarchische Zielordnung von Versicherungsunternehmen

Die Ziele von Versicherungsunternehmen stehen vor allem im Analysefokus der entscheidungsorientierten Versicherungsbetriebslehre und wurden in der Vergangenheit intensiv untersucht.[4] Wie KALUZA feststellt, wurde das Gedankengut von HEINEN zu den allgemeinen betriebswirtschaftlichen Zielsetzungen[5] insbesondere von FARNY[6] auf VU übertragen.[7] Letzterer stellt dann auch eine ähnliche Zielgliederung vor, die sich z. T. allerdings inhaltlich stark von derjenigen HEINENs unterscheidet. FARNY unterscheidet zunächst zwischen **Formalzielen**, welche "die Motive der Unternehmens-

---

[1]    Vgl. die Beispiele bei Heppner 1996; Mertens 1996, 1997a u. 1997b.

[2]    Vgl. Mertens 1996, S. 446f.; Mertens 1997a, S. 110; Mertens 1997b; Reiß 1997, S. 113.

[3]    Vgl. etwa Plein 1997, S. 50ff.

[4]    Vgl. u. a. Albrecht 1994; Farny 1966; Farny 1967; Farny 1995, S. 275 - 296; Kaluza 1979; Kürble 1991; Riege 1993. Zur Ableitung organisatorischer Ziele aus den Zielen von VU vgl. Plein 1997, S. 64 - 82.

[5]    Vgl. Heinen 1962.

[6]    Vgl. Farny 1966 u. 1967.

[7]    Vgl. Kaluza 1979, S. 194ff.

existenz"[1] darstellen und **Sachzielen**, die als Mittel zur Realisierung der Formalziele angesehen werden. Erstere umfassen in älteren Veröffentlichungen u. a. das Gewinnstreben, die Bedarfsdeckung, das Umsatz- und das Sicherheitsstreben[2] sowie das Streben nach Prestige, Macht und Unabhängigkeit.[3] In jüngeren Veröffentlichungen wurde dem Umsatzziel durch die Konkretisierung als Mittel zur Erreichung des Gewinnziels der Formalzielcharakter abgesprochen.[4] Demgegenüber wird das Wachstumsziel als formales Ziel von VU anerkannt.[5] Als Sachziel wird die Festlegung des Produktionsprogramms identifiziert. Wird das Verhältnis zwischen den Formalzielen und dem Sachziel mit Hilfe der genannten Ziele konkretisiert, so kann formuliert werden, daß durch das Produktionsprogramm (Sachziel) u. a. Gewinn realisiert, der Bedarf an Versicherungsschutz gedeckt und Wachstum erzielt werden soll (Formalziele). Sowohl die genannten Ziele als auch deren Subsumtion unter die Zielkategorien sind in der versicherungsbetriebswirtschaftlichen Literatur vergleichsweise unstrittig.[6]

Das **Gewinnstreben**, "d. h. die Erwirtschaftung einer positiven Differenz zwischen Erträgen und Aufwendungen beziehungsweise zwischen Leistungen/Umsatz und Kosten"[7] als Ziel von VU entspricht dem marktwirtschaftlichen Prinzip, und ist der Grundauftrag von Versicherungs-Aktiengesellschaften.[8] Dabei kann das Gewinnziel als absolute Größe oder in Relation zu einer Bezugsgröße, z. B. als Umsatz- oder Kapitalrentabilität, operationalisiert werden. Das Ziel der **Bedarfsdeckung**, verstanden als die Deckung des Versicherungsbedarfs anderer Wirtschaftssubjekte, ist der Grundauftrag von Versicherungsvereinen auf Gegenseitigkeit und öffentlich-rechtlichen VU. Besonders stark ist es beispielsweise bei kleinen Pensionskassen oder Captive-VU ausgeprägt. Dieses Unternehmensziel ist allerdings ohne die Berücksichtigung anderer

---

[1]   Farny 1966, S. 135.

[2]   Dieses Ziel wird in jüngeren Veröffentlichungen auch als Erhaltungsziel bezeichnet (vgl. Farny 1995, S. 287).

[3]   Vgl. etwa Farny 1966, S. 143ff.; Kaluza 1979, S. 204f.

[4]   Vgl. Farny 1995, S. 284; Riege 1993, S. 2.

[5]   Vgl. Farny 1995, S. 285f.; Riege 1993, S. 2.

[6]   RIEGE erkennt allerdings als dritte, versicherungsspezifische Zielkategorie, die gemischten Sach- und Formalziele und subsumiert unter diese die Sicherheit und die Bedarfsdeckung. Diese Zielkategorie ergibt sich, da die Bedarfsdeckung der Grundauftrag nicht erwerbswirtschaftlicher VU (z. B. Versicherungsverein auf Gegenseitigkeit, öffentlich rechtliche Versicherer) darstellt und daher Formalziel (Bedarfsdeckung) und Sachziel (Produktionsprogramm) identisch sind (vgl. Riege 1993, S. 2ff. Dort findet sich auch eine ähnliche Argumentation für das Ziel Sicherheit).

[7]   Farny 1995, S. 277. Zu unterschiedlichen Gewinnbegriffen vgl. ausführlich Farny 1995, S. 280ff.; Kaluza 1979, S. 197 - 201.

[8]   Diese und die folgenden Erläuterungen der Formalziele gehen - soweit dies nicht anders angegeben ist - auf FARNY zurück (vgl. ausführlich Farny 1966, S. 134 - 151; Farny 1995, S. 275 - 291).

Ziele nicht dauerhaft realisierbar, weshalb es nach Einschätzung FARNYs an praktischer Bedeutung verloren hat. "Unter **Wachstum** versteht man [allgemein formuliert, Anm. d. Verf.] die positive Änderung der Ausprägung eines Größenparameters."[1] Die Wachstumsmessung kann theoretisch sowohl an Input- (z. B. Vorrat an Produktionsfaktoren) als auch an Outputgrößen (z. B. Menge von Versicherungsverträgen) ansetzen,[2] die absolut oder relativ zum Gesamtaggregat der Branche formuliert werden. In praxi werden Wachstumsziele vor allem als Steigerung der Prämienumsätze oder als Marktanteilssteigerung um einen festen Prozentsatz in Bezug auf eine zeitliche Größe (z. B. Monat, Jahr) formuliert. Das Streben nach **Sicherheit** bzw. **Erhaltung** ist in allen Branchen ein Unternehmensziel von großer Wichtigkeit. Diese generell hohe Bedeutung wird durch einen versicherungsspezifischen Tatbestand verschärft. Versicherungsgeschäfte sind stärker zukunftsbezogen als die meisten Geschäfte bzw. Leistungen von Sachleistungsunternehmen. Das Versprechen des Versicherers auf zukünftigen Versicherungsschutz hat für den Versicherungsnehmer nur einen wirtschaftlichen Nutzen, wenn der Versicherer zukünftig in der Lage ist, dieses Versprechen durch Versicherungsleistungen einzulösen. Das Sicherheitsziel entspricht somit weitgehend dem Ziel des Gläubigerschutzes der Versicherungsaufsicht und wird daher durch spezielle Vorschriften (z. B. Solvabilitätsregeln) sowohl gefördert als auch gefordert. Die bislang erläuterten ökonomischen Formalziele werden durch die nichtökonomischen Ziele **Prestige-, Macht- und Unabhängigkeitsstreben** sowie die **Erreichung gesellschaftlicher, sozialer und ethischer Ziele** vervollständigt.[3] Diese sind allerdings in der versicherungsbetriebswirtschaftlichen Literatur vergleichsweise wenig diskutiert worden, da das zu deren Analyse geeignete Instrumentarium weniger in den Wirtschaftswissenschaften als vielmehr in der Soziologie und Psychologie beheimatet ist.[4]

Das Sachziel **Produktionsprogramm** kann zunächst recht abstrakt als "die ausgewählten wirtschaftlichen Aktivitäten, mit denen die Erreichung der vorgegebenen Unternehmensziele verfolgt wird"[5], umschrieben werden. In diesem Sinne wird auf der Sachzielebene die Effektivität des Unternehmens, verstanden als "doing the right

---

[1]    Riege 1993, S. 41, Hervorhebung nicht im Original.

[2]    Vgl. ausführlich Riege 1993, S. 41 - 51.

[3]    KALUZA nennt darüber hinaus noch andere Ziele wie z. B. die Verbesserung der Einstellung gegenüber der Versicherungsidee, die Humanisierung der Arbeit und die Stabilität der Dividendenpolitik (vgl. Kaluza 1979, S. 225f.).

[4]    Vgl. Riege 1993, S. 4.

[5]    Farny 1995, S. 297, im Original z. T. kursiv.

things", determiniert.[1] Konkreter setzt sich nach FARNY das Gesamtproduktionsprogramm aus der Summe der Geschäftsfelder, die von dem VU bearbeitet werden, zusammen.[2] Zur Festlegung des Produktionsprogramms sind die folgenden Teilentscheidungen zu treffen:

- Die Entscheidung über die zur Versicherung anzunehmenden Risiken (**Produktentscheidung**)

- Die Entscheidung über die Anzahl und die Art der zu betreibenden Versicherungszweige (**Sortimentsentscheidung**)

- Die Entscheidung über die Kunden mit denen Geschäftsbeziehungen angestrebt und unterhalten werden (**Kunden(gruppen)entscheidung**)

- Der Entscheidung über die Region der Geschäftstätigkeit (**Geschäftsregionentscheidung**)

Die einzelnen Entscheidungen sowie deren Auswirkungen auf die Formalziele sind u. a. von FARNY diskutiert worden und werden daher an dieser Stelle nicht weiter vertieft.[3] Mit dieser Sichtweise des Produktionsprogramms von VU und den daraus abgeleiteten Entscheidungen schließt sich FARNY allerdings (unbewußt?) der marktorientierten Unternehmensstrategie an. Die Vertreter der ressourcenorientierten Unternehmensstrategie würden das Produktionsprogramm demgegenüber als ein Portfolio von **unternehmensinternen Kompetenzen** verstehen, das u. U. andere Entscheidungen nach sich zieht.[4] Auf die Unterschiede und Gemeinsamkeiten beider Strategien wird noch einzugehen sein.

Vor dem Hintergrund der Konstruktion eines strategischen Bezugsrahmens erscheint es nun zweckmäßig, den Versuch zu unternehmen, die genannten Ziele nach dem Gliederungskriterium "**hierarchische Stellung**" zu systematisieren.[5] Das Kriterium führt zu einer Differenzierung der Unternehmensziele in Oberziele, Zwischenziele (als Mittel zur Erreichung der Oberziele) und Unterziele (als Mittel zur Erreichung der Zwischenziele). Wird zunächst versucht, die beiden Zielkategorien Formalziele und Sachziele in ein hierarchisches Verhältnis zu bringen, so können die Formalziele als Oberziele identifiziert werden. Die Sachziele sind definitionsgemäß als Zwischenziele

---

1      Vgl. zum Effektivitätsbegriff z. B. Wiesehahn/Willeke 1998.

2      Vgl. Farny 1995, S. 297.

3      Vgl. Farny 1995, S. 296 - 361.

4      Vgl. Prahalad/Hamel 1991, S. 74.

5      Vgl. zu diesem Gliederungskriterium Farny 1995, S. 278, Übersicht III.23.1.

und damit als Mittel zur Erreichung der Oberziele auf einer hierarchisch nachgelagerten Ebene anzuordnen.[1] Die beschriebene Zielhierarchie ist in Abb. 5 dargestellt.

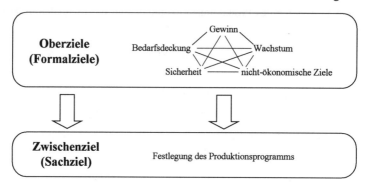

*Abb. 5: Formalziele und Sachziel von Versicherungsunternehmen in hierarchischer Ordnung[2]*

Da das identifizierte Sachziel noch wenig operational erscheint, sind, ausgehend von der dargestellten Zielhierarchie, die Mittel zur Sachzielerreichung und damit die Unterziele abzuleiten. Nachdem also auf Sachzielebene das Produktionsprogramm festgelegt wurde ("Was"), ist auf der tieferliegenden Ebene zu entscheiden, wie dieses zu produzieren ist ("Wie").[3] Diese Konkretisierung führt somit zur Ebene der versicherungs- und betriebstechnischen Verfahren und damit zur realen Handlungsebene.[4] Wie zu produzieren ist, richtet sich dann nach dem **Rational-** bzw. **Wirtschaftlichkeits-**

---

[1]　Vgl. auch Kürble 1991, S. 7. HAMEL weist aber auch auf die grundsätzliche Möglichkeit der Sachzieldominanz hin (vgl. Hamel 1992, Sp. 2640 sowie die dort angegebene weiterführende Literatur).

[2]　Zur realistischeren Darstellung der identifizierten Ziele böten sich weitere Zielsystematisierungen an. So wäre es denkbar, die Formalziele nach ihrem relativen Gewicht im Zielbündel zu ordnen. Das Gewicht wäre u. a. von dem Analysefokus abhängig, da die Stakeholder (z. B. Aktionäre, Mitarbeiter, Versicherungsnehmer) unterschiedliche Zielpräferenzen aufweisen. Ferner wäre eine genauere Analyse der Beziehungen der Formalziele zueinander denkbar. Auf diese Weise ließen sich komplementäre, konkurrierende und indifferente Zielbeziehungen unterschieden. Da diese Analysen allerdings zur Konstruktion des Bezugsrahmens nicht zwingend erforderlich sind, soll auf sie an dieser Stelle verzichtet werden. Die genannten Zusammenhänge werden auf Oberzielebene lediglich grafisch angedeutet. Vgl. zu den Beziehungen im Detail Albrecht 1994, S. 1 - 4; Farny 1995, S. 291 - 294; Riege 1993, S. 16 - 28.

[3]　Vgl. Farny 1995, S. 258f. FARNY sieht das Produktionsprogramm allerdings auf einer Ebene mit den Produktionsverfahren. Da die Verfahren aber die Mittel zur Herstellung des Produktionsprogramms darstellen, stehen beide Ziele n. M. d. Verf. in einem Verhältnis der Ober- und Unterordnung und nicht auf einer (gedanklichen) Ebene.

[4]　Grundsätzlich könnten die Mittel zur Sachzielerreichung nicht nur an der zielkonformen Gestaltung von realen wirtschaftlichen Vorgängen, sondern auch an der Gestaltung der Abbildung wirtschaftlicher Vorgänge ansetzen (vgl. Riege 1993, S. 57, Abb. 7). Bilanzpolitische Aspekte zur Zielerreichung werden aber im Rahmen dieser Untersuchung nicht vertieft.

**prinzip.** In dem hier relevanten Zusammenhang kann das Prinzip so definiert werden, daß das zu erreichende Formalzielbündel bzw. das daraus abgeleitete Produktionsprogramm mit dem geringsten Mitteleinsatz zu realisieren ist.[1] Auf dieser Ebene geht es somit um eine effiziente Sachzielerreichung im Sinne eines "doing things right".[2] Als wichtigste Unterziele lassen sich Umsatz-, Kosten-, Qualitäts-, Zeit- und Liquiditätsziele nennen.

**Umsatz** und **Kosten** leiten sich aus dem festgesetzten Formalziel Gewinn ab, da sich dieses rechnerisch - vereinfacht formuliert - aus der Differenz zwischen Umsatz und Kosten ergibt.[3] Der Umsatz kann relativ leicht aus der multiplikativen Verknüpfung der Menge an Versicherungsbestand mit dem Preis errechnet werden, weshalb ihm in praxi eine vergleichsweise hohe Bedeutung zukommt.[4] Aus theoretischer Sicht ist jedoch vor der Überschätzung der Wichtigkeit des Umsatzziels zu warnen, da Umsatz- und Gewinnentwicklung u. U. nicht gleichgerichtet sind.[5] Bei festgesetztem Umsatzvolumen, das z. B. auf Geschäftsfelder-, Kundengruppen- oder Versicherungszweigebene konkretisiert werden kann, ist eine Kostenobergrenze abzuleiten, die bei Überschreitung zur Verfehlung des Gewinnziels führt. Die Kostenobergrenze ist weiter in Risikokostenobergrenze (maximale Risikokostenquote) und Betriebskostenobergrenze (maximale Betriebskostenquote) zu operationalisieren. Da die Höhe der Risikokosten zufallsabhängig ist, ist die Betriebskostenobergrenze die entscheidende Ziel- und Steuerungsgröße der Verfahrensentscheidung. Diese muß sich allerdings auch an dem **Qualitätsziel** orientieren. Dabei kann die Qualität in die Potentialdimension (Qualität der Produktionsfaktoren), die Prozeßdimension (Qualität der Produktionsprozesse) und die Ergebnisdimension (Qualität der Produkte) zergliedert werden.[6] Nur wenn die Produktionsfaktoren und -prozesse die von dem externen Kunden im Sinne einer Soll-Qualität vorgegebenen Anforderungen erfüllen können, sind die gesetzten Formalziele erreichbar. Da der Versicherungsnehmer im Schadenfall die Qualität des Produktes und nicht selten auch des gesamten VU von der Dauer der Schadenbearbeitung abhängig macht, wird die enge Verbindung zwischen dem Qualitätsziel und dem **Zeitziel**

---

1     Vgl. Farny 1966, S. 136.

2     Vgl. zum Effizienzbegriff z. B. Wiesehahn/Willeke 1998.

3     Vgl. Farny 1995, S. 284f.

4     FARNY weist darauf hin, daß VU häufig nach einem festgelegten Prämienumsatz streben und die daraus resultierende Kosten- und Gewinnsituation akzeptieren. In diesen Fällen stellt der Umsatz das Oberziel dar, aus dem Kosten- und Gewinnziele abgeleitet werden (vgl. Farny 1995, S. 284).

5     Umsatz- und Gewinnentwicklung sind nur gleichgerichtet, "solange bei einer Produktions- und Absatzausweitung die Grenzerlöse an Prämien die Grenzkosten der Produktion übersteigen" (Farny 1966, S. 144).

6     Vgl. ausführlich Kapitel 3.3.

evident. Das Zeitziel wurde in der versicherungsbetriebswirtschaftlichen Literatur bislang vergleichsweise wenig diskutiert.[1] Es kann für die Verfahrensentscheidung u. a. als Forderung der "Anpassung des Versicherungsschutzes an veränderte Situationen im Lebenszyklus eines Haushalts"[2] und damit als Ziel der Produktgestaltung konkretisiert werden. Vor dem Hintergrund der zeitbezogenen Formalzielerreichung läßt es sich aber ebenso in Form einer Soll-Prozeßdurchführungszeit operationalisieren, welche bis zur Vorgabe einzelner Tätigkeitszeiten verfeinert werden kann.[3] Das **Liquiditätsziel** ist eng mit dem Formalziel Sicherheit verknüpft. Dabei wird unter Liquidität "die Fähigkeit eines Versicherungsunternehmens, seinen zwingend fälligen Zahlungsverpflichtungen jederzeit uneingeschränkt nachkommen zu können"[4], verstanden. Das Ziel steht in konfliktärer Beziehung zu dem Formalziel Gewinnstreben, da zur Konkursvermeidung gehaltene liquide Mittel einen nur geringen Gewinnbeitrag in Form von Zinszahlungen erbringen.[5]

Wird die Formal- und Sachzielhierarchie um die nur ansatzweise dargestellten Unterziele erweitert, ergibt sich die in Abb. 6 vervollständigte Zielhierarchie von Versicherungsunternehmen. Da die Unterziele Kosten, Zeit und Qualität als entscheidende Zielgrößen der Geschäftsprozeßoptimierung festgelegt werden, kann auf eine tiefere Untergliederung der Unternehmensziele an dieser Stelle verzichtet werden. Deutlich wird, daß durch die systematische **Deduktion** der Unterziele aus den Formalzielen, die Qualität der Mittel- bzw. Verfahrensentscheidungen ganz an dem Ausmaß der erreichten oder erreichbaren Formalzielerfüllung gemessen wird. Damit ist der eingangs beschriebene mögliche Zielkonflikt zwischen der Prozeßökonomie und der Ressourcenökonomie aufgelöst. Der Empfehlung HORVÁTHs "Soviel Prozeßökonomie wie möglich, soviel Ressourcenökonomie wie nötig!"[6] wird für die Konzeption der Geschäftsprozeßoptimierung somit nicht gefolgt. Vielmehr hat sich die Prozeßökonomie - wie MERTENS richtig konstatiert - der Ressourcenökonomie unterzuordnen,[7] so daß der umgekehrte Zusammenhang abzuleiten ist.

---

[1]   Vgl. zur Zeit als strategischen Erfolgsfaktor aus allgemein betriebswirtschaftlicher Sicht z. B. Simon 1989.

[2]   Farny 1995, S. 334.

[3]   Vgl. ausführlich Kapitel 3.1.

[4]   Wagner 1994, S. 145.

[5]   Vgl. Wagner 1994, S. 147f.

[6]   Horváth 1997.

[7]   Vgl. Mertens 1997b.

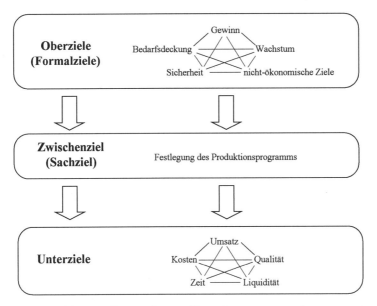

*Abb. 6: Zielhierarchie von Versicherungsunternehmen*

Die beschriebenen Ziel- und Mittelentscheidungen sind für das gesamte VU und unter adäquater Berücksichtigung der zukünftigen Umweltbedingungen zu treffen. Damit sind sie Gegenstand der strategischen Unternehmenspolitik.[1] Während weitgehende Einigkeit darüber herrscht, daß eine aus nachhaltigen Wettbewerbsvorteilen erwachsende ”dauerhafte, strategiebedingte Rente”[2] im Rahmen des strategischen Management grundsätzlich geschaffen werden kann, hat sich in der historischen Entwicklung doch vor allem die Ansicht darüber verändert, wie diese zu erzielen ist.[3] Aktuell werden vor allem die ”Harvardschule” bzw. die market-based view of strategy oder **marktorientierte Unternehmensstrategie** und die ”Chicagoschule” bzw. resource-based view of strategy oder **ressourcenorientierte Unternehmensstrategie** als erfolgversprechende Wege diskutiert. Folgerichtig ist zu untersuchen, ob die genannten Strategien als theoretische Anknüpfungspunkte des eher operativen Konzeptes der Geschäftsprozeßoptimierung in VU geeignet sind.

---

[1]     Vgl. Farny 1995, S. 422.

[2]     Rühli 1994, S. 34.

[3]     Vgl. zur historischen Entwicklung des strategischen Management Gomez 1993, S. 24 - 28; Rühli 1994, S. 33f.

## 2.2   Die marktorientierte Unternehmensstrategie

Die marktorientierte Unternehmensstrategie basiert auf der Neoklassik und wird detailliert in der industrieökonomischen Literatur behandelt.[1] Als wichtigster Vertreter dieser Strategie gilt PORTER[2].

### 2.2.1  Darstellung der Strategie

Die Strategie fußt auf dem Grundgedanken, daß sich eine nachhaltige, strategiebedingte Rente aus der Unternehmensumwelt ableiten läßt. Demnach beruht das analytische Fundament der Strategie auf der Analyse der Branchenstruktur und der Wettbewerber.[3] Der Zusammenhang zwischen der Branche und einer dauerhaften Rente des Unternehmens ist in der Literatur als **Structure-Conduct-Performance-Paradigma** bzw. Marktstruktur-Marktverhalten-Marktergebnis-Hypothese bezeichnet worden. In Abb. 7 ist das Paradigma stark vereinfacht dargestellt.

Da die Branchenstruktur (**Structure**) "in starkem Maße sowohl die Spielregeln des Wettbewerbs als auch die Strategien, die dem Unternehmen potentiell zur Verfügung stehen"[4], beeinflußt, sind zunächst die Triebkräfte des Branchenwettbewerbs zu analysieren. Konkret erstreckt PORTER die Analyse auf die fünf Wettbewerbskräfte Lieferanten, potentielle neue Konkurrenten, Abnehmer, Ersatzprodukte und Wettbewerber.[5] Aufbauend auf dieser Strukturanalyse ist es dann möglich, die Stärken und Schwächen des Unternehmens im Verhältnis zur Branche(nstruktur) zu untersuchen und daraus das strategische Verhalten (**Conduct**) des Unternehmens abzuleiten. Prinzipiell lassen sich nach PORTER die in der Literatur umfassend diskutierten und in sich geschlossenen Strategiegruppen

- Kostenführerschaft

- Differenzierung und

- Konzentration auf Schwerpunkte

---

[1]   Vgl. Bongartz 1997, S. 23.

[2]   Vgl. Porter 1987 u. 1996. RASCHE weist jedoch darauf hin, daß es nicht legitim erscheint, PORTER als Vertreter der klassischen Industrieökonomie einzustufen (vgl. zur Begründung Rasche 1993, S. 427).

[3]   Vgl. Porter 1987, S. 24.

[4]   Porter 1987, S. 24.

[5]   Vgl. detailliert Porter 1987, S. 25 - 61; Porter 1996, S. 22 - 30. Vgl. zur Konkurrentenanalyse Porter 1987, S. 78 - 109 u. S. 447 - 453.

unterscheiden. "Die Kostenführer- und Differenzierungsstrategien streben den Wettbewerbsvorteil in einem weiten Bereich von Branchensegmenten an, während die Konzentrationsstrategie auf einen Kostenvorsprung (Schwerpunkt Kosten) oder auf Differenzierung (Schwerpunkt Differenzierung) in einem kleinen Segment abzielt."[1] In diesem Zusammenhang hat PORTER die Wertkette (value chain) als "Grundinstrument zur Diagnose von Wettbewerbsvorteilen und Methoden zu deren Förderung"[2] entwickelt.[3] Mit ihrer Hilfe kann das Unternehmen in einzelne Tätigkeiten untergliedert, und der Beitrag jeder Tätigkeit zur Umsetzung der in dem spezifischen Branchenkontext zweckmäßigen Strategie analysiert werden. Das Instrument kann so dazu beitragen, einen nachhaltigen Kosten- bzw. Differenzierungsvorteil, der wiederum Voraussetzung einer dauerhaften, strategiebedingten Rente (**Performance**) ist, zu erzielen.

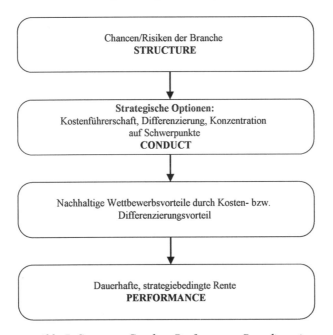

*Abb. 7: Structure-Conduct-Performance-Paradigma[4]*

---

1    Porter 1996, S. 31. Vgl. zu den Strategien umfassend Porter 1987, S. 62 - 69; Porter 1996, S. 31 - 50.

2    Porter 1996, S. 50. Vgl. umfassend zu diesem Instrument Porter 1996, S. 59 - 218.

3    Vgl. zur versicherungsspezifischen Ausgestaltung der Wertkette beispielhaft Schimmelpfeng 1994, S. 42 - 61.

4    Vgl. auch die ähnliche Darstellung bei Gaitanides/Müffelmann 1996, S. 36, Bild 1; Gaitanides/Sjurts 1995, S. 63, Abb. 1.

## 2.2.2 Beurteilung der Strategie

Mit der nur skizzenhaft dargestellten marktorientierten Unternehmensstrategie setzen sich zahlreiche Veröffentlichungen in der einschlägigen Literatur auseinander. Dadurch ist die Strategietheorie zweifellos bereichert worden. Aber auch für den theoriegeleiteten Praktiker werden leicht faßliche und relativ einfach anwendbare Denkmuster und Instrumente (z. B. die Wertkette) bereitgestellt, mit deren Hilfe die Komplexität von strategischen Entscheidungen erheblich reduziert werden kann.[1] Somit erscheint es nicht überraschend, daß viele Entscheider ihre Unternehmenspolitik nach der marktorientierten Strategie ausrichteten bzw. ausrichten.[2] Unternehmen, die sich konsequent an der Marktentwicklung orientieren und sich demzufolge permanent anpassen, können ferner als dynamisch und innovationsfähig charakterisiert werden. Diese "Begleiterscheinungen" der marktorientierten Unternehmensstrategie werden aus Unternehmenssicht im allgemeinen als vorteilhaft angesehen.[3] Dennoch ist die konsequente Umweltorientierung der marktorientierten Unternehmensstrategie in jüngerer Zeit erheblicher Kritik ausgesetzt.

Zunächst stellt sich nicht nur von theoretischer Seite ein gewisses Unbehagen bei der Orientierung konzeptionell angelegter, zukunftsbezogener Ziel- und Mittelentscheidungen an kurzfristige, wandelbare Marktgegebenheiten ein. Zu kritisieren ist daher die **outside-in Perspektive** der marktorientierten Unternehmenstrategie, die unternehmensbezogene Aspekte zur Erklärung von strategischen Wettbewerbsvorteilen weitestgehend außer Acht läßt oder - anders formuliert - zu einseitig an externen Faktoren orientiert ist.[4] Die aus den Marktgeschehnissen abgeleiteten "Strategierenten" müssen zwangsläufig temporärer Natur sein, da sich die Marktgegebenheiten und die Kundenwünsche ständig verändern.[5] Die kurzen Marktzyklen können ferner dazu führen, daß die zur Verfolgung einer Kostenführungsstrategie erforderlichen Lerneffekte in Form von produzierten und abgesetzten Produktmengen nicht realisiert werden.[6]

Darüber hinaus wird der Strategie vorgeworfen, sachlogische Brüche zu enthalten. So argumentiert BARNEY u. a., daß die Prämissen der (branchenweiten ressourcenbezoge-

---

[1]    Vgl. Rühli 1994, S. 41.

[2]    So urteilt dann auch GOMEZ: "Der Ansatz der Wettbewerbsstrategie [nach PORTER, Anm. d. Verf.] gehört heute unabdingbar zum Repertoire einer strategisch denkenden Führungskraft" (Gomez 1993, S. 28).

[3]    Vgl. Meffert 1988, S. 43.

[4]    Vgl. Gaitanides/Müffelmann 1995, S. 340 u. 1996, S. 37; Rühli 1994, S. 41.

[5]    Vgl. Gaitanides/Müffelmann 1995, S. 340 u. 1996, S. 37; Prahalad/Hamel 1991, S. 67; Rühli 1994, S. 42.

[6]    Vgl. Pampel 1996, S. 322.

nen) Gleichheit von Unternehmen und der Generierung von strategiebedingten Renten auf der Grundlage von first-mover advantages[1] in einem logischen Widerspruch stünden, da bei gleicher Ressourcenausstattung kein Unternehmen über die notwendigen (Ressourcen)vorteile verfügen würde, die es diesem ermöglichen, eine Strategie zuerst umzusetzen.[2] Aus unternehmensethischer und ordnungspolitischer Sicht wird schließlich kritisiert, daß die Strategie auf die Fokussierung und Ausweitung unvollkommener Wettbewerbssituationen abzielt, da nur diese zu einer dauerhaften, strategiebedingten Rente führen.[3] Die genannten Gründe veranlassen RÜHLI zu der nüchternen Beurteilung: "Die market-based view ist ein stark rational-ökonomischer Ansatz, der organisationale, verhaltenswissenschaftliche und gesellschaftsbedingte Erklärungsmuster des strategischen Verhaltens von Unternehmungen außer Acht läßt."[4]

In dem hier relevanten Verwendungszusammenhang ist insbesondere die extreme outside-in Perspektive der marktorientierten Unternehmenstrategie kritisch zu würdigen, da - wie noch zu zeigen sein wird - die Ermittlung von unternehmensindividuellen Prozeßstrukturen und Prozeßdaten im Sinne einer Ist-Analyse Ausgangspunkt des Konzeptes der GPO ist. Die Berücksichtigung unternehmensinterner Strukturen erfolgt in der marktorientierten Unternehmensstrategie jedoch in einem unzureichenden Maße.[5] Aus den genannten Gründen erscheint die marktorientierte Unternehmensstrategie als Grundlage eines Bezugsrahmens der GPO in VU als nicht geeignet. Ein geeigneter Strategieansatz muß die dauerhafte, strategiebedingte Rente von VU vielmehr aus einer umfassenden Analyse der internen Strukturen und der Verschiedenheit der Ressourcenausstattung von Unternehmen ableiten. Gerade dies ist die Grundannahme der ressourcenorientierten Unternehmensstrategie.

---

[1]  "[...] these environmental models of competitive advantage have assumed that firms within an industry (or firms within a strategic group) are identical in terms of the strategically relevant resources they control and the strategies they pursue [...]. Second, these models assume that should resource heterogeneity develop in an industry or group (perhaps through new entry), that this heterogeneity will be very short lived because the resources that firms use to implement their strategies are highly mobile" (Barney 1991, S. 100).

[2]  Vgl. Barney 1991, S. 104.

[3]  Vgl. Rühli 1994, S. 41f.

[4]  Rühli 1994, S. 41, die Orthographie des Begriffs "market-based view" wurde derjenigen in der Arbeit angepaßt. Ähnlich formulieren auch REITSPERGER, DANIEL, TALLMAN und CHISMAR: "Porter's model has the primary virtue of being easy to understand, but does not fully reflect the complexity of strategic behavior among real organizations." (Reitsperger/Daniel/Tallman/Chismar 1993, S. 9).

[5]  Vgl. auch Gaitanides/Müffelmann 1995, S. 340 u. 1996, S. 37.

## 2.3   Die ressourcenorientierte Unternehmensstrategie

Die ressourcenorientierte Unternehmensstrategie wird von ihren Verfechtern als Alternative zur marktorientierten Unternehmensstrategie verstanden. Die strategiebildende Grundidee ist allerdings nicht gänzlich neu, sondern wurde bereits u. a. von SELZNICK[1] und PENROSE[2] formuliert.

### 2.3.1   Darstellung der Strategie

#### 2.3.1.1   Definitorische Grundlagen und Annahmen

Zentrale Betrachtungsobjekte der ressourcenorientierten Unternehmensstrategie sind die Ressourcen von Unternehmen. Da in der Literatur unterschiedliche Begriffe für das Bezugsobjekt der Strategie existieren und selbst bei gleicher Begriffswahl z. T. unterschiedliche Begriffsinhalte verwendet werden,[3] ist für diese Untersuchung zunächst eine Begriffsdefinition festzulegen.[4] Wenn im Folgenden von Ressourcen (i. w. S.) gesprochen wird, so sind Wirtschaftsgüter gemeint, "die zur Produktion anderer Wirtschaftsgüter eingesetzt werden."[5] Die Begriffe Produktionsfaktor und Ressource (i. w. S.) werden somit nachfolgend synonym verwendet. Von den Ressourcen (i. w. S.) werden im weiteren die **strategischen Ressourcen** (Ressourcen i. e. S.) unterschieden. Unter strategischen Ressourcen werden nur solche Wirtschaftsgüter verstanden, die zur Produktion anderer Wirtschaftsgüter eingesetzt werden können und eine unternehmensspezifische Komponente aufweisen.[6] Die strategischen Ressourcen sind das Betrachtungsobjekt der ressourcenorientierten Unternehmensstrategie. Sie können - ähnlich wie Produktionsfaktoren -[7] nach unterschiedlichen Kriterien wie z. B. Personenabhängigkeit, Transaktionsfähigkeit oder Greifbarkeit klassifiziert werden.[8] Darüber hinaus schlägt BARNEY die Unterteilung der strategischen Ressourcen in Phy-

---

[1]   Vgl. Selznick 1957.

[2]   Vgl. Penrose 1980. Die erste Auflage des Buches erschien bereits 1959.

[3]   Vgl. Bongartz 1997, S. 25 ff.; Rasche/Wolfrum 1994, S. 511; Reiß/Beck 1995, S. 35.

[4]   Dies ist vor allem auch notwendig, da im instrumentellen Teil der Untersuchung die Ressourcenorientierte Prozeßkostenrechnung auf ihre Eignung zur Erfassung von Prozeßkosten geprüft wird. Da die Rechnung ingenieurwissenschaftlichen Ursprungs ist, ist das zugrundeliegende Ressourcenverständnis wiederum ein anderes als das der ressourcenorientierten Unternehmensstrategie.

[5]   Farny 1995, S. 478.

[6]   Vgl. ähnlich Rasche 1993, S. 425; Rasche/Wolfrum 1994, S. 502.

[7]   Vgl. etwa die Klassifikationen bei Schweitzer/Küpper 1991, S. 18ff.

[8]   Vgl. Bongartz 1997, S. 25f.; Gaitanides/Müffelmann 1995, S. 340f. u. 1996, S. 37; Gaitanides/Sjurts 1995, S. 64ff.

sical, Human und Organizational capital resources vor.[1] In jüngeren Veröffentlichungen tritt zudem die Kategorie der Financial capital resources hinzu.[2]

Auf diesen Definitionen aufbauend, basiert die ressourcenorientierte Unternehmensstrategie auf zwei grundlegenden Annahmen: "First, this model assumes that firms within an industry (or group) may be heterogeneous with respect to the strategic resources they control. Second, this model assumes that these resources may not be perfectly mobile across firms, and thus heterogeneity can be long lasting."[3] Die Annahme der **Heterogenität der strategischen Ressourcen** hat ihre Ursache in der Unvollkommenheit der Faktormärkte und ist verantwortlich für die unterschiedliche Rentenhöhe der Unternehmen einer Branche.[4] Die zweite Annahme der **Immobilität der strategischen Ressourcen** ist die notwendige Voraussetzung dafür, daß die strategische Rente dauerhafter Natur ist. Strategische Ressourcen können jedoch nur nachhaltige Wettbewerbsvorteile generieren, wenn sie weiteren Merkmalen im Sinne von hinreichenden Bedingungen genügen.

### 2.3.1.2 Merkmale wettbewerbsvorteilsgenerierender strategischer Ressourcen

Nach BARNEY sowie COLLIS und MONTGOMERY müssen strategische Ressourcen

- wertstiftend,
- selten,
- unvollkommen imitierbar und
- nicht substituierbar

sein, um nachhaltige Wettbewerbsvorteile zu generieren.[5]

Strategische Ressourcen sind **wertstiftend**, wenn sie in der Lage sind, den Kundennutzen zu erhöhen. Beispielsweise ist die strategische Ressource "Fähigkeit zur Herstellung technologischer Spitzenleistungen" zwar nicht substituierbar, lediglich unvollkommen imitierbar und selten, aber dadurch ist sie - wie zahlreiche Beispiele eines

---

1 Vgl. ausführlich Barney 1991, S. 101f.

2 Vgl. ausführlich Barney 1997, S. 143f.

3 Barney 1991, S. 101.

4 Vgl. Rasche/Wolfrum 1994, S. 503.

5 Vgl. Barney 1991, S. 105f. u. 1997, S. 145 - ; Collis/Montgomery 1995, S. 120ff. In jüngeren Veröffentlichungen faßt BARNEY die Eigenschaften "unvollkommene Imitierbarkeit" und "Nicht-Substituierbarkeit" zu einer Eigenschaft zusammen (vgl. Barney 1997, S. 150 - 160). Als zusätzliche Eigenschaft nimmt er die Organisation mit hinzu, die allerdings nicht an den Ressourcen ansetzt, sondern an der Fähigkeit der Unternehmen, wettbewerbsvorteilsgenerierende strategische Ressourcen auch vollständig auszubeuten (vgl. Barney 1997, S. 160 - 162).

Over-Engineering insbesondere deutscher Unternehmen beweisen -[1] nicht automatisch auch wertstiftend. In diesem Zusammenhang ist zu berücksichtigen, daß die wertstiftende Ressource nicht höhere Investitionen als die durch sie erzielbaren Ertragszuwächse erforderlich machen darf.[2]

Neben der Nutzenstiftung am Markt muß die strategische Ressource **selten** sein. Wenn mehrere Unternehmen über eine wertstiftende strategische Ressource verfügen, haben diese grundsätzlich die gleiche Ausgangsposition zum Ausbau der Ressource zu einem strategischen Wettbewerbsvorteil, der dann allerdings keiner mehr ist.[3] Recht abstrakt argumentiert BARNEY, daß, so lange die Anzahl der Unternehmen in einer Branche, die eine spezielle wertstiftende strategische Ressource besitzen, geringer ist als die Zahl an Unternehmen, die "zur Herstellung der Dynamik eines vollständigen Wettbewerbs"[4] in dieser Branche notwendig sind, diese Ressource als selten charakterisiert werden kann.

Insbesondere zur Erzielung einer nachhaltigen Strategierente müssen die strategischen Ressourcen zusätzlich **unvollkommen imitierbar** sein. Dies werden sie vor allem aufgrund ihrer unternehmensindividuellen historischen Entwicklung, der Unklarheit der kausalen Zusammenhänge zwischen Ressourcen und nachhaltigen Wettbewerbsvorteilen und der großen sozialen Komplexität strategischer Ressourcen.[5] Eine wichtige Einflußgröße für zukünftige Wettbewerbsvorteile ist die Vergangenheit von Unternehmen. Unter der Annahme gleicher Ausgangsressourcenausstattungen zu einem Zeitpunkt $t_0$, verfügen zwei Unternehmen zu einem in der Zukunft liegenden Zeitpunkt $t_1$ nur über die gleiche Ressourcenausstattung, wenn sie dieselbe historische Entwicklung durchlaufen. Da die zu einem bestimmten Zeitpunkt gegebenen unternehmensinternen und -externen Bedingungen jedoch einmalig und nicht reproduzierbar sind, ist die historische Entwicklung von Unternehmen ein Grund für die nicht oder zumindest nur unvollkommene Imitierbarkeit von strategischen Ressourcen. Ein weiterer Grund wird in der Unkenntnis der Kausalzusammenhänge zwischen strategischen Ressourcen

---

[1]  GAITANIDES und MÜFFELMANN nennen in diesem Zusammenhang u. a. das Beispiel der am Marktbedarf vorbei entwickelten ursprünglichen S-Klasse der jetzigen *Daimler Chrysler AG* (vgl. Gaitanides/ Müffelmann 1995, S. 341).

[2]  Vgl. Rasche/Wolfrum 1994, S. 507.

[3]  Vgl. Barney 1991, S. 106.

[4]  Im Original formuliert BARNEY: "to generate perfect competition dynamics" (Barney 1991, S. 107, sowie die dort angegebene Literatur).

[5]  Vgl. ausführlich Barney 1991, S. 107 - 112. Als weitere Gründe geben RASCHE und WOLFRUM Ineffizienzen, Multiplikatoreffekte bei der Ressourcenakkumulation und Erosionsprozesse an (vgl. Rasche/ Wolfrum 1994, S. 505).

und nachhaltigen Wettbewerbsvorteilen gesehen. Nicht selten kann ein Unternehmen nicht eindeutig identifizieren, warum es über strategische Wettbewerbsvorteile verfügt, weil diese nicht nur von den wenigen strategischen, sondern auch von den vielen, weniger spektakulären täglichen Entscheidungen beeinflußt werden. Andere Gründe können z. B. in der Selbstverständlichkeit der Ursachen liegen (z. B. Nutzung von Teamarbeit) oder auf die Unmöglichkeit der Isolierung der relevanten strategischen Ressourcen zurückzuführen sein.[1] Erkennt allerdings ein Unternehmen diesen Zusammenhang, so wird die Kenntnis mittel- bis langfristig in der Branche mit dem Ergebnis diffundieren, daß die strategische Ressource nicht länger in der Lage ist, einen nachhaltigen Wettbewerbsvorteil zu generieren.[2] Schließlich sind strategische Ressourcen nur unvollständig imitierbar, weil es sich bei diesen mithin um komplexe soziale Phänomene handelt. So können nach BARNEY z. B. die zwischenmenschlichen Beziehungen von Managern, die Unternehmenskultur und das Ansehen des Unternehmens bei Lieferanten und Kunden verantwortlich für eine nachhaltige Strategierente sein.[3] Selbst wenn es möglich erscheint zu bestimmen, wie die genannten strategischen Ressourcen die Rente eines Unternehmens erhöhen, ist eine kausale Beziehung zwischen den Ressourcen und den nachhaltigen Wettbewerbsvorteilen nicht identifizierbar.

Zu den genannten Anforderungen an wettbewerbsvorteilgenerierende, strategische Ressourcen tritt die **Nicht-Substituierbarkeit** hinzu. Ein nachhaltiger Wettbewerbsvorteil ist mit unvollkommen imitierbaren, wertstiftenden und seltenen strategischen Ressourcen nur erzielbar, wenn sie nicht durch andere strategische Ressourcen ersetzt werden können. Dabei unterschiedet BARNEY vor allem die Substitution durch eine ähnliche oder eine ganz unterschiedliche strategische Ressource.[4] Der erstgenannte Weg wird durch die diskutierten Grenzen der Imitierbarkeit einer strategischen Ressource determiniert. Die Substitution durch eine ganz unterschiedliche strategische Ressource liegt beispielsweise vor, wenn ein Unternehmen über einen visionären Unternehmensleiter verfügt, und ein anderes Unternehmen zu ähnlichen Resultaten aufgrund des Einsatzes und der Nutzung eines unternehmensweiten Planungsinstrumentariums kommt.[5] Das erstgenannte Unternehmen mag zwar über eine seltene, wertstiftende und unvollkommen imitierbare strategische Ressource verfügen. Der durch die strategische Ressource "visionärer Unternehmensführer" erzielbare Wettbewerbsvor-

---

1     Vgl. Barney 1997, 154ff.

2     Vgl. Barney 1991, S. 109.

3     Vgl. Barney 1991, S. 110, sowie die dort angegebene Literatur.

4     Vgl. Barney 1991, S. 111f.

5     Vgl. zu dem Beispiel Barney 1991, S. 111f.

teil ist mithin nicht nachhaltig, da sie durch die grundsätzlich unterschiedliche, im Ergebnis jedoch ähnliche Ressource "unternehmensweites Planungssystem" substituiert werden kann.

### 2.3.1.3 Wirkungszusammenhang der Strategie

Verfügt nun ein Unternehmen über strategische Ressourcen, die den oben genannten Anforderungen genügen, läßt sich die Beziehung zwischen den strategischen Ressourcen und der dauerhaften, strategiebedingten Rente in Anlehnung an das Structure-Conduct-Performance-Paradigma der marktorientierten Unternehmensstrategie in einem **Resources-Conduct-Performance-Paradigma**[1] verdeutlichen (vgl. Abb. 8).

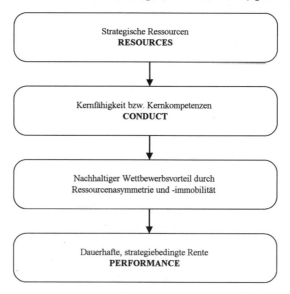

*Abb. 8: Resources-Conduct-Performance-Paradigma[2]*

Jedes Unternehmen verfügt über eine individuelle Ausstattung an strategischen Ressourcen (**Resources**), die zunächst zu analysieren ist. Zur Analyse wurde von BARNEY der VRIO Framework entwickelt, der auf den vier Fragen

- "Valuable?"
- "Rare?"

---

[1]    RÜHLI spricht lediglich von dem Resources-Conduct-Paradigma (Rühli 1994, S. 42).

[2]    Vgl. auch die ähnliche Darstellung bei Gaitanides/Müffelmann 1996, S. 37, Bild 2; Gaitanides/Sjurts 1995, S. 64, Abb. 2; Rühli 1994, S. 43, Abb. 4.

- "Costly to imitate?" und
- "Exploited by the organization?"

aufbaut, die im Rahmen des Analyseschemas systematisch an die strategischen Ressourcen gestellt werden.[1] Wertstiftende, seltene, unvollkommen imitierbare und nicht substituierbare Ressourcen stellen Kernfähigkeiten bzw. Kernkompetenzen dar (**Conduct**), die durch Kombination mit anderen strategischen Ressourcen vollständig "ausgebeutet"[2] werden müssen. Diese Kombination bildet die Grundlage nachhaltiger Wettbewerbsvorteile, da die Ressourcenausstattung der Unternehmen per Definition heterogen ist und die Ressourcen schwer handelbar sind. Auf diesem Weg läßt sich somit eine dauerhafte, strategiebedingte Rente (**Performance**) erzielen.

### 2.3.2 Beurteilung der Strategie

Von ihren Anhängern wird die ressourcenorientierte Unternehmensstrategie nicht selten als neuartige Theorie dargestellt, die zu einem Paradigmenwechsel im strategischen Management führt. "Dies mag u. a. auch wissenschaftspsychologisch erklärbar sein; schließlich wird die Debatte über die wahren Grundlagen des strategischen Erfolgs von zwei renommierten Schulen im Konkurrenzverhältnis geführt."[3] Erscheint diese **Antinomiethese** auf den ersten Blick einleuchtend, da nachhaltige strategiebedingte Renten schließlich nicht gleichzeitig über unternehmensexterne Marktgegebenheiten und unternehmensinterne Ressourcenausstattungen begründbar sind, so hält sie doch in dieser absoluten Form einer genaueren Prüfungen nicht stand.

Zum Ersten ist anzumerken, daß auch die marktorientierte Unternehmensstrategie nicht gänzlich ohne eine Analyse der unternehmensinternen Potentiale auskommt.[4] PORTER entwickelte hierzu die Wertkette, mit deren Hilfe sämtliche Unternehmenstätigkeiten auf neun Grundtypen reduziert werden können. Auf der anderen Seite wird im Rahmen der ressourcenorientierten Unternehmensstrategie der Markt als Beurteilungskriterium für die Fähigkeit von strategischen Ressourcen, einen nachhaltigen Wettbewerbsvorteil zu generieren, herangezogen. Eine strategische Ressource ist eben nur wertstiftend, wenn der externe Kunde ihr einen Wert beimißt.[5] Wohltuend ausgewogen bemerkt daher RÜHLI, daß man bei dem Vorwurf, die marktorientierte Unternehmensstrategie be-

---

[1]  Vgl. umfassend Barney 1997, S. 162 - 173.

[2]  BARNEY formuliert "Is a firm organized to **exploit** the full competitive potential of its resources and capabilities?" (Barney 1997, S. 160, Hervorhebung nicht im Original).

[3]  Rühli 1994, S. 49.

[4]  Vgl. hierzu auch Rasche/Wolfrum 1994, S. 513.

[5]  Vgl. Rühli 1994, S. 50.

rücksichtige die Unternehmensressourcen unzureichend, der ressourcenorientierten Unternehmensstrategie gleichermaßen eine mangelnde Marktorientierung vorwerfen müsse.[1] Zum Zweiten belegt u. a. ZU KNYPHAUSEN[2], daß die Unterstellung, die Industrial Organization-Forschung - und PORTERs Arbeiten sind letztlich Teil dieses Forschungszweigs - würde von ressourcenhomogenen Märkten und damit vollkommenen Faktormärkten ausgehen, nicht zutrifft und damit das von BARNEY vorgebrachte Argument des sachlogischen Bruchs in der marktorientierten Unternehmensstrategie zu kurz greift. Beide Argumente belegen, daß bei genauerer Betrachtung, beide Strategien deutliche Berührungspunkte besitzen.

Aus den genannten Gründen ist eine **gegenseitige Befruchtung** und wechselseitige Ergänzung der Strategien zu konstatieren.[3] Dies kommt z. B. auch bei REIß und BECK zum Ausdruck, die, wie Abb. 9 zeigt, in der ressourcenorientierten Unternehmensstrategie eine Weiterentwicklung der marktorientierten Unternehmenstrategie erkennen. Demnach entwickelte sich die Strategieformulierung von der reinen Produktorientierung über die Markt- und Konkurrenzorientierung hin zu einer Fokussierung auf unternehmensinterne Ressourcen, wobei die genannten Orientierungen im Sinne des Vererbungsprinzips in der folgenden Strategie aufgehen. Der Unterschied zwischen beiden Ansätzen reduziert sich somit auf den Umstand, daß die marktorientierte Unternehmensstrategie die Ressourcenbedürfnisse aus den Marktgegebenheiten **ableitet** (outside-in Perspektive), während im Rahmen des resource-based view of strategy die

---

[1]  Vgl. Rühli 1994, S. 51.

[2]  Vgl. umfassend zu Knyphausen 1993, S. 781ff. Vgl. aber auch Rasche 1993, S. 427 u. Rühli 1994, S. 50.

[3]  Diese Sichtweise findet in der einschlägigen Literatur eine breite Anhängerschaft, wie folgende Zitate beispielhaft belegen: "Thus the resource-based view builds on, but does not replace, the [...] previous broad approaches to strategy by combining internal and external perspectives." (Collis/Montgomery 1995, S. 119, im Original z. T. kursiv). "[...] we emphasize that the resource-based view contains elements of both the Harvard [...] and Chicago [...] schools of industrial organization thought" (Mahoney/Pandian 1992, S. 363). "Eine integrative Gesamtsicht, einhergehend mit einer Vernetzung der einzelnen Ansätze, erscheint insbesondere aus dem Blickwinkel einer ressourcenorientierten Unternehmensführung geboten" (Rasche 1993, S. 427). "Aufgrund der spezifischen Stärken und Schwächen der beiden Ansätze kann man sich durchaus einen Kreislauf vorstellen, wo sich die markt- und die resource-based view ergänzen" (Rühli 1994, S. 51, im Original z. T. kursiv, die Schreibweise beider Strategien wurde derjenigen in der Arbeit angepaßt). "Es ist deshalb kaum eine sehr glückliche Strategie, den ressourcenorientierten Ansatz als ein Gegenkonzept zu den am IO-Paradigma [Industrial Organization-Pradigma, Anm. d. Verf.] anknüpfenden Forschungen des Strategischen Managements [...] einzuführen [...]. Beide Ansätze sollten vielmehr in unvoreingenommener Weise zusammenarbeiten" (zu Knyphausen 1993, S. 785f., die Schreibweise der ressourcenorientierten Strategie wurde derjenigen in der Arbeit angepaßt).

Ressourcenausstattung den **Ausgangspunkt** für die Marktposition des Unternehmens darstellt (inside-out Perspektive).[1]

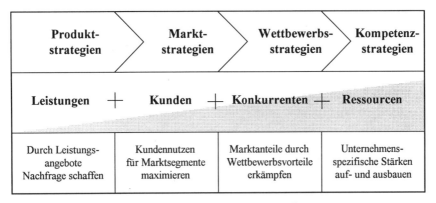

| Produkt-strategien | Markt-strategien | Wettbewerbs-strategien | Kompetenz-strategien |
|---|---|---|---|
| Leistungen    +    Kunden    +    Konkurrenten    +    Ressourcen | | | |
| Durch Leistungs-angebote Nachfrage schaffen | Kundennutzen für Marktsegmente maximieren | Marktanteile durch Wettbewerbsvorteile erkämpfen | Unternehmens-spezifische Stärken auf- und ausbauen |

*Abb. 9: Historische Entwicklung von Unternehmensstrategien[2]*

Vor diesem Hintergrund ist zunächst festzustellen, daß mit Hilfe der ressourcenorientierten Unternehmensstrategie nachhaltige, strategiebedingte Renten auf eine eingängige und leicht faßliche Art und Weise erklärt werden können. Der Plausibilität und dem Charme unternehmensinterner, natürlich gewachsener Ressourcenvorteile im Gegensatz zu vom Markt diktierten, künstlichen Wettbewerbsvorteilen kann man sich nur schwer entziehen.[3] Die inside-out Perspektive des Ansatzes sensibilisiert ferner "für Verbundwirkungen bzw. für "Tiefenphänomene" jenseits der Produkt-Markt-Oberfläche."[4] Diese Erweiterung der Sichtweise schafft zum einen die Voraussetzung einer aussagefähigen Stärken-/Schwächenanalyse[5] und gibt zum anderen der strategischen Unternehmensführung in gewisser Weise ihre Konstanz und Planbarkeit zurück, die sie durch die einseitige Marktorientierung einbüßen mußte.

Kritisch ist aber anzumerken, daß die ressourcenorientierte Unternehmensstrategie z. Z. (noch) nicht den theoretischen Entwicklungsstand der marktorientierten Unternehmensstrategie erreicht hat. Dies kommt z. B. an den unterschiedlichen Abgrenzungen und Bezeichnungen des Untersuchungsobjektes, aber auch an dem bislang ver-

---

1    Vgl. Rühli 1994, S. 50.

2    Darstellung in Anlehnung an Reiß/Beck 1995, S. 36, Abb. 1.

3    Vgl. Reiß/Beck 1995, S. 44.

4    Reiß/Beck 1995, S. 45, im Original kursiv.

5    Vgl. Rasche/Wolfrum 1994, S. 511.

gleichsweise geringen Operationalisierungsgrad der Strategie zum Ausdruck.[1] Nachfolgend wird der Versuch unternommen, das Konzept der GPO und die ressourcenorientierte Unternehmensstrategie in einem strategischen Bezugsrahmen zu verknüpfen. Gelänge eine solche Kopplung, so würde die ressourcenorientierte Unternehmensstrategie durch das Konzept der GPO operationalisiert und damit gleichzeitig ein Beitrag zur Schließung der angesprochenen Forschungslücke geleistet.

## 2.4 Verknüpfung der ressourcenorientierten Unternehmensstrategie mit der Geschäftsprozeßoptimierung

Ein einfaches, gedankenloses Verbinden der beiden Ansätze dergestalt, daß die GPO die operative Ebene und die ressourcenorientierte Unternehmensstrategie die strategische Ebene des Bezugsrahmens abdeckt, würde beiden Ansätzen letztlich nicht gerecht. Vielmehr müssen die ressourcenorientierte Unternehmensstrategie und die GPO einer genauen Stimmigkeitsprüfung unterzogen werden. Ausgangspunkt dieser Prüfung ist die Überlegung, keine künstliche Verknüpfung zu schaffen, sondern zunächst die "ansatzbildende Philosophie" im Sinne der grundlegenden Idee beider Konzeptionen zu identifizieren, um dann zu prüfen, ob diese identisch sind oder sich mindestens komplementär zueinander verhalten. Diese Analyse erscheint notwendig, um eine mechanische Verbindung von u. U. unvereinbaren Ansätzen im Sinne eines **Eklektizismus** zu vermeiden.

In der Tat läßt sich bei genauer Betrachtung ein beiden Ansätzen gleichermaßen zugrundeliegendes Prinzip identifizieren: Beide Ansätze haben die **inside-out Perspektive** gemeinsam. Das diese Perspektive der ressourcenorientierten Unternehmensstrategie zugrunde liegt, wurde bereits hinreichend thematisiert und muß an dieser Stelle daher nicht mehr ausdrücklich dargestellt werden. Die Konzeption der GPO wurde allerdings noch nicht tiefer expliziert. Obgleich in den Kapiteln 4. und 5. umfassend auf die unterschiedlichen Phasen der GPO eingegangen wird, ist an dieser Stelle vorwegzunehmen, daß die ersten drei Phasen auf die Ermittlung und Auswahl der Geschäftsprozesse (Phase 1: Prozeßerkennung und -auswahl), die Analyse der Prozeßstruktur (Phase 2: Prozeßstrukturermittlung) und die Ermittlung der Prozeßdaten (Phase 3: Prozeßdatenermittlung) abstellen. Wenn auch die Bestimmung der Prozeß-Ist-Daten z. T. auch mittels unternehmensextern orientierter Instrumente durchgeführt wird,[2] zielen diese Instrumente doch einzig auf die Ermittlung und Analyse des Ge-

---

[1]    Vgl. umfassend Rasche/Wolfrum 1994, S. 511ff.; Reiß/Beck 1995, S. 45.

[2]    Zur Ermittlung der Ist-Prozeßqualität wird z. B. die Critical Incident Technique und das Beschwerdemanagement empfohlen (vgl. detailliert Kapitel 5.3.3.).

schäftsprozeß-Ist-Zustandes ab. Demgegenüber ist die Bestimmung des Soll-Zustandes der Geschäftsprozesse in der nächsten Phase der GPO (Phase 4: Prozeßbeurteilung) deutlich stärker unternehmensextern ausgerichtet. Ziel ist es, in dieser Phase z. B. mit Hilfe des Prozeßbenchmarking von den "world class" Prozeßrealisationen zu lernen, um daraus Lösungen für eigene Problemstellungen zu generieren. Somit wird erkennbar, daß auch der GPO die inside-out Perspektive als "Analysephilosophie" zugrunde liegt. Folgerichtig führt eine Verknüpfung der ressourcenorientierten Unternehmensstrategie mit dem Konzept der GPO nicht zu einem unvereinbaren Nebeneinander von unterschiedlichen Ideen, da beide Ansätze nicht nur auf komplementären, sondern sogar auf identischen Analyseprinzipien basieren.

Vor dem Hintergrund der Verwendung des gleichen Analyseprinzips, wäre ein fit beider Ansätze auf der realen Handlungsebene zu konstatieren, wenn die Durchführung der GPO in VU zu einer Verbesserung der Ressourcenausstattung von VU führen würde, bzw. die Erreichung der Ziele von VU mit Hilfe der ressourcenorientierten Unternehmensstrategie durch die GPO umzusetzen wäre. Zur Überprüfung dieser Zusammenhänge ist zunächst das Verhältnis zwischen (strategischen) Ressourcen, Prozessen und Produkten von VU zu untersuchen. Wie bei der Dienstleistungsproduktion allgemein,[1] können auch im Rahmen der **güterwirtschaftlichen Versicherungsbetriebslehre**[2] drei Phasen der Versicherungsproduktion unterschieden werden: In der ersten Phase ist es notwendig, durch das Vorhalten von Produktionsfaktoren bzw. Ressourcen die Leistungsbereitschaft des Unternehmens sicherzustellen.[3] Darauf aufbauend kommt es in der zweiten Phase zur Kombination der Ressourcen nach versicherungstechnischen und betriebstechnischen Verfahren im Rahmen des Versicherungsgeschäftes, Kapitalanlagegeschäftes und sonstigen Geschäftes.[4] Als Ergebnis ist in der dritten Phase des Produktionsprozesses das Produkt Versicherungsschutz, das Kapitalanlageprodukt bzw. ein sonstiges Produkt (z. B. Dienstleistung für Dritte) entstanden. Aus dieser stark vereinfachenden Beschreibung wird ersichtlich, daß die Prozesse in VU als Bindeglied zwischen Ressourcen und Produkten verstanden werden können. Abb. 10 zeigt den beschriebenen Zusammenhang in grafischer Form.

---

[1]     Vgl. etwa Corsten 1990, S. 17f.

[2]     Vgl. ausführlich Farny 1995, S. 473 - 544.

[3]     Vgl. zu einer umfassenden Analyse der Produktionsfaktoren von VU Farny 1995, S. 478 - 501.

[4]     Vgl. Farny 1995, S. 501f. Hier findet sich eine anschauliche Darstellung dieses Produktionsfaktorkombinationsprozesses in einem Kleinst-Versicherungsverein auf Gegenseitigkeit.

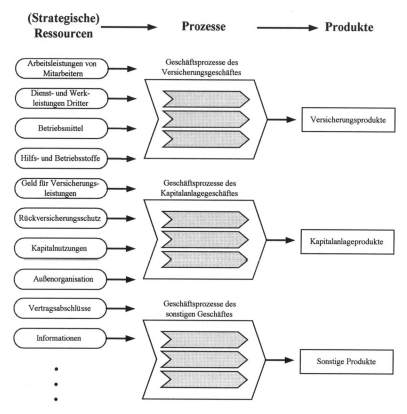

*Abb. 10: Zusammenhang zwischen Ressourcen, Prozessen und Produkten in VU[1]*

Die in der Abbildung dargestellten Ressourcen werden zu strategischen Ressourcen im Sinne der ressourcenorientierten Unternehmensstrategie, wenn z. B. die Mitarbeiter an dem unternehmenseigenen CTV-Systemen geschult werden, so daß sich deren Arbeitsleistung durch einen unternehmensspezifischen Bestandteil auszeichnet.

Vor diesem Hintergrund lassen sich zwei Anknüpfungspunkte zwischen der ressourcenorientierten Unternehmensstrategie und der GPO erkennen: Damit im Rahmen der ressourcenorientierten Unternehmensstrategie Hinweise auf eine unter strategischen Gesichtspunkten optimale Ressourcenallokation gegeben werden können, ist der dar-

---

[1]   Darstellung in Anlehnung an Farny 1995, S. 474, Abb. IV.1.1. Eine ähnliche Darstellung - allerdings für Unternehmen allgemein - findet sich bei Gaitanides/Sjurts 1995, S. 67, Abb. 4 sowie bei Pampel 1996, S. 326, Abb. 1. PAMPEL fokussiert die Input-Seite und fügt daher zwischen Ressourcen und Prozessen die Kapazitäten ein, während GAITANIDES und SJURTS als Ergebnis der Prozesse die Kompetenzen betrachten, die durch die Kundenbewertung zu Kernkompetenzen werden.

gestellte Zusammenhang zwischen Ressourceneinsatz, Geschäftsprozessen und Produkten abzubilden.[1] Die hierzu notwendigen Instrumente decken sich weitgehend mit dem prozeßorientierten Instrumentarium der GPO, da Prozesse als Bindeglied zwischen Ressourcen und Produkten identifiziert wurden und ein prozeßorientiertes Instrumentarium zwar auf die Prozeßphase fokussiert ist, aber implizit alle Phasen der Dienstleistungsproduktion einbezieht.[2] Somit ist die GPO als "instrumentelle Voraussetzung" der ressourcenorientierten Unternehmenstrategie zu verstehen.

Der zweite Anknüpfungspunkt setzt bei der unternehmensspezifischen Bündelung der strategischen Ressourcen in den Geschäftsprozessen an. Aufgabe der GPO ist es, diese Bündelung unter Orientierung an den Unterzielen, die systematisch aus den Formalzielen von VU abgeleitet wurden, zu gestalten. Durch diese Optimierung wird die heterogene Ressourcenausstattung von VU zu ihrem maximalen Zielerreichungsgrad genutzt und mehr noch: Diese unternehmensspezifische Kombination von strategischen Ressourcen wird zu einer eigenen, hochkomplexen strategischen Ressource auf der Metaebene, die als grundsätzlich **wertstiftend, selten, unvollkommen imitierbar** und **nicht substituierbar** charakterisiert werden kann.[3]

Wertstiftend im Sinne von kundennutzensteigernd ist das optimierte Geschäftsprozeßsystem, da in der Prozeßdatenermittlungsphase der GPO u. a. die Qualität der Geschäftsprozesse aus Kundensicht ermittelt und in der Prozeßgestaltungsphase unter Nutzung der Informationen des Prozeßbenchmarking an der besten Prozeßperformance ausgerichtet wird. Zu einer Seltenheit wird ein solches Geschäftsprozeßsystem, wenn alle Prozesse so aufeinander abgestimmt sind, daß sie bei gegebener Ressourcenausstattung zu einer maximalen Formalzielerreichung führen.[4] Die unvollkommene Imitierbarkeit leitet sich vor allem aus der unternehmensindividuellen historischen Entwicklung der Geschäftsprozesse und strategischen Ressourcen sowie der hohen Komplexität des Geschäftsprozeßsystems ab. Ein optimiertes Geschäftsprozeßsystem erscheint n. M. d. Verf. zudem weder durch eine ganz unterschiedliche noch durch eine

---

[1]    Vgl. Pampel 1996, S. 325.

[2]    So setzt z. B. die prozeßorientierte Kostenverrechnung bei der Bewertung der Ressoucen an und verrechnet diese auf Prozesse. Gerade auch vor dem Hintergrund des umfassenden Qualitätsverständnisses im Rahmen des Total Quality Management ist eine Erweiterung der Qualitätsmessung auf Ressourcen und Produkte unerläßlich (vgl. detailliert Kapitel 3.3.).

[3]    Zur gleichen Schlußfolgerung kommen auch GAITANIDES, SJURTS und MÜFFELMANN (vgl. Gaitanides/Müffelmann 1995, S. 341 u. 1996, S. 38; Gaitanides/Sjurts 1995, S. 65f.).

[4]    In praxi wird dieses hohe theoretische Ziel sicher nicht vollständig erreicht werden. Vielmehr werden einzelne Geschäftsprozesse mit Hilfe des Konzeptes der GPO an den Formalzielen ausgerichtet. Bereits eine solche singuläre Optimierung hat allerdings z. Z. in der deutschen Versicherungswirtschaft n. M. d. Verf. einen gewissen Seltenheitswert.

ähnliche strategische Ressource vollständig ersetzbar. Damit ist das Ergebnis der GPO eine **wettbewerbsvorteilsgenerierende strategische Ressource** im Sinne der ressourcenorientierten Unternehmenstrategie. Auf diese Weise wird der Kreis auf der realen Handlungsebene geschlossen: "Ressourcenorientierte Strategieentwicklung und Prozeßorganisation implizieren sich gegenseitig."[1]

Die Formalziele und die zur Zielerreichung notwendigen Entscheidungen beeinflussen die Rahmenbedingungen der Versicherungsproduktion und werden gleichzeitig von diesen geprägt. Daher muß ein strategischer Bezugsrahmen neben den dargestellten unternehmensinternen Elementen auch die **unternehmensexternen Rahmenbedingungen der Versicherungsproduktion** beinhalten. Hierbei sind die Entwicklungen der Märkte, auf denen VU agieren (Versicherungsmarkt, Arbeitsmarkt, Kapitalmarkt und Informationsmarkt), ebenso zu berücksichtigen, wie Änderungen der politisch-rechtlichen (z. B. Verringerung der Versicherungsaufsicht, Besteuerung von Versicherungsprodukten), sozial-kulturellen (z. B. Lebensarbeitszeit, Wertewandel), physisch-technologischen (z. B. technologischer Fortschritt, Agglomeration von Risiken) und einzel-/gesamtwirtschaftlichen (z. B. Einstellung zu Vermögen, Versicherungsbedürfnis im Lebenszyklus) Rahmenbedingungen.[2] Werden diese unternehmensexternen Elemente und Effekte mit den internen Ziel- und Mittelentscheidungen verknüpft, so ergibt sich der in Abb. 11 dargestellte strategische Bezugsrahmen der Untersuchung.

Durch die Einbettung der GPO in VU in den dargestellten strategischen Bezugsrahmen kann die in jüngster Zeit geäußerte **Kritik an der Prozeßorientierung** weitgehend ausgeräumt werden. Der eingangs erwähnte potentielle Zielkonflikt zwischen der Prozeßökonomie und der Ressourcenökonomie und der Kritik der Optimierung ohne genaue Kenntnis des Optimums[3] wird durch die Deduktion der Ziele der GPO aus den Formalzielen von VU weitgehend entschärft. Ferner bemängelt MERTENS die Vernachlässigung des Produktes und des Abgleichs der Marktnachfrage mit den Produkteigenschaften "im Zeichen der "Prozeßwelle" [...]"[4]. In eine ähnliche Richtung geht die Kritik von MAURER und SCHWICKERT, die einen Verlust funktionalen Know-hows durch die Prozeßorientierung befürchten.[5] Beiden Aspekten haftet ein konstruiert anmutendes Entweder-Oder-Verhältnis zwischen Prozeß- und Produktfokus bzw.

---

[1]    Gaitanides/Sjurts 1995, S. 80.

[2]    Vgl. umfassend Helten 1992, S. 295ff. Obgleich die Rahmenbedingungen und Märkte isoliert voneinander dargestellt wurden, sind sie in praxi eng miteinander vernetzt und beeinflussen sich gegenseitig.

[3]    Vgl. Mertens 1996, S. 447 u. 1997a, S. 111.

[4]    Mertens 1997a, S. 110.

[5]    Vgl. Maurer/Schwickert 1997, S. 11.

Prozeß-Know-how und Funktionen-Know-how an, das, mit Bezug zur Kritik von MERTENS, bereits von REIß beanstandet wurde.[1] Auch in der ressourcenorientierten Unternehmensstrategie wird - wie dargestellt - die Marktorientierung nicht gänzlich negiert, sondern nach der Ressourcenanalyse berücksichtigt. Auf instrumenteller Ebene werden die Kundenwünsche zudem durch die Nutzung der Informationen der Critical Incident Technique und des Beschwerdemanagement in der Prozeßdatenermittlungs-, Prozeßbeurteilungs- und Prozeßgestaltungsphase gewährleistet.

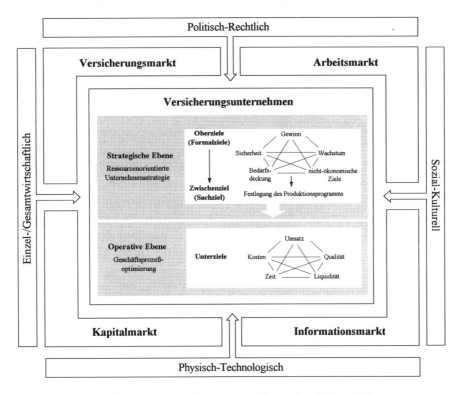

*Abb. 11: Strategischer Bezugsrahmen der GPO in VU*

Neben den genannten Kritikpunkten wird das häufige "Verharren im Paradigma der Funktionsorientierung - unter dem Etikett der Prozeßorientierung"[2] beanstandet. Diese Kritik hat ihren Ursprung allerdings weniger in der Prozeßorientierung selbst, als vielmehr in der mangelnden Bereitschaft von Entscheidern, die Prozeßorientierung konse-

---

1    Vgl. Reiß 1997, S. 112.

2    Maurer/Schwickert 1998, S. 10.

quent umzusetzen. Der Prozeßorientierung bzw. den Veröffentlichungen zur Prozeßorientierung kann in diesem Zusammenhang allerdings zu Recht vorgehalten werden,
zu viele verschiedene sprachliche Ausdrücke für den gleichen inhaltlichen Sachverhalt
zu gebrauchen und diesen nicht einmal exakt abzugrenzen. Diese bereits in Kapitel
1.3.2. angedeutete Mehr-Deutigkeit und Mehr-Namigkeit fördert - wie HUMMEL anschaulich an kostenrechnerischen Begriffen darstellt -[1] Mißverständnisse und Unklarheiten und trägt nicht zur Verbreitung des Verständnisses dessen, was mit Prozeßorientierung gemeint ist, bei. Im Rahmen dieser Untersuchung wurden daher zunächst
begriffliche Grundlagen geschaffen, auf denen die weiteren Ausführungen aufbauen.

MAURER und SCHWICKERT sehen schließlich **Probleme im Bereich der Messung** der
Prozeßdaten.[2] Im einzelnen wird u. a. die Verengung der Meßergebnisse auf "Hard
Facts" und der nicht unerhebliche Aufwand für Messungen kritisiert sowie der Miß-
brauch von Prozeßdaten befürchtet. Auch diese Probleme haben ihre Ursachen nur
z. T. in der Prozeßorientierung selbst. Soweit sie allerdings auf das unvollständige und
aufwendige Instrumentarium der Prozeßorientierung bzw. der GPO zurückzuführen
sind, wird die Kritik als Motivation aufgenommen, einen Schwerpunkt der Untersuchung auf die instrumentelle Ausgestaltung der GPO in VU zu setzen und auch Instrumente, mit deren Hilfe qualitative Prozeßdaten erfaßt werden können, in ausreichendem Umfang zu berücksichtigen. Vor diesem Hintergrund wird der Schwerpunkt
der theoretischen Ausführungen im Folgenden auf der Darstellung der Ziele, der Vorgehensweise und der instrumentellen Ausgestaltung der GPO in VU liegen.

---

[1]     Vgl. Hummel 1997.

[2]     Vgl. Maurer/Schwickert 1998, S. 11.

# 3 Ziele und Zielbeziehungen der Geschäftsprozeßoptimierung

Da die Ziele der Optimierung der Geschäftsprozesse in VU systematisch aus den Formalzielen deduziert wurden, lassen sich grundsätzlich Umsatz-, Kosten-, Zeit-, Quali-
täts- und Liquiditätsziele unterscheiden. Aufgrund des vor allem in der Praxis bestehenden besonderen Interesses an den Effizienzzielen **Prozeßzeit**, **Prozeßkosten** und
**Prozeßqualität**, werden diese in das Zentrum der weiteren Überlegungen gestellt.[1]
Präziser formuliert ist es die Aufgabe des Konzeptes der GPO eine Folge funktional
miteinander verbundener Tätigkeiten zur Erstellung eines inhaltlich abgeschlossenen
Ergebnisses zu ermitteln und umzusetzen, welche die aus den Formalzielen von VU
abgeleiteten Zeit-, Kosten- und Qualitätsziele gleichzeitig erfüllt. Inwieweit das theore-
tische Ideal der simultanen Zielerreichung praktische Relevanz besitzt, wird nach der
Darstellung der Ziele der GPO diskutiert.

## 3.1 Die Prozeßzeit

Bereits seit den sechziger Jahren ist in der arbeitswissenschaftlichen Literatur die Notwendigkeit der Planung, Ermittlung und Kontrolle von Tätigkeits- und Prozeßzeiten im
Büro-, Verwaltungs- und Dienstleistungsbereich erkannt worden.[2] Die Kenntnis dieser
Zeiten sollte die durch PARKINSONs Gesetz[3] vorgezeichnete Entwicklung nicht nur
aufhalten, sondern sogar gänzlich vermeiden helfen. Daher war neben der Steigerung
der Produktivität insbesondere die realitätsnahe Ermittlung der Personalbedarfe das
Ziel der frühen Zeiterfassungen. Obgleich auch im Rahmen der GPO der Personalbedarf prozeßorientiert errechnet werden kann,[4] ist es jedoch vorrangiges Ziel, die Dauer
der Komponenten der Prozeßzeit zu ermitteln, um den zeitbezogenen Optimierungsbe-
darf abzuleiten. Hierzu ist es zunächst notwendig, die einzelnen Elemente der Prozeßzeit zu identifizieren.

---

[1]    Diese Zieltriade wird zudem sehr häufig in der Literatur zur prozeßorientierten Organisationsgestaltung
identifiziert (vgl. z. B. Abramowski/Beckmann 1998, S. 24ff.; Gaitanides/Scholz/Vrohlings 1994, S.
13ff.; Haiber 1997, S. 304ff.; Lipke/Rendenbach 1997, S. 85; Osterloh/Frost 1996, S. 17f.; Schulte-
Zurhausen 1995, S. 62f.; Schwarzer/Krcmar 1995, S. 38ff.; Weth 1997, S. 70ff.; Wiesehahn/Althaus
1996; Wiesehahn/Olthues/Steller 1997, S. 1007; Wiesehahn/Willeke 1998). Andere in der Literatur genannte Ziele sind z. B. Prozeßsicherheit (vgl. z. B. Heppner 1996, S. 357ff.) und Prozeßflexibilität (vgl.
z. B. Kirchmer 1995, S. 268). Ferner nennen SCHWARZER und KRCMAR als weitere mögliche Ziele ein
fit zwischen Unternehmensgestaltung und Unternehmensumwelt herzustellen und das
Unternehmensimage zu verbessern (vgl. Schwarzer/Krcmar 1995, S. 41).

[2]    Vgl. Birn/Crossan/Eastwood 1964, S. 5 - 8; Heinisch/Sämann 1973, S. 13 - 16; Schuhmacher 1972a,
1972b, 1973.

[3]    PARKINSON beobachtete die Zunahme der Beamten im britischen Marine- und Kolonialministerium trotz
sinkender Schiffstonage bzw. Kolonialfläche. Daraus folgerte er ein systemimmanentes Ansteigen der
Personalbestände in Verwaltungen selbst bei sinkendem Arbeitsanfall (vgl. Parkinson 1966).

[4]    Vgl. hierzu das erste Praxisprojekt zur GPO in Kapitel 7.

Allgemein kann die Prozeßzeit in die in Abb. 12 dargestellten Bestandteile untergliedert werden.

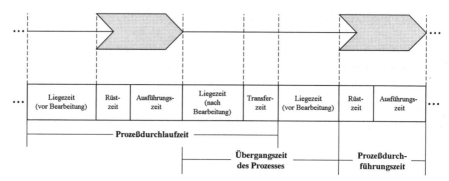

*Abb. 12: Theoretische Bestandteile der Prozeßzeit[1]*

Die wichtigste Größe der zeitlichen Prozeßoptimierung ist die Durchlaufzeit eines Prozesses (**Prozeßdurchlaufzeit**). Die Prozeßdurchlaufzeit umfaßt die Zeitspanne von der Eingangsschnittstelle bis zur Ausgangsschnittstelle eines Prozesses.[2] Somit endet der Prozeß aus zeitlicher Sicht nicht bereits mit der letzten durchgeführten Bearbeitung, sondern erst mit der Weitergabe des Prozeßergebnisses an den internen bzw. externen Kunden. Auf diese Weise wird die Kundenorientierung auch in das zeitliche Ziel der GPO integriert. Im einzelnen setzt sich die Prozeßdurchlaufzeit, wie aus der Abbildung ersichtlich ist, aus der **Prozeßdurchführungszeit**, der **Liegezeit** und der **Transferzeit** zusammen.[3]

Die **Prozeßdurchführungszeit** "beinhaltet den Zeitaufwand, der notwendig ist, um den eigentlichen Transfer des Inputs in den Output vorzunehmen."[4] Die Durchführungszeit eines Prozesses kann weiter in Rüstzeit und Ausführungszeit unterteilt werden. Rüstzeit ist die Zeitdauer, die zur Vorbereitung des Menschen oder Betriebsmittels für die Erfüllung der Arbeitsaufgabe erforderlich ist sowie - falls notwendig - die

---

1     Darstellung modifiziert nach Schulte-Zurhausen 1995, S. 64, Abb. 2-12.

2     Vgl. Schulte-Zurhausen 1995, S. 64. Eine ähnliche Definition der Prozeßdurchlaufzeit findet sich auch bei Gaitanides/Scholz/Vrohlings 1994, S. 14f.

3     Eine andere Unterteilung der Durchlaufzeit findet sich bei ZANGL. Dieser unterscheidet die Bestandteile Bearbeitungszeit, Transformationszeit, Abstimmungs- und Kontrollzeit, Transportzeit, Rüstzeit und Liegezeit. Bearbeitungs- und Transformationszeit werden zur Einwirkzeit zusammengefaßt (vgl. umfassend Zangl 1987, S. 85 - 105).

4     Schulte-Zurhausen 1995, S. 64.

Dauer der Wiederherstellung des ursprünglichen Zustandes des Betriebsmittels.[1] Im Dienstleistungsgeschäft von VU umfaßt die Rüstzeit vor allem die Zeit für das Annehmen und Lesen von Arbeitsaufträgen (z. B. Schadenmeldung, Antrag auf Abschluß einer Versicherung) und für die Herstellung der Betriebsbereitschaft der CTV. Die Ausführungszeit eines Prozesses ist die Zeitdauer für die reine Bewältigung der Arbeitsaufgabe, also z. B. die Dauer der Erstellung einer Schadenabrechnung oder einer Versicherungspolice. Die Zeit vor und nach der Bearbeitung, die ein Auftrag unbearbeitet innerhalb eines Prozesses verweilt, wird **Liegezeit** genannt.[2] Die zeitliche Dauer, die zur Weitergabe des Prozeßoutputs an den Kunden benötigt wird, ist die **Transferzeit**.[3]

Das zeitbezogene Ziel der GPO stellt auf die Erreichung der aus den Formalzielen von VU abgeleiteten Prozeßzeit ab. Dieses abstrakte Ziel kann mit Hilfe der eingeführten Zeitbegriffe als **Reduzierung der Prozeßdurchlaufzeit** konkretisiert werden.[4] Zur Zielerreichung sind theoretisch zwei Wege denkbar: Zum Ersten kann die Prozeßdurchlaufzeit über eine Reduzierung der Prozeßdurchführungszeit im Sinne einer schnelleren Ausführung des Auftrages bzw. einer Verkürzung der Rüstzeit erfolgen. Zum Zweiten ist es möglich, die Prozeßdurchlaufzeit durch eine Verkürzung der **Übergangszeit**, oder konkreter, über die Reduzierung der Liege- und Transferzeiten zu erreichen. Wie empirische Untersuchungen zeigen, ist der Anteil der Prozeßdurchführungszeit an der Prozeßdurchlaufzeit sehr gering: STOMMEL und KUNZ stellen einen Ausführungszeitanteil von lediglich 10 % an der Prozeßdurchführungszeit fest und auch WILDEMANN weist allgemein auf einen Wertschöpfungsanteil von lediglich 10 % innerhalb der Prozeßdurchlaufzeit hin.[5] GREINER gibt unter Rückgriff auf eine Studie eines Unternehmensberaters für den deutschen Finanzdienstleistungsbereich einen Anteil von 2,5 % der wertschöpfenden Zeit an der Prozeßdurchlaufzeit an.[6] Für die deutsche Versicherungswirtschaft geben KRUSE und RÖPER bei der Antragsbearbeitung im Privatkundengeschäft einen Wertschöpfungsanteil von 43 % für Sachversicherungen, 50 % für Haftpflicht-, Unfall- und Kraftfahrtversicherungen, 60 % für Lebens-

---

1     Vgl. REFA 1997, S. 21.

2     Vgl. Schulte-Zurhausen 1995, S. 64.

3     Vgl. Schulte-Zurhausen 1995, S. 64.

4     Theoretisch ist allerdings auch die Erhöhung der Prozeßdurchlaufzeit zur Erreichung des zeitlichen Ziels denkbar, wenn die Prozeßzeit geringer als das aus den Formalzielen abgeleitete Zeitziel ist. Dieser Fall hat aber eine nur geringe praktische Relevanz und wird daher im Folgenden nicht vertieft.

5     Vgl. Stommel/Kunz 1973; Wildemann 1992, S. 17. Auch FROMM gibt an, daß der weitaus größte Anteil der Durchlaufzeit aus Transfer-, Liege- und Rüstzeit besteht (vgl. Fromm 1992, S. 9, Bild 5).

6     Vgl. Greiner 1994, S. 1203, sowie die dort angegebene Literatur.

versicherungen und 65 % für Krankenversicherungen an.[1] Obwohl ein Vergleich der wertschöpfenden Anteile der Prozeßdurchlaufzeit zwischen Sachleistungs- und Versicherungsunternehmen auf Grundlage der zitierten Untersuchungen nur mit größter Vorsicht gezogen werden kann,[2] wird doch deutlich, daß die Liegezeit und die Transferzeit die Prozeßdurchführungszeit nicht selten übersteigen. Das dies kein isoliert deutsches Phänomen ist, belegt BICK: Er gibt unter Rekurs auf eine Untersuchung von VU in Großbritannien eine Prozeßdurchlaufzeit von 40 Tagen für die Ausstellung einer einzelnen Versicherungspolice an, während die Prozeßausführungszeit lediglich ca. sieben Tage umfaßt.[3] Aus diesem Grund ist in VU die Durchlaufzeitverkürzung über eine Harmonisierung der Prozeßschnittstellen von besonderer Bedeutung. Dennoch muß das Konzept der GPO zur Ausschöpfung der im Rahmen der Formalzielerreichung möglichen maximalen Prozeßdurchlaufzeitverkürzung über Instrumente verfügen, mit deren Hilfe die Prozeßdurchlaufzeit **und** die Prozeßdurchführungszeit im "Ist"[4] ermittelt werden können. Der Einsatz dieser Instrumente sichert eine hohe zeitliche Transparenz des Prozeßgeschehens.

Um nicht auf der unbefriedigenden Ebene allgemeiner Unternehmens(zeit)weisheiten stehenzubleiben, ist das Ziel der Verkürzung der Prozeßdurchlaufzeit weiter zu präzisieren. Hierzu ist aufbauend auf der zeitlichen Prozeßtransparenz der konkrete Nachweis **verifizierbarer Zeitsenkungspotentiale** auf der operativen Ebene notwendig.[5] Demgemäß ist im Rahmen der GPO ein Maßstab zu bestimmen, der vorgibt, ob und ggf. wie stark ein Prozeß von der grundsätzlich möglichen minimalen Prozeßdurchlaufzeit abweicht.[6] Für die Prozeßdurchlaufzeiten und die Prozeßdurchführungszeiten können solche Maßstäbe im Sinne von **Benchmarks** aus einem zeitbezogenen Vergleich mit Unternehmen abgeleitet werden, die über gleichartige Prozesse verfügen. Diese "marktbezogenen Soll-Zeiten" geben die mögliche minimale Prozeßdauer vor, die auf der einen Seite mit aus den Formalzielen abgeleiteten optimalen Zeitbedarfen und auf der anderen Seite mit den Ist-Zeiten der Prozesse abzugleichen sind. Als Maß-

---

[1]   Vgl. Kruse/Röper 1994, S. 1262.

[2]   Beispielsweise ist nicht ersichtlich, ob die Studien gleiche Begriffsinhalte zugrundelegen, also die gleichen Dinge messen.

[3]   Vgl. Bick 1994, S. 506, sowie die dort angegebene Literatur.

[4]   Zeitdaten werden regelmäßig in Ist-Zeiten und Soll-Zeiten unterschieden (vgl. etwa John 1987, S. 15; REFA 1997, S. 62). Während Ist-Zeiten die tatsächliche Dauer der Ausführung einer Tätigkeit oder eines Prozesses durch einen Menschen oder ein Betriebsmittel angeben, werden Soll-Zeiten aus den tatsächlichen Zeiten abgeleitet. Zu weiteren Typen und Arten von Zeitdaten vgl. Olbrich 1993, S. 19 - 22.

[5]   Vgl. zu dieser Forderung auch Gentner 1994, S. 128.

[6]   Vgl. auch Schwarzer/Krcmar 1995, S. 40.

stäbe für die Ausführungszeiten bieten sich zudem **Soll-Zeiten** an, die aus der Addition der Zeitbedarfe der einzelnen Bewegungselemente der Tätigkeiten und Prozesse gewonnen werden können.

Zusammenfassend kann festgehalten werden, daß das zeitbezogene Instrumentarium der GPO nicht nur in der Lage sein muß, die zeitliche Transparenz von Prozessen im Ist über die Ermittlung der Prozeßdurchlaufzeit und -durchführungszeit herzustellen, sondern auch Maßstäbe in Form von Soll-Zeiten bzw. Prozeßzeitbenchmarks zur Bestimmung des konkreten Zeitsenkungspotentials vorgeben muß.

## 3.2 Die Prozeßkosten

Vor allem das Fehlen ernsthafter Ertragskrisen und der im Vergleich zu anderen Branchen schwächere Wettbewerb der Vergangenheit haben in der deutschen Versicherungswirtschaft die Einführung leistungsfähiger Kostenrechnungssysteme für interne Planungs-, Steuerungs- und Kontrollzwecke, wenn auch nicht gänzlich verhindert, so doch wenigstens gelähmt. Daher ist es nicht verwunderlich, wenn in der einschlägigen Literatur die betriebswirtschaftliche Qualität des internen Rechnungswesens von VU im Vergleich zu Sachleistungsunternehmen stets als **mäßig** charakterisiert wird.[1]

Die interne Kostenrechnung setzt sich in praxi regelmäßig aus einer Kostenartenrechnung mit mehr oder weniger differenziertem Kostenartenausweis und einer Kostenstellenrechnung, mit deren Hilfe die Kostenträgergemeinkosten entweder direkt (im Falle von Kostenstelleneinzelkosten) oder über geeignete Schlüssel (im Falle von Kostenstellengemeinkosten) auf die Kostenstellen verrechnet werden, zusammen.[2] Die Kostenstellen erhalten ein Budget, das zum Ende des Planungszeitraums über Plan-Ist-

---

[1] Vgl. Farny 1992a, Vorwort zur ersten Auflage u. S. 23f. Auch LUND kommt 1995 auf Grundlage der Auswertung einer Befragung der - gemessen am Beitragsvolumen - 50 größten Erstversicherer und der fünf größten Rückversicherer (Rücklaufquote: 26 %) zu dem folgenden nüchternen Ergebnis: "Der Entwicklungsstand des Kostenmanagement in der Versicherungswirtschaft ist noch entfernt von dem in Industrieunternehmen" (Lund 1995, S. 12). SCHIMMELPFENG und SCHÖFFSKI sprechen von einer "zeitlichen Verzögerung" (Schimmelpfeng/Schöffski 1997, S. 515) der Übernahme bzw. Entwicklung und Adaption betriebswirtschaftlicher Steuerungsinstrumente in der Versicherungswirtschaft. KURZE und PELIZÄUS stellen fest, daß die Steuerungsinstrumente in VU höchst unterschiedlich ausgeprägt sind und "erstaunlicherweise manchmal auch nur unter Alibigesichtspunkten genutzt" (Kurze/Pelizäus 1998, S. 1518) werden. Noch krasser als KURZE und PELIZÄUS äußern sich DEARDEN und HESKETT für Dienstleistungen allgemein (vgl. Dearden 1978; Heskett 1988, S. 101f.). Obgleich diese Beurteilungen schon einige Jahre zurückliegen, hat die Einschätzung der genannten Autoren n. M. d. Verf. auch heute noch Gültigkeit, da die "Qualitätslücke" des internen Rechnungswesens nur durch einen (im Vergleich zu Sachleistungsunternehmen) wesentlich schnelleren Erkenntnisfortschritt in der Versicherungswirtschaft hätte aufgeholt werden können. Dieser ist jedoch, nimmt man die Veröffentlichungen zum internen Rechnungswesen in VU als Maßstab, nicht beobachtbar.

[2] Vgl. detailliert Farny 1992a, S. 65ff.

Abweichungen für unterschiedliche Bezugsgrößen (z. B. Organisationseinheiten, Funktionen, Sparten) kontrolliert und je nach Ergebnis über pauschale oder differenzierte kostenstellenbezogene Kürzungen angepaßt wird.[1] An die Kostenstellenrechnung schließt sich die Verrechnung der Endkostenstellenkosten auf die Vor- und Endkostenträger im Rahmen der Kostenträgerrechnung an. Neben diesen klassischen Bestandteilen der Kostenrechnung wird die Deckungsbeitragsrechnung als Ist- und Planrechnung zur Bewertung und Analyse jeglicher Veränderungen im Geschäftsverlauf von VU genutzt.[2] Nur sehr langsam werden neben dieser "Mindestausstattung" des internen Rechnungswesens spezielle Ermittlungs- und Auswertungsrechnungen im Sinne moderner Controlling-Instrumente angewendet.[3] Die Ausgestaltung dieser Instrumente ist dabei auf die spezielle Kostenstruktur in VU abzustimmen.

Die Kosten in VU können zu **Risikokosten** und **Betriebskosten** zusammengefaßt werden.[4] Erstere beinhalten vor allem den Verbrauch an Geld für Versicherungsleistungen (stochastische Schadenkosten) sowie die Differenz zwischen der vom Erstversicherer gezahlten Rückversicherungsprämie und der von ihm bezogenen Rückversicherungsprovisionen (Rückversicherungskosten).[5] Die in der Theorie als Betriebskosten, in der Praxis zumeist ungenau als "Verwaltungskosten" bezeichneten Kostenarten[6], umfassen die Kosten für Arbeits- und Dienstleistungen, materielle Ressourcen, Hilfs- und Betriebsstoffe und die Zinskosten auf das in realen Ressourcen gebundene Kapital.[7] Während zu dem Verhältnis zwischen Risikokosten und Betriebskosten in der versicherungsbetriebswirtschaftlichen Literatur unterschiedliche Angaben gemacht werden,[8] besteht weitgehende Einigkeit darüber, daß die Personalkosten, mit nicht selten mehr

---

[1]    Vgl. Lipke/Rendenbach 1997, S. 85.

[2]    Vgl. detailliert Farny 1992a, S. 92ff.

[3]    Beispiele hierfür sind die Nutzung des Prozeßkostenmanagement und der damit zusammenhängenden Instrumente (vgl. Klenger/Andreas 1994; Lipke/Rendenbach 1997; Rendenbach 1998; Wiesehahn/Olthues/Steller 1997; Wiesehahn 1999) und der Einsatz alternativer Formen der Deckungsbeitragsrechnung (vgl. Kurze/Pelizäus 1998).

[4]    Vgl. zu dieser Zusammenfassung Farny 1995, S. 514 - 518; Farny 1992a, S. 61f.; Müller-Lutz 1983, S. 12f.

[5]    Vgl. Farny 1995, S. 516f. Ein weiterer Risikokostenbestandteil sind die Zinsen für den Verbrauch von Kapitalnutzungen.

[6]    Vgl. zur Unschärfe des Begriffs "Verwaltungskosten" Farny 1995, S. 515f.; Müller-Lutz 1983, S. 12f.

[7]    Vgl. Farny 1995, S. 517f. Der Ansatz von Zinskosten ist in VU im Gegensatz zu Sachleistungsunternehmen generell wenig verbreitet (vgl. Farny 1992a, S. 69).

[8]    Nach FARNY liegt der Betriebskostenanteil an den Gesamtkosten bei Universalversicherern etwa bei 10 bis 30 % (vgl. Farny 1992b, S. 1088). LUND konnte hingegen empirisch einen Anteil von ca. 50 % ermitteln (vgl. Lund 1995, S. 6).

als 50 %, den wesentlichen Bestandteil der Betriebskosten darstellen.[1] Personalkosten sind kurz- und mittelfristig **beschäftigungsgradfixe Kosten**.[2]

Das kostenbezogene Ziel der GPO kann zunächst recht allgemein als die Erreichung der aus den Formalzielen von VU abgeleiteten Kostenvorgaben für die Geschäftsprozesse interpretiert werden. In Anlehnung an den wertmäßigen Kostenbegriff[3] wird dabei unter Prozeßkosten der bewertete Verbrauch von Ressourcen einer Folge logisch zusammenhängender Tätigkeiten zur Erstellung einer Leistung verstanden. Da das Dienstleistungsgeschäft in das Zentrum der weiteren Optimierungsbemühungen gestellt wurde, setzen sich Prozeßkosten aus den auf die Prozesse verrechneten Betriebskosten zusammen. Diese sind zu einem großen Teil unabhängig vom Beschäftigungsgrad, so daß Prozeßkosten sowohl (bezogen auf den Beschäftigungsgrad) variable als auch fixe Kostenbestandteile enthalten, also Vollkosten sind. Weniger abstrakt formuliert ist das wichtigste kostenbezogene Ziel der GPO folglich die **Reduzierung der Prozeßkosten**.[4]

Um dieses Ziel zu erreichen bedarf es Instrumenten, mittels derer die Ergebnisse der klassischen Kostenarten- und Kostenstellenrechnung verursachungsgerecht auf die Prozesse alloziert werden können. Analog der Vorgehensweise zur Erreichung des zeitlichen Ziels der GPO ist also zunächst weitgehende Kostentransparenz der Prozesse zu erzeugen. Aufgrund des hohen Anteils der Personalkosten an den Betriebskosten müssen die dazu geeigneten Instrumente vor allem die Personalkosten verursachungsgerecht auf die Prozesse verrechnen. Die übrigen Kosten (z. B. Kapitalkosten, Sachkosten) können über geeignete Schlüssel umgelegt werden. Der damit erzielte Genauigkeitsgrad der Kostenallokation erscheint aus pragmatischen und

---

[1]  In der Literatur werden im Detail zwar unterschiedliche, von der Tendenz aber sehr ähnliche Angaben zu dem Personalkostenanteil in VU gemacht: MÜLLER-LUTZ sprach etwa 1979 in einem Vortrag auf der Jahrestagung des Vereins zur Förderung der Versicherungswissenschaft an der Universität Mannheim von einem Personalkostenanteil an den Betriebskosten von bis zu 80 % (vgl. Müller-Lutz 1979, S. 4). WRIESKE gibt einen Anteil von ca. 70 % an (vgl. Wrieske 1994, S. 640). Aus der bereits herangezogenen Befragung von LUND geht hervor, daß der Anteil der Personalkosten an den Betriebskosten im Jahre 1995 ca. 51 % betrug (vgl. Lund 1995, S. 4). Die genannten Quellen lassen aber auch einen im Zeitablauf rückgängigen Personalkostenanteil erkennen.

[2]  Vgl. Farny 1992a, S. 64. Die in der Literatur z. T. zu findende definitionsbedingte Proportionalisierung beschäftigungsgradfixer Personalkosten (vgl. z. B. Wrieske 1994, S. 640) wird umfassend in Kapitel 5.3.2. thematisiert.

[3]  Vgl. Schmalenbach 1963, S. 6.

[4]  Auch das Kostenziel könnte theoretisch durch eine Prozeßkostensteigerung erreicht werden, wenn die Kostenvorgabe höher als die tatsächlichen Prozeßkosten wären. Aufgrund der geringen praktischen Relevanz wird dieser Fall allerdings nicht weiter verfolgt.

vor allem aus wirtschaftlichen Gründen vertretbar. Der Vollkostencharakter der Prozeßkosten macht allerdings den Ausweis der beschäftigungsgradabhängigen und -unabhängigen Kostenanteile zwingend notwendig.[1] Zur weiteren Transparenzsteigerung sollten die fixen Prozeßkostenanteile in Abhängigkeit von ihrer zeitlichen Bindungsdauer ausgewiesen werden. Darauf aufbauend ergibt sich dann das konkrete prozeßbezogene Kostensenkungspotential aus der Lücke zwischen Prozeßkostenbenchmarks bzw. geplanten Prozeßkosten und den Ist-Prozeßkosten.

Zusammenfassend ist festzuhalten, daß mit Hilfe des kostenbezogenen Instrumentariums der GPO sowohl die Prozeßkostentransparenz über die vollständige Erfassung und verursachungsgerechte Verrechnung der Betriebskosten auf Prozesse hergestellt werden soll, als auch Maßstäbe in Form von Plan-Kosten bzw. Prozeßkostenbenchmarks zur Bestimmung des **konkreten Kostensenkungspotentials** festgesetzt werden müssen.

### 3.3    Die Prozeßqualität

Obgleich vor der "Deregulierung" des deutschen Versicherungsmarktes die Qualität der Versicherungsprodukte noch durch das BAV gewährleistet wurde, fanden und finden sich in der einschlägigen Literatur Hinweise darauf, "daß die Auffassung von einem hohen Qualitätsniveau der Versicherungsprodukte keineswegs allgemein geteilt wird"[2]. Die Problematik soll aus Kundensicht an zwei Beispielen verdeutlicht werden:

- **Die Kfz-Antenne in der Kfz-Versicherung gegen Diebstahl:**
  Eine Kfz-Antenne wird extrem selten gestohlen, sondern zumeist aus anderen Gründen, die nicht durch die Kfz-Versicherung abgedeckt sind, abgeknickt. Dadurch kommt der Versicherungsnehmer in die folgende Zwangssituation: Eine wahrheitsgemäße Angabe des Sachverhaltes führt zu einer Ablehnung der Regulierung durch das VU und u. U. zu einer Verhöhnung des Versicherungsnehmers in seinem privaten Umfeld. Meldet der Versicherungsnehmer hingegen den Diebstahl der Antenne und begeht damit Versicherungsbetrug, entgeht er beiden negativen Folgen.[3]

---

[1]    Die Fehlentscheidungen, die aus einem undifferenzierten Kostenausweis erwachsen können, werden in Kapitel 5.3.2.5. vertieft.

[2]    Kromschröder/Buchwieser/Gründl/Haindl 1992, S. 45. Das daraus abgeleitete schwierige Verhältnis zwischen Assekuranz und Öffentlichkeit thematisieren z. B. Bittl 1998; Pieper 1990, S. 55f.; Stremitzer/ Ennsfellner 1994, S. 385.

[3]    Vgl. auch Sönnichsen 1994, S. 250.

- **Der Begriff des Feuers in der Hausratversicherung:**
  Obwohl viele Versicherungsnehmer den Sengschaden, den eine brennende Zigarette auf dem Teppichboden oder ein Bügeleisen auf der Wäsche hinterläßt, als Brandschaden interpretieren, ist er nicht durch die Hausratversicherung abgedeckt. Ein ähnlicher Gewissenskonflikt wie in dem vorangegangenen Beispiel ist unausweichlich.[1]

Die unterschiedliche versicherungstechnische Behandlung einer gestohlenen und einer abgeknickten Kfz-Antenne sowie eines Seng- und eines Brandschadens führt bei dem Versicherungsnehmer zu einer subjektiv empfundenen geringen Qualität "seiner Versicherung". Beide Beispiele stellen das Versicherungsprodukt in das Zentrum der Qualitätsbetrachtung und gehen daher von einem produktorientierten Qualitätsbegriff aus, der in der einschlägigen Literatur um den theoretischen, teleologischen, transzendenten, kundenorientierten, herstellungsorientierten und wertorientierten Begriff vervollständigt wird.[2] Ohne an dieser Stelle im Detail auf die allgemeinen Qualitätsbegriffe einzugehen, soll nachfolgend unter Qualität in Anlehnung an DIN 55350, die Beschaffenheit einer **Einheit** bezüglich ihrer Eignung, festgelegte und vorausgesetzte **Erfordernisse** zu erfüllen, verstanden werden.[3] Die Definition hat den Vorzug recht pragmatisch und hinreichend allgemein zu sein, um die für diese Untersuchung wichtigen Dimensionen der Qualität in VU zu umfassen.[4]

KROMSCHRÖDER, BUCHWEISER, GRÜNDL und HAINDL präzisieren, daß unter **Einheit** der Gegenstand der Qualitätsbetrachtung zu verstehen sei.[5] Entsprechend der drei Phasen des Dienstleistungsprozesses[6] können somit sowohl die Potentialdimension und die Prozeßdimension als auch die Ergebnisdimension als Bezugsobjekte der Qualitätsbetrachtung zugrundegelegt werden (vgl. Abb. 13).[7]

---

[1]   Vgl. auch Kromschröder/Buchwieser/Gründl/Haindl 1992, S. 53.

[2]   Vgl. Bröckelmann 1995, S. 11ff.; Bruhn 1995, S. 22 - 24; Bruhn 1996, S. 23 - 34; Fischer, K. 1994, S. 408f.; Garvin 1988, S. 39ff.; Haller 1993, S. 20f.; Haller 1998, S. 5 - 16; Kromschröder 1993, S. 5 - 8; Oess 1991, S. 31ff.; Stauss/Hentschel 1991a, S. 238f.

[3]   Vgl. DIN 55350 1987.

[4]   In der versicherungswissenschaftlichen Literatur wird sie sehr häufig zur Grundlage von Ausführungen zur Qualität gemacht (vgl. etwa Farny 1995, S. 462f.; Fischer, K. 1994, S. 408; Kromschröder 1993, S. 8; Kromschröder/Buchwieser/Gründl/Haindl 1992, S. 46f.; Stremitzer/Ennsfellner 1994, S. 382).

[5]   Vgl. Kromschröder/Buchwieser/Gründl/Haindl 1992, S. 46.

[6]   Vgl. etwa Benkenstein 1993, S. 1098; Corsten 1990, S. 17f.; Meyer 1991, S. 197.

[7]   Nach STAUSS und HENTSCHEL ist die Unterteilung der Dienstleistungsqualität in die drei Dimensionen (vermutlich) auf DONABEDIAN zurückzuführen (vgl. Stauss/Hentschel 1991a, S. 239 sowie die dort angegebene Literatur).

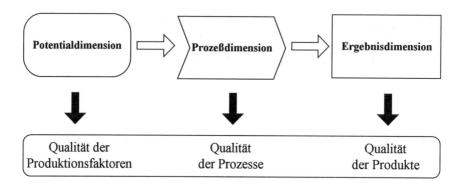

*Abb. 13: Objekte der Qualitätsbetrachtung[1]*

Vor dem Hintergrund der qualitätsbezogenen Optimierung von Geschäftsprozessen wäre es nun konsequent, lediglich die Qualität der Prozesse zu vertiefen. Dies würde jedoch unterstellen, daß die drei Bereiche völlig isoliert voneinander betrachtet werden können, was in praxi nicht zutrifft. So ist z. B. die Qualität des Prozesses "Schaden bearbeiten" (gemessen etwa an der Information des Versicherungsnehmers über den Stand der Schadenregulierung) in hohem Maße von der Qualität des bearbeitenden Sachbearbeiters (Produktionsfaktor Personal) abhängig. Da der Versicherungsnehmer regelmäßig die Schadenzahlung mit dem Versicherungsprodukt gleichsetzt,[2] ist die enge Verknüpfung der Bereiche evident.[3] In VU besteht also keine im Produkt festgelegte und danach vom Produzenten nahezu unabhängige Qualität, wie etwa in Sachleistungsunternehmen.[4] Obgleich nachfolgend der Schwerpunkt auf der Ermittlung der Prozeßqualität liegen wird, sollen aufgrund der geschilderten engen Beziehungen, alle drei Bereiche als Einheit im obigen Sinne verstanden und in die Überlegungen zur Qualitätsermittlung eingeschlossen werden. Diese Vorgehensweise wird durch das im Rahmen des **Total Quality Management** geprägte, umfassende Qualitätsverständnis ("Total"-Komponente des Total Quality Management) gestützt.[5]

---

1   Darstellung in Anlehnung an Kromschröder 1993, S. 9. SÖNNICHSEN unterteilt die Qualität der Versicherungsprodukte nochmals in vier Komponenten: Die Qualität des Anbieterpotentials, die des externen Faktorpotentials, in Beziehungsqualität und Wirkungsqualität (vgl. Sönnichsen 1994, S. 246f. und ausführlich Sönnichsen 1992, S. 295 - 307).

2   Vgl. Stremitzer/Ennsfellner 1994, S. 388.

3   Auf die enge Beziehung der drei Bereiche weist auch FARNY hin (vgl. Farny 1995, S. 463f.).

4   Vgl. Farny 1995, S. 463.

5   Vgl. hierzu Harbrücker 1995b, S. 385; Helten/Schmidt/Schneider 1992, S. 998.

**Wer** die **Erfordernisse**, die von der Einheit zu erfüllen sind, definiert, bleibt in der zugrunde gelegten Qualitätsdefinition offen.[1] In Theorie und Praxis hat sich jedoch durchgesetzt, daß die Erfordernisse "aus Bedürfnissen, Wünschen oder allgemein Zielen des Kunden einerseits, des Produzenten/Anbieters andererseits, ggf. unter Berücksichtigung von Anforderungen aus dem rechtlichen-/politischen-/gesellschaftlichen Umfeld oder auch seitens betroffener Dritter"[2] resultieren. Damit wird aus Sicht des externen Kunden eine Soll-Qualität gefordert, die im Rahmen der Qualitätsplanung in Form von Qualitätsmerkmalen zu operationalisieren und mit der Ist-Qualität abzugleichen ist.[3]

Aufbauend auf diesen definitorischen Grundlagen kann das abstrakte qualitätsbezogene Ziel der Erzielung des aus den Formalzielen von VU abgeleiteten Qualitätsniveaus als **Steigerung der Prozeßqualität** präzisiert werden.[4] Dazu ist, wie bei der Erfüllung der zeitlichen und kostenmäßigen Ziele, zunächst Transparenz bezüglich des bestehenden Qualitätsniveaus der Prozesse zu schaffen. Die dazu geeigneten Instrumente setzen aber, im Gegensatz zu den Zeit- und Kosteninstrumenten, nicht unternehmensintern an, sondern müssen die vom Kunden wahrgenommene Qualität und damit letztlich die **Leistungswirkung** erfassen.[5] Diese marktorientierte Ist-Qualität ist dann einer Soll-Qualität gegenüberzustellen, damit konkrete Qualitätssteigerungspotentiale auf der operativen Ebene identifiziert werden können. Das anzustrebende Soll-Qualitätsniveau wird ebenfalls vom Markt abgeleitet und ergibt sich z. T. bereits aus den marktbezogenen Informationen zur Ist-Qualität. Als weiterer Maßstab sind Vergleiche mit der "best practice" Prozeßqualität in Form von Prozeßqualitätsbenchmarks empfehlenswert.

Im Folgenden ist zu untersuchen, ob die drei Ziele "Reduzierung der Prozeßdurchlaufzeit", "Reduzierung der Prozeßkosten" und "Steigerung der Prozeßqualität" der GPO simultan zu erreichen sind oder vielmehr divergierende Zielsetzungen darstellen, die nicht gleichzeitig realisiert werden können.

---

[1]  Vgl. Bruhn 1995, S. 23.

[2]  Kromschröder 1993, S. 10. Die Haftpflichtversicherung wird dort als Beispiel für die Wichtigkeit der betroffenen Dritten für die Festlegung der Qualitätserfordernisse angegeben.

[3]  Vgl. Kromschröder/Buchwieser/Gründl/Haindl 1992, S. 47.

[4]  Auch bei dem qualitätsbezogenen Ziel ist theoretisch denkbar, daß das Ist-Qualitätsniveau das aus den Formalzielen abgeleitete Qualitätsziel übersteigt, und zur Erreichung der Vorgabe das Qualitätsniveau daher gesenkt werden müßte. Dieser eher theoretische Fall wird jedoch im Folgenden nicht weiter vertieft.

[5]  Ähnliches folgert HAIBER für die Qualitätsmessung in öffentlichen Unternehmen (vgl. Haiber 1997, S. 306).

## 3.4    Beziehungen der Ziele

Seit GUTENBERG gilt, daß eine parallele Realisierung von Kosten-, Zeit- und Qualitätszielen nahezu unmöglich ist. Dieses **konfliktäre Zielverhältnis** kommt in dem sog.
Dilemma der Ablaufplanung bereits zu einem recht frühen Zeitpunkt der wissenschaftlichen Auseinandersetzung mit Betrieben und Unternehmen zum Ausdruck.[1] Auch
PORTER unterstellt einen Trade-off zwischen Kosten- und Qualitätszielen im Rahmen
der bereits dargestellten marktorientierten Unternehmensstrategie, wenn er die Kosten-
führerschaft und die Differenzierung als zwei in sich geschlossene Strategiegruppen
präsentiert.[2] Ebenso nennt SCHMIDT als Beispiel für Ziele, die miteinander im Widerstreit stehen, explizit die Ziele "hohe Qualität" und "niedrige Kosten".[3]

Verwendet man nun die in der betriebswirtschaftlichen Literatur gängigen[4], einem
konfliktären Zielverhältnis zugrundeliegenden Überlegungen zur Erklärung der Beziehungen zwischen den Zielen der GPO, so scheint das daraus resultierende konfliktäre
Zielverhältnis plausibel: Eine Senkung der Prozeßkosten wird in praxi häufig durch
Personalabbau realisiert (Beispiel 1). Dieser führt aber im allgemeinen gleichzeitig zu
einer Reduzierung der Prozeßqualität und aufgrund fehlender Bearbeitungskapazitäten
zu einer hohen Liegezeit und damit zu einer erhöhten Prozeßdurchlaufzeit. Wird andererseits der Versuch unternommen, die Prozeßqualität durch z. B. individuelle Informationen der VN über den Stand der Schadenbearbeitung gezielt zu steigern (Beispiel
2), führt dies (bei unterstellter Konstanz der Kapazitäten) zwangsläufig zu einer Erhöhung der Prozeßdurchlaufzeit und damit zu höheren Prozeßkosten je bearbeitetem
Schadenfall. Wird schließlich eine Senkung der Prozeßdurchlaufzeit durch einen Ausbau des Personals oder eine Investition in moderne IuK-Technik durchgeführt
(Beispiel 3), resultieren daraus erhöhte Prozeßkosten. Allerdings steigt so im allgemeinen die Prozeßqualität. Die geschilderten Beispiele eines konkurrierenden Zielverhält-
nisses sind in Abb. 14 mit Hilfe von Polardiagrammen visualisiert.

---

[1]    Vgl. Gutenberg 1983, S. 215ff.

[2]    Vgl. Porter 1987, S. 62 - 69; Porter 1996, S. 31 - 50.

[3]    Vgl. Schmidt, G. 1989, S. 244.

[4]    Vgl. z. B. auch Krüger 1983, S. 60; Schulte-Zurhausen 1995, S. 349f.; Schwarzer/Krcmar 1995, S. 39ff.

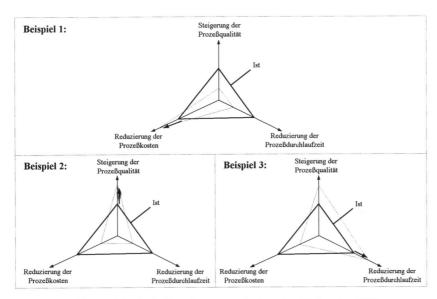

*Abb. 14: Mögliche Beziehungen zwischen den Zielen der GPO*

Wird dieser Trade-off unterstellt, ist nur über eine ein- oder zweiseitige Zielreduktion bei der durch Machtausübung, Schlichtung oder durch Kompromiß eine Reduzierung des Zielerreichungsgrades vorgenommen wird, oder eine einseitige Zielaufgabe die Beseitigung des Zielkonfliktes möglich.[1] In diesen Fällen ist eine auf strategischen Überlegungen basierende Zielgewichtung, auf deren Grundlage der Erreichungsgrad der Ziele mit kleineren Gewichten systematisch reduziert bzw. diese Ziele sogar ganz aufgegeben werden, empfehlenswert.[2]

Im Rahmen der GPO in VU wird nicht der skizzierten klassischen Argumentation gefolgt, sondern vielmehr angestrebt, eine Reduzierung der Prozeßkosten bei gleichzeitiger Steigerung der Prozeßqualität und Reduzierung der Prozeßzeit zu verwirklichen. Diese **"Situation der neuen Zielharmonie"**[3] oder "Differenzierung trotz Kosten-

---

[1]  Vgl. zu den Bereinigungsformen von Zielkonflikten Krüger 1983, S. 61f. Als weitere Beseitigungsstrategie nennt KRÜGER (selbstverständlich) die Problemlösung.

[2]  Vgl. auch Frese/Beecken/Engels/Lehmann/Theuvsen 1995, S. 311; Frese/v. Werder 1994, S. 20.

[3]  Frese/v. Werder 1994, S. 20, im Original kursiv.

orientierung"[1] im Sinne der Verfolgung einer Outpacing Strategie[2] erscheint aufgrund der im Vergleich zur Vergangenheit stark veränderten Ressourcenbedingungen realisierbar.[3] Charakteristisch für diese Veränderungen sind vor allem die stark gestiegene **Mitarbeiterqualifikation** z. B. durch den stetig zunehmenden Akademikeranteil in der Bevölkerung und die umfassenden unternehmensinternen Schulungen, die konsequente unternehmensseitige Nutzung dieser hohen Fähigkeiten durch Gewährung größerer **Handlungsspielräume** sowie die Ausschöpfung der Potentiale der **IuK-Technik** nicht nur zur Automatisierung bestehender, sondern auch zur Schaffung gänzlich neuer Organisationsstrukturen.[4] Die Nutzung der hohen Mitarbeiterqualifikation und die organisatorische Veränderung unter Zugrundelegung des Vertrauensprinzips können zu einer Produktivitätssteigerung im Sinne eines höheren Prozeßoutputs führen, ohne daß zusätzliche Investitionen notwendig werden. Damit wird der Zielkonflikt zwischen Prozeßeffizienz und Ressourceneffizienz zwar nicht gänzlich aufgelöst, aber zumindest bis zu einem gewissen Grade entschärft. Der Punkt des Einsetzens des Trade-offs wird genaugenommen hinausgeschoben, bis die Potentiale der Ressourcen voll ausgeschöpft sind. Bis dahin herrscht Zielharmonie, danach tritt - allerdings auf einem höheren Zielerreichungsniveau - der Trade-off wieder ein (vgl. Abb. 15).[5]

---

[1]      Lehmann 1995, S. 61. Vgl. hierzu auch die Studie von REITSPERGER, DANIEL, TALLMAN und CHISMAR, die am Beispiel von 38 japanischen Elektronikunternehmen empirisch belegen, daß Differenzierung trotz Kostenorientierung möglich ist. Das der Untersuchung zugrundeliegende Modell baut interessanterweise auf der ressourcenorientierten Unternehmenstrategie auf (vgl. Reitsperger/Daniel/Tallman/Chismar 1993).

[2]      Vgl. zu Outpacing Strategies Kleinaltenkamp 1989 sowie zur Kritik an diesem Ansatz Kleinaltenkamp 1987.

[3]      Dies wird auch von praktischer Seite bestätigt, wenn beispielsweise LIPKE und RENDENBACH formulieren: "Neben [...] Kosten- und Preisargumenten kann man sich in der Zukunft auch durch einen mittels verbesserter Prozeßqualität und verkürzter Durchlaufzeiten optimierten Kundenservice [...] behaupten, da diese beiden Dimensionen [...] erfahrungsgemäß gleichgerichtet mit der Kostenoptimierung verlaufen" (Lipke/Rendenbach 1997, S. 92). Vgl. auch die Situation der neuen Zielharmonie am Beispiel der *Dresdner Bank AG* (vgl. Schweitzer/Grundei 1994, S. 60f.) und des Versandhauses *Quelle* (vgl. Rolz/Lehmann 1994, S. 161f.). Allerdings kann diese Zielharmonie nicht auf so einfachem Wege erreicht werden, wie dies z. T. beschrieben wird: "Das [Problem der Qualitätssteigerung bei gleichzeitiger Kosteneinsparung und Zeitgewinnrealisation, Anm. d. Verf.] läßt sich beispielsweise dadurch lösen, daß Fehler wie paralleles Arbeiten durch eine gute Arbeits- und Ablauforganisation vermieden werden oder daß Tätigkeiten, die nicht zur Wertschöpfung beitragen, eliminiert werden" (Fuhrmann 1998, S. 26). Ungeachtet der vielfältigen theoretischen Darstellungen und praktischen Beispielen zu einer zumindest partiellen Zielharmonie, wird in der Literatur z. T. noch von der Strategie "Differenzierung trotz Kostenorientierung" abgeraten (vgl. Plein 1997, S. 50f.).

[4]      Vgl. Frese/v. Werder 1994, S. 22f.; Theuvsen 1996, S. 77f.

[5]      Vgl. zu diesen Überlegungen Frese/Beecken/Engels/Lehmann/Theuvsen 1995, S. 312; umfassend Frese/v. Werder 1994, S. 22f.; Heppner 1996, S. 357ff. HEPPNER stellt dies am Beispiel der Ersatzteilversorgung anschaulich dar.

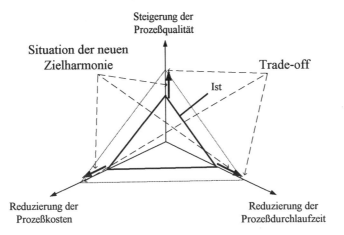

*Abb. 15: Situation der neuen Zielharmonie[1]*

Als Schlüssel zur gleichzeitigen Zielerreichung identifiziert LEHMANN auf der operativen Ebene eine Bündelung von Maßnahmen, deren Erfolg sich nicht kurz-, sondern erst mittelfristig einstellt. Als konkrete Ansatzpunkte nennt der Autor u. a.[2]

- die gezielte Personalauswahl und -entwicklung,

- die Förderung von Teamarbeit,

- den gezielten und auch strategischen Einsatz von Informationstechnologie zur Unterstützung der Mitarbeiter und Führungskräfte,

- die gezielte Auswertung von Kunden- und Marktdaten z. B. in Form von Datenbanksystemen,

- die Optimierung des Kundeninformationsmanagement,

- die Optimierung der Kombination aus persönlichen und unpersönlichen Dienstleistungsbestandteilen,

- die Betonung der Kundenbeziehung durch Dauerleistungen sowie den Aufbau und die Pflege des Kundenstamms.

---

1   Darstellung in Anlehnung an Heppner 1996, S. 358, Abb. 4. Theoretisch exakt müßte von einer partiell-komplementären Zielbeziehung gesprochen werden (vgl. Jehle 1995, S. 147f.).

2   Vgl. Lehmann 1995, S. 62. Als praktisches Beispiel wird das Außendienst-Produktivitätsprogramm der *Winterthur Leben* angegeben, bei dem gleichzeitig Service- und Effizienzsteigerungselemente in Form von positiven und negativen Maßnahmen enthalten sind (vgl. Lehmann 1995, S. 63, Abb. 3-24). Im Rahmen der Prozeßgestaltungsphase der GPO werden die Einzelmaßnahmen und ihre Auswirkungen auf Geschäftsprozesse im Detail analysiert.

Zur vollständigen Ausschöpfung der Ressourcenpotentiale sind die Geschäftsprozesse in VU systematisch zu analysieren, zu beurteilen und schließlich zielgerichtet zu gestalten. Hierzu ist eine prozessuale Betrachtung der Konzeption empfehlenswert, die ihren Niederschlag in der Entwicklung eines Phasenmodells der Geschäftsprozeßoptimierung findet.

# 4 Phasenmodell der Geschäftsprozeßoptimierung

Die Vorgehensweise der GPO kann aus dem **Wesen** und den **Zielen** der Konzeption abgeleitet werden. Wie bereits ausgeführt, handelt es sich bei der Konzeption der Geschäftsprozeßoptimierung in VU um ein Evolutionsmodell, dessen Ausgangsbasis die bestehende Prozeßlandschaft ist. Dieses Charakteristikum der Konzeption muß in dem Phasenmodell durch die umfassende Analyse der Ist-Prozeßarchitektur seinen Ausdruck finden. Zur praktischen Durchführung einer Prozeßanalyse erscheint die Trennung in **Prozeßstruktur** und **Prozeßdaten** zweckmäßig.[1] Unter der Prozeßstruktur wird nachfolgend die Hierarchie aller in einem Geschäftsprozeß enthaltenen Prozesse und Tätigkeiten inkl. ihrer Input-Output-Beziehungen verstanden.[2] Ist zur Darstellung der Prozeßstruktur die Erfassung und Strukturierung von Arbeitsabläufen notwendig, so steht im Zentrum der Analyse der Prozeßdaten die Ermittlung der Prozeßzeit, der Prozeßkosten und der Prozeßqualität. In den Prozeßdaten spiegeln sich die Ziele der GPO direkt wider. Dieser definitorischen Konkretisierung folgend muß eine ablauforientierte Gliederung, wie sie ein Phasenmodell letztlich darstellt, eine **Phase zur Ermittlung der Prozeßstruktur** und eine **Phase zur Bestimmung der Prozeßdaten** enthalten.

Zur Erreichung der **Ziele** der GPO ist das Ermitteln der Ist-Prozeßstruktur und der Ist-Prozeßdaten nicht ausreichend. Vielmehr ist zur Beurteilung des Zielerreichungsgrades der Vergleich dieser Ist-Daten mit Soll-Daten erforderlich. Eine Abweichung zwischen Soll und Ist im Sinne eines Prozeßstruktur- bzw. Prozeßdaten-gaps gibt dann Aufschluß über die grundsätzliche Notwendigkeit einer zielgerichteten Prozeßgestaltung. Daher muß ein zielführendes Vorgehensmodell zur GPO über die beschriebenen Phasen hinaus eine **Phase zur Prozeßbeurteilung** und eine **Phase zur Prozeßgestaltung** beinhalten.

Schließlich ist zu Beginn der GPO das Objekt der Optimierungsbemühungen - also ein konkreter Geschäftsprozeß - festzulegen. Hierzu sind die in VU ablaufenden Ge-

---

[1]  GAITANIDES, SCHOLZ, VROHLINGS und RASTER unterscheiden in Prozeßstruktur und Prozeßleistung (vgl. Gaitanides/Scholz/Vrohlings/Raster 1994). Da der betriebswirtschaftliche Leistungsbegriff im allgemeinen aber auf die mengenmäßige Entstehung von Gütern abstellt, erfaßt der Begriff der Prozeßleistung vor allem den quantitativen Prozeßoutput, was im Folgenden denn auch unter Prozeßleistung verstanden werden soll. Die Zielgrößen Prozeßzeit, Prozeßkosten und Prozeßqualität, die von den Autoren und anderen (z. B. Fuhrmann 1998, S. 124ff.) unter Prozeßleistung diskutiert werden, lassen sich n. M. d. Verf. treffender unter dem Begriff Prozeßdaten subsumieren. Zudem ist die Erfassung der Prozeßleistung in dem hier verstandenen Sinne in praxi relativ problemlos realisierbar (vgl. Schulte-Zurhausen 1995, S. 84) und bedarf daher keiner tieferen instrumentellen Analyse.

[2]  Vgl. zu dieser Definition Scholz/Vrohlings 1994a, S. 39; Schulte-Zurhausen 1995, S. 80.

schäftsprozesse zunächst zu identifizieren, und darauf aufbauend ist ein Geschäftsprozeß oder sind mehrere Geschäftsprozesse zur Optimierung zu selektieren. Den identifizierten Phasen der Konzeption muß somit eine Phase vorangestellt sein, in der die
**Prozesse in VU erkannt** und einer (oder mehrere) zur Optimierung **ausgewählt** wird
(werden).

Nach Kenntnis d. Verf. wird keines der in der Literatur beschriebenen Phasenmodelle
allen genannten Anforderungen gleichermaßen gerecht.[1] Die von PFOHL, KRINGS und
BETZ vorgestellten Teilschritte der prozeßorientierten Organisationsanalyse können
zwar die an die Analyse der Prozeßstruktur und -daten gestellten Anforderungen erfüllen, lassen die Gestaltung von Prozessen jedoch völlig unberücksichtigt.[2] Aus diesem Grund wird im weiteren die logische Ordnung der aus dem Wesen und den Zielen
der Konzeption abgeleiteten Phasen als Vorgehensstruktur zugrunde gelegt. Das so
ermittelte Phasenmodell der Geschäftsprozeßoptimierung ist in Abb. 16 dargestellt.

Das Modell ist als idealtypisch strukturierter Stufenplan der GPO in VU zu verstehen,
der unternehmensindividuell angepaßt und ausgestaltet werden muß und daher bewußt
nicht tiefer detailliert wird. Die in der Abbildung zum Ausdruck kommende Trennschärfe der einzelnen Phasen hat vor allem darstellungstechnische Gründe. In praxi ist
es durchaus möglich, daß z. B. bereits im Rahmen der Prozeßstruktur- und Prozeßdatenermittlungsphase eine (eher gedankliche) Prozeßbeurteilung stattfindet, bzw. Ideen
zur Prozeßgestaltung entstehen, die nach der vollständigen Prozeßperformanceermittlung noch verfeinert bzw. verworfen werden müssen. Das Beispiel macht somit deutlich, daß auch ein wiederholtes Durchlaufen einzelner Phasen vorstellbar ist bzw.
sogar notwendig sein kann. Die grundsätzliche Rangfolge der Phasen folgt allerdings
einer inneren Logik, die wenig Änderungen zuläßt. Um den Optimierungsprozeß
abzukürzen, ist jedoch das überlappende bzw. parallele Abwickeln einzelner Phasen

---

[1]   Vgl. hierzu z. B. die Phasenmodelle bei Abramowski/Beckmann 1998, S. 11, Abb. 5; Buggert/
Maier/Wielpütz 1998, S. 49f.; Fuhrmann 1998, S. 86ff.; Kleinsorge 1994, S. 54 - 59; Körmeier 1997, S.
58ff.; Scholz/Müffelmann 1995, S. 82, Bild 3; Scholz/Vrohlings 1994b, S. 32ff.; Scholz/Vrohlings
1994c, S. 115f.; Traut/Corrêa 1997, S. 69ff.; Weth 1997, S. 54f. und die Vorgehensmodelle der *Action
Incorporated, Boston Consulting Group, Diebold Deutschland GmbH, IBM Unternehmensberatung
GmbH, McKinsey & Company, Ploenzke AG* sowie die Modelle nach DAVENPORT, EVERSHEIM,
HAMMER, HARRINGTON, JOHANSSON, MALONE, SCHEER die umfassend bei HESS dargestellt und
verglichen werden (vgl. Hess 1996).

[2]   Die Autoren unterscheiden die vier Phasen "Erkennen der Prozesse", "Auswahl der Prozesse",
"Darstellung der Prozesse" und "Würdigung der Prozesse" (vgl. detailliert Pfohl/Krings/Betz 1996).

im Sinne der speziell für Produktinnovationsprozesse entwickelten Simultaneous Engineering-Ansätze vorstellbar.[1]

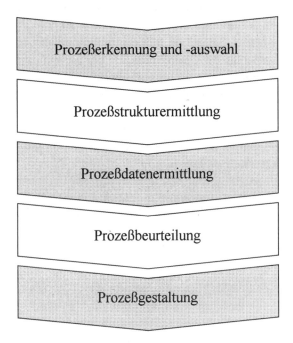

*Abb. 16: Phasenmodell der Geschäftsprozeßoptimierung*

Bei dem Phasenmodell ist der Verzicht auf eine **separate Realisierungs-, Implementierungs- bzw. Umsetzungsphase** auffällig. Oberflächlich betrachtet ist das wenig verständlich, da doch in der jüngeren Literatur zur Reorganisation von Organisationsstrukturen insbesondere die Umsetzung der gedanklichen Gestaltungsvorschläge in die betriebliche Realität als besonders problematisch beschrieben wird.[2] Auch MARR und KÖTTING bestätigen, "daß es schwieriger sein kann, eine neue Organisation einzuführen und durchzusetzen als sie zu entwickeln"[3]. Ebenso führt SCHÜTZE aus: "Ein Veränderungskonzept zu beschließen ist das eine; es gezielt, konsequent, beharrlich und ohne personenbezogene Ausnahmen umzusetzen, ist das weitaus größere Pro-

---

1 Vgl. zu unterschiedlichen Ansätzen des Simultaneous Engineering Gerpott 1996.

2 Vgl. z. B. Jaspert/Müffelmann 1996; Osterloh/Frost 1996, S. 223ff.

3 Marr/Kötting 1992, Sp. 827.

blem."[1] Würde diesem Umstand nun durch eine eigene, abgegrenzte Umsetzungsphase Rechnung getragen, so entstünde der Eindruck, daß die Implementierung eine Sequenz der GPO mit definiertem Anfang und Ende wäre. Die Umsetzung neuer optimierter Arbeitsabläufe in die betriebliche Praxis wird im Rahmen der GPO aber als **Dauerauf-gabe** betrachtet, die bereits z. B. mit der frühzeitigen Einbeziehung der Beteiligten und der bedachten Formulierung der Optimierungsziele beginnt und daher in jeder Phase durchzuführen ist. Wird diesem vergleichsweise weiten Implementierungsverständnis gefolgt, so sind unter Implemtierung bzw. Umsetzung alle Aktivitäten, die sicherstellen, daß die Ziele der GPO erreicht oder übertroffen werden, gleichgültig zu welchem Zeitpunkt oder in welcher Stufe des Phasenmodells sie erfolgen, zu verstehen.[2] Eine separate Implementierungsphase würde dem kontinuierlichen, phasenübergreifenden Umsetzungsverständnis letztlich nicht gerecht.

Das in Abb. 16 dargestellte Phasenmodell der GPO in VU bildet die strukturelle Grundlage der weiteren Untersuchung. Die Inhalte der einzelnen Phasen sowie die sich daraus ergebenden Anforderungen an geeignete Instrumente zur GPO sind Gegenstand der folgenden Ausführungen.

---

[1]    Schütze 1994, S. 235.

[2]    Dieses Implementierungsverständnis geht nach Kenntnis d. Verf. auf KRÜGER zurück (vgl. Krüger 1994, S. 198). Auch SCHÜTZE ist implizit Anhänger dieser weiten Auffassung, wenn er anführt, daß es wirkungsvoll ist "ein Konzept auch schon dann umzusetzen, wenn es noch nicht in allen Details und deren Implikationen durchdacht ist" (Schütze 1994, S. 236). Und weiter: "Veränderungen in Versicherungsunternehmen sind heute wegen der ausgeprägten Komplexität und Interdependenzen aller Systeme, Subsysteme, Prozesse und Strukturen nicht nur lokal und zeitlich begrenzte Ereignisse" (Schütze 1994, S. 238).

# 5 Instrumentelle Ausgestaltung der Geschäftsprozeßoptimierung

## 5.1 Instrumente der Prozeßerkennung und -auswahl

Im Rahmen der Geschäftsprozeßoptimierung werden VU nicht als aus Abteilungen und Bereichen bestehende Wirtschaftseinheiten, sondern als "eine Menge untereinander vernetzter Prozesse verstanden, die organisatorisch jeweils selbständige Einheiten bilden."[1] In der ersten Phase der GPO ist daher zunächst generell zu ermitteln, welche Prozesse in VU existieren (Prozeßerkennung) und darauf aufbauend das spezifische Objekt der weiteren Optimierungsbemühungen auszuwählen (Prozeßauswahl).[2] In diesem Zusammenhang ist die Beantwortung der Frage, ob alle Unternehmen über die gleichen "Prozeßhülsen"[3] verfügen, oder ob jedes Unternehmen vielmehr einzigartige, **nicht vergleichbare Prozesse** besitzt, von besonderer Bedeutung.[4] Bei Gültigkeit der erstgenannten Hypothese müßte die Prozeßlandschaft in VU nur einmalig identifiziert werden und wäre dann branchenweiter Ausgangspunkt jeder Prozeßoptimierungsbemühung. Gelte vielmehr die Hypothese der einzigartigen Prozesse, so besäße die instrumentelle Ausgestaltung der Prozeßerkennungsphase ein besonderes Gewicht, da in jedem VU die Prozeßgrobstruktur von neuem zu ermitteln wäre. In der einschlägigen Literatur sind für beide Hypothesen Anhänger zu finden.

Die Vertreter der "**Hypothese der gleichen Prozeßhülsen**"[5] gehen von idealtypischen Prozessen aus, die innerhalb einer Branche oder sogar für alle Unternehmen identifiziert werden können. Da sich die These durch ein hohes Maß an Prozeßstandardisierung auszeichnet, findet sie im Bereich der Informatik und speziell im Bereich der Wirtschaftsinformatik eine breite Anhängerschaft. Durch empirisch basierte branchen-

---

[1]  Scholz/Vrohlings 1994b, S. 29.

[2]  Grundsätzlich muß diese erste Analysephase nicht auf ein VU beschränkt bleiben, sondern es können ebensogut interorganisationale Prozesse identifiziert werden, bzw. kann sich die Prozeßerkennung und -auswahl nur auf einen Teilbereich des VU konzentrieren (vgl. auch Pfohl/Krings/Betz 1996, S. 250, Fn. 2).

[3]  Gaitanides/Scholz/Vrohlings 1994, S. 6.

[4]  Vgl. zu beiden Hypothesen auch Bogaschewsky/Rollberg 1998, S. 208 - 218; Gaitanides/Scholz/ Vrohlings 1994, S. 6; Körmeier 1997, S. 69; Scholz 1995, S. 84 - 92.

[5]  Bei GAITANIDES, SCHOLZ und VROHLINGS findet sich die Bezeichnung "Konzept idealtypischer Prozesse" (Gaitanides/Scholz/Vrohlings 1994, S. 9).

spezifische Referenz(prozeß)modelle[1], insbesondere im Rahmen des R/3-Systems der *SAP AG* sowie in Prozeßoptimierungssoftware, hat die Hypothese eine weite Verbreitung gefunden.[2] Die allgemeingültigen Referenzprozeßmodelle[3] werden dabei im Rahmen des Customizing der unternehmensspezifischen Prozeßsituation angepaßt.[4] SOMMERLATTE und WEDEKIND haben als Anhänger der Hypothese beispielsweise die in Abb. 17 dargestellten neun Prozeßhülsen identifiziert.[5]

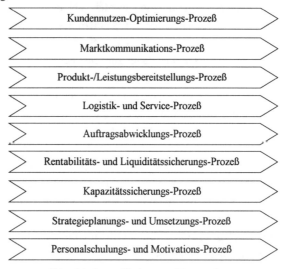

Kundennutzen-Optimierungs-Prozeß

Marktkommunikations-Prozeß

Produkt-/Leistungsbereitstellungs-Prozeß

Logistik- und Service-Prozeß

Auftragsabwicklungs-Prozeß

Rentabilitäts- und Liquiditätssicherungs-Prozeß

Kapazitätssicherungs-Prozeß

Strategieplanungs- und Umsetzungs-Prozeß

Personalschulungs- und Motivations-Prozeß

*Abb. 17: Prozeßhülsen in Unternehmen[6]*

Die Vertreter der "**Hypothese der unternehmensspezifischen Prozesse**" gehen davon aus, daß die "situativen Merkmale, die zur Abgrenzung der Prozesse geführt haben, [...] derart spezifisch [sind, Anm. d. Verf.], daß sie sich nicht wiederholen"[7]. Aus die-

---

[1]     Der Begriff "Referenzmodell" wird in der Literatur sehr unterschiedlich verwendet (vgl. z. B. Heinrich 1999, S. 510; Klinger 1999, S. 32ff.; Frigo-Mosca 1998, S. 128ff.; Stahlknecht 1995, S. 243). Im Folgenden wird unter einem Referenzmodell "jede modellhafte, abstrahierende Beschreibung von Vorgehensweisen, Richtlinien, Empfehlungen oder Prozessen, die für einen abgegrenzten Problembereich gelten und in einer möglichst großen Anzahl von Einzelfällen anwendbar sind" (Stahlknecht 1995, S. 243), verstanden.

[2]     Vgl. auch Bogaschewsky/Rollberg 1998, S. 211.

[3]     Vgl. hierzu etwa die Geschäftsprozeßhierarchie bei AICHELE (vgl. Aichele 1997, S. 53 - 71).

[4]     Vgl. hierzu beispielhaft das Rahmenkonzept für ein integriertes Geschäftsprozeßmanagement (vgl. Scheer/Nüttgens/Zimmermann 1995) sowie die prozeßorientierte Einführung von Standardsoftware am Beispiel des R/3-Systems der *SAP AG* (vgl. Meinhardt 1995).

[5]     Weitere Rahmenschemata nennen Bogaschewsky/Rollberg 1998, S. 210f.

[6]     Vgl. Sommerlatte/Wedekind 1991, S. 30, Abb. 1-3.

[7]     Gaitanides/Scholz/Vrohlings 1994, S. 6.

sem Grund sind - nach Meinung der Vertreter dieser Hypothese -[1] Prozesse unternehmensspezifische Unikate, die nicht einmal innerhalb einer Branche standardisiert werden können. Vielmehr existieren in Unternehmen vage, intuitive Prozeßvermutungen, welche häufig bei betrieblichen Funktionen ansetzen. Diese sind zu sammeln und in einem kreativ-konstruktiven Vorgehen zu konkreten Prozessen zu bündeln.[2] Das Vorgehen kann entweder induktiv "bottom up" erfolgen, indem, wie GAITANIDES vorschlägt, alle mit speziellen organisatorischen Schwachstellen eines Unternehmens verbundenen Tätigkeiten analysiert und diese zu einem spezifischen Prozeß zusammengefaßt werden.[3] Ebenso ist eine deduktive "top down" Vorgehensweise denkbar, wie sie etwa im Rahmen des **Business System Planning** bei der *IBM GmbH* durchgeführt wird. Ausgehend von den Produkten eines Unternehmens werden einzelne Prozesse anhand eines spezifischen Produktlebenszyklusmodells identifiziert.[4] Auf beide Vorgehensweisen wird im Rahmen der Prozeßstrukturermittlung genauer einzugehen sein.[5]

Bei der Würdigung beider Hypothesen ist zunächst SCHOLZ uneingeschränkt zuzustimmen, wenn er anmerkt, daß die Idee von idealtypischen Prozessen in allen Unternehmen in der von SOMMERLATTE und WEDEKIND vorgeschlagenen Ausgestaltung noch nicht ausgereift sei. Dies wird vor allem mit der nur ungefähren Beschreibung der Prozeßinhalte, der unzureichenden Beschreibung der Stellung der Prozesse innerhalb der Aufbau- und Ablaufstruktur sowie der Unvollständigkeit des Klassifikationsschemas begründet.[6] Werden diese operativen Bedenken beiseite gelassen und vielmehr der Kern der Hypothese gewürdigt, so erscheint die Annahme gleicher Prozeßhülsen für die Assekuranz n. M. d. Verf. als durchaus plausibel. Ähnlich wie sich für alle VU gültige Funktionen identifizieren lassen, erscheinen auf einem **hohen Aggregationsni-**

---

[1] GAITANIDES, SCHOLZ und VROHLINGS identifizieren als wichtigste Vertreter GAITANIDES, STRIENING sowie HAIST und FROMM (vgl. Gaitanides/Scholz/Vrohlings 1994, S. 6; Gaitanides 1983; Striening 1988; Haist/Fromm 1989). Darüber hinaus sind OSTERLOH und FROST Anhänger dieser These (vgl. Osterloh/Frost 1996, S. 193ff.).

[2] Vgl. Gaitanides 1983, S. 65.

[3] Vgl. Gaitanides 1983, S. 66 - 71.

[4] Vgl. im Detail Gaitanides/Scholz/Vrohlings 1994, S. 7f.; Scholz 1995, S. 86f. sowie die dort angegebene Literatur.

[5] Die Möglichkeit der Prozeßdetaillierung "von unten nach oben" oder "von oben nach unten" ist weniger für die Prozeßerkennung und -auswahl als vielmehr für die Ermittlung der Prozeßstruktur von besonderer Bedeutung und wird daher an späterer Stelle vertieft.

[6] Vgl. Scholz 1995, S. 90f.

**veau** (Makroprozeßebene) auch idealtypische Geschäftsprozesse vorstellbar.[1] Diese sind auf einer niedrigeren Abstraktionsstufe (Mikroprozeßebene) nicht mehr standardisierbar, sondern müssen unternehmensspezifisch konstruiert werden. Unter Berücksichtigung der unternehmensspezifischen Kernkompetenzen und Gewichtungen der Geschäftsprozesse innerhalb der Prozeßstruktur bildet diese Konkretisierung die Voraussetzung zur Erzielung nachhaltiger Wettbewerbsvorteile. Auf der Grundlage der dargestellten Plausibilitätsüberlegungen[2] und unter Berücksichtigung neuerer empirischer Forschungsergebnisse[3] wird daher für diese Untersuchung die "Hypothese der gleichen Prozeßhülsen" auf einem hohen Aggregationsniveau angenommen.

Für die weiteren Betrachtungen werden **sieben Geschäftsprozesse des Dienstleistungsgeschäftes von VU** unterschieden.[4] Diese sollen als "Mindestprozeßausstattung" des Dienstleistungsgeschäftes von VU verstanden werden. Die Prozeßhülsen stellen die dynamische Verbindung der versicherungsspezifischen Kernfunktionen Leistungserstellung und Absatz von Versicherungs- und anderen Produkten nach FARNY dar.[5] Darüber hinaus wird die Verwaltungsfunktion verstanden als "Gesamtheit der Aufgaben, die sich auf das Unternehmen als Ganzes und auf einzelne nicht unmittelbar produktions- und produktbezogene Sachverhalte"[6] bezieht, von den Geschäftsprozessen berührt. In der nachfolgenden Abb. 18 sind die einzelnen Prozesse dargestellt.

---

[1]    Selbstverständlich dürfen bislang funktionale Bereiche nicht einfach durch das Umformulieren oder Anhängen des Wortes "Prozeß" zu Geschäftsprozessen umetikettiert werden (vgl. auch Osterloh/Frost 1996, S. 197).

[2]    Interessanterweise ist auch bei GAITANIDES - als Anhänger der "Hypothese der unternehmensspezifischen Prozesse" - auf einer hohen Abstraktionsebene die Tendenz zur Hypothese der gleichen Prozeßhülsen zu entdecken. Jedes Unternehmen wird dabei in die Supportprozesse "Ressourcen fokussieren", "Ressourcen akkumulieren", "Ressourcen kompletieren", "Ressourcen abschirmen", "Ressourcen wiedergewinnen" und die Kernprozesse "Kundennutzen definieren", "Leistung kreieren", "Leistung herstellen", "Leistung anbieten", "Auftrag abwickeln" und "Kunden betreuen" unterteilt (vgl. Gaitanides/Müffelmann 1995, S. 341f., insbesondere Bild 2 und ähnlich Gaitanides/Scholz/Vrohlings 1994, S. 15ff., insbesondere Abb. A-4). Wie bereits dargestellt machen SOMMERLATTE und WEDEKIND - als "klassische Vertreter" der "Hypothese der gleichen Prozeßhülsen" - einen sehr ähnlichen Vorschlag.

[3]    Die für einen Fachbereich der Maschinenbaubranche durchgeführte Untersuchung (vgl. Brokemper/Gleich 1999) scheint auf die zumindest branchenspezifische Annehmbarkeit der Hypothese hinzudeuten. Nach Kenntnis des Verfassers gibt es für die Versicherungswirtschaft (noch) keine vergleichbare empirische Untersuchung.

[4]    Vgl. zu diesen Geschäftsprozessen ausführlich GDV 1996b; GDV 1996c. Wenig unterschiedliche Prozeßgliederungen finden sich bei Klenger/Andreas 1994, S. 402; Schulte-Zurhausen 1995, S. 75, Abb. 2-18; Wiesehahn 1996a, S. 1560.

[5]    Vgl. Farny 1995, S. 545ff.; GDV 1996c, Fachliche Beschreibung, Funktionenmodell, S. 2f.

[6]    Farny 1995, S. 545.

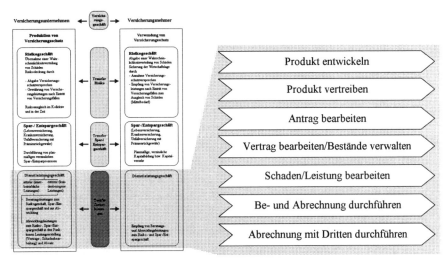

*Abb. 18: Geschäftsprozesse des Dienstleistungsgeschäftes von VU[1]*

Der Geschäftsprozeß **"Produkt entwickeln"** umfaßt die Festlegung der Merkmale des Versicherungsschutzes, der Spar- und Entsparprozesse[2], der Beratungs- und Abwicklungsleistungen sowie des Versicherungsvertrages.[3] Folglich ist von diesem Prozeß nicht nur das Dienstleistungsgeschäft, sondern auch in gewisser Weise das Spar-/Entspar- und Risikogeschäft berührt. Ähnlich wie in Sachleistungsunternehmen sind auch in der Assekuranz ständig kürzer werdende Marktzyklen zu beobachten,[4] so daß der Entwicklung bzw. Weiterentwicklung von Versicherungsprodukten und -tarifen eine zentrale Rolle für die Sicherung und den Ausbau von Wettbewerbsvorteilen zukommt. Idealerweise sollte dabei der Geschäftsprozeß einen Wechsel zwischen innovationsorientierter und Kaizen-orientierter Produktentwicklung zulassen, so daß Wettbewerbsvorteile über Produkt- oder Tarifinnovationen erzielt und anschließend über eine kontinuierliche Verbesserung ausgebaut und gesichert werden können.[5]

---

1   Vgl. zu den im linken Teil der Abb. dargestellten Bestandteilen des Versicherungsgeschäftes detailliert Abb. 1, sowie zu den im rechten Teil dargestellten Geschäftsprozessen GDV 1996c, Fachliche Beschreibung, Prozeßmodell, S. 4.

2   Spar- und Entsparprozesse sind bei Produktneuentwicklungen nur zu berücksichtigen, wenn das Produkt über eine planmäßige Kapitalbildung bzw. über einen planmäßigen Kapitalverzehr verfügen soll (z. B. Lebensversicherung).

3   Vgl. Farny 1995, S. 323f.

4   Vgl. Koch/Weiss 1994, S. 646.

5   Vgl. umfassend Röhr 1995a und 1995b, S. 487.

Der Geschäftsprozeß "**Produkt vertreiben**" hat den Absatz des Versicherungsproduktes unter Überbrückung quantitativer, qualitativer, zeitlicher und räumlicher Distanzen zwischen VU und potentiellen Versicherungsnehmern zum Ziel.[1] Der Prozeß stellt in einer marktwirtschaftlichen Versicherungswirtschaft den Engpaß für alle wirtschaftlichen Aktivitäten des Versicherungsunternehmens dar.[2] Seine Optimierung im Rahmen der GPO ist daher von besonderer Wichtigkeit, wobei die Festlegung des/r optimalen Absatzorgans/e die zentrale organisatorische Aufgabe darstellt. FARNY unterscheidet grundsätzlich zwischen versicherereigenen (z. B. angestellte Vertriebsmitarbeiter), versicherergebundenen (z. B. Einfirmenvertreter) und versichererfremden Absatzorganen (z. B. Versicherungsmakler).[3] Neben den klassischen Vertriebsformen der Versicherungsmakler, -vertreter und Angestellten im Außendienst hat in jüngster Vergangenheit der Direktvertrieb über die "neuen Medien" an Bedeutung gewonnen. Hat die GPO in erster Linie die Reduzierung der Prozeßkosten zum Ziel, so ist im Rahmen der Optimierung des Vertriebsprozesses insbesondere eine Umstellung oder Kombination der Absatzorgane auf bzw. um den Direktvertrieb zu prüfen.

War der Vertriebsprozeß erfolgreich, wird durch ihn der Geschäftsprozeß "**Antrag bearbeiten**" angestoßen. Der Prozeß ist Teil der Leistungserstellungsdurchführung und "umfaßt den Ablauf vom Eingang des Antrags auf Versicherungsschutz bis zum geprüften, vervollständigten und entschiedenen Antrag."[4] Im Anschluß an die Erstbearbeitung eines Vertrages kommt es i. d. R. zur Folgebearbeitung[5] in Form der Durchführung des Geschäftsprozesses "**Vertrag bearbeiten/Bestände verwalten**". Der Geschäftsprozeß wird dabei entweder vom Versicherer, Versicherungsnehmer oder von einem Dritten ausgelöst.[6] Auch die Schlußbearbeitung zur Beendigung des Versicherungsgeschäfts ist Teil des Geschäftsprozesses, wobei zunächst der Beendigungsgrund formal und materiell zu ermitteln ist, dann gegebenenfalls ein Schlußdokument angefertigt und versendet wird und Dritte (z. B. Gläubiger) informiert sowie die vertrags-

---

[1]    Vgl. Koch/Weiss 1994, S. 8.

[2]    Vgl. Farny 1995, S. 573.

[3]    Vgl. ausführlich Farny 1995, S. 624 - 631. Ferner existieren eine Vielzahl von Vertriebssonderformen (Farny 1995, S. 631f.).

[4]    GDV 1996c, Fachliche Beschreibung, Prozeßmodell, S. 5. Vgl. hierzu auch die detaillierte tabellarische und verbale Prozeßdarstellung bei GDV 1996c, Fachliche Beschreibung, Prozeßmodell, S. 5 - 13.

[5]    Diese wird in praxi auch als "Bestandsverwaltung" bezeichnet (vgl. Farny 1995, S. 563).

[6]    Vgl. Farny 1995, S. 563.

spezifischen Daten in die Historie überführt werden.[1] Dieser Geschäftsprozeß läuft in praxi in hohem Maße DV-gestützt ab.

Kommt es während der Versicherungsvertragslaufzeit zum Eintritt des Versicherungs-falls und wird dieser dem VU von Dritten oder dem Versicherungsnehmer gemeldet, so wird der Geschäftsprozeß "**Schaden/Leistung bearbeiten**" angestoßen. In Theorie und Praxis wird die Meinung vertreten, daß es sich bei der Schadenbearbeitung und -regulierung um hoch komplexe Arbeitsabläufe[2] mit herausragender Bedeutung aus Sicht des externen Kunden und des Unternehmens handelt. Versicherungsnehmer be-urteilen häufig die Qualität des Produktes und nicht selten des gesamten Versiche-rungsunternehmens in Abhängigkeit von ihren Erfahrungen bei der Schadenbearbei-tung.[3] Ferner wird die große Bedeutung des Prozesses durch die Tatsache deutlich, daß der Geschäftsprozeß (neben dem Vertriebsprozeß) im allgemeinen der einzige ist, bei dem der externe Kunde über direkten Unternehmenskontakt verfügt.[4] Aus diesen Gründen dient der Geschäftsprozeß im Rahmen der weiteren Ausführungen zur in-strumentellen Ausgestaltung der GPO als Beispielprozeß und wird die einzelnen Pha-sen gleichsam als Objekt der Optimierungsbemühungen begleiten. Anhand dieses "roten Fadens" sollen das Verständnis und die Vergleichbarkeit der z. T. äußerst kom-plexen Instrumente erleichtert werden. Um Redundanzen in der Darstellung weitge-hend zu vermeiden, wird der Prozeß daher nicht an dieser Stelle beschrieben, sondern in den Phasen der Prozeßstrukturermittlung, -datenermittlung und -beurteilung detail-liert.

Die Geschäftsprozesse "**Be- und Abrechnung durchführen**" und "**Abrechnung mit Dritten durchführen**" umfassen die rechnerische Ermittlung von generellen Beiträgen für den Versicherungsschutz und von konkreten Prämien für ein spezifisches Risiko sowie die Ermittlung der Leistungen von Hilfsstellen (z. B. Telekommunikations-dienste) und Nebenbetrieben (z. B. Kantine). Darüber hinaus wird im Rahmen dieser Prozesse auch die Ergebnisberechnung und Abwicklung von Vermögensverwaltungen

---

[1]  Vgl. ausführlich Farny 1995, S. 564.

[2]  Zur Beurteilung der Komplexität der Schadenbearbeitung in der Literatur vgl. etwa Bachmann 1988, S. 350. Die Meinung "der Praxis" stützt der Verfasser auf Erkenntnisse zahlreicher Gespräche mit Sachbe-arbeitern und Führungskräften von VU sowie aus den Erfahrungen der in Kapitel 7. dargestellten Praxisprojekte.

[3]  Vgl. Kapitel 5.3.3.

[4]  Vgl. detailliert Venohr/Naujoks 1998, S. 806. Die Autoren geben ein in diesem Zusammenhang interes-santes Beispiel des in den USA ansässigen Versicherungsunternehmens *Progressive Insurance*, welches die Schadenbearbeitung in das Zentrum der Optimierungsbemühungen gestellt hat. Ferner finden sich Beispiele von VU im deutschsprachigen Raum, bei denen ähnliche Tendenzen erkennbar sind.

durchgeführt. Diese Geschäftsprozesse gehen somit in gewisser Weise über das eigentliche Dienstleistungsgeschäft hinaus.

Da die sieben identifizierten Prozeßhülsen annahmegemäß in allen VU gleichermaßen identifizierbar sind, bedarf die Prozeßerkennung keiner weiteren instrumentellen Unterstützung.[1] Das Hauptaugenmerk dieser Phase liegt damit eindeutig auf der Auswahl eines Geschäftsprozesses[2], der Gegenstand der weiteren Optimierungsbemühungen ist. Damit wird im Rahmen der GPO einem grundsätzlichen unternehmerischen Entscheidungsverhalten gefolgt, die organisatorische Hauptaufmerksamkeit auf Engpaßbereiche (hier: "Engpaßprozesse") zu lenken.[3] Oder anders ausgedrückt: Die knappen (insbesondere personellen und finanziellen) Ressourcen in VU werden für die Optimierung solcher Geschäftsprozesse in Anspruch genommen, bei denen eine Verbesserung am notwendigsten erscheint. Der **Wirtschaftlichkeitsaspekt** einer GPO ist damit auch wichtiges Kriterium der Prozeßauswahl: Der Nutzen, der aus der Optimierung des ausgewählten Geschäftsprozesses zu gewinnen ist, sollte den mit der Durchführung der GPO verbundenen Aufwand übersteigen. Als pragmatisches, allgemeines Handlungskriterium läßt sich grundsätzlich ableiten: Je höher der zur Optimierung ausgewählte Prozeß in der Prozeßhierarchie steht, desto wirtschaftlicher ist der Einsatz der GPO.[4]

Wird von einer in praxi häufig vorkommenden erfahrungsgeleiteten, intuitiven Prozeßauswahl abgesehen, können Instrumente zur Prozeßauswahl grundsätzlich in Abhängigkeit von der **Anzahl der berücksichtigten Auswahlkriterien** unterschieden werden. Als monokriterielles Auswahlinstrument wird nachfolgend die **ABC-Analyse** vorgestellt. Demgegenüber sind Portfolioanalysen in der Lage mindestens[5] zwei Kriterien in dem Auswahlprozeß zu berücksichtigen, wobei im folgenden die **Prozeßselektion**, die zwei spezifische Kriterien in den Auswahlprozeß einbezieht, detailliert wird. Als Instrumente, die mehr als zwei Kriterien einbeziehen, werden in der Literatur oftmals Kriterienkataloge genannt.[6] Solche Kataloge berücksichtigen die unterschidli-

---

[1]     Auch PFOHL, KRINGS und BETZ betonen, daß die Prozeßerkennung einer nur geringen Technikunterstützung bedarf (vgl. Pfohl/Krings/Betz 1996, S. 247).

[2]     Die Optimierungsbemühungen können selbstverständlich auch auf einer niedrigeren Aggregationsebene ansetzen, so daß ein Subprozeß einer Prozeßhülse im Zentrum der Geschäftsprozeßoptimierung steht. Nachfolgend werden die Instrumente zur Auswahl auf Geschäftsprozeßebene diskutiert.

[3]     Vgl. hierzu auch Haupt 1979, Sp. 4f.

[4]     Vgl. Wiesehahn/Willeke 1998, S. 48.

[5]     Zur mehrdimensionalen Portfolioanalyse vgl. Eker 1994.

[6]     Vgl. etwa Lamla 1995, S. 96; Pfohl/Krings/Betz 1996, S. 247f. sowie die dort gegebenen Beispiele.

chen Auswahlkriterien im allgemeinen recht unsystematisch, so daß sie nicht als Instrumente im engeren Sinne betrachtet werden können. Sie sind - obgleich sie sich in praxi großer Beliebtheit erfreuen - nicht Gegenstand der folgenden Ausführungen.

### 5.1.1 Die ABC-Analyse

Die Pareto- oder ABC-Analyse hat ihren ursprünglichen Entwicklungs- und Anwendungsschwerpunkt in der Materialwirtschaft.[1] Sie basiert, dem **Pareto-Prinzip** folgend, "auf der Erkenntnis, daß meist ein relativ kleiner Teil der Gesamtzahl der zu beschaffenden Güterarten den Hauptanteil am gesamten Lagerbestandswert repräsentiert."[2] Das Instrument ist überall dort zielführend anwendbar, wo

- eine Trennung des Wesentlichen von dem Unwesentlichen,

- die Konzentration von Handlungen auf den Bereich hoher wirtschaftlicher Bedeutung oder

- die Erhöhung der Effizienz von Managementmaßnahmen durch deren gezielten Einsatz

gewünscht werden.[3] In dem hier betrachteten Zusammenhang können mit Hilfe der ABC-Analyse die Geschäftsprozesse unter Berücksichtigung eines Kriteriums in eine Rangfolge gebracht werden.[4] Diese Prozeßrangfolge bildet die Voraussetzung einer eindeutigen Prozeßauswahl.

Als Klassifizierungskriterium eignet sich z. B. der **prozentuale Zeitaufwand des Geschäftsprozesses** am gesamten Zeitaufwand in einer Periode.[5] Auf der Grundlage der identifizierten Prozeßhülsen lassen sich Häufigkeiten und Durchlaufzeiten der Geschäftsprozesse exakt erheben[6] oder - zur Aufwandsminimierung - schätzen[7]. Das Produkt der Prozeßmengen und der Zeitbedarfe ergibt dann den Gesamtzeitbedarf des Geschäftsprozesses, welcher im Verhältnis zum summierten Gesamtzeitbedarf über alle Geschäftsprozesse den prozentualen Zeitbedarf darstellt. Dieser determiniert die Ein-

---

[1]  Zur Historie der ABC-Analyse vgl. Haupt 1979.

[2]  Kupsch/Lindner 1985, S. 306. Im Original hervorgehoben.

[3]  Vgl. Abramowski/Beckmann 1998, S. 15; Hartmann 1993, S. 142.

[4]  Vgl. Haupt 1979, Sp. 1.

[5]  Vgl. Schmidt, G. 1989, S. 203.

[6]  Vgl. hierzu die Techniken der Prozeßzeitermittlung in Kapitel 5.3.1.

[7]  Als systematisches Instrument zur Schätzung von Prozeßzeiten eignet sich insbesondere die **Komplexitäts-Index-Analyse** (vgl. ausführlich Kapitel 5.3.1.2.1.). SCHMIDT schlägt in diesem Zusammenhang die sehr grobe Schätzung in großen, mittleren und kleinen Zeitaufwand vor (vgl. Schmidt, G. 1989, S. 203).

ordnung in die Klassen A-, B- und C-Geschäftsprozesse, wobei in der Literatur keine einheitlichen Angaben zur Festlegung der Klassengrenzen gemacht werden.[1] Obgleich sich in praxi die Einteilung in drei Klassen durchgesetzt hat, empfiehlt sich bei geringen zeitlichen Unterschieden auch die Bildung von zwei bzw. bei größeren Unterschieden die Einteilung in mehr als drei Klassen.[2]

In Tab. 2 ist die beschriebene Vorgehensweise anhand der sieben Prozeßhülsen beispielhaft dargestellt.[3]

| Geschäftsprozeß | Prozeßdaten | | | | | Prozeßrangfolge | | |
|---|---|---|---|---|---|---|---|---|
| | Kurz-bezeich-nung | Prozeß-menge (in ME/Periode) | Prozeß-zeit (in ZE) | Gesamter Zeitauf-wand (in ZE) | Zeit-anteil (in %) | Kurz-bezeich-nung | Zeit-anteil (in %) | Kumu-lierter Zeitantei l (in %) |
| Produkt entwickeln | GP 1 | 120 | 240 | 28.800 | 5,1 | GP 4 | 35,6 | 35,6 |
| Produkt vertreiben | GP 2 | 8.000 | 7 | 56.000 | 10,0 | GP 5 | 26,7 | 62,3 |
| Antrag bearbeiten | GP 3 | 9.000 | 3 | 27.000 | 4,8 | GP 6 | 13,3 | 75,6 |
| Vertrag bearbeiten/ Bestände verwalten | GP 4 | 40.000 | 5 | 200.000 | 35,6 | GP 2 | 10,0 | 85,6 |
| Schaden/Leistung bearbeiten | GP 5 | 30.000 | 5 | 150.000 | 26,7 | GP 1 | 5,1 | 90,7 |
| Be- und Abrechnung durchführen | GP 6 | 25.000 | 3 | 75.000 | 13,3 | GP 3 | 4,8 | 95,5 |
| Abrechnung mit Dritten durchführen | GP 7 | 5.000 | 5 | 25.000 | 4,5[1)] | GP 7 | 4,5[1)] | 100,0 |
| Summe | | 117.120 | | 561.800 | 100,0 | | 100,00 | |

1)    Rundungsbedingte Ungenauigkeit

*Tab. 2: ABC-Analyse von Geschäftsprozessen[4]*

Zur Ordnung der Geschäftsprozesse ist die Tabelle in zwei Bereiche unterteilt. Der erste Teil enthält die Prozeßdaten, auf deren Grundlage die Rangfolge der Geschäftsprozesse im zweiten Teil der Tabelle gebildet wird. Die Prozeßdaten setzen sich ꞏus den Prozeßmengen und -zeiten, die zu dem gesamten Zeitaufwand der Geschäftsprozesse multiplikativ verknüpft werden, zusammen. Die Zeitbedarfe der Geschäftsprozesse werden dann zum gesamten Zeitbedarf über alle Geschäftsprozesse addiert (hier 561.800 ZE). Der Quotient aus dem gesamten Zeitbedarf je Geschäftsprozeß und dem

---

[1]    Vgl. hierzu die unterschiedlichen Einteilungen bei Abramowski/Beckmann 1998, S. 16; Hartmann 1993, S. 149; Haupt 1979, Sp. 3; Kupsch/Lindner 1985, S. 306; Schmidt, G. 1989, S. 204; Verband der Lebensversicherungsunternehmen e. V. 1994, S. 27.

[2]    Vgl. auch Grochla 1986, S. 30; Kupsch/Lindner 1985, S. 306.

[3]    Im Beispiel wird unterstellt, daß die exakten Prozeßmengen und -zeiten bekannt sind.

[4]    Vgl. hierzu auch Schmidt, G. 1989, S. 204, Abb. 99.

Zeitbedarf über alle Geschäftsprozesse ergibt schließlich den prozentualen Zeitanteil. In Abhängigkeit von diesem Zeitbedarf werden die Geschäftsprozesse im zweiten Teil der Tabelle in abnehmender Reihenfolge geordnet und der kumulierte Zeitanteil über diese Rangfolge errechnet.

Im Beispiel bietet sich eine Unterteilung der Geschäftsprozesse in drei Klassen an. Die Geschäftsprozesse "Vertrag bearbeiten/Bestände verwalten" und "Schaden/Leistung bearbeiten" erfordern eine Bearbeitungszeit von 62,3 % und bilden als zeitintensivste Prozesse die Klasse A. Die beiden Geschäftsprozesse "Be- und Abrechnung durchführen" und "Produkt vertreiben" bilden die B-Geschäftsprozesse, da für sie deutlich weniger Zeit benötigt wird (23,3 %). Die übrigen drei Geschäftsprozesse haben den geringsten Zeitbedarf und bilden somit die C-Geschäftsprozesse. Da die A-Geschäftsprozesse im Beispiel den höchsten Zeitbedarf erfordern, sollten sie zuerst optimiert werden, wohingegen die C-Geschäftsprozesse einen wesentlich geringeren prozentualen Zeitanteil umfassen und daher eine geringere Optimierungspriorität besitzen. Die beschriebene Einteilung ist in der folgenden Abb. 19 grafisch dargestellt.

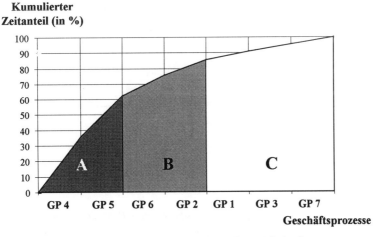

*Abb. 19: Grafische Darstellung der ABC-Analyse[1]*

---

[1]  In Theorie und Praxis sind bei der grafischen Darstellung der ABC-Analyse die Abszisse und Ordinate häufig gleich dimensioniert. Im Beispiel würden somit nicht die Geschäftsprozesse an der Abszisse angetragen, sondern der **kumulierte prozentuale Anteil** an den Geschäftsprozessen. Da diese Skalierung weniger aussagefähig erscheint als das direkte Antragen der Geschäftsprozesse, wird von einer derartigen Dimensionierung abgesehen (vgl. zu der dargestellten Skalierung auch Schmidt, G. 1989, S. 205).

Die ABC-Analyse bietet die Möglichkeit, die Geschäftsprozesse in Abhängigkeit von einem Kriterium in eine Rangfolge zu bringen. In der Vergangenheit wurden für deren Einsatz im Bereich der Materialwirtschaft immer wieder Vorschläge gemacht, die auf die **Verfeinerung der monokriteriellen Rangfolge** durch die Berücksichtigung weiterer Kriterien abstellten.[1] Grundsätzlich lassen sich diese Vorschläge auch auf den hier interessierenden Anwendungszusammenhang übertragen. Neben dem prozentualen Zeitaufwand des Geschäftsprozesses am gesamten Zeitaufwand in einer Periode wäre als zweites Kriterium z. B. die strategische Bedeutung der Geschäftsprozesse oder deren Bedeutung zur Erfüllung von Kundenanforderungen geeignet. Demnach würden die Geschäftsprozesse zunächst nach einem Kriterium in Klassen eingeteilt, im Anschluß daran würde eine zweite Rangfolge in Abhängigkeit von einem anderen Kriterium gebildet und eine neue A-, B- und C-Klassifizierung vorgenommen. Eine grafische Realisierung in Abhängigkeit von zwei Kriterien zeigt Abb. 20.

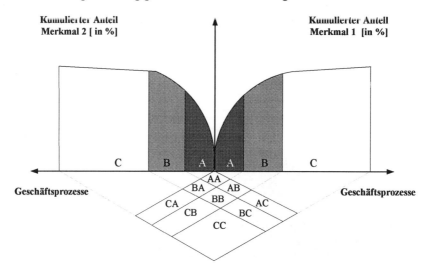

*Abb. 20: Grafische Darstellung einer zweikriteriellen Prozeßauswahl mittels der ABC-Analyse[2]*

---

1    Vgl. hierzu etwa die Kombination der ABC-Analyse mit der Klassifizierung nach dem Vorhersagewert von Artikeln im Rahmen der XYZ-Analyse (vgl. Hartmann 1993, S. 154ff.) oder die Kombination mit der Klassifizierung nach der Verbrauchsstruktur von Materialien im Rahmen der RSU-Analyse (vgl. Grochla 1986, S. 31f.).

2    Darstellung in Anlehnung an Abramowski/Beckmann 1998, S. 18, Abb. 8. Diese Form der ABC-Analyse wird von ABRAMOWSKI und BECKMANN allerdings - wenig präzise - als "zweidimensionale ABC-Kurve" (Abramowski/Beckmann 1998, S. 18, Abb. 8) bezeichnet.

Wird der Logik der ABC-Analyse gefolgt, sind bei der zweikriteriellen Prozeßauswahl zuerst die AA-, BA- und AB-Geschäftsprozesse zu optimieren, wonach sich die zielgerichtete Verbesserung der CA-, BB-, AC-, CB- und BC-Prozesse anschließt. Die CC-Geschäftsprozesse besitzen die geringste Optimierungspriorität und sollten daher zu allerletzt Gegenstand von Optimierungsbemühungen sein.

Wie dargestellt, können mit Hilfe der ABC-Analyse mehrere Kriterien in den Auswahlprozeß integriert werden, indem die Analyse mehrfach durchgeführt wird. Das der Analyse zugrundeliegende Klassifizierungsverfahren wird dadurch jedoch nicht automatisch multikriteriell, sondern bleibt monokriteriell. Im Gegensatz dazu werden bei der nachfolgend dargestellten Prozeßselektion stets zwei Auswahlkriterien berücksichtigt.

### 5.1.2 Die Prozeßselektion

Die Prozeßselektion wurde in Anlehnung an die Vorgehensweise im ersten Haus des LFD entwickelt.[1] Das Vorgehen zielt im Gegensatz zum LFD nicht auf die kundenorientierte Neugestaltung von logistischen Prozeßketten,[2] sondern auf die Auswahl optimierungsbedürftiger (Geschäfts)prozesse ab. Diese werden stets in Abhängigkeit von den Kriterien "Bedeutung der Geschäftsprozesse bezüglich der Erfüllung wichtiger Kundenanforderungen" und "Verbesserungspotential bei der Erfüllung von Kundenanforderungen" strukturiert.[3] Das relativ einfache mathematische Verfahren ähnelt sehr stark der nutzwertanalytischen Vorgehensweise und setzt sich im einzelnen aus der **zweiteiligen Prozeßbewertungsmatrix** und dem **Prozeßselektionsdiagramm** zusammen.

### 5.1.2.1 Prozeßbewertungsmatrix

Im ersten Teil der Prozeßbewertungsmatrix wird der Erfüllungsgrad des erstgenannten Kriteriums ermittelt. Dazu sind zunächst die konkreten **Anforderungen der externen Kunden** an das VU zu eruieren. Da die externen Kunden nicht nur Prämienzahler, sondern auch Schadenkostenverursacher sind, ist die Kenntnis ihrer Ansprüche für VU gleich in zweifacher Hinsicht bedeutend.[4] Ohne an dieser Stelle im Detail auf die

---

1   Vgl. Quint 1996, S. 50. Ein ähnliches Auswahlverfahren wird auch von EISELE, HAUSER und SCHWAN vorgeschlagen (vgl. Eisele/Hauser/Schwan 1995). Auch die von SOMMERLATTE und WEDEKIND beschriebene Vorgehensweise weist Parallelen zur Prozeßselektion auf (vgl. Sommerlatte/Wedekind 1991, S. 32ff.).

2   Vgl. zu den Zielen und der Vorgehensweise des LFD ausführlich Pielok 1995.

3   Vgl. Winz/Quint 1997, S. 43.

4   Vgl. Helten 1995, S. 160.

Möglichkeiten und Grenzen der Ermittlung von Kundenanforderungen einzugehen, ist unmittelbar nachvollziehbar, daß vorab die externen Kunden des VU zu identifizieren sind, bevor in einem zweiten Schritt entweder über direkte Kundenkontakte (Primärforschung) oder über die Auswertung bereits vorhandener, mehr oder weniger stark verdichteter Informationen (Sekundärforschung), kundengruppenspezifische Anforderungen isoliert werden können.[1]

Nach der Identifikation der Kundenansprüche sind diese in Abhängigkeit von ihrer spezifischen Bedeutung zu gewichten, wobei u. U. das **Verfahren des paarweisen Vergleichs**[2] unterstützend einzusetzen ist. Den gewichteten Kundenanforderungen werden anschließend die identifizierten Geschäftsprozesse gegenübergestellt und mit den Ziffern Null bis Drei (0 = kein Einfluß, 1 = geringer Einfluß, 2 = mittlerer Einfluß und 3 = hoher Einfluß) in Abhängigkeit von der Stärke der Beeinflussung der Kundenanforderungen bewertet.[3] Die Bewertungsziffern werden dann mit den Gewichten der Kundenanforderungen zu den **gewichteten Bewertungsziffern** multipliziert.[4] Formal gilt:

(1)          $gBZ_{pk} = g_k \cdot BZ_{pk}$

Mit          $gBZ_{pk}$ = gewichtete Bewertungsziffer des Geschäftsprozesses p und
             der Kundenanforderung k,

             $g_k$  = Gewicht der Kundenanforderung k, wobei $\sum_{i=1}^{k} g_k = 1$,

             $BZ_{pk}$ = Bewertungsziffer des Geschäftsprozesses p und der Kunden-
             anforderung k,

             $p$  = Geschäftsprozeß  und

             $k$  = Kundenanforderung.

---

[1]  Vgl. zu dieser Vorgehensweise detailliert Pieske 1994. HARBRÜCKER weist in diesem Zusammenhang auf einen gewissen Nachholbedarf der Versicherungswissenschaft und -praxis hin (vgl. Harbrücker 1995a, S. 158). HELTEN macht zudem aufschlußreiche Ausführungen zur mikrogeografischen Marktsegmentierung in der Versicherungswirtschaft (vgl. Helten 1995, S. 162f. sowie die dort angegebene Literatur).

[2]  Das Verfahren des paarweisen Vergleichs kann durch die Präferenzmatrix (vgl. ausführlich Schmidt, G 1989, S. 246f.) instrumentell gestützt werden.

[3]  WINZ und QUINT schlagen die Bewertungsziffern Null bis Vier vor, ohne im einzelnen auf die Zwischenwerte einzugehen (Vgl. Winz/Quint 1997, S. 44).

[4]  Vgl. Winz/Quint 1997, S. 45.

Die Summe der gewichteten Bewertungsziffern über alle Geschäftsprozesse wird als **Gesamtbeeinflussungspotential** der Kundenanforderung ($GBP_k$) bezeichnet[1] und gibt Aufschluß darüber, in welchem Maß alle Geschäftsprozesse zur Erfüllung einer spezifischen Kundenanforderung beitragen. $GBP_k$ läßt sich nach folgender Formel errechnen:

$$(2) \qquad GBP_k = \sum_{i=1}^{p} gBZ_{ik}$$

Im Anschluß wird die **prozentuale Bewertungsziffer** je Kundenanforderung und Geschäftsprozeß ($pBZ_{pk}$) aus dem Quotienten der gewichteten Bewertungsziffer und dem Gesamtbeeinflussungspotential der Kundenanforderung multipliziert mit Einhundert,[2] wie in (3) dargestellt, errechnet.

$$(3) \qquad pBZ_{pk} = \frac{gBZ_{pk}}{GBP_k} \cdot 100$$

Die prozentuale Bewertungsziffer gibt den Anteil des Geschäftsprozesses an der Erfüllung einer Kundenanforderung im Vergleich zu den anderen Geschäftsprozessen an. Schließlich wird die **Gesamtbedeutung** des Geschäftsprozesses[3] ($GB_p$) für die Erfüllung der Kundenansprüche wie folgt ermittelt:

$$(4) \qquad GB_p = \sum_{i=1}^{k} pBZ_{pi}$$

Je höher $GB_p$ ist, desto größer ist der Einfluß des Geschäftsprozesses auf die Erfüllung der Kundenforderungen.[4] In Tab. 3 ist der erste Teil der Prozeßbewertungsmatrix mit den identifizierten versicherungsspezifischen Prozeßhülsen (p = 7), drei Kundenanforderungen (k = 3) und weiteren Beispieldaten dargestellt. Im Beispiel wird erkennbar, daß der Geschäftsprozeß "Produkt entwickeln" mit einer Gesamtbedeutung von 70,5 den höchsten Beitrag zur Erfüllung aller Kundenanforderungen leistet. Dies beruht auf

---

[1]    Vgl. Winz/Quint 1997, S. 45.

[2]    WINZ und QUINT berechnen an dieser Stelle die normierte Bewertungsziffer, indem die Multiplikation mit Einhundert unterbleibt (vgl. Winz/Quint 1997, S. 45; Quint 1996, S. 52). Letztlich ist aber auch dies ein prozentualer Anteil an dem Gesamtbeeinflussungspotential, so daß zur Verdeutlichung dieses Zusammenhangs die Multiplikation mit Einhundert zur prozentualen Bewertungsziffer vorgeschlagen wird.

[3]    Vgl. Winz/Quint 1997, S. 46.

[4]    Dabei kann $GB_p$ auch Werte größer Einhundert annehmen.

der hohen Bedeutung des Geschäftsprozesses an der Erfüllung der Kundenanforderung C, welche zu 42,8 % durch den Produktentwicklungsprozeß beeinflußt wird, jedoch im Vergleich zu den anderen Kundenanforderungen nur wenig durch alle Geschäftsprozesse beeinflußbar ist (Gesamtbeeinflussungspotential 0,7). Die Kundenanforderung A kann im Beispiel von allen betrachteten Geschäftsprozessen am meisten beeinflußt werden.

| Geschäftsprozesse | | Prozeßbewertungsmatrix Teil I | | | |
|---|---|---|---|---|---|
| | | Kundenanforderungen | | | |
| | | A<br>g<br>0,5 | B<br>g<br>0,4 | C<br>g<br>0,1 | Gesamt-bedeutung (GB) |
| Produkt entwickeln | BZ | 1 | 2 | 3 | |
| | gBZ | 0,5 | 0,8 | 0,3 | |
| | pBZ | 7,7 | 20,0 | 42,8[1] | 70,5 |
| Produkt vertreiben | BZ | 3 | 2 | 0 | |
| | gBZ | 1,5 | 0,8 | 0 | |
| | pBZ | 23,0[1] | 20,0 | 0 | 43,0 |
| Antrag bearbeiten | BZ | 2 | 0 | 0 | |
| | gBZ | 1,0 | 0 | 0 | |
| | pBZ | 15,4 | 0 | 0 | 15,4 |
| Vertrag bearbeiten/ Bestände verwalten | BZ | 1 | 0 | 2 | |
| | gBZ | 0,5 | 0 | 0,2 | |
| | pBZ | 7,7 | 0 | 28,6 | 36,3 |
| Schaden/Leistung bearbeiten | BZ | 2 | 3 | 1 | |
| | gBZ | 1,0 | 1,2 | 0,1 | |
| | pBZ | 15,4 | 30,0 | 14,3 | 59,7 |
| Be- und Abrechnung durchführen | BZ | 1 | 2 | 0 | |
| | gBZ | 0,5 | 0,8 | 0 | |
| | pBZ | 7,7 | 20,0 | 0 | 27,7 |
| Abrechnung mit Dritten durchführen | BZ | 3 | 1 | 1 | |
| | gBZ | 1,5 | 0,4 | 0,1 | |
| | pBZ | 23,1 | 10,0 | 14,3 | 47,4 |
| Gesamtbeeinflussungs-potenial (GBP) | | 6,5 | 4,0 | 0,7 | |

1)    Rundungsbedingte Ungenauigkeit

*Tab. 3: Prozeßbewertungsmatrix Teil I[1]*

Nachdem im ersten Teil der Prozeßbewertungsmatrix die Bedeutung der Geschäftsprozesse bezüglich der Erfüllung wichtiger Kundenanforderungen ermittelt wurde, erfolgt im zweiten Teil die Ermittlung des prozeßspezifischen Verbesserungspotentials. Das Verbesserungspotential beruht auf den Erkenntnissen eines Vergleichs mit dem wichtigsten Konkurrenten im Rahmen eines **Benchmarking**, einer **Konkurrenzanalyse**

---

1      Darstellung in Anlehnung an Quint 1996, S. 52, Abb. 4.3.; Winz/Quint 1997, S. 45, Abb. 14.

oder eines **Betriebsvergleichs.**[1] Die Leistung des betrachteten VU hinsichtlich der Erfüllung der Kundenanforderungen im Vergleich zu dem stärksten Konkurrenten wird wiederum mit Ziffern von Null bis Drei (0 = bessere oder gleich gute Erfüllung, 1 = schlechtere Erfüllung, 2 = viel schlechtere Erfüllung und 3 = sehr viel schlechtere Erfüllung) bewertet. Würde beispielsweise die Kundenanforderung A von dem Besten der im Rahmen eines Benchmarking betrachteten Konkurrenten sehr viel besser erfüllt als von dem betrachteten VU, so würde die Vergleichsziffer 3 vergeben. Je weiter also das Unternehmen von dem besten Konkurrenten in Bezug auf die Erfüllung einer spezifischen Kundenanforderung entfernt liegt, um so größer ist das Verbesserungspotential und damit auch die Vergleichsziffer.[2] Diese Ordnung der Vergleichsziffern operationalisiert das Ziel, die Kundenansprüche stets besser zu erfüllen als die Konkurrenz.

Im nächsten Schritt wird das prozeßspezifische Verbesserungspotential errechnet, indem die im ersten Teil der Prozeßbewertungsmatrix ermittelte prozentuale Bewertungsziffer je Geschäftsprozeß und Kundenanforderung mit der Vergleichsziffer je Kundenanforderung analog zu (1) multipliziert wird. Das auf diese Weise errechnete, kundenanforderungsbezogene Verbesserungspotential (kVP) kann, wie Tab. 4 zeigt, über alle Kundenanforderungen analog zu (4) addiert werden und ergibt das **Gesamtverbesserungspotential des Geschäftsprozesses** (GV).

Die Analyse des prozeßbezogenen Verbesserungspotentials zeigt im Beispiel, daß insbesondere der Geschäftsprozeß "Produkt vertreiben" im Vergleich zu den Konkurrenten das höchste Gesamtverbesserungspotential aufweist. Die mit Hilfe der Prozeßbewertungsmatrizen ermittelten Werte erlauben jetzt die Identifikation des Geschäftsprozesses mit dem höchsten Prozeßverbesserungspotential in Abhängigkeit von der Bedeutung des Geschäftsprozesses bei der Erfüllung von Kundenanforderungen. Dazu werden die Daten an das Prozeßselektionsdiagramm übergeben.

---

1   Das auf Prozesse fokussierte Benchmarking wird als Instrument der allgemeinen Prozeßbeurteilung im Detail in Kapitel 5.4.1. dargestellt.

2   Vgl. auch Winz/Quint 1997, S. 46.

| Geschäftsprozesse | | Kundenanforderungen | | | Gesamtver-besserungs-potential (GV) |
|---|---|---|---|---|---|
| | | A Wettbewerbs-vergleichswert 3 | B Wettbewerbs-vergleichswert 1 | C Wettbewerbs-vergleichswert 0 | |
| Produkt entwickeln | pBZ | 7,7 | 20,0 | 42,8 | |
| | kVP | 23,1 | 20,0 | 0 | 43,1 |
| Produkt vertreiben | pBZ | 23,0 | 20,0 | 0 | |
| | kVP | 69,0 | 20,0 | 0 | 89,0 |
| Antrag bearbeiten | pBZ | 15,4 | 0 | 0 | |
| | kVP | 46,2 | 0 | 0 | 46,2 |
| Vertrag bearbeiten/ Bestände verwalten | pBZ | 7,7 | 0 | 28,6 | |
| | kVP | 23,1 | 0 | 0 | 23,1 |
| Schaden/Leistung bearbeiten | pBZ | 15,4 | 30,0 | 14,3 | |
| | kVP | 46,2 | 30,0 | 0 | 76,2 |
| Be- und Abrechnung durchführen | pBZ | 7,7 | 20,0 | 0 | |
| | kVP | 23,1 | 20,0 | 0 | 43,1 |
| Abrechnung mit Dritten durchführen | pBZ | 23,1 | 10,0 | 14,3 | |
| | kVP | 69,3 | 10,0 | 0 | 79,3 |

*Tab. 4: Prozeßbewertungsmatrix Teil II[1]*

## 5.1.2.2 Prozeßselektionsdiagramm

Das Prozeßselektionsdiagramm ist im Rahmen der Prozeßselektion das zentrale Instrument zur Analyse der Optimierungsdringlichkeit der Geschäftsprozesse. Darüber hinaus dient es der Ergebnisverdichtung und als Präsentationshilfe. Auf der Abszisse des Diagramms ist die Bedeutung der Geschäftsprozesse für die Erfüllung aller identifizierten Kundenanforderungen abgetragen. Die Ordinatenwerte sind die im zweiten Teil der Prozeßbewertungsmatrix über den Wettbewerbsvergleich erarbeiteten Ergebnisse des prozeßspezifischen Gesamtverbesserungspotentials.[2] Auf diese Weise ergibt sich für jeden Geschäftsprozeß genau eine Koordinate und damit eine spezifische Lage im Selektionsdiagramm. In Abhängigkeit von der Lage kann dann die Dringlichkeit der Optimierung, wie in Abb. 21 an den Beispieldaten dargestellt, ermittelt werden.

---

[1]    Darstellung in Anlehnung an Quint 1996, S. 53, Abb. 4.4.; Winz/Quint 1997, S. 46, Abb. 15.

[2]    WINZ und QUINT schlagen als Abszissenwerte das Verbesserungspotential und als Ordinatenwerte die Bedeutung der Geschäftsprozesse vor (vgl. Winz/Quint 1997, S. 48). Da jedoch das im zweiten Teil der Prozeßbewertungsmatrix ermittelte Verbesserungspotential abhängig von der im ersten Teil ermittelten prozentualen Bewertungsziffer ist, erscheint eine Darstellung der abhängigen Größe auf der Ordinate, wie hier vorgeschlagen, plausibler.

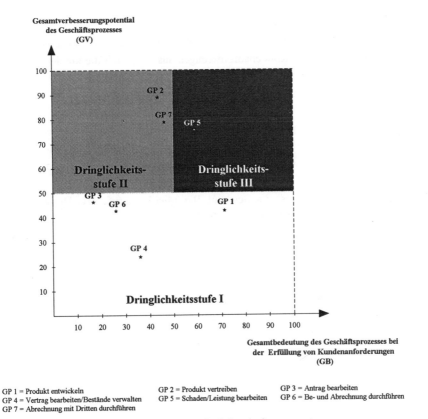

GP 1 = Produkt entwickeln        GP 2 = Produkt vertreiben        GP 3 = Antrag bearbeiten
GP 4 = Vertrag bearbeiten/Bestände verwalten    GP 5 = Schaden/Leistung bearbeiten    GP 6 = Be- und Abrechnung durchführen
GP 7 = Abrechnung mit Dritten durchführen

*Abb. 21: Prozeßselektionsdiagramm[1]*

WINZ und QUINT argumentieren, daß von zwei Prozessen, bei denen der eine ein höheres Verbesserungspotential und der andere eine höhere Gesamtbedeutung "in vergleichbarer Differenz"[2] aufweist, stets derjenige mit der höheren Gesamtbedeutung zuerst zu optimieren ist, da "gemäß des Primärzieles Kundenorientierung die Verfahrensregel Gesamtbedeutung vor Verbesserungspotential"[3] gilt. Die Regel führt jedoch zu einer Bevorzugung von Prozessen, die u. U. nur wenig zu verbessern sind, und erscheint daher unzweckmäßig. Vorgeschlagen werden stattdessen drei verschiedene Dringlichkeitsstufen der Optimierung: Die **Dringlichkeitsstufe I** zeichnet sich durch

---

1    Darstellung in Anlehnung an Quint 1996, S. 55, Abb. 4.5.; Winz/Quint 1997, S. 48, Abb. 16. Erkennbar wird die Nähe des Diagramms zur klassischen Portfolioanalyse.

2    Winz/Quint 1997, S. 48, Fn. 21.

3    Winz/Quint 1997, S. 48, Fn. 21.

eine geringe bis hohe Gesamtbedeutung des Geschäftsprozesses bei der Erfüllung von Kundenanforderungen und ein geringes bis mittleres Gesamtverbesserungspotential der Geschäftsprozesse über alle Kundenanforderungen aus. Obgleich die kundenbezogene Bedeutung der Geschäftsprozesse in diesem Segment u. U. hoch sein kann, besteht für die Geschäftsprozesse eine nur geringe Optimierungsdringlichkeit, da das Gesamtverbesserungspotential vergleichsweise gering ist.[1] Eine höhere Dringlichkeit zur Geschäftsprozeßoptimierung kennzeichnen hingegen die Geschäftsprozesse im Segment der **Dringlichkeitsstufe II**. Die Gesamtbedeutung der Prozesse zur Erfüllung von Kundenanforderungen ist zwar eher gering, jedoch ist das wettbewerbsbezogene Gesamtverbesserungspotential vergleichsweise hoch. Die höchste Optimierungspriorität besitzen die Geschäftsprozesse im Segment **Dringlichkeitsstufe III**. Dieses ist gekennzeichnet durch eine mittlere bis hohe Bedeutung der Prozesse zur Erfüllung von Kundenanforderung bei einem mittleren bis hohen Gesamtverbesserungspotential.

Im Beispiel wurden die Achsen des Prozeßselektionsdiagramms jeweils bis einhundert skaliert und die Unterteilung in die drei Dringlichkeitsstufen an den mittleren Achsenwerten festgemacht.[2] Werden die Beispieldaten in das Prozeßselektionsdiagramm eingetragen, so ergibt sich, daß der Geschäftsprozeß "Schaden/Leistung bearbeiten" (GP 5) die höchste Optimierungspriorität genießt. Der Geschäftsprozeß "Produkt entwickeln" (GP 1) leistet zwar, wie oben dargestellt, den höchsten Beitrag zur Erfüllung aller Kundenanforderungen, hat aber ein eher geringes Gesamtverbesserungspotential und ist damit nur in die Dringlichkeitsstufe I einzuordnen. Demgegenüber zeichnet sich der Geschäftsprozeß "Produkt vertreiben" (GP 2) zwar durch das höchste Verbesserungspotential aus, besitzt aber eine nur geringe Bedeutung in Bezug auf alle Kundenanforderungen,[3] so daß er mit dem Geschäftsprozeß "Abrechnung mit Dritten durchführen" (GP 7) auf einer Prioritätsstufe liegt.

### 5.1.3 Beurteilung der dargestellten Instrumente

Beide dargestellten Instrumente sind grundsätzlich sehr gut zur Prozeßauswahl im Rahmen der GPO geeignet. Die **ABC-Analyse** ist ein einfaches Verfahren zur Prozeßauswahl, das mit einem relativ geringen Aufwand durchgeführt werden kann. Da die Analyse bereits in anderen Zusammenhängen in VU angewendet wird, liegt das In-

---

[1]   WINZ und QUINT argumentieren, daß von zwei Prozessen, bei denen der eine ein höheres Verbesserungspotential und der andere eine höhere Gesamtbedeutung aufweist, stets derjenige mit der höheren Gesamtbedeutung zuerst zu optimieren ist.

[2]   Die Skalierung und insbesondere die Festlegung der drei Dringlichkeitsstufen ist letztlich eine Ermessensfrage.

[3]   Vgl. Tab. 3. Der Prozeß leistet keinen Beitrag zur Erfüllung der Kundenanforderung C.

strumentenwissen in praxi grundsätzlich vor und ist lediglich auf einen anderen Anwendungsbereich zu übertragen. Nicht zuletzt aus diesem Grund und wegen der hohen Transparenz und Nachvollziehbarkeit des Analyseweges stoßen die Auswahlergebnisse grundsätzlich auf eine hohe Akzeptanz.[1]

Obgleich die Analyse selbst eines nur geringen Aufwandes bedarf, sind die in die Analyse eingehenden Daten (im Beispiel Prozeßmengen und -zeiten) nur mit einem relativ hohen Aufwand zu erheben. Da die Qualität des Analyseergebnisses in hohem Maße von der Qualität des Datenmaterials abhängt,[2] ist besondere Sorgfalt bei der Datenermittlung geboten. Da diese Daten allerdings häufig auch in späteren Phasen der GPO benötigt werden (z. B. in der Prozeßdatenermittlungsphase), scheint der hohe Ermittlungsaufwand nur bedingt als Argument gegen den Einsatz der ABC-Analyse im Rahmen der Prozeßauswahl geeignet. Bei einem Einsatz der Analyse ist allerdings zu bedenken, daß sie auf empirischen Erkenntnissen beruht, die keine streng mathematischen Grundlagen besitzen.[3]

Im Gegensatz zur ABC-Analyse berücksichtigt die **Prozeßselektion** die Bedeutung der Geschäftsprozesse in Abhängigkeit von zwei Kriterien: Der Erfüllung wichtiger Kundenanforderungen und des wettbewerbsbezogenen Verbesserungspotentials bei der Erfüllung von Kundenanforderungen. Damit erlaubt das Instrument eine nicht nur nach unternehmensinternen Kriterien ausgerichtete Prozeßauswahl, sondern die Selektion des zu optimierenden Geschäftsprozesses unter Berücksichtigung von unternehmensexternen Anforderungen bzw. Bedingungen. Dies setzt aber zunächst die umfassende Indentifikation und Analyse sowohl der Kundenanforderungen als auch der Wettbewerbssituation voraus. Liegen diese Daten vor Beginn der GPO nicht vor, so erscheint eine Erhebung und Pflege allein zu Zwecken der Prozeßauswahl zunächst als wenig wirtschaftlich. Ähnlich wie bei der ABC-Analyse ist jedoch zu berücksichtigen, daß die etwa im Rahmen eines Benchmarking erhobenen Daten auch zur Prozeßbeurteilung verwendet werden können.

Ein gewisser methodischer Nachteil der Prozeßselektion liegt in der Berücksichtigung der Prozeßbedeutung und der Verbesserungspotentiale über **alle** Kundenanforderungen hinweg. Trägt z. B. ein Geschäftsprozeß in einem sehr hohen Maße zur Erfüllung lediglich einer Kundenanforderung bei, so ist seine im ersten Teil der Prozeßbewertungsmatrix ermittelbare Gesamtbedeutung u. U. höher als diejenige eines Prozesses,

---

1    Vgl. auch Verband der Lebensversicherungsunternehmen e. V. 1994, S. 27.

2    Vgl. auch Verband der Lebensversicherungsunternehmen e. V. 1994, S. 27.

3    Vgl. Oakland 1986, S. 41f.

der gleichmäßig zur Deckung aller Kundenbedürfnisse beiträgt. Solch einem "kundenwunschspezifischen" Geschäftsprozeß wird damit im Prozeßselektionsdiagramm eine tendenziell höhere Optimierungsdringlichkeit zugewiesen als dem letztgenannten Geschäftsprozeß. Dieser Mangel läßt sich über eine Veränderung der Verknüpfungsregel der Zeilensummen der Prozeßbewertungsmatrizen beheben, indem z. B. nicht die Addition, sondern die Multiplikation der kundenanforderungsbezogenen Verbesserungspotentiale gewählt wird. Eine Multiplikation hat jedoch den Nachteil, daß einem Geschäftsprozeß ohne Einfluß auf eine Kundenanforderung (Bewertungsziffer Null) automatisch eine Gesamtbedeutung von Null zugewiesen wird. Als weiterer Nachteil der Prozeßselektion ist das hohe Maß an Subjektivität zu nennen, das in der Gewichtung der Kundenanforderungen, der Festlegung der Bewertungsziffer zur Messung der Stärke der Beeinflussung der Kundenanforderungen und der Vergleichsziffer zur Bewertung der Erfüllung der Kundenanforderung im Vergleich zu dem best practice Unternehmen seinen Ausdruck findet. Dieses subjektive Element kann durch die Festlegung der Werte im Team weitgehend gemildert werden.

Die beschriebenen Instrumente haben die Auswahl **eines** Geschäftsprozesses zum Ergebnis und unterstellen damit genaugenommen geringe Leistungsverflechtungen zwischen den Geschäftsprozessen. Bei starken Leistungsverflechtungen besteht mithin die Gefahr, daß die Optimierungserfolge aufgrund der Abhängigkeit von den Ergebnissen eines anderen, nicht optimierten Prozesses, aufgezehrt werden.[1] Um solche "Inseloptimierungen" zu vermeiden, sind nach der Auswahl des Optimierungsobjektes die Leistungsbeziehungen des gewählten Prozesses mit anderen Prozessen zu identifizieren. Dazu eignet sich die **Prozeßabhängigkeitsanalyse**, deren Einsatz nach der ABC-Analyse bzw. Prozeßselektion zu empfehlen ist.

### 5.1.4  Die Prozeßabhängigkeitsanalyse

Die von WETH vorgeschlagene Prozeßabhängigkeitsanalyse[2] erfaßt mögliche Leistungsverflechtungen von Geschäftsprozessen in Form des Grades der Determinierung und der Bestimmtheit. "Während der **Grad der Determinierung** das Ausmaß beschreibt, mit dem der betrachtete Prozeß eine präjustierende Wirkung auf einen oder mehrere andere Prozesse ausübt, stellt der **Grad der Bestimmtheit** ein Maß für die Abhängigkeit des Prozesses von anderen Prozessen dar."[3] Eine Kombination der bei-

---

[1]     Vgl. hierzu auch Weth 1997, S. 73.

[2]     Vgl. Weth 1997, S. 34 - 36 sowie 73 - 75.

[3]     Weth 1997, S. 34, Hervorhebungen im Original.

den Kriterien führt zu einer Einteilung von Prozessen in vier Kategorien (vgl. Abb. 22).

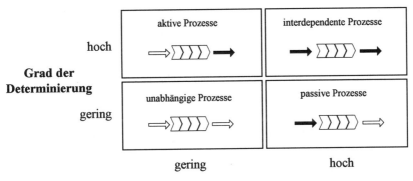

*Abb. 22: Prozeßkategorien nach WETH[1]*

**Aktive Prozesse** zeichnen sich durch einen geringen Grad der Bestimmtheit und einen hohen Grad der Determinierung aus. Sie sind gar nicht oder nur in geringem Maße von anderen Prozessen abhängig, haben aber einen hohen oder sogar sehr hohen Einfluß auf andere Prozesse.[2] Als Beispiel könnte der Geschäftsprozeß "Produkt entwickeln" genannt werden, der einen hohen Einfluß auf die Folgeprozesse hat, auf der anderen Seite aber nur wenig von diesen beeinflußt wird. Prozesse, die durch einen hohen Grad der Bestimmtheit und Determinierung gekennzeichnet sind, werden als **interdependente Prozesse** bezeichnet. Der Geschäftsprozeß "Vertrag bearbeiten/Bestände verwalten" beeinflußt beispielsweise Art und Umfang einer Schadenbearbeitung und der Abrechnung in einem hohen Maße. Gleichzeitig wird die Vertragsbearbeitung bzw. Bestandsverwaltung aber auch von dem Geschäftsprozeß "Produkt vertreiben" beeinflußt, da dort das Versicherungsprodukt und die Spezifika des Versicherungsvertrages und damit die weitere Antragsbearbeitung determiniert werden.

**Unabhängige Prozesse** werden weder von anderen Prozessen beeinflußt noch wirken sie ihrerseits deterministisch auf andere Prozesse. Von den sieben identifizierten Geschäftsprozeßhülsen erscheint der Prozeß "Abrechnung mit Dritten durchführen" in einem gewissen Maße unabhängig, obgleich dieser von bislang nicht genannten Ge-

---

1    Darstellung in Anlehnung an Weth 1997, S. 35, Abb. 3-5.

2    Vgl. zur weiteren Unterteilung in retro-aktive und pro-aktive Determinierung Weth 1997, S. 34f.

schäftsprozessen (z. B. "Kantine bewirtschaften") beeinflußt wird.[1] Schließlich zeichnen sich **passive Prozesse** durch ein hohes Maß an Bestimmtheit bei einem geringen Grad an Determinierung aus. Der Geschäftsprozeß "Antrag bearbeiten" ist beispielsweise stark von dem abgeschlossenen Versicherungsvertrag abhängig, übt aber auf der anderen Seite einen nur geringen Einfluß auf die anderen Geschäftsprozesse aus und ist insofern als passiv einzustufen.

Die beschriebenen, generell gültigen Leistungsverflechtungen können mit Bezug auf die spezifische Prozeßsituation in VU mit der nachfolgend dargestellten Tabelle operationalisiert werden (vgl. Tab. 5).

| Einfluß der nachstehenden Geschäftsprozesse ... (Ursache) ▼ | ... auf diese Geschäftsprozesse (Wirkung) ▼ | | | | | | | Grad der Determinierung |
| --- | --- | --- | --- | --- | --- | --- | --- | --- |
| | GP 1 | GP 2 | GP 3 | GP 4 | GP 5 | GP 6 | GP 7 | |
| GP 1 | | 1 | 2 | 2 | 2 | 3 | 0 | 10 |
| GP 2 | 0 | - | 2 | 3 | 1 | 2 | 0 | 8 |
| GP 3 | 1 | 0 | - | 3 | 1 | 0 | 0 | 5 |
| GP 4 | 1 | 0 | 1 | - | 3 | 3 | 1 | 9 |
| GP 5 | 1 | 1 | 2 | 1 | - | 1 | 1 | 7 |
| GP 6 | 1 | 0 | 1 | 2 | 1 | - | 3 | 8 |
| GP 7 | 0 | 0 | 0 | 0 | 1 | 3 | - | 4 |
| Grad der Bestimmtheit | 4 | 2 | 8 | 11 | 9 | 12 | 5 | |

*Tab. 5: Tabelle zur Bestimmung der Determinierung und der Bestimmtheit[2]*

Die Vorgehensweise ähnelt derjenigen im ersten Teil der Prozeßbewertungsmatrix:[3] Auch hier werden Punktwerte von Null bis Drei in Abhängigkeit vom Einfluß des betrachteten Geschäftsprozesses auf die anderen Geschäftsprozesse vergeben. Die Zeilensumme ergibt den Grad der Determinierung eines Prozesses, während die Spaltensumme den Grad der Bestimmtheit des Prozesses angibt. Zur Einordnung in die oben beschriebenen Leistungsverflechtungskategorien werden die Zeilen- und Spaltensummen von WETH als Koordinaten interpretiert, so daß jeder Prozeß einen spezifischen Punkt in einem Koordinatensystem einnimmt. In der nachstehenden Abb. 23 ist ein solches Koordinatensystem mit den Beispieldaten visualisiert.

---

[1]    Vgl. zu diesem Beispiel auch Weth 1997, S. 35.

[2]    Darstellung in Anlehnung an Weth 1997, S. 73, Tab. 4-3. Die Geschäftsprozeßnummerierung entspricht derjenigen des Prozeßselektionsdiagramms in Abb. 21.

[3]    Vgl. Tab. 3.

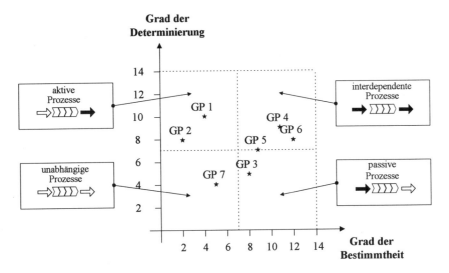

*Abb. 23: Koordinatensystem zur Bestimmung der Art und Intensität der interprozessualen Leistungsbeziehungen[1]*

Nur der Geschäftsprozeß "Abrechnung mit Dritten durchführen" (GP 7) ist ein **unabhängiger Prozeß** und kann daher einer isolierten Optimierung unterzogen werden. Bei der Optimierung der Geschäftsprozesse eins und zwei sind in besonderem Maße deren Auswirkungen auf andere Geschäftsprozesse zu beachten. Es ist zu prüfen, ob eine Optimierung dieser Geschäftsprozesse Auswirkungen auf den reibungslosen Ablauf der durch diese determinierten Geschäftsprozesse hat. Die **interdependenten Geschäftsprozesse** GP 4, GP 5 und GP 6 bedürfen einer besonders sorgfältigen Analyse, da sie durch starke welchselseitige Abhängigkeiten zu anderen Geschäftsprozessen geprägt sind. WETH empfiehlt für interdependente Prozesse generell eine stark iterative bzw. simultane Optimierung.[2] Der Geschäftsprozeß "Antrag bearbeiten" (GP 3) wird einseitig durch andere Geschäftsprozesse bestimmt (**passiver Prozeß**), wodurch eine Optimierung dieses Prozesses u. U. durch andere Geschäftsprozesse überschattet werden kann.

Selbst unabhängige Prozesse sind durch die Kombination einer Vielzahl von Produktionsfaktoren (z. B. Arbeitsleistungen von Mitarbeitern, Betriebsmittel, Hilfs- und Betriebsstoffe) gekennzeichnet, die durch mehr oder weniger genau festgelegte Regeln zu

---

1    Darstellung in Anlehnung an Weth 1997, S. 74, Abb. 4-11.

2    Vgl. Weth 1997, S. 74.

einem Prozeßergebnis (z. B. bearbeiteter Schadenfall) verknüpft werden. Vor allem dieses Netzwerk an Produktionsfaktoren und Verknüpfungsregeln verursacht in praxi eine extrem hohe Prozeßkomplexität, die das schnelle Erkennen von Prozeßschwachstellen und das damit verbundene Optimierungspotential häufig unmöglich macht. Diese Komplexität ist in den nächsten Phasen der GPO gezielt zu reduzieren. Im Rahmen der GPO vollzieht sich die Komplexitätsreduktion in zwei Schritten: Zunächst wird die Prozeßstruktur erfaßt und dargestellt (**Prozeßstrukturtransparenz**), woran sich die Ermittlung von spezifischen Prozeßdaten (**Prozeßdatentransparenz**) anschließt.

Im folgenden Kapitel werden die notwendigen Instrumente zur Schaffung von Prozeßstrukturtransparenz vorgestellt und diskutiert.

## 5.2 Instrumente der Prozeßstrukturermittlung

Die Prozeßstruktur als Hierarchie aller in einem Geschäftsprozeß enthaltenen Prozesse und Tätigkeiten inkl. ihrer Input-Output-Beziehungen, ist das Ergebnis einer zweckmäßigen **Prozeßausgrenzung** und **Prozeßdekomposition**.[1] Erstere umfaßt das Herauslösen eines einzelnen Prozesses aus dem Prozeßgefüge des VU durch Festlegung der Eingangs- und Ausgangsschnittstelle und ist auf die Detaillierung der Prozeßstruktur in horizontaler Sicht fokussiert.[2] Als Ergebnis der Prozeßausgrenzung wird die waagerechte Verbindung von Prozessen deutlich, die in der einschlägigen Literatur auch als Prozeßkette oder Prozeßfluß bezeichnet wird.[3] Die Prozeßdekomposition oder Prozeßzerlegung hat die Ermittlung und Ordnung der prozeßbildenden Tätigkeiten zum Ziel[4] und bezieht sich daher grundsätzlich auf die vertikale Prozeßstruktur. Prozeßausgrenzung und -dekomposition sind die Voraussetzungen der horizontalen und vertikalen Prozeßstrukturtransparenz, die mit der **grafischen Darstellung** der Prozeßarchitektur ihren Abschluß findet.

Als Voraussetzung der Prozeßausgrenzung und -dekomposition ist festzulegen, welche Komponenten von (Geschäfts)prozessen im einzelnen zu identifizieren sind. Dies zieht die Frage nach dem generellen Aufbau von Prozessen in VU nach sich. Daher ist vorab

---

[1]    Vgl. zu beiden Begriffen Gaitanides 1983, S. 64ff.; Weth 1997, S. 58. Beide Elemente der Prozeßanalyse sind auch bei unterstellter Gültigkeit der Hypothese gleicher Prozeßhülsen durchzuführen, da diese, wie dargestellt, unternehmensspezifisch zu konkretisieren sind.

[2]    Die Unterscheidung in horizontale und vertikale Prozeßstruktur findet sich bei Bogaschewsky/Rollberg 1998, S. 109; Scholz 1995, S. 99 - 113; Weth 1997, S. 25ff.

[3]    Vgl. Scholz 1995, S. 109 sowie die dort angegebene Literatur.

[4]    Vgl. auch Schulte-Zurhausen 1995, S. 77ff.

ein allgemein gültiges Prozeßmodell festzulegen, auf dessen Grundlage die instrumentelle Ausgestaltung der Prozeßstrukturermittlungsphase erfolgen kann. Von den in der Literatur entwickelten Prozeßmodellen erscheinen vier Modelle als mögliche Systematisierungsgrundlage der Prozeßausgrenzung und -dekomposition besonders diskussionswürdig.

### 5.2.1 Systematisierungsrahmen der Prozeßstrukturermittlung

Im Folgenden werden die Prozeßmodelle nach MINTZBERG, SCHOLZ, PFEIFFER, WEIß und STRUBL, sowie das Modell nach PIELOK dargestellt und auf ihre Eignung als Systematisierungsrahmen der Prozeßstrukturermittlung geprüft.

#### 5.2.1.1 Das Prozeßmodell nach MINTZBERG

Das Modell nach MINTZBERG wurde mit dem Ziel der Darstellung des Zusammenhangs zwischen der Struktur und der Funktion einer Organisation entwickelt[1] und in jüngster Vergangenheit von SCHOLZ als Grundlage eines prozeßorientierten Unternehmensmodells[2] gesehen. Demnach beinhaltet ein Prozeß grundsätzlich die von MINTZBERG identifizierten, in Abb. 24 gezeigten, fünf[3] Grundelemente.

Die **Strategische Spitze** (Strategic Apex) umfaßt die top-level Manager und ihre direkten Mitarbeiter (z. B. Sekretärin, Assistenten)[4]. SCHOLZ sieht diese nicht in jedem Geschäftsprozeß vorhanden, sondern vielmehr "als supra-prozessuale Leitungsfunktion"[5] aller Geschäftsprozesse. Im wesentlichen ist es Aufgabe der Strategischen Spitze für den reibungslosen Ablauf der Geschäftsprozesse zu sorgen.[6] Dies geschieht im einzelnen über die direkte "Aufsicht" der an den Prozessen beteiligten Mitarbeiter, die Entwicklung von Prozeß- und Unternehmensstrategien und die Kommunikation der Prozeß- und Unternehmensaktivitäten an die Unternehmensumwelt.

---

[1]   "Most of the contemporary literature fails to relate the description of structure with that of the functioning of the organization" (Mintzberg 1979, S. 12, im Original hervorgehoben).

[2]   Vgl. Scholz 1995, S. 158f.

[3]   MINTZBERG ging ursprünglich von "five basic parts of the organisation" (Mintzberg 1979, S. 18) aus, die um das Element "Ideology" zu sechs Grundelementen vervollständigt wurden (vgl. Mintzberg 1989, S. 99). Da SCHOLZ sein Unternehmensmodell auf den ursprünglich identifizierten fünf Elementen aufbaut, wird dieses Modell im Folgenden dargestellt und diskutiert.

[4]   In Analogie zu MINTZBERG beziehen sich die nachfolgenden Ausführungen zur Beschreibung der Strategischen Spitze lediglich auf die top-level Manager (vgl. Mintzberg 1979, S. 24ff., Fn. 2).

[5]   Scholz 1995, S. 159.

[6]   "The strategic apex is charged with ensuring that the organization serve its mission in an effective way, and also that it serve the needs of those people who control or otherwise have power over the organization" (Mintzberg 1979, S. 25, im Original hervorgehoben).

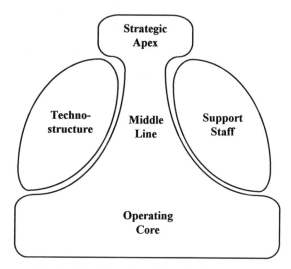

*Abb. 24: Das Prozeßmodell nach MINTZBERG[1]*

Im Gegensatz zur Strategischen Spitze, ist in jedem Geschäftsprozeß das **Mittlere Linienmanagement** (Middle Line) vorhanden, welches vorwiegend über formale Autorität verfügt und auf Geschäftsprozeßebene ähnliche Aufgaben wie die Strategische Spitze zu erfüllen hat.[2] Ferner stellt es die Verbindung zwischen der Strategischen Spitze und dem **Operativen Kern** (Operating Core) her. Letzterer umfaßt die Mitarbeiter des Prozesses, welche die grundlegende Arbeit verrichten. Ihre Aufgabe ist es - abstrakt formuliert - die Inputfaktoren des Prozesses zu beschaffen, diese in Prozeßoutput zu transformieren, den Output zu distribuieren und für die Funktionsfähigkeit der Transformation zu sorgen.[3]

Diese drei Elemente werden durch die **Technostruktur** (Technostructure) und die **Unterstützenden Stäbe** (Support Staff) vervollständigt. Die Technostruktur umfaßt "the analysts (and their supporting clerical staff) who serve the organization by affecting the work of others."[4] Diese Prozeßmitarbeiter entwickeln, planen und reorganisieren die Arbeit des Operativen Kerns aber führen sie nicht selbst durch. Ihre Hauptaufgabe besteht in der Standardisierung des Prozeßablaufs, während die Unterstützenden Stäbe

---

[1]     Darstellung in Anlehnung an Mintzberg 1979, S. 20; Mintzberg 1989, S. 99.

[2]     Vgl. Mintzberg 1979, S. 26 u. 29.

[3]     Vgl. Mintzberg 1979, S. 24.

[4]     Mintzberg 1979, S. 29.

durch mehr oder weniger außerhalb des Arbeitsablaufs stehende Aktivitäten (z. B. Rechtsberatung, Postweitergabe, Kantinenbewirtschaftung) die Existenz des Geschäftsprozesses sichern.[1]

### 5.2.1.2 Das Prozeßmodell nach SCHOLZ

Das Prozeßmodell nach SCHOLZ reduziert jeden (Geschäfts)prozeß auf die vier Basiskomponenten Input/Output, Verarbeitung, Leistungsvereinbarung und Leistungsindikatoren. Sie bilden die Grundlage der Vierdimensionalen Prozeßdarstellung.[2] In Abb. 25 sind die Komponenten visualisiert.

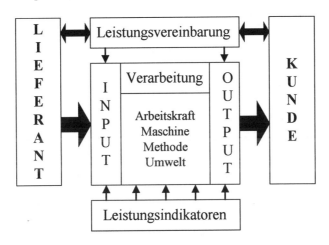

*Abb. 25: Das Prozeßmodell nach SCHOLZ[3]*

Das dargestellte Prozeßmodell interpretiert jede Beziehung zwischen Prozessen als Kunden/Lieferanten-Verhältnis, so daß Prozeßorientierung per Definition auch Kundenorientierung bedeutet.[4] Als Lieferant wird der vorausgehende Prozeß betrachtet, der den **Input** des nachfolgenden Prozesses in Form von Informationen, Dienstleistungen oder Sachleistungen bereitstellt. Der Input wird zu einem **Output** transformiert, der grundsätzlich von internen (nachfolgenden Prozessen) und externen Kunden

---

1      Vgl. detailliert Mintzberg 1979, S. 31 - 34.

2      Vgl. hierzu Beispiele bei Scholz 1995, S. 140 - 153; Scholz/Vrohlings 1994a, S. 50ff.

3      Darstellung in Anlehnung an Scholz/Vrohlings 1994b, S. 23, Abb. B1-1. Vgl. auch die ähnliche Darstellung des Prinzips der Prozeßkontrolle bei SCHULTE-ZURHAUSEN (vgl. Schulte-Zurhausen 1995, S. 85, Abb. 2-25, sowie die dort angegebene Literatur).

4      Vgl. Scholz/Vrohlings 1994b, S. 22.

(Versicherungsnehmern) nachgefragt werden kann. Daher ist jeder Prozeß Lieferant (des Inputs des nachfolgenden Prozesses) und Kunde (des Outputs des vorangegangenen Prozesses) gleichzeitig. Zwischen dem Input und dem Output liegt die **Verarbeitung**. Sie umfaßt vordefinierte Arbeitsabläufe (z. B. Prüfungen des Versicherungsschutzes), "die eine reibungslose Verarbeitung zwischen den Prozessen, aber auch zwischen den einzelnen Prozeßschritten"[1] ermöglichen. Zur Verarbeitung sind verschiedene Potentialfaktoren notwendig, die bei SCHOLZ und VROHLINGS nicht tiefer diskutiert werden.

Die exakte Abstimmung zwischen Kunde und Lieferant wird über die **Leistungsvereinbarung** festgelegt. Sie wird als Soll-Leistung z. B. in Form einer vorgegebenen Inputqualität verstanden. Der Unterschied zwischen der Leistungsvereinbarung und der tatsächlichen Leistung wird über **Leistungsindikatoren** erfaßt. Indem die Indikatoren vor, während und nach der Verarbeitung gemessen werden, geben sie in jeder Phase der Leistungserstellung Verbesserungsimpulse und bilden die Grundlage einer umfassenden Prozeßkontrolle.

### 5.2.1.3 Das Prozeßmodell nach PFEIFFER, WEIß und STRUBL

PFEIFFER, WEIß und STRUBL entwickelten ihr prozeßorientiertes Managementmodell auf der Grundlage des "5-Faktoren-Modells"[2], das "zur prozeß- und strukturorientierten Beschreibung von industriellen Systemen"[3] konzipiert wurde. Das Modell bildet die prozessuale Dimension durch die Faktoren Input und Output, sowie die strukturelle Dimension durch die Faktoren Personal, Technik und Organisation[4] ab (vgl. Abb. 26).

Wie in dem Modell nach SCHOLZ gehen über die Faktoren **Input** und **Output** Material oder Informationen in die Prozesse ein und werden in transformierter Form an Folgeprozesse weitergegeben.[5] Auch PFEIFFER, WEIß und STRUBL betonen, daß jede Schnittstelle zwischen Prozessen über die beiden Faktoren als Zuliefer-Abnehmer-Be-

---

[1]      Scholz/Vrohlings 1994b, S. 23.

[2]      Vgl. ausführlich Pfeiffer/Weiß/Strubl 1994, S. 95f.; Strubl 1993, S. 21 - 39; Weiß 1989, S. 214 - 222.

[3]      Pfeiffer/Weiß/Strubl 1994, S. 96.

[4]      STRUBL und WEIß unterscheiden die fünf Faktoren Input, Output, Personal, Organisation und Sachmittel (vgl. Strubl 1993, S. 21, Abb. 4; Weiß 1989, S. 215, Abb. 30).

[5]      "[...] über die Faktoren "Input" und "Output" [werden, Anm. d. Verf.] die intersystematischen Relationen zwischen Elementen des Systems und denen der Umwelt" (Strubl 1993, S. 22) erfaßt.

ziehung charakterisiert werden kann, und somit die Kundenorientierung in das Unternehmen hineingetragen wird.[1]

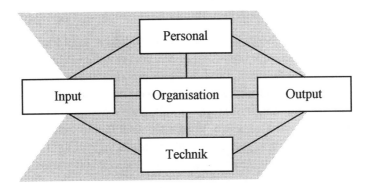

*Abb. 26: Das Prozeßmodell nach* PFEIFFER, WEIß *und* STRUBL[2]

Das "Innere eines Prozesses" wird durch die drei Faktoren **Technik, Organisation** und **Personal** abgebildet. Während über den Faktor Personal die an der Transformation des Inputs zum Output beteiligten Mitarbeiter und deren Arbeitsleistungen erfaßt werden, beschreibt der Faktor Technik den Einsatz der beteiligten materiellen Betriebsmittel (in VU z. B. Räume, Mobiliar, informationstechnische Anlagen, sonstige Büromaschinen), Hilfs- und Betriebsstoffe (in VU z. B. Energie für die Heizung und Beleuchtung von Räumen) sowie Rohstoffe[3]. Der Faktor Organisation umfaßt abstrakt ausgedrückt die Gesamtheit der Regelungen, die das Zusammenspiel von Technik und Personal beschreiben. Die Organisation bildet damit gewissermaßen das "Schmiermittel", das die Transformation des Input zum Output unter Beteiligung des Personals und der Technik erst ermöglicht.

Das allgemeine Prozeßmodell nach PFEIFFER, WEIß und STRUBL ist als Beschreibungssprache für Prozesse auf allen Unternehmensebenen entwickelt worden. Mit dessen Hilfe können sowohl Unternehmen als auch kleinere Organisationseinheiten wie

---

1    Vgl. Pfeiffer/Weiß/Strubl 1994, S. 96.

2    Darstellung in Anlehnung an Pfeiffer/Weiß/Strubl 1994, S. 95, Abb. 18. Das abgebildete "5-Faktoren-Modell" wurde genaugenommen nicht nur von den genannten Autoren, sondern von der Forschungsgruppe um PFEIFFER entwickelt (vgl. Pfeiffer/Weiß/Strubl 1994, S. 95, sowie insbesondere die in Fn. 66 angegebene Literatur). Wenn nachfolgend lediglich von den drei Autoren gesprochen wird, ist somit die gesamte Forschungsgruppe gemeint.

3    "Rohstoffe werden für die Versicherungsschutzproduktion nicht eingesetzt." Farny 1995, S. 484.

z. B. Abteilungen oder Stellen top down analysiert und bottom up synthetisiert werden.[1]

### 5.2.1.4 Das Prozeßmodell nach PIELOK

Obgleich das Modell nach PIELOK "zur allgemeinen Beschreibung von unternehmerischen Prozessen"[2] entwickelt wurde, hat es seinen Anwendungsschwerpunkt bei der Gestaltung logistischer Systeme. Auf den Grundlagen des Konzeptes der logistischen Wertkette nach KLÖPPER fußend,[3] charakterisiert das PIELOKsche Modell Prozesse als selbstähnlich[4], wodurch ausgedrückt werden soll, daß Prozesse auf unterschiedlichen Detaillierungsebenen stets identisch strukturiert sind. Diese Selbstähnlichkeit ist - wenn auch nicht explizit so genannt - ebenfalls charakteristisch für das Modell nach PFEIFFER, WEIß und STRUBL. In dem Prozeßmodell nach PIELOK werden jedoch nicht fünf, sondern die sechs Parameter Quelle, Senke, Ressourcen, Strukturen, Prozesse und Lenkung unterschieden (vgl. Abb. 27).

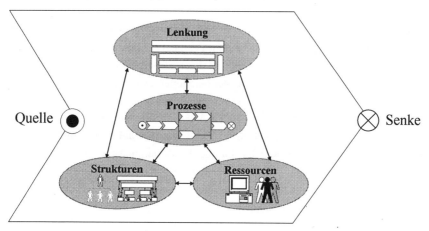

*Abb. 27: Prozeßmodell nach PIELOK[5]*

Die **Quelle** und **Senke** eines Prozesses sind die Schnittstellen zur Systemumwelt. Über sie gehen Wirtschaftsgüter (z. B. Rohstoffe) in das System ein (Quelle), werden im

---

[1]    Vgl. Pfeiffer/Weiß/Strubl 1994, S. 96.

[2]    Pielok 1995, S. 39.

[3]    Vgl. Klöpper 1991, S. 140 - 151.

[4]    Vgl. Pielok 1994, S. 14; Pielok 1995, S. 39f.

[5]    Darstellung in Anlehnung an Pielok 1995, S. 42, Abb. 3.1.

Prozeß zu anderen Wirtschaftsgütern transformiert und im Anschluß daran an nachfolgende Prozesse weitergegeben (Senke).[1] Diese Parameter entsprechen somit den Komponenten Input und Output der anderen Prozeßmodelle.

Für die Transformationstätigkeiten der Prozesse werden Produktionsfaktoren eingesetzt (z. B. Arbeitsleistungen von Mitarbeitern), deren leistungsabhängiger Bedarf im Modell unter dem Parameter **Ressourcen** subsumiert wird. Demgegenüber beinhaltet der Parameter **Strukturen** das Abbild sämtlicher im Unternehmen verfügbarer Produktionsfaktoren. Diese Faktoren werden nach den Kriterien Verantwortungsbereich, Qualifikation und Kosten zu Ressourcenpools zusammengefaßt und den Prozessen entsprechend ihrer Inanspruchnahme zugewiesen. Der Parameter spiegelt somit die eher statische Aufbauorganisation des Unternehmens wider.[2] Als Komplementär dazu werden die dynamischen Abläufe innerhalb des Systems Prozeß über den Parameter **Prozesse** erfaßt, der sowohl auf höherer Detaillierungsebene die prozeßbildenden Prozesse beschreibt, als auch jedem Prozeß einen Prozeßtyp (Bearbeiten, Prüfen, Transportieren, Lagern) zuordnet.[3] Darüber hinaus sichert der Parameter die beliebige Unterteilbarkeit der Prozesse.[4]

Die vertikale Verbindung der einzelnen Prozesse zu einem Prozeßnetzwerk wird über den Parameter **Lenkung** koordiniert. Diesem kommt ferner die zentrale Aufgabe der Sicherung der "Funktionalität der Prozeßkettenelemente und des Gesamtsystems Unternehmen"[5] zu. In Anlehnung an KUHN und BECKMANN unterscheidet PIELOK im einzelnen die fünf Lenkungsebenen Steuerung, Netzwerk, Disposition, Administration und Normative.[6] Mit diesen Prozeßbestandteilen wird die "Abbildung der Realität [...] umfassend möglich."[7]

### 5.2.1.5 Beurteilung der dargestellten Modelle

Alle dargestellten Modelle haben gemeinsam, daß in einen Prozeß stets ein Input eingeht, der über Tätigkeiten oder Aktivitäten zu einem Output transformiert und danach an die Systemumwelt abgegeben wird. Der Analyseschwerpunkt der Modelle liegt je-

---

1     Vgl. Pielok 1995, S. 45f.; Kuhn/Manthey 1996, S. 131.

2     Vgl. Pielok 1995, S. 41.

3     Vgl. Pielok 1995, S. 52.

4     Vgl. Pielok 1995, S. 52.

5     Pielok 1995, S. 61.

6     Vgl. detailliert Pielok 1995, S. 61 - 63, sowie die dort angegebene Literatur.

7     Pielok 1995, S. 64.

doch auf unterschiedlichen Prozeßkomponenten: In dem Prozeßmodell nach MINTZBERG werden die drei Prozeßbestandteile Input, Output und Transformationsaktivitäten relativ gleichgewichtig, jedoch immer vor dem Hintergrund der Identifikation der an ihnen beteiligten Mitarbeiter, analysiert. Das Modell stellt somit das Personal und dessen Arbeitsleistung als wichtigstes Element von Geschäftsprozessen heraus und vernachlässigt dadurch in gewisser Weise die übrigen Produktionsfaktoren. Hingegen setzt das Modell nach SCHOLZ seinen Betrachtungsschwerpunkt auf die Schnittstellen der Prozesse zu Lieferanten und Kunden und weniger auf die Analyse der Verarbeitung innerhalb der Prozesse. Das Modell nach PFEIFFER, WEIß und STRUBL ermöglicht demgegenüber eine gleichgewichtige Analyse aller am Prozeß beteiligten Komponenten. Im Gegensatz zum MINTZBERGschen Modell wird nicht einseitig auf das Personal, sondern ebenfalls auf die beteiligte Technik und Organisation rekurriert. Insbesondere die Transformationstätigkeiten können mit dem PIELOKschen Prozeßmodell über die Parameter Strukturen, Prozesse, Lenkung und Ressourcen detailliert erfaßt und aufgrund der Selbstähnlichkeit des Modells analysiert und synthetisiert werden. Dieses Prozeßmodell bietet somit die modelltheoretischen Voraussetzungen für die im Vergleich zu den anderen Modellen umfassendste Prozeßdekomposition.

Das **Modell nach MINTZBERG** wurde im wesentlichen zur Erklärung von unterschiedlichen Organisationstypen[1] und nicht zur Systematisierung der Elemente von Geschäftsprozessen entwickelt. Als solches hat es SCHOLZ in gewisser Weise zweckentfremdet. In dem neuen Anwendungszusammenhang ergeben sich jedoch Widersprüche zu dem ursprünglichen Modell. So sind z. B. die Unterstützenden Stäbe (z. B. Poststelle, Cafeteria) nach SCHOLZ in jedem Geschäftsprozeß vorhanden,[2] obwohl MINTZBERG ausdrücklich darauf verweist, daß sie nicht in die eigentlichen Arbeitsabläufe involviert sind[3]. In Analogie zum MINTZBERGschen Modell wäre für die Stäbe daher eine ähnlich supra-prozessuale Stellung wie für die Strategische Spitze angebracht. Aus den genannten Gründen ist das Modell nach MINTZBERG in dem von SCHOLZ vorgeschlagenen Anwendungszusammenhang nur sehr begrenzt als theoretische Grundlage zur Identifikation der Prozeßelemente im Rahmen der Prozeßstrukturermittlung geeignet.

---

[1]  So unterscheidet MINTZBERG in Abhängigkeit von dem Ausprägungsgrad der Grundelemente in "The Entrepreneurial Organization", "The Machine Organization", "The Diversified Organization", "The Professional Organization", "The Innovative Organization", "The Missionary Organization" und "The Political Organization" (vgl. im Überblick Mintzberg 1989, S. 109 - 115).

[2]  Vgl. Scholz 1995, S. 158, Abb. 4.10.

[3]  "A glance at the chart of almost any large contemporary organization reveals a great number of units, all specialized, that exist to provide support to the organization outside the operating work flow" (Mintzberg 1979, S. 31, im Original hervorgehoben).

Folgt die Prozeßdekomposition dem **Prozeßmodell nach SCHOLZ**, so würde die Analyse modellbedingt auf die Beschreibung und Identifikation der Schnittstellen und Verantwortungsübergänge zwischen den Prozessen fokussiert. Dies erkennen auch SCHOLZ und VROHLINGS und sehen hier den eigentlichen Vorteil des Modells: "Da Schnittstellenprobleme häufig die Ursache für prozessuale Schwachstellen sind, ist diese [auf dem SCHOLZschen Prozeßmodell beruhende - Anm. d. Verf.] Darstellung für eine wirkungsvolle Prozeßarbeit besonders geeignet."[1] Obgleich den Autoren in diesem Punkt grundsätzlich zuzustimmen ist, kommen aber in der praktischen Organisationsarbeit in VU Prozeßschwachstellen speziell auch bei der Prozeßbearbeitung vor. Die Analyse und die Identifikation dieser Schwachstellen werden jedoch bei SCHOLZ modelltheoretisch vernachlässigt. Aus diesem Grund scheint das Modell zur Prozeßdekomposition in VU nur begrenzt geeignet.

Das **Prozeßmodell nach PIELOK** bietet, wie bereits ausgeführt, die notwendigen modelltheoretischen Voraussetzungen zur umfassenden Analyse von Geschäftsprozessen. Sowohl die Schnittstellen von Geschäftsprozessen zur Systemumwelt als auch die Aktivitäten innerhalb von Prozessen können über die sechs Parameter detailliert erfaßt werden. Wird dieses Prozeßmodell zur Grundlage der GPO in VU gemacht, müßten grundsätzlich alle Parameter im Rahmen der Prozeßdekomposition identifiziert werden. Es ist jedoch zweifelhaft, ob eine derart umfassende Analyse aus pragmatischer Sicht stets zweckmäßig ist. Insbesondere die Analyse aller fünf Lenkungsebenen, die - laut PIELOK - **immer** über fünf Standardfragen zu erfolgen hat,[2] führt in praxi zu einer gewissen modellgestützten Unwirtschaftlichkeit der Prozeßdekomposition.[3]

Das **Prozeßmodell nach PFEIFFER, WEIß und STRUBL** scheint in idealer Weise die Vorteile der beschriebenen Modelle in sich zu vereinigen. Die Prozeßkomponenten Input, Output und Transformationstätigkeiten werden modelltheoretisch nahezu gleichgewichtig berücksichtigt. Dies ist im Rahmen der GPO eine unbedingte Voraussetzung zur Schaffung von struktureller (insbesondere Input und Output Komponente) und leistungsbezogener (insbesondere Personal, Technik und Organisation) Prozeßtransparenz. Die explizite Berücksichtigung der Arbeitsleistung von Mitarbeitern über eine ei-

---

[1]  Scholz/Vrohlings 1994a, S. 50.

[2]  Die Fragen lauten im einzelnen: "1. Welche Vorgaben existieren von der übergeordneten Lenkungsebene? 2. Welche Vorgaben werden an die untergeordnete Lenkungsebene weitergeleitet? 3. Welche Rückmeldungen existieren von der untergeordneten Lenkungsebene? 4. Welche Rückmeldungen werden an die übergeordnete Lenkungsebene weitergeleitet? 5. Was macht die betrachtete Lenkungsebene?" (Pielok 1995, S. 65).

[3]  Eine solche umfassende und differenzierte Dekomposition ist u. U. bei der Modellierung großer Netze in der Logistik erforderlich (vgl. beispielhaft Beckmann 1998; Beckmann/Kühling/Laakmann 1998; Kuhn 1998).

gene Prozeßkomponente läßt das Modell zudem für Dienstleistungsunternehmen und insbesondere für VU besonders geeignet erscheinen. Effizienz und Qualität der Versicherungsschutzproduktion sind in besonderem Maße von der Leistungsfähigkeit und -bereitschaft der Mitarbeiter abhängig. Als Indikator für die hohe wirtschaftliche Bedeutung der Personalressource kann der bereits beschriebene hohe Anteil der Personalkosten an den Gesamtkosten von VU interpretiert werden. Darüber hinaus ist das Prozeßmodell selbstähnlich. Diese Eigenschaft ist speziell für die praktische Organisationsarbeit von Vorteil, weil auf allen Dekompositionsstufen die gleiche Gliederungslogik genutzt werden kann. Zusammenfassend kann also festgehalten werden, daß das "5-Faktoren-Modell" einen idealen Ausgleich zwischen pragmatischer Einsetzbarkeit und theoretischer Analysetiefe bietet. Es dient daher im Folgenden als Systematisierungsgrundlage der weiteren Prozeßausgrenzung und Prozeßdekomposition.

### 5.2.2 Prozeßausgrenzung und Prozeßdekomposition

Zieht man die jüngere Literatur zum Themenkreis Prozeßorganisation mit dem Ziel zu Rate, Aufschluß über die instrumentelle Ausgestaltung der Prozeßausgrenzung und Prozeßdekomposition zu erhalten, läßt sich ein Paradoxon feststellen: Beschränken sich die Angaben zur instrumentellen Ausgestaltung beider Analysefelder (wenn überhaupt) auf einen knappen Verweis auf die klassische Aufgabenanalyse,[1] werden (EDV-gestützte) Instrumente zur Visualisierung der **Ergebnisse** der Ausgrenzung und Dekomposition relativ umfassend diskutiert[2]. Ohne an dieser Stelle Erklärungsversuche für das festgestellte Paradoxon geben zu wollen, soll nachfolgend zu dessen partieller Beseitigung zunächst die Aufgabenanalyse als wichtigstes Instrument der Bestimmung der Prozeßarchitektur im Rahmen der GPO dargestellt werden. Im Anschluß daran wird eine Heuristik zur Festlegung der optimalen Prozeßgliederungstiefe vorgestellt.

---

[1]    FERK und WETH geben generell wenig konkrete Hinweise zur instrumentellen Ausgestaltung der Prozeßausgrenzung und -dekomposition (vgl. Ferk 1996; Weth 1997, S. 58 - 60). BOGASCHEWSKY und ROLLBERG erklären die Aufgabenanalyse recht knapp, ohne konkrete Hinweise auf deren Rolle im Rahmen der Prozeßausgrenzung und -dekomposition zu geben (Bogaschewsky/Rollberg 1998, S. 194f. u. S. 219 - 223). Zu einem knappen Verweis auf die Aufgabenanalyse vgl. auch Pfohl/Krings/Betz 1996, S. 247.

[2]    Vgl. etwa Buresch/Kirmair/Cerny 1997; Chrobok/Tiemeyer 1996; Finkeißen/Forschner/Häge 1996; Lullies/Pstowsky/Grandke 1998; Pfohl/Krings/Betz 1996, S. 48f.; Scholz/Vrohlings 1994a; Tiemeyer/Chrobok 1996; Weth 1997, S. 60 - 66.

### 5.2.2.1 Die Aufgabenanalyse

Die Aufgabenanalyse oder Aufgabengliederungstechnik[1] geht auf das klassische Analyse-Synthese-Konzept der betriebswirtschaftlichen Organisationslehre zurück.[2] Die Analyse stellt die **Aufgabe** in das Zentrum der Betrachtung.[3] Allgemein formuliert ist es das Ziel der Methode, "die [...] Aufgaben zu erkennen und nach organisatorisch bedeutsamen Kriterien zu ordnen."[4] Dies vollzieht sich nach KOSIOL über die systematische Untersuchung der Verrichtungen (Verrichtungsanalyse), der Objekte (Objektanalyse), der Ränge der Teilaufgaben (Ranganalyse), der Phasen (Phasenanalyse) und der Zweckbeziehungen (Zweckbeziehungsanalyse).[5] Die Identifikation von Oberaufgaben und deren schrittweise Zerlegung in Teilaufgaben im Rahmen der Objekt- und Verrichtungsanalyse entspricht im Rahmen der Prozeßstrukturermittlung sowohl der Ausgrenzung der horizontalen als auch der Dekomposition der vertikalen Prozeßstruktur. Daher wird nachfolgend das recht abstrakte Vorgehen der beiden Analyseformen am Beispiel der einfachen Aufgabe "Brief schreiben" genauer dargestellt.

Ziel der **Verrichtungsanalyse** ist die Zerlegung von Verrichtungen. Dabei können die beiden logischen Fälle der Oder-Verrichtungsgliederung und der Und-Verrichtungsgliederung unterschieden werden.[6] Die Und-Verrichtungsgliederung gibt Antwort auf die Frage, welche Verrichtungen zum Schreiben des Briefes durchgeführt werden müssen. Wird z. B. unterstellt, daß der Brief handschriftlich verfaßt wird, so muß zunächst das Material (z. B. Papier und Stift) bereitgestellt, dann der Text geschrieben und dieser u. U. nachfolgend korrigiert werden. Diese Gliederungsform gibt - allgemein ausgedrückt - Antwort auf die Frage "Was ist im einzelnen alles zu tun, um das Objekt zu bearbeiten?"[7]. Die Oder-Verrichtungsgliederung hat einen anderen Ansatzpunkt. Sie stellt auf den Umstand ab, daß der Brief z. B. grundsätzlich von Hand oder mit einer Schreibmaschine geschrieben werden kann.[8] Damit gibt die Oder-Verrichtungsgliederung - allgemein formuliert - Auskunft auf die Frage "Auf welche unterschiedliche Art

---

1   Vgl. Liebelt/Sulzberger 1989, S. 89; Schmidt, G. 1989, S. 170.

2   Vgl. Kosiol 1976.

3   Wie in Kapitel 1.3.2. definiert, besteht eine Aufgabe aus Verrichtungen und Objekten.

4   Schmidt, G. 1989, S. 169, im Original kursiv gedruckt.

5   Vgl. umfassend Kosiol 1976, S. 49 - 75.

6   Vgl. Liebelt/Sulzberger 1989, S. 90f.; Schmidt, G. 1989, S. 175.

7   Liebelt/Sulzberger 1989, S. 91.

8   SCHMIDT weist in diesem Zusammenhang auf die Unterschiede zwischen "logischem oder" und "exklusiv oder" hin (vgl. Schmidt, G. 1989, S. 174).

und Weise kann das Objekt bearbeitet werden?"[1]. In Abb. 28 werden die Ergebnisse der Verrichtungsanalyse an der Beispielaufgabe dargestellt.

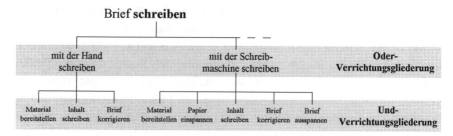

*Abb. 28: Beispiel einer Verrichtungsanalyse[2]*

An der Abbildung wird deutlich, daß die Oder-Verrichtungsgliederung stets vor der Und-Verrichtungsgliederung durchgeführt werden sollte.

Die **Objektanalyse** stellt im Beispiel den Brief in den Mittelpunkt der weiteren Zergliederung. Analog zur Oder-Verrichtungsgliederung gibt die Oder-Objektgliederung - allgemein formuliert - Antwort auf die Frage "Gibt es verschiedene selbständige Objekte, die bearbeitet werden?"[3]. Dabei wird nicht das Objekt gegliedert, sondern ein Oberbegriff in selbständige Objekte segmentiert. Im Beispiel wäre der Oberbegriff etwa "Informationen weitergeben". Dies kann dann durch unterschiedliche Objekte (z. B. Brief, Fax, E-mail, Anruf) geschehen. Die Und-Objektgliederung unterteilt im Weiteren den Brief in seine Bestandteile (z. B. Anschrift, Datum, Anrede, Text, Abschlußformel, Unterschrift) und gibt, abstrahiert von dem Beispiel, Antwort auf die Frage "Welche Teile eines Objektes werden bearbeitet?"[4]. Eine mögliche Und- und Oder-Objektgliederung der Beispielaufgabe ist in Abb. 29 visualisiert.

---

1    Liebelt/Sulzberger 1989, S. 90.

2    Darstellung in Anlehnung an Schmidt, G. 1989, S. 175, Abb. 72.

3    Schmidt, G. 1989, S. 177.

4    Schmidt, G. 1989, S. 178.

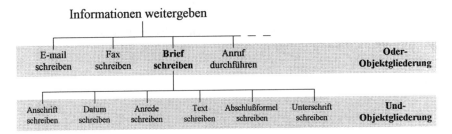

*Abb. 29: Beispiel einer Objektanalyse*

Diese getrennt voneinander dargestellten Analysemöglichkeiten sind in praxi eng verzahnt. Die Verrichtung wird immer am Objekt vollzogen und deren Gliederung wird
stark vom Objekt determiniert. Daher sind die vier Möglichkeiten im Rahmen der Ermittlung der Prozeßhierarchie miteinander zu **kombinieren**. Dies kann theoretisch auf
unterschiedlichen Wegen erfolgen, geschieht aber zweckmäßigerweise stets in der
Reihenfolge Oder-Objekt-, Und-Objekt-, Oder-Verrichtungs- und Und-Verrichtungsgliederung.[1] Die zu den Gliederungen führenden Fragen sollten also immer in dieser
Rangfolge gestellt werden.[2] Als Resultat ergibt sich sodann die in Abb. 30 dargestellte
Kombination aus Objekt- und Verrichtungsanalyse.

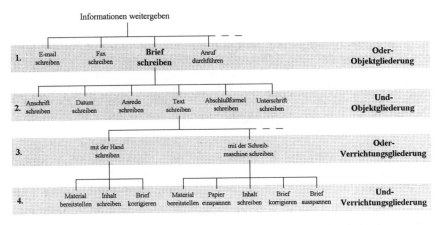

*Abb. 30: Beispiel einer kombinierten Objekt- und Verrichtungsanalyse*

---

1    Vgl. Liebelt/Sulzberger 1989, S. 91; Schmidt, G. 1989, S. 179.

2    Das bedeutet jedoch nicht, daß alle Fragen auch zweckmäßig beantwortet werden können und stets zu
     einer neuen Gliederungsebene führen. Vgl. hierzu auch das Beispiel bei Schmidt, G. 1989, S. 179f.

Die dargestellte Vorgehensweise kann analog auf Geschäftsprozesse übertragen werden. Die Aufgabenanalyse hat demnach die zentrale Aufgabe, die Prozeßstruktur in horizontaler und vertikaler Richtung zu gliedern. Im einzelnen erfolgt dies über die Erhebung der fünf Prozeßfaktoren Input, Personal, Organisation, Technik und Output der
identifizierten Subprozesse. Die Komplexität der Aufgabenanalyse kann dabei zweckmäßig reduziert werden, wenn situativ entschieden wird, welche Faktoren im einzelnen
von besonderer Relevanz für den betrachteten Geschäftsprozeß sind. Weniger relevante Prozeßelemente sollten aus Wirtschaftlichkeitsgründen nicht auf allen Detaillie-
rungsstufen analysiert werden. Darüber hinaus hat die Aufgabenanalyse die Identifikation der Verknüpfungsarten der Prozesse in horizontaler Richtung zum Ziel. Dabei
können selbst komplexeste Prozeßstrukturen - wie etwa die Bearbeitung eines Großschadens -[1] aus einer Kombination von lediglich **sieben Grundformen der horizontalen Prozeßausgrenzung** bestehen, die in Abb. 31 dargestellt sind.

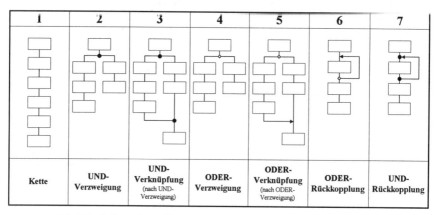

*Abb. 31: Sieben Grundformen der horizontalen Prozeßausgrenzung[2]*

Die Kette (1. Grundform) wird durch eine unverzweigte, lineare Folge von Tätigkeiten
oder Prozessen gebildet.[3] Werden Prozesse parallel nebeneinander durchgeführt, ergibt
sich die zweite Grundform, die UND-Verzweigung. Die dritte Grundform, die UND-
Verknüpfung, resultiert aus der Vereinigung mehrerer durch eine UND-Verzweigung
parallel durchgeführter Prozesse. Der nach dieser Verknüpfung durchzuführende Prozeß benötigt somit den Output aller vorangegangener Prozesse als Input. In Analogie

---

[1]    FARNY nennt als Beispiele etwa Explosionen, Großbrände, Flugzeugabstürze und Atomverseuchungs-
       schäden (vgl. Farny 1995, S. 74).

[2]    Darstellung nach Schmidt, G. 1989, S. 305, Abb. 177.

[3]    Zur folgenden Darstellung der Grundformen vgl. Schmidt, G. 1989, S. 301 - 305.

zur UND-Verzweigung ergibt sich die ODER-Verzweigung (4. Grundform) durch sich gegenseitig ausschließende Prozesse. Auch nach einer ODER-Verzweigung können Prozesse prinzipiell gemeinsam durchgeführt werden. Dies wird durch die fünfte Grundform der ODER-Verknüpfung erfaßt. Schließlich können noch die ODER- und die UND-Rückkopplung unterschieden werden. Erstere umfaßt die Prüfung, ob zu einem vorgelagerten Prozeß zurückzuspringen ist, oder ob der Prozeß weiter bearbeitet werden kann. Theoretisch handelt es sich bei dieser Grundform um eine rückwärtsgerichtete Kombination der ODER-Verzweigung und ODER-Verknüpfung. Die siebte Grundform der UND-Rückkopplung ist die vor allem theoretisch interessante rückwärtsgerichtete Verknüpfung der UND-Verzweigung und der UND-Verknüpfung. Das Ergebnis dieser Rückkopplungsform ist eine "Endlosschleife", die in praxi von geringer Relevanz ist.[1]

Zur Erhebung der Verrichtungen, Objekte, Prozeßelemente und der dargestellten Grundformen der horizontalen Prozeßstruktur der Geschäftsprozesse können im Rahmen der Aufgabenanalyse grundsätzlich alle bekannten **Datenerhebungsverfahren** herangezogen werden.[2] Besonders geeignet erscheinen jedoch das Dokumentenstudium und die Befragung.[3] Obwohl das Dokumentenstudium grundsätzlich wirtschaftlicher einsetzbar ist, liefert es im Ergebnis nur alte Informationen aus vergangenen Analyseperspektiven, so daß die Befragung vor dem Hintergrund der Neuartigkeit und Zweckmäßigkeit der Informationen über Objekte und Verrichtungen vorteilhafter erscheint.

Bei der Befragung können grundsätzlich zwei Formen unterschieden werden: die persönliche, interviewzentrierte und die unpersönliche, fragebogenzentrierte Befragung.[4] Beide Befragungsformen haben Vor- und Nachteile, die in Tab. 6 zusammengefaßt dargestellt sind.

---

[1]  Wahrscheinlich aus diesem Grund hat sie LIEBELT nicht in die Aufstellung von Grundformen aufgenommen (vgl. Liebelt 1992, Sp. 19ff.).

[2]  Z. B. unterscheiden SCHNELL, HILL und ESSER die Befragung, die Beobachtung und die Inhaltsanalyse und geben einen Überblick über weitere Unterscheidungskriterien (vgl. Schnell/Hill/Esser 1992, S. 325 - 327 sowie die dort angegebene weiterführende Literatur).

[3]  Vgl. Liebelt/Sulzberger 1989, S. 92.

[4]  Vgl. detailliert Hafermalz 1976, S. 5 - 13; Scholl 1993. Beide Befragungsformen können in praxi auch kombiniert eingesetzt werden (vgl. Remitschka 1992, Sp. 600).

| Interviewzentrierte Befragung | | Fragebogenzentrierte Befragung | |
|---|---|---|---|
| Vorteile<br>+ | Nachteile<br>- | Vorteile<br>+ | Nachteile<br>- |
| • Mißverständnisse können sofort beseitigt werden<br><br>• Anpassung des Sprachlevels an denjenigen des Befragten möglich<br><br>• Hohe "Rücklaufquote"<br><br>• Stichtag der Befragung exakt bestimmbar<br><br>• Motivation des Befragten durch Interviewer möglich | • Hoher Zeit- und Personalaufwand<br><br>• Hohe Qualifikation des Interviewers notwendig<br><br>• Fragen mit quantitativem Inhalt sind kurzfristig i. d. R. schwer zu beantworten<br><br>• Ergebnisse durch Interviewsituation und Interviewer beeinflußbar (systematischer Fehler des Interviews, Interviewer-Bias)<br><br>• Tendenziell unüberlegte Antworten aufgrund mangelnder Zeit zum Nachdenken | • Umfang des Untersuchungsbereiches wirkt sich nicht auf den Zeitbedarf für die Aufnahmetätigkeit aus<br><br>• Stark schematisierte Form der Erhebung erleichtert die Auswertung<br><br>• Konstante Interviewsituation durch einen "optimalen Fragebogen"<br><br>• Relativ geringe Erhebungskosten<br><br>• Hohe Anonymität der Befragung und dadurch tendenziell wahrere Aussagen<br><br>• Antworten können "in Ruhe" gegeben werden und sind daher "überlegter" | • Mit zunehmender Intensität der Untersuchung nimmt der Zeitbedarf des einzelnen Beantworters zu<br><br>• Zu formale Formulierungen können unverständlich sein<br><br>• Häufig nur geringes Rücklaufsample<br><br>• Es ist nicht feststellbar, wer tatsächlich den Fragebogen ausgefüllt hat<br><br>• Erhebungsstichtag nicht exakt bestimmbar<br><br>• Spontane Antworten nicht erfaßbar<br><br>• Motivation des Befragten ausschließlich durch Fragebogen möglich |

*Tab. 6: Wesentliche Vor- und Nachteile unterschiedlicher Befragungsformen[1]*

Der hohe Abstraktionsgrad der vier Fragen der Aufgabenanalyse läßt die Anwendung der fragebogenzentrierten Befragungen zur Ermittlung der Prozeßstruktur als grundsätzlich ungeeignet erscheinen. Der große Vorteil der interviewzentrierten Befragung, Mißverständnisse während des Gespräches sofort beseitigen und die Fragen dem

---

[1]   Zusammenfassung der Vor- und Nachteile der Befragungsformen nach Atteslander/Kneubühler 1975, S. 20 - 26; Bendeich/Dauser/Gentner 1979, S. 22f.; Berekoven/Eckert/Ellenrieder 1993, S. 104f.; Hafermalz 1976, S. 22 - 24; Holm 1986; Schnell/Hill/Esser 1992, S. 367 - 369; Scholl 1993, S. 33 - 35 u. 48 - 51. Die Vorteile des einen Erhebungsverfahrens sind mithin die Nachteile der anderen Erhebungsform.

Sprachlevel des Befragten anpassen zu können, sprechen für den Einsatz dieser Datenerhebungsmethode. Darüber hinaus ist zu bedenken, daß sich kein Mitarbeiter ständig aller Aufgaben und Tätigkeiten, die er durchführt, völlig bewußt ist, so daß die Ergebnisse einer schriftlichen Befragung stets von dem Auswertenden zur Vervollständigung der Prozeßstruktur durch erneute Befragungen ergänzt werden müssen.[1] Ferner können die sachlogischen Verknüpfungen zwischen den Prozessen aufgrund von schriftlichen Befragungen nur schwer herausgefiltert werden.[2] Beide Nachteile können im Rahmen von Interviews durch Nachfragen relativ unkompliziert ausgeräumt werden. Daher ist die interviewzentrierte Befragung als Datenerhebungstechnik im Rahmen der Aufgabenanalyse zu präferieren.

Nachdem die interviewzentrierte Befragung als Datenerhebungstechnik der Aufgabenanalyse festgelegt wurde, ist zu bestimmen, wer befragt wird. Bei der Wahl der Interviewpartner ist - wie bereits bei der Prozeßerkennung und -auswahl angesprochen wurde - festzulegen, ob die Prozeßelemente **deduktiv (top down)** oder **induktiv (bottom up)** ermittelt werden sollen. In der Literatur wird die Auffassung vertreten, daß ein top down gerichtetes Vorgehen stärker revolutionäre Ergebnisse fördert und daher bei drastischen Optimierungszielen zu bevorzugen ist.[3] Vermutlich aus diesem Grund findet die deduktive Prozeßdekomposition in Theorie und Praxis eine breite Anhängerschaft.[4] Neben dem genannten Vorteil bietet ein deduktives Vorgehen die Vorzüge, die Ziele des Management bei der Dekomposition zu berücksichtigen, die Gliederungserstellung in vergleichsweise kurzer Zeit zu ermöglichen sowie den Prozeß besser in seiner Gesamtheit erfassen und damit weitgehend überschneidungsfrei unterteilen zu können.[5] Von Nachteil ist jedoch die häufig geringe Akzeptanz des Dekompositionsergebnisses und die damit verbundenen vergleichsweise hohen Widerstände der Betroffenen.[6] Hier liegt der Vorteil der induktiven Vorgehensweise: Da die Mitarbeiter systematisch in die Prozeßaufnahme integriert sind, wird die Prozeßland-

---

[1]   Vgl. auch Schmidt, G. 1989, S. 170.

[2]   Vgl. Schmidt, G. 1989, S. 170.

[3]   Vgl. etwa Körmeier 1997, S. 14f.; Lamla 1995, S. 93f. OSTERLOH und FROST fassen dies in der einprägsamen Formulierung "Top down for targets - Bottom up for how to do it" (Osterloh/Frost 1996, S. 208) zusammen.

[4]   Als Anhänger können etwa KÖRMEIER, LAMLA, STRIENING sowie SCHOLZ und VROHLINGS genannt werden (vgl. Körmeier 1997, S. 16f.; Lamla 1995, S. 93; Striening 1988, S. 202f.; Scholz/Vrohlings 1994a, S. 44f.). Auch die Optimierung der Geschäftsprozesse bei der *Allianz Sachversicherungsgruppe Inland* erfolgt top down (vgl. Eschner/Nestler 1994, S. 40).

[5]   Vgl. Körmeier 1997, S. 15; Scholz/Vrohlings 1994a, S. 43.

[6]   Vgl. Körmeier 1997, S. 15.

schaft auch von der Basis getragen. Für die GPO empfiehlt sich, die Vorteile beider Vorgehensweisen zu nutzen, indem sie in einer Art **Gegenstromverfahren** miteinander verknüpft werden.[1] Konkret kann dies etwa so aussehen, daß eine von Gruppenleitern, Bereichsleitern oder Abteilungsleitern erstellte Prozeßdekomposition (top down) von Sachbearbeitern bottom up geprüft und spezifiziert wird, bzw. die induktiv gestaltet Prozeßgliederung deduktiv kontrolliert und ergänzt wird.

Die mit Hilfe der identifizierten vier Fragen der Aufgabenanalyse strukturierten Interviews sollten systematisch dokumentiert werden. Dazu eignet sich ein strukturiertes **Rasterblatt**, das in Abb. 32 mit den Verrichtungen und Objekten der Beispielaufgabe dargestellt ist. Die Aufgabe wird zunächst im linken oberen Feld eingetragen und mit einer Ordnungsziffer versehen.[2] Nachdem zu dieser die vier Fragen in der angegebenen Rangfolge gestellt worden sind und die zweckmäßigste Gliederungsform bestimmt wurde, werden in der zweiten Zeile von links nach rechts die Teilaufgaben eingetragen und mit entsprechenden Ordnungsziffern versehen. Jetzt ist für jede Teilaufgabe zu entscheiden, ob sie weiter untergliedert werden soll (diagonaler Strich rechts neben der Ordnungsziffer) oder nicht (waagerechter Strich rechts neben der Ordnungsziffer). In den Folgezeilen wird nach dieser Systematik weiter verfahren, wobei von links nach rechts die Teilaufgaben, die weiter untergliedert werden sollen, zunächst vollständig unterteilt werden. In Zeile f ist direkt zu erkennen, daß die Aufgabenanalyse abgeschlossen ist, da nur waagrechte Striche neben den Ordnungsziffern eingetragen sind.

Die Aufgabenanalyse ist in der beschriebenen Ausgestaltung sehr gut zur Ermittlung der Prozeßstruktur geeignet. Die identifizierten Fragen sorgen in der festgelegten Rangfolge während des Interviews für ein strukturiertes und systematisches Vorgehen, dessen Ergebnisse mit Hilfe des Rasterblattes gegliedert dokumentiert werden können. Diese durchgängige Systematik bietet den in praxi wichtigen Vorteil, die Aufgabenanalyse an jedem beliebigen Punkt abbrechen und zu einem späteren Zeitpunkt auch von anderen Mitarbeitern fortsetzen lassen zu können.[3] Bevor die Ergebnisse allerdings zur abschließenden Prozeßstruktur visualisiert werden können, ist zu entscheiden, wie tief die Prozesse zu gliedern sind.

---

[1]     KRÜGER empfiehlt das Gegenstromverfahren für die Verknüpfung von Innovation und Kaizen (vgl. Krüger 1994, S. 205). OSTERLOH und FROST übertragen es auf den hier angesprochenen Zusammenhang (vgl. Osterloh/Frost 1996, S. 208). Auch WARNECKE empfiehlt im Rahmen seines Modells der Fraktalen Fabrik zur Entstehung und Auflösung der Fraktale das Gegenstromverfahren (vgl. Warnecke 1992, S. 181).

[2]     Vgl. zur Beschreibung der Systematik des Rasterblattes Schmidt, G. 1989, S. 182.

[3]     Vgl. Schmidt, G. 1989, S. 184.

| 1 | 2 | 3 | 4 | 5 | 6 | |
|---|---|---|---|---|---|---|
| *1* / | | | | | | **a** |
| *Informationen weitergeben* | | | | | | |
| *1.1* - | *1.2* - | *1.3* / | *1.4* - | | | **b** |
| *e-mail schreiben* | *Fax schreiben* | *Brief schreiben* | *Anruf durchführen* | | | |
| *1.3.1* - | *1.3.2* - | *1.3.3* - | *1.3.4* / | *1.3.5* - | *1.3.6* - | **c** |
| *Anschrift schreiben* | *Datum schreiben* | *Anrede schreiben* | *Text schreiben* | *Abschlußformel schreiben* | *Unterschrift schreiben* | |
| *1.3.4.1* / | *1.3.4.2* / | | | | | **d** |
| *Mit der Hand schreiben* | *Mit der Maschine schreiben* | | | | | |
| *1.3.4.1.1* - | *1.3.4.1.2* - | *1.3.4.1.3* - | | | | **e** |
| *Material bereitstellen* | *Inhalt schreiben* | *Brief korrigieren* | | | | |
| *1.3.4.2.1* - | *1.3.4.2.2* - | *1.3.4.2.3* - | *1.3.4.2.4* - | *1.3.4.2.5* - | | **f** |
| *Material bereitstellen* | *Papier einspannen* | *Inhalt schreiben* | *Inhalt korrigieren* | *Papier ausspannen* | | |
| | | | | | | **g** |

| | |
|---|---|
| Projekt: *Beispiel* | |
| Aufgenommen am: *1.5.1999*    bei: *Frau Müller*      durch: *Herrn Maier* | |
| Aufgabe: *Informationen weitergeben* | Blatt: *1* |

*Abb. 32: Rasterblatt zur Dokumentation der Aufgabenanalyse[1]*

### 5.2.2.2 Heuristik zur Bestimmung der optimalen Prozeßgliederungstiefe

Eine zentrale Rolle im Rahmen der Prozeßstrukturermittlungsphase kommt der Festlegung des Detaillierungsgrades der Prozeßdekomposition zu. Eine differenzierte Gliederung hat eine Vielzahl an Prozeßinformationen zur Folge und steht grundsätzlich im Konflikt zu dem Ziel der Prozeßstrukturtransparenz. Eine zu grobe Gliederung birgt das Problem in sich, Prozeß(struktur)schwachstellen aufgrund fehlender Informationen nur lückenhaft aufzudecken und steht daher im Widerstreit mit dem Ziel einer möglichst umfassenden Optimierung. Mögliche Auswirkungen eines zu geringen bzw. zu

---

[1] Darstellung in Anlehnung an Liebelt/Sulzberger 1989, S. 93, Abb. 58; Schmidt, G. 1989, S. 183, Abb. 82. Selbstverständlich lassen sich in das Rasterblatt auch die Angaben über Input, Output, Personal, Technik und Organisation sowie über die Verknüpfungen zwischen den Prozessen aufnehmen.

hohen Detaillierungsgrades der Prozeßdekomposition auf die Wirtschaftlichkeit, Zweckmäßigkeit und Projekttaktik der GPO sind in Tab. 7 zusammengestellt.

| | Nachteile, wenn der Detaillierungsgrad der Prozeßdekomposition ... | |
|---|---|---|
| | ... zu gering ist | ... zu hoch ist |
| **Wirtschaftlichkeit** | • Nicht gegeben, da kein Nutzen aus der Prozeßgliederung zu ziehen ist | • Nicht gegeben, weil Analysekosten höher als der Nutzen der zusätzlich gewonnenen Informationen sind |
| **Zweckmäßigkeit** | • Lediglich Problemsymptome, aber keine Problemursachen werden identifiziert | • Überblick hinsichtlich der Funktionsweise des Gesamtprozesses geht verloren <br>• Blickwinkel für neue Gestaltungsalternativen wird tendenziell eingeengt |
| **Projekttaktik** | • Geringer Aufwand wird als Indikator für einen nur geringen Stellenwert des Optimierungsprojektes interpretiert <br>• Kognitive Grundlage für die Notwendigkeit zur Optimierung wird nicht geschaffen | • Gefahr von "Ermüdungserscheinungen" <br>• Gefahr der Fehlinterpretationen der Analyse als "Suche nach dem Schuldigen" |

*Tab. 7: Mögliche Nachteile einer suboptimalen Gliederungstiefe von Prozessen[1]*

Die **Wirtschaftlichkeit** der Geschäftsprozeßoptimierung kann nicht nur durch eine zu geringe, sondern auch durch eine zu detaillierte Prozeßgliederung eingeschränkt werden, da der Grenznutzen einer zusätzlichen Informationseinheit mit zunehmender Gliederungstiefe abnimmt und mitunter kleiner als die Grenzkosten der Informationsbeschaffung wird.[2] Ebenso kann die **Zweckmäßigkeit** der GPO unter einer zu hohen Gliederungstiefe leiden, weil der Überblick über den Prozeßablauf und der Blick für die wesentlichen Prozeßinformationen tendenziell verloren gehen. Ferner wird der Schwerpunkt der GPO von der kreativen Prozeßgestaltung auf die detaillierte Analyse des Prozeß-Ist-Zustandes verschoben. Darunter leidet mitunter das Innovationspotential und die Neuartigkeit der Gestaltungsvorschläge. Zudem führt eine sehr detaillierte Gliederung von Prozessen bei den Projektbeteiligten bereits zu Beginn der GPO zu "Ermüdungserscheinungen" und ist daher auch aus **projekttaktischen Gründen** von Nachteil. Hinzu kommt, daß eine detaillierte Ist-Analyse von den Projektteilnehmern häufig als Suche nach Fehlerursachen und den daran Schuldigen fehlgedeutet wird.

---

[1]    Tabelle in Anlehnung an Weth 1997, S. 59, Tab. 4-1. Die Argumente werden z. T. auch von GAITANIDES angeführt (vgl. Gaitanides 1983, S. 80f.).

[2]    "Der Grenznutzen leitet sich aus dem Optimierungspotential ab, das durch die zusätzlich gewonnenen Informationen erkannt wird" (Weth 1997, S. 59, Fn. 276).

Wiederum kann ein vergleichsweise geringer Aufwand bei der Prozeßdekomposition leicht als Indikator einer geringen Wichtigkeit des Projektes fehlinterpretiert werden und bei den Projektmitgliedern zu Lasten des Notwendigkeitsbewußtseins der Optimierung gehen.[1] Bereits an dieser kurzen Darstellung der Vor- und Nachteile eines suboptimalen Prozeßdetaillierungsgrades wird die Tragweite der Problemstellung für die weiteren Phasen der GPO deutlich.

Welche **Lösungen** des beschriebenen Zielkonfliktes werden z. Z. von theoretischer und praktischer Seite angeboten? Einige Autoren vertreten die Meinung, daß die Festlegung der Tiefe der Prozeßdekomposition grundsätzlich nicht instrumentell gestützt werden kann, sondern in das Belieben des Prozeßoptimierungsteams zu stellen ist.[2] Andere Autoren geben Lösungsvorschläge, die von einfachen "Faustformeln"[3] über pauschale Vorgaben der maximalen Tiefe[4] bis hin zu mehr oder weniger umfassenden Analysen der Einflußgrößen der Gliederungstiefe[5] reichen. Aufgrund dieser Meinungsvielfalt erscheint nachfolgend eine tiefere Diskussion der verschiedenen Standpunkte geboten.

Die pauschale Vorgabe der maximalen Gliederungstiefe besitzt, wie BRAUN richtig feststellt, den in der Praxis geschätzten Vorteil der eindeutigen Lösung des geschilderten Zielkonfliktes.[6] Unternehmensspezifische Besonderheiten werden bei diesem Vorschlag aber ebensowenig systematisch in die Festlegung der Gliederungstiefe einbezogen wie bei der Anwendung von "Faustformeln". Aus diesem Grund sind beide Wege

---

[1]  Vgl. Weth 1997, S. 60.

[2]  Vgl. beispielhaft die folgenden Zitate: "Für die zu wählende Auflösungstiefe gibt es keine eindeutigen Regeln; es hängt in erster Linie von der Art des Prozesses und von der organisatorischen Aufgabenstellung ab" (Schulte-Zurhausen 1995, S. 78). "Das Ausmaß der Zergliederungstiefe ist letztlich in das Belieben des Organisators gestellt" (Bogaschewsky/Rollberg 1998, S. 223). WETH führt aus, daß zur Tiefe der Ausgrenzung und Dekomposition von Prozessen " keine allgemein gültige Regel gegeben werden kann" (Weth 1997, S. 59). "Für die Entscheidung über den problemadäquaten Aggregations- bzw. Detaillierungsgrad läßt sich keine eindeutige Regel angeben" (Scholz 1995, S. 108). "Sie [die Zergliederungstiefe, Anm. d. Verf.] bleibt jedoch immer eine Gestaltungsfrage des Modellierers" (Körmeier 1997, S. 125).

[3]  So gibt beispielsweise TRÄNCKNER an, die Gliederungstiefe sollte "So detailliert wie nötig und so einfach wie möglich" (Tränckner 1990, S. 39) sein.

[4]  "Eine De-Komposition bis hin zur 6. Ebene der Subprozesse hat sich als praktikabel und ausreichend erwiesen" (Striening 1988, S. 195).

[5]  Als wesentliche Bestimmungsgründe werden die Detailliertheit der Informationen, die Art und relative Bedeutung des Prozesses im Rahmen der Prozeßarchitektur, die Komplexität der Prozesse und des Optimierungsvorhabens und die Fähigkeit und Motivation der Mitarbeiter identifiziert (vgl. Bogaschewsky/Rollberg 1998, S. 220f.; Braun 1996, S. 45; Gaitanides 1983, S. 81ff.; Schulte-Zurhausen 1995, S. 78; Wiesehahn 1996a, S. 1560).

[6]  Vgl. Braun 1996, S. 48.

zur Festlegung der Gliederungstiefe n. M. d. Verf. nur wenig zielführend. Zweckmäßiger erscheint die Analyse der Einflußgrößen der Gliederungstiefenbestimmung und darauf aufbauend die Festlegung in Abhängigkeit von geeigneten **Kriterien**. So schlägt z. B. GAITANIDES die Bestimmung der optimalen Gliederungstiefe in Abhängigkeit von der innerbetrieblichen Nachfrage vor. Auf eine tiefergehende Untergliederung von Prozessen sei zu verzichten, wenn dadurch Prozesse oder Tätigkeiten aufgedeckt würden, deren Output nicht von anderen Unternehmensbereichen oder Personen nachgefragt werde.[1] BRAUN kritisiert an dieser Vorgehensweise, daß lediglich das außerhalb der Prozeßhandlung liegende Kriterium "Gegenstand innerbetrieblicher Nachfrage" für die Entscheidung über den Grad der Gliederungstiefe von Bedeutung sei, und insbesondere der Einfluß der von den Tätigkeiten betroffenen Objekte (z. B. Versicherungsverträge) unberücksichtigt bleibe.[2] Der Autor stellt daher zur Diskussion, die Personen, welche die Tätigkeiten ausführen, nach der Homogenität der betroffenen Objekte zu befragen, und nur solche Prozesse tiefergehend zu gliedern, bei denen die Antworten auf objektbezogene Inhomogenitäten hindeuten.[3]

Beide Vorschläge zeichnen sich n. M. d. Verf. durch eine gewisse Praxisferne aus. Ferner ist in dem hier relevanten Zusammenhang zu kritisieren, daß die genannten Kriterien in keinem direkten Bezug zur Optimierung von Geschäftsprozessen stehen. Die optimale Gliederungstiefe sollte vielmehr durch ein einfaches heuristisches Vorgehen iterativ in mehreren Schritten bestimmt werden.[4] Nachfolgend wird daher der Versuch unternommen, beide Defizite durch eine allgemeine **Heuristik zur Bestimmung der optimalen Gliederungstiefe** zu beseitigen. Ausgangspunkt der nicht-mathematisch-heuristischen Methode[5] ist die Vorstellung, daß

---

[1]   "Aus Koordinationsgründen ist es beispielsweise notwendig, im Rahmen der Gliederung "Einkaufsabwicklung" die Verrichtung "Vorbereitung des Buchungsbeleges" dann auszuweisen, wenn in einem weiteren Prozeß "Buchungsverkehr" z. B. das Prozeßelement "Führen des Zahlungsjournals", eben diesen Prozeßoutput "Buchungsbeleg" nachfragt." Gaitanides 1983, S. 81. Vgl. in diesem Zusammenhang auch das Beispiel bei Braun 1996, S. 49.

[2]   Vgl. Braun 1996, S. 49.

[3]   Vgl. Braun 1996, S. 49f.

[4]   Ähnliches wird zur Festlegung des optimalen Abstraktionsgrades der Funktionengliederung im Rahmen der Wertanalyse gefordert (vgl. VDI 1995, S. 10).

[5]   HESS unterscheidet in Anlehnung an PFOHL fünf Klassen von Methoden, wobei die entwickelte Heuristik in die letzte Klasse einzuordnen ist: "Nicht-mathematisch-heuristische Methoden führen unter Verwendung nicht-mathematischer Verfahren [...] zu einer zulässigen Lösung. Sie beschränken sich auf die Unterstützung der Ideenfindung und die Nutzung vorhandener Erfahrungen" (Hess 1996, S. 19). Vgl. auch die dort angegebene Literatur.

- die Festlegung der Tiefe der Prozeßdekomposition grundsätzlich instrumentell gestützt werden kann, und daß
- das zu verwendende Kriterium zur Festlegung der Gliederungstiefe auf das Ziel der Schaffung von Prozeßstrukturtransparenz abstellen muß.

In Abb. 33 ist die Ablaufstruktur der Heuristik dargestellt.

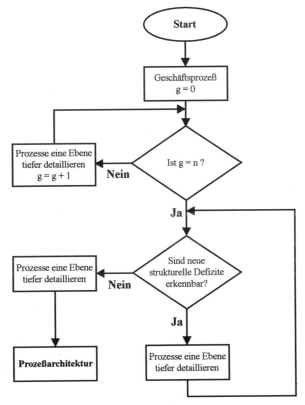

*Abb. 33: Heuristik zur Bestimmung der optimalen Prozeßgliederungstiefe im Rahmen der GPO*

Ziel der Prozeßdekomposition im Rahmen der GPO ist die Schaffung von Prozeßstrukturtransparenz. Daher muß eine zweckmäßige Tiefe der Prozeßgliederung insbesondere strukturelle Defizite (z. B. überflüssige Prüfschleifen) aufdecken. Die Grundidee der Heuristik setzt an diesem Punkt an. Die Geschäftsprozesse werden durch die Heuristik so lange detailliert, wie neue Strukturdefizite erkennbar werden. Da auf den obersten Gliederungsebenen keine Einsicht in die Prozeßstruktur möglich ist, wird zunächst pauschal n Ebenen tief untergliedert. Erst wenn diese Gliederungstiefe erreicht ist (Prüfvariable g = n) und neue Strukturdefizite erkennbar sind, wird solange tiefer gegliedert, wie auf den neuen Gliederungsebenen neue Hinweise auf strukturelle Probleme offenbart werden. Wenn keine bislang unentdeckten Defizite erkennbar sind, wird dem Vorsichtsprinzip folgend, eine Ebene tiefer zur abschließenden Prozeßarchitektur segmentiert.

Die vorgestellte Heuristik bietet die Möglichkeit, mit vertretbarem Aufwand eine hinreichend genaue, an dem Ziel der Prozeßstrukturtransparenz orientierte Tiefe der Prozeßdekomposition zu erhalten. Ihr Einsatz unterstellt, daß bereits während der Prozeßstrukturermittlung Aussagen über strukturelle Defizite möglich sind. Die Heuristik ist als **einfache Dekompositionshilfe** zu verstehen, die im Bedarfsfall problemadäquat zu verändern ist. Möglichkeiten zur unternehmensspezifischen Anpassung existieren insbesondere bei der erneuten Untergliederung, nachdem keine neuen Strukturdefizite erkannt wurden, sowie bei der Festlegung von n. Zur Diskussion wird in VU ein Mindestwert von $n = 2$ gestellt,[1] wobei anzunehmen ist, daß dieser Wert von den oben erwähnten Determinanten der Prozeßdekomposition und insbesondere von dem zu optimierenden Geschäftsprozeß abhängt. Darüber hinaus erscheint eine empirische Ableitung von n zielführend.

An dem Geschäftsprozeß ”Schaden/Leistung bearbeiten” sei die bislang beschriebene Prozeßausgrenzung und -dekomposition beispielhaft dargestellt. Im Zentrum der weiteren Ausführungen steht dabei die **Schadenbearbeitung**.[2] Das Prozeßgefüge erstreckt sich nachfolgend auf lediglich zwei Prozeßebenen, die ohne die einzelnen Prozeßfaktoren als Kette dargestellt werden, da eine tiefere Gliederung unter Berücksichtigung der Prozeßelemente und -verknüpfungen der Einfachheit der Darstellung entgegenstehen und die Nachvollziehbarkeit der Schilderung künstlich erschweren würde. Die Prozesse der zweiten Ebene lassen sich dann direkt in einzelne Tätigkeiten untergliedern. Abb. 34 zeigt die Prozeßarchitektur in horizontaler und vertikaler Auflösung.

Im Rahmen des Geschäftsprozesses ”Schaden/Leistung bearbeiten” lassen sich auf einer ersten Gliederungsebene fünf Prozesse unterscheiden. Nach Eingang der Schadenmeldung im VU wird diese an einen SB weitergeleitet, welcher eine Schadenakte anlegt. Daran anschließend erfolgt eine Prüfung der Merkmale des Schadenfalls (durch z. B. Besichtigungen, Sachverständigengutachten) und des durch den Schadenfall betroffenen Versicherungsvertrages bezüglich der versicherten Schäden und der Schadendeckung. Im Rahmen dieses Prozesses kommt es auch zu einer Entscheidung über

---

[1]     Somit umfaßt die minimale Gliederungstiefe drei Ebenen.

[2]     Vgl. zu dem Beispiel Wiesehahn 1996a.

das Bestehen von Versicherungsschutz und der Höhe der Versicherungsleistungen. Nach Abschluß dieser Prüfung werden direkt und indirekt am Schadenfall Beteiligte (z. B. Rechtsanwälte, Ärzte, Autovermietungen) angeschrieben. Danach schließt sich die Zahlungsdurchführung (Exkasso der Versicherungsleistung via computergestützter Textverarbeitung) an. Die Schadenbearbeitung endet mit der Aktenablage im Archiv und der Mikroverfilmung der Schadenakte (Prozeß "Schaden archivieren").

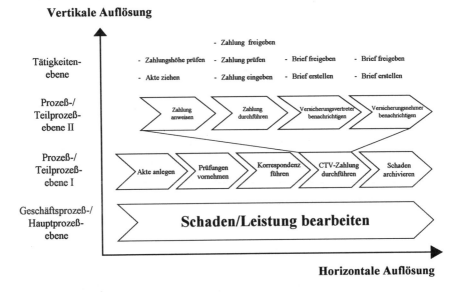

*Abb. 34: Prozeßarchitektur des Beispielprozesses "Schaden/Leistung bearbeiten"[1]*

Da die Darstellungen der Instrumente zur Prozeßdatenermittlung zumeist auf den Prozeß "CTV-Zahlung durchführen" rekurrieren, wird lediglich dieser in Prozesse und Tätigkeiten untergliedert. Die Zahlungsdurchführung ist wiederum in vier Prozesse gliederbar: Das Exkasso beginnt mit der Anweisung der Zahlung. Dazu werden zunächst Zahlungsvorbereitungen getroffen, indem anhand der Schadenakte die Zahlungsmodalitäten des Schadenfalls eruiert werden und die Höhe der Zahlung geprüft

---

[1] Bei der grafischen Darstellung der Prozeßarchitektur in einem derartigen Koordinatensystem wird in der Literatur z. T. die oberste Gliederungsebene der vertikalen Struktur am weitesten vom Schnittpunkt der beiden Achsen entfernt dargestellt (vgl. z. B. Bogaschewsky/Rollberg 1998, S. 222, Abb. 4.5). Da der Schnittpunkt in der Mathematik den Ursprung des Koordinatensystems darstellt, muß die detaillierteste Gliederung jedoch am weitesten vom Ursprung entfernt liegen. Diese mathematisch exakte Darstellung ist hier gewählt worden. Sie gibt selbstverständlich keinen Aufschluß darüber, ob die Prozeßlandschaft deduktiv oder induktiv ermittelt worden ist.

wird. In einem nächsten Schritt erfolgt die eigentliche Durchführung der Zahlung durch die Eingabe und Prüfung der Zahlungsmodalitäten in die EDV. Abschließend gibt der SB die Zahlung frei[1], wodurch die Schadenregulierung abgeschlossen ist. Die folgenden Prozesse dienen der Information des Versicherungsvertreters und -nehmers über die Zahlungsdurchführung. Die zur vollständigen Darstellung des Beispiels notwendigen Prozeßdaten sind frei gewählt und werden nicht an dieser Stelle, sondern im Rahmen der Prozeßdatenermittlung dargestellt. Diese Vorgehensweise sichert eine weitgehend redundanzfreie Darstellung der Datensätze.

In Abb. 34 wurde an dem Beispielprozeß bereits der letzte Schritt zur Schaffung von Prozeßstrukturtransparenz durchgeführt: die grafische Darstellung der Ergebnisse der Prozeßausgrenzung und -dekomposition.

### 5.2.3 Visualisierung der Prozeßstruktur

In der Literatur wird die Visualisierung des Prozeßsystems im allgemeinen als selbstverständlicher Bestandteil von Prozeßoptimierungsvorhaben dargestellt, ohne deren Notwendigkeit zu hinterfragen.[2] Ob eine graphische Darstellung aber stets erforderlich ist, um Prozeßstrukturtransparenz zu schaffen, sollte vor dem Hintergrund des damit verbundenen oftmals ganz erheblichen **Ressourcenaufwandes** jedoch durchaus kritisch reflektiert werden. Als praktische Voraussetzung zur Visualisierung ist mindestens ein Darstellungstool[3] notwendig, dessen zumeist komplexe Symbolik vom Anwender erst im Rahmen von Schulungsmaßnahmen erlernt werden muß. Dieser Anschaffungs- und Schulungsaufwand wird in praxi regelmäßig durch den zeitlichen und personellen Aufwand für die Eingabe der Ergebnisse der Aufgabenanalyse in das DV-Tool übertroffen. Vorstehende, lediglich ansatzweise beschriebene Aufwandskomponenten, sind dem Nutzen der Visualisierung gegenüberzustellen. Die grafische Prozeßstrukturdarstellung dient vor allem der

- Verbesserung des Verständnisses und der Kommunikation,
- Unterstützung der Prozeßbeurteilungs- und Prozeßgestaltungsphase,
- dauerhaften Prozeßdokumentation und der
- Schaffung von Prozeßstrukturtransparenz.[4]

---

[1]   Hierbei wird unterstellt, daß die Zahlungshöhe im Rahmen der Freigabevollmacht des SB liegt.

[2]   Vgl. beispielhaft Weth 1997, S. 60.

[3]   STEINBUCH unterscheidet die softwaregestützten Organisationsverfahren in Anlehnung an BACHMANN und WENZEL in Darstellungs-, Prozeßorganisations-, CASE- und Workflowtools sowie Workgroupsoftware (vgl. Steinbuch 1997, S. 60ff. sowie die dort angegebene Literatur).

[4]   Vgl. Pfohl/Krings/Betz 1996, S. 248; Scholz/Vrohlings 1994a, S. 40f.

Eine lediglich auf dem geschriebenen Wort basierende Prozeßstrukturdarstellung ist nicht in ausreichendem Maße in der Lage, die verzweigte und komplexe Prozeßstruktur so aufzubereiten, daß sie sowohl verständlich als auch übersichtlich ist.[1] Damit fördert die grafische Darstellung einerseits das bessere Verständnis der Ablauforganisation, und dient andererseits als "Kommunikationsmedium"[2] für die folgenden Prozeßbeurteilungs- und Prozeßgestaltungsphasen. Darüber hinaus erhalten neue Mitarbeiter mit Hilfe der Prozeßdarstellung einen schnellen Überblick über ihre Arbeitsaufgaben sowie deren Verknüpfungen mit anderen Abteilungen und Leistungsvereinbarungen mit (internen und externen) Lieferanten lassen sich eindeutig festlegen.[3] Auch nach prozessualen Aspekten festgelegte Verantwortungsbereiche lassen sich mit Hilfe der Visualisierung bestimmen,[4] so daß die Prozeßdarstellung auch eine dauerhafte Dokumentationsfunktion erfüllt. Somit ist festzuhalten, daß die Visualisierung eine wichtige Voraussetzung der Schaffung von struktureller Prozeßtransparenz ist und damit insbesondere bei komplexen Geschäftsprozessen uneingeschränkt empfohlen werden kann.[5]

Aus diesen Ausführungen ist jedoch ein gewisses **Dilemma der Prozeßstrukturdarstellung** konstatierbar: Einerseits sollen die komplexen Strukturen möglichst vollständig mit Hilfe aller identifizierten Faktoren des Prozeßmodells nach PFEIFFER, WEIß und STRUBL und den dazugehörigen Verknüpfungen, andererseits gleichzeitig übersichtlich und leicht verständlich dargestellt werden.[6] Zur Überwindung dieses Dilemmas wurden eine Vielzahl grafisch-struktureller Darstellungsinstrumente entwickelt.

Als wichtigste Instrumente der Prozeßstrukturdarstellung können Netzpläne, Folgepläne, Folgestrukturen und Blockdiagramme unterschieden werden. Diese Instrumente sind in der Literatur umfassend dargestellt und brauchen daher an dieser Stelle nicht im

---

[1]  Hierzu liefern LIEBELT und SULZBERGER ein in diesem Zusammenhang lesenswertes Beispiel (vgl. Liebelt/Sulzberger 1989, S. 102).

[2]  Pfohl/Krings/Betz 1996, S. 248.

[3]  Vgl. Scholz/Vrohlings 1994a, S. 41.

[4]  Vgl. Scholz/Vrohlings 1994a, S. 41.

[5]  SCHOLZ und VROHLINGS stellen fest: "Die Visualisierung von Prozeßabläufen ist das wichtigste Instrument, um Prozeßstrukturtransparenz zu schaffen" (Scholz/Vrohlings 1994a, S. 39, im Original z. T. hervorgehoben).

[6]  Dieses Dilemma erkennen auch SCHOLZ und VROHLINGS sowie WETH (vgl. Scholz/Vrohlings 1994a, S. 49; Weth 1997, S. 60f.).

Detail diskutiert zu werden.[1] Alle Instrumentengruppen versuchen das dargestellte Dilemma zu überwinden, indem sie sich unterschiedlicher Bildsprachen zur Prozeß-strukturdarstellung bedienen. Neben diesen fast klassisch zu nennenden Instrumenten sind neuere entwickelt worden, die, wie etwa das Prozeßparadigma nach PIELOK[2], die Vierdimensionale Prozeßdarstellung nach SCHOLZ[3], das Service Blueprinting nach SHOSTACK[4] sowie die Prozeßsymbolik nach TRÄNCKER[5] besondere Beschreibungs-sprachen für z. T. ganz spezielle ablauforganisatorische Problemstellungen bieten. ·

Ein Beispiel für ein neueres Instrument zur Prozeßstrukturdarstellung ist die vor allem von SCHEER entwickelte **Ereignisgesteuerte Prozeßkette (EPK)**.[6] Ziel der Entwicklung war die Konstruktion eines möglichst einfachen Instrumentes zur realitätsgetreuen Abbildung von Geschäftsprozessen.[7] Durch die Verbindung von im Rahmen der Netz-plantechnik verwendeten Verknüpfungselementen mit Bedingungs-Ereignisnetzen der Petri-Netz-Theorie wird dieses Ziel versucht zu erreichen.[8] Ein Geschäftsprozeß wird im Rahmen der EPK als zeitlich logische Abfolge seiner Verarbeitungsaktivitäten (Funktionen) dargestellt. Diese Funktionen werden durch Ereignisse ausgelöst und haben Ereignisse zum Ergebnis.[9] Ereignisse und Funktionen sind über Verknüpfungs-operatoren miteinander verbunden. Diese drei Elemente bilden den Kern der EPK, der durch Eingabe- und Ausgabedaten von Funktionen und um für die Durchführung von Funktionen verantwortlichen Organisationseinheiten erweitert wurde.[10] Die vollstän-dige Symbolik der EPK zeigt Tab. 8.

---

[1]     Zur umfassenden Darstellung aller genannten Instrumente vgl. beispielhaft Liebelt/Sulzberger 1989; Schmidt, G. 1989, S. 312 - 326. Eine gute Übersicht über die Instrumente gibt auch GAITANIDES (vgl. Gaitanides 1983, S. 83 - 91) und LIEBELT (Liebelt 1992, Sp. 21 - 29). WETH stellt überblicksartig die Netzplantechnik und die Ablaufdiagramme dar (vgl. Weth 1997, S. 60 - 63). Eine knappe Darstellung der Ablaufdiagramme findet sich auch bei SCHOLZ und VROHLINGS sowie STRIENING (vgl. Scholz/Vrohlings 1994a, S. 52 - 56; Striening 1988, S. 204ff.). Vgl. hierzu auch das in Kapitel 5.2.2. konstatierte Paradoxon.

[2]     Vgl. Kapitel 5.2.1.4.

[3]     Vgl. Scholz 1995, S. 140 - 153; Scholz/Vrohlings 1994a, S. 50ff.

[4]     Vgl. Shostack 1982; Shostack 1987; Kingman-Brundage 1989; Reckenfelderbäumer 1995, S. 146 - 150.

[5]     Vgl. Träncker 1990.

[6]     Genaugenommen wurde die EPK am Institut für Wirtschaftsinformatik der Universität des Saarlandes mit Mitarbeitern der *SAP AG* im Rahmen eines gemeinsamen Forschungsprojektes entwickelt (vgl. Scheer 1998, S. 20, sowie die dort angegebene Literatur).

[7]     Vgl. Scheer 1996, S. 13.

[8]     Vgl. Scheer 1995, S. 50.

[9]     Vgl. Scheer 1996, S. 13.

[10]    Vgl. Scheer 1996, S. 14.

| Bezeichnung | Symbol | Erklärung |
|---|---|---|
| Ereignis | | Eingetretensein eines Zustandes, der eine Folge auslöst |
| Funktion | | Verarbeitungsaktivität, die eine Transformation vom Eingangszustand in den Zielzustand bewirkt |
| Objekt | | Informations- oder Material- oder Ressourcenobjekt, also die Abbildung eines Gegenstandes der realen Welt |
| Organisations-einheit | | Aufbauorganisatorische Stelle oder Gremium |
| Prozeßwegweiser | | Navigationshilfe zur Darstellung der Verbindung von einem bzw. zu einem anderen Prozeß |
| UND-Operator | | Verknüpfungsoperator UND |
| ODER-Operator | | Verknüpfungsoperator ODER |
| EXKLUSIV-ODER-Operator | xor | Verknüpfungsoperator EXCLUSIV-ODER |
| Kontrollfluß | - - - - - - - -▶ | Ausweis der zeitlich-logischen Abhängigkeiten von Ereignissen und Funktionen |
| Informations- und Materialfluß | ──────▶ | Fluß von Informationen oder Materialien |
| Organisationseinheiten-zuordnung | ────── | Zuordnung von Organisationseinheiten oder Ressourcen zu Funktionen |

*Tab. 8: Symbole der Ereignisgesteuerten Prozeßkette mit Erklärungen[1]*

Grundsätzlich erscheinen alle genannten Instrumente, bis auf einige spezielle Beschreibungssprachen für spezifische Problemstellungen der Ablauforganisation, geeignet, um die ermittelte Prozeßstruktur zu visualisieren. Welches im einzelnen im Rahmen der Prozeßstrukturermittlungsphase herangezogen werden sollte, kann mit Hilfe eines **pragmatischen Kriterienkataloges** bestimmt werden, der auf den zugrundegelegten Systematisierungsrahmen abgestimmt sein muß.[2] Das geeignete Instrument sollte demnach die fünf Prozeßelemente und ihre horizontale Verknüpfung vollständig abbilden können, dafür aber eine möglichst geringe Symbolanzahl verwenden. Die Symbolik sollte ferner leicht verständlich und weitgehend selbsterklärend sein, so daß das Instrument nahezu ohne Vorkenntnisse angewendet und die visualisierte Prozeß-

---

[1]  Darstellung nach Steinbuch 1998, S. 117, Abb. D01.

[2]  Der folgende Kriterienkatalog wurde erstellt in Anlehnung an Pfohl/Krings/Betz 1996, S. 249, Abb. 4.

struktur leicht interpretiert werden kann. Darüber hinaus sollte die Prozeßstrukturdarstellung auf möglichst geringem Raum dargestellt werden können und etwaige Darstellungsfehler leicht erkennbar machen. Von großer praktischer Bedeutung ist zudem, ob das Instrument DV-gestützt durchgeführt werden kann, und die Möglichkeit zur Prozeßsimulation besteht.[1] Nicht zuletzt sollte das Instrument für zukünftige methodische Erweiterungen offen sein. Die genannten Kriterien zur Auswahl eines Instrumentes zur Visualisierung der Prozeßstruktur sind in Tab. 9 mit möglichen Bewertungen dargestellt.

| Bewertung / Anforderung | + + (sehr gut) | + (gut) | - (schlecht) | - - (sehr schlecht) |
|---|---|---|---|---|
| Anzahl der Prozeßelemente | alle fünf | vier | drei | zwei und weniger |
| Symbolanzahl | keine Symbole | wenig Symbole (< 5) | viele Symbole (< 20) | sehr viele Symbole (≥ 20) |
| Komplexität | ohne Vorkenntnisse anwendbar | geringe Vorkenntnisse notwendig | detaillierte Vorkenntnisse notwendig | nur von Spezialisten anwendbar |
| Bildhaftigkeit der Darstellung | Bedeutung direkt ableitbar | Bedeutung interpretierbar | Bedeutung schlecht ableitbar | Bedeutung nicht interpretierbar |
| Platzbedarf | gering | mäßig | groß | sehr groß |
| Fehlersuche | Verfahren bekannt | Fehler erkennbar | Fehler kaum erkennbar | Fehler nicht erkennbar |
| DV-Unterstützung | existiert | wird entwickelt | (entfällt) | nicht möglich |
| Simulation | Simulationskomponente existiert | Simulationskomponente wird entwickelt | (entfällt) | nicht möglich |
| Erweiterung | Vorgehen zur Erweiterung existiert | Vorgehen zur Erweiterung wird entwickelt | (entfällt) | nicht möglich |

*Tab. 9: Pragmatischer Kriterienkatalog zur Auswahl von Instrumenten zur Prozeßstrukturdarstellung[2]*

---

[1]    Vgl. hierzu ausführlich Kapitel 6.

[2]    Vgl. Pfohl/Krings/Betz 1996, S. 249, Abb. 4. PFOHL, KRINGS und BETZ weisen darauf hin, daß die dargestellten Kriterien nicht zielkonfliktfrei sind: Instrumente, die alle Prozeßelemente abbilden können, benötigen grundsätzlich mehr Symbole, sind dadurch tendenziell komplexer, und deren Visualisierung bedarf eines größeren Platzes und ist mithin schwerer lesbar als diejenige eines Instrumentes, welches die Prozeßelemente unvollständig abbildet (vgl. Pfohl/Krings/Betz 1996, S. 248).

Die genannten Kriterien können für unterschiedliche Instrumente analog zur **nutzwertanalytischen Vorgehensweise** in Abhängigkeit von ihrer Bedeutung gewichtet, mit Punkten bzw. Teilnutzwerten bewertet und schließlich zu einem Gesamtnutzwert verknüpft werden. Der höchste Gesamtnutzwert gibt das für die spezielle Unternehmenssituation geeignetste Instrument zur Prozeßstrukturdarstellung an.[1]

Es ist folglich festzuhalten, daß die instrumentelle Unterstützung zur Visualisierung der Prozeßstruktur als gut bezeichnet werden kann. Somit sind nach der Prozeßerkennungsphase und -auswahlphase der GPO die instrumentellen Grundlagen zur Schaffung von Prozeßstrukturtransparenz gelegt. In der folgenden Phase sind die Prozeßdaten mittels geeigneter Instrumente transparent zu machen.

## 5.3 Instrumente der Prozeßdatenermittlung

Vor dem Hintergrund der festgelegten Zielgrößen der Geschäftsprozeßoptimierung sind nach der Prozeßerkennung, -auswahl und -strukturermittlung die Prozeßzeit, die Prozeßkosten und die Prozeßqualität zu ermitteln. Zu diesem Zweck sind unterschiedliche Instrumente notwendig, welche bislang nur punktuell und recht unsystematisch in der versicherungsbetriebswirtschaftlichen Literatur thematisiert worden sind. Nachfolgend sollen daher die Instrumente identifiziert, dargestellt, auf ihre Unterschiede hin untersucht und schließlich auf ihre Eignung im Rahmen der GPO für VU geprüft werden. Dies geschieht unter der Annahme, daß ein "Geschäftsprozeß [...] nur dann beherrschbar [ist, Anm. d. Verf.], wenn er meßbar ist. Nur was meßbar ist, ist kontrollierbar - und was kontrollierbar ist, kann auch verbessert werden."[2]

### 5.3.1 Instrumente zur Erfassung von Prozeßzeiten

Die zur Erfassung von Prozeßzeiten notwendigen Instrumente wurden vor allem von Ingenieuren für die direkten Unternehmensbereiche entwickelt und dann - unter bis zur Ablehnung reichender Skepsis -[3] modifiziert auf die indirekten Bereiche übertragen.[4] Die modifizierten Instrumente sind grundsätzlich auch in VU anwendbar, so daß in praxi weniger deren generelle Eignung als vielmehr ihre problemadäquate Nutzung diskutiert wird. Darüber hinaus wird allgemein die neue Rolle der Zeitwirtschaft im

---

1   Vgl. zu der Vorgehensweise im Detail Strebel 1986.

2   Hinterhuber 1994, S. 68. HARBRÜCKER bringt dies auf die "einfache Formel": "What you can't measure, you can't manage" (Harbrücker 1995b, S. 385).

3   Vgl. stellvertretend Schuhmacher 1972a, S. 557.

4   Vgl. Bethke 1970.

Sinne eines dezentralen Unternehmensdaten-Management thematisiert.[1] Diese Forderung nach einer dezentralen Pflege und Verwaltung von **Zeitbaustein-Datenbanken** einerseits[2] und die angesprochene Unsicherheit bei der Auswahl des richtigen Instrumentes zur Durchführungszeitermittlung andererseits machen eine Darstellung und Systematisierung der wichtigsten Instrumente zur Erfassung von Tätigkeitszeiten unumgänglich. Diese Verfahren der Arbeitswissenschaften wurden bislang sowohl in der allgemeinen Literatur zum Prozeßmanagement[3] als auch in der versicherungswissenschaftlichen Literatur[4] vernachlässigt.

Worauf es bei der Messung der zeitlichen Prozeßperformance vor allem ankommt, soll an einem einfachen Beispiel verdeutlicht werden:[5] Gegeben seien die ersten vier Prozesse der Ebene I eines Geschäftsprozesses. Diese sollen annahmegemäß in vier Abteilungen (A, B, C und D) durchgeführt werden und benötigen die in Abb. 35 in Zeiteinheiten (ZE) angegebenen Übergangszeiten und Prozeßdurchführungszeiten. Weiterhin sei unterstellt, daß der in Abteilung B abgewickelte Prozeß zunächst nachlässig durchgeführt wurde (z. B. ein auf Grundlage eines Diktates fehlerhaft geschriebener Brief) und daher Nacharbeit notwendig wird.

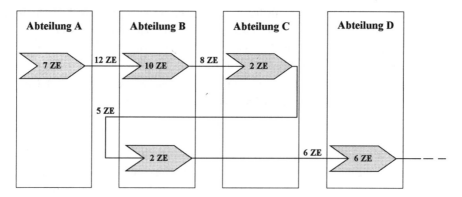

*Abb. 35: Beispiel zur Prozeßdurchlaufzeitmessung*

---

1    Vgl. hierzu Landau 1996; Pornschlegel 1994.

2    Vgl. Landau 1996, S. 24.

3    So erkennen HAHN und KAUFMANN: "Das Ermitteln von Prozeßzeiten stellt einen der wichtigsten, leider aber auch einen der in der Literatur am meisten vernachlässigten, Schritte der Prozeßkostenrechnung dar." Hahn/Kaufmann 1997, S. 228.

4    Vgl. Fischer 1987, S. 227. Obgleich diese Feststellung bereits vor mehr als zehn Jahren formuliert wurde, hat sie n. M. d. Verf. auch heute noch Gültigkeit.

5    Vgl. das ähnliche Beispiel bei Fromm 1992, S. 9f.

Zunächst wird erkennbar, daß die Prozeßdurchführungszeiten, für die sich die Abteilungen verantwortlich zeichnen und die daher in ihrem Berichtswesen dokumentiert werden, in toto lediglich 27 ZE betragen. Diese Summe ist weit von der Prozeßdurchlaufzeit von 58 ZE entfernt. Ferner wird deutlich, daß die Nachbearbeitung in Abteilung B sogar zu einer Verbesserung der durchschnittlichen Prozeßdurchführungszeit von 10 ZE bei einmaliger Abwicklung auf lediglich 6 ZE bei doppelter Durchführung des Prozesses führt.

Das Beispiel zeigt, daß die zeitliche Prozeßperformance nicht nur (wie bislang häufig üblich) abteilungsbezogen, also horizontal durchgeführt werden darf, sondern vielmehr entlang des Geschäftsprozesses und damit vertikal durchgeführt werden muß. Darüber hinaus ist erkennbar, daß zeitliche Prozeßperformancesteigerungen "nicht, wie oft irrtümlich angenommen wird, nur darauf [beruhen, Anm. d. Verf.], daß die Arbeit plötzlich schneller getan wird oder daß die einzelnen Bewegungen beschleunigt werden, sondern vielmehr darauf, daß die Arbeit stetiger und flüssiger als bisher ausgeführt wird, d. h., daß die unproduktiven Zeiten auf ein vertretbares Maß zurückgeführt werden."[1] Daher ist es zur vollständigen Beurteilung der zeitlichen Prozeßperformance notwendig, zwischen Instrumenten zur Ermittlung der **Prozeßdurchlaufzeit** und Instrumenten zur Ermittlung der **Prozeßdurchführungszeit** zu unterscheiden. Während letztere lediglich auf die Erfassung von Rüst- und Ausführungszeiten abstellen, und daher Hinweise auf eine schnellere Bearbeitung geben können, sind mit ersteren zusätzlich Liegezeiten und die Transferzeit erfaßbar. Ein hoher Übergangszeitanteil an der Prozeßdurchlaufzeit kann grundsätzlich als Indikator für die Notwendigkeit der Harmonisierung von Prozeßschnittstellen interpretiert werden. Zudem wird an dem Beispiel deutlich, daß zu einer vollständigen Interpretation die Zeitdaten in Kombination mit den prozeßbezogenen Kosten-, Qualitäts- und Mengendaten zu interpretieren sind. Nur so wird die durch Nacharbeit verursachte Prozeßdurchführungszeitverkürzung offensichtlich.

### 5.3.1.1 Das Laufzettelverfahren als Instrument zur Erfassung der Prozeßdurchlaufzeit

Das Laufzettelverfahren ist eine recht simple Möglichkeit, die Prozeßdurchlaufzeit zu ermitteln. Dabei wird einem Informationsträger (z. B. Beleg, Akte, Antrag) ein strukturiertes Formblatt, der sog. Laufzettel, beigefügt, der dann, ähnlich den Begleitpapieren eines Fertigungsauftrages in Sachleistungsunternehmen, von den bearbeitenden Perso-

---

[1]    Verband der Lebensversicherungsunternehmen e. V. 1971, S. 6.

nen auszufüllen ist.[1] Ein Laufzettel enthält u. a. Felder zum Vermerk des Eingangs-, Bearbeitungs-, Ausgangszeitpunktes, der Art und Dauer der Bearbeitung sowie des Arbeitsbereichs und des persönlichen Handzeichens des Bearbeitenden.[2] Die Ausgestaltung eines Laufzettels ist in Abb. 36 beispielhaft dargestellt.

| Laufzettel | | | | | | |
|---|---|---|---|---|---|---|
| Aktenzeichen: | | | Bezeichnung: | | | |
| Eingangs-zeitpunkt (Datum, Uhrzeit) | Beginn der Bearbeitung (Datum, Uhrzeit) | Tätigkeit | Dauer (Minuten, Sekunden) | Bereich (Kosten-stelle) | Ausgangs-zeitpunkt (Datum, Uhrzeit) | Hand-zeichen |
| | | | | | | |
| | | | | | | |

*Abb. 36: Beispielhafte Ausgestaltung eines Laufzettels[3]*

Werden die Laufzettel über einen geeignet langen und repräsentativen Erhebungszeitraum ausgefüllt, lassen sie Aufschlüsse über die am Prozeß beteiligten Mitarbeiter und Bereiche, Prozeßverzweigungen i. S. d. Grundformen der horizontalen Prozeßausgrenzung, alternative Bearbeitungswege, Übergangs- und Durchführungszeiten von Prozessen sowie nicht zuletzt über die Prozeßdurchlaufzeit zu. Dazu sind die Informationen DV-gestützt auszuwerten, was einen nicht zu unterschätzenden Erhebungs- und Auswertungsaufwand darstellt. Zur Reduzierung dieses Aufwandes und zur Erleichterung der Erfassung für den Mitarbeiter empfiehlt SCHMIDT **standardisierte Tätigkeitskataloge** vorzugeben, so daß der Bearbeitende nur die jeweils zutreffende Tätigkeitsart auszuwählen hat.[4] Zu bedenken ist jedoch, daß die Vorgabe der Tätigkeiten eine ausführliche Tätigkeitanalyse voraussetzt, die nicht selten die durch die Vereinfachung der Auswertung ersparten Mittel übersteigt.

Das Laufzettelverfahren stellt eine einfache und daher in praxi geschätzte Methode zur Erhebung einer Vielzahl von zeitlichen Prozeßinformationen dar. In der vorgestellten

---

[1]  Vgl. Remitschka 1992, Sp. 607; Schmidt, G. 1989, S. 160.

[2]  Vgl. zu den Informationen eines Laufzettels z. B. Haiber 1997, S. 140f.; Remitschka 1992, Sp. 607; Schmidt, G. 1989, S. 160.

[3]  Darstellung in Anlehnung an Haiber 1997, S. 141, Abb. 29.

[4]  Vgl. Schmidt, G. 1989, S. 160.

Form handelt es sich um eine manuelle arbeitsablaufbezogene Untersuchungstechnik, die grundsätzlich auch automatisierbar ist. Dabei könnte der Laufzettel z. B. auf einem elektronischen Datenträger abgelegt werden, welcher dem Imformationsträger beigefügt wird. Gleichzeitig würde auf diese Weise der Auswertungsaufwand um ein Vielfaches reduziert. Darüber hinaus ist eine völlig selbständige Aufnahme der Laufzettelinformationen durch die EDV denkbar, wenn etwa die Sachbearbeitung durch Workflow-Anwendungen unterstützt wird.[1] Methodisch handelt es sich bei dem Laufzettelverfahren grundsätzlich um eine Messung durch den Mitarbeiter und damit um eine Selbstaufschreibung. Daher sind bei der Anwendung der Methode die im folgenden Kapitel im Detail beschriebenen Vor- und Nachteile der Selbstaufschreibung zur Ermittlung der Prozeßdurchführungszeit zu berücksichtigen.

### 5.3.1.2 Instrumente zur Erfassung der Prozeßdurchführungszeit

In der ingenieurwissenschaftlichen Literatur werden die verschiedenen Instrumente der (Prozeßdurchführungs)zeitermittlung vor allem nach den Kriterien "Art und Weise der Datenermittlung (Wie?)"[2] und "Art der ermittelten Zeitdaten (Was?)"[3] strukturiert. Eine auf die Art der Zeitdaten abstellende Systematisierung als Entscheidungshilfe zur Auswahl des geeigneten Instrumentes zur Zeiterfassung im Rahmen der GPO erscheint wenig hilfreich. In der Praxis bestehen häufig Zweifel an der Nützlichkeit und Notwendigkeit von aus Zeitaufnahmen abgeleiteten, statistisch exakten Soll-Zeiten.[4] LANDAU weist zudem darauf hin, daß diese hohe statistische Genauigkeit für die Mehrzahl der betrieblichen Anwendungen nicht erforderlich ist, aufgrund der mit ihr verbundenen administrativen Regelungen zur Durchführung der Zeiterfassung ja sogar hinderlich sein kann.[5] Auch die Art und Weise der Datenermittlung kann in diesem Zusammenhang kein zielführendes Systematisierungskriterium sein. Vielmehr sollte eine pragmatische, an den Anforderungen der GPO ausgerichtete Strukturierung, die

---

1    Workflow-Anwendungen werden im Rahmen der GPO als Mittel zur IuK-Technik gestützten Prozeßgestaltung verstanden und daher in Kapitel 5.5.3.3. vertieft.

2    Vgl. Heinisch/Sämann 1973, S. 47; Obenauf 1985, S. 71; Schuhmacher 1972b; Simon 1986a, S. 33 - 43; Simons 1987, S. 2.

3    Vgl. Heinz/Olbrich 1989, S. 13 - 48; REFA 1997, S. 61- 63.

4    Vgl. Pornschlegel 1994, S. 30f.

5    Hinderlich vor allem, da eine hohen statistischen Anforderungen genügende Zeitermittlung nur über einen langen Erhebungszeitraum durchführbar ist, der u. U. dazu führt, daß die ermittelten Zeiten nicht mehr aktuell sind (vgl. Landau 1996, S. 24).

Art und Weise der Datenermittlung stärker in Abhängigkeit von den **Objekten der Datenermittlung** (Tätigkeiten bzw. Prozesse)[1] angeben.[2]

Da nicht für jeden Prozeß alle Instrumente zur Zeiterfassung in gleichem Maße geeignet erscheinen, ist eine Systematisierung auf Unterschieden bei den Objekten der Datenermittlung aufzubauen. SIMONS differenziert in diesem Zusammenhang die Prozesse nach ihrer Regelmäßigkeit, Planbarkeit, Beeinflußbarkeit, Häufigkeit und Dauer.[3] Selbstverständlich lassen sich auch in VU regelmäßige und unregelmäßige, planbare und unplanbare, beeinflußbare und nicht beeinflußbare sowie kurze, mittlere und lange Prozesse unterscheiden. Jedoch ist eine derart feine Unterscheidung aus pragmatischer Sicht wenig zweckmäßig. Ferner haben die genannten Klassifizierungskriterien - bis auf wenige Ausnahmen -[4] keinen Einfluß auf die Eindeutigkeit der Instrumentenauswahl. Für die Optimierung von Prozessen ist daher eine aussagefähige, pragmatische Klassifizierung insbesondere an dem Kriterium "**Häufigkeit des Prozesses**"[5] festzumachen (vgl. Abb. 37).

Bei selten durchzuführenden Prozessen oder, genauer formuliert, bei Prozessen die einen Auftrag haben, sind Instrumente zur Zeitmessung weniger geeignet, da nicht sichergestellt ist, daß der Auftrag im Zeitraum der Durchführung der Messung tatsächlich gegeben wird. Zweckmäßiger erscheinen in diesen Fällen Instrumente, bei welchen die Zeiten durch Schätzung, Vergleich oder Zählung ermittelt werden. Zur Ermittlung der Dauer von selten anfallenden Prozessen werden daher nachfolgend die in jüngerer Zeit entwickelte **Komplexitäts-Index-Analyse** und die **Multimomentaufnahme** dargestellt. Bei repetitiven, häufig anfallenden Prozessen mit einer Aufgabe ist

---

[1]    Alle Instrumente können grundsätzlich auf Tätigkeits- oder Prozeßebene angewendet werden. Wird nachfolgend kein ausdrücklicher Bezug zur Tätigkeitsebene hergestellt, so erfolgt die Darstellung der Instrumente aus Gründen der sprachlichen Vereinfachung nur auf Prozeßebene.

[2]    Die Systematisierungen von OBENAUF, SCHUHMACHER und SIMONS berücksichtigen zwar die Objekte der Datenermittlung, ordnen die Instrumente der Zeitermittlung auf einer ersten Ebene aber nach der Art und Weise der Datenermittlung (vgl. Obenauf 1985, S. 71; Schuhmacher 1972b; Simons 1987, S. 2)

[3]    Vgl. Simons 1987, S. 121 - 125 insbesondere Abb. 6.2.

[4]    Vgl. hierzu Simons 1987, S. 122, Abb. 6.2.

[5]    Dieses Kriterium wird bei OBENAUF und SCHUHMACHER "Regelmäßigkeit des Ablaufs bzw. Anfalls der Arbeit" genannt (vgl. Obenauf 1985, S. 71; Schuhmacher 1972b, S. 678), stimmt aber nicht mit dem Kriterium der Regelmäßigkeit nach SIMONS überein (vgl. Simons 1987, S. 123).

die **Selbstaufschreibung** (Messung durch Mitarbeiter)[1] eine Möglichkeit der Zeitermittlung, die im Folgenden thematisiert wird. Darüber hinaus wird kurz auf die **EDV-
gestützte Zeitmessung** eingegangen. Die **REFA-Methode** (Messung durch Dritte)
wird umfassend in der Literatur diskutiert[2] und ist nach Einschätzung von PORN-
SCHLEGEL in der Praxis weitgehend durch das Methods-Time Measurement verdrängt
worden,[3] so daß nachfolgend auf eine detaillierte Darstellung verzichtet wird.[4]

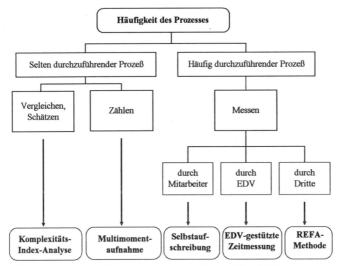

*Abb. 37: Systematisierung der Instrumente zur Prozeßdurchführungszeitermittlung*

---

[1]   In der Literatur wird die Selbstaufschreibung häufig in einem weiteren Sinne definiert. So wird als
      Selbstaufschreibung sowohl das Messen durch den arbeitenden Menschen als auch durch das selbsttätig
      registrierende Meßgerät verstanden (vgl. etwa REFA 1997, S. 292; Schuhmacher 1972b, S. 681; Simons
      1987, S. 26). Hier wird die Aufschreibung durch EDV und durch Dritte (z. B. Zeitnehmer) als
      Fremdaufschreibung bezeichnet.

[2]   Vgl. REFA 1997, S. 79 - 230. In der versicherungswirtschaftlichen Literatur vgl. Fischer 1987, S. 233 -
      236.

[3]   Vgl. Pornschlegel 1994, S. 31.

[4]   Neben den vorgestellten Instrumenten existieren in der ingenieurwissenschaftlichen Literatur noch wei-
      tere Methoden zur Zeitermittlung: Die **Kennzahlenmethode auf Zeitbasis** und das **Frequensor-System**
      zur Personalbemessung in indirekten Bereichen (vgl. ausführlich Simon 1986b, S. 89 - 107 u. 130 - 147)
      werden nicht thematisiert, da sie vorrangig der Personalbedarfsmessung auf Basis von Zeitdaten dienen,
      welche mit Hilfe von Selbstaufschreibungen u. U. in Kombination mit Multimomentaufnahmen ermittelt
      wurden (vgl. Olbrich 1993, S. 25). Die **Berechnung** von Zeiten ist nur für technologische Prozesse
      durchführbar (vgl. Heinisch/Sämann 1973, S. 47; Olbrich 1993, S. 35) und hat daher in VU
      grundsätzlich keine Bedeutung. In der betriebswirtschaftlichen Literatur wird in jüngster Zeit zudem das
      **Half-Life-Konzept** diskutiert. Der Ansatz dient der Schätzung des Zeitbedarfs von
      Prozeßverbesserungen und ist nicht in der Lage Zeitbedarfe für Tätigkeiten bzw. Prozesse zu bestimmen,
      weshalb er an dieser Stelle nicht vertieft wird (vgl. umfassend Fischer/Schmitz 1994; Haiber 1997, S.
      373 - 378).

### 5.3.1.2.1 Die Komplexitäts-Index-Analyse

Von KAUFMANN und MAYER wurde zur Überwindung der Schwächen traditioneller Zeitermittlungsverfahren die Komplexitäts-Index-Analyse (KIA) entwickelt.[1] Die Analyse eignet sich sowohl zur Anwendung innerhalb bestehender Kostenstellen sowie über Kostenstellengrenzen hinweg. Darüber hinaus kann sie simultan für mehrere Prozesse durchgeführt und über mehrere Prozeßebenen gekoppelt angewendet werden.[2] Die Ermittlung der Prozeßdurchführungszeiten mit Hilfe der KIA erfolgt nicht durch eine genaue Messung. Vielmehr wird in Analogie zur **Äquivalenzziffernrechnung** der Arbeitsaufwand der Prozesse anhand von Indexzahlen im direkten Vergleich zu einem Ankerprozeß bewertet. Dies macht sie besonders für die Erfassung der Durchführungszeit von selten anfallenden Tätigkeiten und Prozessen geeignet. Die Analyse verläuft in sechs Schritten, die in Abb. 38 dargestellt sind.

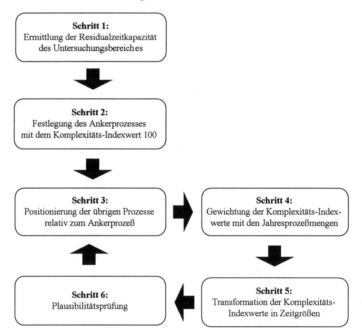

*Abb. 38: Vorgehensweise der Komplexitäts-Index-Analyse[3]*

---

[1]     Vgl. Kaufmann 1996.

[2]     Vgl. hierzu die ausführlichen Beispiele bei Kaufmann 1996, S. 217 - 220.

[3]     Darstellung in Anlehnung an Kaufmann 1996, Abb. 1, S. 213.

Aufbauend auf den Ergebnissen der Tätigkeitsanalyse ist im ersten Schritt der KIA die **Residualzeitkapazität** für die zu bewertenden Prozesse zu ermitteln. Dazu wird von der Gesamtkapazität des Untersuchungsbereiches diejenige Zeitkapazität subtrahiert, welche von Prozessen beansprucht wird, für die Zeitschätzungen unmittelbar durchführbar bzw. deren Kapazitätsbeanspruchungen bekannt sind.[1] Die Berechnung der Residualzeit erfolgt dabei auf der Basis von Mitarbeitern oder Minuten in einem festgelegten Betrachtungszeitraum. Sollen beispielsweise für den Geschäftsprozeß "Schaden bearbeiten" die Durchführungszeiten der Prozesse der ersten Ebene ermittelt werden[2] und wäre bekannt, daß der Prozeß "Schaden archivieren" zwei Mitarbeiter pro Jahr (194.040 Minuten pro Jahr)[3] bei einer Gesamtgeschäftsprozeßkapazität von zehn Mitarbeitern pro Jahr bindet, so würden für die zu bestimmenden Prozesse acht Mitarbeiter (776.160 Minuten pro Jahr) als Kapazität zur Verfügung stehen.[4]

Nach der Residualkapazitätsermittlung wird im zweiten Schritt der **Ankerprozeß** mit einem Komplexitäts-Indexwert von 100 festgelegt.[5] Der Komplexitäts-Index mißt den Arbeitsaufwand eines Prozesses, der sich aus den Schwierigkeitsgraden und Mengen der prozeßbildenden Tätigkeiten zusammensetzt.[6] Die übrigen Prozesse werden im Folgenden relativ zum Ankerprozeß durch Befragung eines Processworker in ihrer Komplexität bewertet (Schritt 3). Ist eine eindeutige Festlegung durch den Processworker, z. B. aufgrund von stark schwankenden Prozeßdauern, nicht möglich, empfiehlt KAUFMANN eine aus der **PERT-Netzplantechnik** bekannte Durchschnittsbildung:[7] Der Komplexitäts-Indexwert ergibt sich als Quotient der Summe des kleinsten, größten und mit vier multiplizierten, häufigst genannten Komplexitäts-Indexwertes, dividiert durch sechs. Formal ergibt sich:[8]

---

1    Vgl. Kaufmann 1996, S. 214.

2    Vgl. Abb. 34. Obgleich die dort genannten Tätigkeiten in praxi nicht alle selten anfallen, sollen nachfolgend aus didaktischen Gründen alle Prozesse der Ebene I in das Beispiel integriert werden.

3    Die praxisnahe Berechnung erfolgt auf der Grundlage von 210 Arbeitstagen pro Jahr, bei einer täglichen Arbeitszeit von sieben Stunden und 42 Minuten.

4    Verteilzeiten o. ä. werden bei der KIA in die Ist-Kapazitäten der Prozesse eingerechnet (vgl. Kaufmann 1996, S. 214).

5    Die Festlegung des Ankerprozesses ist dabei grundsätzlich willkürlich. KAUFMANN weist jedoch darauf hin, daß häufig der Prozeß mit der größten Gesamtjahresmenge Ankerprozeß wird (vgl. Kaufmann 1996, S. 214).

6    Vgl. Kaufmann 1996, S. 214.

7    Vgl. Kaufmann 1996, S. 215.

8    Vgl. Miller 1965, S. 51f. und die vereinfachte mathematische Herleitung der Formel aus der Beta-Verteilung im Anhang I, S. 183f.

$$(5) \qquad KIW_{pr\,i} = \frac{KIW_{pr\,i}^{min} + 4 \cdot KIW_{pr\,i}^{h} + KIW_{pr\,i}^{max}}{6}$$

Mit          h     = häufigst genannter Wert,

             KIW   = Komplexitäts-Indexwert,

             max   = höchst genannter Wert,

             min   = niedrigst genannter Wert    und

             pr i  = betrachteter (Teil-)Prozeß.

Werden mehrere Processworker zur Schätzung des Komplexitäts-Indexwertes befragt, ist in Abhängigkeit von der Streuung der genannten Werte das arithmetische Mittel oder der Median heranzuziehen.[1] Im Beispiel wird der Prozeß "Korrespondenz führen" als Ankerprozeß festgelegt.

Daran anschließend werden im vierten Schritt die Komplexitäts-Indexwerte mit den Prozeßmengen im Betrachtungszeitraum multipliziert. Mit Hilfe dieser **gewichteten Indexwerte** werden im fünften Schritt die Prozeßdurchführungszeiten ermittelt. Zunächst wird dazu der Zeitbedarf je Indexwert ($t_{KIW}$) berechnet, indem die im ersten Schritt ermittelte Residualkapazität je Betrachtungszeitraum durch die aufsummierten gewichteten Indexwerte dividiert wird. Formal gilt:

$$(6) \qquad t_{KIW} = \frac{RK}{\sum_{i=1}^{n} KIW_{pr\,i} \cdot M_{pr\,i}}$$

Mit          M     = Prozeßmenge im Betrachtungszeitraum,

             n     = Anzahl Prozesse[2]    und

             RK    = Residualkapazität im Betrachtungszeitraum.

Zur Berechnung der i-ten Prozeßdurchführungsgesamtzeit im Betrachtungszeitraum ($T_{pr\,i}$) schlägt KAUFMANN vor,[3] den Zeitbedarf je Komplexitäts-Indexwert ($t_{KIW}$) mit dem gewichteten Indexwert, wie nachfolgend dargestellt, zu multiplizieren:

$$(7) \qquad T_{pr\,i} = t_{KIW} \cdot KIW_{pr\,i} \cdot M_{pr\,i}$$

---

[1]    Vgl. Kaufmann 1996, S. 215.

[2]    Im Beispiel wird die KIA auf der Prozeßebene I durchgeführt. Abhängig von der Betrachtungsebene kann n auch die Anzahl der prozeßbildenden Tätigkeiten angeben.

[3]    Vgl. Kaufmann 1996, S. 215.

Es läßt sich aber leicht zeigen, daß $T_{pri}$ auch ohne die Berechnung von $t_{KIW}$ errechnet werden kann. Durch zweckmäßiges Umstellen von (7) nach $t_{KIW}$ und Gleichsetzen mit (6) ergibt sich:

$$(8) \qquad T_{pri} = RK \cdot \frac{KIW_{pri} \cdot M_{pri}}{\sum\limits_{i=1}^{n} KIW_{pri} \cdot M_{pri}}$$

Damit wird erkennbar, daß die Prozeßdurchführungsgesamtzeit je Betrachtungszeitraum das gleiche Verhältnis zur Residualkapazität hat wie die gewichteten Indexwerte zur Summe aller gewichteten Indexwerte. Die Durchführungszeit je Prozeß ($t_{pri}$) kann ermittelt werden, indem die Prozeßdurchführungsgesamtzeit je Betrachtungszeitraum durch die Prozeßmenge dividiert wird:

$$(9) \qquad t_{pri} = \frac{T_{pri}}{M_{pri}}$$

$T_{pri}$ gibt durch einfache Umformung[1] gleichzeitig den Personalbedarf je Prozeß in der Betrachtungsperiode an. Zur Ermittlung der Dauer je Prozeß ist diese Größe jedoch grundsätzlich nicht notwendig. Nach (7) kann $t_{pri}$ auch direkt ohne die Multiplikation mit der Prozeßmenge ermittelt werden. Es gilt:

$$(10) \qquad t_{pri} = t_{KIW} \cdot KIW_{pri} = \frac{RK \cdot KIW_{pri}}{\sum\limits_{i=1}^{n} KIW_{pri} \cdot M_{pri}}$$

Damit ist die Prozeßdurchführungszeit das Produkt aus Zeitbedarf je Komplexitäts-Indexwert und Komplexitätsindexwert des Prozesses. Mit Bezug auf das Beispiel errechnen sich die Prozeßdurchführungszeiten auf diese verkürzte Weise wie in Tab. 10 dargestellt.

Die KIA endet mit der **Plausibilitätsprüfung** der ermittelten Zeitwerte im sechsten Schritt.[2] Hierzu kann die Dauer des Ankerprozesses z. B. mit Hilfe traditioneller Zeitermittlungsverfahren validiert werden. Bei Bedarf sind die übrigen Prozesse nochmals neu zu dem korrigierten Ankerprozeß in Beziehung zu setzen.

---

[1] Wird $T_{pri}$ z. B. in Minuten pro Jahr angegeben, so ergibt eine Division des Wertes durch die Arbeitszeit je Mitarbeiter in Minuten pro Jahr den Personalbedarf.

[2] Vgl. Kaufmann 1996, S. 215f.

| Geschäftsprozeß I: Schaden bearbeiten<br>Komplexitäts-Index-Analyse der Prozesse der Ebene I | | | | RK: 776.160 |
|---|---|---|---|---|
| **Prozesse** | (a)<br>Prozeßmenge<br>(ME/Periode) | (b)<br>KIW | (c) = (a) * (b)<br>Gewichteter<br>KIW | (e) = RK * (b)/(d)<br>Prozeß-<br>durchführungszeit<br>(ZE) |
| Akte anlegen | 8.000 | 50 | 400.000 | 8,0 |
| Prüfungen vornehmen | 9.000 | 90 | 810.000 | 14,4 |
| Korrespondenz führen | 20.000 | 100 | 2.000.000 | 16,0 |
| CTV-Zahlung durchführen | 15.000 | 110 | 1.650.000 | 17,6 |
| Summe (d) | | | 4.860.000 | |

*Tab. 10: Prozeßzeitenberechnung mit Hilfe der Komplexitäts-Index-Analyse*

Die KIA stellt ein einfaches und wirtschaftliches Verfahren zur Ermittlung der Durchführungszeit von Prozessen dar. Die vergleichsweise simple mathematische Vorgehensweise gestattet die EDV-gestützte Durchführung der Analyse bereits mit Hilfe eines einfachen Tabellenkalkulationsprogrammes. Vorteile der KIA liegen vor allem in ihrer leicht verständlichen Vorgehensweise und der Möglichkeit zur Ermittlung von Prozeßdurchführungszeiten ohne stoppuhrbasierte Zeitaufnahmen. Zu bedenken ist jedoch, daß die Güte der Zeitermittlung in hohem Maße von der Genauigkeit der Komplexitäts-Indexwerte abhängt. Hier liegt der Hauptkritikpunkt der KIA. Die Begründung, warum einem Prozeß genau der ihm zugewiesene Indexwert und nicht ein marginal anderer zusteht, ist i. d. R. nur schwer objektivierbar. Eine Prozeßkostenermittlung oder Personalplanung auf Grundlage dieser **subjektiven Indexwertschätzungen** stellt daher - selbst wenn sie durch ein erfahrenes Team mit umfassenden Prozeßkenntnissen durchgeführt wird - keine exakte Planungsmethode im mathematisch-statistischen Sinne dar. Die Analyse sollte deshalb lediglich zur Ermittlung von Zeitwerten im Rahmen der GPO eingesetzt werden, wenn mit anderen Methoden keine Ergebnisse erzielt werden können bzw. deren Anwendung, z. B. aufgrund der Größe des Betrachtungsbereiches, unwirtschaftlich ist. Damit scheint die KIA insbesondere zur wirtschaftlichen Ermittlung von Prozeßdurchführungszeiten für selten anfallende Tätigkeiten geeignet. Zur Ermittlung der Dauer dieser Prozesse eignet sich neben der KIA insbesondere die Multimomentaufnahme. Sie wird nachfolgend dargestellt.

## 5.3.1.2.2 Die Multimomentaufnahme

Die Multimomentaufnahme (MMA) ist eine einfache statistische Methode, mit welcher Prozesse durch **stichprobenweise zufällige Beobachtungen** über einen längeren Zeitraum erfaßt werden.[1] Damit das Verfahren in der Praxis ohne großen Aufwand angewendet werden kann, wurde die VDI-Richtlinie 2492 verfaßt.[2] Vor allem jedoch aufgrund der aufwendigen Datenerfassung und -auswertung und der nicht ausreichenden Genauigkeit der MMA für die in den sechziger Jahren durchgeführten Rationalisierungsmaßnahmen im Produktionsbereich von Sachleistungsunternehmen, hat das Instrument - nach einem anfänglichen Anwendungsboom - eine nur geringe Verbreitung erfahren.[3]

In Abb. 39 ist das Prinzip der Multimomentaufnahme an dem Prozeß der Ebene I "CTV-Zahlung durchführen" des Geschäftsprozesses "Schaden bearbeiten" dargestellt.[4]

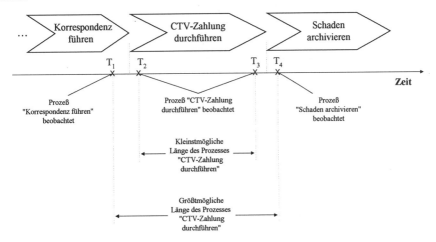

*Abb. 39: Prinzip der Multimomentaufnahme[5]*

---

1    Vgl. Pornschlegel/Schiffer 1970, S. 16. Zum Begriff und zur Geschichte der Multimomentaufnahme vgl. REFA 1997, S. 232.

2    Vgl. VDI 1968, S. 1.

3    Vgl. Simons 1987, S. 5. Vgl. auch die Beispiele der MMA in VU bei Skubowius/Walther 1978 u. Verband der Lebensversicherungsunternehmen e. V. 1971, S. 13f.

4    Obgleich dieser Prozeß in praxi häufig anfällt, soll die Multimomentaufnahme aus didaktischen Gründen mit Bezug zum Beispielprozeß dargestellt werden.

5    Darstellung in Anlehnung an Simons 1987, S. 10, Abb. 2.1.

Im Beispiel soll die Dauer des Prozesses "CTV-Zahlung durchführen" bestimmt werden. Dazu beobachtet ein Dritter (Beobachter) den SB zu verschiedenen Zeitpunkten und hält schriftlich die Uhrzeiten der Beobachtungen, sowie den Prozeßvorgang fest, den der SB zum Zeitpunkt der Beobachtung durchgeführt hat. Die Rundgänge des Beobachters sind in der Abbildung auf der Zeitachse mit einem Kreuz markiert. Aus der Vielzahl der Beobachtungen sind für die Ermittlung die Zeitpunkte $T_1$ (Zeitpunkt der letzten Beobachtung vor dem Prozeß "CTV-Zahlung durchführen"), $T_2$ (Zeitpunkt der ersten Beobachtung des Prozesses "CTV-Zahlung durchführen"), $T_3$ (Zeitpunkt der letzten Beobachtung des Prozesses "CTV-Zahlung durchführen") und $T_4$ (Zeitpunkt der ersten Beobachtung nach dem Prozeß "CTV-Zahlung durchführen") von besonderem Interesse.[1] Unter Berücksichtigung dieser vier Punkte kann die wahre Prozeßdurchführungszeit ($t_{MMZ}$) mit Hilfe der nachfolgenden Formel **näherungsweise** bestimmt werden:[2]

$$(11) \qquad t_{MMZ} = \frac{(T_4 - T_1) + (T_3 - T_2)}{2}$$

In der Literatur herrscht weitgehende Einigkeit darüber, daß sich die praktische Anwendung der MMA in die drei Phasen **Planung**, **Durchführung** und **Auswertung** gliedern läßt. Uneinigkeit herrscht jedoch insbesondere über die Ausgestaltung der Planungsphase.[3] In Abb. 40 ist ein Phasenschema der Vorgehensweise einer MMA dargestellt, welches eine umfassende Planungsphase enthält.

---

[1]     Etwaige Beobachtungen zwischen $T_2$ und $T_3$ sind für die Ermittlung der Dauer des Prozesses "CTV-Zahlung durchführen" nur insofern relevant, als daß sie die ununterbrochene Fortdauer des Prozesses belegen.

[2]     Vgl. Simons 1987, S. 11.

[3]     Vgl. hierzu die unterschiedlichen Planungsphasen bei Bokranz o. J., S. 111 - 116; Pornschlegel/Schiffer 1970, S. 30 - 48; REFA 1997, S. 236 - 261; Simons 1987, S. 13 - 21; VDI 1968.

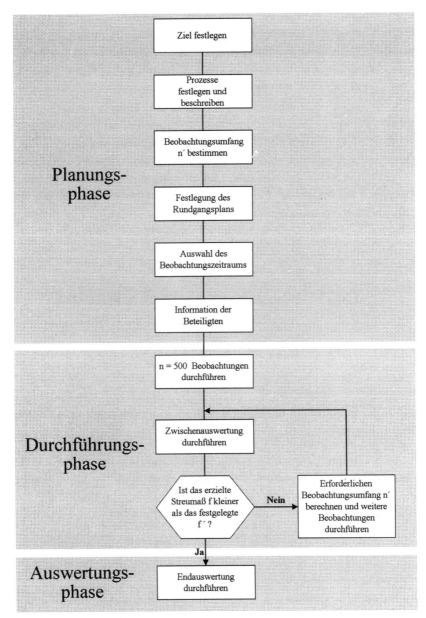

*Abb. 40: Planung, Durchführung und Auswertung einer Multimomentaufnahme[1]*

---

1   Darstellung in Anlehnung an Pornschlegel/Schiffer 1970, S. 30 - 48; REFA 1997, S. 237; Simons 1987, S. 13 - 21.

Nach der Festlegung des Ziels der Aufnahme[1] (im Beispiel: "Bestimmung der Durchführungszeit des Prozesses "CTV-Zahlung durchführen" bei vier Sachbearbeitern der HUK-Schadenabteilung"), sind die prozeßbildenden Tätigkeiten so genau festzulegen und zu beschreiben, daß sie bei der Beobachtung schnell und zweifelsfrei erkannt werden können. Obwohl im Beispiel lediglich ein Prozeß analysiert wird, empfiehlt sich im Rahmen eines wirtschaftlichen Einsatzes der MMA, mehrere Prozesse mit einer Aufnahme zu erfassen.[2] Darauf aufbauend ist festzulegen, wieviel Beobachtungen ($n'$) durchgeführt werden müssen, um hinreichend genaue Ergebnisse zu erzielen. Zur Berechnung von $n'$ eignet sich unter der Voraussetzung, daß mit einer praxisüblichen 95 %-igen Wahrscheinlichkeit der wahre, jedoch unbekannte Anteil des Prozesses an der Gesamtzeit um weniger als $f$ um das Ergebnis der Multimomentaufnahme streut, die folgende **Multimomenthauptformel:**[3]

$$(12) \qquad n' - \frac{1{,}96^2 \cdot p' \cdot (100 - p')}{f^2}$$

Mit $\qquad 1{,}96^2 \quad = \quad$ Faktor der Aussagewahrscheinlichkeit von 95 %,

$\qquad\qquad\quad p' \qquad = \quad$ geschätzter prozentualer Anteil des Prozesses an der Gesamtzeit und

$\qquad\qquad\quad f \qquad = \quad$ festgelegtes Streumaß für p in Prozent.[4]

Im Beispiel würde bei einer groben Ausgangsschätzung des prozentualen Anteils der Prozesse an der Gesamtzeit von $p' = 30$ % und bei einem festgelegten Streumaß von $f = 2{,}5$ % der erforderliche Beobachtungsumfang $n' = 1291$ - also ca. 1300 Beobachtungen - betragen.

Ist der Beobachtungsumfang wie dargestellt ermittelt, kann in dem nächsten Schritt der **Rundgangsplan** festgelegt werden. Im einzelnen sind dabei die Rundgangslänge, -dauer, -route, -zeitpunkte und die Gesamtzahl der Rundgänge zu planen.[5] Die Rundgangslänge, -dauer und -route werden durch die räumlichen Verhältnisse des Untersu-

---

[1]    Vgl. umfassend Pornschlegel/Schiffer 1970, S. 30f.

[2]    HALLER-WEDEL empfiehlt nicht mehr als 20 bis 25 Prozesse je MMA zu zählen, damit die Gefahr von Verwechslungen möglichst gering gehalten wird (vgl. Haller-Wedel 1969, S. 130ff. zitiert nach Simons 1987, S. 14).

[3]    Vgl. REFA 1997, S. 243.

[4]    In der VDI-Richtlinie 2492 werden die folgenden, genügend genauen Faustzahlen angegeben: $n'$ soll ca. 1.600 Beobachtungen umfassen und $f$ zwischen ± 1,0 % und ± 2,5 % liegen (vgl. VDI 1968, S. 2).

[5]    Vgl. Pornschlegel/Schiffer 1970, S. 34 - 42.

chungsbcreiches, die Anzahl der zu untersuchenden Prozesse sowie den Hin- und Rückweg des Beobachters zu seinem Arbeitsplatz determiniert. Da die Ergebnisse der Multimomentaufnahme in hohem Maße von der Zufälligkeit der Beobachtungen abhängen, müssen die Rundgangszeitpunkte zufällig ausgewählt werden. Hierzu wurde ein aufwendiges Verfahren entwickelt, welches auf gleichverteilten Stunden-Minuten-Zufallstafeln basiert.[1] Als Alternative schlägt SIMONS die rekursive Ermittlung der Rundgangszeitpunkte vor. Diese hat die Vorteile der guten Algorithmierbarkeit, des geringeren Rechen- und Zeitaufwandes sowie der Anwendbarkeit sowohl für einen als auch mehrere Beobachter.[2] Zur Vervollständigung des Rundgangsplans muß die Gesamtzahl der Rundgänge ermittelt werden, indem die Anzahl der Beobachtungen durch die Anzahl der Beobachtungen je Rundgang dividiert wird.[3] Im Beispiel ergibt sich aus der Division der 1300 Beobachtungen durch vier Beobachtungen je Rundgang (vier Sachbearbeiter), daß 325 Rundgänge durchgeführt werden müssen.

Nach der Festlegung des Rundgangsplans ist der **Beobachtungszeitraum** auszuwählen. Zur Bestimmung der Länge des Zeitraums gibt es keine allgemein gültigen Vorschriften. SIMONS empfiehlt aber, aufgrund eigener Untersuchungen, eine Zeitspanne von einer bis drei Wochen in Abhängigkeit von der geforderten Genauigkeit und der Anzahl der Prozesse.[4] Bei PORNSCHLEGEL und SCHIFFER findet sich die Faustregel, daß eine MMA mindestens zwei volle Arbeitswochen dauern sollte.[5] Auch die Bestimmung des Zeitpunktes des Untersuchungsbeginns kann ohne Beachtung von Vorschriften festgelegt werden. Empfehlenswert ist in diesem Zusammenhang lediglich die Auswahl eines "möglichst repräsentativen Zeitraums". Genauer ausgedrückt sollte die MMA weder während Spitzenbelastungen noch während mangelnder Auslastung oder der Urlaubszeit durchgeführt werden.[6]

Die Planungsphase endet mit der **Information der Beteiligten** über Art und Umfang der Aufnahme. Wie bei allen Instrumenten der Zeitermittlung ist auch bei der Multimomentaufnahme die Güte der Ergebnisse von der Mitarbeit aller direkt und indirekt Beteiligten abhängig. Daher ist es - wie PORNSCHLEGEL und SCHIFFER treffend for-

---

| 1 | Vgl. Pornschlegel/Schiffer 1970, S. 37 - 42; REFA 1997, S. 247 - 250. |
| 2 | Vgl. Simons 1987, S. 17. |
| 3 | Vgl. VDI 1968, S. 4. |
| 4 | Vgl. Simons 1987, S. 15. |
| 5 | Vgl. Pornschlegel/Schiffer 1970, S. 37. |
| 6 | Vgl. Simons 1987, S. 15. |

mulieren - "nicht nur ein Gebot des Anstandes, sondern auch der Klugheit"[1], sowohl die zu beobachtenden Personen als auch deren Führungskräfte und den Betriebsrat vor einer Multimomentaufnahme umfassend zu informieren.

Die **Durchführungsphase** beginnt nach 500 Beobachtungen[2] (n) mit einer Zwischen-auswertung, um zu prüfen, ob die geschätzte Zahl an Beobachtungen ( n' ) zutreffend ist, oder ein Schätzfehler vorliegt.[3] Dazu wird zunächst der prozentuale Anteil der Be-obachtungen des Prozesses an allen Beobachtungen (p) errechnet. Dieser Anteil ist die Grundlage zur Berechnung des erzielten Streumaßes (f). Hierzu wird die Multimo-menthauptformel nach f umgestellt. Es gilt:[4]

$$(13) \qquad f = 1{,}96 \cdot \sqrt{\frac{p \cdot (100 - p)}{n}}$$

Im Beispiel wird angenommen, daß sich nach n = 500 ein prozentualer Anteil der Be-obachtungen des Prozesses "CTV-Zahlung durchführen" an allen Beobachtungen von p = 25 % ergibt. Für das tatsächlich erzielte Streumaß f errechnet sich dann nach (13) ein Wert von ca. 3,8 %. Mit einer Wahrscheinlichkeit von 95 % liegt der wahre Anteil des Prozesses "CTV-Zahlung durchführen" an der Gesamtzeit also zwischen 25 % - 3,8 % und 25 % + 3,8 %. Das festgelegte, erforderliche Streumaß f' ist im Beispiel noch überschritten, so daß für das tatsächliche p nach (12) der neue Beobachtungsum-fang errechnet werden kann. Mit p = 25 % ergibt sich für das neue n' ein Wert von ca. 1.152, so daß ungefähr 1.200 Beobachtungen durchgeführt werden müssen.[5] Diese Schleife wird solange durchlaufen, bis das erzielte Streumaß f kleiner als das festge-legte Streumaß f' ist. Erst dann wird mit der Auswertungsphase begonnen.

In der Auswertungsphase wird, in Abhängigkeit von der Auswertungsart der Beob-achtungsdaten, zwischen dem **Multimoment-Häufigkeitsverfahren** (MMH) und dem

---

[1]  Pornschlegel/Schiffer 1970, S. 42.

[2]  In der Literatur findet sich eine genaue Beschreibung der zur Beobachtung entwickelten Aufnahmebogen (vgl. etwa REFA 1997, S. 252 - 259; VDI 1968, S. 4f.). Darüber hinaus eignen sich auch mobile EDV-Anlagen zur Datenerfassung (vgl. Simons 1987, S. 103f.).

[3]  Vgl. REFA 1997, S. 257.

[4]  Vgl. REFA 1997, S. 257.

[5]  Würde nach der Zwischenauswertung f < f' gelten, so könnte direkt mit der Endauswertung begonnen werden.

**Multimoment-Zeitmeßverfahren** (MMZ) unterschieden.[1] Das MMH liefert absolute oder prozentuale Häufigkeiten von Prozessen an der Durchlaufzeit eines Prozesses und eignet sich daher z. B. zur Ermittlung von Verteilzeitzuschlägen und Störzeitanteilen.[2] Als Ergebnisse der MMZ ergeben sich demgegenüber Zeitwerte für Prozesse, deren Genauigkeit mit Hilfe unterschiedlicher statistischer Modelle erfaßt werden kann.[3] Die MMH ist somit kein Instrument zur Ermittlung von Zeiten im engeren Sinne, da eine direkte Aussage über die zeitliche Dauer einer Tätigkeit nicht möglich ist. Jedoch können die gewonnenen Häufigkeiten relativ leicht in exakte Zeitwerte überführt werden.[4]

In der arbeitswissenschaftlichen Literatur wird eine Vielzahl von Problemen genannt, die mit dem Einsatz der Multimomentaufnahme verbunden sind.[5] Nach der Durchführung der Aufnahme ist die Prüfung der sachlichen Richtigkeit der Aufzeichnungen im Vergleich zur Messung durch Dritte nur eingeschränkt möglich. Somit lassen sich bewußte Beeinflussungen des Ergebnisses durch den Beobachtenden vergleichsweise schwer erkennen. Darüber hinaus können nach der Durchführung keine genauen Aussagen über den Prozeßablauf gemacht werden, da nur stichprobenweise beobachtet wird. Erste Hinweise zur Aufdeckung von **Prozeßschwachstellen** und deren Ursachen sind somit nicht möglich. Zudem lassen sich Leistungsgrade der Processworker nicht ermitteln. Ein mathematisch-statistischer Nachteil liegt ferner in der Ungenauigkeit des Instrumentes bei Prozessen, deren prozentuale Häufigkeit geringer als 1 % ist.

HÖHER, JÄCKEL, PICOT und REICHWALD weisen außerdem darauf hin, daß die Prozesse bei der MMA vom Beobachtenden unmittelbar erkennbar sein müssen, und eine Rücksprache mit dem Processworker wegen zweifelhafter Prozesse zu unterbleiben habe.[6] Diese **Regel der unmittelbaren externen Beobachtbarkeit** ist bei Sachbearbeitertätigkeiten in VU oder allgemeiner bei Büro- und Verwaltungstätigkeiten häufig nicht einzuhalten. Da die meisten der Tätigkeiten von Sachbearbeitern in VU am

---

[1] Bei dem MMZ wird zudem, anstelle der Bestimmung des Beobachtungsumfangs im dritten Schritt der Planungsphase, die durchschnittliche Zeit zwischen zwei Beobachtungen festgelegt (vgl. hierzu ausführlich Simons 1987, S. 16).

[2] Vgl. Obenauf 1985, S. 75; Olbrich 1993, S. 27.

[3] SIMONS gibt einen umfassenden Überblick über die unterschiedlichen statistischen Modelle zur Ermittlung der Genauigkeit der Schätzung (vgl. Simons 1987).

[4] Vgl. hierzu Simon 1986a, S. 35f.

[5] Vgl. die nachfolgend genannten Probleme und Nachteile der MMA finden sich bei Bokranz o. J., S. 108; Pornschlegel/Schiffer 1970, S. 76f.; REFA 1997, S. 264; Schuhmacher 1972b, S. 680f.

[6] Vgl. Höher/Jäckel/Picot/Reichwald 1983, S. 554, sowie die dort angegebene Literatur.

Computer durchgeführt werden, ist die Klassifikation der Tätigkeit anhand der Einga-
bemaske vorzunehmen. Aber bei vielen Tätigkeiten (z. B. bei den Beispielprozessen
"Korrespondenz führen" und "CTV-Zahlung durchführen")[1] ist die Maske im allgemeinen nahezu identisch, so daß eine unmittelbare externe Beobachtbarkeit selbst
durch einen erfahrenen Processworker nur begrenzt möglich ist.

Diesen Nachteilen sind die Vorteile des Verfahrens gegenüberzustellen.[2] Im Vergleich
zur Messung durch Dritte verursacht die MMA einen um ca. 40 bis 70 % geringeren
zeitlichen Aufwand und ist damit grundsätzlich wirtschaftlicher in der Durchführung.
Darüber hinaus ist der Beobachter nicht permanent an den zu beobachtenden Prozeß
gebunden, und zur Durchführung der Aufnahme sind keine zusätzlichen Meßgeräte
notwendig. Ferner ist eine Unterbrechung der Aufnahme im Gegensatz zur Messung
durch Dritte problemlos möglich. Mit der MMA können zudem nahezu beliebig viele
Prozesse beobachtet werden, wobei der Aufwand beim Hinzunehmen weiterer Prozesse nur unwesentlich steigt. Der in der Literatur genannte Vorteil, daß die Durchführung der Aufnahme bereits mit wenigen Grundkenntnissen des Instrumentes möglich
ist, gilt zwar grundsätzlich auch in VU, wird aber durch die Regel der unmittelbaren
externen Beobachtbarkeit in gewissem Maße eingeschränkt. Die Planung und Auswertung sollte aber stets einem mit der Aufnahme vertrauten Mitarbeiter oder Externen
überlassen werden.

Als Fazit ist daher festzuhalten, daß die Multimomentaufnahme - unter Berücksichtigung der genannten Probleme - zur wirtschaftlichen Bestimmung von Durchführungszeiten oder Häufigkeiten von unregelmäßig anfallenden, längeren, extern unmittelbar
beobachtbaren Prozessen als durchaus geeignet erscheint. Insbesondere beschränkt die
direkte Beobachtbarkeit ihre Anwendung auf wenige Prozesse. Ist sie jedoch anwendbar, so besitzt die Multimomentaufnahme im Vergleich zur Komplexitäts-Index-Analyse deutliche methodische Vorteile, da im statistischen Sinne sichere Zeiten ermittelt
werden können.

### 5.3.1.2.3 Die Selbstaufschreibung

Unter Selbstaufschreibung soll nachfolgend - im engeren Sinne - das Messen von Zeiten durch den am Arbeitsablauf beteiligten Mitarbeiter verstanden werden. Diese Form

---

[1]     Welche Eingabemasken im einzelnen identisch sind, ist (selbstverständlich) nicht allgemein, sondern
        nur in Abhängigkeit von der eingesetzten Software bestimmbar.

[2]     Vgl. zu den nachfolgend genannten Vorteilen Bokranz o. J., S. 108; Pornschlegel/Schiffer 1970, S. 76;
        REFA 1997, S. 263; Schuhmacher 1972b, S. 680f.; Verband der Lebensversicherungsunternehmen e. V.
        1971, S. 15.

der Zeitermittlung wird vor allem für administrative Tätigkeiten empfohlen[1] und ist in der Praxis weit verbreitet. Der praktische Erfolg ist insbesondere auf die hohe **Akzeptanz** bei den direkt Beteiligten zurückzuführen.[2] Diese liegt vor allem darin begründet, daß sich der Mitarbeiter selbst kontrolliert und nicht das Gefühl hat, durch einen Dritten (Zeitnehmer oder Meßgerät) kontrolliert zu werden.[3] Neben dem psychologischen Vorteil werden in der Literatur zumeist die geringen Kosten der Selbstaufschreibung im Vergleich zu anderen Zeitermittlungsverfahren betont.[4] Dieser Vorteil ist allerdings zu relativieren, da neben der durch die Aufschreibung gebundenen Personalkapazität nicht unerhebliche Kosten durch eine **ausführliche Tätigkeitsanalyse** entstehen. Eine aussagefähige Selbstaufschreibung sollte stets auf Grundlage eines detaillierten Tätigkeitsschemas durchgeführt werden, um den subjektiven Ermessensspielraum des Mitarbeiters bei der Aufschreibung weitgehend auszuschalten.[5]

Insbesondere aus theoretischer Sicht werden der Selbstaufschreibung jedoch Vorbehalte entgegengebracht, welche zum einen auf die **Eignung** und zum anderen auf die **Auswertbarkeit** der Zeiten abstellen.[6] Der erste Kritikpunkt zielt auf den Umstand ab, daß eine Selbstaufschreibung auf Tätigkeitsebene den Sachbearbeiter bei seiner eigentlichen Arbeit zu stark behindert. Auf der Makroablaufebene, also nicht auf Tätigkeitsebene, sondern vielmehr auf Prozeßebene I und II im Beispiel, werden dem Verfahren aber gute Ergebnisse und eine problemlose Anwendbarkeit bescheinigt, da es für den Sachbearbeiter zu keiner hohen zusätzlichen Belastung führt.[7] Der zweite Kritikpunkt muß stets vor dem Hintergrund des **Verwendungszwecks** der Daten beurteilt werden.[8] Als Entlohnungsgrundlage sind Zeitdaten, welche allein auf der Basis von Selbstaufschreibungen gewonnen werden, nur begrenzt verwendbar. Im Rahmen der GPO sind diese Daten jedoch grundsätzlich nutzbar, wenn sie gewissen statistisch-methodischen Anforderungen genügen. Da die Selbstaufschreibung nicht nur in der Praxis, sondern z. T. auch in theoretischen Arbeiten[9] vergleichsweise "sorglos" ange-

---

1    Vgl. Höher/Jäckel/Picot/Reichwald 1983, S. 551; Obenauf 1985, S. 74.

2    Vgl. Höher/Jäckel/Picot/Reichwald 1983, S. 553; Wiesehahn/Olthues/Steller 1997, S. 1009; Wiesehahn 1999, S. 94.

3    Vgl. Heinisch/Sämann 1973, S. 58.

4    Vgl. etwa Deuter/Hartung 1997, S. 27; Heinisch/Sämann 1973, S. 58; Simons 1987, S. 117.

5    Vgl. Schuhmacher 1972b, S. 681.

6    Vgl. Olbrich 1993, S. 26; Remitschka 1992, Sp. 606; Simons 1987, S. 117.

7    Vgl. Olbrich 1993, S. 26; Schuhmacher 1972b, S. 681.

8    Vgl. REFA 1997, S. 293.

9    Vgl. etwa Haiber 1997, S. 337ff.

wendet wird, erscheint es nötig, die statistischen Grundlagen nachfolgend in Ansätzen darzustellen. Bei anderen Instrumenten zur Durchführungszeitermittlung (z. B. der Multimomentaufnahme) sind diese i. d. R. fester Bestandteil der Verfahren.

Zunächst ist festzulegen, ob eine **Vollerhebung** oder eine Selbstaufschreibung auf **Stichprobenbasis** durchgeführt werden soll. Gegen das statistische Ideal der Vollerhebung sprechen vor allem zwei Gründe:[1] Eine Vollerhebung wäre in dem konkreten Anwendungszusammenhang so umzusetzen, daß alle Sachbearbeiter über den festgelegten Erhebungszeitraum alle Zeitwerte protokollieren. Zum einen wäre dies in hohem Maße unwirtschaftlich, da die Mitarbeiter mehr mit der Aufschreibung als mit ihrer originären Arbeit beschäftigt wären. Zum anderen würde das Arbeitsverhalten der Sachbearbeiter durch die Aufschreibung so stark beeinflußt, daß die aufgeschriebenen Daten u. U. nicht interpretierbar wären. Die Selbstaufschreibung ist daher auf Stichprobenbasis grundsätzlich wirtschaftlicher und aussagefähiger.

Bei einer stichprobenmäßigen Aufschreibung wird von den Einzelzeiten der Stichprobe auf die wahre, aber unbekannte Prozeßdurchführungszeit geschlossen. Wie gut dieser Rückschluß ist, hängt sowohl von der Anzahl der aufgeschriebenen Zeiten als auch von der Streuung der Zeiten ab.[2] Die Streuung der Einzelzeiten kann in hohem Maße durch arbeitsgestalterische Maßnahmen beeinflußt werden. Die Streuung des aus den Einzelzeiten errechneten Mittelwertes kann hingegen auch dadurch beeinflußt werden, daß der Umfang der Stichprobe erhöht wird.[3] Wird nun das arithmetische Mittel aller aufgeschriebenen Einzelzeiten als Schätzer für die wahre, unbekannte Prozeßdurchführungszeit verwendet, so ist dies insbesondere bei einem geringen Stichprobenumfang und stark schwankenden Zeitwerten nicht exakt. In diesem Zusammenhang empfiehlt sich der Einsatz des **Variationszahlverfahrens**.[4]

Dazu wird zunächst das arithmetische Mittel ($\bar{t}$) aller n Zeiten ($t_i$) wie folgt errechnet:[5]

$$(14) \qquad \bar{t} = \frac{\sum_{i=1}^{n} t_i}{n}$$

---

[1]    Vgl. Höher/Jäckel/Picot/Reichwald 1983, S. 553f.

[2]    Vgl. REFA 1997, S. 163.

[3]    Vgl. REFA 1997, S. 163.

[4]    Vgl. Hartung 1985, S. 173 - 175; REFA 1997, S. 176 - 182.

[5]    Vgl. Hartung 1985, S. 31.

Hieran schließt sich die Berechnung der Standardabweichung (s) der Zeiten als Maß der absoluten Streuung um den Mittelwert an. Formal gilt:[1]

$$(15) \qquad s = \sqrt{\frac{1}{n-1} \cdot \sum_{i=1}^{n} (t_i - \bar{t})^2}$$

Mit Hilfe dieser Daten wird das Vertrauensintervall $((1-\varepsilon) \cdot \bar{t} \le \overline{t_{wahr}} \le (1+\varepsilon) \cdot \bar{t})$, in dem mit einer konservativen 95 %-igen Wahrscheinlichkeit der wahre Mittelwert der Stichprobe ($\overline{t_{wahr}}$) liegt, ermittelt:[2]

$$(16) \qquad \varepsilon\% = \left( \frac{t_{n-1;0,975}}{\sqrt{n}} \cdot \frac{s}{\bar{t}} \right) \cdot 100$$

$\varepsilon\%$ gibt dabei mit einer Wahrscheinlichkeit von 95 % die **prozentuale Schwankung** um das wahre arithmetische Mittel der Stichprobe an.[3] $\varepsilon\%$ ist daher als prozentuales Genauigkeitsmaß des Mittelwertes zu interpretieren und unternehmensspezifisch festzulegen. In der Literatur sind die in Tab. 11 zusammengefaßten Aussagen zur Meßgenauigkeit in Abhängigkeit von $\varepsilon\%$ zu finden.

| Werte für $\varepsilon\%$ | Aussage über die Meßgenauigkeit |
| --- | --- |
| $\varepsilon\% < 5\%$ | Sehr gute Meßgenauigkeit <br> => arithmetisches Mittel kann als Zeitwert verwendet werden |
| $5\% \le \varepsilon\% \le 10\%$ | Gute Meßgenauigkeit <br> => arithmetisches Mittel kann als Zeitwert verwendet werden |
| $\varepsilon\% > 10\%$ | Hohe Meßunsicherheit <br> => arithmetisches Mittel sollte nicht verwendet werden |

*Tab. 11: Meßgenauigkeit in Abhängigkeit von ε%[4]*

Falls $\varepsilon\%$ größer als der festgelegte Planwert ist, kann entweder der Prozeß in kürzere Prozesse, für welche nochmals Zeiten ermittelt werden müssen, untergliedert oder der Stichprobenumfang erhöht werden (Nacherhebung von Zeiten). In diesem Zusammen-

---

[1]  Vgl. Hartung 1985, S. 116f.

[2]  Vgl. Hartung 1985, S. 174.

[3]  Die beobachteten Zeiten, auf deren Grundlage $\varepsilon\%$ berechnet wird, müssen nicht normalverteilt sein. "Mittelwerte bilden bei mehrfacher Wiederholung der Zeitaufnahme nahezu unabhängig von der Verteilungsform der Einzelzeiten stets eine Normalverteilung, wenn mindestens n = 5 Einzelzeiten zum Mittelwert zusammengefaßt werden" (REFA 1997, S. 184).

[4]  Werte in Anlehnung an REFA 1997, S. 173.

hang ist ein neuer Stichprobenumfang ($n_{neu}$) errechenbar, bei welchem das arithmetische Mittel mit einer Wahrscheinlichkeit von 95 % in dem festgelegten Genauigkeitsbereich ($\varepsilon$) liegt:

$$(17) \qquad n_{neu} \geq \left( \frac{t_{n-1;0,975} \cdot \frac{s}{\bar{t}}}{e} \right)^2$$

Es müssen demnach ($n_{neu}$ - n) Zeiten nacherhoben werden.

Das dargestellte Verfahren bietet den Vorteil, mit einer Sicherheit von 95 % sagen zu können, daß der errechnete Mittelwert für die Zeit eines Vorgangs nur um einen festgelegten Prozentwert $\varepsilon$% von dem (unbekannten) wahren Mittelwert der Prozeßdurchführungszeit abweicht. Damit können auch Daten aus Selbstaufschreibungen – im statistischen Sinne - sicher interpretiert werden.

Noch weiter in ihren Bemühungen zur Absicherung von Selbstaufschreibungen gehen HÖHER, JÄCKEL, PICOT und REICHWALD.[1] Sie berücksichtigen zum einen den **Non-Response-Fehler**, der sich aus Antwortverweigerungen bei Selbstaufschreibungen ergibt, in Form eines prozentualen Aufschlages auf den Stichprobenumfang. Zum anderen gehen sie bei der Selbstaufschreibung von der gleichmäßigen Berücksichtigung jedes Tages der Arbeitswoche aus, so daß sie zu einem geschichteten Stichprobenverfahren bei proportionaler Aufteilung kommen. Die dadurch zur Anwendung gelangenden statistischen Methoden bieten einen methodisch abgesicherten Einsatz von Selbstaufschreibungen auf Stichprobenbasis.

Die Selbstaufschreibung auf Stichprobenbasis zur Ermittlung von Zeiten bietet sich insbesondere bei häufig durchzuführenden Prozessen (= Makroablaufebene) an. Sollen aber die theoretischen Vorbehalte gegen diese Erhebungsform überwunden werden, so gelingt dies nur mit einer umfassenden statistisch-methodischen Unterstützung, welche in praxi u. U. zu Lasten der Ergebnisakzeptanz gehen kann. In diesem Fall bietet eine umfassende Aufklärung der Beteiligten die Möglichkeit, das notwendige Verständnis zu schaffen. Für die Zwecke der GPO erscheint eine Kombination aus Variationszahlenverfahren und prozentualer Berücksichtigung des Non-Response-Fehlers empfeh-

---

[1]    Vgl. Höher/Jäckel/Picot/Reichwald 1983.

lenswert. Die so ermittelten Daten können ggf. noch mit einer parallel durchgeführten Multimomentaufnahme abgesichert werden.[1]

### 5.3.1.2.4 Die EDV-gestützte Zeitmessung

Der EDV-gestützten Zeitmessung liegt kein vergleichbar systematisch-methodisches Vorgehen wie den anderen dargestellten Instrumenten zugrunde. Sie beruht vielmehr auf der Tatsache, daß nahezu alle Sachbearbeitungstätigkeiten in VU EDV-gestützt durchgeführt werden. Für jeden EDV-gestützten Bearbeitungsvorgang werden intern individuelle **Transaktions- und Bearbeitungsschlüssel** vergeben, die aus Gründen der Verarbeitungssicherheit mit den entsprechenden Zeitstempeln permanent gespeichert werden. Diese Daten können i. d. R. ohne großen Aufwand[2] an handelsübliche Statistiksoftware (z. B. SPSS, SAS) übergeben werden, die eine komfortable Benutzeroberfläche zur Auswertung bieten. Eine schlüsselbezogene Auswertung erlaubt dann zum einen die Feststellung der Häufigkeit von bestimmten Bearbeitungstätigkeiten und Transaktionen, darüber hinaus aber auch die "Messung" der Dauer von Tätigkeiten, indem die abgelegten Zeitstempel in die Auswertung integriert werden.

Im allgemeinen erlaubt diese Form der Ist-Zeitmessung bei beliebigem Detaillierungsgrad (bereichs-, abteilungs-, kostenstellen-, gruppen-, und personenbezogen) eine genaue und wirtschaftliche Zeitmessung.[3] Diese beschränkt sich aber auf EDV-gestützte Tätigkeiten und Prozesse, so daß insbesondere Zeiten von versicherungsspezifischen Sachbearbeitertätigkeiten (z. B. Prüfung des Versicherungsschutzes, Betrugsverdacht) nicht ermittelt werden können. Ferner erlaubt sie grundsätzlich die **arbeitsplatzbezogene EDV-technische Mitarbeiterkontrolle**, weshalb sie in praxi auf hohe Widerstände stößt. In dem hier diskutierten Anwendungszusammenhang ist aber keine arbeitsplatzbezogene Auswertung von Interesse, sondern vielmehr eine Auswertung auf einem höheren Aggregationsniveau in Form eines Gruppen-, Bereichs- oder sogar Abteilungsdurchschnitts. Vor einer Anwendung ist es daher in besonderem Maße erforderlich, alle direkt und indirekt Beteiligten über die genaue Form und Art der Auswertung umfassend aufzuklären.

---

1     Vgl. auch Heinisch/Sämann 1973, S. 61.

2     Vgl. auch Wrieske 1994, S. 640.

3     Die genaue Vorgehensweise der EDV-gestützten Zeitmessung ist von vielen Betriebsspezifika abhängig (z. B. Hard- und Softwareausstattung), so daß sie hier nicht allgemein gültig dargestellt werden kann.

### 5.3.1.2.5 Beurteilung der dargestellten Instrumente

Ziel eines Instrumentes zur Ermittlung der Prozeßdurchführungszeit in der Datener-
mittlungsphase der GPO ist es - vereinfacht ausgedrückt - die **tatsächliche Durchführungszeit** von Prozessen möglichst **wirtschaftlich** und möglichst **genau** zu ermitteln.
In der Prozeßdatenermittlungsphase sind zunächst die **Ist-Zeiten** der Prozesse von besonderem Interesse, da deren Kenntnis Ausgangspunkt einer zeitlichen Schwachstellenanalyse ist. Diese sind mit allen dargestellten Instrumenten erfaßbar. In der
nachfolgenden Phase der Prozeßbeurteilung sind zur Aufdeckung von zeitlichen
Schwachstellen Instrumente zur Soll-Zeitermittlung einzusetzten, so daß die eingangs
geschilderte Diskussion um die Notwendigkeit von statistisch exakten Plan-Zeiten daher im Rahmen der GPO nicht pauschal, sondern in Abhängigkeit von den unterschiedlichen Phasen zu führen ist. Beide Zeitdaten haben im Konzept der GPO durchaus ihre Berechtigung.

Die Auswahl der Instrumente zur Ist-Prozeßdurchführungszeitermittlung richtet sich
dann nach der generellen Eignung, welche in Abb. 37 an der Häufigkeit des Anfalls
der Prozesse festgemacht wurde und nach der **Wirtschaftlichkeit** und **Genauigkeit**.
Tab. 12 gibt einen Überblick über die Genauigkeit und durchschnittlichen Kosten der
Zeitermittlungsverfahren im Vergleich zur REFA-Methode.

| Verfahren (Instrument) | Genauigkeit[1] | Durchschnittliche Kosten[2] |
|---|---|---|
| Messen (REFA-Methode) | - | 100 |
| Messen (Selbstaufschreibung) | ± 10 - 15 | 10 |
| Messen (EDV-gestützte Zeitmessung) | 0 | 10 |
| Zählen (Multimomentaufnahme) | ± 10 | 30 - 35 |
| Vergleichen, Schätzen (Komplexitäts-Index-Analyse) | ± 20 - 100 | 30 |

1) Durchschnittliche Abweichung in % von der mittleren Genauigkeit der durch Messen (REFA-Methode) ermittelten
Zeit.
2) Durchschnittliche Kosten der Zeitermittlung für einen Arbeitsabschnitt gleicher Länge (Basis: Messen (REFA-
Methode) = 100)).

*Tab. 12: Genauigkeit und Kosten der Zeitermittlung von unterschiedlichen
Instrumenten[1]*

---

[1]     Vgl. Heinisch/Sämann 1973, S. 48, Bild 12. Obgleich die Autoren keine Aussagen über die Genauigkeit
der Daten machen, ist anzunehmen, daß sie (lediglich) als grobe Richtwerte interpretiert werden
können.

Es wird deutlich, daß die Instrumente, welche grundsätzlich zur Ermittlung der Zeiten von selten durchzuführenden Prozessen geeignet sind (KIA, MMA), nahezu identische Kosten verursachen, die Multimomentaufnahme jedoch mithin genauere Ergebnisse liefert. Aus diesem Grund ist die Multimomentaufnahme im konkreten Anwendungsfall unter der Voraussetzung, daß beide Instrumente grundsätzlich geeignet sind, vorzuziehen. Bei den Instrumenten, die bei häufig durchzuführenden Prozessen zielführrend eingesetzt werden können (Selbstaufschreibung, EDV-gestützte Zeitmessung, REFA-Methode), fallen zunächst die hohen Kosten der REFA-Methode, welche grundsätzlich gegen den Einsatz des Instruments sprechen, auf.[1] Zudem ist die Akzeptanz von Messungen durch Dritte in VU begrenzt. Die EDV-gestützte Zeitmessung und die Selbstaufschreibung liefern bei etwa gleichen Kosten Unterschiede in der Genauigkeit, so daß aus diesem Grund die EDV-gestützte Zeitmessung vorzuziehen ist.

Bei einer Entscheidung für oder gegen das eine oder andere Instrument müssen neben den genannten prozeß-, instrument- und anwendungsspezifischen Kriterien selbstverständlich auch **betriebsspezifische Entscheidungskriterien** berücksichtigt werden.[2] Dabei sind der Ausbildungsstand der Mitarbeiter und die vorhandenen Erfahrungswerte ebenso zu berücksichtigen wie die Überlegung, ob notwendige Hilfsmittel zur Zeitermittlung (z. B. Stoppuhren bei der Selbstaufschreibung, Software zur Auswertung der umfangreichen Multimomentdaten) extra angeschafft werden müßten oder im Unternehmen zur Verfügung stehen. Von größter Wichtigkeit ist zudem die schon punktuell angesprochene Akzeptanz des Instrumentes bei den Zeitermittlern, den betroffenen Mitarbeitern, den Verwendern der Daten, dem Betriebsrat und nicht zuletzt bei der Unternehmensführung. Jedoch kann der Empfehlung von SIMONS, bei zu erwartenden Schwierigkeiten auf das im Unternehmen eingeführte Instrument zurückzugreifen, nur bedingt gefolgt werden.[3] Ein etabliertes, aber im Anwendungszusammenhang falsches Zeitermittlungsinstrument kann für die wirtschaftliche Steuerung des Betriebsgeschehens u. U. gefährlich werden (man denke nur an Kostenermittlungen und Personalbedarfsplanungen auf Basis von falschen Zeitdaten) und sollte schnellstmöglich gegen ein zweckmäßiges Instrument ausgetauscht werden.

---

1     Vgl. auch Simons 1987, S. 126.

2     Vgl. Simons 1987, S. 120f.

3     Vgl. Simons 1987, S. 131.

### 5.3.2  Instrumente zur Erfassung von Prozeßkosten

Der im Rahmen der GPO zu vollziehende Paradigmenwechsel vom Denken in Sparten zum Denken in Prozessen[1] wird im internen Rechnungswesen in konsequenter Weise durch die Anwendung prozeßorientierter Ansätze der Kostenverrechnung fortgesetzt. In diesem Zusammenhang werden - für Sachleistungsunternehmen sehr lebhaft, für VU vergleichsweise zögerlich - die **Grenzplankostenrechnung**[2] und die **Prozeß- kostenrechnung**[3] diskutiert. Der ingenieurwissenschaftliche, ressourcenfokussierende Ansatz der **Ressourcenorientierten Prozeßkostenrechnung**[4] und das **Time Based Costing** sind in der Versicherungswissenschaft bislang nur rudimentär behandelt worden. Alle genannten Instrumente werden im folgenden dargestellt und auf ihre zweck- mäßige Anwendbarkeit im Rahmen der GPO geprüft. Darauf aufbauend wird ein eige- ner Ansatz zur Erfassung und Verrechnung von Kosten auf Prozesse vorgestellt, der auf dem Time Based Costing und der Idee des Fixkostenmanagement basiert.[5]

---

[1]    In Anlehnung an Hinterhuber 1994, S. 64.

[2]    Wenn nachfolgend die Grenzplankostenrechnung erwähnt wird, so ist damit, wenn nicht anders formu- liert, die speziell versicherungsspezifische Ausgestaltung nach FISCHER (vgl. Fischer 1987; Fischer 1989) bzw. die allgemein dienstleistungsspezifische Ausgestaltung nach VIKAS (vgl. Vikas 1988a) gemeint. Da die Prozeßkonforme Grenzplankostenrechnung nach MÜLLER ebenfalls eine prozeßorientierte Kostenverrechnung ermöglicht, hätte eine Darstellung dieses Ansatzes und ein Vergleich zur versicherungs- bzw. dienstleistungsspezifischen Ausgestaltung der Grenzplan- kostenrechnung im Rahmen dieser Arbeit nahegelegen. Der Anwendungsschwerpunkt der MÜLLERschen Rechnung liegt jedoch in Sachleistungsunternehmen (vgl. Müller 1996, S. XI). Darüber hinaus basiert die Rechnung (wie die Grenzplankostenrechnung nach FISCHER und VIKAS) auf der klassischen Grenzplankostenrechnung, so daß die grundsätzliche Vorgehensweise und Verrechnungssystematik beider Rechnungen nahezu identisch ist. Zu Unterschieden und Gemeinsamkeiten vgl. etwa Jehle/Wiesehahn/Willeke 1997, S. 288 - 290.

[3]    Die Darstellung und Analyse des Activity Based Costing findet in der Arbeit nicht statt, da als deren "deutsches Pendant" die Prozeßkostenrechnung verstanden werden kann. Zu Unterschieden und Gemeinsamkeiten beider Rechnungen vgl. Horváth/Mayer 1993, S. 15f.

[4]    Die Verrechnungssystematik der von KUHN, MANTHEY und PIELOK entwickelten Ressourcenorientierten Prozeßkettenanalyse ist der Systematik der Ressourcenorientierten Prozeßkostenrechnung sehr ähnlich, wodurch auf eine eigenständige Darstellung der Prozeßkettenanalyse verzichtet werden kann. Die Ressourcenorientierte Prozeßkostenrechnung wird dargestellt, da sie vor der Prozeßkettenanalyse ent- wickelt wurde. Zur Darstellung der Ressourcenorientierten Prozeßkettenanalyse vgl. ausführlich Pielok 1994; Pielok 1995; Kuhn 1995; Kuhn/Manthey 1996. Zu Unterschieden zwischen beiden Instrumenten vgl. Jehle/Wiesehahn/Willeke 1997, S. 282 - 286.

[5]    Den definitorischen Grundlagen in Kapitel 1.3. folgend, werden in diesem Kapitel die Hauptprozesse bzw. Teilprozesse und weniger die Geschäftsprozesse bzw. Prozesse betrachtet. Diese Fokussierung trägt der Tatsache Rechnung, daß im Zentrum der Verrechnung der Kosten auf Prozesse vor allem die Ge- meinkosten des Dienstleistungsgeschäftes von VU stehen.

## 5.3.2.1 Die Grenzplankostenrechnung

Eine klassische Aufgabe der Grenzplankostenrechnung (GPKR)[1] besteht "in der Planung und Kontrolle des Periodenerfolgs mit Hilfe von Deckungsbeiträgen"[2]. Damit ist die Einordnung der GPKR als Instrument zur Erfassung von Prozeßkosten zunächst erklärungsbedürftig, da die Planung des Periodenerfolgs nach dem Deckungsbeitragsprinzip einer produktbezogenen Sicht entspricht, welche mit einer prozeßorientierten Betrachtung im Widerspruch zu stehen scheint.[3]

Es ist insbesondere das Verdienst von FISCHER (mit der Ausgestaltung der GPKR in VU)[4] und VIKAS (mit der Ausgestaltung der GPKR in Dienstleistungsunternehmen allgemein)[5], den genannten Erklärungsnotstand schon zu einem frühen Zeitpunkt behoben zu haben. Der Anteil von Fix- und Gemeinkosten im Verhältnis zum gesamten Kostenvolumen ist in Dienstleistungsunternehmen sehr hoch.[6] Dies liegt zum einen an der bereits an anderer Stelle angesprochenen generellen Personalintensität der Dienstleistungsproduktion, zum anderen an der Tatsache, daß die indirekten, gemeinkostendominierten Bereiche in Dienstleistungsunternehmen "in Wahrheit ja die direkte Produktionsleistung erbringen"[7]. Darüber hinaus gibt es einen dritten versicherungsspezifischen Tatbestand, der für den hohen Anteil an Gemeinkosten verantwortlich ist: Für VU gilt das **Spartentrennungsprinzip**. Wollen VU ihren externen Kunden ein umfassendes Versicherungsschutzangebot unterbreiten, besteht nur die Möglichkeit, mehrere rechtlich selbständige Unternehmen zu gründen, welche am Markt als eine Anbieter-

---

1    Zur Vorgehensweise vgl. ausführlich Kilger 1993.

2    Kilger 1993, S. 58. FISCHER erwähnt als speziell versicherungsspezifische Aufgabe noch die externe Informationsaufgabe (vgl. Fischer 1987, S. 49f.).

3    Vgl. auch Jehle/Wiesehahn/Willeke 1997, S. 286f.

4    Vgl. Fischer 1987. Nachfolgend wird bewußt die erste Auflage des Buches zitiert, um deutlich zu machen, daß die versicherungsspezifische Ausgestaltung der Grenzplankostenrechnung (FISCHER) vor der allgemein dienstleistungsspezifischen Ausgestaltung (VIKAS) stattfand. Darüber hinaus sind beide Auflagen nahezu inhaltsgleich.

5    Vgl. Vikas 1988a.

6    "Dienstleistungsunternehmen sind - überspitzt ausgedrückt - in der Regel ein einziger großer Gemeinkostenschwerpunkt." Reckenfelderbäumer 1995, S. 113.

7    Vikas 1996, S. 16.

gruppe auftreten.[1] Organisatorisch arbeiten diese Unternehmen jedoch i. d. R. wie ein einziges Unternehmen. Abteilungen, welche alle Unternehmen gleichermaßen benötigen (z. B. Datenverarbeitung, Personalabteilung, Rechnungswesen) sind häufig in praxi nur einmal für die ganze Anbietergruppe eingerichtet.[2] Die Kosten dieser Abteilungen sind daher zumeist sogar auf **Unternehmensebene** Gemeinkosten. Aus diesen Gründen war es bei der Anwendung der GPKR in VU bzw. Dienstleistungsunternehmen notwendig, einen besonderen Schwerpunkt auf die verursachungsgerechte Aufteilung der Gemeinkosten, insbesondere der Personalkosten, auf die Kostenträger zu legen.[3] Für die weiteren Ausführungen sind daher die Kostenstellen- und Kostenträgerrechnung im System der Grenzplankostenrechnung von besonderer Bedeutung.[4]

Die Kostenstellenrechnung basiert auf einer von der Planbeschäftigung ausgehenden analytischen Kostenplanung sowie der Trennung in fixe und proportionale Kosten nach dem **strengen Verursachungsprinzip** der klassisch industriellen GPKR. Dazu sind entsprechende Bezugsgrößen zur Erfassung der Gemeinkosteneinflußgrößen zu bestimmen, welche einerseits als Maßgröße für die Verursachung der proportionalen Kosten (Kostenkontrolle), andererseits als Basis zur Weiterverrechnung der Leistungen auf Kostenträger bzw. -stellen dienen.[5] Die Gemeinkosteneinflußgrößen können den genannten Erklärungsnotstand beheben helfen, da sie den im Rahmen der Prozeßkostenrechnung verwendeten Cost Driver (z. B. Anzahl Neuschäden in VU) entsprechen.[6] Die Teilprozesse der Prozeßkostenrechnung entsprechen in der GPKR den Bezugsgrößenarten der Kostenstellen des indirekten Leistungsbereiches (z. B. Schaden-

---

[1]  Im Zuge der EG-Entwicklung beschränkt sich dieser Grundsatz auf die Lebens- und Krankenversicherung, so daß technisch ein VU neben der Lebens- und Krankenversicherung keine anderen Versicherungszweige betreiben darf. Die anderen Versicherungszweige bilden zusammen die Schaden-/Unfallversicherung und können von einem VU betrieben werden, welches dann als Kompositversicherungsunternehmen bezeichnet wird (vgl. Farny 1995, S. 101f.; Koch 1995, S. 73; Koch/Weiss 1994, S. 788f.).

[2]  Vgl. Hopp 1992, S. 93.

[3]  "Im Versicherungsunternehmen steht im Mittelpunkt der Gemeinkostenplanung die Planung der Personalkosten, da diese volumenmäßig den größten Teil der Gemeinkosten ausmachen" (Fischer 1987, S. 222). Vgl. für Dienstleistungsunternehmen allgemein Vikas 1988a, S. 32; Vikas 1988b, S. 28.

[4]  Als weiteren Baustein der Grenzplankostenrechnung für Dienstleistungsunternehmen identifiziert VIKAS die Ergebnisrechnung (Vertriebs-(Ergebnis-)Controlling) (vgl. Vikas 1988a).

[5]  Vgl. Fischer 1987, S. 205; Vikas 1988a, S. 36f.

[6]  Vgl. Küpper 1994, S. 48.

akte anlegen, Ersatzempfänger erfassen).[1] Daher ist ein enger Zusammenhang zwischen der Prozeßorientierung und der Produktorientierung festzustellen.[2]

VIKAS schlägt zur Ermittlung der Plan-Bezugsgrößenmengen "eine arbeitstechnische Analyse der Arbeitsabläufe jedes Typus [der primären Kostenstellen, Anm. d. Verf.]" vor, "als deren Ergebnis Standardwerte je Mengeneinheit der einzelnen Tätigkeit in Minuten/Mengeneinheit festgelegt werden."[3] Durch die Multiplikation der Standardwerte ($t$) je Teilprozeß[4] (i) mit der dazugehörigen monatlichen Plan-Leistungsmenge ($M_i$) ergeben sich die Plan-Bezugsgrößenmengen ($M_{pb\,i}$) nach der folgenden Formel:

$$(18) \quad M_{pb\,i} = t_i \cdot M_i$$

Diese Plan-Bezugsgrößenmengen können dann über alle prozeßkonform geordneten Teilprozesse (n) zu der gesamten Plan-Bezugsgrößenmenge einer Kostenstelle (k), wie nachfolgend formalisiert dargestellt, aufsummiert werden:

$$(19) \quad M_{pb}^{k} = \sum_{i=1}^{n} M_{pb\,i}$$

Mit Bezug auf das konstruierte Beispiel stellt sich die Bestimmung der Plan-Bezugsgrößenmengen wie in Tab. 13 abgebildet dar:

---

[1]  Vgl. hierzu im einzelnen die Bezugsgrößen der GPKR für den Bankbereich bei VIKAS (Vikas 1988a, S. 47) mit den Teilprozessen der Prozeßkostenberechnung auf Basis von Prozeßzeiten für VU bei WIESEHAHN (Wiesehahn 1996a; 1996b, S. 1645f.). Vgl. auch Müller 1996, S. 47.

[2]  "Während die Grenzplankostenrechnung bei praktisch allen Kostenstellen davon ausgeht, dass die Produkte selbst (und nur die Produkte) unmittelbar die "Kosten verbrauchen", geht die Prozeßkostenrechnung von folgendem Analogschluss aus:
- Produkte "verbrauchen" Prozesse (und nicht Kosten),
- Prozesse "verbrauchen" Kosten."
Müller 1996, S. 45, Anführungszeichen und Einschübe im Original. Vgl. in diesem Zusammenhang auch Küpper 1994, S. 48.

[3]  Beide Zitate Vikas 1988a, S. 37. FISCHER empfiehlt ein System von Vorgabezeiten, welches dem Vorschlag von VIKAS sehr ähnlich ist (vgl. Fischer 1987, S. 226).

[4]  Unter Rückgriff auf das konstruierte Beispiel werden die Standardwerte der Teilprozesse der betrachteten Ebene addiert. In der VIKASschen Terminologie sind dies die Standardwerte der Tätigkeiten.

| Teilprozeßkatalog der Kostenstelle k | Standardwerte je Teilprozeß (ZE) | Plan-Leistungsmenge (ME) | Plan-Bezugsgrößenmenge (ZE) |
|---|---|---|---|
| Zahlung anweisen | 0,25 | 1.700 | 425,00 |
| Zahlung durchführen | 0,17 | 1.600 | 272,00 |
| Versicherungsvertreter benachrichtigen | 0,20 | 1.550 | 310,00 |
| Versicherungsnehmer benachrichtigen | 0,22 | 1.550 | 341,00 |
| Teilprozeß leiten[1] | - | - | 160,00 |
| **Summe Planbezugsgrößenmenge** | | | **1508,00** |

1)   Im Beispiel wird unterstellt, daß für diesen Teilprozeß tätigkeitsbezogene Standardzeiten nur mit einem unwirtschaftlich hohen Aufwand ermittelt werden können, da der Teilprozeß aus schwer normierbaren Abteilungsleitertätigkeiten besteht.

*Tab. 13: Ermittlung der Plan-Bezugsgrößenmenge[1]*

An die Bezugsgrößenplanung schließt sich die analytische Planung der Gemeinkosten an, bei welcher strikt zwischen proportionalen und fixen Kosten unterschieden wird. Dabei ist die Unterteilung in die genannten Kostenkategorien grundsätzlich abhängig von der Wahl der Einflußgröße und daher relativ[2] Bekanntermaßen wird in der Kostenrechnung überwiegend in Abhängigkeit vom **Beschäftigungsgrad** in fixe und variable Kosten unterteilt.[3] VIKAS schlägt für die Ausgestaltung der GPKR in Dienstleistungsunternehmen jedoch nicht den Beschäftigungsgrad, sondern den **funktionalen Zusammenhang zur Bezugsgröße der Kostenstelle** als Einflußgröße zur Unterscheidung in fixe und variable Kosten vor.[4] Proportionale Kosten entstehen somit für Leistungen, welche in Abhängigkeit von der (administrativen) Leistung der Kostenstelle stehen.[5] Fixe Kosten entstehen demnach z. B. für Besprechungen oder Kontrollen.[6] Wird dieser Auffassung gefolgt, "können mehr als die Hälfte der Personalkosten [...] auf Kostenstellen geplant werden, für die derartige Leistungsmaßstäbe [die zur Bestimmung von proportionalen Kosten zugrunde gelegt werden, Anm. d. Verf.] zu finden sind."[7] FISCHER ordnet in diesem Zusammenhang insbesondere die Gehälter von "Sachbearbeitern und anderen mit Routinetätigkeiten beschäftigten Mitarbeitern über-

---

[1]   Tabelle in Anlehnung an Fischer 1987, S. 232, Übersicht 10 und Vikas 1988a, S. 38, Abb. 5.

[2]   Vgl. Fischer 1987, S. 74.

[3]   Dies ergibt sich aus der "überragenden Bedeutung, die die Beschäftigung in der kurzfristigen Kostenbetrachtung auf die Kostenhöhe hat." Fischer 1987, S. 74.

[4]   Vgl. Vikas 1988a, S. 135 f.; Vikas 1988b, S. 28.

[5]   "Dabei ist es auch durchaus erlaubt, in einer Hilfskostenstelle einen Teil der Kosten proportional zu der dort gewählten Bezugsgröße zu planen." Vikas 1988b, S. 28.

[6]   Vgl. Beinhauer 1996, S. 41. Dabei wird unterstellt, daß es sich bei den genannten Tätigkeiten nicht um die Hauptleistungen der Kostenstelle handelt.

[7]   Vikas 1988b, S. 28.

wiegend den variablen Kosten"[1] zu. In Tab. 14 ist die Kostenplanung an dem konstruierten Beispiel dargestellt.

| Versicherungs AG Kostenplanung Dezember 1998 | | | | | Kostenstelle: 603 Datum: 1.11.1998 Verantw.: Herr Müller Plan-Bezugsgrößenmenge: 1508[1)] | | | |
|---|---|---|---|---|---|---|---|---|
| | | Gesamt: | Prop.: | Fix: | | | | |
| Plankostensätze: | | 67,64 | 57,12 | 10,52 | | | | |
| Plankosten: | | 102.000 | 86.137 | 15.863 | | | | |

| Nr. | Kostenart | Einheit | Menge[2)] | Preis[2)] (GE) | Gesamt (GE) | Proportional (GE) | Fix (GE) |
|---|---|---|---|---|---|---|---|
| 4111 | Sachbearbeiter | ZE | 1.250,00 | 20,00 | 25.000 | 23.800 | 1.200 |
| 4111 | Gruppenleiter | ZE | 1.000,00 | 26,00 | 26.000 | 24.400 | 1.600 |
| 4111 | Abteilungsleiter | ZE | 160,00 | 106,25 | 17.000 | 13.600 | 3.400 |
| 4998 | Kalk. Personalnebenkosten | GE | - | - | 23.400 | 20.000 | 3.400 |
| 4520 | Büromaterial | GE | - | - | 250 | 150 | 100 |
| 4660 | Instandhaltung Büromaschinen | GE | - | - | 120 | - | 120 |
| 4810 | Kalk. Abschreibung | GE | - | - | 438 | - | 438 |
| 4820 | Kalk. Zinsen | GE | - | - | 150 | - | 150 |
| 4850 | Kalk. Raumkosten | FM | 65,00 | 5,00 | 325 | - | 325 |
| 4850 | Kalk. Raumkosten | FM | 150,00 | 20,00 | 3.000 | - | 3.000 |
| 4861 | DV-Verrechnung | GE | - | - | 2.317 | 1.187 | 1.130 |
| 4870 | Kalk. Leistungskosten | GE | - | - | 4.000 | 3.000 | 1.000 |
| | **Summe** | | | | **102.000** | **86.137** | **15.863** |

1) Vgl. Tab. 13.
2) Zur Festlegung der Mengen und Preise vgl. ausführlich Vikas 1988a, S. 39ff.

*Tab. 14: Analytische Kostenplanung[2]*

Von besonderer Bedeutung im Rahmen der analytischen Kostenplanung ist die Bestimmung des proportionalen Plankostensatzes der Kostenstelle ( $ppks^k$ ). Dieser ergibt sich aus der Summe der geplanten proportionalen Kosten ( $pk$ ) aller a Kostenarten in der Kostenstelle k dividiert durch die gesamte Plan-Bezugsgrößenmenge ( $M_{pb}^k$ ). Formal ergibt sich:

$$(20) \quad ppks^k = \frac{\sum_{i=1}^{a} pk_i^k}{M_{pb}^k}$$

Bei der Einschätzung von FISCHER und VIKAS zur Proportionalität der Personalkosten ist zu berücksichtigen, daß der große Teil der Gehälter in praxi überwiegend unabhängig von der Leistungsmenge einer Kostenstelle gezahlt wird.[3] Auch FARNY folgert dies, wenn er feststellt, daß "auf kurze und mittlere Sicht vor allem die Kosten des

1 Fischer 1987, S. 243.

2 Tabelle in Anlehnung an Fischer 1987, S. 293, Übersicht 15 und Vikas 1988a, S. 44, Abb. 6.

3 Vgl. auch Haiber 1997, S. 323.

festangestellten Personals" beschäftigungsgradfixe Kosten sind.[1] Selbst wenn zur Bewältigung eines hohen Arbeitsaufkommens punktuell Personal von anderen Kostenstellen herangezogen wird (Fungibilität der Arbeitskräfte)[2], bleibt doch ein personeller
Grundbestand je Kostenstelle vorhanden. Diese Personalkosten sind auch nach
VIKASschem Verständnis Fixkosten und überwiegen die "proportionalen" Personalkosten insbesondere in Kostenstellen der Schadenbearbeitung in VU. Ein Austausch
von Arbeitskräften zwischen z. B. Vertrags- und Schadenbearbeitungskostenstellen
setzt zudem sowohl eine hohe Qualifikation der Mitarbeiter als auch eine äußerst flexible Arbeitsorganisation voraus. Beides ist in der Praxis häufig nicht gegeben.[3] Darüber
hinaus ist bei der durch VIKAS vorgenommenen **definitionsbedingten** Proportionalisierung fixer Kosten zu beachten, daß der Aussagegehalt der Abweichungsanalyse, der
Kalkulation und der Betriebsergebnisrechnung im Vergleich zur klassisch industriellen
GPKR deutlich abnimmt.[4]

Auf Grundlage dieser Planungen können mit Hilfe der GPKR Grenzkosten je Teilprozeß ermittelt werden, welche im System der Prozeßkostenrechnung den Prozeßkostensätzen entsprechen. Tab. 15 verdeutlicht die Kalkulationssystematik an dem konstruierten Beispiel.

| Teilprozeßkatalog der Kostenstelle k | Standardwerte je Teilprozeß (ZE)[1] | Prop. Plan-kostensatz (GE/ZE)[2] | Plan-Grenz-kosten (GE) | Plan-Teilprozeß-grenzkosten (GE) |
|---|---|---|---|---|
| Zahlung anweisen | 0,25 | 57,12 | 14,28 | 24.276,00 |
| Zahlung durchführen | 0,17 | 57,12 | 9,71 | 15.536,64 |
| Versicherungsvertreter benachrichtigen | 0,20 | 57,12 | 11,42 | 17.707,20 |
| Versicherungsnehmer benachrichtigen | 0,22 | 57,12 | 12,57 | 19.477,92 |
| **Summe** | | | 47,98 | 76.997,76[3] |

1)    Vgl. Tab. 13.
2)    Vgl. Tab. 14.
3)    Werden zu diesen Plan-Teilprozeßgrenzkosten die mit dem prop. Plankostensatz bewerteten Plan-Bezugsgrößenmenge des Teilprozesses
      "Teilprozeß leiten" addiert, ergibt sich die in Tab. 14 ausgewiesene Summe der proportionalen Kosten.

*Tab. 15: Plankalkulation[5]*

Erkennbar wird die strikte Einhaltung des Verursachungsprinzips, indem die Teilprozesse mit dem im Rahmen der analytischen Kostenplanung ermittelten proportionalen

---

1    Farny 1992a, S. 64.

2    Vgl. Vikas 1988a, S. 32 und Kilger 1967, S. 134 u. 150; Kilger 1981, S. 366 letztgenannte zitiert nach
     Bungenstock 1995, S. 310.

3    Zu derselben Folgerung kommt auch Fischer 1987, S. 109.

4    Vgl. hierzu ausführlich Haiber 1997, S. 323f.

5    Tabelle in Anlehnung an Vikas 1988a, S. 64, Abb. 10. Vgl. auch Vikas 1988b, S. 29, Abb. 2.

Plankostensatz der Kostenstelle k bewertet werden. Die Plan-Grenzkosten je Teilprozeß ($pgks_i^k$) ergeben sich formal wie in (21) dargestellt:[1]

(21)  $pgks_i^k = t_i \cdot ppks^k$

Die Plan-Grenzkosten des Teilprozesses der Ebene (E) I des Teilprozesses vier (Tp) "CTV-Zahlung durchführen" des Hauptprozesses (Hp) "Schaden bearbeiten" ($pgk_{E\,Tp}^{Hp}$)[2] ergeben sich dann als Summe der Plan-Grenzkosten der n Teilprozesse der Ebene II. Allgemein ergibt sich:

(22)  $pgk_{E\,Tp}^{Hp} = \sum_{i=1}^{n} pgks_i^k$

Je Schadenakte fallen demnach proportionale Prozeßkosten der Zahlungsdurchführung von 47,98 DM an. Als Erweiterung zu den Vorschlägen von FISCHER und VIKAS wurden in Tab. 15 die Teilprozesse als eigenständige Kostenträger aufgefaßt und mit dem Produkt aus Plan-Bezugsgrößenmenge und prop. Plankostensatz bewertet. Das Ergebnis sind die in der letzten Spalte der Tab. 15 ausgewiesenen gesamten Plan-Grenzkosten je Teilprozeß ($gpgk_{E\,Tp}^{Hp}$), welche im Rahmen der GPO die Identifikation von besonders kostenintensiven Teilprozessen ermöglicht. Formal erfolgt die Berechnung wie in (23) dargestellt:

(23)  $gpgk_{E\,Tp}^{Hp} = pgk_{E\,Tp}^{Hp} \cdot M_{pb\,i}$ [3]

---

[1]  VIKAS integriert in die formale Darstellung einen Umwandlungsfaktor ($u_i$), der bei unterschiedlichen Dimensionen der Kostensätze und der Zeitstandards zu berücksichtigen ist, sowie einen Einsatzfaktor ($e_i$), welcher die Anzahl der Teilprozesse je Kostenträger (Endprodukt) angibt. Werden diese Faktoren in die allgemeine Formel aufgenommen, ergibt sich (vgl. Vikas 1988a, S. 63):

$$pgks_i^k = \frac{e_i \cdot t_i \cdot ppks^k}{u_i}$$

[2]  Der Index Tp bezeichnet dabei die Stellung des Teilprozesses einer Prozeßebene in der prozeßkonformen Ordnung aller Teilprozesse dieser Ebene. Im Beispiel wäre daher Tp gleich 4 (vgl. Abb. 34). Bei der Nomenklatur wird an dieser Stelle bewußt die Stellung im Rahmen der Prozeßkette berücksichtigt, da auf dieser Verrechnungsebene die Ordnung im Prozeßfluß aussagekräftiger ist als der Kostenstellenbezug, welcher im Rahmen der bisherigen Nomenklatur berücksichtigt wurde.

[3]  Alternativ können die gesamten Plan-Grenzkosten je Teilprozeß selbstverständlich auch durch die Multiplikation der Plan-Grenzkosten je Teilprozeß mit den monatlichen Plan-Leistungsmengen errechnet werden. Formalisiert dargestellt gilt:

$$gpgk_{E\,Tp}^{Hp} = pgks_i^k \cdot M_i$$

In der Vergangenheit wurden umfassende Vergleiche der Prozeß- mit der Grenzplan-kostenrechnung durchgeführt[1], mit dem Ergebnis, daß beide Rechnungen vor allem bei der Weiterverrechnung der Kosten auf die Kostenträger einen gewichtigen Unterschied aufweisen: Während im Rahmen der Prozeßkostenrechnung von einigen Vertretern auch die leistungsmengenneutralen (mengenabhängig fixen) Kosten auf die Kostenträ-ger geschlüsselt werden und es so im Rahmen der Kalkulation zur Verrechnung von **Vollkosten** kommt, werden bei der GPKR nach dem streng interpretierten Verur-sachungsprinzip nur proportionale Kosten auf die Kostenträger verrechnet.[2]

Die ermittelten Produktkosten werden bei der GPKR direkt in die (Plan-)Be-triebsergebnisrechnung übernommen.[3] Diese kann auch nach dem Vollkostenprinzip ausgestaltet werden, so daß die zumeist von der Praxis geforderten Vollkosten-informationen auch im System der GPKR verfügbar sind.[4] Vor diesem Hintergrund und den existierenden konzeptionellen Übereinstimmungen zwischen beiden Rechnun-gen[5], wird der Neuigkeitsgrad der Prozeßkostenrechnung insbesondere von Vertretern der Grenzplankostenrechnung relativiert.

### 5.3.2.2 Die Prozeßkostenrechnung

Wenn FRÖHLING auch zu Recht bemerkt, daß die Prozeßkostenrechnung in den letzten Jahren eine Aufmerksamkeit in der betriebswirtschaftlichen Diskussion wie kaum eine andere Kostenrechnungsmethodik erfahren hat[6], so beschränkt sich die Darstellung der praktischen Anwendung des Systems doch größtenteils auf Sachleistungsunternehmen. Theoretische Abhandlungen oder praktische Beispiele zur Ausgestaltung der Prozeß-kostenrechnung in Dienstleistungsunternehmen und speziell in VU sind vergleichs-

---

[1]     Vgl. etwa Franz 1990; Kilger 1993; Küpper 1994; Küting/Lorson 1991; Müller 1996.

[2]     Vgl. Küting/Lorson 1991, S. 1424 f.

[3]     Vgl. Vikas 1988a, S. 75.

[4]     Vgl. Vikas 1988a, S. 163 f.

[5]     Vgl. Franz 1990, S. 127 ff.; Kilger 1993, S. 195 ff.; Küpper 1994, S. 48; Küting/Lorson 1991, S. 1424 ff.; Müller 1996, S. 35 ff.

[6]     Vgl. Fröhling 1994, S. 144.

weise selten.[1]

## 5.3.2.2.1 Grundlagen

Die Prozeßkostenrechnung wurde ursprünglich zur verursachungsgerechten Verrechnung der Gemeinkosten in den fertigungsunterstützenden bzw. indirekten Bereichen von Sachleistungsunternehmen konzipiert.[2] Obwohl zunächst von der generellen Anwendbarkeit in allen indirekten Unternehmensbereichen ausgegangen wurde, hat sich mittlerweile die Auffassung durchgesetzt, daß ein wirtschaftlicher Einsatz der Prozeßkostenrechnung vor allem in den Unternehmensbereichen grundsätzlich gegeben ist, die

- ein besonders hohes Gemeinkostenvolumen aufweisen, also betriebliche Kostenschwerpunkte sind, und

- deren Tätigkeiten durch einen hohen Grad an Repetitivität bei gleichzeitigen geringen Entscheidungsspielräumen

gekennzeichnet sind.[3] Da die Rechnung nicht speziell zum Einsatz in VU entwickelt wurde und deren effizienter Einsatz an die genannten Bedingungen gebunden ist, ist zunächst die grundsätzliche Anwendbarkeit in VU zu prüfen.

Der Anteil von Gemeinkosten im Verhältnis zum gesamten Kostenvolumen ist in VU im Besonderen - wie bereits dargestellt - nicht erst in jüngster Zeit sehr hoch. Die erste Anwendungsbedingung zum effizienten Einsatz der Prozeßkostenrechnung ist daher nicht nur von einzelnen Bereichen, sondern vom gesamten VU erfüllt. Der Anwen-

---

[1]     Zur Anwendung insbesondere der Prozeßkostenrechnung in VU vgl. Fischer, H. 1994; Fischer 1996; Frenkel 1995; Klenger/Andreas 1994; Koch/Weiss 1994, S. 656f.; Ulrich 1994, S. 130f.; Schimmelpfeng 1995, S. 128f.; Schmid-Grotjohann 1999; Wiesehahn 1996a u. 1996b. Darüber hinaus befassen sich einige deutschsprachige Veröffentlichungen mit der Prozeßkostenrechnung in VU am Rande, wofür stellvertretend VIKAS 1996 genannt werden soll. FISCHER verweist berechtigt auf den engen Zusammenhang der Prozeßkostenrechnung zum "Functional cost accounting" bzw. der "Functional cost analysis", das in den Vereinigten Staaten speziell in der Versicherungswirtschaft weite Verbreitung gefunden hat (vgl. Fischer, H. 1994, S. 77; Fischer 1987, S. 145 sowie die dort angegebene Literatur).

[2]     Zur Entwicklungsgeschichte und den Enstehungsgründen der Prozeßkostenrechnung vgl. ausführlich etwa Braun 1996, S. 3 - 9; Bungenstock 1995, S. 241 - 245; Fröhling 1994, S. 145f.; Kampmann 1995, S. 77 - 79; Kilger 1993, S. 101ff.; Reckenfelderbäumer 1995, S. 78 - 85. In jüngeren Veröffentlichungen betonen die Vertreter der Prozeßkostenrechnung, daß Prozesse in Dienstleistungsunternehmen ein weiteres wichtiges Einsatzfeld der Prozeßkostenrechnung sind und erweitern damit grundsätzlich den ursprünglich engeren Anwendungsbereich (vgl. Horváth/Mayer 1993, S. 16).

[3]     Vgl. Reckenfelderbäumer 1995, S. 88f.; Striening 1988, S. 61ff.

dungsbereich der Prozeßkostenrechnung ist in VU im Vergleich zu Sachleistungsunternehmen damit deutlich erweitert.[1]

Die zweite Anwendungsbedingung wird durch die Forderung festgelegt, die Rechnung nur bei **repetitiven Tätigkeiten** einzusetzen, welche wenige Entscheidungen verlangen[2], da insbesondere bei solchen Tätigkeiten quantifizierbare Leistungsmaßstäbe ermittelbar sind.[3] Über lange Zeit schien es speziell bei den in VU vorherrschenden Informationsverarbeitungsprozessen unmöglich, genaue Input-Output-Relationen festzulegen. FISCHER schätzt jedoch, daß durch die Entwicklung und Verfeinerung von Methoden zur Leistungsmessung in administrativen Bereichen heute ca. zwei Drittel aller Prozesse in VU einer Leistungsmessung zugänglich sind.[4] Diese Prozesse stehen damit einer effizienten Anwendung der Prozeßkostenrechnung zur Verfügung. Zusammenfassend läßt sich somit folgern, daß die Rechnung in weiten Bereichen des Versicherungsunternehmens effizient eingesetzt werden kann.

Im Rahmen der Prozeßkostenrechnung werden lediglich die **Betriebsgemeinkosten** verrechnet. Gemeinkosten, welche nicht die Anwendungsvoraussetzungen der Prozeßkostenrechnung erfüllen, werden, wie Abb. 41 zeigt, mit prozentualen Zuschlägen auf die Wertbasis des Kalkulationsobjektes verrechnet (klassische Schlüsselung).[5] Dies ist weniger genau als eine Verrechnung mit Hilfe der Prozeßkostenrechnung und besitzt daher nur zweite Verrechnungspriorität. Die Betriebseinzelkosten sind ebenfalls nicht Verrechnungsobjekt der Prozeßkostenrechnung in VU. Sie werden vielmehr direkt auf die Kalkulationsobjekte verrechnet, weil die Einzelkosten eine direkte, meßbare Zurechnungsbeziehung zu den Kalkulationsobjekten aufweisen.[6] Eine direkte Kostenverrechnung ist, wenn verursachungsgemäß möglich, stets genauer als eine Verrechnung über Prozeßkostensätze.

---

[1]     Auf diesen Zusammenhang weist auch RECKENFELDERBÄUMER für alle Dienstleistungsunternehmen hin
        (vgl. Reckenfelderbäumer 1995, S. 133).

[2]     Vgl. Jehle 1993, S. 187.

[3]     Vgl. Fischer 1996, S. 94.

[4]     Vgl. Fischer 1996, S. 93f.

[5]     Vgl. Coenenberg/Fischer 1991, S. 34; Reckenfelderbäumer 1995, S. 97.

[6]     Vgl. etwa Farny 1992a, S. 63.

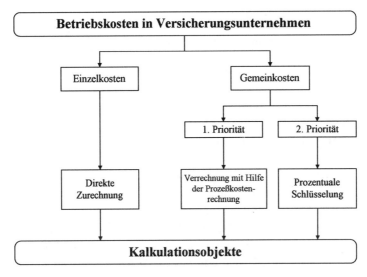

*Abb. 41: Kostenverrechnung in VU mit Hilfe der Prozeßkostenrechnung[1]*

Die Kostenverrechnung der Betriebsgemeinkosten ist bei der Rechnung nicht schwergewichtig auf die klassischen Endkostenträger Versicherungsverträge beschränkt.[2] Vielmehr werden kostenstellen- und spartenübergreifende Prozesse der Leistungserstellung als **selbständige Kostenzurechnungsobjekte** betrachtet. Prozeßkosten sind somit auf Teil- bzw. Hauptprozesse zugeordnete, periodenbezogene Kosten.[3] Eine derartige Kostenverrechnung auf Prozesse verbessert mithin die Planung, Steuerung und Kontrolle der Gemeinkosten des Versicherungsunternehmens. Zu den Zielen der Prozeßkostenrechnung in VU zählen im einzelnen:[4]

- Die Erhöhung der Gemeinkostentransparenz der Betriebskostenarten,

- die verursachungsgerechte Kostenverrechnung im Rahmen der Kalkulation,

- die Sicherstellung eines effizienten Ressourceneinsatzes,

---

1     Darstellung erfolgt in Anlehnung an Coenenberg/Fischer 1991, S. 35 u. Reckenfelderbäumer 1995, S. 98.

2     Abhängigkeitsbeziehungen zwischen Prozeßkosten und Versicherungsverträgen bestehen nur mittelbar. "Erst in einem zweiten Schritt werden daher die kalkulierten Prozeßkosten, soweit dies verursachungsgemäß möglich ist, auf die Versicherungsverträge weiterverrechnet." (Fischer, H. 1994, S. 78f.). Vgl. auch Fischer 1996, S. 96.

3     Vgl. Kampmann 1995, S. 87.

4     Vgl. Fischer, H. 1994, S. 79; Fröhling 1994, S. 147ff.; Jehle 1993, S. 186; Klenger/Andreas 1994, S. 402.

- die wirklichkeitsnahe Abbildung von Kapazitätsauslastungen sowie
- die Unterstützung von strategischen Entscheidungen[1] in VU.

Die Maßstäbe der Kostenverursachung werden im System der Prozeßkostenrechnung auf Hauptprozeßebene Kostentreiber und auf Teilprozeßebene Maßgrößen genannt.[2] Verhält sich der Anfall des Teilprozesses auf der zweiten Aggregationsebene variabel zu dem Leistungsvolumen des zugehörigen Teilprozesses auf der Ebene I, so handelt es sich um einen leistungsmengeninduzierten Prozeß (lmi-Prozeß). Fällt der Teilprozeß der Ebene II hingegen unabhängig von dem Leistungsvolumen des zugehörigen Teilprozesses der übergeordneten Ebene generell an, so handelt es sich um einen leistungsmengenneutralen Prozeß (lmn-Prozeß). Am obigen Beispiel dargestellt, fällt der Teilprozeß der Ebene II "Zahlung anweisen" ebenso häufig an wie der zugehörige Teilprozeß der ersten Ebene "Zahlung durchführen", wodurch der Teilprozeß "Zahlung anweisen" als lmi-Prozeß charakterisiert werden kann. Die Leitung des Teilprozesses "Zahlung durchführen" erfolgt grundsätzlich unabhängig von der Anzahl der durchzuführenden Zahlungen, so daß ein leistungsmengenneutrales Verhältnis vorliegt.

HORVÁTH und MAYER definieren lmi- und lmn-Prozesse in Abhängigkeit von dem Verhältnis des Prozeßvolumens zu dem Volumen der Kostenstelle. Dies ist insbesondere dann sinnvoll, wenn mehrere Teilprozesse unter einer Kostenstelle subsumiert werden können. Die Untergliederung von Hauptprozessen in Teilprozesse führt jedoch häufig dazu, daß Kostenstellen keine vollständigen Teilprozesse enthalten, sondern diese über die bestehenden Kostenstellengrenzen hinweg verlaufen. In diesen Fällen ist zu prüfen, ob die Aufbauorganisation der Ablauforganisation angepasst werden sollte. In diesem Fall müßten die Kostenstellen neu festgelegt werden, damit die Unternehmensorganisation, die Verantwortungsbereiche - bereits umgesetzt z. B. bei der *IBM Deutschland GmbH* durch die Stelle des Process Owner[3] - und die Kostenverrechnung prozeßorientiert erfolgen kann. Übertragen auf das Beispiel, würde eine der Ablauforganisation folgende Kostenstellengliederung den Teilprozessen der Ebene I entsprechen.

---

[1]     FISCHER nennt exemplarisch die Unterstützung von Entscheidungen zur Optimierung der Produktions- und Absatzprozesse, sowie von Entscheidungen zur Verbesserung der Produktgestaltung in VU (vgl. Fischer, H. 1994, S. 79).

[2]     Vgl. Fröhling 1994, S. 150.

[3]     Vgl. Striening 1989, S. 327; Holst 1991, S. 279f.

## 5.3.2.2.2 Systematik

Die Verrechnung der Kosten auf die Prozesse erfolgt im System der Prozeßkosten-rechnung in drei Schritten. Zunächst werden für die jeweiligen lmi-Teilprozesse Pro-zeßkostensätze ermittelt, wonach anschließend die übrigen betrieblichen Kosten der lmn-Prozesse, für welche eine prozeßorientierte Verrechnung nicht möglich ist, auf die Teilprozesse umgelegt werden. In einem dritten Schritt[1] werden die so ermittelten Teilprozeßkostensätze auf die Versicherungsprodukte verrechnet.

Die Ermittlung der Prozeßkostensätze wird grundsätzlich in zwei unterschiedlichen Formen diskutiert. Es ist zum einen möglich, die Prozeßkostenverrechnung auf die Teilprozesse auf Basis der **Prozeßmengen** vorzunehmen, zum anderen kann die Kostenzurechnung auf Grundlage von **Prozeßzeiten** erfolgen.

### 5.3.2.2.2.1 Ermittlung der Prozeßkostensätze auf Basis von Prozeßmengen

Die Verrechnungssystematik auf Grundlage der Prozeßmengen stellt sich, übertragen auf den oben dargestellten Teilprozeß "Zahlung durchführen", wie in Tab. 16 abgebildet dar.

| Teilprozesse | lmi/lmn | Cost Driver | Prozeß-menge (ME) | Prozeß-kosten (GE) | Prozeß-kostensatz (lmi) (GE/ME) | Prozeßumlage (lmn) (GE/ME) | GKS (GE/ME) |
|---|---|---|---|---|---|---|---|
| Zahlung anweisen | lmi | Genehmigte Schadenzahlungen | 1.700 | 25.000 | 14,71 | 4,77 | 19,48 |
| Zahlung durchführen | lmi | Angewiesene Zahlungen | 1.600 | 20.000 | 12,50 | 4,06 | 16,56 |
| Versicherungsvertreter benachrichtigen | lmi | Durchgeführte Zahlungen | 1.550 | 15.000 | 9,68 | 3,14 | 12,82 |
| Versicherungsnehmer benachrichtigen | lmi | Durchgeführte Zahlungen | 1.550 | 17.000 | 10,97 | 3,56 | 14,53 |
| Summe | | | | **77.000** | **47,86** | **15,53** | **63,39** |
| Teilprozeß leiten (lmn) | | | | 25.000 | | | |
| Gesamtsumme | | | | **102.000** | | | |

*Tab. 16: Prozeßkostenberechnung auf Basis von Prozeßmengen[2]*

Nach der Festlegung der Prozeßkosten und der Prozeßmengen aller n-Teilprozesse wird der lmi-Prozeßkostensatz des i-ten Teilprozesses ($k_{pri}^{lmi}$) durch Gegenüberstellung

---

[1]   COENENBERG und FISCHER nennen diesen Schritt nicht explizit, so daß sie die Kostenverrechnung im System der Prozeßkostenrechnung in zwei Stufen differenzieren (vgl. Coenenberg/Fischer 1991, S. 28).

[2]   Vgl. Horváth/Mayer 1989, S. 216f.

der lmi-Prozeßkosten ($K_{pri}^{lmi}$) und der Maßgrößenmenge des i-ten Teilprozesses ($M_{pri}$) gebildet. Formal dargestellt ergibt sich:[1]

$$(24) \quad k_{pri}^{lmi} = \frac{K_{pri}^{lmi}}{M_{pri}}$$

Der $k_{pri}^{lmi}$-Satz gibt die Kosten der einmaligen Ausführung oder Inanspruchnahme eines Teilprozesses an. Im obigen Beispiel verursacht demnach die einmalige Zahlungsanweisung Kosten in Höhe von 14,71 DM. Dieser Prozeßkostensatz läßt jedoch die lmn-Kosten noch unberücksichtigt. Für unterschiedliche Rechnungszwecke kann es notwendig sein, die leistungsmengenneutralen Kosten ($K^{lmn}$) im Sinne eines Prozeßvollkostensatzes auf alle lmi-Prozesse umzulegen. Dazu schlagen HORVÁTH und MAYER folgendes Vorgehen vor:

$$(25) \quad k_{pri}^{lmn} = \frac{K_{pri}^{lmi}}{\sum\limits_{i=1}^{n} K_{pri}^{lmi}} \cdot \frac{K^{lmn}}{M_{pri}}$$

Der Umlagesatz zur Abdeckung der lmn-Kosten ($k_{pri}^{lmn}$) läßt sich auch für alle lmi-Teilprozesse prozentual ($k^{lmn}\%$) nach folgender Formel berechnen:[2]

$$(26) \quad k^{lmn}\% = \frac{K^{lmn}}{\sum\limits_{i=1}^{n} K_{pri}^{lmi}} \cdot 100$$

Nach (26) wird jeder Teilprozeß also mit ungefähr 32,5 % der lmn-Kosten belastet.[3]

Der Gesamtprozeßkostensatz des i-ten Teilprozesses (GKS$_i$) wird durch die Addition des lmi-Prozeßkostensatz des i-ten Teilprozesses ($k_{pri}^{lmi}$) mit dem lmn-Umlagesatz desselben Teilprozesses ($k_{pri}^{lmn}$) gebildet:

$$(27) \quad GKS_i = k_{pri}^{lmi} + k_{pri}^{lmn}$$

---

[1]   Vgl. ähnlich Fröhling 1994, S. 154.

[2]   Vgl. Coenenberg/Fischer 1991, S. 30.

[3]   Dieser Prozentsatz ergibt sich wie nachfolgend dargestellt:

$$k^{lmn}\% = \frac{25.000}{25.000 + 20.000 + 15.000 + 17.000} \cdot 100 = 32,5$$

Im Beispiel berechnet sich somit der Gesamtprozeßkostensatz von 19,48 DM aus der Addition von 14,71 DM und 4,77 DM. Die Durchführung einer Zahlungsanweisung verursacht demnach Prozeßvollkosten in Höhe von 19,48 DM.

Aus der Verrechnungssystematik folgt, daß die lmn-Kosten proportional zu den lmi-Kosten auf die Teilprozesse verteilt werden. Diese Vorgehensweise führt jedoch notwendigerweise verursachungsbezogen zu einem falschen Ergebnis, da lmn-Leistungspotentiale, außer der reinen Planung und Kontrolle der Teilprozeßleistungen, auch insbesondere gesamtunternehmensbezogene Tätigkeiten enthalten, welche somit nicht verursachungsgemäß auf Basis der lmi-Kosten verrechnet werden können.[1] Derart zwangsläufig verzerrte Kosteninformationen lassen sich vermeiden, wenn die leistungsmengenunabhängigen Tätigkeiten in einem **teilprozeßübergreifenden Pool** zusammengefaßt werden. Diese Kosten könnten dann über prozentuale Zuschläge auf die Gesamtsumme der Einzel- und Gemeinkosten verteilt werden.[2] Das Zusammenfassen von Kosten in einem solchen Sammelpool birgt jedoch den Nachteil in sich, einen großen Kostenblock einer direkten Einflußnahme zu entziehen und als unabänderlich festzuschreiben.[3] Dieser Nachteil könnte umgangen werden, wenn in regelmäßigen Zeitintervallen die Entwicklung des Kostenpools geprüft, und gegebenenfalls korrigierende Maßnahmen eingeleitet würden.

In einem letzten Schritt können die Prozeßkosten auf den Versicherungsvertrag weiterverrechnet werden. Diese Möglichkeit bietet allerdings im Rahmen der Geschäftsprozeßoptimierung keinen Erkenntnisfortschritt und wird daher hier nicht weiter thematisiert.[4]

*5.3.2.2.2.2   Ermittlung der Prozeßkostensätze auf Basis von Prozeßzeiten*

Bezogen auf den Beispielprozeß stellt sich die Verrechnung auf Basis von Prozeßzeiten wie in Tab. 17 abgebildet dar.

Im Rahmen dieser Verrechnungssystematik ist es zunächst notwendig, die zeitliche Dauer (t) aller lmi-Teilprozesse zu ermitteln. Die Dauer je lmi-Teilprozeß ($t_{pr\,i}^{lmi}$) wird anschließend mit der Maßgrößenmenge ($M_{pr\,i}$) zu der lmi-Teilprozeßgesamtzeit ($T_{pr\,i}^{lmi}$) multipliziert, was sich formal wie folgt darstellt:

---

[1]   Vgl. Fröhling 1994, S. 154f.

[2]   Vgl. Coenenberg/Fischer 1991, S. 30f.

[3]   Vgl. Mayer 1991, S. 92.

[4]   Vgl. hierzu Fischer 1996, S. 100; Fischer, H. 1994, S. 85.

(28)   $T_{pr\,i}^{lmi} = t_{pr\,i}^{lmi} \cdot M_{pr\,i}$

| Teilprozesse | Prozeß-menge (ME) | Dauer je Teilprozeß (ZE) | Teilprozeß-gesamtzeit (ZE) | Zeit-anteil (%) | Prozeß-kosten (lmi) (GE) | Prozeß-kostensatz (lmi) (GE/ME) | Prozeß-kosten (lmn) (GE) | Prozeß-umlage (lmn) (GE/ME) | GKS (GE/ME) |
|---|---|---|---|---|---|---|---|---|---|
| Zahlung anweisen | 1.700 | 0,25 | 425,00 | 31,53 | 24.278 | 14,28 | 7.882 | 4,64 | 18,92 |
| Zahlung durchführen | 1.600 | 0,17 | 272,00 | 20,17 | 15.531 | 9,71 | 5.043 | 3,15 | 12,86 |
| Versicherungsvertreter benachrichtigen | 1.550 | 0,20 | 310,00 | 23,00 | 17.710 | 11,43 | 5.750 | 3,71 | 15,14 |
| Versicherungsnehmer benachrichtigen | 1.550 | 0,22 | 341,00 | 25,30 | 19.481 | 12,57 | 6.325 | 4,08 | 16,65 |
| Summe | | | 1.348,00 | 100,00 | 77.000 | 47,99 | 25.000 | 15,58 | 63,57 |
| Teilprozeß leiten (lmn) | | | | | 25.000 | | | | |
| Gesamtsumme | | | | | 102.000 | | | | |

*Tab. 17: Prozeßkostenberechnung auf Basis von Prozeßzeiten[1]*

Die lmi-Teilprozeßgesamtzeit läßt sich nachfolgend ins Verhältnis zu der Summe aller Teilprozeßzeitbedarfe setzen. Das Ergebnis ist der prozentuale Zeitanteil des lmi-Teilprozesses an der Gesamtzeit ( $T_{pr\,i}^{lmi}\%$ ):

(29)   $T_{pr\,i}^{lmi}\% = \dfrac{T_{pr\,i}^{lmi}}{\sum\limits_{i=1}^{n} T_{pr\,i}^{lmi}} \cdot 100$

Dieser Prozentsatz stellt gleichzeitig den Anteil der lmi-Kosten des Teilprozesses an den lmi-Gesamtkosten dar. Bei gegebenen lmn-Kosten errechnet sich dann der lmi-Prozeßkostensatz des i-ten Teilprozesses nach dieser Verrechnungssystematik ( $\overline{k}_{pr\,i}^{lmi}$ ) durch die Gegenüberstellung der gesamten lmi-Prozeßkosten ( $K_G - K^{lmn}$ ) und der Maßgrößenmenge des i-ten Teilprozesses ( $M_{pr\,i}$ ):

(30)   $\overline{k}_{pr\,i}^{lmi} = \dfrac{T_{pr\,i}^{lmi}\% \cdot (K_G - K^{lmn})}{M_{pr\,i}}$

---

[1]   Vgl. Serfling/Jeiter 1995, S. 324f. KLENGER und ANDREAS schlagen dargestellt am Beispiel einer bedeu-tenden deutschen Unfallversicherungsgesellschaft eine identische Verrechnungssystematik vor (vgl. Klenger/Andreas 1994). Die Vorgehensweise und Analyse ist aber im Vergleich zu SERFLING und JEITER weniger detailliert, da bei KLENGER und ANDREAS die lmn-Kosten und Leerkosten nicht auf Prozesse verrechnet werden. In jüngeren Veröffentlichungen folgt auch MAYER einer auf Zeiten basierenden Verrechnung (vgl. etwa Mayer 1996, S. 54f.).

Nach (30) kostet eine einmalige Zahlungsanweisung 14,28 DM. Zur Errechnung des Prozeßvollkostensatzes werden die lmn-Kosten ebenfalls nach der zeitlichen Prozeßinanspruchnahme auf die Prozesse umgelegt. Der $\overline{k}_{pri}^{lmn}$ – Satz läßt sich nach der folgenden Formel errechnen:

$$(31) \qquad \overline{k}_{pri}^{lmn} = \frac{T_{pri}^{lmi}\% \cdot K^{lmn}}{M_{pri}}$$

Die Prozeßumlage des Teilprozesses "Zahlung anweisen" ergibt sich nach (31) somit zu 4,64 DM. Der Gesamtprozeßkostensatz nach dieser Verrechnungssystematik ($\overline{GKS}_i$) errechnet sich dann analog zu (27). Die Durchführung einer Zahlungsanweisung verursacht nach dieser Verrechnungssystematik Prozeßvollkosten von 18,92 DM.

Sollten die Informationen des $\overline{k}_{pri}^{lmi}$-Satzes nicht einzeln nachgefragt werden, sondern nur der $\overline{GKS}_i$-Satz, so läßt sich dieser auch unter Umgehung des Ermittlungsaufwandes der lmn-Kosten wie folgt errechnen:

$$(32) \qquad \overline{GKS}_i = \frac{T_{pri}^{lmi}\% \cdot K_G}{M_{pri}}$$

Auch dieser Prozeßkostensatz kann dann unter Beachtung der Schadeneintrittswahrscheinlichkeit dem einzelnen Versicherungsvertrag zugerechnet werden.

*5.3.2.2.2.3 Vergleich der Verrechnungsarten*

Zunächst ist erkennbar, daß die Ermittlung der Prozeßkostensätze auf Basis von Prozeßzeiten grundsätzlich **arbeitsintensiver** und **konfliktträchtiger** ist als eine Verrechnung auf Basis von (Prozeß-)mengen, da zusätzlich zu den Gesamtkosten, der Aufteilung der Gesamtkosten in lmn- und lmi-Kosten und den Prozeßmengen noch Durchführungszeiten je Tätigkeit festzulegen sind. Dem Nachteil der Arbeitsintensität und des Konfliktpotentials der Verrechnung der Prozeßkosten auf Basis von Prozeßzeiten steht der Vorteil der umfangreichen Nutzbarkeit der zusätzlichen Informationen gegenüber. Nutz- und Leerkostenanalysen lassen sich ohne hohen Zusatzaufwand durchführen, indem die Prozeßzeiten etwa in das Verhältnis zu der Nettoanwesenheitszeit der Mitarbeiter gesetzt wird.[1] Dadurch ergibt sich der prozentuale Zeitanteil des jeweiligen Teilprozesses an der Gesamtkapazität, wobei die Leerzeit aus der Differenz zur

---

[1]    Vgl. aber auch kritisch zur Trennung in Nutz- und Leerkosten Hummel 1997, S. 263 - 266.

Gesamtkapazität resultiert.[1] In einem nächsten Schritt lassen sich die Leerkosten je Teilprozeß durch Multiplikation mit den Gesamtkosten bestimmen. Diese zusätzlichen Informationen sind wertvolle Hinweise zur Personalbedarfsplanung von VU und können zu einem umfassenden Instrumentarium ausgebaut werden. Eine Verrechnung der Kosten auf die Teilprozesse über Prozeßmengen bietet eine derartige Möglichkeit nicht.

Bei der Entscheidung für eine Verrechnung der Kosten auf Grundlage der Prozeßmengen oder der Prozeßzeiten ist stets der **Wirtschaftlichkeitsaspekt** zu bedenken. Die Vernachlässigung des Kosten-/Nutzenaspekts bei der Ausgestaltung der Kostenrechnung belegte WEBER für deutsche Industrieunternehmen.[2] Eine Vernachlässigung dieses Aspekts folgerte KAMPMANN für den deutschen Bankbereich[3] und kann n. M. d. Verf. auch auf die Mehrzahl der deutschen VU ausgedehnt werden. Mit Bezug auf die dargestellten Verrechnungsarten ist demnach zu fragen, ob der zu erzielende Zusatznutzen durch eine Verrechnung der Kosten auf Basis der Prozeßzeiten den durch ihn hervorgerufenen Mehraufwand rechtfertigt. Ist diese Frage nicht eindeutig positiv zu beantworten, sollte eine Verrechnung der Kosten auf Basis der Prozeßmengen vorgenommen werden.[4]

Ein Vergleich der beiden Verrechnungsarten wäre ohne die theoretisch reizvolle Fragestellung, wann beide Arten zum gleichen Ergebnis führen, unvollständig. Intuitiv liegt die Vermutung nahe, daß beide Wege gerade dann gleiche Kosten auf die Prozesse verrechnen, wenn das Verhältnis der Kosten des i-ten lmi-Teilprozesses ($K_{pr\,i}^{lmi}$) zur Summe aller n lmi-Teilprozeßkosten ($\sum_{i=1}^{n} K_{pr\,i}^{lmi}$) gleich dem Verhältnis der Gesamtdauer des i-ten lmi-Teilprozesses ($t_{pr\,i}^{lmi} \cdot M_{pr\,i}$) zur Gesamtdauer aller lmi-Teilprozesse ($\sum_{i=1}^{n}\left[ t_{pr\,i}^{lmi} \cdot M_{pr\,i}\right]$) ist. Zum mathematischen Nachweis dieser Vermutung ist es notwendig, beide Gesamtprozeßkostensätze des i-ten Teilprozesses $GKS_i$ und $\overline{GKS_i}$ gleichzusetzen:

---

1    Vgl. Serfling/Jeiter 1995, S. 324.

2    "Kostenrechner kümmern sich in den Unternehmen zu wenig um die Kosten der Kostenrechnung". Weber 1992, S. 190.

3    Vgl. Kampmann 1995, S. 55.

4    Diese Überlegung gilt zweifellos nur in der isolierten Betrachtung der Instrumente zur prozeßorientierten Kostenverrechnung. Im Rahmen der GPO sind die Prozeßzeiten ja eine Zielgröße der Optimierung und müssen daher ebenfalls aufgenommen werden. Somit stehen sie zur Allokation der Kosten auf Prozesse zur Verfügung.

$$(33) \quad \frac{K_{pri}^{lmi}}{M_{pri}} + \frac{K_{pri}^{lmi}}{\sum\limits_{i=1}^{n} K_{pri}^{lmi}} \cdot \frac{K^{lmn}}{M_{pri}} = \frac{\dfrac{t_{pri}^{lmi} \cdot M_{pri}}{\sum\limits_{i=1}^{n} \left[ t_{pri}^{lmi} \cdot M_{pri} \right]} \cdot K_G}{M_{pri}}$$

Nach der Multiplikation beider Gleichungsseiten mit $M_{pri}$ und einigen mathematischen Umformungen ergibt sich zunächst:

$$(34) \quad K_{pri}^{lmi} \cdot \sum_{i=1}^{n} \left[ t_{pri}^{lmi} \cdot M_{pri} \right] \cdot \left( \sum_{i=1}^{n} K_{pri}^{lmi} + K^{lmn} \right) = t_{pri}^{lmi} \cdot M_{pri} \cdot K_G \cdot \sum_{i=1}^{n} K_{pri}^{lmi}$$

$\sum\limits_{i=1}^{n} K_{pri}^{lmi}$ und $K^{lmn}$ addieren sich zu den Gesamtkosten, so daß $K_G$ aus der Gleichung eliminiert werden kann. Durch zweckmäßiges Umstellen der Terme ergibt sich schließlich der mathematische Nachweis der oben geäußerten Vermutung:

$$(35) \quad \frac{K_{pri}^{lmi}}{\sum\limits_{i=1}^{n} K_{pri}^{lmi}} = \frac{t_{pri}^{lmi} \cdot M_{pri}}{\sum\limits_{i=1}^{n} \left[ t_{pri}^{lmi} \cdot M_{pri} \right]}$$

Die Verrechnungsarten kommen dann zum gleichen Ergebnis, wenn das Verhältnis der lmi-Teilprozeßkosten zu den lmi-Gesamtkosten der Teilprozesse gleich dem Verhältnis von lmi-Teilprozeßzeiten zu den Gesamtteilprozeßzeiten ist. Da die lmi-Kosten der Teilprozesse im Rahmen der Verrechnung auf Basis von Prozeßmengen geplant werden, kann nur eine den Zeitverbräuchen entsprechende Kostenplanung eine Gleichheit des Ergebnisses der Verrechnungsarten sicherstellen. Diese wird in praxi selten anzutreffen sein, was dazu führt, daß beide Verrechnungsarten regelmäßig unterschiedliche Kosten auf die Prozesse verrechnen. Ex post bietet daher die Gleichung eine zusätzliche Beurteilungshilfe der Planungsqualität der Prozeßkosten.

Die Verrechnungssystematik auf Basis von Prozeßzeiten liefert verursachungsgerechtere Prozeßkosten, da sie die Kosten in Abhängigkeit von dem durch die zeitliche Nutzungsdauer gemessenen Ressourcenverbrauch verrechnet. Erfolgt die Verrechnung der Betriebskosten auf Grundlage von Prozeßmengen, und wird eine Umstellung der Verrechnungsart auf die genauere zeitliche Verrechnung in Erwägung gezogen, so führt diese zu keiner veränderten Kostenzurechnung, wenn die unter (35) dargestellte Gleichung gilt. Mit Hilfe der Gleichung kann somit u. U. ein hoher Umstellungsaufwand gespart werden.

Als "Weiterentwicklung der Prozeßkostenrechnung"[1] wird von ihren Entwicklern die Ressourcenorientierte Prozeßkostenrechnung (RPK) verstanden. Daher wird diese nachfolgend dargestellt.

### 5.3.2.3 Die Ressourcenorientierte Prozeßkostenrechnung

Die RPK baut auf dem bereits 1988 von SCHUH zur Bewertung von Produktvarianten entwickelten Ressourcenverfahren auf.[2] Erst in jüngster Zeit wurde dieses Verfahren von EVERSHEIM und SCHUH zur Bewertung von Geschäftsprozessen weiterentwickelt und zur RPK ausgebaut.[3] Vor diesem Hintergrund ist zu prüfen, ob die Rechnung für eine Prozeßkostenerfassung im Rahmen der GPO in VU geeignet ist.

Die RPK verrechnet Gemeinkosten oder Einzel- und Gemeinkosten auf Prozesse. Bei beiden Ausgestaltungsmöglichkeiten wird unterstellt, daß es kostenbestimmende technische Größen gibt, welche den anfallenden Produktionsfaktorverzehr in den Geschäftsprozessen bestimmen. Deshalb ist dieser Ansatz im Vergleich zur klassischen Prozeßkostenrechnung stärker **ressourcenorientiert**. Darüber hinaus unterscheidet er sich von der Prozeßkostenrechnung methodisch "insoweit, als daß auf eine pauschale Aggregation der erfaßten Teilprozesse zu Prozeßketten (Hauptprozessen) verzichtet wird. Vielmehr ist die kleinste Einheit der RPK die Kostenfunktion je Teilprozeß und Ressource."[4]

Die Prozeßkostenermittlung mit Hilfe der RPK kann in sieben Schritte untergliedert werden: Zunächst ist es notwendig, die im VU vorkommenden Ressourcen zu erfassen und zu gliedern, da deren Verbrauch Kosten verursacht.[5] In Anlehnung an GUTENBERG unterscheidet SCHUH dabei zwischen den Produktionsfaktoren Personal, Maschinen,

---

1    Schuh/Hermann/Martini 1995, S. 5.

2    Vgl. Schuh 1988, S. 105.

3    Vgl. Eversheim 1995, S. 75; Schuh 1993, S. 184. In der jüngeren Literatur wird das Ressourcenverfahren sogar zur Grundlage einer "ressourcenorientierten Kostenrechnung" gemacht, welche als Instrument zur Bewertung des Ressourcenpotentials im Rahmen eines wertorientierten Ressourcenmanagement dienen soll (vgl. Hermann 1996, S. 157 - 218).

4    Schuh 1993, S. 182.

5    Der Güterverbrauch ist sowohl im Rahmen des pagatorischen als auch des wertmäßigen Kostenbegriffs zwingendes Definitionsmerkmal (vgl. zum Kostenbegriff ausführlich Hummel 1986, S. 73 - 76) von Kosten.

Gebäude, Kapital und EDV.[1] Nachdem diese identifiziert sind, müssen im zweiten Schritt die Geschäftsprozesse erfaßt und voneinander abgegrenzt werden. Danach ist der Ressourcenverzehr für jeden Prozeß zu ermitteln (dritter Schritt). Der quantitative Ressourcenverbrauch wird in Abhängigkeit von identifizierten Bezugsgrößen[2] (cd) durch eine Verbrauchsfunktion[3] im Rahmen eines **Technischen Modells** dargestellt. In einem **Betriebswirtschaftlichen Modell** werden anschließend die Prozeßkosten je Ressource (R) errechnet (vierter Schritt). Zu diesem Zweck werden, durch die Multiplikation der (Cost Driver abhängigen) Werte der Verbrauchsfunktionen ($f_{ETp}^{VR}(cd)$) je Teilprozeß ($T_p$) und Prozeßebene (E) mit den jeweiligen Kostensätzen ($ks_R$), Kostenfunktionen ermittelt. Formal ergeben sich die Kostenfunktionen wie folgt:[4]

$$(36) \quad f_{ETp}^{KR}(cd) = ks_R \cdot f_{ETp}^{VR}(cd)$$

Der beschriebene funktionale Zusammenhang wird in Schritt fünf der Rechnung in **ressourcenspezifischen Kostenfunktionsnomogrammen**[5] grafisch dargestellt. Mit Hilfe dieser Nomogramme oder unter Rückgriff auf Gleichung (36) können für eine spezielle Cost Driver Ausprägung ($cd_i$) die Kosten für die (n) verschiedenen Ressourcen errechnet und in Schritt sechs zu Teilprozeßkosten ($tpk_{ETp}^{Hp}$) addiert werden. Formal gilt:

$$(37) \quad tpk_{ETp}^{Hp} = \sum_{R=1}^{n} f_{ETp}^{KR}(cd_i)$$

---

1   Vgl. Schuh 1988, S. 106. "Die klassische Gliederung der Ressourcen wird ergänzt durch die Ressource EDV, die angesichts der aktuellen Entwicklung in der Produktionstechnik zunehmend an Bedeutung gewinnt." Schuh 1988, S. 113. EVERSHEIM u. a. und SCHUH u. a. (in jüngeren Veröffentlichungen) differenzieren noch weiter in die Ressourcen Personal, EDV, Betriebsmittel, Gebäude, Kapital, Material, Information und Zeit (vgl. Eversheim 1995, S. 75f.; Eversheim/Caesar 1991, S. 534; Schuh/Tanner 1996, S. 257).

2   SCHUH verwendet in jüngeren Veröffentlichungen - sicher durch die Diskussion um die Prozeßkostenrechnung beeinflußt - auch den Begriff Cost Driver an Stelle von Bezugsgröße (vgl. Schuh 1993, S. 187; Schuh 1997, S. 37).

3   Eine Verbrauchsfunktion beschreibt nach GUTENBERG die Abhängigkeit zwischen dem Verbrauch eines Produktionsfaktors und der technischen Leistung eines Aggregates (vgl. GUTENBERG 1983, S. 327). Mit der Formulierung wurde ursprünglich die Integration von **rein technischen Gesetzmäßigkeiten** in die Produktionstheorie bezweckt (vgl. Pressmar 1979, Sp. 2067; Jehle/Müller/Michael 1994, S. 114ff.). Die Interpretation des Begriffs "Verbrauchsfunktion" nach SCHUH und EVERSHEIM geht durch die Ausweitung auf den indirekten Bereich, insbesondere durch die Anwendung auf die Ressource Personal, über das enge GUTENBERGsche Verständnis hinaus.

4   Vgl. Schuh 1988, S. 122.

5   Vgl. Schuh 1988, S. 121.

Im siebten Schritt werden die Hauptprozeßkosten aus der Summe der Kosten der (hauptprozeßbildenden) Teilprozesse errechnet. Nachfolgend wird die geschilderte abstrakte Vorgehensweise der RPK unter Rückgriff auf das konstruierte Beispiel an der in VU besonders kostenbeeinflussenden Ressource Personal[1] dargestellt.

Schritt eins und zwei der RPK sind bereits bei der Beispielkonstruktion durchgeführt worden. Im dritten Schritt sind im Technischen Modell der RPK die Verbrauchsfunktionen der Produktionsfaktoren teilprozeßbezogen aufzustellen. Für die Ressource Personal können unter Verwendung der Standardzeiten je Teilprozeß Zeitverbrauchsfunktionen in Abhängigkeit von der Ausprägung des Cost Driver ermittelt werden. Wird die Plan-Ausprägung des Cost Driver in die Zeitverbrauchsfunktion eingesetzt, lassen sich so die Plan-Bearbeitungszeiten (Planverbräuche der Ressource Personal) errechnen (vgl. Tab. 18).

**Hauptprozeß 1: Schaden bearbeiten**
Ebene I, Teilprozeß 4: CTV-Zahlung durchführen

| Teilprozeß-nummer (Ebene II) | Prozeß | Zeitverbrauchs-funktion | Plan-Cost Driver Ausprägung (ME) | Plan-Ressourcen-verbrauch (ZE) |
|---|---|---|---|---|
| 1 | Zahlung anweisen | $f_{II\,1}^{V1}(cd) = 0{,}25cd$ | 1.700 | 425,00 |
| 2 | Zahlung durchführen | $f_{II\,2}^{V1}(cd) = 0{,}17cd$ | 1.600 | 272,00 |
| 3 | Versicherungsvertreter benachrichtigen | $f_{II\,3}^{V1}(cd) = 0{,}20cd$ | 1.550 | 310,00 |
| 4 | Versicherungsnehmer benachrichtigen | $f_{II\,4}^{V1}(cd) = 0{,}22cd$ | 1.550 | 341,00 |
| 5 | Teilprozeß leiten | - | - | 160,00 |

Erklärung der Nomenklatur $f_{II\,2}^{V1}(cd)$ : Zeitverbrauchsfunktion der Ressource 1 (Personal) der Prozeßebene II des Teilprozesses 2 (Zahlung durchführen).

*Tab. 18: Zeitverbrauchsfunktionen der Teilprozesse*

Die Ermittlung der Verbrauchsfunktionen ist im Beispiel relativ einfach, da es sich um lineare Zusammenhänge zwischen den Cost Driver und dem Zeitverbrauch handelt.[2]

---

[1]    FARNY bezeichnet diese Ressource präziser als "Arbeitsleistung von Mitarbeitern" (Farny 1995, S. 480), da weniger das Personal, als vielmehr dessen Arbeitsleistung zur Produktion des Wirtschaftsgutes Versicherungsschutz eingesetzt wird. Unter Rückgriff auf das zugrundegelegte Prozeßmodell (vgl. Kapitel 5.2.1. wird nachfolgend die Bezeichnung Personal beibehalten.

[2]    Die ermittelte Standardzeit ist in diesem Fall identisch mit der Steigung der Zeitverbrauchsfunktion.

Bei einigen Ressourcen, so etwa bei der Ressource Information[1], sind jedoch auch nicht-lineare funktionale Zusammenhänge denkbar. Die Ressourcenorientierte Prozeß- kostenrechnung bietet den grundsätzlichen Vorteil - etwa im Vergleich zur Prozeß- kostenrechnung - solche nicht-linearen Zusammenhänge bei der Kostenermittlung zu berücksichtigen.[2] Wie die Verbrauchsfunktionen bei nicht-linearen Produktionsfaktor- verbräuchen im einzelnen zu ermitteln sind, lassen die Vertreter der RPK jedoch wei- testgehend offen.[3]

Im vierten Schritt werden im Rahmen des Betriebswirtschaftlichen Modells die ermit- telten Plan-Ressourcenverbräuche je Teilprozeß mit Kostensätzen multipliziert. In der Literatur zur RPK wird die Berechnung dieser Kostensätze jedoch nur ansatzweise dargestellt. SCHUH erwähnt lediglich, daß im Zusammenhang mit der Fristigkeit der Ressourcen fünf unterschiedliche Bewertungsfälle zu unterscheiden sind.[4] Folgt man den Ausführungen von EVERSHEIM und CAESAR zu dieser Problematik, so erfolgt die Kostensatzermittlung "im wesentlichen wie bei einer Maschinenstundensatzrech- nung"[5]. Das Grundprinzip dieser besonderen Variante der **Verrechnungssatzkalkula- tion** wurde in der Vergangenheit insbesondere von der Praxis auf den Verwaltungsbe- reich übertragen.[6] Aus der analogen Anwendung der Verrechnungslogik der Maschi- nenstundensatzrechnung errechnet sich der Kostensatz je Ressource ($ks_R$) aus dem Quotienten der Gesamtkosten ($K_R$) und der geplanten Nutzungszeit[7] der Ressource ($T_{Rf}$) im Betrachtungszeitraum.[8] Formal gilt:

$$(38) \quad ks_R = \frac{K_R}{T_{Rf}}$$

---

[1]    Zur Berücksichtigung vgl. die (bereits erwähnte) detaillierte Ressourcengliederung bei Eversheim 1995, S. 75f.; Eversheim/Caesar 1991, S. 534.

[2]    Vgl. auch Schuh/Brandstetter/Gross 1992, S. 49.

[3]    Meist wird recht knapp auf die Kontrolle und Kalibrierung der Funktionen durch empirische Untersu- chungen verwiesen (vgl. etwa Eversheim 1988, S. 122f.; Schuh/Brandstetter/Gross 1992, S. 48; Schuh 1997, S. 38.).

[4]    Vgl. ausführlich Schuh 1988, S. 119.

[5]    Eversheim/Caesar 1991, S. 534.

[6]    Vgl. Hummel/Männel 1986, S. 302.

[7]    In Analogie zur Definition der Nutzungszeit der Maschinen im Rahmen der Maschinenstundensatzrech- nung ist unter der Nutzungszeit der Ressource die Zeit zu verstehen, während der die Ressource für einen Kostenträger genutzt wird (vgl. VDI 1962, S. 2).

[8]    Berechnung erfolgt in Analogie zur Maschinenstundensatzrechnung nach Hummel/Männel 1986, S. 302; Jost 1974, S. 99; VDI 1962, S. 2f.

Mit Bezug auf das Beispiel ergibt sich der Kostensatz der Ressource Personal damit als Quotient der gesamten Personalkosten ($K_P$) und der geplanten "Nutzungszeit" des Personals ($T_{Pf}$). $K_P$ umfaßt in VU die Gehälter, Sozialleistungen und andere Vergütungen, die an angestellte Mitarbeiter im Innen- und Außendienst gezahlt werden, und ist vergleichsweise einfach zu erfassen.[1] Im Beispiel ergibt sich für $K_P$ durch Addition der Kostenarten 4111 und 4998 eine Summe von 91.400 DM.[2] Die Ermittlung von $T_{Pf}$ ist komplexer, da der Struktur der Maschinenstundensatzrechnung folgend nicht die gesamte Anwesenheitszeit, sondern lediglich die "Nutzungszeit" des Personals zu berücksichtigen ist.

Im Rahmen des **Zeitstudiums**[3] ist der Begriff der "Nutzungszeit" im Zusammenhang mit der Ermittlung von Zeiten für die menschliche Arbeitsleistung nicht gebräuchlich. Vielmehr wird die Arbeitszeit des Menschen (Auftragszeit) in Rüstzeit und Ausführungszeit differenziert.[4] Letztere ist das Produkt aus der Arbeitsmenge und der Zeit je Arbeitseinheit, wobei die Zeit je Einheit wiederum in die Komponenten Grundzeit, Erholungszeit und Verteilzeit unterteilt wird. Zur Ermittlung von $T_{Pf}$ sind von der Auftragszeit also sämtliche Bestandteile abzuziehen, in welchen sich das Personal nicht mit der Bearbeitung der eigentlichen Arbeitsaufgabe befaßt. Die "Nutzungszeit" des Personals i. S. d. Maschinenstundensatzrechnung ergibt sich dann allgemein aus der Auftragszeit abzüglich der Erholungszeit und der Verteilzeit. Im Beispiel errechnet sich die "Nutzungszeit" als Summe der Verbrauchsmengen der Kostenarten 4111 und 4998 (Auftragszeit) abzüglich eines Verteilzeit- und eines Erholungszeitfaktors, welcher im Beispiel mit 10 % festgelegt wird. Somit ergibt sich für $T_{Pf}$ ein Wert von 2169 ZE und nach Gleichung (38) ein Kostensatz für die Ressource Personal von 42,14 DM.

Mit Hilfe dieses Kostensatzes läßt sich die Kostenfunktion der Ressource Personal sowohl in Abhängigkeit von der Cost Driver Ausprägung (cd), als auch in Abhängigkeit von dem in Tab. 4 errechneten Plan-Ressourcenverbrauch aufstellen.[5] Dadurch sind die Plan-Teilprozeßkosten errechenbar. Tab. 19 gibt die Ergebnisse dieser Vorgehensweise mit den Beispieldaten wieder.

---

[1]     Vgl. Farny 1992a, S. 68.

[2]     Vgl. Tab. 14.

[3]     Vgl. zum Begriff des Zeitstudiums ausführlich Doerken 1992.

[4]     Vgl. ausführlich REFA 1997, S. 41f.

[5]     Nachfolgend wird der letztgenannten Möglichkeit gefolgt, da die Kostenfunktion in Abhängigkeit vom Plan-Ressourcenverbrauch zur Aufstellung der ressourcenspezifischen Kostenfunktionsnomogramme im fünften Schritt der RPK notwendig wird. Zur erstgenannten Möglichkeit vgl. Gleichung (36).

| Hauptprozeß 1: Schaden bearbeiten<br>Ebene I, Teilprozeß 4: CTV-Zahlung durchführen | | | $f_{\text{II I-4}}^{K1}(rv) = 42,14rv$ [1)] |
|---|---|---|---|
| Teilprozeßnummer<br>(Ebene II) | Kostensatz<br>(GE/ZE) | Plan-Ressourcenverbrauch<br>(ZE) | Plan-Teilprozeßkosten<br>(GE) |
| 1 | 42,14 | 425,00 | 17.909,50 |
| 2 | 42,14 | 272,00 | 11.462,08 |
| 3 | 42,14 | 310,00 | 13.063,40 |
| 4 | 42,14 | 341,00 | 14.369,74 |
| 5 | 42,14 | 160,00 | 6.742,40 |
| Summe | | | 63.547,12 |

1)  Dabei gilt: rv (Plan-Ressourcenverbrauch) $= f_{\text{II I-4}}^{V1}(cd)$

*Tab. 19: Berechnung der Plan-Teilprozeßkosten mit Hilfe der RPK*

An dem Beispiel wird ersichtlich, daß die Aufstellung und Validierung der Kostenfunktion erhebliche Informationen (z. B. realistischer Erholungs- und Verteilzeitfaktor)
erforderlich macht. Die Funktionsermittlung ist daher regelmäßig mit einem hohen
(zeitlichen) Aufwand verbunden. Auf diesen Zusammenhang weisen auch EVERSHEIM
und CAESAR hin, argumentieren jedoch weiter, daß die grundsätzlichen Abhängigkeiten zur Bildung einer Kostenfunktion nur einmal analysiert werden müssen, so daß
einmal kalibrierte Funktionen bei Änderungen lediglich zu modifizieren sind.[1] Dabei
unterstellen sie implizit eine **Konstanz der verwendeten Technologie.** Technologi-
sche Veränderungen haben i. d. R. veränderte Ressourcenverbräuche zur Folge, so daß
die Verbrauchs- und Kostenfunktionen bei veränderter Technologie neu bestimmt
werden müssen. Neben diesen Informationsbeschaffungs- und Aufwandsproblemen ist
durch den Rückgriff auf die Maschinenstundensatzrechnung auch deren Kritik bei der
Ermittlung des Kostensatzes im Rahmen des Betriebswirtschaftlichen Modells anzusprechen. Durch die Nutzung der Rechnung werden Vollkosten auf die Prozesse verrechnet, da keine Unterscheidung in leistungsabhängige und leistungsunabhängige
Kosten erfolgt. Die Problematik der Verrechnung von Vollkosten ist in der Literatur
umfassend diskutiert und soll an dieser Stelle nicht vertieft werden.[2]

---

1    Vgl. Eversheim/Caesar 1991, S. 534.

2    Vgl. etwa Haberstock 1987, S. 67f.; Hummel/Männel 1983, S. 24 - 36; Kilger 1993, S. 48ff.; Riebel
     1985, S. 269 - 284.

Im fünften Schritt der RPK werden die ermittelten Verbrauchs- und Kostenfunktionen in Kostenfunktionsnomogrammen visualisiert. Abb. 42 zeigt die Visualisierung an dem Zahlenbeispiel.

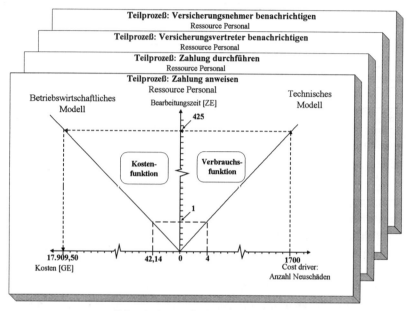

*Abb. 42: Kostenfunktionsnomogramme*

Die Errechnung der Hauptprozeßkosten, mit Hilfe der Nomogramme in Schritt sechs und sieben der RPK, kann nicht an dem Beispiel dargestellt werden, da lediglich die grundsätzliche Vorgehensweise an einer Ressource demonstriert werden sollte.[1]

### 5.3.2.4 Das Time Based Costing

Das Time Based Costing[2] wurde von HAIBER „als eine pragmatische Variante"[3] der Grenzplankostenrechnung und der Prozeßkostenrechnung insbesondere für öffentliche

---

[1]   Die simple Addition wurde zudem bereits in Gleichung (37) formal dargestellt.

[2]   Das Time Based Costing ist nicht mit dem Time Based Management oder der Time-based competition zu verwechseln. Ersteres versucht die schnellen Reaktionszeiten auf veränderte Kundenbedürfnisse - vor allem japanischer Unternehmen - zu erklären, und daraus Handlungsempfehlungen in Form von Zeitsenkungspotentialen - insbesondere für westliche Unternehmen - abzuleiten (vgl. Gentner 1994; Stalk/Hout 1990). Letzteres wird insbesondere im englischen Sprachraum als generelle Bezeichnung einer Unternehmensstrategie, welche das Kunden-, Qualitäts- und das strategische Kostenmanagement in das Zentrum der unternehmerischen Bemühungen stellt, verstanden (vgl. Ostrenga/Ozan/McIlhattan/ Harwood 1992, S. 48f.).

[3]   Haiber 1997, S. 334.

Unternehmen entwickelt.[1] Bei diesem **prozeßorientierten Vollkostenrechnungssystem** wird grundsätzlich zwischen einer produktorientierten Kostenverrechnung für repetitive und einer projektorientierten Kostenverrechnung für selten auftretende oder einmalige Prozesse unterschieden.[2]

### 5.3.2.4.1 Produktorientierte Verrechnungsmethodik

Die produktorientierte Verrechnungsmethodik wurde in Anlehnung an die Grenzplankostenrechnung für Dienstleistungsunternehmen entwickelt und basiert demzufolge ebenso auf einem **System von mittleren Bearbeitungszeiten**[3] zur verursachungsgerechten Kostenverrechnung. Abb. 43 zeigt die Systematik der Kostenverrechnung im Überblick.

Auf Basis der traditionellen Vorgehensweise der Kostenstellenrechnung werden zunächst die Summen für Personal-, Kapital-, Sachkosten und Kosten anderer Bereiche in einem Kostenstellenbogen monatsweise geplant und den Ist-Werten gegenübergestellt. Abweichungen zwischen Plan- und Istkosten lassen sich so differenziert nach Kostenarten darstellen, wodurch in diesem Teil des Kostenstellenbogens vorwiegend Preis- und Tarifabweichungen ausgewiesen werden.[4] In einem zweiten Teil des Bogens werden durch die Erfassung von **Kennzahlen für das Kostenmanagement** (z. B. Ist- und Plankostensätze je Teilprozeß, Ist- und Plan-Fallzahlen)[5] fallzahlbedingte Beschäftigungsabweichungen innerhalb einer Kostenstelle erkennbar.

---

1  Vgl. Haiber 1997, S. 334 - 345.

2  Vgl. Haiber 1997, S. 335. Im Einklang mit der im definitorischen Teil dieser Untersuchung festgelegten Prozeßdefinition kann von der produktorientierten Kostenverrechnung für Prozesse mit einer Aufgabe und der projektorientierten Kostenverrechnung für Prozesse mit einem Auftrag gesprochen werden.

3  HAIBER verwendet (vermutlich in Abgrenzung zur Terminologie der Grenzplankostenrechnung) nicht den Begriff "Standardzeit", sondern "mittlere Bearbeitungszeit (mBz)" (Haiber 1997, S. 338) je Tätigkeit. Beide Zeitwerte werden mit Hilfe des arithmetischen Mittels berechnet.

4  Vgl. Haiber 1997, S. 341.

5  HAIBER bezeichnet den Plankostensatz im Rahmen des Aggregierten Kostenstellenbogens als "Standardkostensatz" und im Rahmen des Kostenstellenbogens als "Plan-Kostensatz". Ebenso wird für die durchschnittliche Fallzahl pro Monat sowohl der Begriff "Standard-Fallzahl" als auch die Bezeichnung "durchschnittliche Fallzahl pro Monat" verwendet (vgl. Haiber 1997, S. 336 u. S. 342). Nachfolgend wird die Fallzahlmenge, welche sich aus durchschnittlichen Vergangenheitswerten oder durch analytische Planung ermitteln läßt, als Plan-Fallzahl bezeichnet. Der Kostensatz, der sich aus der Division der Summe der über die Zeitanteile verteilten, aggregierten Kostenarten dividiert durch die Plan-Fallzahl ergibt, wird nachfolgend einheitlich als Plankostensatz bezeichnet.

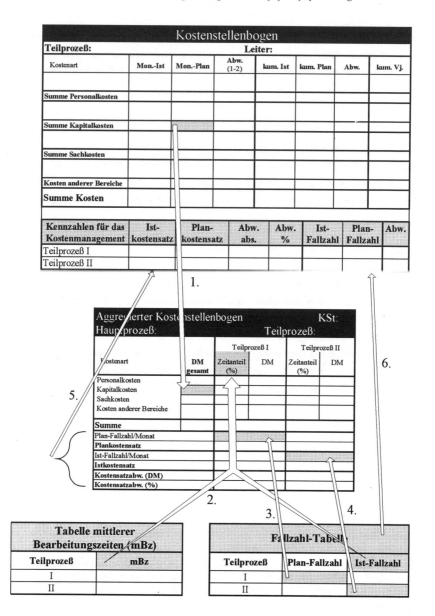

*Abb. 43: Produktorientierte Verrechnungssystematik des Time Based Costing[1]*

---

[1]     Darstellung in Anlehnung an Haiber 1997, S. 336, Abb. 89 u. S. 342, Abb. 90.

Diese Abweichungen werden in dem **Aggregierten Kostenstellenbogen**, in welchem die aggregierten Kostenartensummen des Kostenstellenbogens (Abb. 43, Pfeil 1) Grundlage der zeitbezogenen Kostenverrechnung sind, kalkulierbar. Dazu werden die aggregierten Kostenartensummen über die jeweiligen Zeitanteile, welche sich aus einer multiplikativen Verknüpfung der Tabelle mittlerer Bearbeitungszeiten und der Fallzahl-Tabelle im Verhältnis zur Gesamtzeit ergeben (Abb. 43, Pfeil 2), auf die Teilprozesse verrechnet.[1] Im Verhältnis zu den Plan- bzw. Ist-Fallzahlen, welche direkt aus der Fallzahl-Tabelle übernommen werden können (Abb. 43, Pfeil 3 u. 4), werden teilprozeßbezogene Plan- und Istkostensätze ausweisbar.[2] Die Differenz der Kostensätze ergeben die oben genannten, auf Beschäftigungsabweichungen basierenden, Kostensatzabweichungen des zweiten Teils des Kostenstellenbogens (Abb. 43, Pfeil 5). Die Übernahme der Plan- und Ist-Fallzahlen aus der Fallzahl-Tabelle vervollständigt die Kennzahlen für das Kostenmanagement (Abb. 43, Pfeil 6).

"Diese zweistufige Vorgehensweise [Dokumentation der Preis- und Tarifabweichungen im Kostenstellenbogen und Dokumentation der Beschäftigungsabweichungen im zweiten Teil des Bogens, Anm. d. Verf.] erlaubt eine detaillierte Wirtschaftlichkeitskontrolle in den Kostenstellen, indem die möglichen Abweichungsursachen bereits im System voneinander getrennt werden".[3]

In Tab. 20 wird die Verrechnungsmethodik an dem konstruierten Beispiel dargestellt. Im ersten Teil des Kostenstellenbogens werden die Kostenarten zunächst nicht nach Leistungseinheiten, sondern klassisch für bestimmte Zeiträume geplant (Plankosten) bzw. erfaßt (Istkosten). Im Unterschied zur Grenzplankostenrechnung werden die Kostenarten nicht nach proportionalen und fixen Kosten differenziert ausgewiesen.[4] Damit kommt es im Rahmen des Time Based Costing zu keiner verursachungsgerechten Kostenverrechnung im Sinne des klassischen Verursachungsprinzips der Grenzplankostenrechnung. Dies erkennt auch HAIBER und spricht wegen des zumindest mittelbar erkennbaren Zusammenhangs zwischen Leistungsmenge und kapazitätsbedingter Kostenverursachung daher treffender vom **Beanspruchungsprinzip** der Kostenverrechnung.[5]

---

[1] Die formale Darstellung erfolgt in Analogie zur Gleichung (29).

[2] Die formale Darstellung erfolgt in Analogie zur Gleichung (20).

[3] Haiber 1997, S. 341.

[4] Vgl. Tab. 14.

[5] Vgl. Haiber 1997, S. 335.

## Kostenstellenbogen Dezember 1998

**Teilprozeßebene I:** CTV-Zahlung durchführen        **Leiter:** Herr Müller

| | | 1 | 2 | 3 | 4 | 5 | 6 | 7 |
|---|---|---|---|---|---|---|---|---|
| Nr. | Kostenart | Mon.-Ist | Mon.-Plan[1] | Abw. (1-2) | kum. Ist | kum. Plan | Abw. | kum. Vj. |
| 4111 | Gehalt Sachbearbeiter | 26.100 | 25.000 | 1.100 | 245.500 | 250.000 | -4.500 | 280.000 |
| 4111 | Gehalt Gruppenleiter | 26.000 | 26.000 | 0 | 280.550 | 286.000 | -5.450 | 298.500 |
| 4998 | Personalnebenkosten | 20.000 | 20.000 | 0 | 250.250 | 257.400 | -7.150 | 350.350 |
| | **Summe Personalkosten** | **72.100** | **71.000** | **1.100** | **776.300** | **793.400** | **-17.100** | **928.850** |
| 4810 | Abschreibung | 438 | 438 | 0 | 4.900 | 4.900 | 0 | 4.900 |
| 4820 | Zinsen | 150 | 150 | 0 | 1.650 | 1.650 | 0 | 1.650 |
| | **Summe Kapitalkosten** | **588** | **588** | **0** | **6.550** | **6.550** | **0** | **6.550** |
| 4520 | Büromaterial | 250 | 250 | 0 | 4.000 | 3.500 | 500 | 5.500 |
| 4660 | Instandhaltung Büro-maschinen | 100 | 120 | -20 | 1.000 | 1.450 | -450 | 3.250 |
| 4850 | Raumkosten | 325 | 325 | 0 | 3.600 | 3.600 | 0 | 3.600 |
| 4850 | Raumkosten | 3.000 | 3.000 | 0 | 18.000 | 18.000 | 0 | 36.000 |
| | **Summe Sachkosten** | **3.675** | **3.695** | **-20** | **26.600** | **26.550** | **50** | **48.350** |
| 4861 | DV-Verrechnung | 2.317 | 2.317 | 0 | 26.400 | 26.500 | -100 | 27.000 |
| 4870 | Leistungskosten | 3.550 | 4.000 | -450 | 45.000 | 44.000 | 1.000 | 35.200 |
| | **Kosten anderer Bereiche** | **5.867** | **6.317** | **-450** | **71.400** | **70.500** | **900** | **62.200** |
| | **Summe Kosten** | **82.230** | **81.600** | **630** | **880.850** | **897.000** | **-16.150** | **1.045.950** |

| Kennzahlen für das Kostenmanagement | Ist-kostensatz | Plan-kostensatz | Abw. abs. | Abw. % | Ist-Fallzahl | Plan-Fallzahl[2] | Abw. |
|---|---|---|---|---|---|---|---|
| Zahlung anweisen | 14,37 | 15,22 | - 0,85 | - 5,6 | 1.800 | 1.700 | 100 |
| Zahlung durchführen | 9,74 | 10,35 | - 0,61 | - 5,9 | 1.700 | 1.600 | 100 |
| Versicherungsvertreter benachrichtigen | 11,48 | 11,85 | - 0,37 | - 3,1 | 1.600 | 1.550 | 50 |
| Versicherungsnehmer benachrichtigen | 12,61 | 13,42 | - 0,81 | - 6,0 | 1.650 | 1.550 | 100 |

1) Vgl. Tab. 14. Das Gehalt des Abteilungsleiters wurde nicht aus Tab. 14 übernommen, da bei der Konstruktion des Beispiels angenommen wurde, daß die Abteilungsleitertätigkeiten nur mit einem wirtschaftlich hohen Aufwand normierbar sind, und die Personalkosten im System des Time Based Costing daher über die projektorientierte Verrechnungssystematik, wie nachfolgend noch gezeigt wird, auf den Teilprozeß "Teilprozeß leiten" verrechnet werden. Aus dem gleichen Grund wurden die Personalnebenkosten nicht vollständig übernommen.
2) Vgl. Tab. 13.

*Tab. 20: Zweiteiliger Kostenstellenbogen im Time Based Costing*

Im zweiten Teil des Kostenstellenbogens werden die im "Ist" ermittelten Prozeßkostensätze den geplanten Prozeßkostensätzen gegenübergestellt, um so fallzahlbedingte Beschäftigungsabweichungen innerhalb der Kostenstelle transparent zu machen. Die Ermittlung der Prozeßkostensätze wird in Tab. 21 anhand der Beispieldaten verdeutlicht.

Die aus dem Kostenstellenbogen übernommenen geplanten Kostenartensummen[1] werden, unter Einbezug der mittleren Bearbeitungszeiten und der Fallzahlen, auf die Teilprozesse aufgeteilt. Dazu wird zunächst das Produkt aus mBz und Ist-Fallzahl je Teil-

---

1    Die Errechnung des Ist- und des Plankostensatzes erfolgt auf Basis der **geplanten** Monatskosten, da so Kostensatzabweichungen zwischen "Plan" und "Ist" allein auf Fallzahländerungen zurückführbar sind (vgl. Haiber 1997, S. 341).

prozeß errechnet und daran anschließend ins Verhältnis zur Gesamtbearbeitungszeit aller Teilprozesse gesetzt.[1] Die Zeitanteile entsprechen nach dem Beanspruchungsprinzip den Prozeßkostenanteilen der Kostenartensummen.[2] Die Ermittlung der Kostensätze erfolgt dann durch die Division der Summe der Prozeßkosten durch die Plan- bzw. Ist-Fallzahl.

| Aggregierter Kostenstellenbogen Hauptprozeß: Schaden bearbeiten | | 1. Zahlung anweisen | | 2. Zahlung durchführen | | 3. Versicherungsvertreter benachrichtigen | | 4. Versicherungsnehmer benachrichtigen | | KSt: 1 Teilprozeßebene I: CTV-Zahlung durchführen |
|---|---|---|---|---|---|---|---|---|---|---|
| Kostenart | DM gesamt[1] | Zeitanteil (%) | DM | Zeitanteil (%) | DM | Zeitanteil (%) | DM | Zeitanteil (%) | DM | |
| Personalkosten | 71.000 | 31,7 | 22.507,00 | 20,3 | 14.413,00 | 22,5 | 15.975,00 | 25,5 | 18.105,00 | |
| Kapitalkosten | 588 | 31,7 | 186,00 | 20,3 | 119,36 | 22,5 | 132,30 | 25,5 | 149,94 | |
| Sachkosten | 3.695 | 31,7 | 1.171,31 | 20,3 | 750,09 | 22,5 | 831,38 | 25,5 | 942,22 | |
| Kosten anderer Bereiche | 6.317 | 31,7 | 2.002,49 | 20,3 | 1.282,35 | 22,5 | 1.421,32 | 25,5 | 1.610,84 | |
| Summe | 81.600 | | 25.867,20 | | 16.564,80 | | 18.360,00 | | 20.808,00 | |
| Plan-Fallzahl/Monat | | | 1.700 | | 1.600 | | 1.550 | | 1.550 | |
| Plankostensatz | | | 15,22 | | 10,35 | | 11,85 | | 13,42 | |
| Ist-Fallzahl/Monat | | | 1.800 | | 1.700 | | 1.600 | | 1.650 | |
| Istkostensatz | | | 14,37 | | 9,74 | | 11,48 | | 12,61 | |
| Kostensatzabw. (DM) | | | - 0,85 | | - 0,61 | | - 0,37 | | - 0,81 | |
| Kostensatzabw. (%) | | | - 5,6 | | - 5,9 | | - 3,1 | | - 6,0 | |

| Tabelle mittlerer Bearbeitungszeiten (mBz) | |
|---|---|
| Teilprozeß | mBz[2] |
| 1 | 0,25 |
| 2 | 0,17 |
| 3 | 0,20 |
| 4 | 0,22 |

| Fallzahl-Tabelle | | |
|---|---|---|
| Teilprozeß | Plan-Fallzahl[2] | Ist-Fallzahl |
| 1 | 1.700 | 1.800 |
| 2 | 1.600 | 1.700 |
| 3 | 1.550 | 1.600 |
| 4 | 1.550 | 1.650 |

1) Vgl. Tab. 20.
2) Vgl. Tab. 13.

*Tab. 21: Aggregierter Kostenstellenbogen, Tabelle mittlerer Bearbeitungszeiten und Fallzahl-Tabelle*

Zur Ermittlung der mBz schlägt HAIBER das **arithmetische Mittel** der aus **Selbstaufschreibungen** über einen Zeitraum zwischen 10 und 15 Tagen gewonnenen Daten vor.[3] Da die Kostenartensummen nicht, wie oben dargestellt, nach dem strengen Verursachungsprinzip der GPKR den Prozessen zugerechnet werden können, ist es umso

---

[1]  HAIBER beschreibt die Ermittlung der Zeitanteile uneinheitlich: Mal liegt der Berechnung die Ist- (vgl. Haiber 1997, S. 337f.) dann wiederum die Plan-Fallzahl zugrunde (vgl. Haiber 1997, S. 339). Hier wird als Grundlage die Ist-Fallzahl gewählt, da so eine beanspruchungsgerechte Kostenzurechnung auf Prozesse gesichert ist.

[2]  Diese Zeitanteile müssen unterschiedlich zu den Anteilen der Prozeßkostenberechnung auf Basis von Prozeßzeiten sein, da in letztere Plan-Prozeßmengen und in erstere Ist-Prozeßmengen eingehen.

[3]  Vgl. Haiber 1997, S. 338f.

wichtiger, die für Dienstleistungsunternehmen zentrale Kostenverrechnungsbasis Zeit so genau wie möglich zu bestimmen. In diesem Zusammenhang ist das von HAIBER vorgeschlagene Ermittlungsverfahren diskussionswürdig. Scheint eine Vernachlässigung der an der Selbstaufschreibung vor allem von theoretischer Seite geäußerten und bereits dargelegten Bedenken aus pragmatischen Gründen zumindest vertretbar, so ist aber zu beachten, daß der Einsatz des arithmetischen Mittels als Schätzer für die unbekannte Prozeßdurchführungszeit bei stark schwankenden Beobachtungswerten und einer geringen Grundgesamtheit u. U. sehr ungenau sein kann. In solchen Situationen ist das bereits vorgestellte **Variationszahlenverfahren**[1] zur Validierung der mBz einzusetzen.

### 5.3.2.4.2 Projektorientierte Verrechnungsmethodik

Die projektorientierte Verrechnungsmethodik wurde für nur selten und/oder unregelmäßig auftretende Prozesse entwickelt, für die Fallzahlen nur schwer oder gar nicht ermittelt werden können. Daher ist sie insbesondere gut zur Abrechnung von Projekten und - mit Bezug auf das konstruierte Beispiel - auch für solche Prozesse geeignet, für welche nicht oder nur mit einem (unwirtschaftlich) hohen Aufwand mittlere Bearbeitungszeiten ermittelbar sind.

Im Rahmen der Methodik werden nicht, wie bei der produktorientierten Verrechnung, prozeßbezogene Kostensätze ermittelt, sondern die Ist- und Plankosten der Verrechnungsobjekte grundsätzlich erfaßt.[2] Der Verrechnung liegt dabei die praxisnahe Annahme zugrunde, daß die Projektleistungen i. d. R. nicht in einer Kostenstelle, sondern in mehreren Kostenstellen erbracht werden. Die leistenden Kostenstellen erfassen in den **Aggregierten Kostenstellenbogen** die aggregierten Kostenarten und teilen sie entsprechend der für das Projekt bzw. den Prozeß genutzten Zeit auf. Die so ermittelten Kosten werden über alle leistenden Kostenstellen in einem **Projektkostenbogen** zusammengefaßt. In diesem Bogen können somit die Projekt- bzw. Prozeßkosten aufsummiert und dem Projekt- bzw. Prozeßbudget zur Ermittlung von Kostenüber- oder Unterdeckungen gegenübergestellt werden. Mit Bezug auf das konstruierte Beispiel stellt sich diese Systematik wie in Abb. 44 gezeigt dar.

---

1        Vgl. hierzu Kapitel 5.3.1.2.3.

2        Vgl. Haiber 1997, S. 343.

| Aggregierter Kostenstellenbogen KSt 1 Hauptprozeß: Schaden bearbeiten Teilprozeßebene I: CTV-Zahlung durchführen | | | |
|---|---|---|---|
| | | Teilprozeß leiten | |
| Kostenart | DM gesamt | Zeitanteil (%) | DM |
| Personalkosten[1] | 20.400 | 100 | 20.400 |
| Kapitalkosten | 0 | 100 | 0 |
| Sachkosten | 0 | 100 | 0 |
| Kosten anderer Bereiche | 0 | 100 | 0 |
| Summe | 20.400 | | 20.400 |

| Projektkostenbogen „Teilprozeß leiten" | | |
|---|---|---|
| | | KSt 1 |
| Kostenart | DM gesamt | DM |
| Personalkosten | 20.400 | 20.400 |
| Kapitalkosten | 0 | 0 |
| Sachkosten | 0 | 0 |
| Kosten anderer Bereiche | 0 | 0 |
| Summe | 20.400 | 20.400 |
| Projektbudget | 21.000 | 21.000 |
| Projektüber- (+)/ unter (-) deckung (DM) | 600 | 600 |
| Projektüber- (+)/ unter (-) deckung (%) | 2,9 | 2,9 |

1) Im Beispiel wird unterstellt, daß im Teilprozeß "Teilprozeß leiten" lediglich Personalkosten und Personalnebenkosten anfallen. Die Summe von 20.400 DM ergibt sich aus den Personalkosten des Abteilungsleiters von 17.000 DM und den im Rahmen der produktorientierten Verrechnungsmethodik nicht berücksichtigten Personalnebenkosten von 3.400 DM (vgl. Tab. 14 u. Tab. 20).

*Abb. 44: Projektorientierte Kostenabrechnung mit den Beispieldaten*

Da im Beispiel durch die Leitung des Teilprozesses lediglich eine Kostenstelle berührt wird, gibt diese die prozeßbezogenen Kosten an den Projektkostenbogen ab. Geben mehrere Kostenstellen Leistungen an das Projekt/den Prozeß ab, wird der Bogen um die Leistungen der betroffenen Kostenstellen spaltenweise ergänzt.[1] Zudem kann der Projektkostenbogen in den Aggregierten Kostenstellenbogen der produktorientierten Verrechnung integriert werden, um in übersichtlicher Form Informationen über die Verteilung der gesamten Kostenstellenkosten zu geben.[2]

### 5.3.2.5 Beurteilung der dargestellten Instrumente

Alle dargestellten Instrumente sind grundsätzlich geeignet, Prozeßkosten in VU zu erfassen, da sie - bis auf die mengenfokussierende Variante der Prozeßkostenrechnung - die Gemeinsamkeit der Verrechnung der Kosten über die **zeitliche Inanspruchnahme der Ressourcen** aufweisen. Zwingende Voraussetzung aller Instrumente ist die Be-

---

1 Vgl. die allgemeine Übersicht bei Haiber 1997, S. 344.

2 Zum leichteren Verständnis der Rechensystematik wurden im Beispiel die Bogen getrennt dargestellt.

stimmung der Zeitvorgaben über eine genügend große Grundgesamtheit und einen genügend langen Beobachtungszeitraum. Selbst dann sind, wie BUNGENSTOCK zurecht kritisiert, Standardzeitwerte nur grobe Durchschnittswerte, welche soziale und ethische Überlegungen unberücksichtigt lassen.[1] In VU können die individuellen Leistungsunterschiede jedoch i. d. R. über die Menge des beschäftigten Personals und einen dadurch bedingten statistischen Ausgleich kompensiert werden.[2]

Alle dargestellten Instrumente teilen jedoch den Nachteil, grundsätzlich zu komplex zu sein, um im Rahmen der GPO eine wirtschaftliche Kostenverrechnung auf Prozesse zu gestatten. Bei der Grenzplankostenrechnung handelt es sich z. B. um ein Kostenrechnungssystem welches, sollte es nicht im VU implementiert sein, im Rahmen einer GPO nicht erst eingeführt werden könnte. Zu bedenken ist, daß im Zentrum der hier diskutierten Prozeßdatenermittlungsphase zunächst lediglich die möglichst verursachungsgerechte bzw. zumindest beanspruchungsgerechte Verrechnung der **Istkosten** auf die Prozesse steht. Genaugenommen ist erst in der folgenden Prozeßbeurteilungsphase ein Vergleich von Ist- und Plankosten zur Würdigung der Prozeßkosten notwendig.[3] Aus diesen Gründen ist ein Instrument zu suchen, das den Zielkonflikt zwischen möglichst beanspruchungsgerechter Verrechnung der Kosten auf Prozesse und wirtschaftlicher Nutzungsmöglichkeit, wenn auch nicht vollständig löst, so doch wenigstens minimiert.

Die **klassische Grenzplankostenrechnung** ist das z. Z. theoretisch am weitesten entwickelte Kostenrechnungssystem, ohne dadurch an praktischer Umsetzbarkeit einzubüßen.[4] In der letzten Zeit wurden jedoch spezifische Charakteristika des Systems kritisiert, wobei die Kritik zusammengefaßt an den folgenden Punkten ansetzt:[5]

- Ausrichtung auf die Produktionssphäre des Unternehmens
- Ausgeprägte Kostenstellenorientierung
- Verrechnung lediglich variabler Kosten
- Unwirtschaftlichkeiten des Systems durch aufwendige Trennung in fixe und variable Kosten

---

[1]   Vgl. Bungenstock 1995, S. 340.

[2]   BUNGENSTOCK erkennt dieses Argument für arbeitsintensive Bereiche großer Sachleistungsunternehmen an. Er argumentiert jedoch zutreffend, daß dies für Dienstleistungsunternehmen, welche in kleinen Betriebsstätten produzieren, keine Gültigkeit besitzt. Vgl. Bungenstock 1995, S. 341.

[3]   Dennoch wurden die meisten Instrumente, um Redundanzen in der Darstellung zu vermeiden, bereits in diesem Kapitel in ihrer Form als Ist- und Plankostenrechnung erläutert.

[4]   HAIBER, SCHWEITZER und KÜPPER kommen zu einer ähnlichen Beurteilung der Rechnung (vgl. Haiber 1997, S. 319; Schweitzer/Küpper 1991, S. 328).

[5]   Vgl. Fröhling 1994, S. 16f.; Haiber 1997, S. 319ff.

Die klassische Grenzplankostenrechnung ist zu einer Zeit entstanden, in welcher das Produkt selbst stärkeren Einfluß auf die Wettbewerbsposition eines Unternehmens ausübte als die Produktnebenleistungen. Daher steht die Kalkulation der Wirtschaftlichkeit der Produktion - im Sinne einer "Produktionskostenrechnung"[1] - durch die Planung und Kontrolle der Kostenstellenleistungen im Zentrum der Methodik. Für VU ist diese ausgeprägte Kostenstellenorientierung jedoch nicht adäquat, da Versicherungsschutz nicht "durch einen einheitlichen Faktorkombinationsprozeß hervorgebracht wird, sondern [...] dazu [...] ein System simultan oder sukzessiv vollzogener Einzelprozesse erforderlich ist, deren Ergebnisse insgesamt zum absatzreifen oder abgesetzten Versicherungsprodukt [...] führen."[2] Dadurch ist die Versicherungsschutzproduktion stärker prozeßorientiert als die klassische Sachleistungsproduktion, was sich in der Kostenrechnung durch den Einsatz eines **prozeßorientierten Verrechnungssystems** widerspiegeln sollte. Hinzu kommt, daß die Produktion, wie an anderer Stelle bereits ausgeführt, stärker "fixkostenlastig" ist als die Produktion von Sachleistungen. Eine alleinige Verrechnung der variablen Kosten im Rahmen der klassischen Grenzplankostenrechnung berücksichtigt demzufolge nur einen kleinen Teil der tatsächlich anfallenden Kosten. In diesem Zusammenhang erscheint die aufwendige Trennung in fixe und proportionale Kosten, die einer Verrechnung vorausgehen muß, als unwirtschaftlich und daher äußerst fraglich.[3] Die Kritik an der klassischen Grenzplankostenrechnung kann daher in der plakativen Formulierung "You shouldn`t have to manage your 1990s business with a 1940s cost accounting system."[4] zusammengefaßt werden.

Diese Kritik kann die dargestellte versicherungs- und dienstleistungsspezifische Grenzplankostenrechnung z. T. entkräften. Im Rahmen der Geschäftsprozeßoptimierung scheint diese Form der Rechnung jedoch aus anderen Gründen wenig geeignet. Wie bereits erwähnt, ist die "Neudefinition" der fixen und variablen Kosten sowohl aus theoretischer, speziell aber auch aus praktischer Sicht zu kritisieren. Die mit den neuen Begriffsinhalten verbundenen Interpretationsprobleme im Rahmen der Geschäftsprozeßoptimierung seien an dem konstruierten Beispiel dargestellt: Würde der Teilprozeß "Zahlung anweisen" aufgrund von Optimierungsüberlegungen völlig eliminiert, so suggeriert die versicherungsspezifische Grenzplankostenrechnung, daß die damit verbundenen Prozeßkosten (24.276 DM) vollständig entfallen, da lediglich

---

1    Fröhling 1994, S. 16; im Original im Fettdruck.

2    Farny 1995, S. 475.

3    Vgl. auch Haiber 1997, S. 319f.

4    Ostrenga/Ozan/McIlhattan/Harwood 1992, S. 50.

"proportionale Kosten" auf die Prozesse verrechnet wurden. In diesen Prozeßkosten verbergen sich jedoch zumeist fixe Kosten (i. S. d. klassischen Definition z. B. Personalkosten), welche i. d. R. nicht so problemlos wie der Prozeß abbaubar sind (Problem der Kostenremanenz). Diese Kosten entstehen dem Unternehmen selbstverständlich auch, wenn eine in der Praxis aus rechtlichen, organisatorischen und qualifikatorischen Gründen z. Z. noch unrealistische flexible Einsatzmöglichkeit des SB unterstellt wird. Die Problematik der Abbaufähigkeit der fixen Kosten wird im System der versicherungs- und dienstleistungsspezifischen Grenzplankostenrechnung also **nicht gelöst**, sondern lediglich **wegdefiniert**.[1]

Die **Prozeßkostenrechnung** ist durch den Verzicht auf die umfangreiche Variantenkalkulation im Vergleich zur Grenzplankostenrechnung weniger komplex. Sollte die Rechnung nicht im VU implementiert sein, ist deren Einsatz als Sonderrechnung im Vergleich zur Grenzplankostenrechnung daher als grundsätzlich wirtschaftlicher zu beurteilen. Eine Sonderrechnung beinhaltet jedoch stets den Nachteil der Verwaltung und Bevorratung von redundanten Datensätzen und führt in der Praxis nicht selten zu Verwirrungen und Unsicherheiten durch unterschiedliche Kostenaussagen.[2] Die an dem konstruierten Beispiel dargestellte Problematik der Abbaufähigkeit fixer Kosten kann bei einer Kostenverrechnung mit Hilfe der Prozeßkostenrechnung nicht aufkommen. Dies liegt zum einen an der Verwendung einer eigenständigen Terminologie, wodurch sich die Rechnung positiv von der Grenzplankostenrechnung unterscheidet.[3] Zum anderen können interpretative Mißverständnisse der geschilderten Art erst gar nicht entstehen, da die lmi- und lmn-Prozeßkosten zumeist fixe und proportionale Kostenbestandteile enthalten. Durch diese Verrechnung von Vollkosten wird die Beantwortung der obigen Fragestellung nicht "vorgetäuscht", wie bei der Grenzplankostenrechnung, sondern die Prozeßkostenrechnung bietet erst gar keinen Ansatzpunkt zur Lösung des geschilderten Problems. Vermutlich ist hierin auch der Grund für die **Vernachlässigung der Problemstellung** in den aktuellen Diskussionen zur Prozeßkostenrechnung zu sehen.[4] So wird beispielsweise thematisiert, daß sich bei einem unterstellten konstanten Prozeßkostensatz ein linearer Kostenverlauf ergibt, der bei einer x %-igen Reduktion der Cost Driver Menge ein x %-iges Kostensenkungspotential

---

[1]      Gleiches folgert HAIBER (vgl. Haiber 1997, S. 324f.).

[2]      Vgl. hierzu die Beispiele bei Kilger 1993, S. 108.

[3]      Vgl. auch Haiber 1997, S. 333.

[4]      In den Anfangsdiskussionen zur Prozeßkostenrechnung wurde die Problemstellung bereits thematisiert. Aus dieser Diskussion erwuchs die Fixkostenmanagementorientierte Plankostenrechnung (vgl. Reichmann/Schwellnuß/Fröhling 1990; Mayer 1990; Reichmann/Fröhling 1991).

nach sich zieht.[1] Dies sei jedoch nicht realistisch, da der tatsächliche, nicht-lineare Kostenverlauf eine höhere Kostensenkung erwarten läßt.[2] Dem wird entgegengehalten, daß die geschilderte Fehleinschätzung weniger mit der Linearitätsannahme der Prozeßkostenrechnung als vielmehr mit der unzureichenden Differenzierung der Hauptprozesse zusammenhängt.[3] KAUFMANN empfiehlt daher insbesondere für eine primär auf Kostensenkung gezielte Geschäftsprozeßoptimierung eine "problemadäquate - d. h. zweckmäßige und wirtschaftlich vertretbare - Differenzierung der Prozesse"[4]. Diese kann zwar dazu beitragen den tatsächlichen Kostenverlauf nahezu realistisch abzubilden, schützt aber nicht vor Fehlinterpretationen der dargestellten Art: Die Erkenntnis, daß durch eine "zweckmäßige Prozeßsegmentierung" bei einer x %-igen Reduktion der Cost Driver Menge eine (exakte) x ± y %-ige Kostensenkung realisierbar ist, impliziert, daß es sich um direkt abbaubare und damit um proportionale Kosten handelt. Rechtliche Bindungen und die Unteilbarkeit von Produktionsfaktoren führen jedoch dazu, daß ein großer Teil der Kosten **nicht** direkt abbaubar ist,[5] und die errechnete Kostensenkung daher - sei sie noch so exakt - in praxi nicht eintritt.

Darüber hinaus werden in der Grenzplan- und Prozeßkostenrechnung durch die Verwendung von Standardzeiten, **häufig ablaufende Tätigkeiten** in das Zentrum der Kostenverrechnung gerückt. Für nicht normierbare Prozesse - dies sind nach der Schätzung FISCHERs etwa ein Drittel aller Prozesse in VU[6] (man denke z. B. an eine komplexe Regulierung eines Großschadens im Rahmen der Schadenbearbeitung) - können beide Methoden keine zufriedenstellende Möglichkeit der Kostenermittlung bereitstellen.

Die **Ressourcenorientierte Prozeßkostenrechnung** ist durch den Rückgriff auf die Verbrauchsfunktion zur Errechnung der Prozeßkosten stärker produktionstheoretisch orientiert als die Prozeßkostenrechnung. Dies führt i. d. R. zu einer hohen Verrechnungsgenauigkeit, die jedoch ihre Grenzen in dem hohen Aufwand zur Bestimmung

---

1     Vgl. Homburg/Demmler 1995.

2     Vgl. Homburg/Demmler 1995, S. 26f.

3     Vgl. Kaufmann 1997, S. 212.

4     Kaufmann 1997, S. 216.

5     FRÖHLING erwähnt in diesem Zusammenhang insbesondere die Lohnkosten und die Materialkosten. Insbesondere die Zurechnung der letztgenannten Kostenart zu den Fixkosten erscheint zunächst erstaunlich, ergibt sich aber aus der Tatsache, daß in der Unternehmenspraxis heutzutage häufig Verträge mit Zulieferern abgeschlossen werden, die über einen festgelegten Zeitraum bestimmte Mindestabnahmemengen beinhalten (vgl. Fröhling 1994, S. 21f.).

6     Vgl. Fischer 1996, S. 93f.

der Verbrauchs- und Kostenfunktionen und in der Verwendung von Vollkostensätzen findet. Dieser Aufwand und der Umstand, daß die RPK als eigenständige Sonderrechnung neben einem etablierten Kostenrechnungssystem zu implementieren ist, stehen einem wirtschaftlichen Einsatz im Rahmen der Geschäftsprozeßoptimierung entgegen. Dies haben wohl auch SCHUH und KAISER erkannt, wenn sie "eine Integration der notwendigen Kostenrechnungsverfahren durch die Ressourcenorientierte Prozeßkostenrechnung"[1] fordern, aber offenlassen, wie diese im einzelnen auszusehen hat. Zudem ist zu berücksichtigen, daß die Rechnung ursprünglich nicht zur Bewertung von Geschäftsprozessen entwickelt worden ist, und daher eine theoretische Auseinandersetzung mit Prozessen und deren Gestaltungselementen nur rudimentär stattfindet.[2] Darüber hinaus bietet auch die RPK keine zufriedenstellenden Lösungen der dargestellten Problemstellungen.

Das **Time Based Costing** ist durch die beiden unterschiedlichen Verrechnungsmethoden in der Lage, sowohl bei Prozessen mit einem Auftrag als auch bei Prozessen mit einer Aufgabe, Prozeßkosten zu ermitteln. Die in der Kostenrechnung vorliegenden Kostenarteninformationen werden von der Methodik als Basisdaten genutzt und zeitbezogen auf die Prozesse verrechnet. Dadurch ist das Time Based Costing keine von der bestehenden Kostenrechnung völlig isolierte Sonderrechnung, sondern bietet einen für die GPO adäquaten pragmatischen Ausgleich zwischen dem Aufwand der Rechnung und der Genauigkeit der Ergebnisse. In der von HAIBER vorgestellten Form fehlt der Rechnung jedoch die zur richtigen Quantifizierung der monetären Effekte von Prozeßoptimierungsmaßnahmen so wichtige Berücksichtigung der Abbauzeitpunkte der fixen Kosten. Die Grundmethodik wird daher nachfolgend erweitert.

### 5.3.2.6 Das Extended Time Based Costing

Wie bereits abgeleitet, muß das Instrument zur Erfassung und Verrechnung von Prozeßkosten im Rahmen der Geschäftsprozeßoptimierung methodisch dem Umstand Rechnung tragen, daß die in VU vorkommenden Kostenstrukturen durch die Dominanz der beschäftigungsgradabhängigen fixen Kosten geprägt sind. Zur Vermeidung von Fehlentscheidungen im Rahmen der Optimierung müssen daher Kosteninformationen bereitgestellt werden, welche dieses "Spannungsfeld zwischen (theoretischen) Anpassungsmöglichkeiten und (praktischen) Bindungszwängen"[3] transparent machen. Insbesondere für den praktischen Einsatz der GPO ist diese Transparenz erforderlich,

---

[1]    Schuh/Kaiser 1994, S. 82.

[2]    Vgl. Jehle/Wiesehahn/Willeke 1997, S. 282.

[3]    Reichmann/Fröhling 1991, S. 43.

da die Entscheider in VU im Rahmen von Kostenmanagementbemühungen zumeist eine Verringerung des Kostenniveaus bei gleichzeitiger Aufrechterhaltung des Leistungsniveaus anstreben ("Downsizing Cost Management").[1]

Aus diesen Überlegungen heraus liegt eine Erweiterung des Time Based Costing zu dem **Fixkostenorientierten Time Based Costing (Extended Time Based Costing)**, bei welchem in einem Erweiterten Kostenstellenbogen auch die Bindungsdauer der Fixkosten ausgewiesen wird, nahe.[2] Die nachstehende Tabelle zeigt die ausschnittweise Ausgestaltung eines solchen Bogens anhand der Beispieldaten (vgl. Tab. 22).

| **Erweiterter Kostenstellenbogen Dezember 1998** | | | | | | | |
|---|---|---|---|---|---|---|---|
| **Teilprozeßebene I:** CTV-Zahlung durchführen | | | | **Leiter:** Herr Müller | | | |
| | | | **Monatliche Istkosten**[1] | | | | |
| Kostenart | Summe | Variable Kosten | I | Bindungsdauer Fixkosten | | | |
| | | | | II | III | IV | |
| Personalkosten | 92.500 | - | 26.100 | 66.400 | - | - | |
| Verrechnung auf Prozeß | - | - | 1: - 2: - 3: 50% 4: 50%[2] | 1: 33,9% 2: 21,71% 3: 5,23% 4: 8,44% 5: 30,72% | - | - | |
| Kapitalkosten | 588 | - | - | 150 | 438 | - | |
| Verrechnung auf Prozeß | - | - | - | 1: 51,3% 2: 6,6% 3: 15,2% 4: 26,9% | 1: 25% 2: 25% 3: 25% 4: 25% | - | |
| Sachkosten | 3.675 | 3.675 | - | - | - | - | |
| Verrechnung auf Prozeß | - | 1: 31,7% 2: 20,3% 3: 22,5% 4: 25,5% | - | - | - | - | |
| Kosten anderer Bereiche | 5.867 | 5.867 | - | - | - | - | |
| Verrechnung auf Prozeß | - | 1: 31,7% 2: 20,3% 3: 22,5% 4: 25,5% | - | - | - | - | |
| Summe | 102.630 | 9.542 | 26.100 | 66.550 | 438 | - | |

1) Vgl. zu den Istkosten Tab. 20, wobei die Personalneben- und die Personalkosten des Abteilungsleiters (vgl. Abb. 44) ergänzt wurden.
2) Teilprozeß 1: Zahlung anweisen; Teilprozeß 2: Zahlung durchführen; Teilprozeß 3: Versicherungsvertreter benachrichtigen; Teilprozeß 4: Versicherungsnehmer benachrichtigen; Teilprozeß 5: Teilprozeß leiten.

*Tab. 22: Erweiterter Kostenstellenbogen im Extended Time Based Costing*

Unabhängig von der Art der Kostenverrechnung (produktorientiert oder projektorientiert) werden zunächst sämtliche **Istkostenartensummen** aus dem Kostenstellenbogen in den Erweiterten Kostenstellenbogen übernommen, da im Zentrum der Prozeßdaten-

---

1 Eine Dominanz des Kostenniveaumanagement in der Unternehmenspraxis erkennen auch REICHMANN und FRÖHLING (vgl. Reichmann/Fröhling 1993, S. 64).

2 Ähnliche Vorschläge existieren zur Erweiterung der Plankostenrechnung (vgl. Scholl 1981; Reichmann/Scholl 1984; Reichmann/Schwellnuß/Fröhling 1990) und zur Erweiterung der Prozeßkostenrechnung (vgl. Reichmann/Fröhling 1993).

ermittlungsphase zunächst die Verteilung der Istkosten auf Prozesse steht.[1] Diese werden dann in **beschäftigungsgradabhängige** variable und fixe Kosten aufgeteilt.[2] Daran anschließend werden die fixen Kosten in Abhängigkeit von ihrer Bindungsdauer in **an Kalenderperioden orientierte Klassen** eingeordnet, wobei nachfolgend vier Klassen unterschieden werden:[3]

- Klasse I:    Fixkosten ≤ 6 Monate abbaufähig
- Klasse II:   Fixkosten ≤ 1 Jahr abbaufähig
- Klasse III: Fixkosten > 1 Jahr abbaufähig
- Klasse IV: Fixkosten nicht abbaufähig aber liquidierbar
  (z. B. Eigentumspotentiale)

Zur Komplexitätsreduzierung ist es vorstellbar, nur die nach ihrer Höhe bedeutsamsten Kostenarten (z. B. Personalkostenarten) nach ihrer Abbaufähigkeit in Klassen einzuteilen.[4] Bei den übrigen Kostenarten scheint u. U. das Verhältnis zwischen Rechenaufwand und Verbesserung des Rechenergebnisses ungünstig.

Alternativ zu dieser an Kalenderperioden orientierten Einteilung wäre auch ein direkt an zeitlichen Strukturen angelehnter Ausweis im Sinne einer **kontinuierlichen Zeitablaufrechnung** denkbar. Folgt man diesem Vorschlag, so würden in dem Erweiterterten Kostenstellenbogen die Restbindungsdauern, die Gesamtbindungsdauern und die Dispositionszeitpunkte der Kostenarten ausgewiesen.[5] Die Kostenarten könnten dann danach geordnet werden, wie weit der Zeitpunkt, an dem über sie disponiert wer-

---

[1]    Die Berücksichtigung von Plankosten und die Durchführung von Soll-Ist-Vergleichen im Rahmen des Extended Time Based Costing erfolgt in der Phase der Prozeßbeurteilung und wird daher nicht an dieser Stelle dargestellt. Im Gegensatz zur Darstellung der anderen Instrumente der Prozeßkostenerfassung wird hier so verfahren, da das Extended Time Based Costing das Instrument ist, daß n. M. d. Verf. im Rahmen des GPO eingesetzt werden sollte. Die Darstellung der anderen Instrumente diente zunächst dem Aufzeigen des State of the Art und bedurfte daher keiner Aufteilung auf die Prozeßdatenermittlungs- und die Prozeßbeurteilungsphase.

[2]    Hierzu eignen sich die in der Literatur umfassend diskutierten Verfahren der Kostenauflösung im Rahmen der Kostenartenrechnung (vgl. etwa Schweitzer/Küpper 1991, S. 318 - 324). Wurde eine derartige Aufteilung bereits im Rahmen der Kostenstellenrechnung vorgenommen, sind die Werte nur noch in den Erweiterten Kostenstellenbogen zu übernehmen.

[3]    Vgl. Reichmann/Fröhling 1993, S. 65. SCHOLL gliedert die Zeitstruktur der fixen Plankosten in die Zeiträume Monat, Quartal, Halbjahr und längerfristig (vgl. Scholl 1981, S. 145).

[4]    Auch FARNY schlägt im Rahmen der Vereinfachung der Kostenrechnung vor, "in erster Linie die Personalkosten und die Daten- und Textverarbeitungskosten besonders sorgfältig zu behandeln, bei den übrigen Kosten dagegen überschlägig zu rechnen" (Farny 1992a, S. 79).

[5]    Einen ähnlichen Vorschlag machen HUG und WEBER für die Grundrechnung im entscheidungsorientierten Rechnungswesens (vgl. Hug/Weber 1980, S. 91).

den kann, von dem aktuellen Termin entfernt liegt.[1] Eine derartige Erweiterung des Kostenstellenbogens erscheint aber wesentlich komplexer als die vorgestellte Einteilung in die Fixkostenklassen, so daß nachfolgend zur Vermeidung dieser i. d. R. höheren Informationskosten dem letztgenannten Vorschlag gefolgt werden soll.[2]

Bei der Anwendung des Erweiterten Kostenstellenbogens ist zunächst das Problem der Zuordnung der Fixkosten zu den einzelnen Klassen zu lösen. Dazu ist es nicht ausreichend, die **mittleren Durchführungszeiten (mDz)**[3] der Prozesse zu kennen, da diese keinen Aufschluß über die Nutzung der verschiedenen Potentiale mit unterschiedlichen Bindungsdauern geben. Im Beispiel reicht es nicht aus zu wissen, daß eine Zahlungsanweisung 0,25 ZE dauert, sondern es muß darüber hinaus bekannt sein, welcher Sachbearbeiter die Zahlungsanweisung i. d. R. ausführt. Nur so sind die notwendigen Informationen zur Kündigungsdauer aus seinem Arbeitsvertrag eruierbar, welche als Grundlage zur Einteilung in die unterschiedlichen Fixkostenklassen dienen. Diese Informationen müssen einmalig in den Erweiterten Kostenstellenbogen gesammelt und anschließend fortlaufend überwacht und ggf. aktualisiert werden.

Zusätzlich zu diesen differenzierten Kosteninformationen muß der Erweiterte Kostenstellenbogen Informationen für die Verrechnung der unterschiedlichen Fixkostenklassen auf die Prozesse enthalten. Die aufwendige Erfassung der mDz je Teilprozeß bzw. Tätigkeit im Time Based Costing ist dazu grundsätzlich nicht notwendig, sondern es ist ausreichend zu wissen, welchen prozentualen Anteil der Arbeitszeit der Processworker für die Durchführung des Teilprozesses bzw. der Aktivität verwendet (vgl. Tab. 22). Zur Bestimmung dieser Zeitdaten ist daher eine aufwendige Selbst- oder Fremdaufschreibung nicht zwingend erforderlich, sondern die Daten können über das wirtschaftlicher einsetzbare **Multimomenthäufigkeitsverfahren** ermittelt werden.[4] Im Beispiel wird vereinfachend unterstellt, daß die Benachrichtigung der Versicherungsvertreter und Versicherungsnehmer (Teilprozeß drei und vier) zum größten Teil von vier Sachbearbeitern durchgeführt wird, die noch in ihrer Probezeit sind (Abbaufähigkeit der Fixkosten daher kleiner gleich sechs Monate). Für diese SB fallen

---

1   Vgl. Hug/Weber 1980, S. 90.

2   HUG und WEBER formulieren vorsichtiger: "Ob daraus [aus der erhöhten Komplexität der Rechnung, Anm. d. Verf.] jedoch auch zusätzliche (Informations-)Kosten resultieren, kann erst im konkreten Anwendungsfall entschieden werden" (Hug/Weber 1980, S. 92).

3   Den in Kapitel 3.1. der Untersuchung zugrundegelegten theoretischen Bestandteilen der Prozeßzeit folgend, wird im System des Extended Time Based Costing von mittleren Durchführungszeiten (mDz) und nicht von mittleren Bearbeitungszeiten gesprochen.

4   Vgl. zur Multimomentaufnahme Kapitel 5.3.1.2.2.

Personalkosten (inkl. Personalnebenkosten) von 26.100 DM an, welche dann jeweils zur Hälfte auf die Teilprozesse drei und vier verteilt werden müssen (vgl. Tab. 22).[1]

Entsprechend der so festgelegten zeitbezogenen Schlüsselung sind dann die fixen und variablen Kosten im Erweiterten Aggregierten Kostenstellenbogen des Extended Time Based Costing auf die Prozesse zu allozieren. Nachfolgend ist dieser Bogen auszugsweise mit den Daten des konstruierten Beispiels dargestellt (vgl. Tab. 23).

| Erweiterter Aggregierter Kostenstellenbogen Hauptprozeß: Schaden bearbeiten | | | | | | | |
|---|---|---|---|---|---|---|---|
| | | | | 1. Zahlung anweisen | | | |
| | | | | | Bindungsdauer Fixkosten | | |
| Kostenart | DM gesamt | DM gesamt | Variable Kosten | I | II | III | IV |
| Personalkosten | 92.500 | 22.509,60[1] | - | - | 22.509,60 | - | - |
| Kapitalkosten | 588 | 186,45[1] | - | - | 76,95 | 109,50 | |
| Sachkosten | 3.675 | 1.164,98 | 1.164,98 | - | - | - | - |
| Kosten anderer Bereiche | 5.867 | 1.859,84 | 1.859,84 | - | - | - | - |
| Summe | 102.630 | 25.720,87 | 3.024,82 | - | 22.586,55 | 109,50 | - |
| Ist-Fallzahl/Monat | | 1.800 | | | | | |
| Istkostensatz | | 14,28 | 1,68 | - | 12,54 | 0,06 | - |

1) Die geringen Unterschiede der Kostenartensummen im Vergleich zum Time Based Costing (vgl. Tab. 21) sind durch Rundung erklärbar.

*Tab. 23: Erweiterter Aggregierter Kostenstellenbogen im Extended Time Based Costing*

Durch die nach ihren Kostenkategorien getrennten Prozeßkosten können, dividiert durch die Ist-Fallzahl je Monat, differenzierte Istkostensätze ausgewiesen werden. Diese Istkostensätze geben die durch eine Durchführung des Prozesses effektiv, d. h. tatsächlich angefallenen Kosten an. Bei dieser Definition wird somit, im Gegensatz zur von HAIBER im Rahmen des Time Based Costing vorgeschlagenen Definition, auf die **Istkosten** und nicht auf die Plankosten zur Berechnung der Istkostensätze zurückgegriffen.[2] Diese eher "klassische" Definition von Istkosten[3] besitzt neben der Vermeidung von sprachlichen Unklarheiten auch methodische Vorteile im Rahmen der Ab-

---

[1]  Die anderen prozentualen Verteilungen der Fixkosten auf die Teilprozesse lassen sich z. T. aus dem bereits bekannten Datenmaterial errechnen (z. B. Anteil des Prozesses 5 an den Fixkosten mit der Bindungsdauer II) oder beruhen auf zusätzlichen Annahmen (z. B. die Abschreibungen in Höhe von 438 DM (Fixkostenklasse III) verteilen sich gleichmäßig auf die Teilprozesse eins bis vier).

[2]  Vgl. Haiber 1997, S. 399f.

[3]  Vgl. hierzu auch die Definition bei Hummel/Männel 1986, S. 112.

weichungsanalyse, welche als Gegenstand der Prozeßbeurteilungsphase umfassend in Kapitel 5.4.3. thematisiert wird.

Das **Extended Time Based Costing** in der vorgestellten Form kann im Rahmen der GPO differenzierte Antworten auf die von REICHMANN und FRÖHLING formulierte Frage eines für das Kostenmanagement verantwortlichen Entscheidungsträgers "In welcher Zeitspanne läßt sich ein bestimmter Prozeß leistungs- und damit kostenwirtschaftlich anpassen?"[1] geben. Dies sei an der oben konstruierten Problemstellung kurz erläutert: Wird wiederum unterstellt, daß der Teilprozeß "Zahlung anweisen" eliminiert werden kann, so sind kurzfristig zunächst nur die variablen Prozeßkosten (3.024,82 DM) einsparbar. Der Großteil der Kosten ist erst bis zu einem Jahr später als der Prozeß abbaufähig, so daß interpretatorische Fehlentscheidungen, wie sie im System der Grenzplankostenrechnung aufgezeigt wurden, durch die **bindungsdauerbezogene Aufspaltung der fixen Kosten** weitgehend vermeidbar sind. Die bereitgestellten Prozeßkosteninformationen sind damit differenzierter und zudem genauer als im Time Based Costing, da eine potentialorientierte Verrechnung der Kostenarten auf die Prozesse und keine Schlüsselung über die mittleren Durchführungszeiten, welche die dahinterstehenden Potentiale weitestgehend unberücksichtigt läßt, stattfindet.

Die Differenziertheit und Genauigkeit des Extended Time Based Costing wirkt in gewisser Weise **gegenläufig** zur pragmatischen Qualität des Time Based Costing und könnte daher grundsätzlich bei der praktischen Anwendung zu einem Mehraufwand führen. Dem ist entgegenzuhalten, daß der zusätzliche Aufwand zur Aktualisierung der Potentialdaten durch den geringeren Aufwand bei der Zeiterfassung durch den Einsatz der Multimomentaufnahme im Gegensatz zur Durchführung einer Selbst- oder Fremdaufschreibung z. T. konterkariert wird. Zudem ist situativ entscheidbar, für welche Kostenarten die Aufteilung in die vorgestellten Kostenkategorien notwendig ist. Eine pragmatische Reduzierung des Aufwandes der Rechnung besteht in der differenzierten Analyse lediglich der Personalkosten als größtem Kostenblock in VU. Darüber hinaus ist in diesem Zusammenhang zu prüfen, ob eine Aussonderung von überflüssigen Standarddaten - im Sinne einer Rodung des Berichts-Dschungels - EDV-technisch möglich und betriebswirtschaftlich sinnvoll ist.[2] Dadurch könnten u. U. Kapazitäten für die zur Durchführung einer GPO notwendigen Spezialinformationen des Extendend Time Based Costing aufwandsneutral bereitgestellt werden.

---

1    Reichmann/Fröhling 1993, S. 68.

2    Vgl. Reichmann/Fröhling 1993, S. 68.

### 5.3.3 Instrumente zur Erfassung von Prozeßqualität

Die erwähnte vergleichsweise zögerliche Diskussion von prozeßorientierten Instrumenten der Kostenverrechnung in der Assekuranz kann ohne Einschränkungen auf Instrumente zur Qualitätsermittlung erweitert werden. Aufbauend auf der Definition der Qualität nach DIN 55350 sind allerdings zwei diskussionswürdige Qualitätsmodelle für VU entwickelt worden, die im Vergleich zu allgemeinen Modellen zur Beurteilung von Dienstleistungsqualität[1] den Vorteil bieten, explizit auf VU fokussiert zu sein. Beide Modelle werden nachfolgend kurz dargestellt, da zu prüfen ist, inwieweit sie als Systematisierungsrahmen zur Ableitung von Instrumenten zur Prozeßqualitätsermittlung geeignet sind.

#### 5.3.3.1 Das Qualitätsmodell nach FARNY

Das Modell der Qualitätspolitik nach FARNY stellt die Phasen der Dienstleistungserstellung und damit den Begriff der "Einheit" der Qualitätsdefinition in das Zentrum der Betrachtung.[2] Demnach bezieht sich die Qualität in VU auf die für die Produktion von Versicherungsschutz von außen beschafften originären Produktionsfaktoren (sowohl Potential- als auch Repetierfaktoren), auf die Produktionsprozesse und auf die an die Versicherungsnehmer abgesetzten Versicherungsprodukte. Alle drei Bereiche werden, wie Abb. 45 zeigt, noch weiter detailliert.

Im Bereich der **Potentialdimension** stellt die Qualität vor allem auf die Mitarbeiter, die Sachmittel, die Informationstechnik und die Rückversicherung, also auf die Qualität der Produktionsfaktoren ab, während die **Prozeßdimension** die Verfügbarkeit über Ressourcen, derivative Produktionsfaktoren, versicherungstechnische und betriebstechnische Verfahren in den Mittelpunkt der Betrachtung rückt. In dieser Dimension wird Qualität im Sinne der "Eignung für die Erfüllung der Unternehmensziele des VU"[3] verstanden. Mit Bezug zur **Ergebnisdimension** werden die Qualitätsmerkmale an dem Risikogeschäft, dem Spar- und Entspargeschäft, dem Dienstleistungs- und dem Gesamtversicherungsgeschäft festgemacht. Qualität wird hier global als Eignung zur Versicherungsvermittlung und als Eignung zur Deckung des Kundenbedarfs aufgefaßt.

---

[1]    Vgl. etwa die Modelle von CORSTEN, DONABEDIAN, GRÖNROOS, GUMMESSON und GRÖNROOS, LEHMANN, MEYER und MATTMÜLLER und PARASURAMAN, ZEITHAML und BERRY. Vgl. in diesem Zusammenhang auch die kritische Würdigung der meisten der genannten Modelle bei HALLER (vgl. Corsten 1990; Donabedian 1980; Grönroos 1982; Gummesson/Grönroos 1987; Lehmann 1995; Meyer/Mattmüller 1987; Parasuraman/Zeithaml/Berry 1985; Zeithaml/Berry/Parasuraman 1995; Haller 1993 u. 1998).

[2]    Vgl. Farny 1995, S. 462 - 465.

[3]    Farny 1995, S. 464 (im Original kursiv gedruckt).

Die kundenbezogene Produktqualität ist nach FARNY die unabhängige Variable im Qualitätsmodell und beeinflußt die unternehmensbezogene Qualität. Beide Qualitätsauffassungen sind, wie in Abb. 45 dargestellt, zu verknüpfen, wobei weitestgehend unbeantwortet bleibt, wie dies im einzelnen zu geschehen hat.

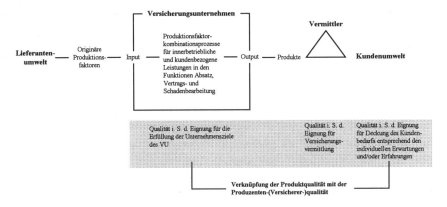

*Abb. 45: Qualitätsmodell nach FARNY[1]*

### 5.3.3.2 Das Qualitätsmodell nach KROMSCHRÖDER, BUCHWIESER, GRÜNDL und HAINDL

KROMSCHRÖDER, BUCHWIESER, GRÜNDL und HAINDL bauen ihr Qualitätsmodell[2] auf den von JURAN[3] für Sachleistungen und von PARASURAMAN, ZEITHAML und BERRY[4] für Dienstleistungen allgemein evaluierten Qualitätsmerkmalen auf, die auf VU übertragen werden. Im einzelnen ergeben sich die Merkmale Verfügbarkeit, Sicherheit, Flexibilität und Transparenz,[5] welche nachfolgend erläutert werden.

Das Merkmal **Verfügbarkeit** beschreibt die Möglichkeit, den Bedarf des Versicherungsnehmers nach Art, Höhe und Zeit zu decken. Eine hohe Qualität bedeutet dabei - vereinfacht ausgedrückt - eine möglichst schnelle (Zeit) und vollständige Deckung

---

1    Darstellung in Anlehnung an Farny 1995, S. 464.

2    Vgl. Kromschröder/Buchwieser/Gründl/Haindl 1992; Kromschröder 1993.

3    Vgl. Juran 1988.

4    Vgl. Parasuraman/Zeithaml/Berry 1985.

5    Vgl. Kromschröder/Buchwieser/Gründl/Haindl 1992, S. 50; Kromschröder 1993, S. 17. Aus Gründen der "analytischen Klarheit" (Kromschröder/Buchwieser/Gründl/Haindl 1992, S. 50) wird der Preis von den Autoren nicht als Qualitätsmerkmal eingeordnet.

aller relevanter Gefahren (Art) in dem gewünschten Deckungsumfang (Höhe). **Sicherheit** stellt hingegen auf die Übereinstimmung der erwarteten mit der tatsächlichen Versicherungsleistung des VU ab und läßt sich weiter in Bedingungs-, Erfüllungs- und Informationssicherheit differenzieren.[1] Bedingungssicherheit bedeutet, daß die vom Versicherungsnehmer vorausgesetzte Risikoübernahme mit der bedingungsmäßigen Risikoabgrenzung übereinstimmt und nicht etwa durch Ignoranz, Wunschdenken, Verständnis- oder Rechtsprobleme beeinträchtigt wird. "Das Merkmal Erfüllungssicherheit bezieht sich auf die Übereinstimmung der vertraglich zugesagten und der im Versicherungsfall tatsächlich erhältlichen Leistung"[2]. Informationssicherheit bedeutet, daß der Versicherungsnehmer sich auf die Richtigkeit, Exaktheit und Vollständigkeit der Aussagen der internen und externen Versicherungsmitarbeiter verlassen kann. Das Qualitätsmerkmal **Flexibilität** beschreibt die Anpassungsfähigkeit des Versicherungsvertrages, der Vertragsleistungen und der Vertragsnebenleistungen an Umweltveränderungen. Ein VU bietet demnach eine hohe Qualität, wenn es möglichst flexibel und damit kulant auf neu entstandene Versicherungsbedarfe reagiert.[3] Und schließlich stellt **Transparenz** auf die Verständlichkeit und Vergleichbarkeit der Versicherungsbedingungen, Schadenregulierung und des Service ab. Eine hohe Transparenz begünstigt dabei die Bedingungssicherheit, schafft sie aber nicht bzw. kann eine hohe Bedingungssicherheit in Form von hoher Genauigkeit der Versicherungspolice die Transparenz behindern.[4]

Diese Qualitätsmerkmale werden nun mit den Bestandteilen der Dienstleistung Versicherungsschutz sowie den zugehörigen Nebenleistungen verbunden. In einer jüngeren Veröffentlichung wurde zudem das Produktumfeld integriert,[5] so daß sich das in Tab. 24 dargestellte Qualitätsmodell der Versicherung ergibt.

---

[1]    Vgl. detailliert Kromschröder/Buchwieser/Gründl/Haindl 1992, S. 55 - 59.

[2]    Kromschröder/Buchwieser/Gründl/Haindl 1992, S. 58.

[3]    KROMSCHRÖDER et al. stellen Flexibilität an dem Beispiel des Münchener Hagelunwetters dar, bei welchem die VU Entschädigungen zahlten, obgleich die notwendige Sturmvoraussetzung nicht bewiesen war (vgl. Kromschröder/Buchwieser/Gründl/Haindl 1992, S. 60).

[4]    Vgl. Kromschröder/Buchwieser/Gründl/Haindl 1992, S. 61.

[5]    Vgl. Kromschröder 1993.

| Merkmale | Versicherungsschutz | | | |
|---|---|---|---|---|
| | Risikoübernahme | Schadenzahlung | Serviceleistungen | Umfeld |
| Verfügbarkeit | Bedarfsgerechtes Angebot, insbesondere Vollständigkeit der Sache, Höhe und der Zeit nach | Zahlungshöhe und Zahlungszeitpunkt | Bedarfsgerechte Information, Beratung und Betreuung | Wirkungsvolle Produktdarbietung, anspre-chendes Unternehmens-image |
| Sicherheit | Bedingungssicherheit | Erfüllungssicherheit | Informationssicherheit | Stabilität der Umfeldwirkungen, Tradition, Erfahrung |
| Flexibilität | Zeitraumbezogene Anpassungsfähigkeit des Vertragswerkes | Anpassungsfähigkeit der Versicherungsleistungen | Anpassungsfähigkeit des Nebenleistungsspektrums | Innovationsimage, Kulanzrate, Produktentwicklung |
| Transparenz | Transparenz der Versicherungsbedingungen | Verständlichkeit der Schadenregulierung | Klarheit und Verständlichkeit der Information | Klarheit und Verständlichkeit der Qualitätsziele und -maßnahmen |

*Tab. 24: Qualitätsmodell nach* KROMSCHRÖDER, BUCHWIESER, GRÜNDL *und* HAINDL[1]

Dieses Modell ist stark an den Produktmerkmalen im weitesten Sinne und damit an der Ergebnisdimension der Dienstleistungsproduktion angelehnt. Es ist jedoch mit den gleichen Merkmalskategorien auf alle drei Dimensionen ausgedehnt worden. Die Prozeßdimension gliedert sich dabei in den Innen- und Außendienst, und die Potentialdimension orientiert sich u. a. an den Potentialfaktoren Management, Mitarbeiter, Kundenstamm, Organisationsstruktur, Finanzen, Informationssystem und Know-how.[2]

### 5.3.3.3 Beurteilung der dargestellten Modelle

Beide Modelle erscheinen grundsätzlich zur Ableitung von Instrumenten zur Ermittlung der (Prozeß-)qualität in VU geeignet. Das Modell von FARNY bezieht nicht nur die Interessen des Versicherungsnehmers und des Versicherungsunternehmens, sondern auch die der Versicherungsvermittler, der Lieferanten und der Umwelt in die Betrachtung mit ein. Allerdings bleibt es auf einer hohen Abstraktionsebene und liefert somit wenig konkret Ansatzpunkte zur Erfassung von Qualität. Vergleichsweise anschaulicher erscheint das Modell von KROMSCHRÖDER, BUCHWIESER, GRÜNDL und HAINDL. Ihnen kommt das Verdienst zu, die allgemeinen Qualitätsmerkmale für Dienstleistungsunternehmen auf VU übertragen zu haben. Die identifizierten Merkmale erscheinen zwar nicht völlig überschneidungsfrei, liefern aber, insbesondere in

---

[1]  Darstellung in Anlehnung an Kromschröder 1993, S. 25.

[2]  Vgl. Kromschröder 1993, S. 24 - 26.

Kombination mit den Potential-, Prozeß- und Ergebnisdimensionen, pragmatische Ansatzpunkte zur Ableitung von Qualitätsindikatoren. Dennoch gab das Modell in der Vergangenheit vermehrt Anlaß zur Kritik.

EISEN und MÜLLER nennen als Hauptkritikpunkte den Aufbau des Modells auf den Annahmen der Lehre von den Besonderheiten des Versicherungsprozesses und einer Sicht des Versicherungsproduktes, die durch eine weitgehende staatliche Aufsicht geprägt ist.[1] Beide Punkte sind eng miteinander verbunden. Ferner wird kritisiert, daß die vier Merkmale der Dienstleistungsqualität nicht systematisch genug abgeleitet werden und dadurch wenig konsistent sind.[2] Hier setzt auch die Kritik von HELTEN, SCHMIDT und SCHNEIDER an, die dem Modell einen zu großen Abstand zu den wahren Bedürfnissen der Versicherungsnehmer unterstellen.[3] Ihnen erscheint das Modell zu praxisfern, während EISEN und MÜLLER zudem die nur geringe theoretische Untermauerung beanstanden.[4]

Den Kritikpunkten von EISEN und MÜLLER kann in weiten Teilen zugestimmt werden, wenn das von MÜLLER maßgeblich geprägte **informationsökonomische Verständnis** von Versicherungsprodukten zugrunde gelegt wird.[5] Nachvollziehbar ist ebenfalls, daß dadurch andere als die von KROMSCHRÖDER et al. vorgeschlagenen Komponenten der Dienstleistungsqualität abgeleitet werden können.[6] Problematisch an dem informationstheoretischen Ansatz erscheint jedoch u. a. die sehr stark verwendungsbezogene Sichtweise des Versicherungsproduktes, die bereits von CORSTEN[7] und FARNY[8] kritisiert wurde. Darüber hinaus lassen EISEN und MÜLLER die Vorteile der von ihnen erarbeiteten Merkmale der Dienstleistungsqualität weitgehend offen: Der Hinweis mit

---

[1]     Vgl. Eisen/Müller 1993, S. 289f.

[2]     Vgl. Eisen/Müller 1993, S. 291.

[3]     Vgl. Helten/Schmidt/Schneider 1992, S. 999.

[4]     Vgl. Eisen/Müller 1993, S. 289 u. 291f.

[5]     Vgl. hierzu ausführlich etwa Müller 1981; Müller 1995. Vgl. hierzu auch das "Unternehmensmodell" (vgl. Eisen/Müller/Zweifel 1990, S. 25 - 29), das die Funktionsprinzipien des Versicherungssystems auf Grundlage des informationstheoretischen Ansatzes erklärt.

[6]     Hierzu werden von EISEN und MÜLLER konkrete Hinweise gegeben (vgl. Eisen/Müller 1993, S. 291).

[7]     Vgl. Corsten 1994. Der Autor kommt zu dem logischen Ergebnis, daß das informationsökonomische Verständnis (im Vergleich zum Versicherungsschutzkonzept) weder eine "Vergrößerung der Folgerungspräzision noch eine [...] Vergrößerung der Anwendungsbreite aufzuweisen vermag" (Corsten 1994, S. 83f.).

[8]     Vgl. Farny 1991, S. 402.

wesentlich überzeugenderen Argumenten Qualitätsdimensionen abzuleiten,[1] wird nicht belegt.

Aus diesen Gründen wird nachfolgend der Versuch unternommen, das Modell von KROMSCHRÖDER, BUCHWIESER, GRÜNDL und HAINDL gezielt zu verbessern. Das so abgeleitete Modell wird nachfolgend als **Integratives Qualitätsmodell** bezeichnet und soll (lediglich) als "theoretischer Überbau" oder Rahmenkonzept[2] verstanden werden. So verstanden, greift auch die von HELTEN, SCHMIDT und SCHNEIDER vorgebrachte Kritik zu kurz, da aufbauend auf dem Rahmenkonzept Instrumente zur Erfassung der konkreten (Qualitäts)bedürfnisse der Versicherungsnehmer abzuleiten sind.

### 5.3.3.4 Das Integrative Qualitätsmodell

Dem Integrativen Qualitätsmodell liegen die von KROMSCHRÖDER et al. identifizierten Qualitätsmerkmale Verfügbarkeit, Sicherheit, Flexibilität und Transparenz zu Grunde. Diese werden nachfolgend mit den von FARNY im Rahmen der Versicherungsbe-triebslehre entwickelten Potentialdimension und Ergebnisdimension kombiniert.[3] Beide Dimensionen geben n. M. d. Verf. die Realität von VU präzise wieder. Für die Prozeßdimension werden die bereits in der Prozeßerkennung und -auswahlphase der GPO identifizierten und beschriebenen sieben Geschäftsprozesse verwendet (vgl. Abb. 46).[4]

Das vorgeschlagene Modell bietet einen methodisch-theoretischen Ansatzpunkt zur Ermittlung von Qualitätsmerkmalen in VU. Diese können sowohl zu einem eigenstän-digen Qualitäts-Monitoring-System im Sinne einer **versicherungsspezifischen Indi-katorrechnung** ausgebaut werden[5] als auch zur Systematisierung des Einsatzes von Instrumenten zur (Prozeß-)qualitätsermittlung dienen. Das Modell wird nachfolgend in dem letztgenannten Zusammenhang verwendet. Dazu werden zunächst die Qualitäts-merkmale der Prozeßdimension konkretisiert und darauf aufbauend Instrumente zu de-ren Messung dargestellt.

---

[1]   Vgl. Eisen/Müller 1993, S. 291.

[2]   Vgl. zur dieser Bezeichnung auch Stauss/Hentschel 1991a, S. 240.

[3]   Vgl. Farny 1995, S. 13 - 44 u. S. 478 - 501.

[4]   Vgl. Kapitel 5.1.

[5]   Vgl. hierzu das von LÜTHI, KRAHN und KÜNG entwickelte Prozeß-Monitoring-System (Lüthi/Krahn/Küng 1998) sowie die von HAIBER entwickelte Indikatorenrechnung für öffentliche Unter-nehmen (Haiber 1997, S. 396 - 446).

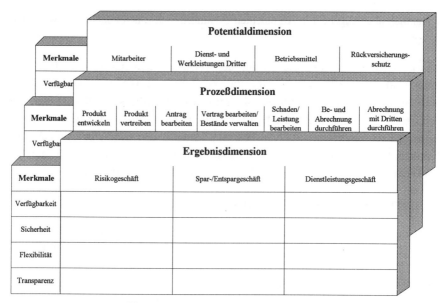

*Abb. 46: Das Integrative Qualitätsmodell*

## 5.3.3.4.1 Merkmale der Prozeßqualität

Das Merkmal **Verfügbarkeit** bezieht sich im Rahmen der Konkretisierung der Prozeßqualität auf die Möglichkeit des externen Kunden, den Prozeß bzw. das Prozeßergebnis nach Art und Höhe sowie im nachgefragten zeitlichen Rahmen in Anspruch nehmen zu können. Der zeitliche Rahmen ist - aus Sicht des Versicherungsnehmers - insbesondere für die Prozesse "Produkt entwickeln", "Antrag bearbeiten" und "Schaden/Leistung bearbeiten" von besonderer Bedeutung. Nicht selten wird die Qualität eines Versicherungsproduktes und sogar des gesamten Unternehmens von den Versicherungsnehmern in Abhängigkeit von der Dauer der Antrags- und Schadenbearbeitung beurteilt.[1] Dabei ist den Versicherungsnehmern im Schadenfall eine besonders großzügige Regulierung weniger wichtig als eine schnelle und angemessene Regulierung.[2] Eine schnelle zeitliche Verfügbarkeit des Prozeßergebnisses "Schaden/Leistung bearbeiten" läßt sich somit offenbar nicht durch eine besonders entgegenkommende

---

[1]     Dies belegt nochmals den engen Zusammenhang zwischen der Potential-, Prozeß- und Ergebnisdimension der Qualität.

[2]     Vgl. hierzu die Ergebnisse der 1993 vom *Institut für Demoskopie Allensbach* im Auftrag des *HUK-Verbandes* durchgeführte Repräsentativerhebung zum Image der HUKR-Versicherungszweige (vgl. Gauly 1995) sowie die Ergebnisse der empirischen Erhebung zur Service-Orientierung der deutschen Versicherungswirtschaft vom November 1997 (vgl. Sauerbrey/Niemeyer 1998).

Verfügbarkeit der Höhe nach kompensieren. Bei dem Prozeß "Antrag bearbeiten" gelten ähnliche Überlegungen: Je schneller das Underwriting des Vertrags erfolgt, desto eher ist der Versicherungsschutz für den externen Kunden verfügbar, und umso höher wird letztlich die Prozeßqualität und die Qualität des VU beurteilt.[1] Neben der zeitlichen Verfügbarkeit des Prozesses "Produkt entwickeln" im Sinne einer möglichst kurzen Produktentwicklungszeit, ist hier auch die Verfügbarkeit der Art und der Sache nach für eine hohe Qualität des Prozesses ausschlaggebend. Das neue Produkt sollte in der Lage sein, die individuellen Risiken der Zielgruppe, für die es entwickelt wurde, möglichst vollständig abzudecken. Der in praxi auftretende **Zielkonflikt** ist offensichtlich: Der Versicherungsnehmer ist, wie im Eingangsbeispiel dargestellt, daran interessiert, auch die abgeknickte Kfz-Antenne als gestohlen im Sinne der Kfz-Versicherung gegen Diebstahl zu definieren. Somit fordert der externe Kunde grundsätzlich einen umfassenden Risikoschutz (bei gleichem Tarif). Aus unternehmerischer Sicht ist eine (all-)umfassende Risikodeckung aus Gründen der Kalkulierbarkeit des Risikos und damit der Versicherungsprämie jedoch nicht wünschenswert.[2] Zur Lösung dieses Zielkonfliktes kann eine möglichst variable Produktgestaltung beitragen, die es zuläßt, das Produkt an die individuellen Bedürfnisse der Versicherungsnehmer (Risikolagen) möglichst genau anzupassen.[3]

Das Merkmal **Sicherheit** läßt sich vor dem Hintergrund der Prozeßqualität auf die Übereinstimmung der vom externen Kunden erwarteten mit der tatsächlichen Prozeßleistung und -durchführung definieren. In Erweiterung zur Konkretisierung der Produktsicherheit von KROMSCHRÖDER et al.[4] bietet sich hier eine Unterteilung der Prozeßsicherheit in Bearbeitungs-, Informations-, Erfüllungs- und Bedingungssicherheit an. Während die Erfüllungs- und Bedingungssicherheit am Prozeßergebnis und die Bearbeitungssicherheit bei der Prozeßdurchführung ansetzt, fokussiert die Informationssicherheit beide Aspekte gleichermaßen. Die Bearbeitungssicherheit als prozeßbezogene Ausprägung der Informationssicherheit bedeutet, daß der externe Kunde sich

---

[1] Vgl. auch Kromschröder/Buchwieser/Gründl/Haindl 1992, S. 55. Die Bearbeitungsgeschwindigkeit ist jedoch nicht bei allen Prozessen ein Qualitätsmaßstab: VOGEL weist zurecht darauf hin, daß ein schneller Prämieneinzug aus Kundensicht nicht als Qualitätsmerkmal gewertet wird (vgl. Vogel 1994, S. 255).

[2] Vgl. diesen Zielkonflikt auch am Beispiel der Verfügbarkeit der Risikoübernahme bei der Hausratversicherung bei Kromschröder/Buchwieser/Gründl/Haindl 1992, S. 53.

[3] Vgl. hierzu auch Eisen/Müller 1993, S. 290. Zu prüfen wäre z. B. die Umsetzbarkeit nach dem bei Sachleistungsunternehmen bekannten **Baukastenprinzip**, indem weitgehend standardisierte Bedingungen und Tarife durch eine kundenspezifische Kombination zu individuellen Produkten zusammengesetzt werden (vgl. zu dieser Idee auch Richter 1998, S. 352).

[4] Vgl. Kromschröder/Buchwieser/Gründl/Haindl 1992, S. 55 - 59.

nicht nur auf die Richtigkeit und Vollständigkeit der Aussagen der Versicherungsmitarbeiter über Stand und Ergebnis des Prozesses verlassen (Informationssicherheit[1]),
sondern darüber hinaus auch auf die Richtigkeit und Vollständigkeit der Tätigkeitsaus-
führung vertrauen kann. Besonders bei den "Bearbeitungsprozessen" "Antrag bearbeiten", "Vertrag bearbeiten/Bestände verwalten", "Be- und Abrechnung durchführen"
und "Abrechnung mit Dritten durchführen" ist die Bearbeitungssicherheit ein wichtiges
Qualitätsmerkmal. Ein (z. B. vom Versicherungsvertreter) richtig ausgefüllter Antrag
und eine richtige Bearbeitung sind zudem notwendige Voraussetzungen der Übereinstimmung der vertraglich zugesagten mit der tatsächlichen Versicherungsleistung
(Erfüllungssicherheit des Prozesses "Schaden/Leistung bearbeiten"). Die Bedingungssicherheit steht insbesondere bei dem Prozeß "Produkt vertreiben" im Vordergrund der
Qualitätsbetrachtung. Speziell beim Vertragsabschluß ist es Aufgabe des Vermittlers
- oder alternativer Vertriebsformen - ein eventuelles Gap zwischen der vom Versicherungsnehmer vorausgesetzten Risikoübernahme und der bedingungsmäßigen Risikoabgrenzung nicht erst aufkommen zu lassen, bzw. ggf. durch umfassende Produktin-
formationen zu schließen.

Das Prozeßqualitätsmerkmal **Flexibilität** beschreibt die Anpassungsfähigkeit des Prozesses an veränderte Umweltbedingungen. Unter Umweltbedingungen sind ebenso
gewandelte Wünsche einer Zielgruppe, für die ein neues Produkt entwickelt werden
sollte,[2] und Kundendatenänderungen im Rahmen des Prozesses "Vertrag bearbei-
ten/Bestände verwalten" zu verstehen, wie auch der Wunsch des externen Kunden, den
Prozeß "Produkt vertreiben" zu einem geänderten Zeitpunkt nachzufragen. Diese wenigen Beispiele machen deutlich, daß Prozeßflexibilität eng mit einer hohen Mitarbei-
terflexibilität (hier des Produktentwicklungsteams und des Sachbearbeiters) und der
Nutzung von moderner Informations- und Kommunikationstechnik (z. B. in Form des
Vertriebs via World Wide Web) verbunden ist, was wiederum als Indiz für die eingangs postulierte unmittelbare Verknüpfung der Prozeßqualität mit der Potentialqualität zu interpretieren ist. Für eine hohe Produkt- und Unternehmensqualität ist aus Sicht
des externen Kunden die Flexibilität des Prozesses "Schaden/Leistung bearbeiten",
verstanden als Kulanz bei der Schadenbearbeitung, von signifikanter Bedeutung. Als
praktisches Beispiel kann das Verhalten des in den USA ansässigen Versicherungsunternehmens *State Farm* in den Jahren 1992/93 dienen:[3] Im Gegensatz zur Vorgehens-

---

[1]    KROMSCHRÖDER et al. beziehen die Informationssicherheit auf die Nebenleistungen (z. B. Information,
       Beratung, Betreuung) von Versicherungsprodukten (vgl. Kromschröder/Buchwieser/Gründl/Haindl
       1992, S. 58).

[2]    Vgl. hierzu etwa das Beispiel der *United Services Automobile Association* bei Lehmann 1995, S. 395.

[3]    Beispiel nach Venohr 1996, S. 368.

weise vieler anderer VU kündigte *State Farm* nach dem Hurrikan "Andrews" in den besonders betroffenen Gebieten nicht die Versicherungsverträge. Vielmehr wurden die Schäden häufig über den gesetzlich notwendigen Rahmen hinaus reguliert, mit dem Ziel, die Versicherungsnehmer zufriedenzustellen. Hintergrund dieser Überlegungen ist die Erkenntnis, daß mit steigender Kundenzufriedenheit die Kundenbindungsdauer tendenziell steigt, und damit eine geringere Preissensitivität der Versicherungsnehmer und ein Rückgang der Schadenquote einhergeht.[1]

Die **Transparenz** als Merkmal der Prozeßqualität stellt auf die Verständlichkeit und Vergleichbarkeit der Prozeßdurchführung und des Prozeßergebnisses ab. Der externe Kunde sollte mit Bezug zum Prozeß "Produkt vertreiben" zunächst schnell erkennen können, was versichert ist. Dies ist vor dem Hintergrund der aus juristischen Gründen einerseits und aus der mangelnden Bereitschaft der VU andererseits abstrakt formulierten Versicherungsbedingungen nicht immer einfach. Aufgrund der geringen Prozeßergebnistransparenz suchen die externen Kunden häufig nach weiteren Informationsquellen (z. B. Produktratings) zur Beurteilung der Qualität.[2] Zur Herstellung einer hohen Prozeßdurchführungstransparenz sollte die Vertriebsform (z. B. der Versicherungsvertreter, die Internetseite) Informationen über die noch notwendigen innerbetrieblichen Bearbeitungstätigkeiten nach Vervollständigung des Antrages bereitstellen, damit der externe Kunde einen Einblick in die Dauer der Folgebearbeitung erhält. Daß es insbesondere an diesen beiden Qualitätsdimensionen in der Praxis häufig mangelt, macht die geringe Kenntnis der Bevölkerung in Bezug auf Versicherungsprodukte und -prozesse deutlich. Als Ergebnis der bereits oben angesprochenen Repräsentativerhebung des *Instituts für Demoskopie Allensbach* wurde u. a. festgestellt, daß sich fast 60 % der Bundesbürger in Versicherungsfragen für unzureichend informiert halten. 30 % der Bundesbürger hätten gerne bessere Informationen über die Dauer einer Schadenregulierung, über das, was als Schaden definiert ist und über ihre Ansprüche. Das Ausfüllen der Schadenanzeige bereitet etwa 20 % der Bevölkerung Probleme.[3]

Die dargestellten Merkmale der Prozeßqualität sind in der folgenden Tab. 25 zusammenfassend dargestellt.

---

[1]  Vgl. zu diesen Zusammenhängen ausführlich Venohr 1996 und Bechmann 1995. Letzterer visualisiert die Kundenbindung mit Hilfe der **Kundenbindungskette** (vgl. Bechmann 1995, S. 371f.).

[2]  Vgl. zu diesen Überlegungen auch Kromschröder/Buchwieser/Gründl/Haindl 1992, S. 62; Eisen/Müller 1993, S. 291.

[3]  Vgl. Gauly 1995.

| Merkmale | Prozeßdimension | | | | | | |
|---|---|---|---|---|---|---|---|
| | Produkt entwickeln | Produkt vertreiben | Antrag bearbeiten | Vertrag bearbeiten/ Bestände verwalten | Schaden/ Leistung bearbeiten | Be- und Abrechnung durchführen | Abrechnung mit Dritten durchführen |
| Verfügbarkeit | Dauer der Produktentwicklung | Angebotserstellung an Kundenbedarf angepaßt | Bearbeitungsdauer | Bearbeitungsdauer, Verwaltungsstatus | Zahlungshöhe und -zeitpunkt | Abrechnungshöhe und -zeitpunkt | Abrechnungshöhe und -zeitpunkt |
| Sicherheit | Informationssicherheit | Informations- und Bedingungssicherheit | Bearbeitungssicherheit | Bearbeitungssicherheit | Informations- und Erfüllungssicherheit | Bearbeitungssicherheit | Bearbeitungssicherheit |
| Flexibilität | Anpassungsfähigkeit an veränderte Umweltzustände | Anpassungsfähigkeit an spezifische Situation des externen Kunden anpassen | Anpassungsfähigkeit an Datenänderungen | Anpassungsfähigkeit an Datenänderungen | Anpassungsfähigkeit an Schaden-/Leistungssituation (Kulanz) | Anpassungsfähigkeit an Wünsche des exterenen Kunden | Anpassungsfähigkeit an Wünsche des exterenen Kunden |
| Transparenz | Informationen über Entwicklungsprozesse | Informationen über Produkte, Versicherungsbedingungen, Tarife | Informationen über Bearbeitungsstand und weitere Bearbeitungstätigkeiten | Informationen über Bearbeitungsstand und gespeicherte Daten | Informationen über Bearbeitungsstand und weitere Bearbeitungstätigkeiten | Informationen über Be- und Abrechnungsweg | Informationen über Abrechnungsweg |

*Tab. 25: Übersicht über die Merkmale der Prozeßqualität*

Zur Ermittlung der diskutierten Merkmalsausprägungen sind geeignete Instrumente erforderlich, die im Folgenden thematisiert werden.

## 5.3.3.4.2 Instrumentelle Ausgestaltung

Instrumente zur Beurteilung von Dienstleistungsqualität aus der subjektiven Sicht des exterenen Kunden können grundsätzlich in **attributorientierte** und **ereignisorientierte** Ansätze unterteilt werden.[1] Ersteren liegt die Annahme zugrunde, daß der externe Kunde die Qualität einer Leistung an verschiedenen Qualitätsmerkmalen festmacht. Daher messen die attributorientierten Ansätze die Ausprägungen der Qualitätsmerkmale i. d. R. mittels Ratingskalen, woran sich eine Verknüpfung der Ergebnisse zu einem Gesamtqualitätsurteil anschließt. Populäre attributorientierte Instrumente sind das häufig von theoretischer Seite (zu Recht) kritisierte Ratingskalenverfahren SERVQUAL[2], die Penalty-Reward-Analyse[3] und die Vignette-Methode[4], die mittels Conjoint-Verfahren durchgeführt wird. Ereignisorientierte Ansätze beruhen auf der

---

[1]  Vgl. Haller 1993; Haller 1998, S. 93. STAUSS und HENTSCHEL unterteilen ähnlich in Multiattributverfahren und Verfahren zur Auswertung von Kundenerlebnissen (vgl. Stauss/Hentschel 1991a, S. 240).

[2]  Vgl. zu dem Instrument Parasuraman/Zeithaml/Berry 1988. Zur Kritik an dem Verfahren vgl. etwa Bruhn 1996, S. 75ff.; Hentschel 1990; Hentschel 1995, S. 363 - 371.

[3]  Vgl. Brandt 1988.

[4]  Vgl. Rossi/Anderson 1982.

Annahme, "daß Kundenerlebnisse dann qualitätsrelevant sind, wenn diese als besonders negativ oder positiv wahrgenommen und beurteilt werden."[1] Diese Erlebnisse
werden mittels interview- oder fragebogenzentrierter Befragung erfaßt. Hier haben sich
vor allem die Critical Incident Technique, das Beschwerdemanagement und die Kontaktpunkt-Analyse[2] durchgesetzt.[3] Alle Instrumente sind mehr oder weniger gut geeignet, die Qualität in VU zu messen.

Wird die Wahl zwischen attribut- und ereignisorientierten Verfahren in Dienstleistungsunternehmen allgemein eher zum "Glaubenskrieg"[4], und daher vor dem Hintergrund der Informationsmaximierung eine Kombination beider Verfahren im Sinne
eines Methoden-Mix empfohlen,[5] wird diese Empfehlung für VU nicht gegeben. Attributorientierte Ansätze scheinen vielmehr grundsätzlich nicht geeignet, realistische Ergebnisse über die Qualitätsauffassung von Versicherungskunden geben zu können.
STREMITZER und ENNSFELLNER begründen dies wie folgt:[6] Versicherungsleistungen
sind im Gegensatz zu anderen Dienstleistungen stärker zeitraumbezogen. In der Zeit
zwischen Vertragsabschluß und Vertragsende ändert der Versicherungsnehmer i. d. R.
seine Erwartungen an das VU und das Produkt. Da attributorientierte Ansätze aber direkt nach der Inanspruchnahme der Dienstleistung eingesetzt werden, "müßte genaugenommen erst nach Ablauf der Laufzeit des Versicherungsvertrages der Versicherungsnehmer einer Befragung unterzogen werden."[7] Fraglich ist jedoch, ob die Ergebnisse einer Befragung, bei der vom Versicherungsnehmer verlangt wird, sich an u. U.
mehrere Jahre zurückliegende Erwartungen an den Abschluß eines Versicherungsvertrages zu erinnern, aussagefähig sind. Eine Lösung stellen hier scheinbar in geringen
zeitlichen Abständen durchgeführte Befragungen dar, jedoch bleibt bei dieser Vorgehensweise das Problem der - aus Sicht des externen Kunden - **Zufallsabhängigkeit
der Qualität von Versicherungsprodukten** ungelöst. Ein Versicherungsvertrag hat
für einen Versicherungsnehmer mit steigender Schadenzahl einen subjektiv empfundenen höheren Nutzen. Dadurch bekommt die vom VU unbeeinflußbare Schadeneintrittswahrscheinlichkeit Einfluß auf die Meßergebnisse der attributorientierten Ansätze.

---

1    Stremitzer/Ennsfellner 1994, S. 395.

2    Vgl. Stauss 1995.

3    Eine umfassende vergleichende Gegenüberstellung aller bislang genannten Verfahren der Qualitätser-
     mittlung findet sich bei Haller 1998.

4    Haller 1998, S. 149.

5    Vgl. Haller 1998, S. 149; Müller/Lohmann 1997, S. 987.

6    Vgl. Stremitzer/Ennsfellner 1994, S. 394 - 396.

7    Stremitzer/Ennsfellner 1994, S. 394.

Darüber hinaus ist zu bedenken, daß bei Personenversicherungen häufig der Ablauf des Versicherungsvertrages aufgrund des Todesfalls eintritt. Diese Probleme lassen die attributorientierten Ansätze speziell für Personen- aber auch für Sachversicherungen sowohl methodisch als auch in ihrer (allgemein-dienstleistungsspezifischen) inhaltlichen Ausgestaltung[1] grundsätzlich ungeeignet erscheinen.

Das Eintreten eines Schadenfalls beeinflußt nachvollziehbar das subjektive Qualitätsempfinden bezüglich des **Versicherungsproduktes**. Fraglich ist jedoch, ob damit auch das Qualitätsempfinden bezüglich der **Abwicklungsleistung** beeinflußt wird. Dieses wird vermutlich mehr von Einflußfaktoren, wie sie in Tab. 25 identifiziert worden sind, abhängen. Der von STREMITZER und ENNSFELLNER vorgetragene Argumentationsgang stellt somit in hohem Maße auf die Produktqualität und daher auf die Ergebnisdimension der Qualitätsbetrachtung ab. Zur Erfassung der Potentialqualität und - vor dem hier relevanten Hintergrund - insbesondere der Qualität spezieller kundenbezogener Beratungs- oder Abwicklungsprozesse, erscheinen aber durchaus auch theoretisch fundierte und methodisch sorgfältig gestaltete attributorientierte Instrumente einsetzbar.[2] Denkbar wäre z. B. eine in die Dimensionen Verfügbarkeit, Sicherheit, Flexibilität und Transparenz[3] gegliederte Ratingskala zur Erfassung der Qualität des Prozesses "Produkt vertreiben". Direkt im Anschluß an die Prozeßinanspruchnahme könnte der externe Kunde so sein subjektives Prozeß-Qualitätsempfinden an das VU weitergeben. Die einzelnen Qualitätsempfindungen könnten dann in **attributorientierten Prozeßqualitätsdiagrammen** zentral ausgewertet werden (vgl. Abb. 47).

Die Argumentation von STREMITZER und ENNSFELLNER ist daher insofern zu präzisieren, als daß zur Messung der Produktqualität in VU ereignisorientierte im Vergleich zu attributorientierten Ansätzen grundsätzlich besser geeignet sind. Es liegt jedoch die Vermutung nahe, zur Messung spezieller Facetten der Prozeß- und Potentialqualität auch letztgenannte Ansätze zielführend einsetzen zu können. Streng genommen steht jedoch nach Kenntnis d. Verf. eine wissenschaftliche Prüfung dieser These noch aus.

---

[1]  Vgl. hierzu etwa den allgemeinen Fragenkatalog von SERVQUAL bei Zeithaml/Parasuraman/Berry 1992, S. 202ff.

[2]  Auch SÖNNICHSEN hält "Kriterien der Beziehungsqualität im wesentlichen nur durch Befragungen der Versicherungsnehmer" für erfaßbar (Sönnichsen 1992, S. 305). Beziehungsqualität bezeichnet in diesem Zusammenhang die Qualität des Verhältnisses zwischen Versicherer und Versicherungsnehmer und ist in Vermittlungsqualität und Beratungsqualität unterteilbar (vgl. Sönnichsen 1992, S. 288f.). Damit ist der enge Zusammenhang zwischen Beziehungsqualität und Prozeßqualität evident.

[3]  Vgl. die Qualitätsmerkmale in Tab. 25.

Aus diesem Grunde werden im Folgenden die **Critical Incident Technique** und das **Beschwerdemanagement** als Vertreter der ereignisorientierten Ansätze in den Mittelpunkt der instrumentellen Ausgestaltung der Prozeßdatenermittlungsphase gestellt.[1] Die Critical Incident Technique eignet sich besonders zur Ermittlung der Prozeßqualität,[2] während das Beschwerdemanagement im Stande ist, alle Qualitätsdimensionen gleichermaßen zu erfassen. Eine Kombination beider Instrumente ist daher zur umfassenden Messung der Qualität in VU zweckmäßig.[3]

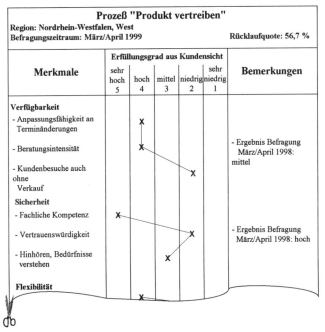

*Abb. 47: Beispiel zur Ausgestaltung eines prozeßbezogenen Qualitätsdiagramms*[4]

---

[1]  Da für die Kontaktpunkt-Analyse bislang keine Auswertungen über die Qualität der gewonnen Aussagen vorliegen, und sie sehr aufwendig in der Durchführung ist (vgl. Haller 1998, S. 146), wird die Analyse nachfolgend als weniger geeignet zur Qualitätsermittlung eingestuft. Daher wird auf eine Darstellung verzichtet (vgl. zur Analyse detailliert Stauss 1995).

[2]  Vgl. auch Müller/Lohmann 1997, S. 984.

[3]  Auch in der Literatur wird häufig eine Kombination der Instrumente nahegelegt (vgl. etwa Stremitzer/Ennsfellner 1994, S. 394).

[4]  Vgl. hierzu auch den Vorschlag von LEHMANN zur Ermittlung von Servicequalitätsfaktoren (vgl. Lehmann 1990, S. 110, Abb. 3). Bei SEBASTIAN, PAFFRATH, LAUSZUS und RUNNEBOOM finden sich in diesem Zusammenhang interessante Befragungsmethoden zur Messung der Kundenzufriedenheit mit Beispielen zu Profildarstellungen von Soll- und Ist-Qualitäten (vgl. Sebastian/Paffrath/Lauszus/Runneboom 1995, S. 349 - 357).

## 5.3.3.4.2.1   Die Critical Incident Technique

Aufbauend auf den Studien des Aviation Psychology Program der United States Army Air Forces im Zweiten Weltkrieg, entwickelte FLANAGAN in den fünfziger Jahren die Critical Incident Technique (CIT).[1] Nach einem umfassenden Einsatz des Instrumentes, insbesondere in der organisations- und sozialpsychologischen Forschung, wurde in der jüngsten Vergangenheit nachgewiesen, daß mit der CIT auch Schwächen im **Prozeß der Dienstleistungserstellung** aufgedeckt werden können.[2] Diese Untersuchungsergebnisse reichen jedoch nicht aus, um von einer "allgemeinen sozialwissenschaftlichen "Theorie der kritischen Ereignisse" noch von einem marketingspezifischen Ansatz der ereignisorientierten Qualitätsmessung"[3] sprechen zu können und stehen erst am Anfang einer umfassenden empirischen Evaluierung des Instrumentes. Dennoch scheint allgemein anerkannt zu sein, daß die CIT wertvolle Hinweise zur Wahrnehmung und zum Verständnis von Dienstleistungsqualität aus Sicht des externen Kunden zu geben vermag.

Dazu werden externe Kunden mittels direkter, offener Fragen nach besonders positiven und negativen Erlebnissen ("Critical Incidents") in Zusammenhang mit der Dienstleistungsproduktion befragt.[4] Diese Erlebnisse sind "kritisch", wenn sie die Möglichkeit des Dienstleistungsanbieters, seine Qualitätsziele zu erreichen, vermindern bzw. erhöhen.[5] Die zur Erfassung der Critical Incidents geeigneten Fragensets sollten analog zu den in Abb. 48 dargestellten Fragen aufgebaut sein. Für VU empfiehlt sich zur ungerichteten Evaluation von negativen Ereignissen auch die folgende Formulierung: "Vielleicht haben Sie sich schon einmal oder mehrmals über [Name des VU] geärgert. Schildern Sie bitte kurz, worum es dabei ging. Bitte machen Sie die Angaben so konkret wie möglich."[6] Zur Feststellung der Qualität von bestimmten Versicherungsverträgen oder Dienstleistungsprozessen (z. B. Produkt vertreiben), bietet es sich an, die Formulierung entsprechend zu konkretisieren.

---

[1]   Vgl. Flanagan 1954, S. 328f.

[2]   Vgl. hierzu Müller/Lohmann 1997, S. 974, sowie die dort aufgeführten Literaturangaben zur organisations- und sozialpsychologischen Forschung.

[3]   Müller/Lohmann 1997, S. 974.

[4]   Vgl. auch Haller 1993, S. 117.

[5]   Vgl. auch Müller/Lohmann 1997, S. 974.

[6]   Vgl. hierzu auch die Frage im Rahmen des CIT Einsatzes im Bankbereich bei Müller/Lohmann 1997, S. 977.

> *Denken Sie an ein Ereignis im Zusammenhang mit*
> *... , das Sie als besonders positiv bzw. negativ*
> *empfanden.*
>
> *Beschreiben Sie diesen Vorfall bitte in allen Einzel-*
> *heiten. Wer tat was? Wer sagte was?*

*Abb. 48: Fragemethodik im Rahmen der Critical Incident Technique[1]*

In diesem Zusammenhang ist festzulegen, wieviele kritische Ereignisse einen ausreichend sicheren Aufschluß über die (Prozeß-)qualität geben. Nach Kenntnis des Verfassers existieren in der Literatur hierzu nur wenige Hinweise: FLANAGAN empfiehlt zunächst recht unscharf bei relativ einfachen Untersuchungsobjekten nur 50 oder 100 Ereignisse zu sammeln, während komplexe Objekte die Sammlung von mehreren tausend Ereignissen erforderlich machen.[2] Auf diesen Grundüberlegungen aufbauend, präzisiert er das "**Flanagan-Kriterium**"[3]: "For most purposes, it can be considered that adequate coverage has been achieved when the addition of 100 critical incidents to the sample adds only two or three critical behaviors."[4] HALLER weist jedoch darauf hin, daß diese Entscheidungsregel aus Zeit- und Kostengründen in praxi nicht einzuhalten sein dürfte.[5] MÜLLER und LOHMANN haben im Rahmen eines Methodenvergleichs am Beispiel der Feststellung der Qualität von Bankdienstleistungen 158 Ereignisse gesammelt.[6]

Nach der Erhebung der Critical Incidents schließt sich die Auswertungsphase an, in der zwischen einem deduktiven und induktiven Vorgehen unterschieden werden kann.[7]

---

[1]  Darstellung in Anlehnung an Haller 1998, S. 118. Vgl. auch die detaillierten Fragenbeispiele bei Flanagan 1954, S. 342.

[2]  Vgl. Flanagan 1954, S. 343.

[3]  Haller 1998, S. 118, im Original nicht im Fettdruck.

[4]  Flanagan 1954, S. 343.

[5]  Vgl. Haller 1998, S. 118.

[6]  Vgl. Müller/Lohmann 1997, S. 981.

[7]  Vgl. Haller 1998, S. 118f.

Bei der induktiven Auswertung werden die Berichte der Interviewten mehrfach gelesen und ähnliche Ereignisse zu Gruppen zusammengefaßt. Zur Prüfung und Objektivierung der Gruppenbildung bietet es sich an, eine dritte Person die Berichte anhand der Gruppierungsmerkmale sortieren zu lassen.[1] Im Rahmen der deduktiven Auswertung werden vor der Analyse der Berichte Qualitätskategorien gebildet. Diese sind dann durch die geschilderten Ereignisse auf ihre Robustheit zu prüfen. Geeignet erscheinen hier die Qualitätsmerkmale Verfügbarkeit, Sicherheit, Flexibilität und Transparenz des Integrativen Qualitätsmodells. Da eine Empfehlung, welche Auswertungsform zielführender ist, aufgrund der geringen empirischen Fundierung der CIT nicht gegeben werden kann, empfiehlt HALLER eine **teleologische Systematisierung**.[2] Diese setzt bei den Maßnahmen und Instrumenten zur Verbesserung der Qualität an. Negative Ereignisse werden demnach in die gleiche Kategorie eingeordnet, wenn sie mit dem gleichen Instrument oder der gleichen Maßnahme zur Qualitätssteigerung verbessert bzw. beseitigt werden können.

Die Critical Incident Technique mißt Leistungsebenen, die stark zwischenmenschlich bestimmt sind, besonders sensibel.[3] Daher eignet sie sich "besonders gut, die Prozeßqualität der Dienstleistungserstellung abzubilden"[4] und ist damit auch zum Einsatz in VU prädestiniert. Die Critical Incidents sind zumeist solche extrem positiven oder negativen Ereignisse, die auch im privaten Umfeld des externen Kunden weitergegeben werden. Dadurch wirken sie in besonderem Maße kaufverhaltensbeeinflussend,[5] da neben dem Versicherungsvertreter insbesondere die Empfehlung von Verwandten, Freunden und Bekannten als Entscheidungshilfe beim Abschluß einer Versicherung genutzt werden.[6] Neben der reinen Erfassung des Ist-Qualitätszustandes werden von den Befragten häufig auch konkrete Angaben zu Verbesserungsmaßnahmen und zu erwünschten Qualitätsstandards im Sinne einer Soll-Qualität aus Sicht des externen Kunden gemacht. Somit ist die CIT in der Lage, erste Ergebnisse und Anhaltspunkte zur **Prozeßbeurteilung** zu liefern.

---

[1]   Vgl. Haller 1998, S. 118.

[2]   Vgl. Haller 1998, S. 121.

[3]   Vgl. Müller/Lohmann 1997, S. 985.

[4]   Müller/Lohmann 1997, S. 984.

[5]   Vgl. hierzu auch Stremitzer/Ennsfellner 1994, S. 396f.

[6]   Als Ergebnis der bereits angesprochenen Repräsentativerhebung des *Instituts für Demoskopie Allensbach* wurde u. a. festgestellt, daß sich etwa ein Drittel der Befragten Entscheidungshilfen bei der Versicherungswahl im Bekanntenkreis holen (vgl. Gauly 1995, S. 379).

Nachteilig erscheint jedoch der hohe Aufwand der Durchführung und Auswertung der Interviews.[1] Ferner ist bei dem Einsatz des Instrumentes zu berücksichtigen, daß "sich der Dienstleister nicht sicher sein kann, Informationen über alle ihn interessierenden Leistungskomponenten zu erhalten."[2] Darüber hinaus können die Ergebnisse der CIT von denen anderer Instrumente abweichen.[3] Daher wird in der Literatur zumeist der parallele Einsatz eines weiteren Instrumentes zur Qualitätsermittlung empfohlen.[4]

### 5.3.3.4.2.2   Das Beschwerdemanagement

Beschwerden[5] sind Ausdruck von individueller Unzufriedenheit des externen Kunden mit Leistungen des Unternehmens und damit wichtige Indikatoren zur Qualitätsmessung.[6] Unternehmen können unterschiedlich auf Beschwerden reagieren. In diesem Zusammenhang unterscheidet RIEMER anhand der Kriterien Beschwerdenutzung und Reaktionskonzept vier verschiedene **Reaktionspolitiken von Unternehmen** auf Beschwerden, die in Abb. 49 systematisiert sind.[7]

In Abhängigkeit vom Reaktionskonzept des Unternehmens lassen sich reaktive und strategische Politiken unterscheiden. Reaktive Politiken sind dadurch gekennzeichnet, daß die Unternehmensreaktion auf eine Beschwerde nicht in Abstimmung mit einem Zielsystem erfolgt. Sie zeichnen sich durch eine mehr oder weniger ungeregelte Beschwerdebearbeitung aus, ohne daß diese auf ein übergeordnetes Ziel ausgerichtet ist. In Abhängigkeit von der Nutzung der Beschwerdeinformationen im Unternehmen lassen sich die Strategie der **Einzelfallbearbeitung** und der **standardisierten Beschwerdebearbeitung** unterscheiden. Erstere bedeutet, "daß ein Unternehmen nur dann rea-

---

[1]   Vgl. auch Haller 1993, S. 32; Haller 1998, S. 121; Müller/Lohmann 1997, S. 975.

[2]   Müller/Lohmann 1997, S. 987.

[3]   Vgl. Haller 1998, S. 146. Vgl. hierzu ausführlich die Untersuchungen von Stauss/Hentschel 1991b und Müller/Lohmann 1997.

[4]   Als geeignete "Partner" werden häufig attributorientierte Verfahren genannt (vgl. stellvertretend Müller/Lohmann 1997, S. 987).

[5]   Wenn nachfolgend von Beschwerden gesprochen wird, so sind damit solche externer Kunden gemeint. Die Beschwerden interner Kunden sind hier nicht Gegenstand der Betrachtungen.

[6]   Vgl. Riemer 1986, S. 22. RIEMER weist jedoch auch darauf hin, daß aus Beschwerden nicht immer geschlossen werden kann, daß der Beschwerdeführer mit der Unternehmensleistung unzufrieden ist. Häufig werden Beschwerden auch nur aus dem Grund der Verbesserung der wirtschaftlichen Situation des Beschwerdeführers durchgeführt (vgl. Riemer 1986, S. 77, sowie die dort angegebene Literatur). Diese Art der Beschwerden ist für ein Beschwerdemanagement nur bedingt nutzbar und soll daher im Folgenden ausgeschlossen werden.

[7]   Eine andere Systematisierung schlägt BRUHN vor. In Abhängigkeit vom Marketingverhalten und der Reaktion auf Beschwerden werden die vier Strategien Adaption, Ignoranz, Integration und Innovation unterschieden (vgl. Bruhn 1986, S. 106).

giert, wenn eine Beschwerde vorgetragen wird, daß keine Regeln bestehen, wer für ihre Bearbeitung zuständig ist und in welcher Weise zu verfahren ist."[1] Eine standardisierte Beschwerdebearbeitung erwächst häufig aus einer hohen Beschwerdezahl, einer gewissen Unternehmenstradition oder den Interessen einzelner Mitarbeiter, die gewisse Regeln zur Bearbeitung von Beschwerden einführen wollen. Die Bearbeitung ist bei diesen Unternehmen zwar geregelt, erfolgt jedoch nicht im Hinblick auf die Erfüllung festgelegter Ziele.

|  |  | reaktiv | strategisch |
|---|---|---|---|
| **Beschwerde-<br>nutzung** | erfolgt | *Standard-<br>bearbeitung* | *Beschwerde-<br>maximierung* |
|  | erfolgt<br>nicht | *Einzelfall-<br>bearbeitung* | *Beschwerde-<br>minimierung* |

**Reaktionskonzept**

*Abb. 49: Matrix der Reaktionspolitiken auf Beschwerden[2]*

Demgegenüber streben strategische Politiken in Abhängigkeit von der Beschwerdenutzung die Minimierung oder Maximierung der Beschwerdeanzahl an.[3] Die **Beschwerdeminimierung** zielt darauf ab, die Anzahl an Beschwerden durch Maßnahmen, die es dem Kunden schwerer oder unangenehmer machen eine Beschwerde zu plazieren, zu verringern.[4] Als Gründe hierfür gibt RIEMER eine kurzfristige Kostenorientierung und auch den psychologischen Effekt an, daß eine Beschwerde letztlich Kritik am Unter-

---

[1]     Riemer 1986, S. 106.

[2]     Darstellung in Anlehnung an Riemer 1986, S. 104.

[3]     Vgl. Riemer 1986, S. 103f.

[4]     Vgl. Riemer 1986, S. 116. An dieser Stelle werden auch interessante Beispiele zu dieser Strategie genannt.

nehmen ist, die gescheut wird.[1] Ein derartiges Beschwerdemanagement verkennt, daß Beschwerden zum Tagesgeschäft von (Versicherungs-)unternehmen gehören, und das das ihnen innewohnende Verbesserungspotential durchaus gewinnbringend genutzt werden kann. Dieser Nutzungsaspekt steht bei der Strategie der **Beschwerdemaximierung** im Vordergrund. Unternehmen, welche dieses Ziel verfolgen, versuchen die Nachteile, die ihnen durch unzufriedene Kunden drohen (z. B. Kundenabwanderung, negative Mundpropaganda) zu minimieren.[2] Dies kann u. a. durch eine gezielte **Beschwerdestimulierung** erfolgen. Hierzu bietet sich in VU z. B. die Einrichtung einer gebührenfreien Beschwerdetelefonnummer[3] und das Hinzufügen von "comment cards"[4] zur postalischen Schadenregulierung oder Antragsbearbeitung an. Comment cards können auch von Vertriebsmitarbeitern beim externen Kunden hinterlassen werden, von wo sie auf Kosten des VU an die bearbeitende Stelle zurückgesendet werden können. Insbesondere für Direktversicherer bietet sich die Einrichtung einer **Comment page** im World Wide Web als - aus Unternehmenssicht - kostengünstige Methode der Beschwerdestimulierung an.[5]

Obgleich die Beschwerdemaximierung in der Praxis von VU noch selten ist, erscheint nur sie in der Lage, im Rahmen der (Prozeß-)qualitätsdatenerfassung nutzbare Informationen zu generieren. In diesem Zusammenhang ist der Ausbau der Strategie zu einem umfassenden **Beschwerdemanagement**[6] zu fordern. Obgleich in vielen VU die Wichtigkeit eines aktiven Beschwerdemanagement und die Eignung der Beschwerdezufriedenheit von Kunden zur Messung der Prozeßqualität grundsätzlich erkannt werden,[7] werden die Möglichkeiten eines solchen Instrumentes für die Qualitätsermittlung noch nicht systematisch genug genutzt.[8]

Das Beschwerdemanagement "umfaßt die Planung, Durchführung und Kontrolle aller Maßnahmen, die ein Unternehmen im Zusammenhang mit [externen, Anm. d. Verf.]

---

1    Vgl. Riemer 1986, S. 117f.

2    Vgl. Riemer 1986, S. 118.

3    Dies fordern auch Stremitzer/Ennsfellner 1994, S. 396.

4    Stauss 1995, Sp. 230.

5    Eine umfangreiche Sammlung von weiteren Instrumenten der Feedback-Intensivierung findet sich bei Günter 1995, S. 287.

6    Zur Entwicklung des Beschwerdemanagement aus der Zufriedenheitsforschung vgl. Meffert/Bruhn 1981, S. 598; Riemer 1986, S. 35f.

7    Vgl. hierzu die Ergebnisse einer empirischen Studie zur Service-Orientierung der deutschen Versicherungswirtschaft bei Sauerbrey/Niemeyer 1998.

8    Vgl. auch Vogel 1994, S. 258.

Kundenbeschwerden ergreift."[1] In diesem Zusammenhang liegen die Ziele des Beschwerdemanagement zum einen in der nachträglichen Wiederherstellung der Kundenzufriedenheit und zum anderen in der zielgerichteten Auswertung der Beschwerden, um zukünftiger Unzufriedenheit durch Qualitätsüberwachung und -verbesserung vorzubeugen.[2] Das Beschwerdemanagement hat im einzelnen die in Abb. 50 dargestellten Aufgaben. Die Abbildung kann gleichzeitig als ein zeitlich-logisches Ablaufschema der Bearbeitung einer Beschwerde interpretiert werden.

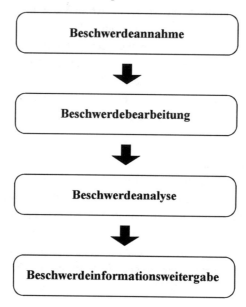

*Abb. 50: Aufgaben und Ablaufschema des Beschwerdemanagement*[3]

Im Rahmen der **Beschwerdeannahme** ist zunächst zu entscheiden, wie und gegenüber wem im Unternehmen die Kunden ihre Beschwerden vortragen sollen.[4] Da sich aus unterschiedlichen Gründen nicht alle unzufriedenen Versicherungsnehmer auch tat-

---

[1]      Stauss 1995, Sp. 226.

[2]      Vgl. Riemer 1986, S. 22; Stauss 1995, Sp. 228f. Letzterer nennt darüber hinaus noch die Vermeidung von Opportunitätskosten, die Reduzierung von Fehlerkosten, die Umsetzung einer kundenorientierten Unternehmensstrategie und die Schaffung zusätzlicher akquisitorischer Effekte als Ziele des Beschwerdemanagement.

[3]      Die Phasen sind in Anlehnung an HALLER und STAUSS dargestellt (vgl. Haller 1998, S. 128 - 132; Stauss 1995).

[4]      Vgl. Stauss 1995, Sp. 229.

sächlich beschweren,[1] ist bei der Wahl des Beschwerdeweges bereits zu bedenken, wie dieser Anteil "Unvoiced Complaints"[2] möglichst minimiert werden kann. Prinzipiell kann eine Beschwerde mündlich, fernmündlich oder schriftlich in Form eines Faxes, eines Briefes oder über Internet zum Unternehmen gelangen. In VU bietet sich aus Versicherungsnehmer- und Unternehmenssicht der telefonische Beschwerdeweg an,[3] der durch die prinzipielle Möglichkeit der schriftlichen Beschwerde auf allen genannten Wegen flankiert werden sollte. Die festgelegten Beschwerdewege müssen den Kunden bekannt gemacht werden. Denkbar ist eine Kommunikation des Beschwerdeweges, welche gleichzeitig das besonders kundenfreundliche Beschwerdemanagement des VU z. B. durch Schilderungen von konkreten Beschwerdebeispielen und deren Bearbeitung in den Vordergrund stellt. Dies dient neben der Beschwerdestimulierung auch der Kundenbindung und der Schaffung zusätzlicher Wettbewerbsvorteile durch Imagebildung. Letzter Aspekt der Beschwerdeannahme ist die Entscheidung über Erfassungsinhalt und -form der Beschwerde, wobei hier aus Kosten- und Zeitgründen eine weitgehend standardisierte EDV-gestützte Erfassung gewählt werden sollte.[4]

Nach der Beschwerdeannahme erfolgt die **Beschwerdebearbeitung**. Diese umfaßt nach STAUSS u. a. die konkrete Reaktion des Mitarbeiters auf die Beschwerde, ggf. die Weiterleitung der Beschwerde an die bearbeitende Stelle und schließlich die Entscheidung darüber, wie die Zufriedenheit des Kunden wiederherzustellen ist.[5] In Abhängigkeit von der einzelnen Beschwerde ist zu prüfen, ob finanzielle, materielle oder immaterielle Kompensationsangebote in Betracht kommen. Von besonderer Bedeutung ist hierbei neben der sachgerechten Reaktion auch die möglichst schnelle Beschwerdebearbeitung.

Im Anschluß an die Beschwerdebearbeitung erfolgt die **Beschwerdeanalyse**, wobei hier zwischen der quantitativen und qualitativen Auswertung zu unterscheiden ist.[6] Die quantitative Analyse fokussiert die Überwachung der Menge der Beschwerden in Abhängigkeit von festgelegten Merkmalen (z. B. potential-, prozeß- und ergebnisbezogene Beschwerden), während im Mittelpunkt der qualitativen Auswertung die systematische Ursachenanalyse zur Identifikation von konkreten Optimierungsmaßnahmen

---

1  Vgl. zu den Gründen ausführlich Riemer 1986, S. 78 - 80.

2  Meffert/Bruhn 1981, S. 597.

3  Vgl. zur generellen Überlegenheit des telefonischen Beschwerdeweges auch Stauss 1995, Sp. 229.

4  Vgl. hierzu Stauss 1995, Sp. 230.

5  Vgl. Stauss 1995, Sp. 231f.

6  Vgl. Haller 1998, S. 132; Stauss 1995, Sp. 232f.

steht. Hieran schließt sich die gezielte **Informationsweitergabe** an. In diesem Zusammenhang haben FORNELL und WESTBROOK in Sachleistungsunternehmen den **"Teufelskreis des Beschwerdemanagement"**[1] identifiziert, der grundsätzlich auch in VU Gültigkeit besitzt. Dieser ist in Abb. 51 visualisiert.

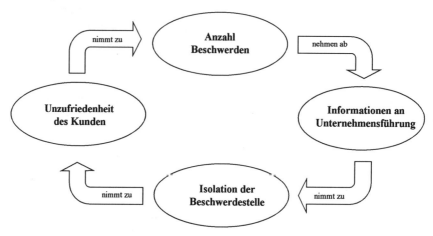

*Abb. 51: Der Teufelskreis des Beschwerdemanagement*[2]

Werden Beschwerden von der Unternehmensführung lediglich als schlechte Nachrichten interpretiert, werden sie tendenziell von den Beschwerdeempfängern zurückgehalten, da diese bevorzugt positive Nachrichten weiterzugeben wünschen. Somit nehmen tendenziell die Informationen der Unternehmensführung ab, wodurch die Beschwerdestelle mehr und mehr isoliert wird. Da mit zunehmender Isolation wesentlich seltener adäquat auf Beschwerden reagiert wird, geht damit eine tendenzielle Zunahme der Kundenunzufriedenheit einher, die wiederum eine steigende Beschwerdeanzahl zur Folge hat. Dieser Teufelskreis kann mithin durch die grundsätzlich positive Aufnahme von Beschwerden seitens der Unternehmensführung durchbrochen werden.

Von besonderer Bedeutung ist in diesem Zusammenhang auch die Organisation des Beschwerdemanagement. Sie kann grundsätzlich zentral, dezentral oder in einer Mischform geregelt sein.[3] In VU scheint eine dezentrale Beschwerdeannahme und -bearbeitung zweckmäßig, da verschiedene unternehmerische Einheiten (z. B. Versiche-

---

[1]   Im Original wird der Teufelskreis als "Vicious Circle of Consumer Complaints" bezeichnet (Fornell/Westbrook 1984, S. 68).

[2]   Darstellung in Anlehnung an Fornell/Westbrook 1984.

[3]   Vgl. Stauss 1995, Sp. 234f.

rungsvermittler, Sachbearbeiter, Gruppenleiter) direkten Kundenkontakt haben. Eine dezentrale Beschwerdebearbeitung gewährleistet ferner, daß die Beschwerden am Ort des Entstehens bearbeitet, und Kundenzufriedenheit möglichst schnell wiederhergestellt werden kann. Darüber hinaus bietet diese Organisationsform den Vorteil, daß der Versicherungsnehmer sich nicht an eine zusätzliche Instanz im VU wenden muß.[1] Die dezentral verfügbaren Informationen über die Beschwerden und deren Bearbeitungen sollten regelmäßig (z. B. monatlich) an eine zentrale Stelle zur Beschwerdeanalyse weitergegeben werden.[2] Die Zentralisation bietet bei der Analyse den Vorteil, daß der Auswertungsweg leichter kontrolliert werden kann und darüber hinaus bei Fragen zu Spezialauswertungen nur eine Stelle anzusprechen ist. Diese Stelle sollte zudem für die regelmäßige Information der Unternehmensführung sowie für die zielorientierte Überwachung des Beschwerdemanagementsystems, im Sinne eines **Beschwerdemanagement-Controlling**[3] verantwortlich sein. Ein zentrales Beschwerdemanagement-Controlling kann dazu beitragen, Beschwerden als wichtige Informationen zu begreifen und somit den oben dargestellten Teufelskreis tendenziell zu durchbrechen.

Das Beschwerdemanagement ist in VU gut geeignet, die kundenbezogenen (Prozeß-)qualitätserwartungen zu ermitteln. Zu berücksichtigen ist jedoch, daß Beschwerden stets nur "die Spitze des Eisbergs der Konsumentenunzufriedenheit"[4] darstellen und daher aus wenigen Kundenbeschwerden nicht zu schließen ist, daß die Qualität der Potentiale, Prozesse und Produkte von VU positiv ist. Damit sind die Ergebnisse des Beschwerdemanagement notwendige, aber nicht hinreichende Bedingung für die Prozeßqualitätsdatenermittlung.[5] Erst in Kombination mit den Ergebnissen der CIT (ggf. ergänzt durch Ergebnisse von Ratingskalenverfahren) können umfassende Aussagen zur Prozeßqualität gemacht werden. Diese ergeben in Kombination mit den Prozeßzeiten, -kosten und der Prozeßstruktur umfassenden Aufschluß über die Prozeß-

---

[1]  Vgl. Haller 1998, S. 130.

[2]  Es bietet sich an, das oben erwähnte Beschwerdetelefon mit dieser zentralen Stelle zu verbinden.

[3]  Vgl. hierzu Stauss 1995, Sp. 233f.

[4]  Bruhn 1986, S. 105. Genauere Angaben zu Beschwerdequoten und der Verbreitung von negativen Erfahrungen sind in der Literatur extrem uneinheitlich: BECHMANN geht davon aus, daß sich nur 4 % der unzufriedenen Kunden tatsächlich beschweren, während die restlichen unzufriedenen Kunden im Durchschnitt zwischen neun und zehn Personen von ihren Negativ-Erfahrungen berichten (vgl. Bechmann 1995, S. 370). MATZLER, HINTERHUBER und HANDLBAUER geben an, daß sich ca. 50 % der unzufriedenen Kunden niemals beschweren (vgl. Matzler/Hinterhuber/Handlbauer 1997, S. 5). FISCHER führt aus, daß ein zufriedener Kunde etwa drei Personen, ein unzufriedener Kunde 17 anderen Personen von seinem Erlebnis mit dem Unternehmen erzählt (vgl. Fischer, K. 1994, S. 409).

[5]  Vgl. auch Haller 1998, S. 133.

Ist-Situation und sind somit wichtige Voraussetzung für die sich anschließende Prozeßbeurteilungsphase.

## 5.4 Instrumente der Prozeßbeurteilung

Nach der Ermittlung der Prozeßstruktur und der Prozeßzeiten, Prozeßkosten und Prozeßqualität ist es im Rahmen der Prozeßbeurteilungsphase notwendig, diese Ist-Prozeßinformationen zu werten, um Aufschluß über die Prozeßperformance und Prozeßschwachstellen zu erhalten. Dazu werden die Prozeß-Ist-Daten mit Soll-Daten verglichen.[1] Als allgemeines Beurteilungsinstrument, welches in der Lage ist sowohl für die Prozeßstruktur als auch die Prozeßzeit, -kosten und -qualität Soll-Daten zu liefern, wird nachfolgend die Vergleichsphase des **Prozeßbenchmarking** dargestellt. Im Anschluß daran soll das **Methods-Time-Measurement** als spezielles Instrument zur Ermittlung von Soll-Zeiten und das **Extended Time Based Costing** in seiner Ausgestaltung als Plankostenrechnung thematisiert werden. Mit Hilfe der Instrumente des **Statistical Process Control** können zeitliche Qualitätsveränderungen dargestellt werden. Somit sind sie in Kombination mit der CIT und dem Beschwerdemanagement - welche ihrerseits erste Anhaltspunkte zu kundenbezogenen Qualitätserwartungen geben - zur Wertung der Prozeßqualität in VU geeignet. Die Instrumente des Statistical Process Control runden daher die Darstellungen zur instrumentellen Ausgestaltung der Prozeßbeurteilungsphase ab.

### 5.4.1 Allgemeine Beurteilung: Das Prozeßbenchmarking

Das Prozeßbenchmarking geht auf die allgemeine Konzeption des Benchmarking zurück, die von *Xerox* Ende der 70er Jahre entwickelt wurde.[2] Obgleich sich in der Literatur bislang keine einheitliche Definition des Begriffs Benchmarking durchgesetzt hat,[3] gibt es definitorische Gemeinsamkeiten, die von SPENDOLINI in einem allgemeinen **Benchmarking-Menü** zusammengestellt wurden.[4] Demnach besteht weitgehende

---

[1]     Auch HENKEL und SCHWETZ weisen darauf hin, daß Schwachstellen durch die Durchführung von Ist-Aufnahmen erkannt werden können (vgl. Henkel/Schwetz 1992, Sp. 2246).

[2]     Vgl. hierzu umfassend Camp 1989, sowie die deutsche Übersetzung Camp 1994, die nachfolgend zitiert wird.

[3]     Vgl. hierzu etwa die unterschiedlichen Definitionen bei Camp 1994, S. 13; Horváth/Herter 1992, S. 5; Karlöf/Östblom 1994, S. 1; Lamla 1995, S. 28 sowie die Merkmale von unterschiedlichen Benchmarkingkonzeptionen bei Lamla 1995, S. 33 - 35, Tab. 2-1.

[4]     Nach der Analyse von 49 unterschiedlichen Benchmarking Definitionen isolierte dieser Schlüsselworte der Definitionen und stellte sie in einer Tabelle zusammen, die er als "Benchmarking-Menu" bezeichnet (vgl. Spendolini 1992, S. 11). Aus neun Schlüsselfeldern muß jeweils mindestens ein Begriff gewählt werden, um zu einer vollständigen Definition zu gelangen.

Einigkeit darüber, daß es sich bei Benchmarking um einen systematischen Prozeß handelt, bei dem Sachleistungen, Dienstleistungen oder Prozesse mit "world class" Realisationen verglichen werden, um daraus Lösungen für eigene Problemstellungen zu generieren. Unter Prozeßbenchmarking soll nachfolgend in Anlehnung an HORVÁTH und HERTER ein kontinuierlicher Vergleich von Prozessen verstanden werden, wobei "Unterschiede [...] offengelegt, die Ursachen für die Unterschiede und Möglichkeiten zur Verbesserung aufgezeigt sowie wettbewerbsorientierte Zielvorgaben ermittelt werden."[1] Der Vergleich findet dabei unternehmensintern oder mit Unternehmen statt, die den Prozeß hervorragend beherrschen.[2] Während sich Benchmarking in Sachleistungsunternehmen schnell durchsetzten konnte, wird es in VU vergleichsweise selten angewendet.[3] Daher wird im Zentrum der folgenden Ausführungen die Durchführung des Prozeßbenchmarking im Rahmen der GPO stehen.

Da sich das Prozeßbenchmarking von dem allgemeinen Benchmarking vor allem durch die **Fokussierung von Prozessen** als Benchmarkingobjekte unterscheidet, kann bei der Durchführung auf die in der allgemeinen Benchmarkingliteratur angegebenen Schritte zurückgegriffen werden. Jedoch existiert im Schrifttum kein allgemeingültiges Ablaufschema. So unterscheiden z. B. CAMP[4] zehn, MOLLET/EGGER[5] sieben KARLÖF/ÖSTBLOM[6] und ETZEL[7] fünf, BRAUN/LAWRENCE[8] und LAMLA[9] vier und HORVÁTH/HERTER[10] und KÜTING/LORSON[11] drei verschiedene Phasen des Benchmarking. Bei

---

[1]  Horváth/Herter 1992, S. 5.

[2]  Vgl. Horváth/Herter 1992, S. 5. HORVÁTH und HERTER betonen in ihrer Definition des Benchmarking ausdrücklich den Vergleich mit anderen Unternehmen. In der Literatur hat sich aber der Begriff des "internen Benchmarking" durchgesetzt, bei welchem unternehmensintern Prozesse, Sach- oder Dienstleistungen verglichen werden. Dies ist insbesondere für international oder dezentral organisierte Unternehmen mit Niederlassungen und Filialnetz zweckmäßig, da sich trotz zentralistischer Arbeitsanweisungen aufgrund kultureller und geographischer Unterschiede ganz verschiedene Arbeitsabläufe entwickelt haben können (vgl. Bichler/Gerster/Reuter 1994, S. 45). Da diese Art des Vergleichs nach HORVÁTH und HERTER kein Benchmarking ist, wurde die Definition im Rahmen dieser Arbeit um den unternehmensinternen Vergleich erweitert.

[3]  Vgl. auch Etzel 1995, S. 772.

[4]  Vgl. Camp 1994, S. 21.

[5]  Vgl. Mollet/Egger 1995, 19f.

[6]  Vgl. Karlöf/Östblom 1994, S. 71.

[7]  Vgl. Etzel 1995, S. 772 - 774.

[8]  Vgl. Braun/Lawrence 1995, S. 119.

[9]  Vgl. Lamla 1995, S. 93 - 128.

[10]  Vgl. Horváth/Herter 1992, S. 8.

[11]  Vgl. Küting/Lorson 1996, S. 131.

einem Vergleich der Modelle fällt aber auf, daß sich die unterschiedliche Schrittzahl vor allem durch unterschiedliche Aggregationen zu Ober- und Unterphasen ergibt. Inhaltlich sind die Phasenmodelle nahezu identisch.[1] Nachfolgend wird daher in Anlehnung an LAMLA eine Unterteilung in vier Phasen vorgenommen, wobei durch die Untergliederung der Phasen zwei und drei sechs Einzelphasen unterschieden werden können. Diese sind in Abb. 52 dargestellt.

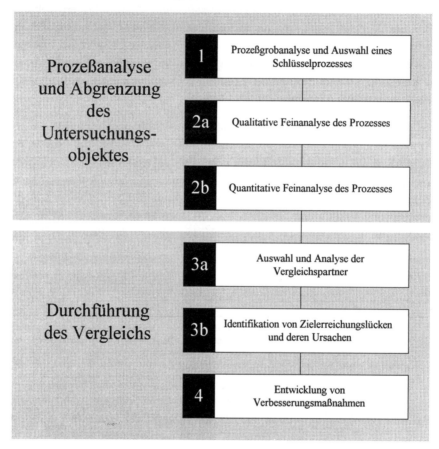

*Abb. 52: Phasenmodell des Prozeßbenchmarking[2]*

---

[1]     Zu ähnlichen Erkentnissen kommen auch BROKEMPER und GLEICH sowie HAIBER (vgl. Brokemper/Gleich 1998, S. 51f.; Haiber 1997, S. 470).

[2]     Darstellung in Anlehnung an Lamla 1995, S. 93 - 128.

Das Prozeßbenchmarking beginnt mit einer Prozeßgrobanalyse und der Auswahl eines Schlüsselprozesses als Benchmarkingobjekt (Phasen 1), woran sich die qualitative und quantitative Analyse des Prozesses anschließt (Phasen 2a und 2b). Beide Phasen haben mit der Auswahl und Analyse des Benchmarkingobjektes ähnliche Ziele wie die Phasen eins bis drei der Geschäftsprozeßoptimierung, die in ihrer instrumentellen Ausgestaltung bereits umfassend dargestellt worden sind. Die von LAMLA vorgeschlagene Konzeption endet mit der Entwicklung von Verbesserungsmaßnahmen (Phase 4). Ziel dieser Phase ist es, zunächst Maßnahmen zur Schließung der identifizierten und quantifizierten Zielereichungslücken abzuleiten, um darauf aufbauend für die konkrete Unternehmenssituation geeignete Maßnahmen auszuwählen und umzusetzen. Da diese Ziele ähnlich zu denen der Prozeßgestaltungs- und Umsetzungsphase der GPO sind, soll die vierte Phase des Prozeßbenchmarking an dieser Stelle ebenfalls nicht thematisiert werden. Nachfolgend wird daher lediglich die Durchführung des Vergleichs (Phasen 3) im Detail beschrieben.[1] Dieses Vorgehen trägt der Tatsache Rechnung, daß das Prozeßbenchmarking im Rahmen der GPO vor allem als Informationslieferant zur Beurteilung der eigenen Prozeßperformance verstanden wird. Diese Informationen werden aber insbesondere in der dritten Phase der Konzeption generiert.

### 5.4.1.1 Auswahl und Analyse der Vergleichspartner

Der Vergleich im Rahmen des Prozeßbenchmarking beginnt mit der Auswahl und Analyse des Vergleichspartners. Diese ist zunächst abhängig von der Art des Prozeßbenchmarking: Im Rahmen des **internen Benchmarking** wird die beste Leistung in Bezug auf den festgelegten Prozeß im eigenen Unternehmen und bei **externem Benchmarking** bei Unternehmen der gleichen Branche gesucht. Werden hingegen nicht direkte Konkurrenten als Partner herangezogen, sondern der Vergleich mit branchenfremden Unternehmen durchgeführt, wird von einem **funktionalen** (Prozeß)benchmarking gesprochen.[2] Zur Erreichung der Ziele der GPO sind grundsätzlich alle drei Varianten zweckmäßig. So eignen sich für ein funktionales Benchmarking für Prozesse des Zahlungsverkehrs z. B. Vergleiche mit Kreditkartenunternehmen und Banken, während für Prozesse der Postbearbeitung und des allgemeinen Posthandlings Versandhäuser oder private Postzustelldienste als geeignete Partner erscheinen.[3] Ferner bieten sich Lottozentralen und große Rechenzentren als Partner für das Benchmarking

---

1    Vgl. zu den übrigen Phasen des Prozeßbenchmarking ausführlich Lamla 1995, S. 93 - 114 u. S. 124 - 128.

2    Zur Unterscheidung in externes, funktionales und internes Benchmarking vgl. Pieske 1995, S. 51f.

3    Vgl. Etzel 1995, S. 773.

von Datenerfassungsprozessen an.[1] Neben dem funktionellen bietet sich das externe Prozeßbenchmarking als besonders erfolgversprechende Variante an, da die Prozesse zwischen VU grundsätzlich besser vergleichbar erscheinen. Bei einem Vergleich mit Konkurrenten ist aber zu beachten, daß die Wettbewerbs- und Marktstrategie des VU Einfluß auf die Prozeßstruktur hat. Verfolgt das Unternehmen z. B. die Strategie der Kostenführung, so findet diese häufig ihre Operationalisierung in einem zentralen Direktabsatz (Direktversicherung)[2]. Ein differenzierungsorientiertes VU wird hingegen die Produkte eher über klassische Außendienstverfahren vertreiben, wodurch andere Prozeßstrukturen determiniert werden.

Im Rahmen des externen Prozeßbenchmarking besteht grundsätzlich die Möglichkeit, die Partnersuche selbst durchzuführen oder ein drittes Unternehmen mit der Suche zu beauftragen. In letzterer Hinsicht bieten sich in der Bundesrepublik Deutschland Beratungsunternehmen an, da - ganz im Gegensatz zu den USA - (noch) keine unabhängigen Institutionen, welche die Partnersuche erleichtern, existieren.[3] Nachteile von Beratungsunternehmen sind die zumeist sehr hohen Beratungskosten. Dafür wird i. d. R. eine große Erfahrung und die Nutzung spezieller Benchmarkingdatenbanken geboten.[4] Wird der Suchprozeß selbst durchgeführt, so hat sich in der Praxis die Unterteilung in die drei Phasen **Skimming** (überfliegen), **Trimming** (fit machen) und **Creaming** (das Beste nehmen) bewährt.[5] Im Rahmen des Skimming verschafft sich das Prozeßbenchmarkingteam[6] zunächst einen groben Überblick über die möglichen Informationsquellen. Hierzu werden in möglichst kurzer Zeit alle direkt zugänglichen Informationen gesammelt. Als sekundäre Informationsquellen eignen sich z. B. Fachzeitschriften, Fachbücher, Forschungsberichte von Universitäten und Geschäftsberichte.[7] Das Ziel der zweiten Phase ist es, die Informationen des Skimming auszuwerten und um weitere Informationen zu spezifizieren und zu ergänzen. Die Trimming-Phase entspricht damit einer Informationsfeinanalyse. In der letzten Phase wird oder werden auf

---

[1]    Vgl. Etzel 1995, S. 773.

[2]    Vgl. in diesem Zusammenhang auch die kunden- und nicht absatzformabhängige Unterscheidung zwischen Direkt- und Indirektversicherungsunternehmen bei Farny 1995, S. 199.

[3]    In den USA sind dies vor allem das *International Benchmarking Clearinghouse* und das *Benchmarking Competency Center.*

[4]    Vgl. Kollmar/Niemeier 1994, S. 33.

[5]    Vgl. Kollmar/Niemeier 1994, S. 32 u. 34f.

[6]    Zur Teambildung und Zusammensetzung vgl. etwa umfassend Lamla 1994, S. 128 - 132.

[7]    Vgl. auch Herter 1992, S. 190. KOLLMAR und NIEMEIER geben einen detaillierten Überblick über unterschiedliche Informationsquellen und deren Nutzen im Rahmen des Benchmarking (vgl. Kollmar/Niemeier 1994, S. 32 - 34.

Grundlage der Ergebnisse des Skimming und des Trimming der oder die Prozeß-benchmarkingpartner ausgewählt.

In der einschlägigen Literatur wird der Benchmarkingpartnerwahl regelmäßig viel Raum gewidmet. Dies liegt zum einen an der Brisanz der Problemstellung: Der als best practice identifizierte Partner muß seinen Wettbewerbsvorteil in gewisser Weise mit dem Prozeßbenchmarkingpartner teilen. Zum anderen kann es aber auch Indikator dafür sein, "daß [...] die Bereitschaft von echten Konkurrenzunternehmen in der Praxis, unternehmensinterne Prozeß- und Verfahrensinformationen Wettbewerbern zugänglich zu machen, möglicherweise doch geringer ist, als es die entsprechenden Literaten glauben machen wollen."[1] Das Offenlegen von Wettbewerbsvorteilen ist zweifelsohne das zentrale Problem des externen Prozeßbenchmarking. Nicht zuletzt deswegen beschränkt sich die Benchmarkingpraxis in VU wohl auch eher auf den internen Vergleich.[2] Eine Möglichkeit zur Schaffung von Vertrauen zwischen den Partnerunternehmen liegt in der Einigung auf bestimmte "Spielregeln" des Prozeßbenchmarking, wie sie z. B. von dem *International Benchmarking Clearinghouse* für das allgemeine Benchmarkingkonzept festgelegt worden sind (vgl. Tab. 26).

Mit Hilfe dieses Verhaltenskodexes kann das diskutierte Problem zwar nicht gelöst, aber in gewisser Weise gemildert werden. Fraglich bleibt jedoch, inwieweit solche bisweilen ethischen Spielregeln (vgl. z. B. Tab. 26, Regel 2) in einer wettbewerbsorientierten Wirtschaft tatsächlich eingehalten werden (können).

Sind die Vergleichspartner festgelegt, ist deren Prozeßperformance zu analysieren. Dabei geht es neben der Wahl der **Datenerhebungsmethoden** (z. B. fragebogenzentrierte Befragung[3], direkter Firmenbesuch, Videokonferenzen)[4] um die Ermittlung geeigneter Methoden zur Performancemessung. Die Dimensionen der Prozeßperfomance wurden bereits in Phase zwei des Prozeßbenchmarking bzw. im Rahmen der GPO im Zuge der Prozeßdatenermittlungsphase festgelegt. Demnach ist das Prozeßbenchmarking rein operativ auf die Prozeßstruktur, die Prozeßzeit, die Prozeßkosten und die

---

1    Haiber 1997, S. 471.

2    "Eine Umfrage im Arbeitskreis *Assekuranz-Controlling* des *Controllervereins* und des *Gesamtverbandes der deutschen Versicherungsunternehmen* im September 1995 hat ergeben, daß sich der aktuelle Stand des Benchmarking in der Versicherungspraxis bislang eher auf interne Kennzahlen beschränkt" (Stephan/Weitekamp 1996, S. 1419, im Original nicht kursiv).

3    Vgl. in diesem Zusammenhang auch die inhaltliche Ausgestaltung eines Fragebogens zum Benchmarking im Personalwesen (vgl. Stephan/Weitekamp 1996, S. 1419).

4    Vgl. auch die bei BRAUN und LAWRENCE sowie HAIBER genannten Datenerhebungsmethoden (vgl. Braun/Lawrence 1995, S. 120; Haiber 1995, S. 473f.).

Prozeßqualität ausgerichtet.[1] Während sich zur Abbildung der Prozeßstruktur Visualisierungen mit Hilfe spezieller Softwaretools eignen,[2] haben sich zur Abbildung von Zeit-, Kosten- und Qualitätsgrößen monetäre und nicht-monetäre Kennzahlen durchgesetzt.[3]

---

**1. Prinzip der Legalität**
Keine illegale Informationsbeschaffung; Betriebsgeheimnisse respektieren; Wettbewerbsrecht und andere relevante gesetzliche Normen beachten

**2. Prinzip des gegenseitigen Austausches**
Nur jene Informationen verlangen, die man auch selbst bereit ist zu geben; klare Artikulation der gewünschten Informationen

**3. Prinzip der Vertraulichkeit**
Informationen und Namen der Partner sind vertraulich zu behandeln bzw. dürfen nur nach deren ausdrücklicher Zustimmung weitergegeben werden

**4. Prinzip der ausschließlichen Nutzung**
Die durch Benchmarking gewonnenen Informationen sind ausschließlich für den internen Gebrauch bestimmt; sie sind kein Mittel der Verkaufsförderung oder des Marketing

**5. Prinzip des unmittelbaren Kontaktes mit Partnerunternehmen**
Der Kontakt zu Partnern ist ohne Einbindung von Dritten direkt mit dem für Benchmarking Zuständigen aufzubauen

**6. Prinzip des Kontaktes zu Dritten**
Der Name von Kontaktpersonen darf nicht ohne deren ausdrückliche Einwilligung weitergegeben werden

**7. Prinzip der guten Vorbereitung**
Gute Vorbereitung der eigenen Arbeit, effiziente Zeitausnutzung, Vorbereiten des Partners (z. B. Vorabzusendung des Interviewleitfadens)

**8. Prinzip der vollständigen Erfüllung**
Alle Projektschritte sind vollständig, zeitgemäß, im Konsens und zur Zufriedenheit aller Beteiligten durchzuführen

**9. Prinzip des gegenseitigen Umgangs**
Verständnis für die Benchmarkingpartner; der Benchmarkingpartner und die von ihm gegebenen Informationen sind so zu behandeln, wie dieser es erwartet

---

*Tab. 26: "Spielregeln" des Prozeßbenchmarking[4]*

---

[1]  Zur Unterscheidung in strategisches, taktisches und operatives Benchmarking vgl. Meyer 1996, S. 10, Abb. 1.

[2]  Vgl. Kapitel 6.

[3]  Den - nach Kenntnis des Verfassers - umfassendsten "Kennzahlendschungel" zur Geschäftsprozeßanalyse stellt AICHELE vor (vgl. Aichele 1997, S. 259 - 389). Vgl. aber auch Braun/Lawrence 1995, S. 118; Camp 1994, S. 59; Horváth/Herter 1992, S. 5; Lamla 1995, S. 106 - 114; Stephan/Weitkamp 1996.

[4]  Darstellung in Anlehnung an Lamla 1993, S. 120 sowie die dort angegebene Literatur.

Als **zeitorientierte Prozeßbenchmarkingkennzahlen** eignen sich z. B.

- die Prozeßdurchlaufzeit,
- die mittlere Bearbeitungszeit,
- der Wertschöpfungszeitanteil,
- der Anteil nicht wertschöpfender Zeit,
- der Anteil Liegezeit und
- der Anteil Transferzeit.[1]

Als **kostenorientierte Prozeßbenchmarkingkennzahlen** sind z. B. die Größen

- Gesamte Prozeßkosten,
- Anteil Personalkosten,
- Anteil variabler Prozeßkosten und der
- Anteil fixer Prozeßkosten differenziert nach Bindungsdauern zweckmäßig.[2]

Die **qualitätsorientierten Prozeßbenchmarkingkennzahlen** können aus den mit Hilfe der Instrumente zur Ermittlung der Prozeßqualität erfaßten Informationen gebildet werden. Da in der Prozeßdatenermittlungsphase idealerweise die Critical Incident Technique, das Beschwerdemanagement und ggf. auch Ratingskalenverfahren zur Qualitätsermittlung eingesetzt werden, eignen sich als Prozeßbenchmarkingkennzahlen z. B.

- die Anzahl Beschwerden je Prozeß,
- der Verfügbarkeits-, Sicherheits-, Flexibilitäts-, Transparenzwert des Prozesses,[3]
- der Anteil Critical Incidents[4] und
- der Anteil Beschwerden[5].

An die Auswahl und Analyse der Vergleichspartner schließt sich die Identifikation von Zielerreichungslücken und deren Ursachen an.

---

1  Vgl. zu den Kennzahlen detailliert Haiber 1997, S. 352.

2  Vgl. hierzu die Informationen des Erweiterten Kostenstellenbogens im Extended Time Based Costing (vgl. Tab. 22).

3  Diese Werte beruhen auf Ergebnissen von Ratingskalenverfahren, die, wie in Abb. 47 dargestellt, zur Messung der Merkmale der Prozeßqualität in VU herangezogen werden.

4  Diese Kennzahl ergibt sich aus dem Verhältnis der genannten Critical Incidents, welche sich auf den Betrachtungsprozeß beziehen, zu allen Critical Incidents in einem festgelegten Betrachtungszeitraum.

5  Diese Kennzahl ergibt sich in Analogie zu dem Anteil Critical Incidents aus dem Verhältnis der Anzahl der Beschwerden, die sich auf den Betrachtungsprozeß beziehen, zu allen Beschwerden in einem festgelegten Betrachtungszeitraum.

### 5.4.1.2 Identifikation von Zielerreichungslücken und deren Ursachen

Ziel dieser Phase ist sowohl das Aufdecken von Prozeßstruktur- und Prozeßdatendefiziten durch einen Vergleich der Beschaffenheitsmerkmale der Prozesse und die Gegenüberstellung der Prozeßkennzahlen mit den erhobenen Benchmarks als auch die Identifikation der maßgeblichen Ursachen.[1] In diesem Zusammenhang soll kurz das grundsätzliche Problem der **Aussagefähigkeit eines Prozeßvergleichs** reflektiert werden.

Das Prozeßbenchmarking ist nicht das einzige betriebswirtschaftliche Instrument, in dessen Zentrum ein Datenvergleich steht. Als klassische "vergleichzentrierte Instrumente" sind in Theorie und Praxis besonders die Konkurrenzanalyse und der Betriebsvergleich diskutiert worden. Die Aussagefähigkeit des Vergleichs im Rahmen des Prozeßbenchmarking muß sich somit an der Güte der mit klassischen Instrumenten gewonnenen Ergebnisse messen lassen. Die Vergleichsobjekte des Prozeßbenchmarking sind auf der untersten Gliederungsebene Bürotätigkeiten in VU. "Bürotätigkeiten besitzen methodisch (!) jedoch keine Spezifika im Hinblick auf Branchenabgrenzungen, die im Hinblick auf das marktgängige Produkt eines Unternehmens und die entsprechenden Herstellverfahren getroffen werden."[2] Damit ist ein Vergleich von Bürotätigkeiten auch zwischen Unternehmen verschiedener Branchen grundsätzlich aussagefähig. Dieser gewinnt an Aussagekraft, wenn neben quantifizierbaren auch strukturelle Größen[3] im Mittelpunkt des Vergleichs stehen. Auf einer ersten Vergleichsstufe ist es im Rahmen des Prozeßbenchmarking somit zweckmäßig, zunächst die **Prozeßstruktur** zu vergleichen. Im einzelnen wird dabei geprüft, ob sich die Prozeßstruktur durch z. B. das Vorliegen einer zusätzlichen Bearbeitungsschleife von der des best practice Unternehmens unterscheidet.[4] Eine Quantifizierung der Leistungsunterschiede mit Hilfe der dargestellten monetären und nicht-monetären Kennzahlen kann darauf aufbauend erfolgen und zusätzliche, über die reine Strukturkomponente hinausgehende

---

[1]　Vgl. Lamla 1995, S. 122.

[2]　Lamla 1995, S. 114.

[3]　Lamla bezeichnet diese als Beschaffenheitsmerkmale von Prozessen (vgl. Lamla 1995, S. 115f.).

[4]　An dieser Stelle weist Lamla darauf hin, daß ein Vergleich von Beschaffenheitsmerkmalen in anderen Wissenschaftszweigen häufiger vorkommt als in der Betriebswirtschaftslehre (vgl. Lamla 1995, S. 115).

Perfomancehinweise geben.[1] Der Betriebsvergleich und die Konkurrenzanalyse basieren demgegenüber hauptsächlich auf monetären Kennzahlen und sind dadurch tendenziell weniger aussagefähig als das Prozeßbenchmarking.[2]

Die einzelnen Vergleichsdimensionen des Prozeßbenchmarking können dann in einem **Prozeßbenchmarkingbericht**[3] gegenübergestellt werden. Zentraler Bestandteil des Berichtes ist, neben der verbalen und grafischen Darstellung der Prozeßstrukturunterschiede, die Ermittlung von absoluten und prozentualen Leistungslücken mit Hilfe der festgelegten Prozeßkennzahlen, wie sie in Abb. 53 dargestellt sind.

Im Beispiel ist zunächst erkennbar, daß nicht nur ein, sondern drei Unternehmen ($U_1$ - $U_3$) als Prozeßbenchmarkingpartner gewählt wurden. Dies scheint zweckmäßig, da in praxi mit Bezug auf unterschiedliche Performancedimensionen auch unterschiedliche Unternehmen die beste Leistung realisieren. Ferner wird deutlich, daß die Leistungslücken, die sich aus dem zeilenbezogenen Vergleich des Besten mit dem eigenen Unternehmen (VU) ergeben, sowohl positiv als auch negativ sein können. Eine positive Leistungslücke zeigt an, daß das eigene VU die beste Leistung liefert. Die prozentuale und absolute Abweichung ergibt sich dann aus dem Vergleich mit der zweitbesten Performance. Eine negative Leistungslücke deutet hingegen den Verbesserungsbedarf in dieser Leistungsdimension an. So hätte das VU im Beispiel Vorteile im Bereich der Anpassungsfähigkeit der Prozeßkosten an Beschäftigungsschwankungen sowie in Bezug auf die Flexibilität der Schadenbearbeitung. Diese hohe Flexibilität geht dabei tendenziell zu Lasten der Gesamtdurchlaufzeit und der gesamten Prozeßkosten sowie auch der gesamten Prozeßqualität, was durch die vergleichsweise hohe absolute Beschwerdeanzahl angedeutet wird. Auf der Grundlage dieser Informationen sind konkrete Prozeßverbesserungsmaßnahmen ableitbar.

---

1    Damit wird auch dem im Controlling beobachtbaren Trend zur gleichwertigen Berücksichtigung von monetären und nicht-monetären Kennzahlen gefolgt, wie er z. B. auch bei der **Balanced Score Card** erkennbar ist (vgl. zu diesem Instrument detailliert Kaplan/Norton 1996; Horváth/Kaufmann 1998). KÜTING und LORSON empfehlen im Rahmen ihrer Konzeption des Benchmarking von Geschäftsprozessen sogar, die (Prozeß)leistungskennzahlen an die Kennzahlen der Balanced Score Card anzulehnen (vgl. Küting/Lorson 1996, S. 133f.).

2    Zu einem ähnlichen Ergebnis kommt auch Lamla 1995, S. 117f. Vgl. in diesem Zusammenhang zum Betriebsvergleich ausführlich etwa Endres 1980 und zur Konkurrenzanalyse im Detail z. B. Aaker 1992, S. 63 - 85. Zwischen den Instrumenten existieren weitere Unterschiede, die aber weniger auf die Qualität des Vergleichs als vielmehr auf die Vergleichsobjekte abstellen und daher in dem hier diskutierten Zusammenhang zu vernachlässigen sind.

3    Vgl. hierzu auch das Beispiel zur Ausgestaltung eines Benchmarkingberichtes für öffentliche Unternehmen bei Haiber 1997, S. 476f.

| Prozeß „Schaden bearbeiten" | | | | | |
|---|---|---|---|---|---|
| | $U_1$ | $U_2$ | $U_3$ | VU | Abweichung absolut \| in Prozent |
| **Zeitorientierte Prozeßkennzahlen** | | | | | | |
| Gesamtdurchlaufzeit (Tage) | 20 | 24 | 27 | 22 | -2 | -10,0 |
| Wertschöpfungszeitanteil (Prozent) | 18 | 27 | 25 | 20 | -7 | -35,0 |
| **Kostenorientierte Prozeßkennzahlen** | | | | | | |
| Gesamte Prozeßkosten je Akte (DM) | 170 | 130 | 150 | 190 | -60 | -46,2 |
| Anteil variabler Prozeß- kosten (Prozent) | 6 | 8 | 7 | 10 | +2 | +25,0 |
| Anteil fixer Prozeßkosten Klasse I (Prozent) | 20 | 30 | 35 | 32 | -3 | -8,6 |
| **Qualitätsorientierte Prozeßkennzahlen** | | | | | | |
| Anzahl Beschwerden (Stück) | 25 | 42 | 12 | 39 | -27 | -225,0 |
| Anteil Critical Incidents (Prozent) | 10 | 25 | 30 | 15 | -5 | -50,0 |
| Flexibilitätswert (Punkte) | 3 | 4 | 3 | 5 | +1 | +25,0 |

*Abb. 53: Beispiel eines Prozeßbenchmarkingberichtes[1]*

Das Prozeßbenchmarking ist allgemein und in dem hier relevanten Zusammenhang speziell durch die dritte Phase der Konzeption in hervorragender Weise in der Lage im Rahmen der GPO, Soll-Daten zur Beurteilung der Prozeßstruktur, -zeit, -kosten und -qualität zu liefern. Die Einbindung des Prozeßbenchmarking als Informationslieferant der GPO kann daher als äußerst zweckmäßig beurteilt werden.[2] Das Instrument wird jedoch in VU bislang - wie dargestellt - hauptsächlich in der Form des internen Benchmarking genutzt. Dabei wird die Konzeption häufig auf ein reines **Prozeß-kostenbenchmarking** reduziert, um kurzfristig Kostensenkungspotentiale indentifizie-

---

[1]     Darstellung in Anlehnung an Haiber 1997, S. 477, Abb. 133.

[2]     Dies liegt nicht zuletzt auch an der engen Verbindung des Benchmarking-Gedankens mit den Grundsät-zen des Prozeßmanagement (vgl. Gerberich/Silberg 1996, S. 141).

ren und ausschöpfen zu können.[1] Eine derartige Verengung des Konzeptes verhindert jedoch tendenziell die Adaption von best practice Praktiken in Form von Prozeßstrukturverbesserungen, welche langfristig zu wesentlich höheren Kosteneinsparungen führen können.

Es muß jedoch auch darauf hingewiesen werden, daß der Einsatz des Instrumentes in der Praxis nicht so problemlos ist, wie dies in der Literatur häufig geschildert wird. In der hier im Mittelpunkt stehenden dritten Phase des Prozeßbenchmarking ist, wie bereits erwähnt, die Auswahl und Analyse der Vergleichspartner mit gewissen Schwierigkeiten verbunden. Ferner werden in praxi häufig unüberschaubare Datenmengen über das best practice Unternehmen gesammelt, grundsätzlich falsche Benchmarks gewählt, das Benchmarkingteam fehlbesetzt sowie die Dauer des Benchmarkingprozesses häufig falsch eingeschätzt.[2] Darüber hinaus ist häufig ein "natürlicher" Widerstand gegen das Benchmarking beobachtbar, der u. a. auf dem "not invented here"-Syndrom und einer falschen Vorstellung von der Einzigartigkeit und damit Nicht-Vergleichbarkeit des eigenen Unternehmens beruht.[3] Aufgrund des steigenden Konkurrenzdrucks ist zukünftig - trotz der genannten Problemfelder - eine **deutliche Bedeutungszunahme** des Prozeßbenchmarking in der deutschen Assekuranz zu konstatieren. Dies gilt nicht zuletzt auch vor dem Hintergrund des fruchtbaren Einsatzes des Instrumentes im Rahmen der Geschäftsprozeßoptimierung.

In den folgenden Kapiteln 5.4.2. bis 5.4.4. sollen nun Instrumente konkretisiert werden, mit deren Hilfe spezielle Soll-Daten generiert werden können.

### 5.4.2 Beurteilung der Prozeßzeit: Das Methods-Time Measurement

Das Methods-Time Measurement (MTM)[4] ist das im deutschsprachigen Raum weit verbreitetste Verfahren vorbestimmter Zeiten.[5] Systeme vorbestimmter Zeiten sind

---

[1]  Diesen Aspekt bemängeln auch ETZEL sowie STEPHAN und WEITEKAMP (vgl. Etzel 1995, S. 775; Stephan/Weitekamp 1996, S. 1421).

[2]  Vgl. detailliert Braue/Sure 1998; Österle1995, S. 168f.; Rau 1996.

[3]  Vgl. Meyer 1996, S. 24f.

[4]  Vgl. zur geschichtlichen Entwicklung des MTM-Verfahrens Deutsche MTM-Vereinigung e. V. 1981, S. 1-2 - 1-4 sowie 2-2 - 2-6.

[5]  Vgl. Heinisch/Sämann 1973, S. 59; Helms 1991, S. 33; Olbrich 1993, S. 29. Die **Work Factor Verfahren** (Work Factor Grundverfahren und Work Factor-Mento-Verfahren) beruhen, wie das MTM, auf vorbestimmten Zeiten, berücksichtigen jedoch nur quantitativ ermittelbare Einflußgrößen (vgl. Olbrich 1993, S. 31ff.). Da Work Factor Verfahren zudem in der Praxis weniger verbreitet sind als das MTM-Verfahren, wird auf eine Darstellung im Rahmen dieser Arbeit verzichtet (vgl. jedoch ausführlich Franck 1978; Samli 1987).

Verfahren, "mit denen **Soll-Zeiten** für das Ausführen solcher Vorgangselemente bestimmt werden können, die vom Menschen voll beeinflußbar sind."[1] Sie beruhen auf der Annahme, daß alle Tätigkeiten aus einer immer gleichen Grundmenge von Bewegungselementen bestehen.[2] Vereinfacht ausgedrückt können bei Kenntnis der zeitlichen Dauer der Bewegungselemente und der Kombination der Elemente zu Tätigkeiten, die Tätigkeitszeiten aus den Einzelzeiten der Bewegungselemente zusammengesetzt werden.

Bereits 1983/84 wurde in einem Kooperationsprojekt zwischen der *Versicherungsgruppe Hannover* und der *Deutschen MTM-Vereinigung* ein auf dem MTM-Verfahren basierendes Kodiersystem für die Verwendung von Zeitstandards in VU entwickelt.[3] Dieses war Grundlage einer EDV-gestützten Ablauf- und Zeitdatenbank sowie eines Programms zur Personalbedarfsrechnung für regelmäßig anfallende Tätigkeiten.[4] Die aus der Nutzung der Zeit- und Ablaufdaten berichteten Erfolge sind eindrucksvoll: Bei der Entscheidung, ob Schriftstücke routinemäßig zusammen ausgedruckt und versendet oder getrennt erstellt werden sollten, konnte innerhalb kürzester Zeit eine Kostenersparnis von 300.000 DM bei zusätzlichen Projektkosten von 50.000 DM bei der Realisierung der erstgenannten Alternative nachgewiesen werden.[5] Nicht zuletzt solche Erfolgsmeldungen sind der Grund dafür, daß das MTM-Verfahren in der jüngsten Vergangenheit speziell in der Versicherungswirtschaft an Bedeutung gewonnen hat.[6]

In VU ist das **MTM-Bürodatensystem** von besonderer Bedeutung.[7] Es basiert, wie Abb. 54 zeigt, auf dem universell anwendbaren MTM-Grundverfahren und den MTM-Basiswerten.

---

[1]     REFA 1997, S. 66, im Original vollständig hervorgehoben.

[2]     GILBRETH stellte 17 verschiedene Bewegungselemente fest. Nach REFA genügen zur Analyse von Arbeitsabläufen jedoch grundsätzlich die folgenden sechs Elemente: Hinlangen, Greifen, Bringen, Vorrichten, Fügen und Loslassen (vgl. REFA 1997, S. 68).

[3]     Vgl. Kuhlmann 1988, S. 27.

[4]     Vgl. Behn 1990; Kuhlmann 1988, S. 26f.

[5]     Vgl. o. V. 1985a, S. 55.

[6]     Vgl. Helms 1993, S. 427.

[7]     Eine Übersicht über die z. Z. existierenden MTM-Verfahren zur Zeitdatenermittlung findet sich bei Olbrich 1993, S. 29.

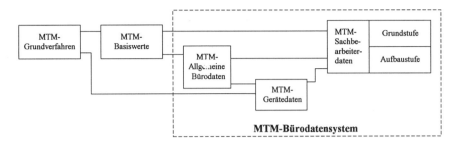

*Abb. 54: Entwicklungs- und Aufbaustufen des MTM-Bürodatensystems[1]*

Beim MTM-Grundverfahren werden die menschlichen Bewegungen in acht Grundbewegungen der Hand, zwei Blickfunktionen sowie zehn Körperbewegungen differenziert.[2] Ihnen werden in Abhängigkeit von bewegungsspezifischen Einflußgrößen[3] aus Ist-Zeiten abgeleitete Soll-Zeiten[4] zugeordnet. Um den wirtschaftlichen Einsatz des MTM-Verfahrens zu ermöglichen, werden diese umfassenden Grunddaten durch Vereinfachung und Addition zunächst zu MTM-Basiswerten[5] aggregiert.[6] Diese sind Grundlage einer weiteren Verdichtung zu MTM-Bereichswerten, wobei sich das MTM-Bürodatensystem aus den MTM-Allgemeinen Bürodaten, den MTM-Gerätedaten und den MTM-Sachbearbeiterdaten zusammensetzt.[7]

Die MTM-Allgemeinen Bürodaten enthalten "Planzeiten für die im Bürobereich häufig vorkommenden Tätigkeiten, die **ohne** mechanische Hilfsmittel (Büromaschinen) ausgeführt werden"[8]. Im einzelnen sind dies Zeitdaten für das Suchen und Finden von Arbeitsaufträgen, Gebrauchen von Bürohilfsmitteln mit Werkzeugcharakter, Handhaben

---

1    Darstellung in Anlehnung an Deutsche MTM-Vereinigung e. V. o. J., S. 10.

2    Vgl. Deutsche MTM-Vereinigung e. V. 1981, S. 3-7.

3    Bei der Grundbewegung "Hinlangen" der Hand sind dies z. B. die Bewegungslänge, der Bewegungsfall und der Typ des Bewegungsverlaufs (vgl. Deutsche MTM-Vereinigung e. V. 1981, S. 4-8).

4    Die Soll-Zeiten werden im MTM-Sprachgebrauch als MTM-Normalleistung bezeichnet (vgl. Deutsche MTM-Vereinigung e. V. 1981, S. 2-4). OLBRICH weist in diesem Zusammenhang jedoch darauf hin, daß die MTM-Normalleistung nicht mit der REFA-Normalleistung gleichgesetzt werden kann (vgl. Olbrich 1993, S. 30).

5    Zum Zusammenhang zwischen MTM-Standarddaten und MTM-Basiswerten vgl. Olbrich 1993, S. 30.

6    Vgl. Helms 1991, S. 35f.

7    Daneben existieren eine Vielzahl weiterer MTM-Bereichs- und Einzweckwert-Kalatoge (vgl. hierzu Helms 1991, S. 36, Abb. 7). Zum generellen Zusammenhang zwischen MTM-Grundverfahren, Basiswerten, Mehrzweckwerten, Bereichswerten und Einzweckwerten vgl. Bokranz o. J., S. 96.

8    Deutsche MTM-Vereinigung e. V. o. J., S. 11 (Hervorhebung im Original). Planzeiten sind Soll-Zeiten die Einflußgrößen berücksichtigen (vgl. Olbrich 1993, S. 20).

von Hilfs- und Organisationsmitteln ohne Werkzeugcharakter sowie für weitere büroübliche Tätigkeiten wie beispielsweise Lesen, Schreiben, Rechnen und Vergleichen.[1] Werden hingegen Tätigkeiten mit Büromaschinen[2] ausgeführt, sind die zugehörigen Zeiten aus den MTM-Gerätedaten zu extrahieren.[3] Die MTM-Allgemeinen Bürodaten und die MTM-Gerätedaten sind Ausgangspunkt für die Verdichtung zu MTM-Sachbearbeiterdaten, welche sich in eine **Grundstufe** und eine **Aufbaustufe** differenzieren lassen.

Die **Grundstufe** dient der Ermittlung von Zeiten für regelmäßig anfallende, typische Tätigkeiten eines Sachbearbeiters.[4] Am Beispiel der Tätigkeit "Akte ziehen", des Teilprozesses der Ebene II "Zahlung anweisen", des weiter oben definierten Geschäftsprozesses "Schaden bearbeiten", soll die Ermittlung nachfolgend erläutert werden. In Tab. 27 ist die Berechnung dargestellt.

| Teilbenennung: | | Teil-Nr : | | | | | | Analysen-Nr.: | | |
|---|---|---|---|---|---|---|---|---|---|---|
| Arbeitsgang/Tätigkeit: *Akte ziehen* | | | | | | | Arbeitsgang/Tätigkeits-Nr.: | | | |
| Nr. | Beschreibung | | | Kode | | | | TMU | Häufigkeit | Gesamt TMU |
| 1. | *Aufstehen und später setzen* | | | | *K* | *C* | | | | *110* |
| 2. | *Weg 2 x 0,5 m* | | | | *K* | *A* | | *25* | *2 x 0,5* | *25* |
| 3. | *Akte suchen* | *B* | *S* | *-* | *M* | *F* | *E* | | | *70* |
| 4. | *Akte herausziehen* | | | *-* | *H* | *O* | *O* | | | *40* |
| 5. | *Öffnen und später schließen* | | | *-* | *H* | *E* | *O* | | | *190* |
| 6. | *Seite - Vorgang suchen* | | | *-* | *M* | *F* | *S* | | | *170* |
| | | | | | | | | Summe | | *605* |
| | | | | | | | | ≅ Minuten | | *0,36* |
| Abteilung: | Datum: | | bearbeitet: | | geprüft: | | | | | |
| | | | | | | | Blatt     von | | |

*Tab. 27: Ermittlung der Tätigkeitszeit "Akte ziehen" aus den*
*MTM-Sachbearbeiter-Grunddaten[5]*

---

[1]    Vgl. Bethke 1970, S. 550; Simon 1986b, S. 71.

[2]    Dies sind z. B. Datenerfassungsgeräte, Terminals, Schreibmaschinen und Vervielfältigungsmaschinen (vgl. Deutsche MTM-Vereinigung e. V. o. J., S. 10).

[3]    Vgl. hierzu beispielhaft das Kalkulationsblatt Maschinenschreiben bei Deutsche MTM-Vereinigung e. V. o. J., S. 14.

[4]    Vgl. Simon 1986b, S. 75.

[5]    Das Beispiel wurde in Anlehnung an die Beispiele für die Anwendung der Sachbearbeiter-Grunddaten nach Deutsche MTM-Vereinigung e. V. o. J., S. 17, Bild 12 u. Simon 1986b, S. 78, Abb. 13 konstruiert.

Erkennbar wird die detaillierte Aufschlüsselung der Tätigkeit in die einzelnen Zeitbausteine, wobei ein Kodierungsschema, dessen Aufbau an dieser Stelle nicht dargestellt werden soll,[1] die Umwandlung der realen Tätigkeiten in MTM-Zeitbausteine angibt. Die Bausteine enthalten dabei stets den vollen Bewegungszyklus, selbst wenn diese Bewegungen in Wirklichkeit gar nicht durchgeführt werden.[2] Die Zeitwerte sind beim MTM-Verfahren in der Einheit **Time Measurement Unit** (TMU) angegeben, wobei eine TMU einer hunderttausendstel Stunde entspricht. Es gilt:[3]

(39)     1 TMU = 0,036 Sekunden = 0,000 6 Minuten = 0,000 01 Stunden

Die MTM-Sachbearbeiter-Grunddaten werden zur Erhöhung der Anwendungsgeschwindigkeit des Verfahrens auf der **Aufbaustufe** weiter aggregiert. Diese Zeitdaten für häufig anfallende "Standardverrichtungen"[4] erlauben einen wirtschaftlichen Einsatz des Verfahrens. Dies sei an der Beispieltätigkeit kurz erläutert: Würde in weiteren Prozessen die Tätigkeit "Akte ziehen", bei welcher eine Wegstrecke von 0,5 Metern zurückzulegen ist, durchgeführt, so könnte ohne umfangreiche Berechnung der Aufbauzeitwert von 0,36 Minuten angesetzt werden. Diese erleichterte Zeitermittlung führt jedoch zu Zeitdifferenzen zwischen der tatsächlichen Tätigkeitszeit, wenn nicht alle Bewegungen, für welche Zeitbausteine in dem Aufbauzeitwert berücksichtigt wurden, auch tatsächlich durchgeführt werden. In diesen Fällen ist ein Rückgriff auf die Grunddaten bzw. die Bildung von **unternehmensspezifischen Aufbaudaten** unumgänglich.[5] Unter Nutzung der Grund- und Aufbaudaten lassen sich, wie dargestellt, Zeiten auf allen Ebenen der Prozeßgliederung durch Addition der einzelnen Tätigkeitszeiten errechnen.

Die Systeme vorbestimmter Zeiten zeichnen sich durch eine Vielzahl von Vorteilen aus. Ihre analytische Vorgehensweise führt zu einer **hohen Genauigkeit** der ermittelten Zeiten. HEINISCH und SÄMANN geben eine durchschnittliche Abweichung von der mittleren Genauigkeit der durch Messen ermittelten Zeiten von lediglich ± 3 bis 10 %

---

[1]     Vgl. hierzu Bokranz 1978, S. 369; Deutsche MTM-Vereinigung e. V. o. J., S. 16f.; Simon 1986b, S. 79.

[2]     Am Beispiel des Zeitbausteins "Ortsveränderung" (Kodierung: HOO) erklärt, bedeutet dies, daß die Zeitdauer stets aus den Einzelzeiten der Bewegungen Hinlangen, Greifen, Bringen und gegebenenfalls Fügen und Loslassen addiert werden, auch wenn eine der Bewegungen in Wirklichkeit nicht stattfindet (vgl. Bokranz 1978, S. 369f.). So sind im Beispiel Zeitdifferenzen zu den mit anderen Verfahren ermittelten Zeitdaten zu erklären.

[3]     Vgl. Deutsche MTM-Vereinigung e. V. 1981, S. 3-8.

[4]     Simon 1986b, S. 79, Anführungszeichen im Original.

[5]     Vgl. Deutsche MTM-Vereinigung e. V. o. J., S. 18; Simon 1986b, S. 79.

an.[1] Die Zusammensetzung der Zeitdaten aus genau beschriebenen, einheitlichen Grundbewegungen erlaubt ferner eine Überprüfung durch Beteiligte und Betroffene.[2] Dies bildet die Grundlage für sachliche und objektive Diskussionen um Korrekturen, wodurch die Zeitdaten in praxi auf eine **hohe Akzeptanz** stoßen. Darüber hinaus bietet der strukturierte Aufbau die Möglichkeit, hochverdichtete Zeitbausteine bei Bedarf aufzulösen und unternehmsspezifisch zu modifizieren.[3] Ferner weist BECKER darauf hin, daß lediglich die Systeme vorbestimmter Zeiten in der Lage sind, den erforderlichen Zeitaufwand für geplante Prozesse und Tätigkeiten im voraus anzugeben.[4] Dies führt zu einer wirtschaftlichen Organisation der Arbeitsabläufe bereits im Planungsstadium im Sinne einer **Kostenvermeidung** anstelle einer Kostensenkung durch nachträgliche Umgestaltungen.[5] Dabei wird jedoch vorausgesetzt, daß jede Bewegung der Tätigkeiten im vorhinein bekannt ist. Die Kodierung der Bewegungselemente beim MTM-Verfahren führt zudem zu einer reproduzierfähigen, internationalen Beschreibung der Arbeitsabläufe, was insbesondere für den Aufbau und die Ermittlung von Soll-Zeiten wichtig ist.[6]

Den genannten Vorteilen des MTM-Verfahrens stehen jedoch auch Nachteile gegenüber. Das Verfahren ist auf den Einsatz bei voll beeinflußbaren, regelmäßig anfallenden, **manuellen** Tätigkeiten beschränkt. Insbesondere Zeiten von mentalen, kreativen Tätigkeiten[7] lassen sich nicht ermitteln, wenn die dabei entstehenden Entscheidungen mehr als Ja-Nein-Entscheidungen sind.[8] SIMON weist jedoch in diesem Zusammenhang darauf hin, daß ein großer Teil der routinemäßig-kreativen Aufgaben bei entsprechender Qualifikation des Ausführenden durchaus planbar und damit meßbar sei, während der Zeitbedarf für rein kreative Aufgaben mit keinem Zeitmeßinstrument ermittelt

---

[1]    Vgl. Heinisch/Sämann 1973, S. 48, Bild 12. Vgl. in diesem Zusammenhang auch die Abweichung der MTM-Basiswerte gegenüber den entsprechenden MTM-Grundverfahrensanalysen bei Olbrich 1993, S. 59f.

[2]    Vgl. Bokranz 1978, S. 372; Obenauf 1986, S. 77.

[3]    Vgl. Obenauf 1986, S. 77.

[4]    Vgl. Becker 1970, S. 554.

[5]    Vgl. Deutsche MTM-Vereinigung e. V. 1981, S. 3-2f.; Helms 1991, S. 34.

[6]    Vgl. Deutsche MTM-Vereinigung e. V. 1981, S. 3-3. Vgl. weitere Vorteile des MTM-Verfahrens bei Becker 1970, S. 554; Bokranz 1978, S. 372; Deutsche MTM-Vereinigung e. V. 1981, S. 3-2f.; Helms 1991, S. 34; Schuhmacher 1972b, S. 680.

[7]    Die Tätigkeiten Lesen, Rechnen und Vergleichen werden in diesem Zusammenhang nicht als mentale, kreative Tätigkeiten betrachtet (vgl. auch Heinisch/Sämann 1973, S. 59).

[8]    Vgl. Deutsche MTM-Vereinigung e. V. 1981, S. 3-2; Helms 1991, S. 34.

werden könne.[1] Bei den mit Hilfe des MTM-Verfahrens ermittelten Zeiten handelt es sich um **Prozeßausführungszeiten**. In diesen sind definitionsgemäß keine Rüstzeiten und keine Liege- und Transferzeiten enthalten.[2] Sie müssen nachträglich geschätzt und pauschal auf die Zeitwerte aufgeschlagen werden. Die komplexe Aggregation der Zeitwerte macht zudem eine gründliche theoretische und praktische Ausbildung im Umgang mit dem Verfahren unumgänglich.[3] Darüber hinaus geht die beschriebene Genauigkeit zwangsläufig zu Lasten der Wirtschaftlichkeit des Verfahrenseinsatzes. Trotz des - im Vergleich zum MTM-Grundverfahren - hohen Aggregationsniveaus erscheint die Ermittlung von Zeitwerten mit dem MTM-Bürodatensystem sehr aufwendig. Der Aufwand läßt sich mit Hilfe der von BOKRANZ vorgeschlagenen Kennzahl **Anwendungsgeschwindigkeit** genauer erfassen. Die Kennzahl ist wie folgt definiert:[4]

$$
\text{Anwendungsgeschwindigkeit}
$$

$$
\frac{\text{Mit dem MTM - Verfahren analysierte Grundzeit in Minuten}}{\text{Zeitaufwand für das Durchführen der Analyse in Minuten}}
$$

Beim MTM-Grundverfahren beträgt die Anwendungsgeschwindigkeit etwa 0,005 (1:200); das bedeutet einen Analyseaufwand von etwa 200 Minuten bei einer Grundzeit von lediglich einer Minute.[5] Bei den MTM-Sachbearbeiterdaten beträgt die Anwendungsgeschwindigkeit etwa 0,2 (1:5),[6] wobei in jüngeren Veröffentlichungen auch das Verhältnis 1:1 angegeben wird[7]. Zur weiteren Senkung dieses Aufwandes und zur Sicherung der Aktualität der Zeitdaten hat die *Deutsche MTM-Vereinigung e. V.* die Software ANA-/ZEBA-DATA entwickelt, welche in praxi weit verbereitet ist.[8] Nach

---

[1]  Vgl. Simon 1986b, S. 71.

[2]  Vgl. zu den theoretischen Bestandteilen der Prozeßzeit Kapitel 3.1.

[3]  Vgl. Schuhmacher 1972b, S. 680.

[4]  Vgl. Bokranz 1978, S. 364. BOKRANZ identifiziert dort auch wesentliche Einflußgrößen der Anwendungsgeschwindigkeit.

[5]  Vgl. Bokranz 1978, S. 366.

[6]  Hierbei wird unterstellt, daß der Tätigkeitsablauf bekannt ist (vgl. Bokranz 1978, S. 366).

[7]  Vgl. Helms 1993, S. 429; Simon 1986b, S. 75. Ein Vergleich des zeitlichen Ermittlungsaufwandes von MTM-Verfahren und REFA-Methode findet sich bei Obenauf 1985, S. 75f.

[8]  Die *Deutsche MTM-Vereinigung e. V.* gibt einen Einsatz in mehr als 300 Unternehmen an (vgl. Deutsche MTM-Vereinigung e. V. o. J., S. 22; Helms 1993, S. 429). Zur Darstellung der Software allgemein vgl. Deutsche MTM-Vereinigung e. V. o. J., S. 22 - 27. Ein in diesem Zusammenhang besonders interessantes Beispiel zum Einsatz der Software in einer Bank findet sich bei Gehart 1991.

Auskunft von Anwendern führt sie zu einer Zeitersparnis von ca. 20 % bei der Erstellung und ca. 70 % bei der Aktualisierung von Analysen.[1] OBENAUF gibt sogar Zeitersparnisse im Vergleich zur manuellen Vorgehensweise von 80 % an.[2] Daneben ist die Entwicklung einer Software geplant, welche MTM-basierte Ablaufoptimierungen mit der Simulation von Geschäftsprozessen verknüpft.[3]

Abschließend läßt sich daher festhalten, daß das MTM-Bürodatensystem ein sehr genaues Verfahren zur Ermittlung der Dauer von voll beeinflußbaren, häufig durchzuführenden, manuellen Tätigkeiten ist, welches allerdings nur EDV-gestützt im Rahmen von Geschäftsprozeßoptimierungen eingesetzt werden sollte. Die so ermittelten Soll-Prozeßausführungszeiten können (nach Addition einer geschätzten Rüstzeit) mit den im Rahmen der Prozeßdatenermittlungsphase erfaßten Ist-Prozeßdurchführungszeiten der Prozesse verglichen werden, um Aufschluß über die Güte der zeitbezogenen Prozeßperformance zu erhalten.

### 5.4.3 Beurteilung der Prozeßkosten: Das Extended Time Based Costing

Für die Ermittlung der Ist(prozeß)kosten im Rahmen der GPO wurde das Time Based Costing durch die Trennung von beschäftigungsgradabhängigen fixen und variablen Kosten zum Extended Time Based Costing weiterentwickelt. Aus den Darstellungen zu diesem Instrument wurde bereits deutlich, daß nicht nur Istkosten und Ist-Fallzahlen, sondern auch Plankosten und Plan-Fallzahlen erfaßt und zur Kostenallokation berücksichtigt werden können. Daher ist zur kostenorientierten Prozeßbeurteilung kein grundsätzlich neues Instrument nötig, sondern das Extended Time Based Costing erscheint geeignet, auch Informationen zur Prozeßkostenbeurteilung und -kontrolle durch Soll-Ist-Kostenvergleiche zu liefern. Nachfolgend sollen die Möglichkeiten und Grenzen eines derartigen Vergleichs auf Prozeßkostenbasis angedeutet werden.

Überlegungen zur Soll-Ist-Abweichungsanalyse auf der Basis von Prozeßkosten sind keinesfalls neu. Seit der ersten Erwähnung der Prozeßkostenrechnung wurden immer wieder Vorschläge zur Ausgestaltung einer solchen Analyse gemacht und kontrovers diskutiert.[4] Neuere Vorschläge gründen zumeist auf der Erkenntnis, daß die leistungsmengeninduzierten und leistungsmengenneutralen Prozeßkosten beschäftigungsgrad-

---

[1]    Vgl. Simon 1986b, S. 87.

[2]    Vgl. Obenauf 1985, S. 77.

[3]    Vgl. o. V. 1998.

[4]    Vgl. etwa Fröhling 1994, S. 160 - 164 sowie die dort angegebene Literatur.

abhängige variable und fixe Kosten enthalten und daher eine aussagefähige Abweichungsanalyse die lmi und lmn Kosten in Abhängigkeit von ihrem Beschäftigungsgrad zu trennen hat. So differenzieren etwa KLOOCK und DIERKES in variable und fixe prozeßmengeninduzierte und in fixe prozeßmengenneutrale Prozeßkosten im Falle ein- und mehrstufiger Produktionsprozesse und schlagen für die verschiedenen Fälle bis zu **vier Abweichungsarten** vor.[1] Diese Vorschläge haben die Qualität der Abweichungsanalyse auf Prozeßkostenbasis seit ihrer ersten Erwähnung erheblich erhöht.

Das System des Extended Time Based Costing bietet für eine ähnlich differenzierte Analyse durch die Unterteilung der Prozeßkosten in Abhängigkeit von ihrem Beschäftigungsgrad grundsätzlich die notwendige Informationsbasis. Zu bedenken ist jedoch in dem hier diskutierten Zusammenhang das Folgende: Wird die **konzeptionelle Problematik** eines solchen Vorschlages, bei welchem die Abweichungen der fixen Prozeßkosten auf der klassischen und gleichzeitig wenig aussagefähigen Unterteilung in Nutz- und Leerkosten basieren, übergangen,[2] so ist trotzdem zu vermuten, daß er aufgrund seiner feinen Abstufung nur eine geringe praktische Relevanz besitzen dürfte. Ziel der kostenorientierten Prozeßbeurteilung mit Hilfe des Extended Time Based Costing ist die zweckmäßige Lösung des Zielkonfliktes zwischen der Aussagefähigkeit und Genauigkeit des Instrumentes und der Wirtschaftlichkeit der Instrumentennutzung. Daher wird nachfolgend auf die im Rahmen der Prozeßdatenermittlungsphase zweckmäßige Trennung in beschäftigungsgradabhängige fixe und variable Kosten verzichtet und die Abweichungsanalyse auf Vollkostenbasis durchgeführt. Ist aus theoretisch-kostenrechnerischen Überlegungen heraus eine solche Vereinfachung zumindest diskussionswürdig, erscheint sie aus pragmatisch-organisatorischen Gründen durchaus vertretbar.

Die Abweichungsanalyse im Extended Time Based Costing baut auf den Kostenstellenbogen und den Aggregierten Kostenstellenbogen des Time Based Costing im Falle der produktorientierten Verrechnungsmethodik (Produktorientierte Abweichungsanalyse) sowie auf den Projektkostenbogen im Falle der projektorientierten Kostenabrechnung (Projektorientierte Abweichungsanalyse) auf.

---

[1]  Vgl. Kloock/Dierkes 1996.

[2]  Vgl. zu einer derartigen Trennung etwa Kloock/Dierkes 1996, S. 108ff. Vgl. zur Kritik an der Unterteilung in Nutz- und Leerkosten etwa ausführlich Hummel 1997, S. 263 - 266, sowie die dort angegebene Literatur.

### 5.4.3.1 Produktorientierte Abweichungsanalyse

Die produktorientierte Verrechnungsmethodik wurde in Kapitel 5.3.2.4.1. im Detail erörtert. Besonderes Augenmerk verdienen in dem hier diskutierten Zusammenhang die unterschiedlichen Prozeßkostensätze. Der **Istkostensatz** im Rahmen des Extended Time Based Costing ergab sich - im Gegensatz zum Time Based Costing - aus dem Quotienten von Istkosten und Ist-Fallzahl.[1] Die Definiton des **Plankostensatzes** als Quotient aus Plankosten und Plan-Fallzahl wird nachfolgend beibehalten. Als letzter Kostensatz wird der Quotient von Plankosten und Ist-Fallzahl, der als **Sollkostensatz** bezeichnet wird, eingeführt. Dieser entspricht dem Istkostensatz nach der HAIBER-schen Definition, wird aber als Sollkostensatz bezeichnet, da er der in der Kostenrech-nung geläufigen Definiton von Sollkosten n. M. d. Verf. sehr nahe kommt.[2] Die pro-duktorientierte Abweichungsanalyse setzt nun an diesen drei Kostensätzen an.[3]

In Tab. 28 sind die auf den Kostensätzen basierenden Abweichungen an den Bei-spieldaten des Teilprozesses "Zahlung anweisen" darstellt, die im Kostenstellenbogen unter den Kennzahlen für das Kostenmanagement ausgewiesen werden. Im Rahmen der Produktorientierten Abweichungsanalyse ergibt die Differenz zwischen dem Ist-kostensatz und dem Plankostensatz die **Gesamtabweichung**, welche sich aus der pro-zeßbezogenen **Preis- und Tarifabweichung** und der **fallzahlbedingten Beschäfti-gungsabweichung** zusammensetzt.[4] Erstere läßt sich durch die Abweichung zwischen dem Ist- und dem Sollkostensatz errechnen. Die Preis- und Tarifabweichung ist auf Unterschiede zwischen den prozeßbezogenen Ist- und Plankosten zurückführbar, da zur Errechnung der Kostensätze beide Kostengrößen ins Verhältnis zur Istmenge ge-setzt wurden. In Kombination mit den Plan-/Ist-Abweichungen auf Kostenstellenbasis geben sie differenzierte Informationen über die Auswirkungen von Preis- und Tarifab-weichungen auf die Prozeßkosten. Die Differenz zwischen dem Soll- und dem Plan-

---

[1]   Vgl. auch Tab. 23.

[2]   So bezeichnen HUMMEL und MÄNNEL mit Sollkosten etwa "die für die jeweilige Istbeschäftigung gelten-den Kostenvorgaben [...]. Sie ergeben sich durch Umrechnung der für die Planbeschäftigung ermittelten Plankosten auf die Istbeschäftigung. Sollkosten und Plankosten stimmen nur dann überein, wenn die Ist-beschäftigung der im voraus festgelegten Planbeschäftigung entspricht" (Hummel/Männel 1996, S. 114.). Dabei wird angenommen, daß Beschäftigungsänderungen Einfluß auf die Fallzahlmengen haben. Diese Meinung zum Zusammenhang zwischen Produktionsmengen und Prozeßmengen wird in der Literatur nicht einheitlich geteilt (vgl. hierzu auch Klook/Dierkes 1996, S. 105f.).

[3]   In praxi können Abweichungen zwischen den Kostensätzen nicht nur durch Prozeßmengen- oder Preis-unterschiede, sondern auch durch Planungsfehler auftreten, die idealerweise vor der Abweichungsanalyse zu eliminieren sind. Diese sollten vielmehr getrennt "unter dem Strich" ausgewiesen werden.

[4]   Die Abweichungen werden, bis auf die Gesamtabweichung, auch von HAIBER im Rahmen des Time Based Costing identifiziert (vgl. Haiber 1997, S. 341).

kostensatz kann schließlich Auskunft über fallzahlbedingte Beschäftigungsabweichungen geben. Erkennbar wird dies an der Tatsache, daß beide der Abweichung zugrundeliegenden Kostensätze auf den Plankosten basieren, und diese lediglich durch verschiedene Fallzahlmengen dividiert werden.

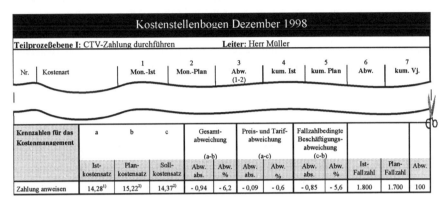

| Kostenstellenbogen Dezember 1998 | | | | | | | |
|---|---|---|---|---|---|---|---|
| **Teilprozeßebene I:** CTV-Zahlung durchführen | | | **Leiter:** Herr Müller | | | | |
| Nr. | Kostenart | 1 Mon.-Ist | 2 Mon.-Plan | 3 Abw. (1-2) | 4 kum. Ist | 5 kum. Plan | 6 Abw. | 7 kum. Vj. |

| Kennzahlen für das Kostenmanagement | a | b | c | Gesamt-abweichung (a-b) | | Preis- und Tarif-abweichung (a-c) | | Fallzahlbedingte Beschäftigungs-abweichung (c-b) | | | | |
|---|---|---|---|---|---|---|---|---|---|---|---|---|
| | Ist-kostensatz | Plan-kostensatz | Soll-kostensatz | Abw. abs. | Abw. % | Abw. abs. | Abw. % | Abw. abs. | Abw. % | Ist-Fallzahl | Plan-Fallzahl | Abw. |
| Zahlung anweisen | 14,28[1] | 15,22[2] | 14,37[2] | - 0,94 | - 6,2 | - 0,09 | - 0,6 | - 0,85 | - 5,6 | 1.800 | 1.700 | 100 |

1)   Vgl. Tab. 23.
2)   Vgl. Tab. 21. Der Sollkostensatz wird wie erwähnt bei HAIBER als Istkostensatz bezeichnet.

*Tab. 28: Produktorientierte Abweichungsanalyse im Extended Time Based Costing*

Für den Beispielprozeß ergibt sich, daß die einmalige Durchführung einer Zahlung um 0,94 DM kostengünstiger ist als geplant. Dies liegt zum einen an dem Degressionseffekt, den die Erhöhung der Fallzahlmenge im "Ist" um 100 nach sich zieht. Prozentual wird diese Mengendifferenz durch die fallzahlbedingte Beschäftigungsabweichung in Prozent ausgedrückt. Zum anderen aber auch an Preis- und Tariferhöhungen, welche durch Vergleiche der Kostenarten im Aggregierten und Erweiterten Aggregierten Kostenstellenbogen sichtbar werden. Die geplanten Prozeßgesamtkosten betragen im Beispiel 25.867,20 DM[1] und liegen insbesondere wegen der höher geplanten Kosten anderer Bereiche über den Istprozeßgesamtkosten.[2] Diese Kostendifferenz wird prozentual durch die prozeßbezogene Preis- und Tarifabweichung in Prozent abgebildet.

---

1   Vgl. Tab. 21.

2   Vgl. Tab. 23. Im Kostenstellenbogen (vgl. Tab. 20) wird insbesondere eine Abweichung zwischen den geplanten und realisierten Gehältern der Sachbearbeiter von 1.100 DM erkennbar. Diese wirkt sich jedoch nicht auf den Teilprozeß "Zahlung anweisen" aus, sondern geht voll zu Lasten der Teilprozesse "Versicherungsvertreter benachrichtigen" und "Versicherungsnehmer benachrichtigen" (erkennbar in Tab. 22), weil diese Prozesse von vier Sachbearbeitern durchgeführt werden, die noch in ihrer Probezeit sind (Fixkostenklasse I), und deren Personalkosten die genannte Plan-Ist-Differenz aufweist.

## 5.4.3.2 Projektorientierte Abweichungsanalyse

Im Rahmen der projektorientierten Kostenstellenrechnung des Time Based Costing werden nur selten und/oder unregelmäßig auftretende Prozesse fokussiert. Deren tatsächlich angefallenen Kosten werden lediglich grundsätzlich erfaßt und dem geplanten Projekt- bzw. Prozeßbudget gegenübergestellt. Prozeßkostenüber- und Prozeßkostenunterdeckungen sind so auch während der Prozeßdurchführung erkennbar, wodurch die Abweichungsanalyse die Grundlage für ein rechtzeitiges Vermeiden von Prozeßunwirtschaftlichkeiten bietet.[1] Dieses methodische Vorgehen kann problemlos im Rahmen des Extended Time Based Costing adaptiert werden. An dieser Stelle ist somit eine tiefere Darstellung der Projektorientierten Abweichungsanalyse nicht mehr erforderlich.[2]

Damit ist das im Rahmen der GPO eingesetzte System des Extended Time Based Costing vollständig dargestellt. In Abb. 55 wird abschließend ein phasenbezogener Überblick über das Instrument gezeigt.

Die dargestellte Abweichungsanalyse im Extended Time Based Costing ist von ihrer qualitativen Aussagefähigkeit und der Vielfalt der Abweichungsarten nicht mit dem „großen Vorbild" Grenzplankostenrechnung vergleichbar. Die an der Prozeßkostenabweichungsanalyse im Rahmen der klassischen Prozeßkostenrechnung geübte Kritik[3] kann somit auch an der Abweichungsanalyse im Rahmen des Time Based Costing und des Extended Time Based Costing vorgebracht werden. Das letztgenannte System bietet jedoch Ansatzpunkte für eine Abweichungsanalyse auf Teilkostenbasis. Ein solcher Ausbau geht aber mit einem Verlust an pragmatischer Einsetzbarkeit einher. Wichtig bei der Interpretation der Aussagen des vorliegenden Systems ist letztlich das Wissen um dessen Aussagegrenzen. Nur mit deren Kenntnis sind Fehlinterpretationen und darauf basierende Fehlentscheidungen vermeidbar.

Aus wissenschaftlicher Sicht könnte dem Extended Time Based Costing ein gewisser **methodischer Eklektizismus** vorgehalten werden, der sich darin begründen könnte, daß der Rechnung keine neue Verrechnungsmethodik zugrunde liegt, sondern vielmehr Ideen des Time Based Costing und des Fixkostenmanagement zu einem System zusammengetragen wurden. Dieser Vorwurf kann z. T. dadurch entkräftet werden, daß sowohl das Time Based Costing, da es auf der Grenzplankostenrechnung aufgebaut

---

[1]   Vgl. zu dieser Einschätzung auch Haiber 1997, S. 343.

[2]   Vielmehr sei auf die Ausführungen des Kapitels 5.3.2.4.2. verwiesen.

[3]   Vgl. Fröhling 1994, S. 160 - 164.

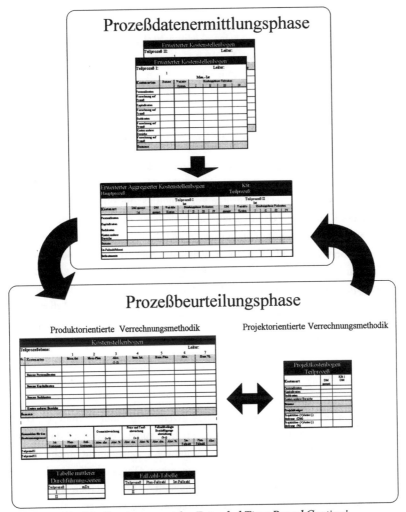

*Abb. 55: Gesamtsystem des Extended Time Based Costing[1]*

ist,[2] als auch das Fixkostenmanagement auf der grundlegenden Idee der Trennung von fixen und variablen Kosten aufbauen.[3] Dadurch sind beide Systeme nicht grundverschieden, sondern beruhen auf der gleichen systembildenden Grundannahme. Somit kann eine Kombination der Rechnungen, wie sie im Extended Time Based Costing

---

1 Vgl. zu den Tabellen der Prozeßdatenermittlungsphase Tab. 22, 23 sowie zu denen der Prozeßbeurteilungsphase Tab. 28, Abb. 44.

2 Vgl. Haiber 1997, S. 334.

3 Auf eine solche Trennung wird im Time Based Costing freilich aus pragmatischen Gründen verzichtet. Diese wird vielmehr im Extended Time Based Costing im Rahmen der Prozeßbeurteilung wieder aufgegriffen.

vorgeschlagen wird, nicht zu einem unvereinbaren Nebeneinander von unterschiedlichen Theorien führen. Gerade dies wird eklektizistischen Ansätzen aber i. d. R. vorgeworfen. Zudem fehlen, glaubt man FRÖHLING, bislang Konzepte, welche ernsthaft auf die fruchtbare Synthese unterschiedlicher Kostenrechnungskonzepte ausgerichtet sind.[1] Diese Lücke versucht das Extended Time Based Costing zumindest teilweise auszufüllen.

### 5.4.4  Beurteilung der Prozeßqualität: Das Statistical Process Control

Während die Critical Incident Technique und das Beschwerdemanagement in der Lage sind, die Potential-, Prozeß- und Ergebnisqualität in VU zu messen und - im Falle des Beschwerdemanagement - erste Ansätze zur Qualitätskontrolle zu liefern,[2] dient Statistical Process Control (SPC) vorrangig der zeitraumbezogenen Beurteilung der Qualität und damit gleichzeitig der Qualitätssicherung. SPC ist grundsätzlich auf alle Qualitätsdimensionen (Potential-, Prozeß-, Ergebnisdimension) gleichermaßen anwendbar, wobei in dem hier diskutierten Zusammenhang besonders die zeitbezogene Kontrolle der **Prozeßqualität** von Interesse ist. SPC wird im Rahmen der GPO daher wie folgt definiert: „Statistical process control is a methodology using graphical displays known as control charts for assisting operators, supervisors, and managers to monitor quality of conformance and to eliminate assignable causes of variability in a process."[3]

Die in der Definition genannten allgemeinen Ziele können im Rahmen der GPO in VU auf die Überwachung und Kontrolle der eingangs identifizierten Merkmale der Prozeßqualität[4] wie z. B. der Dauer der Produktentwicklung, der Bearbeitungsdauer von Schadenmeldungen und der Anzahl an Beschwerden in einer Periode (z. B. Monat, Quartal) konkretisiert werden. Die Definition läßt zudem erkennen, daß es sich bei SPC im Unterschied zur CIT und zum Beschwerdemanagement, nicht um ein geschlossenes Instrument, sondern vielmehr um einen **Oberbegriff** verschiedener statistischer Methoden der Qualitätssicherung handelt.[5] Diese werden vornehmlich zur Kontrolle der Qualität industrieller Produktionsprozesse eingesetzt, sind aber grundsätzlich auch in Dienstleistungsunternehmen zielführend anwendbar. Aufgrund der

---

[1]     Vgl. Fröhling 1994, S. 249.

[2]     Vgl. hierzu auch die Einschätzung des Beschwerdemanagement als Ansatz der Qualitätskontrolle bei Haller 1998, S. 148.

[3]     Evans/Anderson/Sweeney/Williams 1990, S. 804, dort z. T. kursiv.

[4]     Vgl. Tab. 25.

[5]     Vgl. hierzu auch Haller 1998, S. 133.

Eigenarten der Dienstleistungsproduktion geht der Methodeneinsatz jedoch in gewisser Weise mit einem Verlust an Analysetiefe und -genauigkeit einher.

In der Literatur herrscht keine Einigkeit darüber, welche Methoden im einzelnen unter SPC zu subsumieren sind.[1] Nachfolgend werden unter SPC daher die von HALLER in Anlehnung an WOOD und PREECE vorgeschlagenen Methoden Shewhart-Kontrollcharts, Prozeßfähigkeits-Analyse und Pareto-Analyse verstanden und dargestellt.[2]

**Shewhart-Kontrollcharts** sind einfache Diagramme, welche die zeitbezogene Entwicklung von Ist-Qualitätsausprägungen darstellen. In der Literatur werden acht unterschiedliche Kontrollcharts unterschieden, welche jeweils verschiedene statistische Basisgrößen in den Mittelpunkt der (Qualitäts)kontrolle stellen.[3] Das gemeinsame Ziel aller Diagrammarten ist es, „einen Prozeß im Zeitablauf zu überwachen und Trends und Veränderungen frühzeitig zu erkennen."[4] Abb. 56 zeigt am Beispiel des amerikanischen Versicherungsunternehmens *Blue Cross*, wie ein Shewhart-Kontrollchart konkret ausgestaltet werden kann.

Zur Überwachung der Qualität eines Bearbeitungsprozesses von Sachbearbeitern wird der prozentuale Anteil fehlerhaft bearbeiteter Dokumente[5] an allen bearbeiten Dokumenten für einen Zeitraum von zwei Jahren aufgenommen und dargestellt. Sachbearbeitern unterlaufen im Zeitablauf auch bei größter Sorgfalt Fehler. Diese Fehler werden durch Konzentrationsmangel, Unachtsamkeit, Gedankenlosigkeit etc. verursacht. Dafür ist in der Abbildung eine natürliche Fehlerquote von 3 % (grauer Bereich) eingezeichnet. Liegen nun, wie im Beispiel, in den ersten zwölf Monaten die Mehrzahl aller Punkte innerhalb der natürlichen Toleranzgrenze, so wird der **Prozeß beherrscht**. In den zweiten zwölf Monaten ist erkennbar, daß der Großteil der Punkte oberhalb der natürlichen Fehlerquote liegt. Dies ist ein Indikator dafür, daß die Prozeßqualität „out-

---

[1]   Die DEUTSCHE GESELLSCHAFT FÜR QUALITÄT E. V., EVANS, ANDERSON, SWEENEY und WILLIAMS sowie MOHR setzen beispielsweise SPC weitestgehend mit Qualitätsregelkarten bzw. control charts gleich (vgl. Deutsche Gesellschaft für Qualität e. V. 1993, S. 4-1; Evans/Anderson/Sweeney/Williams 1990, S. 805ff.; Mohr 1991, S. 41ff.), während WOOD und PREECE dem Terminus die Bestandteile Shewhart-Kontrollcharts, Prozeßfähigkeits- und Pareto-Analyse zuordnen (vgl. Wood/Preece 1993, S. 436 zitiert nach Haller 1998, S. 134).

[2]   Vgl. Wood/Preece 1993, S. 436 zitiert nach Haller 1998, S. 134.

[3]   Vgl. ausführlich Rosander 1985, S. 253ff.

[4]   Haller 1998, S. 134.

[5]   Im Original „unacceptable documents" (Rosander 1985, S. 22). Diese entstehen durch Bearbeitungsfehler der SB und verursachen Fehler in den Folgeprozessen.

of-control"[1] geraten ist, der Prozeß also aufgrund z. B. veränderter Rahmenbedingungen nicht mehr beherrscht wird. Korrigierende, qualitätserhöhende Eingriffe (z. B. Mitarbeiterschulungen) sind zur Herstellung der Prozeßbeherrschung notwendig.

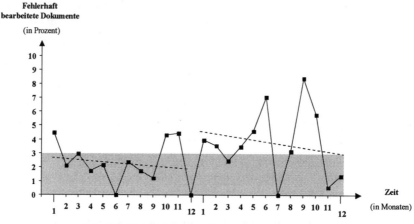

*Abb. 56: Beispiel für ein Shewhart-Kontrollchart[2]*

Neben einer reinen Visualisierungsfunktion ermöglicht das Diagramm die Antizipation von zukünftigen Fehlerquoten durch die Aufnahme der durch die unterbrochenen Geraden dargestellten Trendlinien (im Beispiel: Jahrestrends). Darüber hinaus kann die Wirksamkeit von eingeleiteten Qualitätsverbesserungsmaßnahmen mit Hilfe von Shewhart-Kontrollcharts aufgezeigt werden.

Die **Prozeßfähigkeits-Analyse** untersucht die Streuung der Qualitätsmerkmale auf ihre zeitliche Konsistenz, verstanden als Verhältnis zu vorgegebenen Toleranzforderungen. In diesem Zusammenhang kann zwischen **Prozeßbeherrschung** und **Prozeßfähigkeit** differenziert werden.[3] Wie oben dargestellt, erlaubt das Shewhart-Kontrollchart die Beurteilung, ob ein Prozeß beherrscht wird. „Die Prozeßbeherrschung wird völlig losgelöst von äußeren prozeßfremden Forderungen ermittelt."[4] Die reine Beherrschung eines Prozesses reicht jedoch zumeist nicht aus, sondern innerhalb des Kunden-Lieferantenverhältnisses wird eine höhere Prozeßqualität gefordert. Ein beherrschter

---

[1]    Rosander 1985, S. 22. Vgl. zum Process out-of-control auch detailliert Oakland 1986, S. 145 - 147.

[2]    Darstellung in Anlehnung an Rosander 1985, S. 24.

[3]    MOHR trifft diese Unterscheidung für industrielle Prozesse (vgl. hierzu Mohr 1991, S. 50f. u. 60f.).

[4]    Mohr 1991, S. 60.

Prozeß ist also nur dann fähig, wenn er in der Lage ist, auch vom Kunden (intern oder extern) vorgegebene Forderungen zu erfüllen.[1] An dem obigen Beispiel dargestellt, wäre der Prozeß fähig, wenn etwa die Forderung der Abteilungsleitung nach einer Prozeßqualität von mindestens 98 % erfüllt würde.[2] Zur genaueren Feststellung der Ursachen einer mangelnden Prozeßfähigkeit eignet sich häufig die **Pareto-** oder **ABC-Analyse**, die bereits in Kapitel 5.1.1. ausführlich dargestellt worden ist.

In dem hier diskutierten Zusammenhang basiert die ABC-Analyse „auf der Tatsache, daß Fehler und Irrtümer verschiedene Ursachen haben können, die unterschiedlich häufig auftreten und deren Folgen mehr oder minder schwer sein können."[3] Dem Pareto-Prinzip folgend, werden bei der Analyse die wenigen schwergewichtigen Ursachen von den vielen kleineren Ursachen getrennt.[4] Die Qualität kann somit deutlich gesteigert werden, wenn Verbesserungsmaßnahmen bei den wenigen schwergewichtigen Ursachen ansetzen. Im Beispiel von *Blue Cross* wäre es im Rahmen einer ABC-Analyse zweckmäßig, die unterschiedlichen Dokumente, bei denen die Fehler auftreten, genauer zu analysieren. Das Pareto-Prinzip unterstellt, würden mithin wenige Dokumentenarten einen großen Anteil an der Fehlerquote ausmachen, während der große Teil der Dokumente einen kleinen Teil der Fehlerquote ausmachen würde und damit regelmäßig richtig bearbeitet wird. Die Dokumente wären dann in Abhängigkeit von ihrem Anteil an den Dokumentenarten und dem kumulierten Anteil an der Fehlerquote in A-, B- und C-Dokumente segmentierbar. Die ABC-Analyse bietet somit in Kombination mit den anderen Methoden des SPC eine solide Grundlage zur Ableitung von zweckmäßigen Verbesserungsmaßnahmen.[5]

---

[1]   In diesem Zusammenhang unterscheidet MOHR die vier Fälle, daß der Prozeß
• fähig ist und beherrscht wird,
• nicht fähig ist, aber beherrscht wird,
• fähig ist, aber nicht beherrscht wird und schließlich
• nicht fähig ist und nicht beherrscht wird (vgl. Mohr 1991, S. 60). Eine weitere Vertiefung der sich daraus ergebenden Probleme soll an dieser Stelle unterbleiben. Grundsätzlich denkbar wäre jedoch eine Visualisierung der Fälle mittels der Portfoliotechnik, um darauf aufbauend konkrete Normstrategien zur Erreichung der Prozeßbeherrschung und -fähigkeit abzuleiten.

[2]   Vgl. hierzu auch das Beispiel bei Haller 1998, S. 135f.

[3]   Haller 1998, S. 134.

[4]   ROSANDER gibt in diesem Zusammenhang einige Beispiele für eine „reverse Pareto situation" bei Dienstleistungsunternehmen (vgl. Rosander 1985, S. 239).

[5]   OAKLAND beurteilt die Pareto-Analyse als „readily teachable, easily understood and very effective" (Oakland 1986, S. 33). Vgl. auch die Kritik an der ABC-Analyse in Kapitel 5.1.1.

Die Einschätzung von HALLER, daß der Einsatz von SPC im Dienstleistungsbereich unerläßlich ist,[1] kann ohne Einschränkungen für den Einsatz im Rahmen der Prozeß-beurteilungsphase der GPO geteilt werden. Neben der kontinuierlichen Qualitätskon-trolle können die dargestellten Instrumente grundsätzlich auch zur fortlaufenden Kon-trolle der Prozeßzeiten und -kosten eingesetzt werden, wenn vorab Standards in Form von Sollzeiten und Sollkosten festgesetzt worden sind. Somit können mit Hilfe der Instrumente des SPC Fehler und Schwerpunkte von Verbesserungsmaßnahmen für alle Zielgrößen der GPO relativ leicht lokalisiert werden. Die Instrumente eignen sich je-doch überwiegend nur für in Zahlen ausdrückbare Größen und ihre Analysequalität ist in hohem Maße von der Güte der gesetzten Standards abhängig.[2]

Nachdem mit Hilfe der dargestellten Instrumente die Soll-Daten ermittelt worden sind, können sie strukturiert den Ist-Daten gegenübergestellt werden. Dazu eignet sich z. B. ein **Prozeßbeurteilungsbogen**, der ähnlich wie der Prozeßbenchmarkingbericht[3] die absoluten und prozentualen Abweichungen der Ist- von der Soll-Performance ausweist. In den Bogen sind zudem die Prozeßstrukturdefizite aufzunehmen, so daß sowohl strukturelle als auch leistungsbezogene Schwachstellen ausgewiesen werden können. Große Abweichungen[4] von der Soll-Perfomance zeigen den Bedarf einer gezielten Prozeßgestaltung an. Die dazu notwendigen Instrumente werden im folgenden Kapitel dargestellt.

## 5.5 Instrumente der Prozeßgestaltung

Da theoretisch unterschiedliche Formen der Prozeßgestaltung denkbar sind, erscheint es zu Beginn dieses Kapitels notwendig, das Wesen der Prozeßgestaltung im Rahmen der GPO herauszuarbeiten um darauf aufbauend eine Definition abzuleiten. Eine in diesem Zusammenhang zweckmäßige Systematisierung der Gestaltungsformen kann in Anlehnung an KRÜGER in Abhängigkeit von der Art der Gestaltung und dem Gestal-

---

[1]     Vgl. Haller 1998, S. 136.

[2]     Vgl. Haller 1998, S. 147.

[3]     Vgl. Abb. 53.

[4]     Die Abweichungen erfordern nur dann ein gestaltendes Eingreifen, wenn die Abweichung eine Unterer-füllung des Beurteilungskriteriums anzeigt, bzw. wenn eine Übererfüllung (Prozeß-Overengineering) nicht mit einer Steigerung des Kundennutzens verbunden ist. Ab welcher Abweichung im einzelnen eine Prozeßgestaltung erforderlich wird, ist unternehmensindividuell festzulegen. Dabei ist es durchaus denkbar, daß die Abweichungsspannen in Abhängigkeit von den Zielgrößen der GPO unterschiedlich festgesetzt werden.

tungszeitpunkt vorgenommen werden.[1] Bei der **Art des Vorgehens** kann prinzipiell zwischen einem eher intuitiv-unsystematischen und einem rational-methodischen Vorgehen unterschieden werden. Der **Zeitpunkt der Gestaltung** stellt demgegenüber auf die Unterscheidung zwischen einem reaktiven, nachvollziehenden bzw. antizipativen, vorwegnehmenden Vorgehen ab. Werden beide Merkmale kombiniert, ergeben sich die vier in Abb. 57 dargestellten Formen der Prozeßgestaltung.

|  | | |
|---|---|---|
| systematisch | *Anpassende Prozeßgestaltung* | *Entwickelnde Prozeßgestaltung* |
| unsystematisch | *Nachbessernde Prozeßgestaltung* | *Vorwärtstastende Prozeßgestaltung* |

**Art der Prozeßgestaltung**

reaktiv          antizipativ

**Zeitpunkt der Prozeßgestaltung**

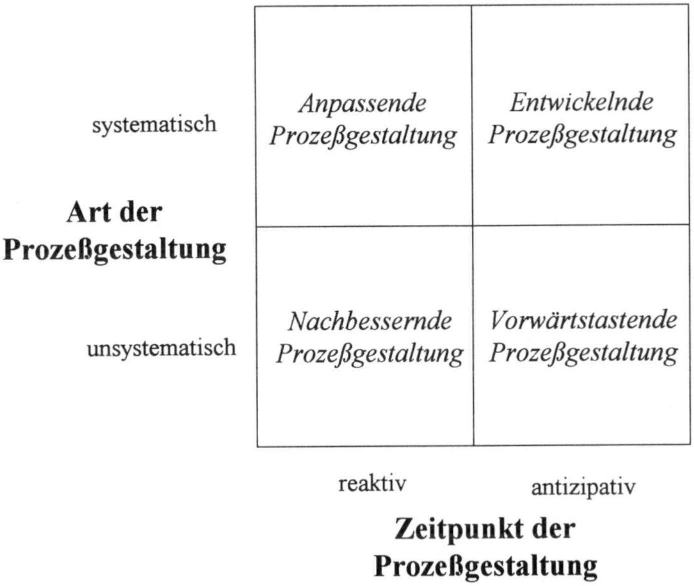

*Abb. 57: Formen der Prozeßgestaltung*[2]

Im Rahmen der **Nachbessernden Prozeßgestaltung** werden organisatorische Probleme grundsätzlich erst dann behoben, wenn sie unübersehbar geworden sind. Eine frühzeitige, systematisch-instrumentell gestützte Problembewältigung findet nicht statt.[3] Nicht zu unrecht bezeichnet KRÜGER diese Form der Gestaltung daher als „ständiges Durchwursteln"[4]. Ähnlich unsystematisch wird bei der **Vorwärtstastenden Prozeßgestaltung** vorgegangen, jedoch bezieht sich diese auf zukünftige organisatori-

---

[1] Die Unterteilung erfolgt in Anlehnung an Krüger 1983, S. 8f. Dieser unterscheidet organisatorische Gestaltungen in Abhängigkeit von der Art des Vorgehens und dem Zeitpunkt des Eingriffs.

[2] Darstellung in Anlehnung an Krüger 1983, S. 8, Abb. 2.

[3] Vgl. Krüger 1983, S. 8.

[4] Krüger 1983, S. 8, „Durchwursteln" im Original in Anführungszeichen.

sche Schwachstellen. Wenn auch eher gefühlsmäßig, so wird bei dieser Gestaltungsform doch versucht, Schwachstellen rechtzeitig zu beheben. Im Gegensatz zu den un-
systematischen Gestaltungsformen wird bei der **Anpassenden Prozeßgestaltung** und
der **Entwickelnden Prozeßgestaltung** rational-methodisch verfahren. Die Beseitigung
der Schwachstelle erfolgt mit Hilfe des Einsatzes geeigneter Instrumente bzw. Methoden. Beide Formen unterscheiden sich lediglich durch den Zeitpunkt der Gestaltung:
Die Anpassende Prozeßgestaltung bezieht sich auf bereits eingetretene Schwachstellen,
während im Rahmen der Entwickelnden Prozeßgestaltung versucht wird, Strukturpro-
bleme antizipatorisch zu beseitigen.

Bei der Zuordnung der Prozeßgestaltung im Rahmen der GPO zu einer der dargestellten Formen ist zunächst festzuhalten, daß die Gestaltung grundsätzlich **systematisch-
methodisch** angelegt ist. Nachfolgend wird somit nur bedingt auf das vage intuitive
Gestaltungspotential von den an der GPO beteiligten Mitarbeitern vertraut, sondern die
Gestaltung ist das Ergebnis des Einsatzes geeigneter Instrumente. Ein methodisches
Vorgehen führt jedoch nicht per se zu überlegenen Gestaltungsergebnissen. Wie empirische und theoretische Untersuchungen gezeigt haben, bietet es allerdings im Vergleich zu einem intuitiven Vorgehen vor allem den Vorteil der vollständigeren Nutzung kreativer Potentiale.[1] Darüber hinaus lassen sich auf Intuition beruhende Prozeß-
gestaltungen nur bedingt planen, steuern und kontrollieren.[2] Die Prozeßgestaltung im
Rahmen der GPO ist daher grundsätzlich den beiden letztgenannten Anpassungsfor-
men zuzuordnen.

Ob die Prozeßgestaltung eher anpassend oder entwickelnd ist, hängt von der Art und
Weise der Ermittlung der Soll-Daten ab. Werden prozeßkosten- und prozeßqualitätsbe-
zogene Soll-Daten mit Hilfe des Extended Time Based Costing bzw. des Statistical
Process Control ermittelt und diese den Ist-Daten gegenübergestellt, ergeben sich Plan-
Ist-Abweichungen. Diese Schwachstellen weisen also auf eingetretene Differenzen zu
geplanten Wertgrößen hin, so daß Gestaltungsmaßnahmen, welche diese Schwachstellen zu beseitigen versuchen, der **Anpassenden Prozeßgestaltung** zuzuordnen sind.
Werden den Ist-Daten hingegen Soll-Daten gegenübergestellt, welche von einem best-
practice Unternehmen im Rahmen des Prozeßbenchmarking oder dem Einsatz des
Methods-Time Measurement abgeleitet worden sind, resultieren die Schwachstellen
nicht aus Unterschieden zu geplanten Größen.[3] Die Unterschiede weisen vielmehr auf

---

[1]    Vgl. Hess 1996, S. 19, sowie die dort angegebene Literatur; Schulte-Zurhausen 1995, S. 441.

[2]    Vgl. zu weiteren Vorteilen eines systematischen Vorgehens Hess 1996, S. 18.

[3]    Vgl. zu den genannten Instrumenten ausführlich Kapitel 5.4.

Differenzen zu der theoretisch möglichen Prozeßdauer (Methods-Time Measurement) bzw. der praktisch realisierten besten Prozeßperfomance (Prozeßbenchmarking) hin. Auf diese Weise werden Schwachstellen erkannt, selbst wenn die Ist-Prozeßperformance mit der geplanten Performance übereinstimmt. Gestaltungsmaßnahmen, die an diesen Schwachstellen ansetzten, sind somit in gewisser Weise antizipativ und daher der **Entwickelnden Prozeßgestaltung** zuzuordnen. Auf diesen Überlegungen aufbauend, kann die Prozeßgestaltung im Rahmen der GPO als ein systematisches reaktives bzw. antizipatorisches Vorgehen zur Beseitigung von Prozeßstruktur- und Prozeßdatenschwachstellen charakterisiert werden.

Konkret umfaßt die Prozeßgestaltungsphase in VU die Ermittlung von Maßnahmen, Ressourcen, Terminen und Trägern der Prozeßschwachstellenbeseitigung.[1] Daraus ergeben sich vier Teilplanungen, die in Abb. 58 visualisiert sind.

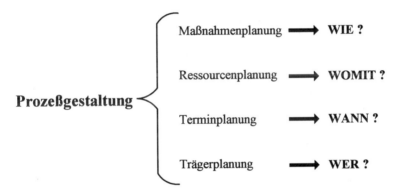

*Abb. 58: Teilplanungen der Prozeßgestaltung*[2]

Die Maßnahmenplanung der Prozeßgestaltung umfaßt alle Aspekte, die sich auf die Art und Weise der Gestaltung beziehen und gibt damit Antwort auf die Frage, **wie** die identifizierten Prozeßschwachstellen behoben werden können. Die zur Behebung notwendigen insbesondere finanziellen und sachlichen Mittel werden im Rahmen der Gestaltungsressourcenplanung festgelegt. Diese Teilplanung gibt daher an, **womit** die Schwachstellen beseitigt werden können. Insbesondere bei komplexen Optimierungs-

---

[1]  Vgl. Krüger 1983, S. 99f.

[2]  Darstellung in Anlehnung an Krüger 1983, S. 99. KRÜGER nimmt aus seinem Ressourcenbegriff die personelle Ressource heraus und unterscheidet daher zwischen den Bestandteilen Ressourcen und Träger bei der Erarbeitung von Planalternativen.

maßnahmen spielt der Zeitaspekt eine wichtige Rolle.[1] In diesem Zusammenhang gibt die Gestaltungsterminplanung Aufschluß darüber, **wann** die Maßnahmen durchgeführt werden. **Wer** die Maßnahmen durchführt, wird im Rahmen der Gestaltungsträgerplanung festgelegt. Da die Maßnahmen der Prozeßgestaltung die übrigen Teilplanungen in hohem Maße determinieren, stehen diese im Zentrum der weiteren Ausführungen.

Die Maßnahmenplanung der Prozeßgestaltungsphase der GPO hat zum Ziel, die identifizierten Prozeßschwachstellen durch das Suchen und Festlegen geeigneter organisatorischer Handlungsweisen zu schließen.[2] Dabei wird von der Annahme ausgegangen, daß die erhobenen Prozeßdaten nur das Ergebnis einer monetären, zeitlichen und qualitativen Bewertung von Prozessen und Tätigkeiten sind. Eine an den Prozeßdaten ansetzende Prozeßgestaltung, z. B. in Form eines (in praxi nicht unüblichen) einseitigen Cost Cutting, würde somit nur die Symptome von Prozeßschwachstellen, nicht aber deren Ursachen beseitigen.[3] Bewußt pointiert kann dieser Zusammenhang durch den Vergleich der Prozeßgestaltungsphase mit einem Tennisspiel dargestellt werden: Wie jeder Tennisspieler weiß, wird das Spiel nicht durch den Spielstand, sondern durch das Spielgeschehen entschieden. Aus diesem Grund beobachten Tennisspieler während des Spiels den Ball und nicht die Anzeigetafel. Übertragen auf die Prozeßgestaltung, entspricht der Spielstand den Prozeßdaten und das Spielgeschehen der Prozeßstruktur.[4] Wie die Ursachen eines verlorenen Tennisspiels im Spielgeschehen zu suchen sind (und nicht etwa im Ergebnis), sind die Ursachen eines in der Prozeßbeurteilungsphase identifizierten Gaps zwischen Ist- und Soll- bzw. Plan-Leistung in einem suboptimalen Tätigkeits- und Prozeßgefüge zu suchen. Folgerichtig müssen Maßnahmen zur Optimierung der Prozeßkosten, Prozeßzeit und der Prozeßqualität bei der **Gestaltung der Prozeßstruktur** ansetzen. Damit haben die Optimierungskriterien auf der Sachebene Vorrang vor denen auf der monetären, zeitlichen und qualitativen Wertebene.[5]

Aus diesem Grund werden im Folgenden zunächst die auf der Sachebene möglichen **theoretischen Prinzipien der Prozeßgestaltung** systematisiert. Welches Prinzip bzw. welcher Prinzipienmix konkret zum Einsatz kommt, hängt von der Art der Prozeßschwachstelle ab. Daher wird im Anschluß, auf der Basis einer zweistufigen Kategorisierung der Schwachstelle, ein **Portfolio zur Bestimmung des Prozeßgestaltungswe-**

---

[1]    Vgl. Krüger 1983, S. 99.

[2]    Vgl. auch die Definition der Lösungssuche bei Schulte-Zurhausen 1995, S. 332.

[3]    Vgl. Weiß 1996, S. 119.

[4]    Der Vergleich erfolgt in Anlehnung an Johnson 1991, S. 230.

[5]    Vgl. Weiß 1996, S. 119.

**ges** vorgestellt. Da in praxi insbesondere die **IuK-Technik** und das **Case Management** zur zielgerichteten Gestaltung von Geschäftsprozessen in VU eingesetzt werden, rundet eine Analyse der Prozeßgestaltungspotentiale beider „Instrumente" die Darstellungen zur Ausgestaltung der Prozeßgestaltungsphase ab.[1]

### 5.5.1 Theoretische Prinzipien der Prozeßgestaltung

Der Klassifizierung von WEIß folgend,[2] lassen sich, unabhängig von dem Detaillierungsgrad der Prozeßdekomposition, die **Vermeidung** und die **Beherrschung** als theoretische Oberprinzipien der Prozeßgestaltung identifizieren.[3] Die Vermeidung umfaßt die Elimination und Auslagerung von Prozessen aus der Prozeßstruktur, während die Beherrschung auf die Komplexitätsbewältigung und -kontrolle der Prozesse abzielt. Beide Oberprinzipien lassen sich in Unterprinzipien untergliedern. Abb. 59 zeigt eine Systematisierung der wichtigsten Prinzipien der Prozeßgestaltung[4].

Die Vermeidung von Prozessen kann prinzipiell durch Auslagerung oder Elimination erfolgen. Die **Auslagerung** i. e. S. umfaßt die rechtliche Ausgliederung von Prozessen in Form des Prozeßoutsourcing. „Das Outsourcing ist dann besonders kostenwirksam, wenn die Beschaffungspreise für die bezogenen Leistungen geringer sind als die Kosten der Selbsterstellung, beispielsweise wegen unzureichender Auslastung entsprechender Stellen."[5] Bei einem weiten Verständnis des Auslagerungsbegriffs wird nicht nur die rechtliche, sondern bereits auch die faktische Ausgliederung von Prozessen als Auslagerung bezeichnet. Von Auslagerung i. w. S. kann somit immer dann gesprochen werden, wenn vormals im Bürokomplex bzw. im Gebäude des VU durchgeführte Prozesse nach der Prozeßgestaltung an einem anderen Ort (z. B. im Satellitenbüro, in der Wohnung des Arbeitnehmers) bearbeitet werden. Diese Gestaltungsform bezieht sich

---

[1]  Diese Bereiche sind ferner eng mit der in Kapitel 3.4. geschilderten Situation der neuen Zielharmonie verknüpft.

[2]  Weitere Klassifizierungen finden sich bei FRESE und V. WERDER, welche die Gestaltungsprinzipien Marktdruck, Eigenverantwortung, Überschaubarkeit und Schnittstellenharmonisierung unterscheiden (vgl. Frese/v. Werder 1994, S. 6 - 12) sowie bei WETH, der die Ansatzpunkte der Reorganisation nach den Dimensionen Prozesse, Strukturen, Prozeßträger und Informationen systematisiert (vgl. Weth 1997, S. 78 - 80).

[3]  Vgl. Weiß 1996, S. 119. WEIß identifiziert auf der untersten Gliederungsebene von Prozessen Aktivitäten und bezieht daher die Oberprinzipien auf Aktivitäten. Gleichzeitig wird jedoch betont, daß „alle Prinzipien auf den verschiedenen Ebenen anwendbar sind" (Weiß 1996, S. 121). Zur sprachlichen Vereinfachung werden die Gestaltungsprinzipien im Folgenden mit Bezug zu Prozessen dargestellt.

[4]  Bei GAITANIDES und MÜFFELMANN werden diese „generische Maßnahmenbündel" oder auch „principles of streamlining" genannt (vgl. Gaitanides/Müffelmann 1995, S. 344 sowie die dort angegebene Literatur).

[5]  Farny 1995, S. 527.

demnach vor allem auf eine räumliche Entkoppelung des Arbeitsortes vom Arbeitsverwendungsort und wird durch den Einsatz von IuK-Technik im Rahmen von telekooperativen Arbeitsformen[1] ermöglicht. Bei der Gestaltung in Form der **Elimination**
von Prozessen werden bislang durchgeführte Prozesse aus der Prozeßarchitektur entfernt. Die Elimination schließt sowohl die Beseitigung von Verschwendungstätigkeiten
(z. B. nicht notwendige Prüftätigkeiten) im Rahmen gegebener Strukturen als auch die
Entfernung von Tätigkeiten als Folge von anderen Prozeßgestaltungsmaßnahmen ein.[2]

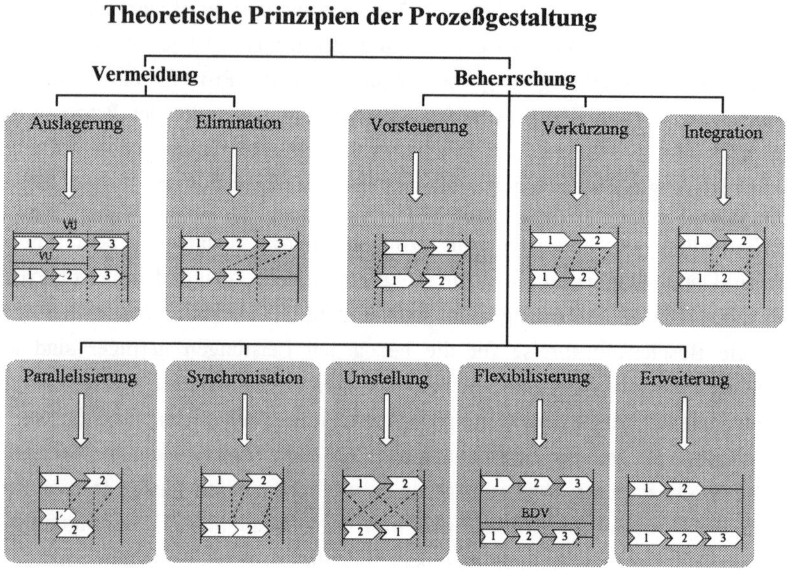

*Abb. 59: Theoretische Prinzipien der Prozeßgestaltung*[3]

Neben den Vermeidungsprinzipien kann die Prozeßgestaltung durch die **Beherrschung**
der Prozeßkomplexität erfolgen. Diese ergibt sich aus einer großen Zahl an
Einzelprinzipien: Bei der **Vorsteuerung** werden die Anfangszeitpunkte von Prozessen

---

[1]    Unter telekooperativen Arbeitsformen kann die Gesamtheit mediengestützter arbeitsteiliger Leistungser-
       stellungsformen zwischen verteilten Aufgabenträgern, Organisationseinheiten und/oder Organisationen
       zusammengefaßt werden (vgl. Reichwald/Möslein/Sachenbacher/Englberger/Oldenburg 1998, S. 65).

[2]    Vgl. auch Weiß 1996, S. 119f. Beispielsweise kann eine Beherrschung durch Flexibilisierung in Form
       der Einführung von Workflow-Anwendungen die Tätigkeit des physischen Aktentransportes zur
       Vorlage beim GL überflüssig machen. Die sich daraus ergebende Elimination wäre gewissermaßen
       gestaltungsinduziert.

[3]    Darstellung erweitert nach Weiß 1996, S. 120, Abb. 4. Ähnliche Abbildungen oder verbale Beschreibun-
       gen einzelner Prinzipien finden sich auch bei Brede 1998, S. 120f.; Gaitanides/Müffelmann 1995, S.
       344, Abb. 4; Jehle/Willeke 1998, S. 135, Abb. 3; Lohoff/Lohoff 1993, S. 251, Abb. 4; Schulte-
       Zurhausen 1995, S. 65, Abb. 2-13. GAITANIDES und MÜFFELMANN unternehmen den Versuch,
       ausgewählte Prinzipien nach den Strategien „inkrementale Verbesserung" und „tiefgreifende
       Veränderung" zu ordnen (vgl. Gaitanides/Müffelmann 1995, S. 344).

vorverlegt, wodurch der Prozeßoutput früher fertiggestellt wird.[1] Die **Verkürzung** zielt demgegenüber auf die Beschleunigung von Prozessen ab. Eine sich daraus ergebende Reduzierung der Gesamtdurchlaufzeit wirkt gleichzeitig kostenreduzierend, da die Prozeßkosten im Rahmen des Extended Time Based Costing auf der Basis der Prozeßzeiten berechnet werden. Wird die Beherrschung der Prozesse durch die Reduzierung der Prozeßschnittstellen bzw. der Liegezeit zwischen den Schnittstellen angestrebt, lassen sich vor allem die Prinzipien der Integration, Parallelisierung, Synchronisation und Umstellung unterscheiden. Bei der **Integration** werden vormals weitgehend isoliert voneinander durchgeführte Prozesse zu einem Prozeß verschmolzen, während bei der **Parallelisierung** Prozesse, die bislang streng sequentiell durchgeführt wurden, z. T. überlappend abgewickelt werden. Durch die Prinzipien der Parallelisierung und der Integration werden somit die speziell für Produktinnovationsprozesse gültigen Ansätze des Simultaneous Engineering auch für die übrigen Prozesse in VU nutzbar gemacht.[2] Demgegenüber wird im Rahmen der **Synchronisation** versucht, einen Gleichlauf zwischen Prozessen herzustellen, der tendenziell zu einer Reduzierung der Liegezeiten führt. Dies ist auch das Ziel der **Umstellung**, d. h. der gezielten Veränderung der Reihenfolge von Prozessen und der **Flexibilisierung**, bei der versucht wird, die Anpassungsfähigkeit der Prozeßstruktur an veränderte Rahmenbedingungen, insbesondere durch den Einsatz von IuK-Technik, zu verbessern. Die Prozeßgestaltungsprinzipien werden durch die **Erweiterung** vervollständigt, bei der, im Gegensatz zur Elimination, bislang nicht in der Prozeßstruktur befindliche Prozesse in das Prozeßgefüge - im Sinne eines Insourcing - aufgenommen werden.

Nahezu alle in praxi durchgeführten Gestaltungsbemühungen wie beispielsweise die Versuche, Marktdruck in die Prozeßarchitektur zu internalisieren, mehr Eigenverantwortung bei gleichzeitiger erhöhter Überschaubarkeit von Prozeßstrukturen zu schaffen, das Bemühen, Schnittstellen zu harmonisieren[3] und nicht zuletzt auch die von LEHMANN identifizierten und eingangs geschilderten Ansatzpunkte zur Realisierung der Differenzierung trotz Kostenorientierung[4] lassen sich n. M. d. Verf. auf die dargestellten Prozeßgestaltungsprinzipien zurückführen. Damit bilden diese einen

---

[1]  Vgl. Weiß 1996, S. 120.

[2]  Parallelisierung und Integration sind nach GERPOTT die zentralen Prinzipien aller Simultaneous Engineering-Ansätze. Dieser weist allerdings auch darauf hin, daß die wissenschaftliche Aussagekraft der Berichte über betriebswirtschaftlich positive Wirkungen beider Gestaltungsprinzipien gering ist (vgl. Gerpott 1996).

[3]  Diese „Gestaltungsprinzipien" identifizieren FRESE und V. WERDER (vgl. Frese/v. Werder 1994, S. 6 - 12).

[4]  Vgl. Kapitel 3.4.

theoretischen Systematisierungsrahmen der Prozeßgestaltungsphase, welcher durch praktisch-organisatorische Gestaltungsmaßnahmen, wie z. B. der Einführung tele-kooperativer Arbeitsformen oder des Case Management, auszufüllen ist. Welches Prinzip oder welches Prinzipienbündel im Rahmen der organisatorischen Gestaltungs-maßnahmen konkret angewendet werden sollte, ist in Abhängigkeit von situativen Kosten-Nutzen-Überlegungen zu entscheiden und kann nicht generell beantwortet werden. Grundsätzlich kann lediglich formuliert werden: Je höher der Grad der verti-kalen Auflösung der Prozeßstruktur ist, auf dem die Gestaltungsprinzipien angewendet werden, desto geringer sind die Beeinflussungsmöglichkeiten der Prozeßkosten, Pro-zeßzeit und Prozeßqualität und um so höher sind die Kosten der Gestaltung.[1]

Im Rahmen einer systematischen Prozeßgestaltung ist vor der Frage der Maßnahmen-festlegung das Problem der **Reihenfolgeplanung** der Beseitigung von Prozeßschwach-stellen zu lösen. „Eine organisatorische Schwachstelle bleibt selten alleine, da die zu-grunde liegende Ursache sich häufig an mehreren Stellen zugleich auswirkt, und auch Schwachstellen selbst wiederum als Ursachen fortwirken."[2] Zudem ist die komplexe Prozeßstruktur in VU als versicherungsspezifische Ursache für die in praxi beobacht-bare „Schwachstellenvielfalt" verantwortlich zu machen. Die Aufteilung der Arbeits-prozesse in der Assekuranz vollzog sich in der Vergangenheit vor allem vor dem Hintergrund zunehmender Spezialisierung, woraus eine hohe Komplexität (verursacht vor allem durch eine große Anzahl an Schnittstellen) selbst in einfachen Prozessen re-sultiert.[3]

Neben der Anfertigung eines **Prioritäten-Kataloges** zur Prozeßschwachstellenbeseiti-gung ist zu bestimmen, ob die Behebung der Strukturdefizite **instrumentell gestützt** werden soll. Der Instrumenteneinsatz ist beispielsweise nicht notwendig, wenn im Rahmen eines neuen Tariftyps der Kraftfahrtversicherung die Risikomerkmale „Alter und Geschlecht des Fahrers" berücksichtigt werden sollen, und daraufhin das entspre-chende Antragsformular und der Geschäftsprozeß „Antrag bearbeiten" umgestaltet

---

[1]     WEIß formuliert dieses Fundamentalprinzip der effizienten und effektiven Wertschöpfungsnetzwerkopti-mierung wie folgt: „Demnach nehmen die Beeinflussungsmöglichkeiten zur Verbesserung der betriebs-wirtschaftlichen Optimierungskriterien, wie z. B. Kosten, Zeit oder Qualität, direkt proportional mit der Ausdehnung des Betrachtungshorizontes in sachlicher und zeitlicher Hinsicht zu, wobei zugleich die „Kosten" der Beeinflussung sinken" (Weiß 1996, S. 121). Ähnliches formulieren auch WIESEHAHN und WILLEKE im Zusammenhang mit dem Einsatz der Prozeßschwachstellenanalyse: „Je höher der Prozeß in der Prozeßhierarchie steht, desto wirtschaftlicher ist der Einsatz der Analyse" (Wiesehahn/Willeke 1998, S. 48).

[2]     Henkel/Schwetz 1992, Sp. 2248.

[3]     Vgl. Rieder/Franssen 1993, S. 1552.

werden müssen. Demgegenüber erscheint ein Einsatz zweckmäßig, wenn die Gestaltung mit der Reduzierung der Anzahl der eingesetzten Antragsformulare kombiniert werden soll. Bereits an dieser Stelle kann daher vorweggenommen werden, daß die Entscheidung über eine instrumentelle Unterstützung offenbar mit der Komplexität und dem Innovationsgrad der Gestaltung verbunden sein muß.

Beide dargestellten Probleme der Prozeßgestaltung werden in praxi zumeist intuitiv gelöst.[1] Darüber hinaus wird nur selten zwischen der Analyse von Prozeßschwachstellen und der Auswahl von Maßnahmen zu deren Beseitigung unterschieden.[2] Da es sich bei der Prozeßgestaltung im Rahmen der GPO per Definition um ein systematisch-methodisches Vorgehen handelt, wird nachfolgend ein Portfolio zur Bestimmung des Prozeßgestaltungsweges vorgestellt.

### 5.5.2 Portfolio zur Bestimmung des Prozeßgestaltungsweges

Bei mehreren identifizierten Gaps zwischen der Ist- und der Soll-Prozeßperformance ist zunächst die Rangfolge der Schwachstellenbeseitigung festzulegen. Nachdem diese bestimmt wurde, ist zu analysieren, inwieweit bei der praktischen Durchführung der GPO Instrumente zur Beseitigung der Prozeßschwachstellen eingesetzt werden sollten. Der Weg der Prozeßgestaltung wird somit durch die Festlegung der **Beseitigungspriorität** der Prozeßschwachstelle und die Analyse der **Notwendigkeit der instrumentellen Unterstützung** der Schwachstellenbeseitigung determiniert. Das Portfolio setzt sich demnach aus diesen beiden Dimensionen zusammen.

### 5.5.2.1 Operationalisierung der Portfoliodimensionen

Die **Beseitigungspriorität** hängt zum einen von der Häufigkeit des Auftretens der Schwachstelle (und damit von der Häufigkeit des Prozesses) und zum anderen von den Auswirkungen der Schwachstelle ab. Aus diesem Grund werden die identifizierten Prozeßschwachstellen zunächst nach den Kriterien „Häufigkeit des Prozesses"[3] und „Auswirkungen der Prozeßschwachstelle" systematisiert. In Abhängigkeit von der Häufigkeit des Prozesses, in dem die Schwachstelle entdeckt wurde, kann zwischen **selten** auftretenden und **häufig** auftretenden Prozeßschwachstellen unterschieden werden. Darüber hinaus wird in Abhängigkeit von dem Ausmaß und den Folgen der Pro-

---

[1]   Vgl. auch Weth 1997, S. 78.

[2]   Vgl. hierzu auch Henkel/Schwetz 1992, Sp. 2245.

[3]   Dieses Kriterium wurde bereits bei der Systematisierung der Instrumente zur Zeiterfassung verwendet (vgl. Kapitel 5.3.1.2.).

zeßschwachstelle zwischen **Problemschwachstellen** und **Katastrophenschwachstellen** differenziert. Die Auswirkungen einer Problemschwachstelle sind eher gering,
da sie sich z. B. lediglich auf einen kleinen Bereich des Gesamtprozesses beziehen
und/oder gar nicht oder nur sehr wenig für den externen Kunden spürbar sind. Hingegen sind die Auswirkungen einer Katastrophenschwachstelle stets umfassend, da z. B.
der externe Kunde direkt betroffen ist oder weitreichende Folgen für den Gesamtprozeß auftreten. Werden die dargestellten Ausprägungen der Merkmale miteinander
kombiniert, ergeben sich vier unterschiedliche Prozeßschwachstellentypen, die in Abb.
60 dargestellt sind.

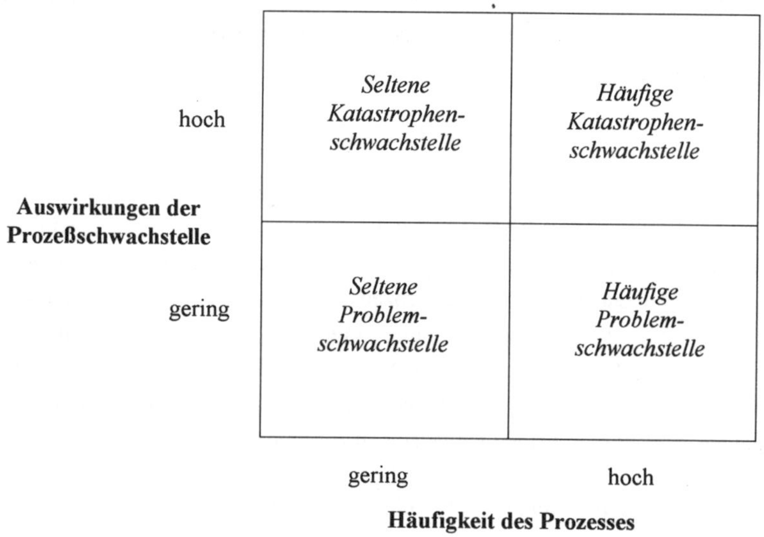

|  | | |
|---|---|---|
| **hoch** | *Seltene Katastrophen-schwachstelle* | *Häufige Katastrophen-schwachstelle* |
| **gering** | *Seltene Problem-schwachstelle* | *Häufige Problem-schwachstelle* |

**Auswirkungen der Prozeßschwachstelle**

gering                    hoch

**Häufigkeit des Prozesses**

*Abb. 60: Portfolio zur Bestimmung der Beseitigungspriorität der
Prozeßschwachstellen*

Als Normstrategie für die Beseitigung der Prozeßschwachstellen ist die folgende Rangfolge zu empfehlen: Zunächst sollten **Häufige Katastrophenschwachstellen** beseitigt
werden, da sie oft auftreten und ihre Auswirkungen als umfangreich und folgenschwer
zu charakterisieren sind. Ihre Beseitigungspriorität ist damit als hoch einzustufen. **Seltene Katastrophenschwachstellen** kommen nur gelegentlich vor, haben aber stets
ernste Konsequenzen für das Unternehmen, während **Häufige Problemschwachstellen**
oft - allerdings jeweils nur mit geringen Folgen - auftreten. Beiden Schwachstellentypen wird eine mittlere Beseitigungspriorität zugeordnet, da keine generellen
Aussagen darüber getroffen werden können, von welchem der beiden Typen die
ernsteren Auswirkungen für das Unternehmen ausgehen. Wird dieser Argumentation

gefolgt, erhalten **Seltene Problemschwachstellen** die geringste Bearbeitungspriorität aller identifizierten Schwachstellentypen.

Zur Operationalisierung der **Notwendigkeit der instrumentellen Unterstützung** der Prozeßschwachstellenbeseitigung wird ein Portfolio vorgeschlagen, das die Typisierung von Prozeßschwachstellen an den von SCHULTE-ZURHAUSEN in Anlehnung an KRÜGER identifizierten Merkmalen „Komplexität" und „Neuartigkeit" zur Charakterisierung von Problemtypen festmacht.[1] In Abhängigkeit von der Neuartigkeit kann zunächst zwischen **Routineschwachstellen** und **Innovationsschwachstellen** unterschieden werden. Routineschwachstellen sind in gleicher oder ähnlicher Art und Weise bereits in der Vergangenheit im Unternehmen aufgetreten. Die Ursachen dieses Schwachstellentyps sind somit hinreichend bekannt. Demgegenüber ist für Innovationsschwachstellen kennzeichnend, daß sie zum ersten Mal im Unternehmen auftreten und deren Ursachen daher weitgehend unbekannt sind. In Abhängigkeit von der Komplexität lassen sich weiterhin **einfache** und **komplexe** Prozeßschwachstellen unterscheiden. Einfache Schwachstellen werden von einem Problem oder wenigen Problemen verursacht, während komplexe Prozeßschwachstellen ihre Ursachen in einer Vielzahl u. U. miteinander vernetzter Probleme haben. Auf diesen Überlegungen aufbauend, kann das in Abb. 61 dargestellte Portfolio aufgestellt werden.

Auf der Grundlage des abgebildeten Portfolios läßt sich folgende Normstrategie ableiten: Der Schwachstellentyp **Einfache Routineschwachstelle** verkürzt die Phase der Prozeßgestaltung in hohem Maße. Da diese Schwachstelle bereits in ähnlicher Art und Weise in einem anderen Prozeß aufgetaucht ist, ist deren Ursache bekannt. Zweckmäßige Gestaltungsmaßnahmen zur Behebung der Schwachstelle können somit aus der Erfahrung, der Einsicht in die sachlogischen Zusammenhänge sowie aus dem Vergleich mit Lösungen ähnlicher Probleme abgeleitet werden.[2] Die Beseitigung von Einfachen Routineschwachstellen erfordert grundsätzlich keine instrumentelle Unterstützung. Demgegenüber beruhen **Komplexe Routineschwachstellen** regelmäßig auf einer großen Anzahl von Problemen, deren Ursachen bekannt sind.

**Einfache Innovationsschwachstellen** basieren hingegen auf einem Problem, das unternehmensweit neu ist und dessen Ursachen und Beseitigungsmöglichkeiten daher weitgehend unbekannt sind. Im erstgenannten Fall sind die einzelnen Maßnahmen zur Lösung der verschiedenen Probleme aufeinander abzustimmen und zielgerichtet zu koordinieren, während im letztgenannten Fall die Lösungsmöglichkeiten des Problems

---

1     Vgl. Krüger 1983, S. 104; Schulte-Zurhausen 1995, S. 333.

2     Vgl. Krüger 1983, S. 104.

erst noch ermittelt werden müssen. Bei beiden Schwachstellen kann es somit durchaus notwendig sein, kreativitätsfördernde Instrumente einzusetzen, die dazu beitragen, entweder den Problemlösungsprozeß oder den Maßnahmenkombinationsprozeß zu vereinfachen und abzukürzen. Ebenso kann bei Vorliegen einer Komplexen Routineschwachstelle aber auch argumentiert werden, daß die zweckmäßige Verknüpfung der Einzelmaßnahmen zur Lösung der Probleme eindeutig ist, da sie bereits in der Vergangenheit durchgeführt wurde. Wird dieser Argumentation gefolgt, so ist ein Instrumenteneinsatz aus wirtschaftlichen Gründen abzulehnen. Da beide Argumentationsgänge durchaus plausibel erscheinen, kann keine generelle Empfehlung zur instrumentellen Unterstützung der Beseitigung von Komplexen Routineschwachstellen und Einfachen Innovationsschwachstellen gegeben werden.

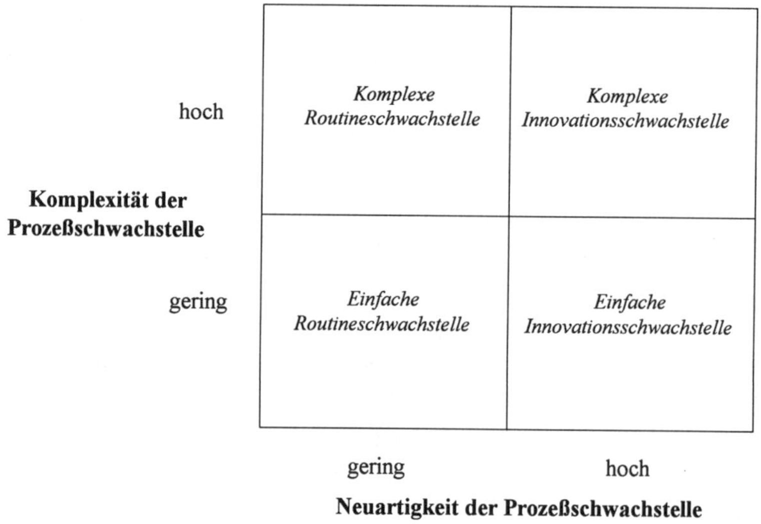

|  | | |
|---|---|---|
| **hoch** | *Komplexe Routineschwachstelle* | *Komplexe Innovationsschwachstelle* |
| **Komplexität der Prozeßschwachstelle** | | |
| **gering** | *Einfache Routineschwachstelle* | *Einfache Innovationsschwachstelle* |
|  | **gering** | **hoch** |
|  | **Neuartigkeit der Prozeßschwachstelle** | |

*Abb. 61: Portfolio zur Bestimmung der Notwendigkeit der instrumentellen Unterstützung der Prozeßgestaltung[1]*

Eindeutiger ist der Sachverhalt bei **Komplexen Innovationsschwachstellen**: Sie beruhen auf untereinander vernetzten Problemen, deren Ursachen im Unternehmen bislang unbekannt sind. Diese sind zunächst zu identifizieren, um geeignete Gestaltungsmaßnahmen zu deren Beseitigung entwickeln zu können. Insbesondere zur Ableitung der Gestaltungsmaßnahmen ist ein hohes Maß an Logik (im Sinne von Zieldenken) und

---

[1]     Darstellung in Anlehnung an Krüger 1983, S. 104; Schulte-Zurhausen 1995, S. 333, Abb. 5-32.

Phantasie (im Sinne von Wunschdenken) notwendig. Beide Aspekte lassen sich über spezielle Instrumente miteinander verknüpfen.[1] Aus diesem Grund erscheint der Einsatz von kreativitätsfördernden Instrumenten zur Beseitigung von Komplexen Innovationsschwachstellen zwingend notwendig.

### 5.5.2.2 Kombination der Portfolios

Mit Hilfe der Einzelportfolios ist für jede identifizierte Prozeßschwachstelle die Beseitigungspriorität und die Notwendigkeit der instrumentellen Unterstützung zu ermitteln. Damit wird eindeutig, mit welcher Priorität und auf welche Weise diese zu beseitigen ist. Beide Einzelportfolios können zu dem **Portfolio zur Bestimmung des Prozeßgestaltungsweges** kombiniert werden. Der Abszissenwert der in das Portfolio einzuordnenden Prozeßschwachstelle kann durch das Portfolio der Bestimmung der instrumentellen Ausgestaltung und der Ordinatenwert durch das Portfolio der Festlegung der Beseitigungspriorität vorgegeben werden. In Abb. 62 ist dieser Zusammenhang grafisch dargestellt.

Mit Hilfe des Portfolios lassen sich die Prozeßschwachstellen in **drei Segmente** einteilen: In dem in der Abbildung mit I. gekennzeichneten Segment befinden sich Schwachstellen, die eher selten auftreten. Kommen sie dennoch vor, so haben sie vergleichsweise geringe Folgen und beruhen grundsätzlich auf Problemen, deren Ursachen in dem Unternehmen bekannt sind. Diese Prozeßschwachstellen zeichnen sich durch eine eher niedrige Beseitigungspriorität aus, und ihre Behebung ist auf recht einfachem Wege, also weitgehend ohne instrumentelle Unterstützung, möglich. Hat ein VU den Schwerpunkt seiner Prozeßschwachstellen in diesem Segment, so kann die Prozeßgestaltungsphase als relativ einfach und wenig zeitintensiv charakterisiert werden. Die Situation des Prozeßsystems ist trotz erkannter Schwachstellen vergleichsweise gut. Demgegenüber treten die Prozeßschwachstellen in dem mit III. bezeichneten Segment relativ häufig auf und die Auswirkungen auf den Gesamtprozeß sind eher weitreichend. Ferner werden die Schwachstellen von Problemen verursacht, deren Ursachen grundsätzlich nicht bekannt sind. Prozeßschwachstellen dieses Segmentes sind möglichst schnell und mit Hilfe geeigneter Instrumente zu beseitigen. Durch den Instrumenteneinsatz wird die Prozeßgestaltungsphase vergleichsweise komplex und damit zeitintensiv. Liegen die Prozeßschwachstellen des Unternehmens größtenteils in diesem Segment, so ist das Prozeßsystem in einem tendenziell schlechten Zustand.

---

[1]  Der Kreativitätsbegriff, der auf die Verknüpfung von Logik und Phantasie abstellt, geht auf FREUD zurück (vgl. hierzu Geyer 1987, S. 21f. u. 280f.). Beide Bereiche machen unterschiedliche Denkweisen notwendig (vgl. hierzu Schulte-Zurhausen 1995, S. 334).

Verfügt ein VU schließlich über eine Prozeßarchitektur, deren Schwachstellen zumeist in dem mit II. gekennzeichneten Segment liegen, so ist der Zustand der Prozeßlandschaft nicht eindeutig zu charakterisieren: Er ist zwischen den beschriebenen Extrempositionen einzuordnen.

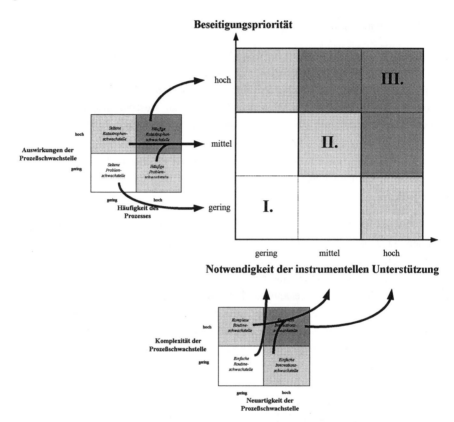

*Abb. 62: Portfolio zur Bestimmung des Prozeßgestaltungsweges*

Mit Hilfe des vorgeschlagenen Portfoliosystems können die weiteren Bearbeitungsschritte im Rahmen der GPO in VU **systematisch** ermittelt werden. Darüber hinaus gibt das System Aufschluß über den Zustand der Prozeßarchitektur und damit gleichzeitig über den Umfang und Aufwand der Prozeßgestaltungsphase der GPO. Diese Informationen sind wichtige Hinweise zur realistischen Ressourcen-, Termin- und Trägerplanung der Prozeßschwachstellenbeseitigung. Die Operationalisierung und grafische Darstellung der Portfoliodimensionen „Beseitigungspriorität" und „Notwendigkeit der instrumentellen Unterstützung" durch zwei Portfolios kann zudem in gewisser

Weise die mit der Nutzung der Portfolio-Technik verbundene Kritik der Berücksichtigung von lediglich zwei Einflußfaktoren beheben. Gleichzeitig ist das System einfach genug gestaltet, um auch von praktischer Seite wirtschaftlich genutzt werden zu können. Somit ist ein pragmatisches, an den Bedürfnissen der Praxis ausgerichtetes Portfoliosystem entstanden, das in der Lage ist, die in praxi zumeist intuitiv getroffene Entscheidung nach dem Weg der Prozeßgestaltung systematisch-instrumentell zu unterstützen.

Insbesondere die Prozeßschwachstellen in Segment III. bedürfen zu ihrer Beseitigung einer Verfahrens- bzw. **Prozeßinnovation**[1]. Hierunter wird nachfolgend die organisatorische Gestaltung von Prozessen verstanden, sofern die daraus resultierende Prozeßarchitektur für das VU erstmalig vorkommt.[2] Zur Beseitigung dieser Prozeßschwachstellen ist ein gewisses Maß an Kreativität, Einfallsreichtum und Originalität notwendig,[3] das durch den zielgerichteten Einsatz von **Kreativitätstechniken** und der Nutzung der Gestaltungsvorschläge des **Vorschlags- und Verbesserungswesens** instrumentell gestützt werden sollte. Wie empirische Untersuchungen belegen, werden beide Instrumente in VU regelmäßig unterschätzt und nicht systematisch genug angewendet.[4]

### 5.5.2.2.1 Die Kreativitätstechniken

Vor allem in Sachleistungsunternehmen haben sich zur Lösung von komplexen, innovativen Problemen seit Jahrzehnten Kreativitätstechniken bewährt.[5] Obgleich die Zahl

---

[1]  Für VU unterscheidet FARNY zwischen Innovationen bei Sortimenten und Produkten und Verfahrensinnovationen. Aufgrund von geringen rechtlichen und faktischen Restriktionen sind Verfahrensinnovationen in VU grundsätzlich bedeutender als Produktinnovationen (vgl. Farny 1995, S. 465f.). Generell werden Innovationen regelmäßig in Produktinnovationen, Verfahrens- oder Prozeßinnovationen und Sozialinnovationen typisiert (vgl. hierzu etwa Thom 1980, S. 32ff.). KNUPFER weist allerdings darauf hin, daß sich Sozialinnovationen „ohne große Schwierigkeiten unter den Begriff der Prozeßinnovation subsumieren" (Knupfer 1994, S. 6) lassen.

[2]  Die Umgestaltung muß also (lediglich) auf Unternehmensebene neu sein, womit nachfolgend nicht dem industrie-ökonomischen Innovationsverständnis gefolgt wird, das nur solche Prozesse und Produkte als neu bezeichnet, die innerhalb einer Branche (hier der Assekuranz) erstmalig eingeführt werden (vgl. Hauschildt 1992, Sp. 1030).

[3]  Auch HESS weist auf die zentrale Bedeutung der Kreativitätsförderung im Rahmen der Prozeßgestaltung hin (vgl. Hess 1996, S. 17f.).

[4]  Vgl. hierzu die Ergebnisse einer standardisierten und anonymen Befragung von über 400 Anwendern des Vorschlags- und Verbesserungswesens in Banken und Versicherungen (vgl. JOAS & COMP. 1997) sowie die regelmäßigen Auswertungen der Kennzahlen zum Vorschlags- und Verbesserungswesen vom *Deutsches Institut für Betriebswirtschaft e. V.* (vgl. Deutsches Institut für Betriebswirtschaft e. V. 1998a, 1998b, 1998c).

[5]  Vgl. Geschka 1986, S. 149; Henkel/Schwetz 1992, Sp. 2250.

der Techniken sehr groß ist,[1] besitzen sie i. d. R. zwei Gemeinsamkeiten: Zum einen werden heuristische Prinzipien, wie z. B. Assoziieren und Abstrahieren im Rahmen der Kreativitätstechniken, in formalisierter Form genutzt, und zum anderen greifen die Techniken zumeist auf die synergetischen Effekte der Teamarbeit zurück.[2] Teamarbeit bietet im Gegensatz zur Einzelarbeit den Vorteil, daß grundsätzlich mehr und sich ergänzende Wissens- und Erfahrungskomponenten genutzt und traditionelle Verhaltens- und Denkmuster dadurch schneller aufgebrochen werden können.[3]

Der Klassifikation von GESCHKA folgend, lassen sich Kreativitätstechniken nach dem Vorgehensprinzip der Kreativitätsförderung und den zugrunde liegenden ideenauslösenden Prinzipien trennen.[4] Da jedes Prinzip durch zwei Ausprägungen konkretisiert werden kann, können vier Instrumentengruppen unterschieden werden. Nach der Zuordnung der Kreativitätstechniken zu den einzelnen Gruppen lassen sich Techniken der **intuitiven Assoziation**, der **systematischen Abwandlung**, der **intuitiven Konfrontation** und der **systematischen Konfrontation** unterscheiden. In Tab. 29 sind jeder Gruppe beispielhaft einige Kreativitätstechniken zugeordnet.

In der horizontalen Ebene lassen sich die Techniken danach unterscheiden, inwieweit sie die spontane Intuition einer Personengruppe nutzen oder mehr systematisch-analytisch vorgehen. Obgleich in der tabellarischen Darstellung eine eindeutige horizontale Trennung zwischen diesen Klassen vorgenommen wird, ist die Grenze mithin unscharf.[5] Trennschärfer kann in der vertikalen Ebene zwischen Techniken unterschieden werden, die eine Idee aus der Abwandlung vorliegender Lösungsansätze entwickeln „oder aus der Konfrontation mit problemfremden Wahrnehmungen generieren."[6] Die wichtigsten Kreativitätstechniken beruhen auf der Abwandlung vorliegender Lösungsansätze. Als solche können das **klassische Brainstorming**, die **Methode 635**, die **Synektik** und das **Morphologische Tableau** bzw. die **Morphologische Analyse** iden-

---

[1]     SCHMIDT spricht von einer „riesigen Anzahl" (Schmidt, G. 1989, S. 232).

[2]     Vgl. Geschka 1986, S. 148f.; Krüger 1983, S. 105.

[3]     Vgl. Geschka 1986, S. 148f.; Krüger 1983, S. 105.

[4]     Vgl. Geschka 1986, S. 149f.

[5]     Vgl. Nagel 1992, Sp. 2023.

[6]     Geschka 1986, S. 149.

tifiziert werden. Da diese Kreativitätstechniken in der Literatur umfassend diskutiert worden sind, sollen sie nachfolgend nur kurz charakterisiert werden.[1]

| Vorgehensprinzip zur Kreativitätsförderung | Ideenauslösendes Prinzip | |
|---|---|---|
| | Assoziation/Abwandlung | Konfrontation |
| Nutzung der Intuition | **Techniken der intuitiven Assoziation** <br> • Brainstorming-Methoden <br> - Klassisches Brainstorming <br> - Schwachstellen-Brainstorming <br> - Parallel-Brainstorming <br> • Brainwriting-Methoden <br> - Methode 635 <br> - Ringtauschtechnik <br> - Brainwriting-Pool <br> - Kartenumlauftechnik <br> - Galerie-Methode <br> - Ideen-Delphi <br> - Ideen-Notizbuch-Austausch <br> • Bionik <br> • Synektik | **Techniken der intuitiven Konfrontation** <br> • Reizwortanalyse <br> • Exkursionssynektik <br> • Bildmappen-Brainwriting <br> • Visuelle Konfrontation in der Gruppe <br> • Semantische Intuition |
| Systematisch-analytisches Vorgehen | **Techniken der systematischen Abwandlung** <br> • Morphologisches Tableau <br> • Sequentielle Morphologie <br> • Modifizierende Morphologie (Attribute Listing) <br> • Progressive Abstraktion | **Techniken der systematischen Konfrontation** <br> • Morphologische Matrix <br> • Systematische Reizobjektermittlung |

*Tab. 29: Klassifizierung von Kreativitätstechniken nach GESCHKA[2]*

Das **klassische Brainstoming** wurde in den 30er Jahren entwickelt und gilt heute als bekannteste und am häufigsten angewendete Kreativitätstechnik.[3] In der Gruppe wird unter der Leitung eines Moderators versucht, möglichst viele Ideen zu entwickeln. Der Prozeß des klassischen Brainstorming kann dabei in drei Phasen unterteilt werden.[4] Nachdem in der Vorbereitungsphase der Moderator festgelegt und das zu lösende Pro-

---

1   Vgl. zu den genannten Kreativitätstechniken ausführlich Geschka 1986; Krüger 1983, S. 105 - 111; Musiol 1981, S. 118 - 129; Schlicksupp 1977; Schmidt, G. 1989, S. 232 - 235; Schulte-Zurhausen 1995, S. 441 - 445.

2   Darstellung in Anlehnung an Geschka 1986, S. 150, Abb. 2. Dort sind auch die Vorgehensweisen der meisten genannten Techniken dargestellt. Darüber hinaus liefert SCHLICKSUPP eine umfassende vergleichende Darstellung aller genannten Techniken (vgl. Schlicksupp 1977).

3   Vgl. Geschka 1986, S. 149; Schmidt, G. 1989, S. 232; Schulte-Zurhausen 1995, S. 441.

4   Vgl. Krüger, W. 1983, S. 106, Abb. 60.

blem exakt formuliert wurde, werden in der Suchphase innerhalb von ca. 30 Minuten möglichst viele Ideen produziert und weiterverarbeitet. Dabei gelten grundsätzlich die folgenden Regeln:[1]

- Keine Kritik oder Bewertung!
- Quantität geht vor Qualität!
- „Spinnen" ist erlaubt!
- Es gibt keine Urheberrechte an Ideen!
- Das Kombinieren und Aufgreifen fremder Ideen ist erlaubt!

Das klassische Brainstorming schließt mit der Selektionsphase, in welcher die Ideen durch einen Bewertungsausschuß beurteilt werden.

Die **Methode 635** ist eine stärker formalisierte Abwandlung des klassischen Brainstorming. Die Technik baut auf der Feststellung auf, daß beim klassischen Brainstorming die besten Ideen aus der Weiterentwicklung fremder Vorschläge entwickelt werden. Demgemäß schreiben bei der Methode 635 sechs Teilnehmer je drei Ideen auf einem Vordruck nieder, der fünfmal weitergereicht wird.[2] Die neuen Ideen sollen sich möglichst an die bereits notierten Vorschläge anlehnen und diese ergänzen bzw. weiterentwickeln.

Die **Synektik** beruht auf der Verfremdung eines Problems und der Anwendung von Analogieschlüssen.[3] Im Rahmen dieser Technik werden Problemlösungen aus anderen Lebensbereichen gesucht, welche auf das relevante Problem übertragen werden. Die Methodik vollzieht sich in den drei Phasen Problembeschäftigung, Problemverfremdung und Strukturverknüpfung.[4] Nach der Problemanalyse und ersten spontanen Lösungsvorschlägen in der ersten Phase werden in der zweiten Phase zunächst direkte Analogien gebildet. Ist dadurch ein hinreichender Verfremdungsgrad erreicht, werden die Analogien in der dritten Phase auf das Problem übertragen und darauf aufbauend Lösungsansätze generiert. Ist der Verfremdungsgrad hingegen nicht ausreichend, werden solange persönliche und symbolische Analogien gebildet, bis daraus Lösungsansätze abgeleitet werden können.

---

[1]   Vgl. Geschka 1986, S. 149; Krüger 1983, S. 105; Schmidt, G. 1989, S. 233; Schulte-Zurhausen 1995, S. 441f.

[2]   Vgl. Geschka 1986, S. 151. SCHULTE-ZURHAUSEN nennt genaue Zeitvorgaben für die einzelnen Phasen (vgl. Schulte-Zurhausen 1995, S. 444).

[3]   Vgl. Krüger 1983, S. 108.

[4]   Vgl. im Detail Krüger 1983, S. 108, Abb. 62.

Das **Morphologische Tableau** bzw. die **Morphologische Analyse** beruhen auf der Idee, komplexe Probleme streng rational in Teilprobleme zu gliedern, um die einzelnen Elemente dann zu neuen Problemlösungen zu verknüpfen.[1] In Gruppen- oder Einzelarbeit werden zunächst das Problem und die darauf wirkenden Einflußgrößen sowie deren Ausprägungen möglichst vollständig analysiert. Daran anschließend erfolgt die grafische Darstellung der Einflußgrößen und deren Ausprägungen in Form einer Tabelle. Auf dieser Grundlage können dann die einzelnen Ausprägungen zu neuen Lösungen kombiniert werden. Die Analyse endet mit der Bewertung der einzelnen Kombinationen und der Auswahl der geeignetsten Lösung.

Die wichtigsten Vor- und Nachteile der beschriebenen Kreativitätstechniken sind in Tab. 30 gegenübergestellt. Obgleich alle genannten Kreativitätstechniken keine spezielle methodische Unterstützung der Generierung von Ideen zur Verbesserung von Prozessen bieten, ist grundsätzlich festzuhalten, daß sie sehr gut zur Beseitigung von Prozeßschwachstellen des dritten Portfoliosegmentes geeignet sind.[2] Mit Hilfe der Synektik entstehen durch Analogiebildung neuartige Problemlösungen. Daher eignet sich diese Technik insbesondere zur Beseitigung von Komplexen Innovationsschwachstellen aller dargestellten Beseitigungsprioritäten. Das klassische Brainstorming unterstützt in hohem Maße die Zielformulierung und die Lösungssuche und ist daher speziell zur Behebung von Einfachen Innovationsschwachstellen bei allen Beseitigungsprioritäten einsetzbar.[3] Sollten mit dem klassischen Brainstorming keine befriedigenden Reorganisationslösungen abgeleitet worden sein, empfiehlt sich zur systematischen Abwandlung der Lösungen der Einsatz der Methode 635[4] und der Morphologischen Analyse. Letztere läßt sich methodisch durch die vier Fragen der Aufgabenanalyse ergänzen. Diese können helfen, neue Einflußgrößen der Problemlösungen systematisch zu generieren. Welche Technik zum Einsatz kommt, hängt allerdings nicht nur von den dargestellten technikspezifischen Vor- und Nachteilen, sondern auch von den unternehmensspezifischen Voraussetzungen (z. B. Erfahrung, Ausbildungs-

---

[1]   Vgl. Krüger 1983, S. 109; Schmidt, G. 1989, S. 234f.; Schulte-Zurhausen 1995, S. 444f.

[2]   RÖHR beurteilt die Eignung von Kreativitätstechniken in VU generell als hervorragend (vgl. Röhr 1995b, S. 483).

[3]   Auch SCHULTE-ZURHAUSEN weist auf die Eignung der Technik für Problemarten mit einfacher Komplexität hin (vgl. Schulte-Zurhausen 1995, S. 443).

[4]   Vgl. auch Geschka 1986, S. 151; Schulte-Zurhausen 1995, S. 444. Glaubt man der Beurteilung GESCHKAS, so kommt die Methode 635 generell dem Kommunikationsverhalten des Europäers stärker entgegen als das klassische Brainstorming, welches insbesondere für den offeneren Amerikaner geeignet ist (vgl. Geschka 1986, S. 151).

stand der Mitarbeiter) ab. Zur Steigerung der Effizienz der Anwendung empfiehlt sich die DV-technische Unterstützung der Kreativitätstechniken.[1]

| Kreativitäts-technik | Vorteile | Nachteile |
|---|---|---|
| Klassisches Brainstorming | • Kreation neuartiger Problemlösungen<br>• Hoher Ideenoutput<br>• Kurzer Zeitbedarf<br>• Einfach zu handhaben<br>• Positive Motivation der Teilnehmer | • Gefahr von gruppendynamischen Konflikten (z. B. Dominanz der Inhaber von Leistungsstellen)<br>• Gefahr des Abgleitens in irrelevante Gebiete<br>• Geringe Verwertungsquote (5 - 10 %)<br>• Aufwendige Selektion geeigneter Ideen<br>• Moderation und Protokollführung notwendig |
| Methode 635 | • Kreation neuartiger Problemlösungen möglich<br>• Hoher Ideenoutput<br>• Kurzer Zeitbedarf<br>• Einfach zu handhaben<br>• Denkprozeßsteuerung durch exakte Spielregeln<br>• Vorwiegend positive Motivation der Teilnehmer<br>• Keine Moderation und Protokollführung notwendig | • Starres Schema engt Kreativitäts-spielraum ein<br>• Schriftform begünstigt logisches Denkvermögen zu Lasten der Kreativität<br>• Zeitzwang behindert schöpferische Entfaltung<br>• Kein direktes Feedback |
| Synektik | • Kreation neuartiger Problemlösungen<br>• Kurzer Zeitbedarf<br>• Bewußtmachung psychischer Prozesse<br>• Meist positive Motivation der Teilnehmer | • Mangelnde Mitarbeit vieler Teilneh-mer infolge ungenügenden Enthem-mungsvermögens<br>• Relevanz der Analogien nicht immer gesichert<br>• Psychologisch geschulter Moderator notwendig |
| Morphologische Analyse | • Kreation neuartiger Problemlösungen denkbar<br>• Aufdeckung von bisher unbekann-ten Systemzusammenhängen durch die Kombination von analytischem und kreativem Denken<br>• Auch individuell anwendbar<br>• Kein Zwang zur Gruppenbildung mit den damit verbundenen Problemen<br>• Keine Moderation und Protokollfüh-rung notwendig | • Analyse setzt profunde Fachkenntnisse der Anwender voraus<br>• Kein expliziter Gruppeneffekt<br>• Keine revolutionären Ideen zu erwar-ten, da Teillösungen zumeist bekannt sind<br>• Bei komplexen Problemen ist Verfah-ren ziemlich umständlich<br>• Schwierige Auswahl der Lösungs-alternativen<br>• Eventuell keine gesamtheitlichen Lösungen feststellbar |

*Tab. 30: Wichtige Vor- und Nachteile ausgewählter Kreativitätstechniken[2]*

---

[1]     SCHULTE-ZURHAUSEN gibt bei dem Einsatz von Group Decision Support-Systemen und spezieller Mee-tingware die Senkung der Konferenzdauer um ca. 50 % bei unveränderter Erfolgsquote an (vgl. Schulte-Zurhausen 1995, S. 442f.).

[2]     Darstellung in Anlehnung an Krüger 1983, S. 110, Abb. 65; Schlicksupp 1977, S. 72 - 74, S. 77 - 79 u. S. 84f.; Schulte-Zurhausen 1995, S. 441 - 445.

## 5.5.2.2.2 Das Vorschlags- und Verbesserungswesen

Aufbauend auf der Idee, die Arbeitnehmerkreativität systematisch zur Verbesserung von Prozessen und Produkten zu nutzen, hat sich in deutschen Sachleistungsunternehmen umfassend, in Dienstleistungsunternehmen und insbesondere in VU vergleichsweise zögerlich, das **Vorschlags- und Verbesserungswesen** (VVW)[1] durchgesetzt.[2] Unter dem VVW wird nachfolgend „eine betriebliche Einrichtung verstanden [...], die auf die Förderung, Prüfung, Anerkennung und Verwirklichung von Verbesserungsvorschlägen [...] der Arbeitnehmer ausgerichtet ist."[3] Somit kann im Rahmen des VVW u. a. das Kreativitätspotential der Mitarbeiter über die kennzahlengestützte Quantitäts- und Qualitätsmessung der eingereichten Verbesserungsvorschläge ermittelt werden.[4] Als wichtigstes Oberziel des VVW kann die bessere Befriedigung der Kundenbedürfnisse identifiziert werden, welches sich in die Unterziele

- Rationalisierung im Sinne der Produktivitäts- und Wirtschaftlichkeitsverbesserung der Arbeitsabläufe,
- Arbeitserleichterung,
- Erhöhung der Arbeitssicherheit und
- Motivation der Mitarbeiter und die kontinuierliche Prozeßinnovation in kleinen Schritten

unterteilen läßt.[5]

Da der Beitrag des VVW zur Prozeßgestaltung insbesondere von der Qualität und Quantität der eingereichten Verbesserungsvorschläge abhängt, ist es von besonderer Bedeutung, die in der einschlägigen Literatur identifizierten allgemeinen Fähigkeits-, Willens- und Risikobarrieren des VVW zu überwinden.[6] Hierzu empfiehlt sich neben

---

1    Synonym werden in Theorie und Praxis vor allem die Begriffe „Betriebliches Vorschlagswesen" und „Ideenmanagement" gebraucht. Der hier verwendete Terminus Vorschlags- und Verbesserungswesen geht auf THOM zurück (vgl. Thom 1996).

2    Vgl. zum Ursprung des VVW in der Bundesrepublik Deutschland Brinkmann 1992, S. 13; Urban 1993, S. 23 - 26.

3    Thom 1996, Sp. 2226. Das Wort „Verbesserungsvorschlägen" ist im Original kursiv gedruckt.

4    Zu einem überbetrieblichen oder gar internationalen Vergleich wurden verschiedene Kennzahlen (z. B. Anteil der eingereichten Verbesserungsvorschläge pro 1.000 Teilnahmeberechtigter) entwickelt (vgl. Deutsches Institut für Betriebswirtschaft e. V. 1998a, 1998b, 1998c). Die Kennzahlenwerte werden allerdings nicht selten von einer Vielzahl von Aspekten beeinflußt (hier z. B. Akzeptanz des VVW im Unternehmen). Solche „Scheinkorrelationen" sind bei der Interpretation der Kennzahlen zu berücksichtigen.

5    Vgl. zu den Zielen Brinkmann 1992, S. 65f.; Deutsches Institut für Betriebswirtschaft e. V./Wuppertaler Kreis e. V./Bundesministerium für Wirtschaft o. J., S. 14; Thom 1996, Sp. 2227; Urban 1993, S. 27ff.

6    Vgl. Thom 1996, Sp. 2228 sowie die dort angegebene Literatur.

der unternehmensinternen Werbung (z. B. Broschüren), der Schaffung materieller (z. B. Geld- bzw. Sachprämien) und immaterieller (z. B. Bekanntmachung in der Betriebszeitung) Anreize auch die möglichst flexible, schnelle und unbürokratische Bearbeitung der Vorschläge.[1] Darüber hinaus erscheint zur Überwindung der Willensbarriere - im Gegensatz zur gängigen Praxis -[2] eine **Teilprämierung** auf der Grundlage der (konservativ) geschätzten Vorschlagsfolgen vor der Vorschlagsumsetzung zweckmäßig. Der Differenzbetrag zur tatsächlichen Prämienhöhe kann nach der vollständigen Realisierung des Vorschlags ausgeschüttet werden.

Wird dieser Idee gefolgt, so umfaßt die Ablauforganisation des VVW die in Abb. 63 visualisierten sechs Prozesse.

*Abb. 63: Idealtypische Ablauforganisation eines prozeßgestaltungsunterstützenden Vorschlags- und Verbesserungswesens[3]*

Nach der Einreichung des Verbesserungsvorschlags durch den Mitarbeiter[4] ist dieser zu erfassen. Hierzu bietet sich die Einrichtung und Pflege von **Ideen-Datenbanken,** welche die wichtigsten Informationen über den Verbesserungsvorschlag und den Einreicher enthalten, an.[5] Im Anschluß an die DV-technische Erfassung erfolgt die Vorschlagsprüfung durch Fachleute der betroffenen Abteilung. Gegenstand der Prüfung ist u. a. die technische und organisatorische Umsetzbarkeit, die Prüfung der Umsetzungsfolgen sowie die Vorschlagsklassifizierung. In praxi wird regelmäßig zwischen Vorschlägen mit berechenbarer Jahresersparnis und Vorschlägen mit qualitativem Nutzen differenziert.[6] Erstere werden bewertet und der Höhe nach teilprämiert, indem die Jah-

---

[1]     Die JOAS-STUDIE belegt empirisch, daß bis „zu 10 monatige Wartezeiten von der Vorschlagseinreichung bis zur Realisierung [...] selbst in einfachen Fällen" (JOAS & COMP. 1997, S. 8) in VU keine Seltenheit sind. Dies hemmt die Einreicherinitiative in einem hohen Maße.

[2]     Vgl. Brinkmann 1992, S. 111.

[3]     Zur Beschleunigung des VVW bietet es sich an, die Prozesse soweit wie möglich zu parallelisieren. Naheliegend ist z. B. die parallele Durchführung der Prozesse „Verbesserungsvorschlag teilprämieren" und „Verbesserungsvorschlag umsetzen".

[4]     Vgl. zum Einreichungsweg und zur Vorschlagsform ausführlich Thom 1992, Sp. 2231.

[5]     Vgl. Brinkmann 1992, S. 68.

[6]     Vgl. Brinkmann 1992, S. 112f.

reserspamis geschätzt und auf dieser Grundlage die Prämienhöhe über einen unternehmensindividuellen prozentualen Prämiensatz errechnet wird. Bei Vorschlägen mit qualitativem Nutzen hat sich die Bewertung anhand von Kriterien (z. B. Genialität und Brauchbarkeit der Lösungsidee) durchgesetzt, die zur Bestimmung der Prämienhöhe mittels Punktwertverfahren oder Nutzwerttabellen in eine monetäre Größe umgerechnet werden.[1] Wurde auf diese Weise die Prämienhöhe des Vorschlags ermittelt und zum Teil ausgezahlt, erfolgt die Umsetzung des Verbesserungsvorschlages durch die zuständige Fachabteilung. Das VVW endet mit der abschließenden Prämierung des Vorschlags, nachdem die Umsetzung abgeschlossen ist.

Ähnlich zu den Kreativitätstechniken bietet auch das VVW keine spezifische methodische Unterstützung zur Generierung von Vorschlägen zur Verbesserung der Prozeßstruktur bzw. der Prozeßdaten. Dennoch ist das Instrument grundsätzlich geeignet, die Prozeßschwachstellen im dritten Portfoliosegment zu beseitigen. Hierzu ist die systematische Erweiterung der klassischen Ideen-Datenbank zu einer **prozeßorientierten Ideen-Datenbank** eine wichtige Voraussetzung. Die Datensätze sollten neben Informationen, wer (Name und Abteilung), wann (Datum), welchen Vorschlag (Beschreibung der Idee) eingereicht hat und wie (Schätzung zu Personal- und Sachmitteln) diese Verbesserung realisiert werden kann, auch Auskünfte über den Status der Vorschlagsumsetzung und nicht zuletzt über den betroffenen Prozeß (Bezeichnung, Einordnungskriterien im Rahmen der Prozeßhierarchie) umfassen. Obgleich Spezialsoftware zur Datenerfassung und -auswertung erhältlich ist,[2] bieten bereits handelsübliche **Spreadsheet- bzw. Tabellenkalkulationsprogramme** (z. B. *MS Excel*[3], *Lotus 1-2-3*[4]) die notwendigen Funktionalitäten zur zielgerichteten Auswertung der genannten „Mindestinformationen". Diese Programme sind aufgrund ihrer hohen Benutzerfreundlichkeit in Abteilungen und Bereichen von VU, die sich im weitesten Sinne mit organisatorischen Fragestellungen beschäftigen, weit verbreitet.

---

1      Vgl. hierzu die Beispiele bei Brinkmann 1992, S. 120 - 131.

2      Vgl. hierzu die bei BRINKMANN angegebenen Softwareanbieter (vgl. Brinkmann 1992, S. 90f.).

3      *MS Excel* ist ein eingetragenes Warenzeichen der Microsoft Corporation, USA.

4      *Lotus* ist ein eingetragenes Warenzeichen der Lotus Development Corporation, USA.

### 5.5.3 Prozeßgestaltung durch IuK-Technik

Der Versicherungswirtschaft wird seit den 50er Jahren eine Führungsposition im Sinne einer Pionierindustrie bei dem Einsatz von IuK-Technik zugesprochen.[1] Dies liegt u. a. an der dominanten Rolle von Informationen, verstanden als zweck- oder zielgerichtetes Wissen,[2] für das Betriebsgeschehen von VU. PUSCH führt dies auf die starke Abhängigkeit der sich im VU vollziehenden Produktionsprozesse von Schätzungen (z. B. zu Schadeneintrittswahrscheinlichkeiten), deren Güte von dem Informationsstand des Unternehmens abhängig sind, zurück.[3] Damit wird Information als zentraler Produktionsfaktor von VU anerkannt. Weiter gehen die Vertreter des in jüngerer Zeit formulierten **informationstheoretischen Ansatzes.**[4] Sie verstehen nicht die reale Beseitigung einer Risikolage, sondern die informatorische Sicherheit des Versicherungsnehmers über einen bestimmten Vermögenszustand als Versicherungsprodukt. Damit werden VU zu „Institutionen der Informationsversorgung"[5], welche quasi per Definition in hohem Maße IuK-Technik zur Erfüllung ihrer Aufgabe einsetzen.

In der Vergangenheit entwickelte sich der IuK-Technikeinsatz von der großrechnergestützten zentralen Datenverwaltung über die sog. mittlere Datentechnik, insbesondere für größere Geschäftsstellen abhängiger Vermittler, hin zu Expertensystemen und zentralen Agenturinformationssystemen auf PC-Basis.[6] Aktuell werden insbesondere zwei Anwendungsfelder des Technikeinsatzes in VU thematisiert, welche eng miteinander verknüpft sind: Zum einen wird die Technik als Mittel zur Absatzförderung und Verbesserung des Kontaktes zwischen Versicherungsnehmer und VU verstanden, wofür sich - in Anlehnung an den Bankenbereich - der Begriff des **Tele-Insuring** durchgesetzt hat. Im einzelnen werden hierbei die Anwendungspotentiale und Varianten von Multimedia, Internet (World Wide Web) und speziellen Online-Diensten im Spannungsfeld zwischen Relationship-Insuring und Technology-Insuring diskutiert.[7]

---

[1]  Vgl. Geyer/Leuenberger/Bäumler 1995, S. 49; Sydow/Krebs/Loose/van Well/Windeler 1994, S. 15; v. Kortzfleisch/Winand 1997, S. 339.

[2]  Vgl. Pusch 1976, S. 85.

[3]  Vgl. Pusch 1976, S. 88f.

[4]  Vgl. insbesondere Müller 1981; Müller 1995; Seng 1989. Vgl. auch die Gegenüberstellung des Informationskonzeptes der Versicherung und des Versicherungsschutzkonzeptes bei Corsten 1994.

[5]  Müller 1995, S. 1024 (im Original ebenfalls in Anführungszeichen).

[6]  Vgl. die vier Phasen des IuK-Einsatzes bei Geyer/Leuenberger/Bäumler 1995, S. 49.

[7]  Vgl. hierzu ausführlich Blawath/Heimes 1996; Blawath 1997; Gabor 1999; Samusch/Schöffski 1996; v. Kortzfleisch/Winand 1997.

Zum anderen wird der Einsatz der IuK-Technik als Mittel zur Gestaltung und Optimierung von Geschäftsprozessen thematisiert. Der Technikeinsatz kann dabei aus drei Perspektiven betrachtet werden. Zunächst kann die IuK-Technik als grundsätzliche Voraussetzung (**Enabler**) zur Gestaltung und Optimierung von Prozessen verstanden werden.[1] Hier liegt das Hauptaugenmerk sowohl auf der effizienten Nutzung der Technik in Form von Workflow-Anwendungen als auch auf der Nutzung und dem Einsatz von elektronischen Spracherkennungssystemen und IuK-basierten telekooperativen Arbeitsformen. Aus einer stärker auf die konkrete Optimierung ausgerichteten Perspektive kann die Technik alle Phasen der GPO durch die Bereitstellung von speziellen DV-Tools unterstützen (**Facilitator**) und bei der Implementation und Umsetzung der neuen Prozesse helfen (**Implementer**).[2] Nachfolgend werden die Auswirkungen der IuK-Technik - verstanden als Enabler der Geschäftsprozeßoptimierung - auf Prozesse umfassend analysiert. Ihre Rolle als Facilitator und Implementer wird in Kapitel 6. thematisiert.

### 5.5.3.1 Auswirkungen der IuK-Technik auf Geschäftsprozesse

Die Nutzung der IuK-Technik hat vielfältige Auswirkungen auf Geschäftsprozesse.[3] Im einzelnen ist eine verstärkte Automatisierung, Informatisierung, Sequentialisierung und Parallelisierung sowie eine verstärkte Zielorientierung der Prozesse beobachtbar. Darüber hinaus werden durch die Nutzung tendenziell Schnittstellen zwischen den Prozessen eliminiert, Prozesse werden grundsätzlich besser koordinierbar, und Expertenwissen wird über die gesamte Prozeßkette nutzbar. Diese Auswirkungen wurden umfassend von DAVENPORT herausgearbeitet.[4] Werden die genannten Auswirkungen in die „Sprache" der eingangs dargestellten theoretischen Prinzipien der Prozeßgestaltung „übersetzt", so läßt sich eine Unterstützung der Vorsteuerung, Parallelisierung, Synchronisation und der Flexibilisierung konstatieren.[5] Da die Rolle der IuK-Technik

---

[1]    Vgl. Davenport 1993, S. 49; Hammer/Champy 1993, S. 44; Kaplan/Murdock 1991, S. 27; Osterloh/Frost 1996, S. 73. Zu der in diesem Zusammenhang interessanten Frage, ob die IuK-Technik eine bestimmte Organisationsgestaltung determiniert, oder die Organisation eine bestimmte Technik festlegt, oder sich beide gegenseitig beeinflussen vgl. Schwarzer/Krcmar 1995, S. 196 - 199.

[2]    Vgl. Davenport 1993, S. 49.

[3]    Nachfolgend werden die Auswirkungen allgemein auf Prozeßebene beschrieben, obgleich sie auf allen Ebenen der Prozeßarchitektur gleichermaßen identifiziert werden können.

[4]    DAVENPORT bezeichnet dies als „automational, informational, sequential, tracking, analytical, geographical, integrative, intellectual and disintermediating impact" der IuK-Technik auf Prozesse (vgl. Davenport 1993, S. 49, Abb. 3-5, zu Erläuterungen vgl. S. 49 - 55). Die genannten deutschen Übersetzungen beruhen auf Osterloh/Frost 1996, S. 73, Abb. 28.

[5]    Vgl. Kapitel 5.5.1.

bei der Auslagerung und Elimination, im Sinne einer **raum-zeitlichen** und **institutio-nell-rechtlichen Entkoppelung von Prozessen,**[1] bislang nur wenig diskutiert wurde,[2] soll dies im Folgenden für VU vertieft werden. Beide Entkoppelungsdimensionen können die in praxi auf der Makroprozeßebene erkennbaren Kooperationsformen zwischen VU und auf der Mikroprozeßebene beobachtbaren neuen Prozeßstrukturen von VU erklären helfen. Die Dimensionen sind eng miteinander verzahnt, werden aber nachfolgend getrennt voneinander dargestellt.

### 5.5.3.1.1 Raum-zeitliche Entkoppelung von Prozessen

Die klassische Vorstellung von einem VU ist die eines mehr oder weniger abgeschlossenen, integrierten Gebildes.[3] Das VU ist gleichsam der Bürokomplex, bzw. das Gebäude, in welchem sich das zum Unternehmen gehörende Personal und die zur Erbringung der Arbeitsleistung notwendige Technik befinden. Die Mitarbeiter verrichten an diesem festen Standort zu relativ festen Arbeitszeiten ihre Arbeit. Wird diesem Bild gefolgt, so ist das VU eine **raum-zeitliche Einheit,** und die darin stattfindenden Prozesse sind in irgendeiner Form raum-zeitlich aufeinander abgestimmt. Die vielfältige Literatur zur Auflösung von Unternehmen unter dem Einfluß von IuK-Technik[4] und die praktischen Beispiele von dezentralen Tele-Dependancen der *Schweizer Versicherungen*[5] machen deutlich, daß dieses skizzierte Bild des integrierten VU nur noch bedingt mit der Unternehmenspraxis übereinstimmt. In praxi sind vielmehr IuK-getriebene Netzwerkorganisationen[6], Kooperationsgeflechte und virtuelle Organisationsstrukturen beobachtbar. Die zwischen diesen Strukturen ablaufenden Prozesse finden grundsätzlich räumlich und zeitlich entkoppelt statt. FRANCK hat als Bedingungen dieser raum-zeitlichen Desintegration von Prozessen die **Teilbarkeit technischer Hilfsmittel** und die **Transportabilität der Leistungsbeiträge** herausgearbeitet.[7]

---

[1]    OSTERLOH und FROST fassen dies unter den Formulierungen „Überwindung geografischer Distanzen" und „Koordination der Prozesse über große Entfernung" zusammen (Osterloh/Frost 1996, S. 73).

[2]    Als Ausnahme können die Arbeiten von FRANCK gelten (vgl. Franck 1995 u. 1997).

[3]    Vgl. diese Überlegung mit Bezug zu Unternehmen allgemein bei Franck 1995, S. 39f.; Franck 1997, S. 7; Picot/Reichwald 1994, S. 548.

[4]    Vgl. beispielhaft Franck 1995 u. 1997; Picot/Reichwald 1994; Picot/Reichwald/Wigand 1998; Reichwald/Möslein/Sachenbacher/Englberger/Oldenburg 1998.

[5]    Vgl. Franck 1997, S. 8.

[6]    Vgl. Sydow/Krebs/Loose/van Well/Windeler 1994.

[7]    Vgl. Franck 1995, S. 48 - 51; Franck 1997, S. 10f.

In den Anfängen der Datenverarbeitung machten es die technischen Anlagen durch ihre Unteilbarkeit notwendig, daß die Menschen diese zu einem festen Zeitpunkt und an einem festen Ort nutzten. Erst der mit dem Fortschritt der Technik eintretende Preisverfall in Kombination mit einer Miniaturisierung bei gleichzeitiger Zunahme der Leistungsfähigkeit der IuK-Technik ermöglichte es, nahezu jeden Arbeitsplatz im VU mit dieser Technik auszustatten. Dies veranlaßt FRANCK zu der Einschätzung, daß es wohl kaum eine Technik geben dürfte, bei der das Problem der Unteilbarkeit so irrelevant geworden ist wie bei der IuK-Technik.[1] Dadurch wurde die grundsätzliche Voraussetzung zur räumlichen und zeitlichen Desintegration von Prozessen geschaffen. Zur Zusammenführung der räumlich und zeitlich getrennt ablaufenden Prozesse ist es notwendig, daß die unterschiedlichen Prozeßergebnisse IuK-technisch transportierbar sind. Da **Beziehungsinformationen**[2] jedoch nicht digital, sondern durch Tonlage, Gestik und Mimik übermittelt werden, ist ihre IuK-technische Transportierbarkeit begrenzt.[3] Somit stößt die raum-zeitliche Entkoppelung von Prozessen an ihre Grenzen, wenn soziale Kohäsion zur Erbringung des Prozeßoutput erforderlich wird. Zusammenfassend läßt sich formulieren: „Die raum-zeitliche Desintegration von arbeitsteiligen Wertschöpfungsprozessen ist um so wahrscheinlicher, je teilbarer die technischen Hilfsmittel und je transportabler die individuellen Leistungsbeiträge sind."[4]

### 5.5.3.1.2 Institutionell-rechtliche Entkoppelung von Prozessen

Zur Erklärung dieser Desintegrationsdimension ist es notwendig, nochmals zu dem eingangs skizzierten Bild zurückzukehren. Das klassische VU stellt sich nicht nur, wie beschrieben, als ein raum-zeitlich integriertes Gebilde dar, sondern es wird auch in ganz entscheidendem Maße durch **gesellschafts- und arbeitsrechtliche Vertragsbeziehungen** geprägt.[5] Die Unternehmensmitglieder können nur sehr begrenzt handeln. Ihre Handlungsspielräume sind durch ihre Stellung in der Hierarchie(pyramide) des VU stark determiniert. Im Gegensatz dazu treffen sich am Markt autonome Akteure, welche in keine Hierarchiegefüge eingebettet sind und daher völlig frei agieren

---

1   Vgl. Franck 1995, S. 49. FIEDLER spricht in diesem Zusammenhang von der IuK-Technik als „Jedermann-Technik" (Fiedler 1995, S. 85, Anführungszeichen im Original).

2   Bei einer Kommunikation wird regelmäßig zwischen dem Inhalts- und dem Beziehungsaspekt unterschieden. Der Inhaltsaspekt übermittelt die „Daten", während der Beziehungsaspekt übermittelt, wie diese zu interpretieren sind (vgl. Watzlawick/Beavin/Jackson 1990 zitiert nach Franck 1995, S. 50f. u. Franck 1997, S. 10).

3   Vgl. Franck 1997, S. 10.

4   Franck 1997, S. 10.

5   Vgl. Picot/Reichwald 1994, S. 548.

können, so daß die institutionell-rechtlichen Bedingungen (welche Handlungsspielräume einengen) für Unternehmensmitglieder maximal und für Marktteilnehmer minimal sind.[1] Dieses Bild wird sowohl durch die in praxi beobachtbaren hierarchischen Verflachungen in VU im Zuge des **Lean Insurance**[2] als auch durch die beschriebenen Netzwerkstrukturen, bei welchen häufig schwer zu entscheiden ist, ob sie innerhalb oder außerhalb des VU stattfinden, korrigiert.

Das Ausmaß der institutionell-rechtlichen Desintegration ist abhängig von der **Spezifität** und **Inseparabilität der Prozesse**.[3] Wenn zwei Unternehmen in eine wirtschaftliche Beziehung treten und dabei eine Seite spezifische Investitionen[4] tätigt, ist zur „Befriedigung der entstehenden Sicherheitsbedürfnisse eine stärkere institutionelle Integration zwischen den beteiligten Akteuren erforderlich."[5] Keine Druckerei würde z. B. in Spezialmaschinen und Personal zum Vierfarbdruck von Briefbogen für ein VU investieren, wenn das Unternehmen nicht bereit wäre, langfristige Lieferverträge mit der Druckerei abzuschließen. Sind die Investitionen so hoch, daß sie u. U. die Existenz der Druckerei gefährden, so bleibt dem VU nur die Wahl des Aufbaus von eigenen Kapazitäten oder der Übernahme der Druckerei. Der Grad der Spezifität von Prozessen hat also Einfluß auf die institutionelle Integration von Prozessen.[6]

Die institutionell-rechtliche Integration wird zudem durch **inseparable Leistungen** gefördert.[7] Immer wenn von einem Prozeßoutput nicht auf die Einzelbeiträge der Processworker geschlossen werden kann, fördert dies mithin die „Drückebergerei", da eine Outputverringerung nicht auf den Einzelnen zurückzuführen ist, während der verminderte Arbeitseinsatz dem „Drückeberger" voll zugute kommt.[8] Nur eine stärkere institutionelle Integration verhindert solche Kontroll- und Anreizprobleme, weil dadurch einem Processworker Führungs- und Kontrollrechte eingeräumt werden, und soziale Sanktionsinstrumente (z. B. „Gesichtsverlust" bei unfairem Verhalten gegenüber

---

[1]   Vgl. Franck 1997, S. 8f. Picot und Reichwald weisen darauf hin, daß Markt und Hierarchie nicht als Dichotomie mißzuverstehen sind, sondern vielmehr als Endpunkte eines Kontinuums auf welchem sich eine Vielzahl von Koordinationsvarianten befindet (vgl. Picot/Reichwald 1994, S. 550).

[2]   Vgl. Benölken 1993; Pohlner/Lohoff 1993.

[3]   Vgl. Franck 1995, S. 51 - 54; Franck 1997, S. 11ff.

[4]   „[...] einem einzigen Tauschpartner gewidmete Investitionen in physisches oder Humankapital nennt man spezifisch." Franck 1995, S. 51.

[5]   Franck 1997, S. 11.

[6]   Vgl. auch Picot/Reichwald 1994, S. 563f.

[7]   Vgl. Franck 1997, S. 12.

[8]   Vgl. Franck 1997, S. 12.

der Gruppe) greifen können. Zusammenfassend formuliert FRANCK daher: „Je umfangreichere spezifische Investitionen ein Produktionsprozeß von den beteiligten Akteuren erfordert und/oder je inseparabler die individuellen Leistungsbeiträge zu diesem Produktionsprozeß sind, desto stärkere institutionelle Integrationsgrade sind effizient."[1]

Auf diesen Überlegungen aufbauend läßt sich nun zeigen, daß die IuK-Technik, verstanden als wichtige Voraussetzung zur Gestaltung und Optimierung von Prozessen in VU, tendenziell zu einem **Desintegrationskreislauf** führt. Dieser Kreislauf ist in Abb. 64 dargestellt.

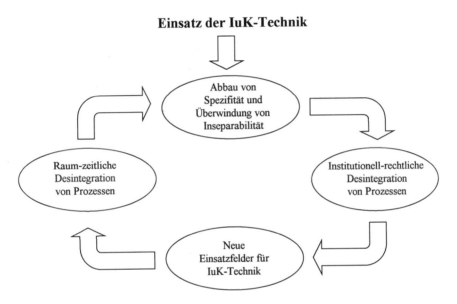

*Abb. 64: Desintegrationskreislauf von Prozessen durch den Einsatz von IuK-Technik*

Der Wirkzusammenhang ergibt sich dabei wie folgt:[2]

- Durch den IuK-Technikeinsatz wird die Spezifität der Qualifikation der Processworker tendenziell abgebaut.[3] Ein Mitarbeiter, welcher z. B. mit dem R/3-System der *SAP AG* umgehen kann oder eine Programmiersprache be-

---

1  Franck 1997, S. 11.

2  Bei dem Desintegrationskreislauf wird unterstellt, daß bestimmte IuK-Techniken stärker die institutionell-rechtliche und andere verstärkt die raum-zeitliche Desintegration von Prozessen fördern.

3  Vgl. Franck 1995, S. 57f.; Franck 1997, S. 14.

herrscht, stellt keine spezifische Humankapitalinvestition dar, da sein Wissen auch außerhalb des VU aufgrund der geltenden Standards der IuK-Technik von Wert ist. Zudem wird eine standortbedingte Spezifität durch den weltweiten Information Superhighway aufgehoben. Darüber hinaus tragen **Workflow-Anwendungen** und das IuK-Technik-geförderte **Case Management** entscheidend zu mehr Transparenz der individuellen Leistungen der Processworker bei. Damit wird die Inseparabilität von Leistungen grundsätzlich überwunden.

- Dies führt aufgrund der dargestellten Überlegungen zu einer institutionell-rechtlichen Desintegration von Prozessen.

- Die Entkoppelung von Prozessen führt tendenziell zu marktlichen Transaktionen. Somit wird zum einen die Übertragung und Koordination von Informationen notwendig, zum anderen werden Inhaltsaspekte und weniger Beziehungsaspekte einer Transaktion in den Vordergrund des Interesses gestellt.[1] Eine marktähnliche Koordination von Prozessen ermöglicht folgerichtig den Einsatz neuer IuK-Technikanwendungen z. B. zum Austausch von Geschäftsdokumenten auf elektronischem Wege (z. B. mittels Electronic Data Interchange)[2] oder im Rahmen von ergebnisorientierten, telekooperativen Arbeitsformen (z. B. **Telearbeit**).

- Wie dargestellt führt eine hohe Transportabilität der Arbeitsleistung zu einer raum-zeitlichen Desintegration von Prozessen.

- Dies fördert wiederum grundsätzlich den Abbau von Spezifität und die Überwindung von Inseparabilität von Prozessen, da mit dem Einsatz von technikgetriebenen Arbeits- und Kommunikationsformen mithin mehr Transparenz über individuelle Leistungsbeiträge geschaffen wird.[3] In der Praxis führt die raum-zeitliche Desintegration zu mehr Inspezifität und Separabilität, wenn z. B. Telearbeit mit dem Einsatz von Workflow-Anwendungen gekoppelt oder das Case Management vom Telearbeitsplatz ausgeführt wird.

Der dargestellte Desintegrationskreislauf ist in VU insbesondere bei der Nutzung der IuK-Technik im Rahmen von **Telearbeit** und von **Workflow-Anwendungen** beob-

---

[1]   Auf klassischen Märkten steht das Arbeitsergebnis im Zentrum der Transaktion, und Beziehungsinformation fehlen nahezu völlig (vgl. Franck 1997, S. 12f.).

[2]   Vgl. stellvertretend Picot/Neuburger/Niggl 1991.

[3]   Z. B. ist im Rahmen des Electronic Data Interchange stets der Versender der Informationen eindeutig identifizierbar.

achtbar. Daher werden beide Anwendungsformen nachfolgend im Detail dargestellt und ihr Beitrag zur Gestaltung von Prozessen geprüft.

### 5.5.3.2 Telearbeit

Nach äußerst kontrovers geführten Diskussionen um den Schaden oder Nutzen der sogenannten Telearbeit in den 70er und 80er Jahren,[1] ist es sicher nicht übertrieben, aktuell von einer **Renaissance der Thematik Telearbeit** zu sprechen.[2] Dies hängt ursächlich zum einen mit den Fortschritten in der Telekommunikationstechnik,[3] zum anderen mit dem im Vergleich zu den 70er und 80er Jahren deutlich geringeren Preisniveau der zur Telearbeit notwendigen Hard- und Software zusammen.[4] Darüber hinaus begünstigen die zunehmenden Verkehrsprobleme und die in Unternehmen beobachtbaren organisatorischen Veränderungen in Richtung Dezentralisierung und Verantwortungsdelegation das grundsätzliche Interesse an Telearbeit.[5] Sicher ist auch die verstärkte Förderung der Arbeitsform durch die Politik - sowohl auf europäischer Ebene als auch auf Bundes- und Landesebene - ein Grund für die aktuelle Popularität der Telearbeit.[6]

---

[1] Insbesondere die Gewerkschaften standen der Telearbeit skeptisch bis ablehnend gegenüber. Von der Arbeitsform wurde eine Vernichtung und Entwertung von Arbeitsplätzen und eine Abqualifizierung von Erwerbstätigen befürchtet. Darüber hinaus wurden als negative Folgen Isolation, psychisch-physischer Stress, Einkommensverschlechterungen, willkürliche Rufbereitschaft und eine neue Verarmung vorhergesagt (vgl. Deutscher Gewerkschaftsbund 1988; Huber 1987, S. 143 sowie die dort angegebene Literatur; Scholz/Stobbe 1994, S. 1350). Vom 14. Ordentlichen Gewerkschaftstag der *IG Metall* 1983 und vom Gewerkschaftstag 1984 der *Gewerkschaft Handel, Banken und Versicherungen* wurde sogar ein Verbot jeglicher Telearbeit gefordert (vgl. Huber 1987, S. 142). Demgegenüber hieß es von Industrie- und Arbeitgeberverbänden: „Es wäre töricht, die technische Entwicklung durch angstvolles Verharren in tradierten Arbeitsstrukturen aufhalten zu wollen" (Herrmann 1985, S. 46 zitiert nach Huber 1987, S. 152).

[2] Zur Entwicklung der Telearbeit und der ursprünglichen Diskussion um das „Telecommuting" vgl. ausführlich Godehardt/Worch 1994b, S. 21 - 30.

[3] FRANCK nennt hier vor allem die flächendeckende Verbreitung der IuK-Infrastruktur („Information Superhighway") sowie das Verschmelzen der Datenverarbeitung mit der Telekommunikation (vgl. Franck 1997, S. 7).

[4] Vgl. Clement 1997, S. 3; Rock 1997, S. 11; Scholz/Stobbe 1994, S. 1350.

[5] Vgl. Scholz/Stobbe 1994, S. 1350.

[6] So wurde z. B. in Nordrhein-Westfalen die *TaskForce Telearbeit/Telekooperation* gegründet, um in den durch die Telearbeit verursachten Wandel der sozialen, rechtlichen, wirtschaftlichen und technischen Rahmenbedingungen von Arbeit gestaltend einzugreifen (vgl. Ministerium für Wirtschaft und Mittelstand, Technologie und Verkehr des Landes Nordrhein-Westfalen 1997, Vorwort). Vgl. auch die „Initiative Telearbeit" der Bundesregierung bei Bundesministerium für Wirtschaft und Technologie/Bundesministerium für Arbeit und Sozialordnung 1998, S. 10 - 13. Die Politik als Triebfeder der Telearbeit erkennen auch SCHOLZ und STOBBE (vgl. Scholz/Stobbe 1994, S. 1350).

Trotz des erhöhten Interesses an dieser innovativen Arbeitsform, sind die praktischen Erfahrungen mit Telearbeit generell und insbesondere in VU immer noch als begrenzt zu beurteilen.[1] Aus diesem Mangel an empirischen Erfahrungswerten einerseits und dem verstärkten Interesse der VU an Telearbeit andererseits, wurden und werden eine Vielzahl an **Projekten zur Einführung von Telearbeit** durchgeführt. So versuchte bereits 1991 die *Württembergische Versicherungsgruppe* den durch die Wirtschafts-, Währungs- und Sozialunion der beiden deutschen Staaten verursachten Arbeitsanfall, durch Telearbeit von Mitarbeitern im Erziehungsurlaub zu bewältigen.[2] Zunächst wurden vier Telearbeitsplätze eingerichtet, die infolge positiver Erfahrungen auf 15 Arbeitsplätze erweitert wurden. Arbeitsinhalte der Telearbeiter waren vor allem die Bearbeitung von Neuanträgen und die Verwaltung von Bestandsverträgen. Die *Continentale Krankenversicherung a. G.* hat seit August 1996 im Rahmen des Gemeinschaftsprojektes „Televers - Telearbeit in der Versicherungswirtschaft"[3] Telearbeitsplätze eingerichtet.[4] Erprobt werden u. a. die Auswirkungen unterschiedlicher Telearbeitsmodelle in verschiedenen Abteilungen bzw. Fachbereichen (u. a. Kundendienst, Controlling, Schreibdienst). Die *Allianz Lebensversicherung AG* versucht in dem Testfeld „Hausverbundene Arbeit" Erfahrungen über die Auswirkungen von Telearbeit auf das Arbeits- und Sozialverhalten der Mitarbeiter, die Arbeitsplatzkosten, die Arbeitsproduktivität und die Arbeitsorganisation zu gewinnen.[5] Dazu wurde im Mai 1995 das Projekt mit 14 Telearbeitsplätzen begonnen. Von den am Testfeld teilnehmenden Sachbearbeitern äußerte auch bei der (freiwilligen) Testverlängerung niemand den Wunsch, zum ursprünglich geplanten Endtermin wieder „Vollzeit" im Büro zu arbeiten.

---

[1]     „Einem verbreiteten Bonmot zufolge kamen bis in die neunziger Jahre hinein auf einen Telearbeiter zwei Untersucher oder Publikationen" (Glaser/Glaser 1995, S. 10). Vgl. auch ähnliche Einschätzungen bei Gareis/Kordey/Korte 1999, S. 524; Konradt/Zimolong 1997, S. 121; Rock 1997, S. 11; Wollnik 1992, Sp. 2400.

[2]     Vgl. Godehardt/Worch 1994b, S. 94 - 98; Büssing/Aumann 1997, S. 71f.; Röthig 1996.

[3]     „Televers" ist ein Projekt im Forschungs- und Entwicklungsprogramm der *DeTeBerkom GmbH*, die eine Tochtergesellschaft der *Deutschen Telekom AG* ist. Neben der *Continentale Krankenversicherung a. G.* sind die *Württembergische Versicherungsgruppe* und die *empirica GmbH* an diesem Projekt beteiligt (vgl. Weißkopf/Korte/Nikutta 1996, S. 25).

[4]     Vgl. Bauer 1996; Weißkopf/Korte/Nikutta 1996.

[5]     Vgl. Godehardt/Worch 1994b, S. 90 - 94; Pöltz 1996; Reichwald/Möslein/Sachenbacher/Englberger/ Oldenburg 1998, S. 88f.; Röthig 1996; Schiemann/Pöltz 1997.

Im Unterschied zu den dargestellten Beispielen gehört Telearbeit bei dem *LVM* bereits zum festen Bestandteil der Arbeitsorganisation des Unternehmens.[1] Im Rahmen des mit dem europäischen 'Solution of the Year'-Award 1997 für besonders innovative technische Lösungen ausgezeichneten Modells „Außerbetrieblicher Arbeitsplatz - AbAp", arbeiten die beteiligten Mitarbeiter im Wechsel einen Tag im Büro und einen Tag im Unternehmen.[2] Aufgrund der positiven Erfahrungen mit der Telearbeit und der großen Akzeptanz bei Sachbearbeitern und Führungskräften werden nach hausinternen Schätzungen zum Ende des Jahres 1999 ca. 600 Mitarbeiter am AbAp-Programm teilnehmen. Diese Erfahrungen mit der Arbeitsform Telearbeit versucht der *LVM* in dem 1998 gegründeten Erfahrungskreis „Telearbeit in Versicherungsunternehmen" an die beteiligten VU weiterzugeben, die sich zumeist in einer frühen Phase der Einführung befinden.

Die Renaissance der Thematik und die Ergebnisse neuerer empirischer Forschungen, welche u. a. belegen, daß die von vielen VU mit der Einführung der Telearbeit verbundenen Produktivitätsgewinne von z. T. über 30 % nur selten realisiert werden können,[3] machen genaue empirische Untersuchungen notwendig. Daher ist es im Rahmen dieser Arbeit von besonderer Bedeutung ein Bewertungskonzept[4] vorzustellen, zu operationalisieren und praktisch zu erproben, das den komplexen Auswirkungen von Telearbeit auf die **Potentiale, Prozesse und Ergebnisse** von VU Rechnung trägt.[5] Wenn ein derartiges Konzept eine positive Bewertung der Arbeitsform liefert, ist Telearbeit aus „ökonomisch-organisatorischer Perspektive" ein Arbeitszeit- und Arbeitsortmodell mit

---

[1]    Vgl. hierzu Arz 1997a, 1997b; Fricke 1997; Schmidt 1996, 1997a, 1997b, 1998 sowie umfassend Arz/Wiesehahn 1999.

[2]    Vgl. Gilles 1997, S. 31.

[3]    Vgl. hierzu ausführlich Burr/Kreis-Engelhardt 1998a u. 1998b.

[4]    Obwohl insbesondere PICOT und REICHWALD ein erweitertes Wirtschaftlichkeitsverständnis in der betriebswirtschaftlichen Diskussion etabliert haben, wird bewußt der Begriff „Wirtschaftlichkeitsbeurteilung" vermieden, da in der Praxis (immer noch) ein auf monetäre Input- und Outputgrößen verengtes Verständnis von Wirtschaftlichkeit vorherrscht.

[5]    Neben der genannten „ökonomisch-organisatorischen Perspektive" gibt es selbstverständlich eine große Zahl anderer Sichtweisen auf neue Arbeitsformen wie z. B. rechtliche und technische Aspekte der Telearbeit. Rechtliche Fragen werden nachfolgend nur ansatzweise thematisiert (vgl. hierzu ausführlich etwa Collardin 1995; Herb 1986; Müllner 1985; Pfarr/Drüke 1989). Ebenso wird auch der Aspekt der technischen Voraussetzungen zur Realisierung der Telearbeit nicht vertieft. Die turbulente Entwicklung im Bereich der IuK-Technik würde jede tiefere Auseinandersetzung mit diesem Aspekt der Arbeitsform im Rahmen eines mittel- bis langfristig angelegten Forschungsvorhabens schon nach kürzester Zeit als „überholt" und „veraltet" erscheinen lassen. Zu grundlegenden technischen Komponenten von Telearbeitssystemen vgl. etwa Bundesministerium für Arbeit und Sozialordnung/Bundesministerium für Wirtschaft/Bundesministerium für Bildung, Wissenschaft, Forschung und Technologie 1998, S. 77 - 100; Godehardt/Worch 1994a, S. 11f.; Pribilla/Reichwald/Goecke 1996, S. 126ff.; Rensmann/Gröpler 1998, S. 49 - 75.

praktischen Zukunftschancen und als solches grundsätzlich zur zielgerichteten Gestaltung von Prozessen geeignet. Zunächst werden jedoch definitorische Grundlagen geschaffen, auf denen die weiteren Ausführungen zur Telearbeit aufbauen.

### 5.5.3.2.1 Begriffliche Grundlagen und Formen

Wurden zur Bezeichnung der zu untersuchenden Arbeitsform in den 70er und 80er Jahren noch eine Vielzahl von Begriffen parallel verwendet und schien sich nur langsam ein Begriff durchzusetzen,[1] so hat sich heute die Bezeichnung **Telearbeit** etabliert. Dabei löste sich das Begriffsverständnis von einer in den 70er und 80er Jahren vorherrschenden engen Begriffsfassung (stationäre informations- und kommunikationstechnisch gestützte Heimarbeit abhängig Beschäftigter) und ging zu einer eher weiten Sichtweise dieser Arbeitsform (Berücksichtigung mobiler, selbständiger und alternierender Arbeitsformen) über.[2] Obwohl die Definitionen von Telearbeit in der Literatur nicht einheitlich sind,[3] herrscht doch weitgehende Einigkeit daruber, daß eine Arbeitsform Telearbeit genannt werden kann, wenn zwei Bedingungen erfüllt sind.[4] Zunächst muß eine **räumliche Entfernung**, also eine Lockerung bzw. Entkoppelung der räumlichen Bindung des Arbeitsortes von dem Ort, von dem die Leistung angefordert wird, bestehen (erste Bedingung). Darüber hinaus muß diese räumliche Distanz durch eine **elektronische Vernetzung**, die den Informations- und Datenaustausch zwischen Arbeitgeber bzw. Auftraggeber und dem Telearbeiter ermöglicht, überbrückt werden (zweite Bedingung).[5] Die Vernetzung kann dabei sowohl temporär zur Übermittlung des Arbeitsergebnisses, als auch permanent zur Übermittlung der Arbeitsaufträge und -unterlagen sein.[6] Ausgehend von diesem Verständnis soll der Begriff Tele-

---

[1]      Vgl. hierzu umfassend Lenk 1989, S. 20 - 25.

[2]      Vgl. Picot/Reichwald/Wigand 1998, S. 376.

[3]      Vgl. Bundesministerium für Arbeit und Sozialordnung/Bundesministerium für Wirtschaft/Bundesministerium für Bildung, Wissenschaft, Forschung und Technologie 1998, S. 10; Godehardt/ Worch 1994b, S. 40; Gray/Hodson/Gordon 1993, S. 2; Kordey/Korte 1996, S. 10; Rensmann/Gröpler 1998, S. 13.

[4]      Vgl. Bundesministerium für Arbeit und Sozialordnung/Bundesministerium für Wirtschaft/Bundesministerium für Bildung, Wissenschaft, Forschung und Technologie 1998, S. 10; Bundesministerium für Bildung, Wissenschaft, Forschung und Technologie 1996; Büssing/Aumann 1997, S. 68; Franck 1997, S. 7; Godehardt/Worch 1994a, S. 8; Herb 1986, S. 1823; Huber 1987, S. 16 - 23; Lenk 1989, S. 25; Müllner 1985, S. 15f.; Picot/Reichwald/Wigand 1998, S. 375ff.; Pribilla/Reichwald/Goecke 1996, S. 124; Scholz/ Stobbe 1994, S. 1346; Wicher 1988, S. 145; vier Bedingungen bei Wollnik 1992, Sp. 2400f.; Zorn 1997.

[5]      Dieser Umstand wird durch das Präfix „Tele" des Wortes Telearbeit angedeutet.

[6]      Vgl. Wollnik 1992, Sp. 2400.

arbeit im Rahmen dieser Untersuchung wie folgt definiert werden:[1] Telearbeit ist das erwerbsmäßige Ausführen von Tätigkeiten, wobei eine räumliche Distanz zwischen dem Arbeitsort und dem Arbeitsverwendungsort besteht, und diese Distanz durch eine Einrichtung der Informations- und Kommunikationstechnik überbrückt wird.

In der Literatur wird häufig versucht die unterschiedlichen Formen der Telearbeit zu systematisieren, wobei jedoch die aktuellen Praxisanwendungen diese Versuche schnell als überholt erscheinen lassen.[2] Nachfolgend wird ein **Systematisierungswürfel** vorgestellt, der es gestattet, die **derzeit** wichtigsten Formen der Telearbeit in Abhängigkeit von drei Dimensionen grafisch zu ordnen.[3] Dabei werden, wie Abb. 65 zeigt, die **rechtliche, zeitliche** und **räumliche** Dimension unterschieden.[4]

Die **rechtliche Dimension** stellt auf die vertragliche Regelung zwischen dem Auftraggeber bzw. Arbeitgeber und dem Telearbeiter ab. Hierbei sind die üblichen arbeitsrechtlichen Kategorien Arbeitnehmer (Arbeitsvertrag), Heimarbeiter (Heimarbeitsvertrag), sonstige arbeitnehmerähnliche Person und Selbständiger (beide Dienst- oder Werkvertrag) zu unterscheiden.[5] Gegenwärtig wird für Telearbeit zumeist die Rechtsstellung des Arbeitnehmers gewählt, da nur auf diese Weise dem Arbeitgeber ein Direktionsrecht zusteht und die Treuepflicht des Telearbeiters bestehen bleibt. Damit geht eine relativ geringe rechtliche Selbständigkeit des Telearbeiters einher, die aber ein hohes Maß an sozialer Sicherheit gewährleistet. Umgekehrt nimmt mit einem steigenden Grad der rechtlichen Selbständigkeit die soziale Sicherheit ab.[6] In dem dargestellten Systematisierungswürfel wird das Rechtsverhältnis des Telearbeiters zu dem Auftrag- bzw. Arbeitgeber auf der vertikalen Achse berücksichtigt.

---

[1]  In der Literatur findet sich vermehrt die Empfehlung, nicht nach einer präzisen Definition des Begriffs Telearbeit zu suchen, da eine Definition selten am Anfang, sondern vielmehr in der Reifephase neuer Erkenntnisse aufzustellen ist (vgl. stellvertretend Glaser/Glaser 1995, S. 6, sowie die dort angegebene Literatur). Obgleich nach Einschätzung d. Verf. die Reifephase noch nicht erreicht ist, wird für diese Untersuchung ein Definitionsversuch formuliert, der sich an ULICH und WOLLNIK anlehnt (vgl. Ulich 1994, S. 329; Wollnik 1992, Sp. 2400).

[2]  Vgl. Picot/Reichwald/Wigand 1998, S. 376. GODEHARDT und WORCH unterscheiden sieben Kriterien (vgl. Godehardt/Worch 1994b, S. 43). Eine der umfassendsten Systematisierungen wurde von WOLLNIK erarbeitet, der anhand von fünfzehn Kriterien die Telearbeit zu systematisieren versucht (vgl. Wollnik 1992, Sp. 2403f.).

[3]  Vgl. auch die Unterscheidung in vier Dimensionen bei Glaser/Glaser 1995, S. 6ff.; Picot/Reichwald/ Wigand 1998, S. 379ff.

[4]  Eine ähnliche grafische Darstellung zur Einordnung von Telematik-Tools anhand der Dimensionen Fokus, Raum und Zeit findet sich bei Reichwald/Möslein/Sachenbacher/Englberger/Oldenburg 1998, S. 33.

[5]  Vgl. auch Collardin 1995, S. 22ff.; Godehardt/Worch 1994a, S. 8; Picot/Reichwald/Wigand 1998, S. 381.

[6]  Vgl. Collardin 1995, S. 25f.

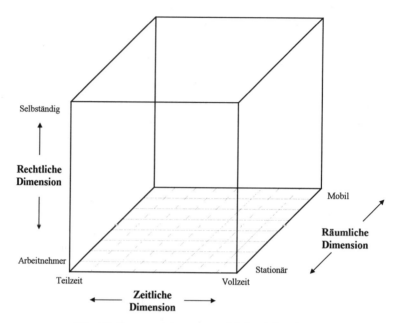

*Abb. 65: Systematisierungswürfel der Telearbeit*

Die **zeitliche Dimension**, welche auf der horizontalen Achse des Würfels abgetragen ist, stellt auf das Verhältnis zwischen der Gesamtarbeitszeit und der Zeit, die an dem Telearbeitsplatz gearbeitet wird, ab. Zu unterscheiden sind Vollzeit- und Teilzeit-Telearbeitsformen.[1] Bei der erstgenannten Form arbeitet der Telearbeiter in seiner gesamten Arbeitszeit an dem Telearbeitsplatz (Vollzeit-Telearbeit[2]), während er bei der letztgenannten Arbeitsform nur einen bestimmten Zeitabschnitt am Telearbeitsplatz beschäftigt ist (alternierende Telearbeit).[3] Das vorgestellte Modell des „Außerbetrieblichen Arbeitsplatzes" des *LVM* ist ein Beispiel für alternierende Telearbeit. Im Wechsel arbeiten die Mitarbeiter einen Tag am Telearbeitsplatz und einen Tag im Unternehmen.

---

[1]    Vgl. zu dieser Unterscheidung auch Glaser/Glaser 1995, S. 7f.; Picot/Reichwald/Wigand 1998, S. 381.

[2]    GODEHARDT und WORCH nennen diese Ausprägungsform „permanente Telearbeit" (Godehardt/Worch 1994a, S. 8).

[3]    Bei der *BMW AG* wird zusätzlich von „ergänzender Telearbeit" gesprochen, wenn **an einem** Tag sowohl im Unternehmen als auch in Telearbeit gearbeitet wird (vgl. Cammerer 1998a).

GLASER und GLASER unterscheiden in Abhängigkeit von der am Telearbeitsplatz ver-
brachten Arbeitszeit in bürozentrierte und wohnungszentrierte Telearbeit.[1] Telearbeit
wird von den Autoren als bürozentriert bezeichnet, wenn die in dieser Arbeitsform Tätigen, in einer Woche nur stundenweise oder stundenweise und gelegentlich einen ganzen Tag am Telearbeitsplatz arbeiten. Demgegenüber wird bei einer Arbeitszeit von
regelmäßig einem Tag pro Woche oder mehr am Telearbeitsplatz von wohnungszen-
trierter Telearbeit gesprochen. In der Praxis hat sich jedoch in Abhängigkeit von der
zeitlichen Dimension die Unterscheidung in Vollzeit-Telearbeit und alternierende Telearbeit durchgesetzt.

Bei der dritten, **räumlichen Dimension**, wird zwischen Telearbeit unterschieden, welche nur stationär an einem Arbeitsort ausgeführt wird (z. B. Teleheimarbeit) und zwischen Arbeitsformen, welche an den unterschiedlichsten Arbeitsorten ausgeführt werden (Mobile Telearbeit).[2] Der klassische Einfirmenvertreter, i. d. R. mit einem Note-
book ausgestattet, ist ein Beispiel für Mobile Telearbeit, da er völlig unabhängig von
örtlichen Restriktionen arbeiten kann.[3] Ein Beispiel für Teleheimarbeit oder, unter
Einbezug der zeitlichen Dimension, für alternierende Teleheimarbeit, ist die Arbeitsform des *LVM*, da die Mitarbeiter stets an einem stationären Telearbeitsplatz arbeiten.[4]

Zur Teleheimarbeit wird häufig auch das Arbeiten in Satelliten- und Nachbarschaftsbüros, welche unter den Begriffen **Telearbeitszentrum**[5] oder **Telecenter**[6] subsumiert
werden, gerechnet.[7] Dies liegt sowohl an der räumlichen Nähe des Satelliten- und
Nachbarschaftsbüros zu den Wohnstätten der Arbeiter als auch an einem weiten Begriffsverständnis des häuslichen Bereichs.[8] Unter Satellitenbüros werden von einem
Unternehmen „zur Verfügung gestellte dezentrale Zweigstellen, die durch die Auslage-

---

[1]  Vgl. Glaser/Glaser 1995, S. 7.

[2]  REICHWALD differenziert in diesem Zusammenhang in Home Based Telework (Telearbeit zuhause), Mobile Telework (Telearbeit unterwegs), On-Site Telework (Telearbeit beim externen Kunden, Lieferanten,
etc.) und Center Based Telework (Telearbeit in Telearbeitszentren) (vgl. Reichwald 1998; Reichwald/
Möslein/Sachenbacher/Englberger/Oldenburg 1998, S. 81).

[3]  I. d. R. ist der Einfirmenvertreter in seinen Büroräumen mit der Zentrale des VU vernetzt.

[4]  Da sich für die alternierende Teleheimarbeit in der Praxis die (zweifellos ungenauere) Bezeichnung
„alternierende Telearbeit" weitgehend durchgesetzt hat, soll diese auch im Rahmen der Untersuchung
verwendet werden.

[5]  Vgl. Bundesministerium für Bildung, Wissenschaft, Forschung und Technologie 1996.

[6]  Vgl. Pribilla/Reichwald/Goecke 1996, S. 125f.

[7]  Vgl. etwa Franck 1997, S. 7.

[8]  Vgl. Franck 1997, S. 7.

rung kompletter Funktionsbereiche und Abteilungen aus einem Unternehmen in ein geographisch weit entferntes Büro [...] entstehen und alle benötigten bürotechnischen Hilfsmittel und Einrichtungen aufweisen"[1] verstanden. Ziele dieser Auslagerung sind zumeist Kosteneinsparungen durch z. B. geringere Lohn- und Immobilienkosten. Im Unterschied zu Satellitenbüros werden Nachbarschaftsbüros, als weitere Form der Telearbeit, nicht von einem Unternehmen, sondern von mehreren Unternehmen, Arbeitnehmern oder Dritten eingerichtet.[2] Werden von diesen Büros auch noch Serviceleistungen angeboten, so haben sich in der Praxis die Begriffe **Telehaus**, **Telecottage** oder **Teleservicezentrum** zur Bezeichnung dieser Arbeitstätten durchgesetzt.[3]

Die drei dargestellten Dimensionen sind geeignet, die **derzeit** wichtigsten Formen der Telearbeit pragmatisch zu systematisieren. Somit kann der Systematisierungswürfel dazu beitragen, die in der Praxis existierenden Ausprägungsformen nicht nur, wie dies in der Literatur häufig geschieht, in Form einer phänomenologischen Typenbildung aufzuzählen,[4] sondern sie mit Hilfe der unterschiedlichen Dimensionen zu charakterisieren. Vor Anwendung des Instrumentes ist jedoch zu prüfen, ob die einzuordnende Telearbeitsform durch IuK-technische Entwicklungen entstanden ist, welche die Änderung einer oder mehrerer Dimensionen oder das ergänzen einer vierten Dimension erforderlich machen.[5]

### 5.5.3.2.2 Konzept zur Bewertung des Beitrages der Telearbeit zur zielgerichteten Prozeßgestaltung

Die Bewertung des Beitrags der Telearbeit zur Prozeßgestaltung ist dem Problem der Wirtschaftlichkeitsbeurteilung von IuK-Technik sehr ähnlich. In der einschlägigen Literatur finden sich aufgrund des rasanten technologischen Fortschritts und der damit einhergehenden wachsenden Bedeutung des Produktionsfaktors Information für den

---

[1]  Wicher 1988, S. 146. Vgl. auch umfassend Godehardt/Worch 1994b, S. 44 - 46.

[2]  Vgl. etwa Collardin 1995, S. 19; Godehardt/Worch 1994b, S. 46f.; Huber 1987, S. 21; Wicher 1988, S. 146.

[3]  Vgl. Korte 1997, S. 4. Telehäuser wurden erstmals in strukturschwachen Gebieten Skandinaviens erprobt (vgl. Bundesministerium für Bildung, Wissenschaft, Forschung und Technologie 1996). HESCH und BÖTTCHER haben zur räumlichen Integration von Telearbeit und Dienstleistung das Tele-Arbeits- und -Service-Center-Konzept entwickelt (vgl. Hesch/Böttcher 1997).

[4]  Vgl. auch Huber 1987, S. 20ff. sowie die dort angegebene Literatur.

[5]  Bei Hinzufügen einer vierten Dimension ist es notwendig, auf andere grafische Darstellungstechniken auszuweichen. Insbesondere empfiehlt sich die Nutzung unendlich dimensionaler Portfoliodarstellungstechniken (vgl. Eker 1994).

nachhaltigen Unternehmenserfolg[1] zahlreiche Veröffentlichungen zu diesem Aspekt. Eine große Zahl dieser Publikationen beschränkt sich bei der Wirtschaftlichkeitsbeurteilung auf Kostendifferenz- und Kostenvergleichsrechnungen und geht daher implizit von einem **engen Wirtschaftlichkeitsbegriff** aus.[2] Diesem Verständnis liegen die Fiktionen der Leistungsäquivalenz, Leistungspräsentanz und organisatorischen Leistungsisolation der IuK-Technik zugrunde,[3] wodurch die von der Telearbeit ausgehenden vielfältigen, z. T. zeitlich verzögerten und räumlich verteilten Effekte[4] nicht befriedigend erfaßt werden können. Insbesondere in jüngeren Veröffentlichungen löst man sich - häufig unbewußt - von diesen Annahmen und berücksichtigt gleichermaßen quantitative und qualitative Auswirkungen der Arbeitsform.

Bei diesen mehrdimensionalen, erweiterten Analysen gelingt den Autoren das Aufdecken der verschiedenen Einflußfaktoren auf der Kosten- und Nutzenseite i. d. R. mehr oder weniger vollständig.[5] Solche Analysen kommen der hier relevanten Problemstellung sehr nahe. Aus theoretischer Sicht ist bei den Veröffentlichungen aber zumeist das **Fehlen eines methodischen Konzeptes** im Sinne eines „theoretischen Überbaus" zu beklagen. Zudem ist aus praktischer Sicht unbefriedigend, daß häufig nur **allgemeine Aussagen zur Nutzenseite** der Telearbeit gemacht werden.[6] Dies mag sowohl auf die generelle Schwierigkeit und Komplexität einer Nutzenmessung von IuK-Systemen[7] als auch auf die geringen praktischen Erfahrungen mit Telearbeit zurückzuführen sein, führt aber im Ergebnis zu einer pauschalen und wenig differenzierten Beurteilung der Auswirkungen der Arbeitsform. Darüber hinaus herrscht häufig eine zu stark an den **Prinzipien des klassischen Rechnungswesens** angelehnte Bewertung vor.[8] Das bedeutet im einzelnen, daß die betriebswirtschaftlichen Kosten pri-

---

1　Dieser Entwicklung wird durch die Forderung nach einem Informationsprozeß-Controlling Rechnung getragen (vgl. Fröhling/Baumöl 1996).

2　Vgl. Wollnik 1992, Sp. 2411. In der Literatur werden diese Verfahren auch als traditionelle, ein- oder wenigdimensionale Verfahren der Wirtschaftlichkeitsbeurteilung bezeichnet (vgl. Nagel 1990, S. 41; Schröder 1996, S. 23).

3　Vgl. ausführlich Picot 1979, S. 1156f.; Picot 1982a, S. 379.

4　Zu den vielfältigen Folgen und Auswirkungen der Telearbeit vgl. umfassend etwa Müllner 1985.

5　Vgl. beispielsweise Brand/Krian 1997; Godehardt/Worch 1994, S. 165 - 194; Kordey/Gareis 1997; Kordey/Korte 1996, S. 101 - 108; Loskant 1999; Müllner 1985, S. 37 - 39.

6　Vgl. etwa Hendricks 1996, S. 60 - 64; Seimert 1997, S. 14 - 20.

7　Vgl. etwa Dworatschek/Donike 1972, S. 32; Nagel 1990, S. 24; Reichmann 1997, S. 573.

8　Vgl. Reichwald/Möslein/Sachenbacher/Englberger/Oldenburg 1998, S. 274 u. S. 287; Reichwald/Weichselbaumer 1996, S. 33f. REICHWALD, HÖFER und WEICHSELBAUMER formulieren in diesem Zusammenhang treffend: „Für die betriebliche Praxis läßt sich heute wieder eine generelle Tendenz zur ›Flucht in die Zahlen‹ konstatieren" (Reichwald/Höfer/Weichselbaumer 1996, S. 5).

mär funktional- und inputorientiert in den Vordergrund der Bewertung gestellt werden. Prozeßorientierte und prozeßübergreifende Verbundeffekte der Telearbeit werden (wenn überhaupt) äußerst unsystematisch in die Wirtschaftlichkeitsbeurteilung integriert. Das heutige Umwelt- und Wertebewußtsein verlangt aber den gleichberechtigten Eingang von Mitarbeiterzielen, Kundenzielen und gesellschaftlichen Zielen in die Bewertung, so daß die alleinige Berücksichtigung von Kosten nicht ausreichend erscheint.[1] Insbesondere die letztgenannten Anforderungen können auch die neueren dreischichtigen[2] und fünfschichtigen[3] Verfahren der Wirtschaftlichkeitsanalyse nicht in befriedigender Weise erfüllen.[4]

### 5.5.3.2.2.1  Anforderungen

Aufgrund der dargestellten Schwächen der aktuellen Bewertungsversuche sind zunächst Anforderungen an ein Konzept zur Bewertung des Beitrages der Telearbeit zur Prozeßgestaltung zu formulieren. Diese sind in Abb. 66 zusammengefaßt.

*Abb. 66: Anforderungen an ein Konzept zur Bewertung von Telearbeit[5]*

---

1  Vgl. Reichwald/Weichselbaumer 1996, S. 33.

2  Vgl. Holzapfel 1992; Zangemeister 1993.

3  Vgl. Schröder 1996.

4  Bei dieser Beurteilung ist allerdings zu berücksichtigen, daß die genannten Verfahren nicht mit dem Ziel der Wirtschaftlichkeitsanalyse von IuK-Systemen entwickelt worden sind.

5  Eigene Darstellung unter Berücksichtigung der Anforderungen bei Picot/Reichwald/Wigand 1998, S. 191.

In einer Bewertung der Telearbeit müssen relevante Indikatoren, mit deren Hilfe sich monetäre und nicht-monetäre Effekte der Telearbeit möglichst genau erfassen lassen, berücksichtigt werden (**Maßgrößenaspekt**). Darüber hinaus muß die spezifische Unternehmenssituation erfaßbar sein. Jedes VU hat eigene Strategien, Ziele und Rahmenbedingungen des Wirtschaftens, die in dem Bewertungskonzept Berücksichtigung finden müssen (**Situationsaspekt**)[1]. Zudem sind alle von der Telearbeit berührten Prozesse und Unternehmensbereiche in das Konzept zu integrieren (**Verbundaspekt**). Hierdurch wird gewährleistet, daß Verbundeffekte berücksichtigt und Abhängigkeitsbeziehungen aufgedeckt werden können und nicht lediglich die zur Umsetzung der Telearbeit notwendigen Technikkomponenten isoliert bewertet werden. Des Weiteren sind zeitlich und räumlich nicht unmittelbar mit der Telearbeit verbundene Effekte (**Zurechnungsaspekt**) und innovative Auswirkungen der neuen Arbeitsform (**Innovationsaspekt**) möglichst vollständig in die Beurteilung aufzunehmen. Der **Ganzheitlichkeitsaspekt** trägt der Tatsache Rechnung, daß vielfältige komplexe Wechselbeziehungen der Telearbeit insbesondere mit organisatorischen, personellen und gesellschaftlichen Systemen existieren und diese in die Beurteilung eingeschlossen werden.

Diese von PICOT, REICHWALD und WIGAND[2] z. T. nicht völlig überschneidungsfrei formulierten Anforderungen werden durch den **Flexibilitätsaspekt** und den **Variabilitätsaspekt** vervollständigt. Der erstgenannte Aspekt fordert in Erweiterung zum **Innovationsaspekt** eine Anwendbarkeit des Konzeptes nicht nur auf bestehende, sondern auch auf neue Ausprägungen und Formen der Telearbeit, während der letztgenannte Aspekt auf eine möglichst variable Ausgestaltung der Bewertung abstellt. Hierdurch wird die grundsätzliche Möglichkeit der „Verschlankung des Konzeptes" durch die Vernachlässigung von Effekten der Telearbeit, deren Beurteilung - etwa aus Wirtschaftlichkeitsgründen - nicht gewünscht wird, gewährleistet. Der **Variabilitätsaspekt** ermöglicht daher eine bewußte - evtl. aus pragmatischen Zwängen notwendige - Verengung des **Verbundeffektes**. Insbesondere die beiden letztgenannten Anforderungen sichern damit die wirtschaftliche Durchführbarkeit und pragmatische Anwendbarkeit des Konzeptes bei gleichzeitiger möglichst vollständiger Berücksichtigung der Auswirkungen der Telearbeit.

---

1    REICHWALD und WEICHSELBAUMER bezeichnen diesen Aspekt als „Offenheit des Bewertungsansatzes" (vgl. Reichwald/Weichselbaumer 1996, S. 42).

2    Vgl. Picot/Reichwald/Wigand 1998, S. 189 - 192.

## 5.5.3.2.2.2    Das Drei-Ebenen-Konzept[1]

Von den verschiedenen in der Literatur diskutierten Konzepten zur Bewertung von IuK-Systemen[2] wird nachfolgend das von PICOT und REICHWALD entwickelte **erweiterte, mehrstufige Wirtschaftlichkeitskonzept**[3] zur Bewertung der Telearbeit verwendet, das auch in einer entsprechenden Richtlinie des VDI berücksichtigt wurde[4] und als EDV-gestütztes Moderationswerkzeug auf Checklistenbasis verfügbar ist[5]. Die Anwendung erfolgt unter der Annahme, daß es sich bei dem Analysekonzept um einen besonders leistungsfähigen Ansatz handelt, da er in der Lage ist, die oben formulierten Anforderungen vollständig zu erfüllen. Andere speziell zur Bewertung von Bürokommunikation entwickelte Ansätze - insbesondere das „Hedonic-Wage-Model" von SASSONE und SCHWARTZ[6] und auch das „Praxis-Modell"[7] - können die gestellten Anforderungen an ein adäquates Bewertungskonzept nicht zufriedenstellend erfüllen oder sind zu pragmatisch ausgerichtet.[8]

Ausgangspunkt der Entwicklung des nachfolgend als **Drei-Ebenen-Konzept** bezeichneten Ansatzes ist die Vorstellung, daß „der betrachtete Bereich Teil eines größeren Ganzen ist, und daß Veränderungen des Bereichs nur unter Berücksichtigung möglicher hierdurch ausgelöster Änderungen im gesamten Umfeld zu bewerten sind."[9] Konkreter konzeptioneller Anknüpfungspunkt ist das Mehr-Ebenen-Modell nach REICHWALD, HÖFER und WEICHSELBAUMER, wobei die von ihnen identifizierten drei

---

[1]    Das Drei-Ebenen-Konzept ist nicht mit dem 3-Ebenen-Modell zur Darstellung der Anatomie von Unternehmenskulturen zu verwechseln. Vgl. zu dem 3-Ebenen-Modell Reiß 1994, S. 332.

[2]    Vgl. die Übersichten bei Antweiler 1995; Dworatschek/Donike 1972; Nagel 1990; Reichwald/Höfer/ Weichselbaumer 1996, S. 84 - 87; Schmidt, J. 1989; Schumann 1993.

[3]    Vgl. Picot 1979, S. 1160 - 1162; Picot 1982a, S. 388 - 391; Picot 1982b, S. 22 - 24, sowie die dort angegebene Literatur zum Analysekonzept; Reichwald 1984, S. 103 - 113, sowie die dort angegebene Literatur zum Analysekonzept. Das Konzept wurde in jüngster Vergangenheit unter der Zielrichtung der Bewertung von Reorganisationsprozessen von vier Stufen (Stufe I: isolierte, technikbezogene Wirtschaftlichkeit; Stufe II: subsystembezogene Wirtschaftlichkeit; Stufe III: gesamtorganisationale Wirtschaftlichkeit; Stufe IV: gesamtwirtschaftliche/gesellschaftliche Wirtschaftlichkeit) auf drei Ebenen (Ebene I: Mitarbeitersicht; Ebene II: Unternehmenssicht; Ebene III: Gesellschaftliche Sicht) reduziert (vgl. Reichwald/ Höfer/Weichselbaumer 1996, S. 119 - 123; Reichwald/Weichselbaumer 1996, S. 42 - 47).

[4]    Vgl. VDI 1992, S. 14 - 19.

[5]    Vgl. Reichwald/Höfer/Weichselbaumer 1996.

[6]    Vgl. ausführlich Sassone 1984.

[7]    Vgl. ausführlich Nagel 1990, S. 136 - 147.

[8]    Der erstgenannte Ansatz vernachlässigt den Verbundaspekt nahezu vollständig, während das letztgenannte Modell kein eigenes methodisches Konzept darstellt, sondern aus einer Kombination einzelner Bewertungsformulare und Kennzahlen hervorgeht.

[9]    Picot 1979, S. 1160.

Ebenen an die vorliegende Problemstellung angepaßt werden.[1] Im Rahmen des Drei-Ebenen-Konzeptes werden die in Abb. 67 dargestellten Bewertungsebenen unterschieden.

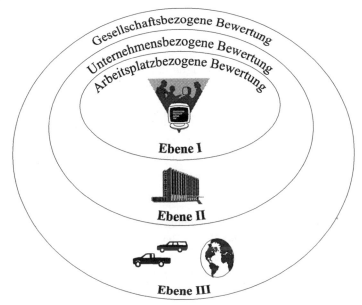

*Abb. 67: Das Drei-Ebenen-Konzept*

Auf der **Ebene I** wird die Telearbeit arbeitsplatzbezogen bewertet. Die zeitlich und sachlich unmittelbar auf die Einrichtung der Telearbeit zurückzuführenden Auswirkungen auf Kosten und Leistungen werden erfaßt.[2] Soweit möglich werden auf dieser Bewertungsebene klassische Produktivitäts- und Wirtschaftlichkeitsbetrachtungen auf Basis von Input-Output Analysen durchgeführt und die Ergebnisse zueinander in Beziehung gesetzt. In der Praxis wird häufig nur diese Ebene zur Beurteilung der Telearbeit betrachtet.

Auf der **Ebene II** werden Verbundeffekte der Telearbeit mit anderen Unternehmensbereichen in die Bewertung integriert. Da der Telearbeiter trotz der räumlichen Trennung von den übrigen Mitarbeitern in den Prozeß z. B. der Schadenbearbeitung integriert ist, wird auf dieser Ebene analysiert, wie er mit den anderen Prozessen vernetzt ist, und ob

---

1     Vgl. zu dem Modell Reichwald/Höfer/Weichselbaumer 1996, S. 119 - 123.

2     Vgl. Picot 1982a, S. 389.

sich Produktivitätseffekte für den Prozeßverbund ergeben. Untersucht werden daher die nur mittelbar mit der Telearbeit zusammenhängenden Kosten- und Leistungswirkungen, Qualitäts- und Überwälzungseffekte und Störungsfolgen.[1] PICOT weist darauf hin, daß derartige, unternehmensbezogene Folgen von größerer Bedeutung sein können als die Effekte der Ebene eins.[2]

Die innovative Arbeitsform Telearbeit kann u. U. isoliert und unter Berücksichtigung der verbundenen Prozesse positive Folgen für das VU haben. Ob jedoch Telearbeit im Konflikt mit der langfristigen Sicherung der Überlebensfähigkeit von VU steht oder diese fördert, wurde bislang nicht analysiert. Daher erscheint auf dieser Ebene eine zeitbezogene Unterscheidung in kurzfristige und langfristige unternehmensbezogene Auswirkungen der Telearbeit zweckmäßig.[3] Zu den langfristigen Effekten zählen insbesondere die zur Aufrechthaltung der Leistungsbereitschaft notwendige Zufriedenheit der Mitarbeiter, die Identifikation der Mitarbeiter mit den Unternehmenszielen und die Flexibilität des VU.[4]

Die in der Literatur häufig genannten vielfältigen Auswirkungen der Telearbeit auf die Gesellschaft[5] werden auf der **Ebene III** des Bewertungskonzeptes berücksichtigt. Hier rücken externe Kosten- und Nutzeneffekte in den Vordergrund der Betrachtung, die speziell für die Wirtschafts- und Gesellschaftspolitik von besonderer Bedeutung sind, aber auch zur unternehmensinternen Durchsetzbarkeit der Telearbeit beitragen können.[6] Auswirkungen der Telearbeit auf die natürliche Umwelt, den Arbeitsmarkt, die Arbeitszeitregelungen und den familiären Bereich können relevante Einflußgrößen für die Akzeptanz der Arbeitsform im Unternehmen und in der Gesellschaft sein.

Die Erläuterungen des Bewertungskonzeptes machen deutlich, daß Nutzenerwägungen von Telearbeit zweckmäßigerweise in einem größeren Verbundsystem zu sehen sind. Diese Sichtweise erweitert im allgemeinen die Blickrichtung für die einzelnen Nutzenkategorien und führt durch das konzeptbildende Denken in größeren Zusammenhängen tendenziell zu innovativen Lösungsansätzen.[7] Dadurch ist der Ansatz grundsätzlich ge-

---

[1]    Vgl. Picot 1979, S. 1161.

[2]    Vgl. Picot 1982a, S. 389.

[3]    Dies erfolgt unter der Annahme, daß VU eine möglichst langfristige Sicherung ihrer Existenz anstreben.

[4]    „Sicherheit und Flexibilität sind aus ökonomischer Sicht kein Selbstzweck, sondern Mittel zum Zweck und deshalb je nach Bedingungslage in unterschiedlichem Ausmaß erforderlich." Picot 1979, S. 1162.

[5]    Vgl. beispielhaft Godehardt/Worch 1994b, S. 194 - 204; Müllner 1985, S. 19 - 36.

[6]    Vgl. Picot 1982a, S. 391.

[7]    Vgl. Nagel 1990, S. 128.

eignet, die vielschichtigen Effekte der Telearbeit unter Berücksichtigung der formulierten Anforderungen zu erfassen. Zu beachten ist jedoch, daß die einzelnen Bewertungsebenen nicht frei von Überschneidungen sind und einzelne Effekte der Telearbeit (z. B. gesundheitliche Auswirkungen) auf unterschiedlichen Ebenen erfaßt werden können (im Beispiel auf Ebene II und III). Darüber hinaus ist das Konzept in der dargestellten Art und Weise zunächst ein „systematischer Diskussionsrahmen"[1], der einer Operationalisierung bedarf. Somit werden keine konkreten Ansätze oder Methoden zur Nutzenermittlung der Telearbeit durch das Konzept vorgegeben.[2] Die **Operationalisierung** eines Ebenenmodells vor dem Hintergrund der Bewertung von Telearbeit als arbeitsorganisatorischer Ansatz zur Optimierung von Geschäftsprozessen ist bislang nur in Ansätzen erfolgt.[3] Nachfolgend wird daher ein Vorschlag zur praktischen Ausgestaltung des Konzeptes vorgestellt. Die Darstellung der praktischen Durchführung der Bewertung der Telearbeit erfolgt in Kapitel 7.3.

### 5.5.3.2.2.3 Operationalisierung des Drei-Ebenen-Konzeptes

Der Einführungsprozeß von Telearbeit bedarf einer sorgfältigen Planung, die ihre betriebliche Umsetzung in unterschiedlichen Vorgehensmodellen zur Einführung der Arbeitsform findet. Bei der Operationalisierung des Drei-Ebenen-Konzeptes ist daher zunächst zu prüfen, zu welchem **Zeitpunkt des Einführungsprozesses** das Konzept idealtypisch angewendet werden sollte. Ohne im Detail auf die verschiedenen Phasenkonzepte einzugehen,[4] ist allgemein zu empfehlen, das Bewertungskonzept einzusetzen, wenn die groben organisatorischen und technischen Rahmenkonzepte festgelegt und deren Anpassungen auch bereits im Detail durchgeführt worden sind,[5] bzw. die Arbeitsform für einen Pilotbereich realisiert ist. Eine vor diesem Zeitpunkt liegende Anwendung macht die Schätzung der Auswirkungen der Telearbeit auf den unter-

---

1    Picot 1979, S. 1162.

2    Vgl. Nagel 1990, S. 128.

3    Vgl. hierzu die recht allgemeinen Ausführungen bei Bundesministerium für Arbeit und Sozialordnung/Bundesministerium für Wirtschaft/Bundesministerium für Bildung, Wissenschaft, Forschung und Technologie 1998, S. 70 - 73; Kreilkamp 1998; Reichwald/Möslein/Sachenbacher/Englberger/Oldenburg 1998, S. 279 - 286. Der wissenschaftlichen Begleitforschung zu den Auswirkungen der Telearbeit bei der *BMW AG* im Rahmen des Projektes TWIST (vgl. ausführlich Cammerer 1998a; Cammerer 1998b; Niggl 1997) liegt nach Kenntnis d. Verf. ebenfalls ein dreistufiges Konzept zur Wirtschaftlichkeitsbeurteilung zugrunde.

4    Vgl. etwa die Konzepte bei Godehardt/Klinge 1997, S. 88 - 93; Gray/Hodson/Gordon 1993, S. 31 - 42; Kienbaum Personalberatung GmbH 1997, S. 148 - 152; Kordey/Korte 1996, S. 119 - 129; zur Einführung eines computergestützten Organisationssystems allgemein: Nagel 1990, S. 49 - 58.

5    GODEHARDT und KLINGE sehen diesen Zeitpunkt als generell zur Bestimmung der Wirtschaftlichkeit geeignet (vgl. Godehardt/Klinge 1997, S. 88).

schiedlichen Bewertungsebenen notwendig. Eine realistische Schätzung bereitet in der Praxis jedoch im allgemeinen Probleme, da in den Unternehmen nur wenige Anhaltspunkte zur realitätsnahen Bestimmung insbesondere der Kosten der Telearbeit (Ebene I) vorliegen und in der Literatur höchst unterschiedliche Kosten und Einsparungspotentiale angegeben werden.[1] Daher sollte nicht ein Schätzwert, sondern eine **Bandbreite**[2] möglicher Werte (z. B. wahrscheinlichste, optimistischste, pessimistischste Schätzung) verwendet und die Robustheit der Ergebnisse gegenüber Wertänderungen mittels **Sensitivitätsanalysen**[3] beurteilt werden. Auf diese Weise ist eine realitätsnahe Bewertung sichergestellt.

Ferner ist bei der Operationalisierung zu berücksichtigen, daß die Ausgestaltung und Gewichtung der verschiedenen Bewertungsebenen Einfluß auf das Bewertungsergebnis haben. Über die Auswahl der Indikatoren zur Bewertung der einzelnen Ebenen und die Festlegung der Wichtigkeit der Ebenen für das Gesamtergebnis kann das Resultat gesteuert werden. Dies macht aber das vorgestellte Konzept nicht automatisch ungeeignet zur Bewertung. Die dargestellte Problematik ist vielmehr ein generelles Problem von Bewertungen, welches seine Ursache in der Bestimmung des Wertes hat. Ein Objekt hat niemals einen Wert an sich, sondern der Wert wird einem Objekt von einem bewertenden Subjekt (dem Bewerter) zugeordnet.[4] Jedes Bewertungsergebnis ist damit stets auch durch den Bewertenden geprägt und insofern subjektiv.[5] Das bedeutet aber, daß ein anderer Bewerter bei gleichen Voraussetzungen und Rahmenbedingungen zu einem anderen Bewertungsergebnis kommen kann. Diese unbefriedigende Tatsache ist durch die Forderung nach einer **Objektivierung des Bewertungsprozesses** durch z. B. das Einbinden von unterschiedlichen Personengruppen in den Bewertungsprozeß zu korrigieren.[6] Die praktische Anwendung des Drei-Ebenen-Konzeptes sollte aus diesem Grund von einer Projektgruppe vorgenommen werden, die sich idealtypisch sowohl aus Telearbeitern als auch aus Nicht-Telearbeitern, Mitarbeitern der Personal- und Or-

---

[1]   Die unterschiedlichen Angaben liegen im allgemeinen u. a. an unterschiedlichen Erscheinungszeitpunkten der Veröffentlichungen und an unterschiedlichen Umsetzungsformen der Telearbeit. Vgl. etwa Brand/Krian 1997; Godehardt/Worch 1994a, S. 21; Gray/Hodson/Gordon 1993, S. 127 - 169; Kienbaum Personalberatung GmbH 1997, S. 138 - 147; Kordey/Korte 1996, S. 101 - 108; Schulze 1997, S. 49.

[2]   Vgl. Reichmann 1997, S. 243.

[3]   Bei den Sensitivitätsanalysen wird regelmäßig in die Methode der kritischen Werte, in Veränderungs-, Elastizitäts- und Drei-Werte-Rechnung differenziert (vgl. ausführlich Perlitz 1977; Schindel 1977).

[4]   Vgl. Viel/Bredt/Renard 1975, S. 11f.

[5]   Zu einer ähnlichen Beurteilung kommen auch PICOT, REICHWALD und WIGAND (vgl. Picot/Reichwald/Wigand 1998, S. 194).

[6]   Vgl. Picot/Reichwald/Wigand 1998, S. 194.

ganisationsentwicklungsabteilung, des Betriebsrates und eines Unternehmensexternen, der mit dem Bewertungskonzept und seiner Operationalisierung vertraut ist, zusammensetzt. Die Beteiligung von Telearbeitern und Nicht-Telearbeitern gewährleistet neben der Objektivierung des Bewertungsprozesses, daß deren Bedürfnisse und Wissen in die Bewertung einfließen und die Bewertungsergebnisse eine hohe Akzeptanz finden.[1]

Schließlich ist bei dem nachfolgend dargestellten Operationalisierungsvorschlag zu bedenken, daß die Ausgestaltungen der Ebenen auch von den Zielen der Bewertung abhängig sind. Die Bewertungsziele determinieren somit die eingesetzten Bewertungsinstrumente bzw. -methoden. Dies macht die **Festlegung der spezifischen Bewertungsziele** zu Beginn einer Operationalisierung notwendig.[2] Diese sind dann den einzelnen Bewertungsebenen zuzuordnen, wobei regelmäßig erkennbar wird, daß die verschiedenen Effekte und Auswirkungen der Telearbeit nicht durchgängig klassisch meßbar (im Sinne von ordinal oder metrisch skalierten Merkmalen) sind.[3] Obwohl bei der Operationalisierung dem Prinzip gefolgt werden sollte, soweit klassisch zu messen wie dies (wirtschaftlich) möglich ist, so ist doch folgende Tendenz erkennbar: Je höher die Ebene des Konzeptes, auf der das Untersuchungsziel eingeordnet werden kann, desto wahrscheinlicher ist das Vorliegen von nominal skalierten Merkmalen, desto mehr entziehen sich die Effekte der Telearbeit einer klassischen Messung und um so schwerer ist daher die Messung und Bewertung des Untersuchungszieles. Daher wird ebenenweise von dem **rechnungswesenorientierten Zahlendenken** abgerückt, während parallel dazu **qualitative Bewertungstechniken** den Vorzug erhalten.[4] Ferner ist zu analysieren, in welchem Verhältnis die Ziele zueinander stehen. Hierzu kann die von REICHWALD, HÖFER und WEICHSELBAUMER vorgeschlagene **Zielvernetzungsmatrix** eingesetzt werden.[5]

---

1     GROTE weist darauf hin, daß es bislang keine einheitliche Theorie, welche die positiven Effekte zwischen Partizipation und Arbeitszufriedenheit, Entscheidungsgüte und Arbeitsleistung erklären kann, gibt. Positive Zusammenhänge der Merkmale konnten jedoch in vielen wissenschaftlichen Untersuchungen nachgewiesen werden (vgl. Grote 1993, S. 13, sowie die dort angegebenen Erklärungsversuche).

2     Die Zielfindung wird auch umfassend bei REICHWALD, HÖFER und WEICHSELBAUMER thematisiert (vgl. Reichwald/Höfer/Weichselbaumer 1996, S. 132 - 211).

3     Vgl. Reichwald 1984, S. 106.

4     Dies fordert auch REICHWALD: „In der betriebswirtschaftlichen Bewertung des Rationalisierungsnutzens von Kommunikationstechnik muß von einem zu engen "Zahlendenken" abgerückt werden" (Reichwald 1984, S. 106).

5     Vgl. hierzu detailliert Reichwald/Höfer/Weichselbaumer 1996, S. 212 - 215.

Bei der **Operationalisierung der ersten Ebene** stehen klassische betriebswirtschaftliche Ziele im Mittelpunkt der Betrachtung. Die Produktivität ist der Wirschaftlichkeit vorgelagert und wird durch den Quotienten von Output und Input (z. B. Anzahl bearbeiteter Schadenfälle und Anzahl Mitarbeiter) gebildet.[1] Sie ist damit eine Mengenrelation, während die Wirtschaftlichkeit als Quotient von Wertgrößen (z. B. Umsatz und Sachanlagevermögen) ermittelt wird.[2] Zur Ermittlung dieser Relationen sind sowohl Input- als auch Outputgrößen zu bestimmen, was mit Bezug zur Telearbeit - wie bereits erwähnt - nicht immer problemlos möglich ist. Aufgrund der hohen EDV-technischen Durchdringung in VU können die Outputmengen z. B. in Form von EDV-Transaktionen je Zeiteinheit i. d. R. relativ leicht technisch ermittelt werden.[3] Eine (wirtschaftliche) Ermittlung der wertmäßigen Outputgrößen, welche zur Berechnung der Wirtschaftlichkeit benötigt werden, bereitet jedoch erhebliche Probleme, da Verrechnungs- oder Marktpreise nicht ermittelbar sind. Aus Wirtschaftlichkeitsüberlegungen bietet sich daher eine **Indikatormessung** an.[4] Ausgangspunkt dieser indirekten Messung ist die Überlegung, nicht die eigentlich zu ermittelnden Größen zu erheben, weil dieses z. B. nicht möglich oder nur unter einem unverhältnismäßig hohen Mitteleinsatz durchführbar wäre, sondern Hilfsgrößen zu messen, deren Ermittlung sowohl technisch als auch wirtschaftlich realisierbar ist. Aus diesen lassen sich dann Rückschlüsse auf die zu erklärende Größe ziehen. Zur Bewertung der Telearbeit auf der Ebene I können dann neben den Mengen z. B. auch Auszahlungen (z. B. laufende Auszahlungen der Telearbeit) und Zeiten (z. B. durchschnittliche Vertragsbearbeitungszeiten) zur Produktivitäts- und Wirtschaftlichkeitsbewertung herangezogen werden.

Die Darstellungen machen deutlich, daß auf dieser Ebene des Bewertungskonzeptes eine Messung der Produktivität und Wirtschaftlichkeit anzustreben ist, die in der **Bildung von Kennzahlen zur Bestimmung der Produktivität** sowie der **Erfassung und Auswertung der monetären Auswirkungen** zur Bestimmung der Wirtschaftlichkeit der Telearbeit ihren Ausdruck findet. Die Ergebnisse der kennzahlengestützten Produktivitätsmessung können u. U. in Form von laufenden Einsparungen in die Bestimmung der Wirtschaftlichkeit integriert werden. Durch Vergleich der monetären Aus-

---

[1]    Vgl. etwa Witte 1984, S. 20f.

[2]    Das enge Verhältnis von Produktivität und Wirtschaftlichkeit wird bei NAGEL besonders deutlich, der die Produktivität als mengenmäßigen Ansatz der Wirtschaftlichkeit bezeichnet (vgl. Nagel 1990, S. 18f.). Zwischen diesen Extrema befinden sich die gemischten Wert-Mengen Relationen (z. B. Quotient aus Anzahl bearbeiteter Schadenfälle und Personalkosten).

[3]    Vgl. auch Kapitel 5.3.1.2.4. sowie die Darstellungen der Fallstudien in Kapitel 7.

[4]    Zur Indikatormessung vgl. umfassend Randolph 1979. Auch REICHWALD greift auf Ersatzindikatoren zur Messung der Produktivität im Teletexdienst zurück (vgl. Reichwald 1984, S. 103).

wirkungen und der Produktivität der Telearbeitsplätze mit Nicht-Telearbeitsplätzen, lassen sich die Produktivität und Wirtschaftlichkeit zwar nicht definitionsgemäß ermitteln, jedoch sind die Ergebnisse als Indikatoren der Produktivität und Wirtschaftlichkeit der Telearbeit interpretierbar.[1] Nachfolgend werden zunächst die Produktivitätskennzahlen vorgestellt.

Die Einzelkennzahlen sind in einem **Produktivitätskennzahlensystem der Telearbeit** zusammengefaßt, wobei das System aus den drei Bereichen Technik, Nutzung und Bearbeitung zusammengesetzt ist. Der Unterteilung liegt die Überlegung zugrunde, daß die Produktivität der Telearbeit durch die technische Verfügbarkeit des EDV-Systems (Technik), die zeitliche Nutzung des Telearbeitsplatzes (Nutzung) und die Bearbeitungsmenge an einem durchschnittlichen Telearbeitstag (Bearbeitung) determiniert wird. Jede Kennzahl des Systems ist mit einem Schlüssel zur Identifikation der Stellung in dem System versehen. Dieser Schlüssel setzt sich aus Buchstaben und Zahlen zusammen. Die Buchstaben bezeichnen das Oberziel (T: Technik, N: Nutzung, B: Bearbeitung) der Produktivitätsbestimmung, für welches die Kennzahl als Indikator dient. Die Zahl des Schlüssels gibt die laufende Nummer der Kennzahl innerhalb eines Bereiches an. Sie soll keine Hierarchisierung im Sinne einer Über- oder Unterordnung der Kennzahlen eines Bereichs ausdrücken, sondern lediglich zur Ordnung der Kennzahlen beitragen. Nur die Kennzahlen ohne Zahlen im Schlüssel sind als zentrale Steuerungsgrößen (Spitzenkennzahlen) zu interpretieren und damit den anderen Kennzahlen des jeweiligen Bereichs übergeordnet. Durch den Verzicht einer zusätzlichen Hierarchisierung innerhalb der einzelnen Bereiche ist eine zukünftige Erweiterung des Systems möglich. Die zentralen Steuerungsgrößen sind wie folgt definiert:

$$\frac{\text{Effektive Verfügbarkeit}}{\text{Technisch mögliche Verfügbarkeit}} \cdot 100$$

| Technik-Produktivität | T |
|---|---|

Die **Technik-Produktivität** wird durch das Verhältnis der Zeit, in welchem das EDV-System tatsächlich verfügbar ist zu der technisch möglichen Verfügbarkeit in einer Periode multipliziert mit hundert errechnet.[2] Eine hohe Technik-Produktivität bedeutet

---

[1]   RANDOLPH und REICHMANN weisen explizit auf die Funktion von Kennzahlen als (einzelwirtschaftliche) Indikatoren hin (vgl. Randolph 1979, S. 34f.; Reichmann 1997, S. 24f.).

[2]   Vgl. die Kennzahl „Verfügbarkeit des IV-Systems" im Rahmen des Informationsverarbeitungs-Controlling bei Reichmann 1997, S. 573ff.

eine hohe Stabilität des EDV-Systems. Sie ist als Grundvoraussetzung einer hohen Produktivität der Telearbeit zu interpretieren.

| Nutzer-Produktivität | N |
|---|---|
| $$\frac{\text{Produktive Arbeitszeit}}{\text{Gesamte Arbeitszeit}} \bullet 100$$ | |

Die **Nutzer-Produktivität** spiegelt durch die Multiplikation mit hundert das prozentuale Verhältnis der produktiven Arbeitszeit des Systemnutzers zu der gesamten Arbeitszeit wider. Eine hohe Nutzer-Produktivität der Telearbeit im Vergleich zur Nicht-Telearbeit bedeutet, daß der Telearbeiter mehr produktive Arbeitszeit zur Verfügung hat. Dies ist als Indikator einer hohen Produktivität der Arbeitsform interpretierbar.

| Bearbeitungs-Produktivität | B |
|---|---|
| $$\frac{\text{Anzahl termingerecht bearbeiteter Aufträge}}{\text{Anzahl der zu bearbeitenden Aufträge}} \bullet 100$$ | |

Die **Bearbeitungs-Produktivität** errechnet sich aus der Anzahl termingerecht bearbeiteter Aufträge dividiert durch die Anzahl der zu bearbeitenden Aufträge, multipliziert mit hundert.[1] Sie gibt die „prozentualen Lieferterminabweichungen" in der Betrachtungsperiode an und erlaubt damit Aussagen über die zeitbezogene Bearbeitungsqualität der Telearbeit. Die genannten Kennzahlen sind die zentralen Größen der Produktivitätsbewertung der Telearbeit. Die nachfolgend definierten Kennzahlen erlauben, durch den Vergleich mit Ausprägungen von Nicht-Telearbeitsplätzen, Detailaussagen über die Technik-, Nutzungs- und Bearbeitungsproduktivität der Telearbeit.

Die **Technikproduktivität** ist durch den **Ausfallzeitanteil**, die **Antwortzeiterreichung** und den **Wartungszeitanteil** beurteilbar. Der Ausfallzeitanteil ist das Verhältnis der reparaturbedingten down-time zur geplanten Betriebszeit in CPU-Minuten/Stunden, multipliziert mit hundert,[2] während die Antwortzeiterreichung aus dem Quotienten von durchschnittlicher und geplanter Antwortzeit (response-time) des

---

[1]     Vgl. die Kennzahl „Servicegrad der IV" im Rahmen des Informationsverarbeitungs-Controlling bei Reichmann 1997, S. 573ff.

[2]     Vgl. die Kennzahl „Ausfallzeit der DV" im Rahmen des Informationsverarbeitungs-Controlling bei Reichmann 1997, S. 573ff.

EDV-Systems, multipliziert mit hundert, errechnet wird.[1] Der Wartungszeitanteil mißt das Verhältnis der arbeitsformbezogenen Systemwartungszeit zur gesamten Wartungs- zeit in einer Periode, multipliziert mit hundert.

| **Ausfallzeitanteil** | **T.1** |
|---|---|

$$\frac{\text{Reparaturbedingte down - time}}{\text{Geplante Betriebszeit in CPU - Min./Std.}} \bullet 100$$

| **Antwortzeiterreichung** | **T.2** |
|---|---|

$$\frac{\text{Durchschnittliche Antwortzeit}}{\text{Geplante Antwortzeit}} \bullet 100$$

| **Wartungszeitanteil** | **T.3** |
|---|---|

$$\frac{\text{Wartungszeit}}{\text{Gesamte Wartungszeit}} \bullet 100$$

Eine hohe Technikproduktivität ist notwendige Voraussetzung einer hohen Nutzungs- und Bearbeitungs-Produktivität der Telearbeit. Die Nutzungsproduktivität wird durch die Kennzahlen **Überstundenquote**, **Krankentagerate**, **Produktivzeitquote** und **Pro- zentuale Erreichbarkeit** detailliert.

| **Überstundenquote** | **N.1** |
|---|---|

$$\frac{\text{Überstunden}}{\text{Vertraglich vereinbarte Arbeitszeit}} \bullet 100$$

Die **Überstundenquote** spiegelt durch die Multiplikation mit hundert das prozentuale Verhältnis der Überstunden (Gesamtarbeitszeit minus (tarif)vertraglich vereinbarter Arbeitszeit) zur (tarif)vertraglich vereinbarten Arbeitszeit in einer Periode wider. Liegt die Überstundenquote der Telearbeiter stets niedriger als bei Nicht-Telearbeitern (vergleichbare Arbeitsvolumina vorausgesetzt), so ist dies nicht zweifelsfrei als Indi- kator der Produktivität der Telearbeit zu interpretieren, da dieser Wert sowohl durch die Person des Telearbeiters selbst, als auch durch die Arbeitsform verursacht werden

---

[1]    Die durchschnittliche Antwortzeit errechnet sich nach BRUNNER und NAGEL aus der Summe der Ant- wortzeiten in Sekunden dividiert durch die Anzahl Transaktionen (vgl. Brunner/Nagel 1980, S. 70).

kann. In dem hier diskutierten Zusammenhang ist aber die Beurteilung der Arbeitsform von Relevanz. Vor diesem Hintergrund besitzt die Entwicklung der Kennzahl für eine Mitarbeitergruppe, die bislang nicht in Telearbeit gearbeitet hat und dann „in Telearbeit geht", besondere Aussagekraft. In diesem Fall lassen sich mithin Rückschlüsse auf die Produktivität der Arbeitsform Telearbeit und nicht (nur) auf die Person des Telearbeiters ziehen.

| Krankentagerate | N.2 |
|---|---|
| $\dfrac{\text{Anzahl Krankentage}}{\text{Anzahl Mitarbeiter}}$ | |

Die **Krankentagerate** ergibt sich als Quotient aus den Krankentagen einer Periode und den betrachteten Mitarbeitern. Sie gibt die durchschnittlichen Krankentage je Mitarbeiter in der Periode an und ist als Indikator des Krankmeldeverhaltens der betrachteten Mitarbeitergruppe zu interpretieren. Zu vermuten ist, daß N.2 bei Telearbeitern niedrigere Werte aufweist als bei Nicht-Telearbeitern: Eine leichtere Erkrankung, welche vielleicht dazu führt, daß ein Mitarbeiter, der in großer räumlicher Distanz zum Unternehmen wohnt, nicht zur Arbeit erscheint, mag ihn u. U. nicht davon abhalten, am Telearbeitsplatz (z. B. zu Hause) - zumindest zeitweise - zu arbeiten.[1] Das beschriebene Verhalten führt grundsätzlich zu einem höheren Output (z. B. an bearbeiteten Schadenfällen) bei einer gleichbleibenden Zahl von Mitarbeitern, wodurch die Kennzahl als Produktivitätsindikator interpretierbar ist.

| Produktivzeitquote | N.3 |
|---|---|
| $\dfrac{\text{Ungestörte Arbeitszeit}}{\text{Gesamte Arbeitszeit}} \bullet 100$ | |

Die **Produktivzeitquote** mißt das Verhältnis der Zeit, die dem Telearbeiter je Periode (z. B. Tag, Monat) zur konzentrierten Arbeit zur Verfügung steht, im Verhältnis zur Arbeitszeit in der Periode, multipliziert mit hundert. Als Ergebnis ergibt sich der prozentuale Zeitanteil, in welchem der Telearbeiter besonders produktiv arbeiten kann. Zu vermuten ist, daß speziell bei Teleheimarbeitern (im engeren Sinne) aufgrund der häuslichen Arbeitsatmosphäre die Produktivzeitquote im Vergleich zu Nicht-Telearbeitern deutlich höher ausfällt. Diese Vermutung wird durch das Ergebnis aus Inter-

---

[1]   Ob ein solches Verhalten aus betrieblicher, sozialer und humanitärer Sicht wünschenswert ist, soll an dieser Stelle nicht diskutiert werden.

views von 38 Telearbeitern bei der *IBM Deutschland GmbH* gestützt: Die Mehrheit der Befragten gab an, zu Hause ungestörter als im Unternehmen arbeiten zu können.[1]

| Prozentuale Erreichbarkeit | N.4 |
|---|---|

$$\frac{\text{Erreichbarkeit des Mitarbeiters}}{\text{Gesamte Arbeitszeit}} \bullet 100$$

Die **Prozentuale Erreichbarkeit** berechnet sich aus dem Verhältnis der Erreichbarkeit des Mitarbeiters in der Periode im Verhältnis zur gesamten Arbeitszeit der Periode, multipliziert mit hundert. Sie erfaßt den prozentualen Zeitanteil der Geamtarbeitszeit, in welcher die grundsätzliche Möglichkeit zur Kontaktaufnahme von internen und externen Kunden und Lieferanten mit dem Telearbeiter besteht. Insbesondere für externe Kunden ist es (z. B. nach einem Schadenfall) von besonderer Bedeutung, bei Rückfragen auch nach der üblichen Bürozeit einen Ansprechpartner zu erreichen. Die Kennzahl ist daher eine Maßzahl für den Servicegrad der Telearbeit. Da die Einführung der Arbeitsform i. d. R. mit flexiblen Arbeitszeitmodellen einhergeht,[2] kann angenommen werden, daß die Prozentuale Erreichbarkeit bei Telearbeitern im Vergleich zu Nicht-Telearbeitern einen höheren Wert aufweist.

Zur Beurteilung der **Bearbeitungsproduktivität** der Telearbeit können - vergleichbare Arbeitsinhalte bei Telearbeit und Nicht-Telearbeit vorausgesetzt - die Kennzahlen **Transaktionsmenge**, **Bearbeitete Verträge** und **Bearbeitete Screens** herangezogen werden.

| Transaktionsmenge | B.1 |
|---|---|

$$\frac{\text{Anzahl Transaktionen}}{\text{Betriebszeit}}$$

Die **Transaktionsmenge** ergibt sich aus der Anzahl an EDV-Transaktionen im Betrachtungszeitraum im Verhältnis zur Betriebszeit des EDV-Systems im Betrachtungs-

---

[1]  Vgl. Glaser/Glaser 1995, S. 207; Scholz/Stobbe 1994, S. 1348.

[2]  Bei einer von der *Universität Witten/Herdecke* durchgeführten Befragung von Unternehmen zur Verbreitung der Telearbeit gaben mehr als die Hälfte der Unternehmen, die Telearbeit realisiert hatten, an, daß die Arbeitszeitaufteilung „freie Bestimmung durch den Mitarbeiter" (Kaleja/Meyer 1996, S. 18) umgesetzt ist. Zu einem ähnlichen Ergebnis kommt eine Umfrage der *Kienbaum Personalberatung GmbH*, bei welcher ein Viertel der befragten telearbeit-praktizierenden Unternehmen den Mitarbeitern die Einteilung der Arbeitszeit völlig selbständig überlassen, und weitere 40 % den Mitarbeitern ein Mitspracherecht bei der Arbeitszeiteinteilung einräumen (vgl. Kienbaum Personalberatung GmbH 1997, S. 46).

zeitraum. Ein höherer Kennzahlenwert bei Telearbeit bedeutet eine größere Menge an Eingaben und Bearbeitungen im Vergleich zur Nicht-Telearbeit.

| **Bearbeitete Verträge** | **B.2** |
| --- | --- |

$$\frac{\text{Gesamte Arbeitszeit}}{\text{Durchschnittliche Vertragsbearbeitungszeit}}$$

Die Kennzahl **Bearbeitete Verträge** wird durch den Quotienten aus der gesamten Arbeitszeit und der durchschnittlichen Vertragsbearbeitungszeit gebildet. Eine hohe Zahl bearbeiteter Verträge setzt eine kurze durchschnittliche Bearbeitungszeit je Vertrag voraus, so daß der Nenner von B.2 auch isoliert im Vergleich mit Nicht-Telearbeitsplätzen Aussagen zur Produktivität der Arbeitsform gestattet.

| **Bearbeitete Screens** | **B.3** |
| --- | --- |

$$\frac{\text{Gesamte Arbeitszeit}}{\text{Durchschnittliche Screenbearbeitungszeit}}$$

Die Kennzahl **Bearbeitete Screens** mißt die Anzahl bearbeiteter Masken je Zeiteinheit und wird durch das Verhältnis aus der gesamten Arbeitszeit zu der durchschnittlichen Screenbearbeitungszeit gebildet. Auch diese Kennzahl erlaubt - wie alle vorgestellten Kennzahlen zur Messung der Bearbeitungsproduktivität - lediglich eine Beurteilung der Verarbeitungsmenge ohne Aussagen über die Bearbeitungsqualität zuzulassen. Die Qualität der Bearbeitung wird im Rahmen des Drei-Ebenen-Konzeptes auf der zweiten Ebene in die Bewertung integriert.

Die zur Errechnung der Kennzahlen notwendigen Größen „Anzahl Transaktionen", „Durchschnittliche Vertragsbearbeitungszeit" und „Durchschnittliche Screenbearbeitungszeit" lassen sich in VU relativ leicht technisch ermitteln. In aller Regel werden sämtliche EDV-Transaktionen auf Logbändern aufgezeichnet, die mit Hilfe von entsprechender Software bedarfsbezogen auswertbar sind. Hierbei besteht die grundsätzliche Gefahr der **arbeitsplatzbezogenen EDV-technischen Mitarbeiterkontrolle**, wodurch eine Bänderauswertung in praxi i. d. R. auf große Vorbehalte stößt. Zur Ermittlung der Bearbeitungsproduktivität im Rahmen der Arbeitsform Telearbeit sind die dargestellten Zeit- und Mengengrößen jedoch nicht auf der Ebene des Einzelarbeitsplatzes, sondern als Durchschnittswerte einer Gruppe, eines Bereichs oder auch einer Abteilung von Interesse, so daß die angesprochenen Vorbehalte durch das hohe Aggregationsniveau entkräftet werden können.

Die beschriebenen Einzelkennzahlen sind in Abb. 68 zu dem **Produktivitätskenn-**
**zahlensystem der Telearbeit** zusammengestellt, wobei die Spitzenkennzahlen dun-
kelgrau und die übrigen Kennzahlen hellgrau unterlegt sind.

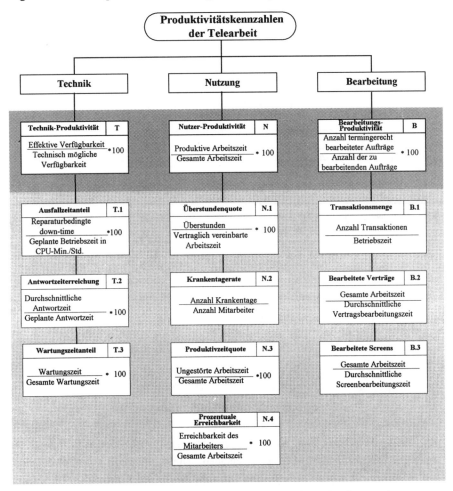

*Abb. 68: Produktivitätskennzahlensystem der Telearbeit*

Das Kennzahlensystem gestattet eine zuverlässige Bewertung der Produktivität der
Telearbeit auf der ersten Ebene des Drei-Ebenen-Konzeptes. Wie bei allen Kennzahlen

und Kennzahlensystemen sind jedoch die in der Literatur diskutierten Grenzen der Anwendung und Interpretation zu beachten.[1]

Zur Bewertung der **Wirtschaftlichkeit der Telearbeit** sind zunächst die monetären Auswirkungen, welche bei der Bearbeitung eines bestimmten Arbeitsvolumens durch Telearbeit entstehen, zu erfassen. Die Auswirkungen können, wie Abb. 69 zeigt, in Auszahlungen bzw. Kosten und Einzahlungen bzw. Einsparungen differenziert werden.

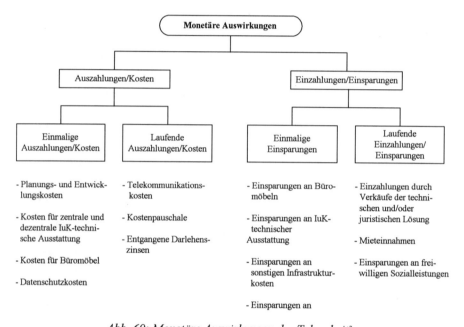

*Abb. 69: Monetäre Auswirkungen der Telearbeit[2]*

Bei den **Auszahlungen bzw. Kosten** lassen sich einmalige Auszahlungen/Kosten und laufende Auszahlungen/Kosten unterscheiden. Die Einführung von Telearbeit ist i. d. R. mit einem hohen Planungs- und Organisationsaufwand verbunden. Die dadurch verursachten Planungs- und Entwicklungskosten setzen sich im wesentlichen aus den Projektkosten zur Einführung der Telearbeit (z. B. Auswahl der Projektteilnehmer,

---

1   Vgl. Hesse 1988, S. 317 u. 322; Reichmann 1997, S. 22.

2   Im Rechnungswesen werden im allgemeinen die Bar-, Geld- und Reinvermögensebene unterschieden (vgl. z. B. Franke/Hax 1990, S. 28 - 33). Da nachfolgend auf Verfahren der Investitionsrechnung zurückgegriffen wird, die auf die Barvermögensebene abstellen, wird unterstellt, daß sämtliche Kosten auszahlungswirksam und sämtliche Leistungen einzahlungswirksam sind.

Personalkosten), aus den Kosten für die Schulung der zukünftigen Telearbeiter (z. B. Raumkosten, Kosten der Ausbilder) und den Kosten der technischen Entwicklung der Telefon-/PC-Anbindung (z. B. Materialkosten) zusammen. Letztere sind in praxi der Hauptbestandteil der Planungs- und Entwicklungskosten, da nur selten auf dem Markt verfügbare Standardlösungen, ohne unternehmensspezifische Anpassungen vorzunehmen, genutzt werden können. Darüber hinaus sind Kosten für die rechtliche Planung (z. B. der Regelungsabrede und der Betriebsvereinbarung) zu berücksichtigen. Die Planungs- und Entwicklungskosten sind zum größten Teil Personalkosten.[1] Weitere **einmalige Auszahlungen/Kosten** entstehen in Form von Materialkosten für die IuK-technische Ausstattung im Unternehmen (zentral z. B. Router) und am Telearbeitsplatz (dezentral z. B. Hardware). Darüber hinaus stellt das Unternehmen häufig auch eine zusätzliche Ausstattung an Büromöbeln (z. B. Bürostühle, Bürotische) und Büromaterialien (z.□B. zweites Diktiergerät) zur Verfügung, um sicherzustellen, daß die arbeitsschutzrechtlichen Bestimmungen auch am Telearbeitsplatz eingehalten werden.[2] Des Weiteren sind zusätzliche Datenschutzkosten (z. B. Transportcontainer für Schadenakten) in die Bewertung einzubeziehen.

Von besonderem Interesse sind in der Praxis die **laufenden Auszahlungen/Kosten** der Telearbeit, welche im wesentlichen Telekommunikationskosten, entgangene Darlehenszinsen und eine dem Teleheimarbeiter gewährte Kostenpauschale umfassen. Erstere setzen sich regelmäßig aus einem fixen Bestandteil, welcher für die Bereitstellung des Telefonanschlusses erhoben wird, und aus einer variablen, von der Entfernung zwischen Unternehmen und Telearbeitsplatz und der Verbindungzeit und -dauer abhängigen Komponente zusammen. Die Kostenpauschale wird Teleheimarbeitern von den Unternehmen als Beitrag zu den Kosten der beruflich genutzen Privaträume (z. B. Mietkosten, Heizungskosten) erstattet. Darüber hinaus stellen die Unternehmen den Teleheimarbeitern z. T. Darlehen zur Einrichtung des häuslichen Arbeitsplatzes zur Verfügung, wobei die Nutzer einen unter dem Marktzins liegenden Zinssatz eingeräumt bekommen. Sofern entgangenen Zinsen zu berücksichtigen sind, stellen diese für das VU Opportunitätskosten der Telearbeit dar.

Diesen Auszahlungen/Kosten stehen **Einzahlungen bzw. Einsparungen** durch Telearbeit gegenüber, welche in **einmalige Einsparungen** und **laufende Einzahlungen/Einsparungen** unterschieden werden können. Durch Telearbeit können im Unternehmen mehrere Mitarbeiter einen Arbeitsplatz nutzen, wodurch Büromöbel und IuK-

---

[1]    Vgl. auch Kordey/Gareis 1997, S. 99.

[2]    Vgl. Kordey/Gareis 1997, S. 97.

technische Ausstattung (z. B. Hardware, Peripherie) potentiell eingespart werden.[1] Darüber hinaus lassen sich Einsparungen an sonstigen Infrastrukturkosten (z. B. eingesparte Parkplatzfläche) sowie an Einarbeitungskosten realisieren. Letztere entstehen durch die in der Praxis zu beobachtende Akzeptanz der Arbeitsform bei Mitarbeitern im Erziehungsurlaub, wodurch die Kosten der Einarbeitung eines neuen Mitarbeiters grundsätzlich entfallen.[2] Die genannten Einsparungen treten jedoch nur einmalig mit der Einrichtung eines Telearbeitsplatzes auf. Die **laufenden Einzahlungen bzw. Einsparungen** durch Telearbeit ergeben sich im wesentlichen aus Einzahlungen z. B. aus dem Verkauf der entwickelten Telefon-/PC-Anbindung, aus Einnahmen aus der Vermietung der im Unternehmen freiwerdenden Bürofläche sowie durch eingesparte Sozialleistungen (z. B. freiwillige Zuschüsse des Unternehmens zum Mittagessen und zu den Fahrtkosten, welche nur gezahlt werden, wenn der Mitarbeiter im Unternehmen anwesend ist).[3]

Diese beispielhaft dargestellten monetären Auswirkungen sind zunächst ihrer Höhe nach zu ermitteln, um dann im Rahmen einer geeigneten **Auswertungsrechnung** analysiert werden zu können. Dazu kann Telearbeit als Investitionsprojekt verstanden werden, dessen Wirtschaftlichkeit für das Unternehmen im Vergleich zur Alternative „Nicht-Telearbeit" nachzuweisen ist. Zum Nachweis der Vorteilhaftigkeit von Investitionen bei sicheren und unsicheren Erwartungen wurden im finanzwirtschaftlichen Schrifttum eine Vielzahl von Verfahren entwickelt,[4] wobei die Verfahren unter Sicherheit regelmäßig in statische und dynamische Verfahren klassifiziert werden. Die statischen Verfahren werden in praxi vor allem wegen ihrer leichten Handhabbarkeit, der geringen mathematischen Anforderungen und dem verhältnismäßig geringen Aufwand bei der Datenbeschaffung geschätzt. Wegen ihrer gravierenden Mängel[5] sollten im Rahmen des Drei-Ebenen-Konzeptes grundsätzlich die dynamischen Verfahren der Investitionsrechnung zur Anwendung gelangen. Diese sind in VU zwar grundsätzlich

---

[1]　Um diese Auswirkungen als einmalige Einsparungen durch Telearbeit klassifizieren zu können, müssen bereits angeschaffte Büroausstattungen verkauft oder anstelle von geplanten Neukäufen eingesetzt werden.

[2]　Vgl. das bereits geschilderte Beispiel der *Württembergischen Versicherungsgruppe* bei Godehardt/Worch 1994b, S. 94 - 98; Büssing/Aumann 1997, S. 71f.; Röthig 1996.

[3]　KORDEY und KORTE fassen dies unter Einsparungen an sonstigen Gemeinkosten zusammen (vgl. Kordey/Korte 1997, S. 103).

[4]　Vgl. zu den Verfahren umfassend Blohm/Lüder 1974, S. 45 - 132; Franke/Hax 1990, S. 92 - 286; Götze/Bloech 1993; Schneider 1992.

[5]　Vgl. zu den Nachteilen der statischen Verfahren Kruschwitz 1990, S. 41ff.

bekannt, werden aber vergleichsweise selten angewendet.[1] Die Beurteilung kann nach dem LÜCKEschen Theorem[2] entweder auf Basis von Ein- und Auszahlungen oder von Leistungen und Kosten erfolgen.

Bei den **dynamischen Verfahren** der Investionsrechnung ist zwischen der Kapital-wert-, Endwert- und Annuitätenmethode sowie der dynamischen Amortisationszeit-rechnung und der Methode des internen Zinsfußes zu differenzieren. Alle Methoden sind jedoch eng miteinander verwandt: Kapitalwert- und Endwertmethode unterschei-den sich lediglich durch den Bezugszeitpunkt[3] und Kapitalwert und Annuität sind di-rekt ineinander überführbar[4]. Damit führen Endwert- und Kapitalwertmethode bei glei-chen Kalkulationszinssätzen und Kapitalwert- und Annuitätenmethode bei gleichen Laufzeiten der verschiedenen Alternativen zu einer gleichen Präferenzordnung der Alternativen. Wird die dynamische Amortisationszeitrechnung dahingehend modifi-ziert, daß nicht mehr der Zeitpunkt gesucht wird, für den bei gegebenem Kalkulations-zinssatz der Kapitalwert gleich Null ist, sondern ob bei einer angenommenen Höchstamortisationszeit der Kapitalwert größer, kleiner oder gleich Null ist, so ist dies eine besondere Form der Kapitalwertmethode.[5] Der interne Zinsfuß kann schließlich als derjenige Zinssatz definiert werden, bei welchem der Kapitalwert gleich Null ist.[6] Dennoch kann ein Vergleich zweier Alternativen einmal mit der Kapitalwertmethode und einmal mit der Methode des internen Zinsfußes zu entgegengesetzten Ergebnissen führen.[7]

Da die interne Zinsfußmethode nur unter der Voraussetzung zielführend anwendbar ist, daß genau ein positiver interner Zinsfuß existiert,[8] und die Kapital- und Endwert-

---

[1]     Der *Verband der Lebensversicherungsunternehmen e. V.* kam 1994 im Rahmen einer Untersuchung zum praktischen Einsatz von Wirtschaftlichkeitsanalyseverfahren zu dem Ergebnis, daß „der Einsatz von dynamischen Methoden der Investitionsrechnung nicht festgestellt wurde, sich aber ein Unternehmen mit der Einführung beschäftigt" (Verband der Lebensversicherungsunternehmen e. V. 1994, S. 15).

[2]     Vgl. Lücke 1955.

[3]     Vgl. Franke/Hax 1990, S. 117.

[4]     Vgl. Franke/Hax 1990, S. 120.

[5]     Vgl. Blohm/Lüder 1974, S. 82.

[6]     Vgl. Franke/Hax 1990, S. 122.

[7]     Vgl. hierzu das Beispiel bei Blohm/Lüder 1974, S. 73f.

[8]     Diese Voraussetzung ist bei einem mehrfachen Vorzeichenwechsel der Einzahlungsüberschüsse von zwei Investitionsprojekten u. U. nicht erfüllt (vgl. Blohm/Lüder 1974, S. 75). Mit Bezug zur Bewertung der Telearbeit ist dies etwa durch den mehrfachen, zeitversetzten Verkauf der Telefon-/PC-Anbindung grundsätzlich denkbar.

methode wesentlich „eleganter"[1], einfacher rechenbar, eindeutiger interpretierbar ist und dadurch zu einer hohen Transparenz im Rahmen der Bewertung der Telearbeit führt, sollte auf diese Methode zurückgegriffen werden. Darüber hinaus maximiert die Durchführung der Alternative mit dem höchsten Kapitalwert das Endvermögen des Unternehmens, wohingegen bei der Anwendung der Methode des internen Zinsfußes dies nicht notwendigerweise gewährleistet ist.[2] Der **Kapitalwert** läßt sich nach folgender Formel errechnen:[3]

$$(40) \qquad K_0 = \sum_{t=0}^{T} z_t \cdot (1+k)^{-t}$$

Mit

$K_0$ = Kapitalwert,

T  = Ende des Planungshorizontes,

t  = Zeitpunkt,

$z_t$  = Einzahlungsüberschüsse in Zeitpunkt t   und

k  = Kalkulationszinssatz pro Periode.

Ist der errechnete Kapitalwert positiv, so ist die Investition vorteilhaft. Bei mehreren Alternativen wird die Investition mit dem höchsten Kapitalwert durchgeführt. Können Investitionsprojekten keine Einzahlungen zugewiesen werden, sind nur die Kapitalwerte der Auszahlungen bzw. Periodenkosten errechenbar.[4] Dies ist mithin für die Alternative „Nicht-Telearbeit" von Relevanz. Der Kapitalwert der Alternative „Telearbeit" kann durch als Einzahlungen interpretierte Einsparungen, durch Monetarisierung von Produktivitätsvorteilen[5] und durch die realen Einzahlungen aus Verkäufen der technischen oder juristischen Lösung u. U. positiv werden. Bei der Interpretation des Kapitalwertkriteriums als Indikator der Wirtschaftlichkeit von Telearbeit ist zu berücksichtigen, daß eine der beiden Alternativen „Telearbeit" oder „Nicht-Telearbeit" zur Aufrechterhaltung des Betriebsgeschehens durchgeführt werden muß.[6] Damit ist eine Ablehnung beider Alternativen (etwa aufgrund von negativen Kapitalwerten) und eine Anlage der Anfangsauszahlung zum Marktzins, wie dies bei „klassischen Investi-

---

[1]     Franke/Hax 1990, S. 121.

[2]     Vgl. Franke/Hax 1990, S. 142 - 145.

[3]     Vgl. Franke/Hax 1990, S. 116.

[4]     Vgl. Reichmann 1997, S. 238 u. 247.

[5]     Vgl. hierzu auch die Überlegungen im Rahmen der zweiten Fallstudie in Kapitel 7.3.2.

[6]     Ausgangspunkt ist dabei stets ein bereits existierendes Unternehmen. Der Fall der Unternehmensneugründung wird in diesem Zusammenhang nicht betrachtet.

tionsprojekten" im allgemeinen möglich ist, nicht realisierbar. Die wirtschaftlichere Arbeitsform ist somit diejenige mit dem höheren Kapitalwert.

In VU wird häufig die **staatliche finanzielle Förderung** der Telearbeit gefordert, die mit dem gewachsenen Interesse des Staates an dieser Arbeitsform einhergehen sollte. Konkret wird dabei z. B. an steuerliche Vergünstigungen gedacht, welche in Abhängigkeit von der Anzahl eingerichteter Telearbeitsplätze gewährt werden. Da diese u. U. Auswirkungen auf die Höhe der Ertragsteuern hätten, welche wiederum Einfluß auf die Vorteilhaftigkeit von Investitionen ausüben können, ist der Kapitalwert um Steuerwirkungen zu erweitern.[1] Eine präzise Einbeziehung der Steuerwirkungen ist jedoch durch die vielen Details des Steuerrechts ausgesprochen schwierig,[2] so daß in der Literatur regelmäßig vereinfachende Annahmen getroffen werden, unter denen der Kapitalwert wie nachfolgend dargestellt, ermittelt werden kann:[3]

(41) $$K_s = \sum_{t=0}^{T} (z_t - s \cdot (z_t - d_t)) \cdot (1 + k \cdot (1 - s))^{-t}$$

Mit 
$K_s$ = Kapitalwert nach Steuern,
$T$ = Ende des Planungshorizontes,
$t$ = Zeitpunkt,
$s$ = Ertragsteuersatz,
$z_t$ = Einzahlungsüberschüsse in Zeitpunkt t,
$d_t$ = Abschreibungen in t    und
$k$ = Kalkulationszinssatz pro Periode.

Die kapitalwertbasierte Beurteilung der Wirtschaftlichkeit und die kennzahlengestützte Produktivitätsermittlung ermöglichen eine hinreichend genaue arbeitsplatzbezogene Bewertung von Telearbeit. Auf den nachfolgenden Konzeptebenen ist eine ähnlich „zahlenorientierte Vorgehensweise" nicht mehr möglich. Daher werden in den folgenden Ebenen qualitative Datenerhebungstechniken eingesetzt.

Auf den **Ebenen II und III** sind die kurz- und langfristigen Auswirkungen der Telearbeit auf das Unternehmen und auf die Gesellschaft zu analysieren. Eine möglichst ge-

---

[1] Auf andere in der Literatur diskutierte Erweiterungsmöglichkeiten der Kapitalwertmethode, z. B. der Aufspaltung des Kalkulationszinsfußes und der Inflationsbewertung, wird wegen der nur geringen Relevanz zur Beurteilung der Wirtschaftlichkeit von Telearbeit an dieser Stelle verzichtet.

[2] Vgl. Franke/Hax 1990, S. 152.

[3] Vgl. auch zu den vereinfachenden Annahmen beispielsweise Frnake/Hax 1990, S. 152 - 155; Reichmann 1997, S. 245; Schröder 1996, S. 100f.; Schröder/Wiesehahn/Willeke 1996, S. 257f.

naue Ermittlung der unternehmsspezifischen qualitativen Auswirkungen der Telearbeit ist von besonderer Relevanz, da eine Einführung der Arbeitsform zumeist über diese Faktoren begründet wird, obgleich die bislang veröffentlichten empirischen Ergebnisse in diesem Bereich i. d. R. nicht problemlos auf andere Unternehmen übertragbar sind. Vor dem Hintergrund der Wirtschaftlichkeit der Bewertung ist es jedoch ratsam und darüber hinaus auch methodisch möglich, die verschiedenen Bewertungsebenen durch ein Verfahren zu erfassen.

Von den unterschiedlichen Methoden der Datenerhebung erscheint dazu in besonderem Maße die **Befragung** geeignet, welche bereits in Kapitel 5.2.2.1. in die Formen interviewzentrierte und fragebogenzentrierte Befragung differenziert wurde. In praxi wird die schriftliche Befragung im Vergleich zum mündlichen Interview insbesondere wegen ihrer geringeren Erhebungskosten bei einer großen Stichprobe geschätzt.[1] Diesem Verfahren standen aber lange Zeit methodische Vorbehalte gegenüber,[2] die u. a. von HAFERMALZ weitestgehend entkräftet werden konnten. Die meisten Untersuchungsprobleme lassen sich demnach mit Hilfe der schriftlichen Befragung ebensogut lösen wie durch mündliche Befragungen, wenn eine Fragebogentechnik angewendet wird, welche „optimal der speziellen Befragungssituation angepaßt ist."[3] Damit ist aus Wirtschaftlichkeitsgründen die **schriftliche, standardisierte Befragung** zur Bewertung der Telearbeit auf den Ebenen II und III zu bevorzugen, wenn mehr als 200 Befragte[4] in der Untersuchung berücksichtigt werden. Diese Befragungsform kann jedoch um **problemzentrierte, leitfadengestützte Interviews** zu besonders relevanten Sachverhalten bedarfsweise ergänzt werden.[5] In diesen sind (bewertungs-)zielkonforme Problemstellungen, welche in der schriftlichen Befragung nur unzureichend analysierbar sind (z. B. konkrete negative/positive Erfahrungen mit der Arbeitsform, Änderungen spezieller Prozeßabläufe durch Telearbeit), zu detaillieren. Die Durchführung der fragebogenzentrierten Befragung kann, wie Abb. 70 zeigt, in die Phasen des Befragungsdesigns, der Durchführung der Befragung und der Auswertung unterteilt werden.

---

[1]   BEREKOVEN, ECKERT und ELLENRIEDER schätzen, daß die Kosten der schriftlichen Befragung bei größeren Umfragen um 75 % niedriger sind als bei einer mündlichen Befragung (vgl. Berekoven/Eckert/Ellenrieder 1993, S. 104).

[2]   Vgl. Tab. 6.

[3]   Hafermalz 1976, S. 244.

[4]   Diesen Grenzwert nennen Schnell/Hill/Esser 1992, S. 367. Eine Stichprobengröße von 200 ist im vorliegenden Verwendungszusammenhang i. d. R. auch bei wenigen Telearbeitern erreicht, da auf den Ebenen II und III nicht nur diese, sondern idealtypisch auch Nicht-Telearbeiter, Führungskräfte, zukünftige Telearbeiter und interne Kunden der Telearbeiter (z. B. Versicherungsvertreter) zu befragen sind.

[5]   Diese Vorgehensweise hat sich in praxi u. a. im Rahmen des bereits erwähnten Projektes TWIST bei der *BMW AG* bewährt (vgl. Cammerer/Heyl/Niggl 1997, S. 10).

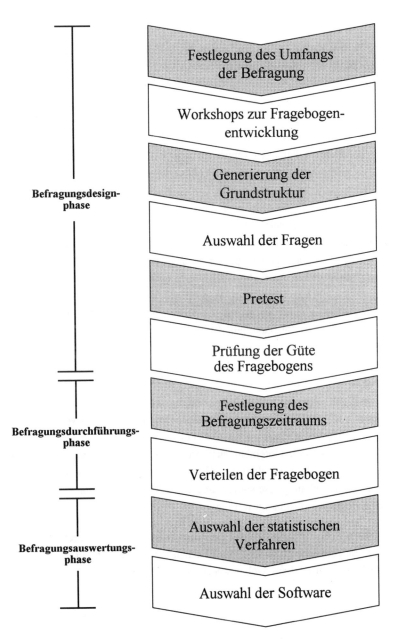

*Abb. 70: Phasen der fragebogenzentrierten Befragung*

Das Befragungsdesign ist für die Qualität der Befragung und deren Ergebnisse von besonderer Bedeutung, da hier sowohl der Umfang der Befragung festgelegt als auch der

Fragebogen erstellt wird. Zur Festlegung des **Befragungsumfanges** sind die zu befragenden Personengruppen und der Stichprobenumfang zu determinieren. Erstere richten sich vor allem nach den Zielen der Untersuchung. Ist z. B. auf der Ebene II die Akzeptanz der Telearbeit bei verschiedenen unternehmensinternen und -externen Personengruppen festzustellen, so sind diese Personengruppen (Telearbeiter, Nicht-Telearbeiter, Führungskräfte) gesondert zu befragen. Die auf dieser Ebene zu treffenden Aussagen zu den langfristigen Auswirkungen der Telearbeit sind nur durch mehrere Befragungen der gleichen Personengruppen zu unterschiedlichen Zeitpunkten (z. B. im Abstand von sechs Monaten) möglich (**Wellenerhebung**). Aus einem Vergleich dieser Untersuchungsergebnisse sind mithin Trends ableitbar, welche Anhaltspunkte zu arbeitsformbedingten Fehlentwicklungen geben können. Da die Genauigkeit und Sicherheit der Trendaussagen mit der Häufigkeit der Befragungen und der Anzahl der Befragten steigt, sollte insbesondere bei den Telearbeitern eine Totalerhebung durchgeführt werden, während der Stichprobenumfang bei den anderen Personengruppen mit Hilfe von **statistischen Auswahlverfahren**[1] festgelegt werden kann.

Um den Befragten keine vorgefertigten Fragebogen „aufzuzwingen" und die unternehmensspezifischen Besonderheiten bei der Befragung berücksichtigen zu können, sollten **Workshops zur Fragebogenentwicklung** durchgeführt werden.[2] Hierzu sollten besonders motivierte und kommunikative Mitarbeiter der an der Befragung beteiligten Gruppen z. B. die Vor- und Nachteile der Telearbeit für das Unternehmen und die Beteiligten erarbeiten oder auch Antworten auf die Frage „Was gefährdet den Erfolg der Telearbeit?" finden. Ziel dieser Workshops ist die Ermittlung von Anhaltspunkten zur Festlegung der Grundstruktur der Fragebogen. Wird auf diese Weise z. B. festgestellt, daß sich die Unternehmensführung von der Einführung der Telearbeit eine Verbesserung der Prozeßqualität erhofft, so wäre ein entsprechender Fragenkomplex Teil der Grundstruktur. Diese sollte durch einen Abgleich mit den festgelegten Untersuchungszielen vervollständigt werden.

Im nächsten Schritt ist die Grundstruktur mit Fragen zu konkretisieren. In Abhängigkeit des Fragebogenbereichs sind grundsätzlich unterschiedliche Fragenformen, -typen und -techniken einsetzbar,[3] wobei wegen des erheblichen Auswertungsaufwands und

---

[1]    Vgl. umfassend Bamberg/Baur 1984, S. 135 - 145; Berekoven/Eckert/Ellenrieder 1993, S. 47 - 58.

[2]    Vgl. auch Bartel-Lingg 1996, S. 156.

[3]    Vgl. umfassend Berekoven/Eckert/Ellenrieder 1993, S. 95 - 97; von Kirschhofer-Bozenhardt/Kaplitza 1986, S. 98 - 118; Schnell/Hill/Esser 1992, S. 338 - 355.

anderer schwerwiegender Nachteile offener Fragen[1] die Verwendung geschlossener Fragen grundsätzlich vorzuziehen ist. In praxi haben sich zudem **Hybridfragen** als Kombination aus offenen und geschlossenen Fragen bewährt. Diese bieten die Möglichkeit, neben den Antwortvorgaben bedarfsweise freie Antworten zu geben (vgl. Abb. 71).[2]

---

**Warum haben Sie sich noch nicht für einen Telearbeitsplatz beworben?**

O     Tätigkeit ist nicht Telearbeit geeignet

O     Keine Genehmigung vom Vorgesetzten

O     Räumliche Probleme zu Hause

O     Sonstiges

...........................................................................................................

...........................................................................................................

...........................................................................................................

...........................................................................................................

---

*Abb. 71: Beispiel einer Hybridfrage[3]*

Darüber hinaus bieten sich zur Imagemessung der Telearbeit **Multi-Item-Profile** an. Der Begriff „Telearbeit" ist dabei von den Befragten - ähnlich wie bei dem Semantischen Differential - auf einer vorgegebenen, siebenstufigen, bipolaren Ratingskala durch gegensätzliche Eigenschaftswörter mittels Ankreuzen zu charakterisieren.[4] Das Image von Telearbeit, verstanden als Assoziation der Befragten mit dem Begriff „Telearbeit",[5] kann auf diese Weise relativ leicht gemessen werden. Als gegensätzliche Begriffspaare eignen sich z. B.:

- unmodern  -  modern
- künstlich  -  natürlich
- verbissen  -  entspannt
- lähmend  -  anspornend
- konservativ  -  innovativ

---

[1]    Vgl. Hafermalz 1976, S. 204 - 208; Schnell/Hill/Esser 1992, S. 341 sowie die dort angegebene Literatur.

[2]    Vgl. Schnell/Hill/Esser 1992, S. 342.

[3]    Die dargestellte Frage bietet sich bei der Befragung der Nicht-Telearbeiter an.

[4]    Ein Multi-Item-Profil unterscheidet sich vom Semantischen Differential lediglich dadurch, daß sowohl denotative als auch konnotative Items aufgenommen werden (vgl. Berekoven/Eckert/Ellenrieder 1993, S. 79f. sowie die dort genannte Literatur).

[5]    Vgl. eine ähnliche Definititon des Total-Quality-Image findet sich bei Bartel-Lingg 1996, S. 160.

Bei der Auswahl und Formulierung der Fragen ist selbstverständlich zu berücksichtigen, daß diese nicht nur inhaltlich, sondern auch optisch nachvollziehbar zu gestalten sind. Eine optische und inhaltliche Überladung des Fragebogens mindert mithin die Kooperationsbereitschaft der Befragten.[1]

Ist der Fragebogen in der vorgestellten Art und Weise erstellt, sollte er im Rahmen eines **Pretests** bei allen Befragtengruppen auf Verständlichkeit und Interesse geprüft werden. Ziel ist insbesondere die Vermeidung des „Halo-Effektes": Einzelne Fragen und ihre Antworten können u. U. die nachfolgenden Antworten in der Form beeinflussen, daß diese an den vorhergehenden Antworten ausgerichtet werden.[2] Dieser Effekt kann sogar für ganze Fragengruppen auftreten und führt im Ergebnis zu nicht gewünschten Antwortverzerrungen. Durch experimentelle Prüfungen unterschiedlicher Frageformulierungen und -stellungen läßt sich der beschriebene Effekt jedoch verhindern. Hierzu werden verschiedenen Befragtengruppen im Rahmen von **Split-Ballot-Untersuchungen** in wenigen Fragen unterschiedliche Bogen zur Beantwortung gegeben und die Ergebnisse anschließend auf Unterschiede untersucht.[3]

Den Abschluß des Befragungsdesigns bildet die **Prüfung der Güte des Fragebogens** zur Bewertung der Telearbeit auf den Ebenen II und III. In dem hier relevanten Zusammenhang sind die **Reliabilität** (Zuverlässigkeit) und die **Validität** (Gültigkeit) als Gütekriterien zu unterscheiden.[4] Ein Fragebogen „ist unter der Voraussetzung konstanter Meßbedingungen dann reliabel, wenn die Meßwerte präzise und stabil, d. h. bei wiederholter Messung reproduzierbar sind."[5] Der Fragebogen ist valide, wenn er das mißt, was er messen soll.[6] In der Literatur zur empirischen Sozialforschung finden sich unterschiedliche Kategorisierungsansätze zur Validität,[7] wobei die Unterschei-

---

[1]    Vgl. die detaillierten Ausführungen zum Format und Layout eines Fragebogens bei Berekoven/Eckert/Ellenrieder 1993, S. 106f.; Hafermalz 1976, S. 120 - 130; Schnell/Hill/Esser 1992, S. 356f.

[2]    Vgl. Schnell/Hill/Esser 1992, S. 352.

[3]    Die Befragtengruppen brauchen bei Split-Ballot-Untersuchungen zahlenmäßig nicht gleich groß sein, jedoch muß die strukturelle Zusammensetzung eine Identität der Gruppen garantieren (vgl. Hafermalz 1976, S. 66; Schnell/Hill/Esser 1992, S. 359).

[4]    Zudem ist die Objektivität der Messung, verstanden als Unabhängigkeit der Meßergebnisse vom Untersuchungsleiter, ein zentrales Gütekriterium (vgl. Berekoven/Eckert/Ellenrieder 1993, S. 84; Lienert 1961, S. 12f.). Da bei einer standardisierten, schriftlichen, postalischen Befragung eine hohe Durchführungs-, Auswertungs- und Interpretationsobjektivität gewährleistet ist (vgl. ebenso Kirchhoff 1994, S. 293), muß dieses Gütekriterium nicht weiter thematisiert werden.

[5]    Berekoven/Eckert/Ellenrieder 1993, S. 85.

[6]    Vgl. Berekoven/Eckert/Ellenrieder 1993, S. 86.

[7]    Vgl. Berekoven/Eckert/Ellenrieder 1993, S. 86.

dung nach Inhalts-, Kriteriums- und Konstruktvalidität weit verbreitet ist.[1] Inhaltsvalidität liegt vor, wenn alle Aspekte des zu messenden Sachverhaltes (hier: Bewertung der Telearbeit auf den Ebenen II und III) auch tatsächlich im Meßinstrument (hier: Fragebogen) berücksichtigt werden. Dies läßt sich jedoch nicht objektiv beurteilen, sondern liegt mithin im Ermessen der Projektgruppe, welche die Bewertung durchführt, so daß Inhaltsvalidität nach Meinung von SCHNELL, HILL und ESSER nicht als Validitätskriterium, sondern als nützliche Idee bei der Fragebogenkonstruktion zu interpretieren ist.[2] Auch die Kriteriumsvalidität, verstanden als Zusammenhang zwischen den Meßwerten eines Instrumentes (hier: Fragebogen) und den Meßwerten eines anders gemessenen Kriteriums, gibt kaum konkrete Hilfestellungen zur Fragebogenkonstruktion.[3] Von größerer Bedeutung ist die **Konstruktvalidität**. Sie liegt vor, „wenn aus dem Konstrukt [hier: z. B. der Fragebogenbereich „Arbeitsqualität", Anm. d. Verf.] empirisch überprüfbare Aussagen über Zusammenhänge dieses Konstruktes mit anderen Konstrukten [hier: Fragen zu diesem Bereich, Anm. d. Verf.] theoretisch hergeleitet werden können, und sich diese Zusammenhänge empirisch nachweisen lassen."[4] Zur Schätzung der Reliabilität und der Konstruktvalidität sind unterschiedliche Methoden entwickelt worden, die in der Literatur umfassend thematisiert worden sind.[5]

An die Befragungsdesignphase schließt sich die eigentliche **Befragungsdurchführungsphase** an. Neben der Festlegung des Befragungszeitraums und dem Verteilen der Fragebogen ist vor allem das Rücklaufproblem zu lösen. Generell gelten Ausfallquoten von 50 % als wenig ungewöhnlich, wobei aber auch eine Verweigerung der Beteiligung von 80 bis 90 % der Zielpersonen keine Seltenheit ist.[6] Damit ist jedoch die Repräsentativität des Rücklaufsample nicht mehr gewährleistet, so daß aussagefähige In-

---

1  Vgl. Schnell/Hill/Esser 1992, S. 163.

2  Vgl. Schnell/Hill/Esser 1992, S. 163.

3  Vgl. die Beispiele bei Schnell/Hill/Esser 1992, S. 164f.

4  Schnell/Hill/Esser 1992, S. 165.

5  Die Reliabilitäts- und Validitätsschätzung kann auf der Basis von Plausibilitätsüberlegungen und/oder analytischen Methoden erfolgen. Vgl. zu den Methoden der Reliabilitätsschätzung ausführlich Berekoven/Eckert/Ellenrieder 1993, S. 85f.; Schnell/Hill/Esser 1992, S. 159 - 161. Die Prüfung auf Konstruktvalidität kann z. B. durch Multitrait-Multimethod-Matrizen oder Indikatoren-Korrelationsmatrizen (vgl. die Beispiele zu beiden Matrizen bei Schnell/Hill/Esser 1992, S. 168 - 170) erfolgen, welche statistisch relativ leicht mit Hilfe von **Faktorenanalysen** (vgl. umfassend zur Faktorenanalyse Backhaus/ Erichson/Plinke/Weiber 1994, S. 188 - 259; Bamberg/Baur 1984, S. 233 - 239; Berekoven/Eckert/ Ellenrieder 1993, S. 225 - 233) ausgewertet werden können. Zu Plausibilitätsüberlegungen zur Reliabilitäts- und Validitätsschätzung vgl. beispielsweise Kirchhoff 1994, S. 292 - 296.

6  Vgl. Hafermalz 1976, S. 28 u. 17 sowie die dort zitierte Literatur.

terpretationen der Ergebnisse im allgemeinen nicht möglich sind. Das angeschnittene Problem ist in dem hier diskutierten Verwendungszusammenhang des Fragebogens aber von geringerer Tragweite, da mit den Mitarbeitern eines VU kein allgemeiner Bevölkerungsquerschnitt, sondern ein **nahezu homogener**[1] **Spezialquerschnitt** befragt wird. Bei Spezialquerschnitten ist das Rücklaufproblem i. d. R. von untergeordneter Bedeutung.[2] Die Befragten lassen sich im Begleitschreiben persönlich ansprechen, sind im allgemeinen an den Umfrageergebnissen durch ihre Bindung an das Unternehmen interessiert und können via Intranet zumeist problemlos an eine Abgabe des Fragebogens erinnert werden. Die Rücklaufquote kann regelmäßig erhöht werden, indem die Unternehmensleitung auf die Dringlichkeit und Relevanz der Untersuchung hinweist und die Auswertung der Fragen an einen Dritten überträgt.

Die **Befragungsauswertung** bildet die letzte Phase der fragebogenzentrierten Befragung. Dabei wird die große Menge an Einzelinformationen mit Hilfe geeigneter Verfahren der deskriptiven Statistik verdichtet.[3] Der damit verbundene hohe Rechenaufwand wird durch den Einsatz **statistischer Software** zur Datenaufbereitung, -bearbeitung, -analyse und verdichteten Darstellung beherrschbar.[4] Obgleich diese Programme eine effiziente Durchführung der Auswertung erst möglich machen, dürfen die mit der Nutzung verbundenen Gefahren nicht übersehen werden. BAMBERG und BAUR erkennen u. a. das Problem der leichten Verfügbarkeit von statistischen Verfahren ohne genügende Berücksichtigung der verfahrensspezifischen Voraussetzungen. Darüber hinaus weisen sie auf die Gefahr der Nutzung der durch die Programme vorgegebenen statistischen Verfahren hin, obwohl u. U. bei der konkreten Problemstellung die Anwendung eines anderen Verfahrens zweckmäßiger wäre.[5] Eine problemadäquate Anwendung der Software erfordert daher eine umfassende Kenntnis der statistischen Verfahren und ihrer Anwendungsvoraussetzungen.

Die Teilergebnisse der einzelnen Ebenen der Bewertung der Telearbeit können abschließend in Form eines Abschlußberichtes verbalisiert werden, wobei zur grafischen

---

[1]    Homogenität oder Einheitlichkeit liegen aufgrund der Zugehörigkeit der Befragten zu einem Unternehmen vor.

[2]    Vgl. Hafermalz 1976, S. 29.

[3]    Zu den Verfahren vgl. umfassend Bamberg/Baur 1984, S. 3 - 73; Berekoven/Eckert/Ellenrieder 1993, S. 193 - 281.

[4]    Hierbei sind vor allem die Programme SAS (Statistical Analysis System) und SPSS (Statistical Package for Social Sciences) zu nennen. Zu weiteren Programmen vgl. Bamberg/Baur 1984, S. 257 - 260.

[5]    Vgl. Bamberg/Baur 1994, S. 258. Zu weiteren Problemen bei der Anwendung statistischer Software vgl. Schleth 1989, S. 16.

Verdichtung der Ergebnisse eine **Bewertungsmatrix** empfohlen wird. Diese beinhaltet die nach Bewertungsebenen geordneten Untersuchungsziele, deren Bewertung sowie den unternehmensspezifischen Bewertungsgraphen. In Tab. 31 ist die vollständige Bewertungsmatrix mit Beispielbewertungen dargestellt.

| Ebene | Untersuchungsziel | Bewertung | | | | |
|---|---|---|---|---|---|---|
| | | sehr negativ | negativ | neutral | positiv | sehr positiv |
| I | ● Produktivität | -- | - | 0 | + | ++ |
| | ● Wirtschaftlichkeit | -- | | 0 | + | ++ |
| II | ● Akzeptanz bei Telearbeitern | -- | - | 0 | + | ++ |
| | ● Akzeptanz bei Nicht-Telearbeitern | -- | - | 0 | + | ++ |
| | ● Akzeptanz bei Führungskräften | -- | - | 0 | + | ++ |
| | ● Erfüllungsgrad der Führungskräfteanforderungen | -- | | 0 | + | ++ |
| | ● Arbeitsqualität | -- | - | 0 | | ++ |
| | ● Bindung der Telearbeiter an das Unternehmen | -- | - | 0 | | ++ |
| | ● Soziale Einbindung der Telearbeiter | -- | - | 0 | + | ++ |
| III | ● Ökologische Effektivität | -- | - | 0 | + | ++ |
| | ● Medizinische Effektivität | -- | - | 0 | + | ++ |

++ = sehr hoch      + = hoch      0 = keine Änderung / Indifferent      -- = sehr gering      - = gering

*Tab. 31: Beispiel einer Bewertungsmatrix*

Der abgebildete Graphenverlauf ergibt sich aus der Bewertung der einzelnen Untersuchungsziele mit Hilfe der unter der Matrix angegebenen Bewertungskategorien. Die Einzelpunkte lassen sich dann zu dem unternehmensspezifischen Bewertungsgraphen verbinden. Im Beispiel wurde etwa auf der ersten Bewertungsebene eine hohe Produktivität der Telearbeit bei einer nur geringen Wirtschaftlichkeit der Arbeitsform festgestellt. Die Wertung dieser Einzelergebnisse aus Unternehmenssicht ist in der Kopfzeile der Matrix in der Bewertungsspalte ablesbar. Im Beispiel ist die festgestellte hohe Produktivität aus Unternehmenssicht als positiv und die geringe Wirtschaftlichkeit als negativ zu werten. Somit läßt sich anhand des Graphenverlaufs relativ schnell beurteilen, ob die unternehmensspezifische Umsetzung der Telearbeit einen Beitrag zur zielgerichteten Prozeßgestaltung leistet.

Im Rahmen der Matrixdarstellung werden alle Beurteilungskriterien als gleichbedeutend interpretiert. In praxi wird jedoch häufig eine Gewichtung der Bewertungsziele gewünscht, die über eine Festlegung des Einflusses der Wichtigkeit der Ziele innerhalb einer Ebene auf das Ebenenergebnis und den Einfluß der einzelnen Untersuchungsebenen auf das Gesamtergebnis integriert werden kann. Beide Einflüsse können ähnlich der **nutzwertanalytischen Vorgehensweise** über unterschiedliche Gewichte erfaßt und mittels der in Punktwerte transformierten unternehmensseitigen Bewertungen (z. B. sehr positiv = 5 Punkte, positiv = 4 Punkte, neutral = 3 Punkte, negativ = 2 Punkte, sehr negativ = 1 Punkt) zu einem Gesamtpunktwert verknüpft werden.[1] Eine derartige Informationsverdichtung ist jedoch zur Ergebnispräsentation nur in Kombination mit der Bewertungsmatrix zweckmäßig, da die einzelnen Auswirkungen der Arbeitsform auf die verschiedenen Bewertungsebenen in dem komprimierten Zahlenwert alleine nicht erkennbar sind.

Mit der dargestellten Operationalisierung des Drei-Ebenen-Konzeptes liegt eine pragmatische Vorgehensweise zur Bewertung des Beitrags der Telearbeit zur zielgerichteten Prozeßgestaltung in VU vor. Diese basiert auf einem weiten Verständnis von Wirtschaftlichkeit, unter dem alle Ziele der GPO in VU subsumiert werden können. Auf dieser Grundlage sind sowohl monetäre als auch nicht-monetäre Aspekte der Telearbeit in die Bewertung integrierbar, wodurch eine arbeitsformgerechte Erfassung der vielschichtigen Auswirkungen der Telearbeit auf die Potentiale, Prozesse und Ergebnisse von VU möglich wird. Mit Hilfe des Konzeptes kann **unternehmensbezogen** ermittelt werden, ob Telearbeit die Ziele der GPO in VU durch die raum-zeitliche und institutionell-rechtliche Entkoppelung von Prozessen im Sinne der Auslagerung und Elimination unterstützt. Die unternehmensbezogene Betrachtung bleibt unumgänglich, da generelle Aussagen zum Nutzen der Telearbeit zur Prozeßgestaltung, z. Z. (noch) aufgrund geringer empirischer Erfahrungswerte, fehlen. Das vorgestellte Konzept kann in diesem Zusammenhang dazu beitragen, verallgemeinerungsfähige Aussagen zu generieren.

Im Gegensatz zur Telearbeit ist der Beitrag von Workflow-Anwendungen zur Prozeßgestaltung vergleichsweise unumstritten.

### 5.5.3.3 Workflow-Anwendungen

In der Literatur werden die Begriffe Workflow und Geschäftsprozeß häufig synonym verwendet.[2] Da im Rahmen dieser Arbeit Workflow-Anwendungen als Möglichkeit der praktischen Umsetzung der theoretischen Prinzipien der Prozeßgestaltung verstanden

---

[1]    Die Zielgewichtung im Sinne der nutzwertanalytischen Vorgehensweise wird auch von REICHWALD, HÖFER und WEICHSELBAUMER (allerdings zur Maßnahmenbeurteilung) vorgeschlagen (vgl. Reichwald/ Höfer/Weichselbaumer 1996, S. 216 - 218).

[2]    Vgl. beispielhaft Loos 1998, S. 13. Auch GALLER weist auf die synonyme Verwendung beider Begriffe hin (Galler 1997, S. 8). Nicht zuletzt die weitgehend gebräuchliche deutsche Übersetzung des Begriffs „Workflow-Management-System" mit „Vorgangssteuerungssystem" (vgl. Lehmann/Ortner 1997, S. 63) zeigt die Bedeutungsähnlichkeit beider Begriffe.

werden, ist eine differenziertere Begriffsdefinition notwendig. In Anlehnung an GALLER wird mit dem Begriff des Geschäftsprozesses eine organisatorische Betrachtung der Ablauforganisation vorgenommen, während der Begriff Workflow eine informationstechnische Betrachtung darstellt.[1] Geschäftsprozesse sind somit Workflow, „wenn sie computerunterstützt administrierbar, organisierbar und steuerbar sind."[2]

Workflow-Anwendungen setzen sich aus einem unternehmensspezifischen **Workflow-Modell**, das die Bearbeitungsgrundlage für Workflows angibt und aus der Prozeßarchitektur abgeleitet wird, und einem **Workflow-Management-System** zusammen.[3] Letzteres umfaßt die Software zur Administration, Organisation und Steuerung von Workflows und besteht aus spezifischen Komponenten, welche in einem in Theorie und Praxis gleichermaßen etablierten Referenzmodell[4] festgelegt worden sind. Allgemein formuliert dienen Workflow-Anwendungen der möglichst umfassenden Unterstützung von Arbeitsvorgängen in Organisationen.[5] Dies geschieht im einzelnen durch die Steuerung, Kontrolle und Überwachung der Vorgangsbearbeitung.[6] Die Steuerung beinhaltet das DV-gestützte Anstoßen der Durchführung von einzelnen Prozessen bzw. Prozeßketten und (in Abhängigkeit von dem Umfang der Anwendung) die Lenkung des Datenflusses zwischen den Prozessen.[7] Die Überwachung und Kontrolle basiert auf im Rahmen der Steuerung protokollierten Kontrolldaten, die z. B. Aufschluß über den Bearbeitungsstatus, die Bearbeitungsdauer und den Bearbeitenden geben.[8]

Welche Geschäftsprozesse über Workflow-Anwendungen gestaltbar sind, wurde von PICOT und ROHRBACH in Abhängigkeit von dem Prozeßtyp und den Aufgaben, die in dem Prozeß bearbeitet werden, systematisiert (vgl. Abb. 72).

---

[1]   Vgl. Galler 1997, S. 8.

[2]   Galler 1997, S. 8 sowie die dort angegebene Literatur.

[3]   Vgl. Galler 1997, S. 10, Abb. 2-1.

[4]   Vgl. Eckert 1995.

[5]   Vgl. Lehmann/Ortner 1997, S. 62.

[6]   Galler identifiziert dies als die wichtigsten Aufgaben von Workflow-Anwendungen (vgl. Galler 1997, S. 10f.).

[7]   In Zusammenhang mit der Steuerungsaufgabe von Workflow-Anwendungen haben LEHMANN und ORTNER ein beachtenswertes Schema zur Spezifikation von Steuerungssituationen abgeleitet (vgl. Lehmann/Ortner 1997, S. 65f.).

[8]   Vgl. Galler 1997, S. 11.

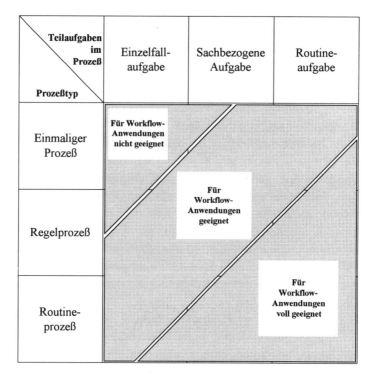

*Abb. 72: Eignung von Prozeß- und Aufgabentypen für Workflow-Anwendungen nach PICOT und ROHRBACH[1]*

Bei **einmaligen Prozessen** sind weder der Prozeßablauf noch die Kommunikationspartner bestimmbar. Da sich einmalige Prozesse durch eine hohe Komplexität auszeichnen und mit zunehmender Prozeßkomplexität die Prozeßsteuerbarkeit tendenziell abnimmt,[2] sind diese Prozesse gar nicht oder nur bedingt zur Gestaltung durch Workflow-Anwendungen geeignet.[3] Demgegenüber zeichnen sich **Regelprozesse** durch eine kontrollierbare Struktur und Komplexität aus und sind in Abhängigkeit von dem Aufgabentyp gar nicht (z. T. bei Einzelaufgaben) oder voll (z. T. bei Routineaufgaben) Workflow-anwendungsgeeignet. **Routineprozesse**, die durch eine klare Pro-

---

1     Darstellung in Anlehnung an Picot/Rohrbach 1995, S. 32, Abb. 7.

2     Vgl. Lehmann/Ortner 1997, S. 64.

3     Nach der zugrundegelegten Definition sind diese Prozesse somit kein Workflow.

zeßstruktur und eine weitgehende Stabilität und Planbarkeit gekennzeichnet sind, eignen sich demnach am Besten zur Gestaltung durch Workflow-Anwendungen.[1]

Wie die Prozeßgestaltung mittels Workflow-Anwendungen in VU in praxi erfolgt, sei nachfolgend an dem Beispielprozeß „Schaden bearbeiten" ansatzweise dargestellt: Bei der manuellen Vorgangssteuerung werden eingehende Schadenmeldungen zu einem bestehenden Versicherungsvertrag in der Poststelle geöffnet und dann dem zuständigen SB manuell zugestellt. Dieser legt eine Schadenakte an, in der wichtige Bearbeitungstätigkeiten dokumentiert werden, und die (falls nötig) dem GL oder BL manuell zur Entscheidung vorgelegt wird. Eine automatische Vorgangssteuerung mittels Workflow-Anwendungen erfordert hingegen in einem ersten Schritt die elektronische Digitalisierung der Schadenmeldung mittels Scannern. Das so EDV-taugliche Dokument wird dann automatisch in den elektronischen Postkorb des zuständigen Sachbearbeiters (Identifikation via Sachbearbeiternummer) weitergeleitet. Dieser kann die elektronisch angelegte Schadenakte bearbeiten, wobei die Bearbeitungstätigkeiten automatisch registriert werden. Idealtypisch erkennt die Workflow-Anwendung in Abhängigkeit von dem Bearbeitungsstand und der Schadenhöhe selbständig, ob die Schadenakte in den elektronischen Postkorb des GL oder BL zur Freigabe weitergeleitet werden muß. Da sämtliche Kunden- und Vertragsdaten im EDV-System gespeichert sind, kann die Bearbeitung auch dezentral in Telearbeit durchgeführt werden.[2] Darüber hinaus ist eine Verknüpfung der Workflow-Anwendung mit dem Internet (World Wide Web) vorstellbar und in der K-Schadenabwicklung z. B. in Form des *Dekra-Schaden-Netzes* bereits realisiert.[3]

Das Beispiel macht deutlich, daß Workflow-Anwendungen die raum-zeitliche und institutionell-rechtliche Entkoppelung von Prozessen in VU verstärken und damit die Gestaltung der Prozeßstruktur durch Vermeidung im Sinne von **Auslagerung** und **Elimination** von Prozessen unterstützen können.[4] Ferner wird ein weitgehender Gleichlauf von Prozessen durch die automatisierte Weiterleitung der Schadenakte in den elektronischen Postkorb des Nächstbearbeitenden erreicht. Ist es notwendig die Prozeßstruktur an veränderte Rahmenbedingungen über die Modifizierung der Prozeß-

---

[1]  Vgl. auch Loos 1998, S. 13.

[2]  Vgl. Kordey/Korte 1996, S. 140f.

[3]  Hier ist die Idee, das Internet als Kommunikationsplattform für die am Schadenfall Beteiligten (z. B. Rechtsanwälte, Sachverständige, VU) zu nutzen und so den Informationsaustausch erheblich zu beschleunigen (vgl. Jira/Litz 1999).

[4]  Dies beruht auf dem Umstand, daß Workflow-Anwendungen u. a. Weiterentwicklungen von Electronic-Mail-Systemen sind (vgl. Becker/Vossen 1996, S. 21).

reihenfolge anzupassen, so kann dies relativ leicht durch die Änderung des Workflow-Modells realisiert werden. Soll z. B. die Schadenbearbeitung durch die Erhöhung der Freigabevollmacht der SB beschleunigt werden, muß lediglich die im Workflow-Modell abgelegte Zuordnungsvorschrift geändert werden. Somit können Workflow-Anwendungen die Prozeßbeherrschung vor allem durch **Synchronisation**, **Umstellung** und **Flexibilisierung** der Prozeßstruktur unterstützen und in diesem Zusammenhang insbesondere einen wichtigen Beitrag zur Erfüllung der zeitbezogenen Ziele der GPO leisten (vgl. Abb. 73).

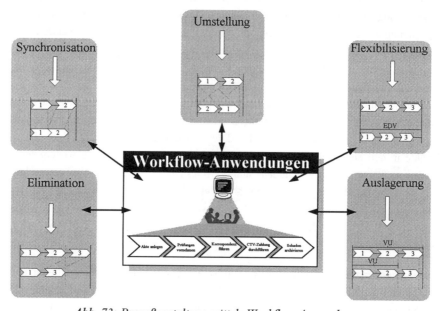

*Abb. 73: Prozeßgestaltung mittels Workflow-Anwendungen*

Am Beispiel der telekooperativen Arbeitsform Telearbeit und der Workflow-Anwendungen wurde der Beitrag der IuK-Technik zur Prozeßgestaltung in VU umfassend dargestellt. Neben der IuK-Technik können die theoretischen Prinzipien der Prozeßgestaltung in VU durch die Einführung des Case Management umgesetzt werden. Dessen Beitrag zur Gestaltung der Prozeßstruktur wird daher im Folgenden thematisiert.

## 5.5.4 Prozeßgestaltung durch Case Management

Im Rahmen der GPO in VU wird **Case Management**[1] als ein arbeitsorganisatorisches Konzept zur Gestaltung der Prozeßstruktur verstanden. Es wird mit Erfolg bereits von einigen Unternehmen[2] genutzt und hat sich insbesondere auch für VU[3] bewährt. Zum besseren Verständnis, was Case Management ist, welche organisatorischen Maßnahmen es umfaßt und welche Auswirkungen es auf die Prozeßstruktur hat, sei kurz die praktische Umsetzung am Beispiel der *Hessischen Brandversicherungsanstalt* beschrieben. Darauf aufbauend erfolgt die Analyse der dem Konzept innewohnenden wichtigsten Gestaltungsprinzipien.

Vor der Einführung des Case Management bei der *Hessischen Brandversicherungsanstalt* wurde ein Versicherungsnehmer in seinem „Kundenlebenszyklus" von bis zu sieben verschiedenen Mitarbeitern betreut.[4] Ein freiberuflicher Außendienstmitarbeiter nahm den Versicherungsantrag auf und gab diesen an die Betriebsabteilung zur Erst- und Folgebarbeitung weiter. Im Schadenfall war die Schadenbearbeitungsabteilung mit der Regulierung betraut, wobei die Betreuung in Abhängigkeit von der Komplexität und der Höhe des Schadens z. T. mehrfach zwischen Außendienstmitarbeitern, Gebiets- und Großschadenregulierern wechselte. Daraus ergab sich neben langen Durchlaufzeiten eine „eher negative Grund- und Abwehrstellung gegenüber dem Kunden"[5], da die SB aufgrund fehlender Kompetenzen und Fachkenntnisse häufig nicht situationsgerecht auf die Kundennachfragen reagieren konnten. Im Rahmen des Case Management wurden zur Überwindung der genannten Probleme Vertrags- und Schadenbearbeitungsprozesse mit Ausnahme der Personenschäden beim Außendienst zentralisiert. Im Innendienst wurden die Betriebs- und die Schadenabteilung zusammengelegt und die SB schrittweise für ihre neuen Aufgaben (z. B. telefonischer Schadenservice) geschult. Für komplexere Schadenfälle wurde ein Expertenteam gegründet, dem auch die Qualitätssicherung der Bearbeitung im Sinne eines **Schadencontrolling**

---

1     Deutschsprachige Bezeichnungen für das Case Management sind u. a. Rundum-Sachbearbeitung, Rundumbearbeitung und Fallmanagement.

2     In der Literatur werden u. a. *Bell Atlantic Coorporation*, die *Deutsche Bank AG, Dell Computer, Duke Power Company*, die *IBM Deutschland GmbH* und die *IBM Credit Coorporation, Pacific Bell* sowie *Xerox* genannt (vgl. Davenport 1993; Davenport/Nohria 1995; Hammer/Champy 1993, S. 62 - 74; Striening 1988, S. 164 - 172; Weth 1997, S. 120 - 132).

3     In der Literatur sind u. a. die Beispiele von *Mutual Benefit Life* und der *Hessischen Brandversicherungsanstalt* zu finden (vgl. Bechmann/Röhr 1991; Davenport 1993; Davenport/Nohria 1995).

4     Vgl. zur Darstellung des Beispiels Bechmann/Röhr 1991.

5     Bechmann/Röhr 1991, S. 1116.

übertragen wurde. Vorteile, die sich für die *Hessische Brandversicherungsanstalt* mit der Einführung des Case Management ergeben haben, sind u. a. die

- Verbesserung der Betreuung des externen Kunden durch Realisation des Prinzips „one face to the customer",
- Umsetzung von Produktivitätssteigerungen durch die Elimination redundanter Prozesse,
- Senkung des Verwaltungskostensatzes sowie die
- Steigerung der Arbeitsplatzattraktivität.[1]

Eine organisatorische Analyse dieses und ähnlicher Beispiele des Case Management deckt in dem Prinzip eine Bündelung weitgehend bekannter organisatorischer Einzelmaßnahmen und -prinzipien auf. Obgleich FARNY das Konzept als Beispiel für die Spezialisierung nach Kunden(-gruppen) angeführt wird,[2] macht das Beispiel deutlich, daß Case Management vor allem eine **Spezialisierung auf Objekte** (z. B. Bestandsfall, Schadenfall) darstellt.[3] Diese ist eng mit einer **Zentralisierung der Prozesse beim SB**[4], oder, wie es FRESE und VON WERDER bezeichnen, der Bildung überschaubarer Bereiche in horizontaler Richtung[5] verbunden. Wesentlicher Bestandteil des Konzeptes ist ferner die **Erhöhung der Eigenverantwortung** der Mitarbeiter, die bis zur Schaffung der Stelle des Prozeßverantwortlichen, des Case Managers, des Case Workers oder des Case Teams führt.[6] Wie Literaturanalysen gezeigt haben, wird die Vergrößerung des Entscheidungsspielraums der Mitarbeiter immer dann gefordert, wenn sich die Unternehmensumwelt so stark verändert, daß ein unternehmensseitiger Reaktionszwang entsteht, der seinen Ausdruck in neuen Verhaltensweisen findet.[7] Die

---

[1]    Vgl. Bechmann/Röhr 1991, S. 1118 - 1122.

[2]    „Die wichtigsten Fälle der Spezialisierung beziehen sich auf [...] - gleiche Kunden(-gruppen), z. B. die „Rundumbearbeitung" aller Verträge und Schäden einer genau umgrenzten Kundengruppe" (Farny 1995, S. 410f.).

[3]    Vgl. auch Rebstock 1997, S. 273. Im Beispiel darf die Tatsache, daß das Aufgabenspektrum des SB nach der Einführung des Case Management sowohl den Prozeß der Vertragsbearbeitung als auch den der Schadenbearbeitung umfaßt nicht darüber hinwegtäuschen, daß es sich bei seinem Aufgabenspektrum um eine Form der Spezialisierung, verstanden als „Form der Arbeitsteilung, bei der Teilaufgaben unterschiedlicher Art entstehen" (Kieser/Kubicek 1992, S. 76; im Original kursiv) handelt. Die Stelle umfaßt lediglich mehrere Teilaufgaben als vor der Einführung des Case Management.

[4]    Vgl. Koch/Weiss 1994, S. 724.

[5]    Vgl. Frese/v. Werder 1994, S. 8.

[6]    Die Bezeichnungen „Case Manager", „Case Worker" und „Case Team" wurden vor allem von HAMMER und CHAMPY geprägt (vgl. Hammer/Champy 1993, S. 52 u. 62).

[7]    Vgl. Eccles/Nohria 1992, zitiert nach Frese/v. Werder 1994, S. 8. Nicht zuletzt aus diesem Grund eignet sich das Case Management hervorragend zur Prozeßgestaltung in VU.

Verantwortungsausdehnung ist dabei idealtypisch mit dem **umfassenden Zugang zu Informationen** (z. B. Vertragsdaten der Versicherungsnehmer) verbunden.[1]

Durch die Zentralisierung beim SB, die Überwindung der Spezialisierung und die Erhöhung der Eigenverantwortung werden bislang auf verschiedene Stellen verteilte Prozesse auf eine Stelle vereinigt. Folgerichtig werden vormals isoliert voneinander durchgeführte Prozesse durch die sich daraus ergebende Schnittstellenharmonisierung mindestens **synchronisiert**. Da Schnittstellen nicht nur harmonisiert, sondern z. T. auch völlig aus der Prozeßstruktur eliminiert werden, wird zudem die Verschmelzung von Prozessen im Sinne des Gestaltungsprinzips der **Integration** unterstützt. Vormals streng sequentiell durchgeführte Prozesse (z. B. die Prüfung auf Versicherungsschutz durch einen und die weitere Schadenbearbeitung durch einen zweiten SB) werden im Rahmen des Case Management - wie dargestellt - von einem SB durchgeführt. Dieser kann daher bereits während des Lesens der Schadenakte die Prüfung auf Versicherungsschutz und Überlegungen zur weiteren Schadenbearbeitung anstellen, was einer **Parallelisierung** von Prozessen entspricht. Darüber hinaus können aus der klassischen Funktionstrennung resultierende doppelt vorkommende Prozesse (z. B. Prüfprozesse)[2] aus der Prozeßstruktur **eliminiert** werden, wodurch sich eine Verkürzung der Prozeßdurchlaufzeit einstellt. Die Unterstützung der dargestellten Prozeßgestaltungsprinzipien durch das Case Management ist in Abb. 74 visualisiert.

Das Case Management erscheint in VU zur zielgerichteten Gestaltung von stark repetitiven Geschäftsprozessen, die ein geringes Maß an professionalisiertem Wissen umfassen, grundsätzlich geeignet zu sein. Bei diesen Prozessen wird der mit der Einführung des Case Management verbundene Verlust an Spezialisierungsnutzen durch die reduzierten Koordinierungskosten regelmäßig ausgeglichen.[3] Durch die Reduzierung und Harmonisierung von Prozeßschnittstellen wird der formelle und informelle Kommunikationsaustausch vereinfacht und beschleunigt.[4] Dies führt zu einer Senkung der Prozeßdurchlaufzeit. Darüber hinaus wird durch das Konzept eine tendenzielle

---

1     DAVENPORT bezeichnet dies als „access to information throughout the organization" (Davenport 1993, S. 261).

2     Im Beispiel der *Hessischen Brandversicherungsanstalt* konnte „auf eine regelmäßige, intensive fachliche Nachprüfung verzichtet" (Bechmann/Röhr 1991, S. 1119) werden.

3     REBSTOCK erkennt zwei Einflußfaktoren auf die prozeßorientierte Stellenbildung: den Spezialisierungsnutzen und die Koordinierungskosten. Sehr verkürzt dargestellt, führt eine prozeßorientierte Stellenbildung zu einem geringen Spezialisierungsnutzen bei geringen Koordinierungskosten, während eine funktional spezialisierte Stellenbildung zu einem hohen Spezialisierungsnutzen bei hohen Koordinierungskosten führt (vgl. ausführlich Rebstock 1997, S. 274ff.).

4     Vgl. Frese/v. Werder 1994, S. 8.

Verbesserung der Zuordnung von Arbeitsergebnissen erreicht, was in Kombination mit der Steigerung der Eigenverantwortung der Mitarbeiter eine gesteigerte intrinsische und extrinsische Arbeitsmotivation nach sich zieht.[1] Als Folge stellt sich eine Erhöhung des Kundenservices und damit eine Verbesserung der Prozeßqualität sowie die Möglichkeit der Erzielung von **Cross-selling Effekten**[2] ein.

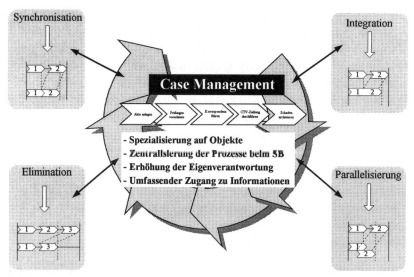

*Abb. 74: Prozeßgestaltung mittels Case Management*

Zu bedenken ist jedoch, daß die genannten Vorteile des Case Management nur ausgeschöpft werden können, wenn nicht nur die Stellenbildung, sondern auch die **Zusammenfassung von Stellenkomplexen** zu Abteilungen oder Bereichen prozeßorientiert erfolgt.[3] Nur so lassen sich suboptimalen Lösungen, die aus einer funktionalen Abteilungsbildung resultieren und ihre Folge in einem begrenzten Aufgabenbereich des Case Worker haben, vermeiden. Ferner ist zu bedenken, daß der Case Worker sorgfältig auf seinen erweiterten Aufgabenbereich vorbereitet und sachgerecht weitergebildet werden muß. Darüber hinaus ist die Einführung des Konzeptes regelmäßig mit Investitionen in die IuK-Technik verbunden, da nur so die umfassende Informiertheit des

---

[1]     Auf die positiven Auswirkungen auf die Arbeitsmotivation durch die Übertragung eines in sich geschlossenen Aufgabengebietes weisen auch KOCH und WEISS hin (vgl. Koch/Weiss 1994, S. 724).

[2]     Diesen Vorteil erkennen auch DAVENPORT und NOHRIA (vgl. Davenport 1993, S. 261; Davenport/Nohria 1995).

[3]     Vgl. Rebstock 1997, S. 273f.

Case Worker sichergestellt werden kann. Hier ist die Feinabstimmung der Prozeßökonomie mit der Ressourcenökonomie von besonderer Bedeutung.

Rekurriert man auf das am Anfang der Arbeit vorgestellte Phasenmodell der GPO, so wird erkennbar, daß mit der Prozeßgestaltung die abschließende Phase erreicht ist. Nachdem in diesem Kapitel bereits die IuK-Technik als Enabler der GPO thematisiert worden ist, steht im Folgenden deren Rolle als Facilitator und Implementer im Zentrum der Betrachtung.

# 6 Unterstützung der Geschäftsprozeßoptimierung durch IuK-Technik

In diesem Kapitel ist zu untersuchen, wie die IuK-Technik die einzelnen Phasen der GPO durch die Bereitstellung von speziellen Planungs-, Darstellungs- und Modellierungstools unterstützen (**Facilitator**) und bei der Implementation und Umsetzung der neuen Prozesse (**Implementer**) helfen kann. Ausgehend von den Zielen der dargestellten Konzeptphasen sind ganz spezifische Anforderungen an DV-Tools zu stellen, die zunächst abgeleitet werden.[1] Im Anschluß daran wird geprüft, inwieweit existierende Software diese Anforderungen erfüllen kann.[2]

## 6.1 Phasenbezogene Anforderungen an DV-Tools

Aus Anwendersicht ist unabhängig von den Phasen der GPO zunächst zu fordern, daß das zum Einsatz kommende DV-Tool gewissen software-ergonomischen und software-technischen Mindestanforderungen genügt. Diese Anforderungen sind aufgrund der hohen Reifegrade der marktgängigen Softwareprodukte und der hohen Durchdringung des Computers sowohl der privaten als auch der beruflichen Welt nahezu selbstverständlich, dennoch werden sie nicht immer zur vollen Befriedigung des Anwenders erfüllt. Mit Bezug zur **Software-Ergonomie** sollte etwa die Benutzeroberfläche übersichtlich und klar strukturiert sein und ein leichtes Erlernen und intuitives Handhaben des Programmes unterstützen.[3] Dies wird insbesondere über Menüsysteme (z. B. Window-Technik, Menü-Masken) ermöglicht. Das Tool sollte ferner die Dialogsteuerung über die Tastatur und alternative Steuerungsmedien (z. B. Maus, Trackball) zulassen und über eine komfortable Druckfunktion verfügen. Darüber hinaus sollte die Software das nachträgliche verändern bzw. ergänzen von Datensätzen problemlos ermöglichen. Als **software-technische** Mindestanforderungen[4] sind ein hohes Maß an Stabilität und

---

[1]  In der Literatur existieren eine Vielzahl unterschiedlicher Anforderungskataloge (vgl. etwa Brede 1998, Anhang I; Buresch/Kirmair/Cerny 1997; Finkeißen/Forschner/Häge 1996), die allerdings selten konzeptionsgestützt sind. Als Ausnahme sind CHROBOK und TIEMEYER zu nennen, die ausgehend von einem Vorgehensmodell für eine Geschäftsprozeßorganisation im Rahmen eines Ganzheitlichen Organisationsmodells Anforderungen an DV-Tools ableiten (vgl. Chrobok/Tiemeyer 1996; Tiemeyer/Chrobok 1996). Auch MIERS diskutiert die an den Phasen eines Optimierungsprojektes ausgerichteten verschiedenen Einsatzmöglichkeiten der IuK-Technik (vgl. Miers 1994).

[2]  Die Ausführungen eines mittel- bis langfristigen Forschungsvorhabens, wie es das Anfertigen einer Dissertation darstellt, können der turbulenten Entwicklung auf dem Softwaremarkt naturgemäß nicht Schritt halten. Daher wird nicht der Versuch unternommen, eine Übersicht über die existierenden Produkte zu geben, sondern vielmehr eine Klassifizierung existierender DV-Tools vorgenommen, um darauf aufbauend einige Tools beispielhaft darzustellen.

[3]  Zu software-ergonomischen Anforderungen vgl. Fröhling 1994, S. 345. Ähnliches fordern auch Lullies/Pastowsky/Grandke 1998, S. 71 sowie Tiemeyer/Chrobok 1996, S. 36ff.

[4]  Vgl. hierzu auch Buresch/Kirmair/Cerny 1997, S. 370.

Ausgereiftheit des Tools sowie eine hohe Datensicherheit zu fordern. Von großem praktischen Nutzen ist zudem die Anforderung, Daten aus bestehender Software des VU in das Tool exportieren und vice versa importieren zu können.[1] Nicht zuletzt sind auch **herstellerseitige Mindestanforderungen** zu erfüllen, die vor allem die Herstellerunterstützung (z. B. Handbuch, Wartung, Schulungen, Hotline), die Lizenzpolitik und den Preis des DV-Tools umfassen.[2] Die genannten software-ergonomischen, software-technischen und herstellerseitigen Mindestanforderungen müssen durch spezielle phasenspezifische Anforderungen ergänzt werden. So erweitert sich der Anforderungskatalog von Phase zu Phase, wobei eine hohe Phase die Anforderungen aller niedrigeren Phasen enthält.

Ausgehend von der Gültigkeit der "Hypothese der gleichen Prozeßhülsen" können in der **ersten Phase der GPO** mithin sieben Geschäftsprozesse von VU unterschieden werden. Da diese Prozeßhülsen annahmegemäß in allen VU identifiziert werden können, bedarf dieser Teil der Phase grundsätzlich keiner speziellen DV-Unterstützung. Von den idealtypischen Prozeßhülsen ist nun eine oder sind mehrere als Objekt(e) der weiteren Optimierungsbemühungen auszuwählen. Wird von einer erfahrungsgeleiteten Prozeßauswahl abgesehen, die prinzipiell keinerlei DV-Unterstützung bedarf, sind die dazu geeigneten Instrumente vor allem die ABC-Analyse, die Prozeßselektion und die Prozeßabhängigkeitsanalyse. Ein diese Phase der GPO unterstützendes DV-Tool sollte daher vor allem in der Lage sein, die Daten, die im Rahmen des Instrumenteneinsatzes notwendig sind, zu erfassen, entsprechend der dargestellten Rechenoperationen zu verknüpfen sowie die Ergebnisse dieser Verknüpfungen grafisch darzustellen. Somit kann festgehalten werden, daß die Phase der Prozeßerkennung und -auswahl nur bedingt durch IuK-Technik gestützt werden kann, und der unterstützbare Teil der Prozeßauswahl nur wenig spezifische Anforderungen an DV-Tools stellt.

Nach der Prozeßerkennung und -auswahl ist das Ziel der **zweiten Phase der GPO** die Schaffung von Prozeßstrukturtransparenz. Im Rahmen dieser Phase ist zunächst die Prozeßausgrenzung und Prozeßdekomposition mit Hilfe der Aufgabenanalyse vorzunehmen. Im Rahmen der Aufgabenanalyse wird als Datenerhebungsverfahren die interviewzentrierte Befragung empfohlen, deren Ergebnisse mittels eines strukturierten Rasterblattes dokumentiert werden. Eine DV-Unterstützung ist hier nur äußerst be-

---

[1]   Die Möglichkeit der Transformation von Prozeßmodellen in die Hypertext Markup Language des World Wide Web würde zudem für weltweit agierende VU die Möglichkeit eines multimedialen, weltweit zugänglichen Netzes für Geschäftsprozeßmodelle bieten (vgl. Grabowski/Furrer/Renner/Schmid 1996, S. 14).

[2]   Vgl. Buresch/Kirmair/Cerny 1997, S. 370.

grenzt vorstellbar. Die Prozeßarchitektur ist aufbauend auf den Ergebnissen der Aufgabenanalyse zu visualisieren, wozu eine Vielzahl von klassischen und neueren Instrumenten zur Verfügung stehen. Die Anforderungen an ein diese Phase der GPO unterstützendes Tool setzen vor allem bei der Visualisierung an. Das Tool sollte im einzelnen

- die hierarchische Differenzierung in Geschäftsprozesse, Teilprozesse und Tätigkeiten unterstützen,

- Referenzmodelle für VU bereitstellen, die durch ein Customizing situativ verändert werden können,

- die Erfassung der Prozeßelemente des "5-Faktoren-Modells" zulassen,

- die Hinterlegung der sieben Grundformen der horizontalen Prozeßausgrenzung ermöglichen sowie die

- grafische Darstellung der Prozeßstruktur mittels der ausgewählten Instrumente unterstützen.[1]

Diese Anforderungen sind um die Dokumentation der Prozesse in tabellarischer Form zu ergänzen, die im Sinne von **Übersichtsberichten** alle erfaßten Daten der Prozesse wiedergeben.[2] Bereits in dieser Phase der GPO sind also sehr spezielle Anforderungen an die DV-Tools, die sich vornehmlich aus der Visualisierung der Prozeßstruktur ableiten, zu stellen.

Die **dritte Phase der GPO** hat die Schaffung von Prozeßdatentransparenz zum Ziel. Diese ergibt sich aus der Analyse der Ist-Prozeßzeiten, Ist-Prozeßkosten und Ist-Prozeßqualität mittels der diskutierten Instrumente. Strenggenommen müßte ein diese Phase unterstützendes DV-Tool daher gleichermaßen die Anwendung der verschiedenen Instrumente zur Zeiterfassung und Qualitätsermittlung fördern sowie die Verrechnungsmethodik des Extended Time Based Costing begünstigen. Da beide Forderungen aufgrund der methodischen Unterschiede der Instrumente nur sehr begrenzt parallel erfüllbar sind, sollen die konkreten Anforderungen vielmehr an den **Ergebnissen des Instrumenteneinsatzes** anknüpfen. Die sich aus dieser Phase der GPO ergebenden Anforderungen setzen also bei der Erfassung und Zuordnung von Zeiten, Kosten und Qualitäten zu Prozessen an. Aufbauend auf den Prozeßzeiten, die in Bearbeitungszeiten und Liegezeiten differenziert erfaßbar und ausweisbar sein sollten, müs-

---

[1]   Vgl. ähnliche Anforderungen an DV-gestützte Instrumente, welche die Erfassung, Darstellung und Dokumentation von Prozessen und Abläufen zulassen bei Tiemeyer/Chrobok 1996, S. 42 - 44.

[2]   Vgl. Chrobok/Tiemeyer 1996, S. 167

sen auch Prozeßmengen dokumentierbar sein, da beide Komponenten die Grundvoraussetzungen zur Errechnung der Prozeßkosten im Rahmen des Extended Time Based Costing sind. Zur Erfassung der Prozeßqualität sollten zudem frei konfigurierbare Datenmasken zur Verfügung stehen,[1] die dann z. B. die Ergebnisse einer an den Dimensionen der Prozeßqualität angelehnten attributorientierten Messung, der Critical Incident Technique oder des Beschwerdemanagement prozeßbezogen aufnehmen können. Die Zeit-, Kosten- und Qualitätsdaten sollten darüber hinaus sowohl auf unterschiedliche Teilprozeßebenen als auch auf Geschäftsprozeßebene verdichtet darstellbar sein. Vorteilhaft erweist sich in dieser Phase der GPO auch die Möglichkeit der Darstellung unterschiedlicher Teilmodelle, Schichten[2] bzw. **Sichten** (z. B. Prozeßsicht, Funktionssicht, Datensicht), um die komplexen Prozeßdaten strukturiert visualisieren zu können.[3] Die Anforderungen, die sich aus der Prozeßdatenermittlungsphase ergeben, machen ein komplexes Prozeßorganisationstool[4] zur DV-Unterstützung der GPO erforderlich.

Ist Prozeßstruktur- und Prozeßdatentransparenz hergestellt, kann hieran die Prozeßbeurteilung im Rahmen der **vierten Phase der GPO** ansetzen. Ziel ist die Würdigung der Prozeßperformance durch die Aufdeckung und Erklärung der Ursachen von Prozeßstruktur- und Prozeßdatenschwachstellen. Methodisch werden die Ziele durch Soll-Ist-Vergleiche gestützt, wobei die Soll-Daten mit Hilfe des Prozeßbenchmarking, des Methods-Time Measurement, des Extended Time Based Costing sowie des Statistical Process Control gewonnen werden. Wie in der Vorphase knüpfen die sich daraus ergebenden Anforderungen realistischerweise nicht an den Instrumenten, sondern an den Ergebnissen des Instrumenteneinsatzes an. Die konkreten Anforderungen, die sich daraus für ein DV-Tool ergeben, sind denjenigen der Vorphase ähnlich: Die Soll-Daten müssen zunächst erfaßt und den Prozessen zugeordnet werden können. Darüber hinausgehend sollten Soll-Ist-Vergleiche sowohl tabellarisch als auch grafisch möglich sein, und die Ergebnisse für unterschiedliche Prozeßebenen verdichtet dargestellt werden können.

Das Ziel der **fünften Phase der GPO** ist vor allem die Ermittlung von konkreten Maßnahmen zur Beseitigung der Prozeßstruktur- und/oder Prozeßdatenschwachstellen. Die Maßnahmen ließen sich auf recht einfache theoretische Prinzipien der Prozeßge-

---

1    Vgl. auch Tiemeyer/Chrobok 1996, S. 43.

2    Vgl. beispielhaft das Schichtenmodell im Rahmen der VAA bei GDV 1996c, Technische Beschreibung, VAA-Schichtenmodell.

3    Vgl. Finkeißen/Forschner/Häge 1996, S. 62; Steinbuch 1998, S. 115ff.

4    Vgl. zu dieser Terminologie Steinbuch 1998, S. 61, sowie die dort angegebene Literatur.

staltung zurückführen. Darauf aufbauend wurde ein Portfolio zur Bestimmung des Prozeßgestaltungsweges entwickelt, sowie die daran anknüpfenden Instrumente zur Beseitigung spezieller Schwachstellentypen diskutiert. Ferner wurde die Telearbeit, Workflow-Anwendungen und das Case Management als in praxi zur Anwendung gelangende "Instrumente" der Prozeßgestaltung thematisiert. Die sich im Lichte dieser Phase ergebenden Anforderungen an DV-Tools beziehen sich vor allem auf die Beurteilung der Auswirkungen konkreter Gestaltungsalternativen auf die Zeit-, Kosten- und Qualitätsziele der GPO und können daher nur von hoch komplexen Geschäftsprozeßoptimierungstools[1] bzw. Prozeßsimulationstools[2] erfüllt werden: Aufbauend auf den unterschiedlichen Gestaltungsalternativen müssen die Ist-Prozesse zunächst grafisch veränderbar sein, worauf die sich aus der Veränderung ergebenden Auswirkungen auf die Prozeßkosten, -zeiten und -qualitäten automatisch errechnet und ausgewiesen werden sollten. Der modifizierte Prozeß sollte ferner speicherbar und verwaltbar sein,[3] so daß durch unterschiedliche Abwandlungen des Prozesses, im Sinne eines **trail and error approach**, die optimale Gestaltungsalternative ermittelt werden kann. Die beschriebenen, aus den Phasen der GPO-Konzeption abgeleiteten Anforderungen an ein DV-Tool zur Unterstützung der GPO-Konzeption, sind in Abb. 75 zusammenfassend dargestellt.

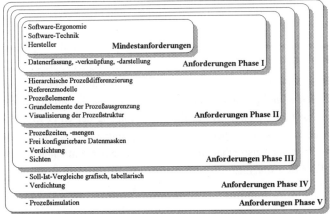

*Abb. 75: Übersicht über die phasenbezogenen Anforderungen an ein DV-Tool zur GPO*

---

1   Vgl. Tiemeyer/Chrobok 1996, S. 49.

2   Diese Bezeichnung orientiert sich dabei an der von FINKEIßEN, FORSCHNER und HÄGE vorgegebenen Definition (vgl. Finkeißen/Forschner/Häge 1996, S. 63f.).

3   Vgl. zu dieser Forderung auch Tiemeyer/Chrobok 1996, S. 48.

## 6.2 Das Angebot an DV-Tools

Inzwischen existiert eine sehr große Anzahl an Produkten zur DV-Unterstützung der Prozeßoptimierung. Nicht zuletzt veranlaßt diese unübersehbare Vielfalt, die auch als **DV-Tool-Dschungel** bezeichnet werden kann, BURESCH, KIRMAIR und CERNY als Erfolgsfaktor der Softwareauswahl den Auswahlprozeß als eigenständiges Projekt zu begreifen.[1] Die Produkte lassen sich generell in unterschiedliche Kategorien einteilen,[2] wobei nachfolgend der Klassifikation von TIEMEYER und CHROBOK gefolgt werden soll. Diese unterscheiden

- **Darstellungstools**, die allein auf die Darstellung und Dokumentation von Prozessen abzielen ohne Analysemöglichkeiten zu bieten,

- **Ablauftools**, deren übersehbare Hauptfunktionen vor allem in der Erfassung, Dokumentation und Analyse von Ist-Prozeßdaten liegen,

- **Geschäftsprozeßoptimierungtools**, die alle Funktionen von der Erhebung bis zur komplexen Simulation von Geschäftsprozessen anbieten, und

- **Organisations-Modellierungstools**, die neben der Prozeßoptimierung auch Funktions- und Aufgabenanalysen sowie die Verwaltung von Organisationsdaten umfassen.[3]

Die im vorangegangenen Kapitel abgeleiteten Anforderungen, die sich aus der ersten Phase der GPO ergeben, werden bereits von handelsüblichen Spreadsheet- bzw. Tabellenkalkulationsprogrammen erfüllt. Die Klassifikation von TIEMEYER und CHROBOK ist somit um **Spreadsheetsoftware** zu ergänzen, die auf der untersten Ebene der GPO durchaus eine wirkungsvolle DV-Unterstützung der GPO-Konzeption bietet. Für komplexere Problemstellungen sind diese Programme jedoch nur sehr begrenzt geeignet.[4] Abb. 76 zeigt beispielhaft den Auszug aus einer einfachen *Excel*-gestützten Realisation der ABC-Analyse.

---

[1]    "Die Auswahl eines OE-Tools ist ein Projekt!" (Buresch/Kirmair/Cerny 1997, S. 372, im Original kursiv).

[2]    Vgl. hierzu beispielhaft die unterschiedlichen Klassifikationen bei Finkeißen/Forschner/Häge 1996 und Steinbuch 1998, S. 60ff., sowie die dort angegebene Literatur.

[3]    Vgl. Tiemeyer/Chrobok 1996, S. 49.

[4]    Vgl. hierzu - zwar in einem anderen Anwendungszusammenhang aber grundsätzlich übertragbar - Fröhling 1994, S. 328ff.

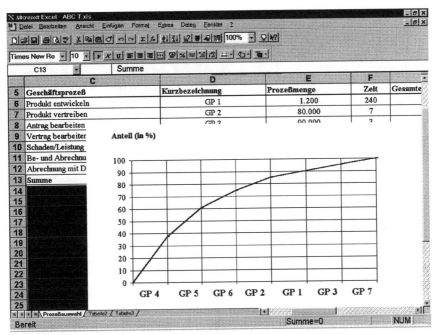

*Abb. 76: Screen shot einer Excel-gestützten ABC-Analyse zur Prozeßauswahl*

Die Anforderungen der zweiten Phase der GPO werden zu einem großen Teil von **Darstellungstools** (z. B. *Visio[1]*, *CorelFlow[2]*) erfüllt. I. d. R. verfügen diese Produkte über vorgefertigte Symbole zur Gestaltung von Folgeplänen und Blockdiagrammen, die das komfortable und schnelle Erstellen selbst komplexer Prozeßstrukturen ermöglichen. Diesen Symbolen können flexibel Texte und Zahlen sowie eine Vielzahl an Farben, Füllmustern und Strichstärken zugeordnet werden.[3] Über diese Funktionen sind auch die unterschiedlichen Prozeßelemente des "5-Faktoren-Modells" grafisch darstellbar. Ein Beispiel für eine einfache Prozeßstrukturdarstellung mit *Visio*, die sich der Symbolik der EPK bedient, ist in Abb. 77 ausschnittweise dargestellt.

---

[1]    *Visio* ist ein eingetragenes Warenzeichen der Visio Corporation, Irland.

[2]    *CorelFlow* ist ein eingetragenes Warenzeichen von Corel Systems, Kanada.

[3]    Zu einer umfassenden Beschreibung der Darstellungstools vgl. Tiemeyer/Chrobok 1996, S. 52 - 55.

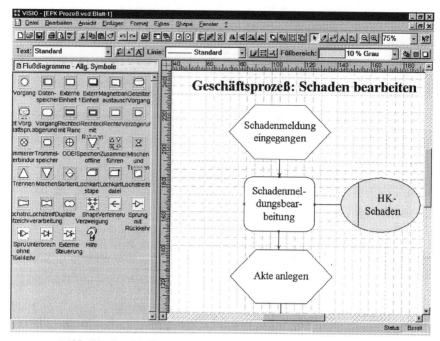

*Abb. 77: Screen shot einer Prozeßstrukturdarstellung mit Visio*

Die Darstellungstools unterstützen jedoch i. d. R. die hierarchische Prozeßdifferenzie-
rung nur unzureichend. Die einzelnen Prozesse der unterschiedlichen Gliederungsebenen müssen separat voneinander erstellt, visualisiert und gespeichert werden, ohne daß
eine hierarchische Verknüpfung durch die Tools gefördert wird. Darüber hinaus besitzen Darstellungstools zumeist keinen Vorrat an Referenzmodellen, die im Rahmen des
Customizing an die unternehmensspezifische Prozeßstruktur angepaßt werden können.
Beide Anforderung werden vielmehr nur von komplexeren DV-Tools erfüllt. Bereits
einige **Ablauftools** (z. B. *Ablauf-Profi*) besitzen spezielle Muster-Arbeitsabläufe, die
allerdings nicht für alle Branchen gleichermaßen geeignet sind. Darüber hinaus bieten
sie in aller Regel eine flexible Überführung der Prozeßstruktur von einer
Darstellungsform (z. B. Aufgabenfolgeplan) in eine andere (z. B. Blockdiagramme),
was in der praktischen Projektarbeit vorteilhaft sein kann. Dies leisten Darstellungstools i. d. R. nicht. Ablauftools bieten zudem die Möglichkeit der Erfassung und Analyse von Zeit- und Kostendaten und sind daher weitestgehend in der Lage, auch die
Anforderungen der dritten Phase der GPO zu erfüllen. Qualitätsdaten können zwar
nicht bei allen Tools dieser Kategorie über frei konfigurierbare Datenmasken erfaßt,
aber regelmäßig über Textinformationen grafikergänzend aufgenommen werden. In der
vierten Phase der GPO ist zur Prozeßbeurteilung ein Vergleich der Ist-Prozeßdaten mit

Soll-Daten notwendig. Auch dies können Ablauftools leisten, indem, ausgehend von Ist-Prozeßstrukturen und den damit verbundenen Zeit-, Kosten- und Qualitätsinformationen, Soll-Prozesse entwickelt, und die damit zusammenhängenden Datenänderungen mit den Ist-Daten verglichen werden.[1]

Zur DV-Unterstützung der fünften Phase der GPO bieten die Ablauftools allerdings keine geeigneten Funktionalitäten. Die sich aus dieser Phase ergebenden Anforderungen werden von den komplexen **Prozeßoptimierungstools** (z. B. *INCOME*[2], *GPO-Simulator*[3]) erfüllt. Diese Tools ermöglichen die Prozeßsimulation, indem zunächst die Ist-Prozeßstruktur und -Prozeßdaten erfaßt werden und darauf aufbauend Auswirkungen von Veränderungen der Prozeßstruktur und/oder der Prozeßparameter des "5-Faktoren-Modells" auf die Prozeßperformance errechnet werden. Diese Simulationsläufe werden regelmäßig durch umfassende grafische und tabellarische Statistiken ergänzt, die eine einfache Interpretation der Simulationsergebnisse ermöglichen. Diese Daten können zumeist auch an Spreadsheetsoftware übergeben werden und stehen damit für weitere Verarbeitungen (z. B. in Form der Einbindung in einen Projektbericht) zur Verfügung. Abb. 78 zeigt beispielhaft den Ausschnitt aus einer grafischen Darstellung von zeitbezogenen Simulationsergebnissen eines industriellen Geschäftsprozesses mittels *INCOME*.[4]

Die dargestellten Darstellungs-, Ablauf- und Geschäftsprozeßoptimierungstools erfüllen die meisten der im vorherigen Kapitel aus der GPO-Konzeption abgeleiteten Anforderungen an DV-Tools. Sollen jedoch **alle** Anforderungen - insbesondere die Möglichkeit der strukturierten Darstellung der Prozeßdaten auf unterschiedlichen Ebenen (Sichten) und die Bereitstellung von Referenzprozessen - gleichermaßen erfüllt werden, ist der Einsatz von hoch komplexen **Organisations-Modellierungstools** (z. B. *ARIS-Toolset*[5], *BONAPART*[6]) unerläßlich. DV-Tools, die dieser Klassifikation zugerechnet werden können, ermöglichen die Erstellung eines exakten Unternehmensmodells sowie einer darauf aufbauenden Vernetzungsanalyse der Modellbestandteile auf

---

1    Vgl. Tiemeyer/Chrobok 1996, S. 73.

2    *INCOME* ist ein eingetragenes Warenzeichen der PROMATIS Informatik GmbH & Co. KG, Bundesrepublik Deutschland.

3    *GPO-Simulator* ist ein eingetragenes Warenzeichen von Incontrol Business Engineers, Bundesrepublik Deutschland.

4    Eine ausführliche Darstellung der Geschäftsprozeßoptimierung mittels *INCOME* sowie der dem DV-Tool zugrundeliegenden Methoden findet sich bei Jaeschke 1996.

5    *ARIS* ist ein eingetragenes Warenzeichen der IDS Prof. Scheer GmbH, Bundesrepublik Deutschland.

6    *BONAPART* ist ein eingetragenes Warenzeichen der PRO UBIS GmbH, Bundesrepublik Deutschland.

der Grundlage eines theoretischen Organisations- und Unternehmensbezugsrahmens.[1] Beispielsweise basiert das *ARIS-Toolset* auf der "Architektur integrierter Informationssysteme", dem ARIS-Konzept, daß als "Bezugsrahmen für eine systematische und gesamthafte Geschäftsprozeßmodellierung"[2] verstanden werden kann (vgl. Abb. 79).

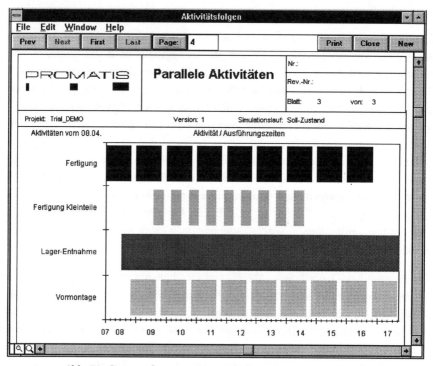

*Abb. 78: Screen shot einer Kontroll-Simulation mit INCOME*

Die statischen und dynamischen Verhaltensaspekte des Systems Unternehmung werden im Rahmen des Konzeptes über die Organisations-, die Daten-, die Steuerungs-, die Funktions- und die Leistungssicht beschrieben.[3] Diese eher betriebswirtschaftliche Beschreibung des Unternehmens wird sichten- und schrittweise in Form eines Phasenmodells, welches sich über das Fachkonzept, das DV-Konzept und die Implementierung erstreckt, in ein Konstrukt der IuK-Technik überführt.[4] Der Screen shot in Abb.

---

[1]    Vgl. Tiemeyer/Chrobok 1996, S. 124f.

[2]    Scheer 1998, S. 2.

[3]    Zur Beschreibung der einzelnen Sichten vgl. Scheer 1998, S. 33 - 37.

[4]    Vgl. ausführlich Scheer 1998, S. 38 - 43.

80 zeigt diese Sichten ausschnittweise am Beispiel eines industriellen Geschäftsprozesses.

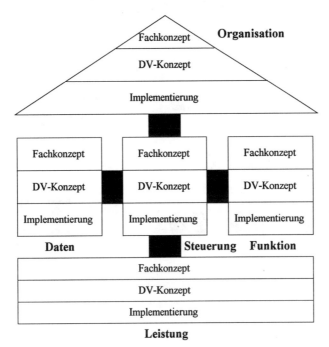

*Abb. 79: ARIS-Haus*[1]

Festzuhalten bleibt, daß eine große Anzahl von DV-Tools existiert, die sämtliche, aus der Konzeption der GPO abgeleiteten Anforderungen erfüllen können. Die Mehrzahl der Anforderungen kann bereits mit Hilfe der vergleichsweise einfachen Ablauftools befriedigt werden. Lediglich wenn komplexe Prozeßsimulationen gewünscht bzw. alle theoretisch abgeleiteten Anforderungen erfüllt werden sollen, ist auf die hochkomplexen Geschäftsprozeßoptimierungstools und Organisations-Modellierungstools zurückzugreifen.

---

[1]  Darstellung in Anlehnung an Scheer 1998, S. 41, Abb. 17.

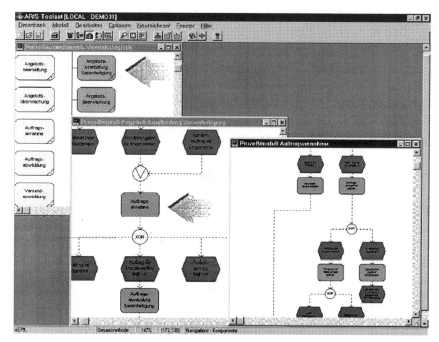

*Abb. 80: Screen shot unterschiedlicher Sichten im Rahmen von ARIS[1]*

Bei dem Einsatz, insbesondere der letztgenannten Kategorien von DV-Tools, ist neben der **Wirtschaftlichkeit der Toolanwendung**[2] allerdings zu berücksichtigen, daß Arbeitsabläufe in praxi mehr sind als eine Aneinanderreihung und Kombination von unterschiedlichen Sichten und Prozeßsymbolen. Die DV-Tools verkürzen komplexe menschliche Arbeitsabläufe auf mechanische Simulationsläufe und erwecken damit den Eindruck, daß Geschäftsprozesse quasi am Reißbrett planbar und gestaltbar sind. Damit wird durch den Softwareeinsatz eine stark **technizistische Sichtweise** von Geschäftsprozessen gefördert.[3] Die sich daraus ergebenden Gestaltungsergebnisse sollten

---

[1]    Darstellung nach Scheer 1998, S. 127, Abb. 73.

[2]    "Der Aufwand zur Erstellung und Wartung der Geschäftsprozeßmodelle nimmt bei wachsendem Detaillierungsgrad der Prozesse überproportional zu." Grabowski/Furrer/Renner/Schmid 1996, S. 12.

[3]    Noch krasser formulieren LULLIES, PASTOWSKY und GRANDKE: "Diese methodischen Ansätze [der DV-Tools, Anm. d. Verf.] zeigen sich nicht im geringsten verwandt mit den Ansätzen der Arbeits- und Organisationslehre. Sie stehen für die Syntax und Begrifflichkeit von Ingenieuren und Informatiker, während dieses methodische Denken Spezialisten für Arbeits- und Organisationsgestaltung befremdet." Lullies/ Pastowsky/Grandke 1998, S. 69. MUCHOWSKI und VON EIFF formulieren ähnlich: "Abstrakte Sprachen und computergestützte Modelle sind für EDV- und Organisationsfachleute, nicht aber für Manager und normale Prozeßbeteiligte verständlich und akzeptabel." Muchowski/von Eiff 1996, S. 24.

lediglich als Anhaltspunkt von konkreten Gestaltungsmaßnahmen verstanden werden. In praxi sind Organisationsentwickler und (selbstverständlich) die am Geschäftsprozeß beteiligten Mitarbeiter an der Prozeßgestaltung zu beteiligen.

# 7 Praktische Durchführung der Geschäftsprozeßoptimierung

Aufbauend auf den Erkenntnissen des theoretischen Teils der Untersuchung wird im Folgenden die praktische Durchführung der Geschäftsprozeßoptimierung an zwei Fallstudien dargestellt. Als erste Studie dient die Optimierung des **Geschäftsprozesses „KH-Schaden bearbeiten"** des *LVM Landwirtschaftlichen Versicherungsvereins a. G. (LVM)*, die in der Zeit von September 1996 bis Juli 1997 nach Maßgabe des entwickelten Konzeptes erfolgte. Auf diesem Projekt baut die umfassende Evaluation des Beitrags der **alternierenden Telearbeit** zur zielgerichteten Prozeßgestaltung im Rahmen eines zweiten Projektes auf, das im August 1997 begann und im Januar 1999 abgeschlossen werden konnte.

Nach einer kurzen Charakterisierung des untersuchten Versicherungsunternehmens stehen im Zentrum dieses Kapitels die Darstellungen der Ziele und der methodischen Vorgehensweise im Rahmen der Fallstudien. Sodann werden ausgewählte Ergebnisse der praktischen Untersuchungen erörtert. Während die im Rahmen der ersten Fallstudie ermittelte Prozeßstruktur sowie die errechneten Prozeßkosten und Personalbedarfe zum Schutz der internen Organisationstruktur des untersuchten Versicherungsunternehmens nur unvollständig wiedergegeben werden können, werden die zentralen Ergebnisse der zweiten Fallstudie, bis auf wenige Ausnahmen, weitgehend „ungefiltert" dargestellt. Die beiden Studien stellen eine unvollkommene empirische Absicherung der theoretischen Konzeption der GPO für VU dar. Aus diesem Grund werden die Grenzen und Beschränkungen der praktischen Untersuchungen zum Ende dieses Kapitels diskutiert.

## 7.1 Das Unternehmen

Der *LVM* ist als Rundumversicherer in den Sparten Schaden- und Unfallversicherung, Rechtsschutzversicherung, Lebensversicherung und Krankenversicherung tätig. Das VU verfügt über eine mehr als einhundertjährige Erfahrung[1] in der Schaden- und Unfallversicherung, wobei sich der Kraftfahrtbereich zum Geschäftsschwerpunkt entwickelte: Der Anteil der Kraftfahrtversicherung an der Schaden- und Unfallversicherung lag im Zeitraum 1985 bis 1994 bei über 80 %.[2] Dieser Anteil machte das untersuchte VU 1995 zum (nach eigenen Angaben) drittgrößten Kraftfahrtversicherer

---

[1]   Vgl. zur Geschichte des Unternehmens Surminski 1996.

[2]   Vgl. GDV 1996a, S. 31. Im Durchschnitt liegt der Anteil der Kraftfahrtversicherung am Spartenmix bei Kompositversicherungsunternehmen im Zeitraum 1985 - 1994 bei lediglich 44 % (vgl. GDV 1996a, S. 28).

Deutschlands. Für das Unternehmen ist von 1985 bis 1994 darüber hinaus eine vergleichsweise niedrige Betriebskostenquote (ca. 17,5 %) und ein leicht unterdurchschnittliches Prämienniveau kennzeichnend, was dazu führte, daß der *GDV* das Wettbewerbsverhalten im Vergleich zum Branchendurchschnitt in diesem Zeitraum durch ein leicht überdurchschnittliches Unternehmenswachstum kombiniert mit einer überwiegend überdurchschnittlichen Ertragskraft charakterisierte.[1] Als Maßstab der Ertragskraft zeigt Abb. 81 die Entwicklung der Bruttobeiträge der Versicherten und der Eigenkapitalquote des VU von 1993 bis 1997 im Detail.

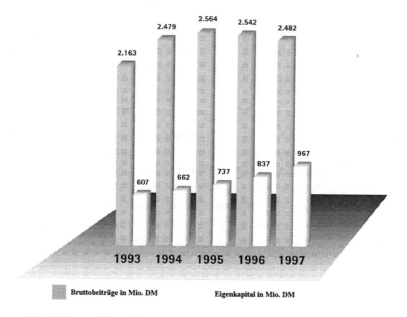

*Abb. 81: Entwicklung der Bruttobeiträge und des Eigenkapitals des LVM von 1993 bis 1997*[2]

Obgleich die Anzahl der Versicherungsverträge des *LVM* im Betrachtungszeitraum kontinuierlich anstieg, wird in der Abbildung der leichte Rückgang der Bruttobeiträge als Folge der Verschärfung des Wettbewerbes nach der „Deregulierung" des deutschen Versicherungsmarktes deutlich. Im Kraftfahrtbereich führten allgemeine Nachlässe,

---

1      Vgl. GDV 1996a, S. 12 kürzere Fassung u. S. 66. Zur Definition der Indikatoren Betriebskostenquote und Prämienniveau vgl. GDV 1996a, S. 87f.

2      Darstellung in Anlehnung an LVM Landwirtschaftlicher Versicherungsverein a. G. 1997, S. 14.

Rabatte und Tarifsenkungen zu einem Rückgang des Anteils dieses Bereiches an allen Beitragseinnahmen des VU auf 73,5 %.[1]

Die interne Arbeitsorganisation des *LVM* wird durch den umfassenden Einsatz der Telearbeit maßgeblich geprägt.[2] Der Weg der **alternierenden Telearbeit** zum festen Bestandteil der Arbeitsorganisation wurde im Jahre 1994 durch ein Großprojekt geebnet, in dessen Zentrum die Entwicklung von Konzepten zur langfristigen Sicherung der Arbeitsplätze der Beschäftigten über die Steigerung der Arbeitseffizienz, des Kundenservice und der Mitarbeiterverantwortung stand. Die Konzepte mußten darüber hinaus berücksichtigen, daß die Direktionsgebäude des VU nicht groß genug für alle Beschäftigten waren und ein weiteres Gebäude zu Sanierungszwecken geräumt werden mußte. Die Projektlösungen hatten also - zusätzlich zu den genannten Zielen - eine weitgehende örtliche und zeitliche Arbeitsflexibilität zu gewährleisten.

Nach umfassenden praktischen Tests der verschiedenen Lösungsvorschläge wurden die unternehmens- und mitarbeiterseitigen Flexibilitätsanforderungen am idealsten von einem Modell erfüllt, das die organisatorische Zusammenfassung von zwei Mitarbeitern zu einer Arbeitsgruppe vorsah. Vor dem Hintergrund des akuten Raumproblems und des hohen Interesses der Mitarbeiter an Heimarbeit schien es zudem zweckmäßig, wenn die Beschäftigten im täglichen Wechsel im Unternehmen und zu Hause arbeiten würden. Im Jahre 1995 wurde daher die befristete praktische Erprobung der alternierenden Telearbeit beschlossen, um nach Ablauf der Pilotphase eine Entscheidung über die weitere Nutzung der Arbeitsform zu treffen. Für das zwölfmonatige **Projekt „Außerbetrieblicher Arbeitsplatz (AbAp)"** wurde eine Regelungsabrede verabschiedet, welche die notwendigen organisatorischen und rechtlichen Rahmenbedingungen festschrieb.[3] Der AbAp sollte von Anfang an nicht nur auf klassische telearbeitsfähige Tätigkeiten wie etwa Datenerfassung oder Außendiensttätigkeiten beschränkt bleiben, sondern auch den hoch qualifizierten Innendiensttätigkeiten von Kaufleuten, Juristen und Informatikern offenstehen. Aufgrund des großen Interesses der Mitarbeiter und der positiven Erfahrungen mit den ersten installierten Telearbeitsplätzen wurde schon bald entschieden, bis Ende 1996 insgesamt 200 AbAps einzurichten. Damit war bereits zu diesem Zeitpunkt abzusehen, daß die alternierende Telearbeit die Pilotphase überdauern würde. Die Entwicklung der Anzahl der AbAp Mitarbeiter ist in Abb. 82 dargestellt.

---

1     Vgl. LVM Landwirtschaftlicher Versicherungsverein a. G. 1997, S. 15.

2     Vgl. zur der im Folgenden dargestellten Entwicklung der alternierenden Telearbeit bei dem *LVM* umfassend Arz/Wiesehahn 1999, S. 229 - 236.

3     Vgl. zum Inhalt der Abrede im Detail Kordey/Korte 1996, S. 314 - 321.

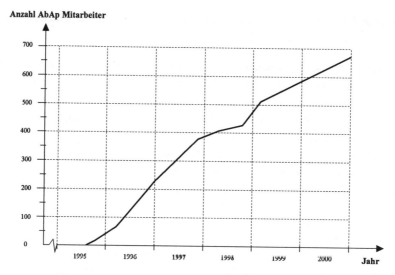

*Abb. 82: Entwicklung der AbAp Mitarbeiter bei dem LVM[1]*

Mit der in der Abbildung erkennbaren Entwicklung der Anzahl an Telearbeitern nimmt der *LVM* eine führende Rolle bei der praktischen Umsetzung der alternierenden Telearbeit in der europäischen Assekuranz ein.

Für das untersuchte VU ist ferner der zentrale Direktionsbetrieb mit Sitz in Münster bezeichnend, der ohne weitere Vertriebs-, Schaden- oder Verwaltungsaußenstellen auskommt. Alleiniger Vertriebsweg ist die **Ausschließlichkeitsorganisation** mit bundesweit ca. 2.300 Agenturen. Diese sind als selbständige Handelsvertreter i. S. d. § 84 HGB tätig, wobei grundsätzlich keine Begrenzung der Agenturgröße besteht.[2]

## 7.2 Fallstudie I: Die Optimierung des Geschäftsprozesses „KH-Schaden bearbeiten"

Der Geschäftsprozeß „KH-Schaden bearbeiten" wurde als einer der ersten Prozesse des Dienstleistungsgeschäftes des *LVM* analysiert und optimiert. Der entwickelten Konzeption folgend, wird die GPO bei dem untersuchten VU nicht als einmaliges Projekt, sondern als Instrument zur kontinuierlichen Verbesserung der

---

[1]   Am 19.01.1999 waren 512 Außerbetriebliche Arbeitsplätze eingerichtet. Die in der Abbildung über diesen Zeitpunkt hinausgehenden Werte sind Schätzungen.

[2]   Vgl. Schmidt 1997a, S. 67.

Organisationsstruktur verstanden und angewendet. Es ist fester Bestandteil der Aufgaben des Bereichs Organisationsentwicklung des untersuchten VU.

Das **Projektmanagement** verteilte sich unternehmensüblich auf das Projektfüh-rungsteam, den Projektausschuß und die Projektgruppe. Während die erstgenannten Instanzen organisatorisch im Sinne von Stabsstellen für die strategische Leitung und die Koordination und Abstimmung des Projektes mit anderen im Unternehmen durch-geführten Projekten verantwortlich waren, wurde die Projektgruppe mit der operativen Durchführung des Projektes beauftragt. Dazu bildete die Unternehmensleitung ein Team aus elf Mitarbeitern, das in Form der Matrix-Projektorganisation in die Unter-nehmenshierarchie eingebunden war und über einen breiten Erfahrungshintergrund verfügte: Drei Mitglieder entstammten dem Bereich Organisationsentwicklung und be-saßen daher umfassendes Methodenwissen während sieben Mitglieder als Processwor-ker mit unterschiedlichen Arbeitsschwerpunkten über ein breites Fachwissen verfüg-ten. Die Projektgruppe wurde durch temporäre Projektgruppenmitglieder, die als Ex-perten zu speziellen Untersuchungsabschnitten hinzugezogen wurden und den Ver-fasser, der für die Betreuung des Projektes im Hinblick auf konzeptionelle Fragen zu-ständig war, vervollständigt. Die Projektgruppenarbeit stand unter der Leitung eines Mitarbeiters des Bereichs Organisationsentwicklung des *LVM*.

## 7.2.1 Darstellung der Ausgangssituation

Die zentralen Tätigkeiten des Geschäftsprozesses „KH-Schaden bearbeiten" betreffen die Bearbeitung von Schadenmeldungen zur Kraftfahrzeug-Haftpflichtversicherung und sind aufbauorganisatorisch in die HUK-Schadenabteilung eingegliedert. Die Ab-teilung war zum Projektbeginn mit einem Umfang von ca. 18 % aller Stellen[1] eine der größten des untersuchten VU. Die Stellenmehrheit entfiel auf die Bearbeitung von Kfz-Haftpflichtversicherungsschäden (ca. 42 %) und Kfz-Kaskoversicherungsschäden (ca. 20 %). Alle übrigen Stellen waren den in Abb. 83 dargestellten anderen Abteilungen zugeordnet.

---

[1]   Diese und die folgenden Angaben zur Ausgangssituation des GPO-Projektes stellen den Stand im Okto-ber 1996 dar.

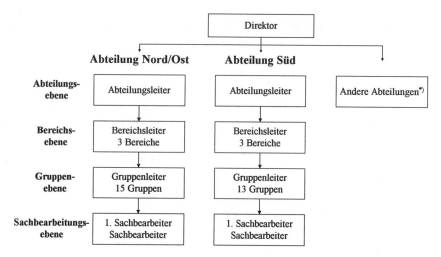

¹⁾ Unter „Andere Abteilungen" wird die Allgemeine Haftpflicht- und Unfallversicherungsabteilung, die Kfz-Kasko-Großschadenabteilung, die
Kfz-Haftpflicht-Großschadenabteilung und eine Abteilung, in welcher Sachverständige, der Schadenschnelldienst, die Bereiche Statistik,
Analyse und die Poststelle zusammengefaßt sind, subsumiert.

*Abb. 83: Aufbauorganisation von HUK-Schaden*

In der Abbildung ist erkennbar, daß die Aufbauorganisation von HUK-Schaden grundsätzlich nach **geographischen Kriterien** erfolgt: Die Gesamtabteilung ist in Nord/Ost
und Süd unterteilt, wobei jede Regionalabteilung auf Bereichsebene in West, Mitte
und Ost gegliedert ist. Den Abteilungen Nord/Ost und Süd steht jeweils ein
Abteilungsleiter (AL) vor, wobei diesem für jeden Bereich ein Bereichsleiter (BL)
untersteht. Jeder BL-Stelle sind wiederum zwischen drei und sechs Gruppenleiter (GL)
unterstellt. Auf Sachbearbeitungsebene unterstehen jedem GL ein 1. Sachbearbeiter
(1. SB) und fünf bis zehn Sachbearbeiter (SB). In der Abteilung Nord/Ost bearbeiten
zehn    Gruppen    KH-Schadenmeldungen    und    sechs    Gruppen    Kfz-Kasko-
Schadenmeldungen, während in der Abteilung Süd sieben Gruppen mit der KH-
Schadenbearbeitung und sechs mit der Kfz-Kasko-Schadenbearbeitung befaßt sind.
Darüber hinaus werden in der Abteilung Süd sowohl in einer Kfz-Kasko- als auch in
einer    KH-Gruppe    Ausbildungen    vorgenommen.    Die    Optimierung    des
Geschäftsprozesses „KH-Schaden bearbeiten" umfaßte die **Tätigkeiten der KH-
Gruppen** auf Gruppen- und Sachbearbeitungsebene, die zu Projektbeginn ca. ein
Drittel aller Stellen der HUK-Schadenabteilung auf sich vereinigten.

In den untersuchten KH-Gruppen konnten zu Projektbeginn elf unterschiedliche Tätigkeitsfelder der Sachbearbeiter und Gruppenleiter unterschieden werden, welche durch

z. T. sehr verschiedene Arbeitsabläufe und -inhalte charakterisiert sind. Das Tätigkeitsfeld der normalen **Schadenbearbeitung**[1] umfaßt im Rahmen der Neuschäden[2] u. a. die Anlage der Schadenakte und - soweit möglich - unterschiedliche Prüfungen zum Versicherungsschutz. Darüber hinaus bearbeitet der SB die Bestandsschäden und führt bei Betrugsverdacht u. U. Dienstreisen zur Ermittlung des genauen Schadenhergangs durch. Bis zu einer Höhe von 4.000 DM kann der SB eigenverantwortlich über die Zahlung im Rahmen der Schadenregulierung entscheiden. Zahlungen über 4.000 DM sind vorlagepflichtig.

Ein **Turbo-SB** hat im Vergleich zum normalen SB eine erweiterte Schadenregulierungsvollmacht. Bis zu einer Höhe von 10.000 DM kann er Zahlungen selbständig durchführen und anweisen. Ein Turbo-SB wird hauptsächlich in großen Gruppen eingesetzt und ist dann - neben der normalen Schadenbearbeitung - mit der Regulierung von besonderen Schadenfällen beauftragt.

Die **Auslandsschadenbearbeitung** umfaßt neben der Schadenbearbeitung auch die Bearbeitung von Schadenfällen, die nicht auf bundesdeutschem Gebiet angefallen sind. Zahlungsanweisungen sind daher zumeist Auslandsüberweisungen, welche umfangreichere interne Bearbeitungsprozesse erfordern als Inlandsüberweisungen.

Bei der **SV-Schadenbearbeitung** ermittelt der dem untersuchten VU angehörende Sachverständige (Haus-SV) die Schadenhöhe und den Versicherungswert und führt sämtliche Tätigkeiten zum Neuschaden durch. Demnach entfallen für die SV-Schadenbearbeitungssachbearbeiter alle Tätigkeiten zum Neuschaden, so daß diese SB im allgemeinen mit Aufgaben zum Bestandsschaden befaßt sind.

Im Rahmen des **Ausbildungsarbeitsplatzes** werden von ausgewählten Sachbearbeitern der Abteilung Süd neben der Schadenbearbeitung Lehrlinge ausgebildet. Von diesen SB werden zusätzlich ausbildungsspezifische Tätigkeiten durchgeführt (z. B. Versicherungsschutzprüfung erklären), die äußerst zeitintensiv sind. Dies führt bei einem Ausbildungssachbearbeiter dazu, daß im Vergleich zur normalen Schadenbearbeitung im gleichen Zeitraum ca. 20 - 30 % weniger Schadenfälle reguliert werden können.

---

[1]    Unter dem Terminus „normale Schadenbearbeitung" werden nachfolgend alle Tätigkeiten subsumiert, welche im Rahmen der Schadenbearbeitung durchzuführen sind. Der Begriff dient der Abgrenzung zu Sachbearbeitertätigkeiten, welche neben der Schadenbearbeitung noch andere Tätigkeiten (z. B. Ausbildungstätigkeiten, Leitungstätigkeiten) durchführen. Die Termini „normale Schadenbearbeitung" und „Schadenbearbeitung" werden nachfolgend synonym verwendet.

[2]    Unter einem Neuschaden wird nachfolgend die Erstmeldung eines Schadenfalls an das untersuchte VU verstanden. Der Neuschaden wird nach der Aufnahme der Schadenmeldung durch den SB, der technischen Bearbeitung in der EDV und der Anlage der Schadenakte zum Bestandsschaden.

Die GL sind angehalten, diesen Umstand bei der Verteilung der Neuschäden auf Ausbildungssachbearbeiter zu berücksichtigen.

Der **1. SB** ist als Vertreter des Gruppenleiters mit einer erhöhten Freigabevollmacht ausgestattet. Je nach Tätigkeitsbezeichnung hat er neben der normalen Schadenbearbeitung weitere Tätigkeiten durchzuführen: Der **1. SB/Ausbildung** ist zusätzlich mit der Ausbildung befaßt und der **1. SB/Reise/Betrug** führt neben der Schadenbearbeitung Dienstreisen bei Betrugsfällen durch.

**AbAp/Reise/Betrug** bezeichnet einen SB, der die alternierende Telearbeit nutzend, im Wechsel einen Tag im Unternehmen und einen Tag zu Hause arbeitet. Zusätzlich werden von dem AbAp/Reise/Betrug-SB umfangreiche Dienstreisen im Rahmen der Ermittlung in Betrugsfällen durchgeführt.

Der **GL** ist neben der Schadenbearbeitung mit der Leitung von fünf bis zehn SB und dem 1. SB betraut. Spezifische GL-Tätigkeiten umfassen das Leiten und Führen einer Gruppe. Konkret werden z. B. Neuschäden auf die SB verteilt sowie Teamsitzungen organisiert und geleitet. Darüber hinaus hat der GL eine umfassende Freigabevollmacht und engen Kontakt zum BL.

Neben diesen unterschiedlichen Stellencharakteristika wurden im Unternehmen zwei Projekte durchgeführt, die Auswirkungen auf die Tätigkeitsstruktur der SB hatten: Seit November 1995 stand im Zentrum des Projektes „**Aktive Schadenbearbeitung**" die Beschleunigung der Schadenregulierung bei eindeutiger Rechtslage. Dies sollte durch die nahezu vollständige telefonische Bearbeitung der Schadenfälle realisiert werden. Hieraus resultierte eine Verschiebung des Tätigkeitsspektrums der an diesem Projekt beteiligten Mitarbeiter. Darüber hinaus wurde seit Mai 1995 das Projekt „**Arbeitsplatz 2000**" durchgeführt, das die technische Modernisierung der SB-Arbeitsplätze zum Ziel hatte. Der SB sollte von seinem Arbeitsplatz aus sämtliche Tätigkeiten, die mit der Schadenregulierung in Zusammenhang stehen, durchführen können. Daher wurden die Arbeitsplätze mit zusätzlichen FAX-Geräten und Fotokopierern ausgestattet, um Wegezeiten zu den z. T. entfernt plazierten Geräten einzusparen.

Die skizzierten Stellen ziehen unterschiedliche Tätigkeiten im Rahmen der KH-Schadenbearbeitung nach sich, die z. T. über das eigentliche Tätigkeitsspektrum der SB hinausgehen. Die Kenntnis der Stelleninhalte vor Projektbeginn gab erste Anhaltspunkte zur Prozeßausgrenzung und -dekomposition. Konkret determinieren die Tätigkeitsfelder z. B. die Auswahl der Interviewpartner und den Umfang der Interviews im Rahmen der Prozeßstrukturermittlung. Damit sind sie wichtige Grundlage einer realistischen Schätzung des zeitlichen Aufwands der Prozeßstrukturermittlungsphase vor Projektbeginn.

### 7.2.2  Ziele des Projektes

Mit dem Projekt zur Optimierung des Geschäftsprozesses „KH-Schaden bearbeiten" wurden die in der folgenden Abb. 84 dargestellten Ziele verfolgt.

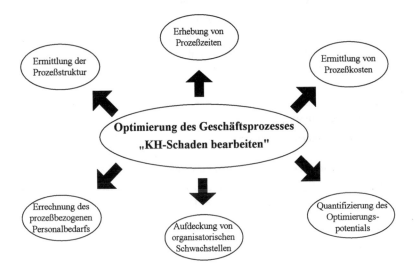

*Abb. 84: Projektziele*

Ziel des Projektes war zunächst die detaillierte **Strukturermittlung** des Geschäftsprozesses „KH-Schaden bearbeiten" in HUK-Schaden. Im Anschluß an die Prozeßausgrenzung und Prozeßdekomposition war die Erfassung der Prozeßzeiten und Prozeßkosten im Sinne einer umfassenden **Prozeßdatenermittlung** erforderlich. Aufbauend auf dieser Datenbasis wurde das Ziel verfolgt, die prozeßbezogenen Personalbedarfe zu ermitteln und mit dem Ist-Personalbestand der Abteilung abzugleichen, um differenzierte Aussagen über Personalüberdeckungen oder -unterdeckungen im Sinne einer personalbezogenen **Prozeßbeurteilung** machen zu können. Zudem sollte ein „Soll-Konzept" erarbeitet werden, daß detaillierte Vorschläge zu ablauforganisatorischen Verbesserungen enthielt. Die Auswirkungen dieser **Prozeßgestaltungsvorschläge** waren abschließend monetär zu bewerten.

Ohne der noch folgenden detaillierten Projektwürdigung vorgreifen zu wollen, ist erkennbar, daß nicht alle Ziele der im theoretischen Teil der Untersuchung entwickelten Konzeption mit der praktischen Durchführung verfolgt werden. Beispielsweise wird von Unternehmensseite kein Wert auf die explizite Ermittlung und Beurteilung der Prozeßqualität mittels spezieller Instrumente gelegt. Andererseits wird die Quantifizierung der prozeßbezogenen Personalbedarfe gewünscht, was bei der Entwicklung der GPO-Konzeption allenfalls am Rande diskutiert wurde. Zudem werden nicht alle Phasen des erarbeiteten Phasenschemas im Rahmen dieser Fallstudie tatsächlich durchlaufen. Der Projektgruppe wurde der zu optimierende Geschäftsprozeß vorgegeben, so daß die Prozeßerkennungs- und Prozeßauswahlphase nicht durchgeführt werden mußte. Folgerichtig umfassen die nachfolgenden phasenbezogenen Darstellungen der Vorgehensweise und der Projektergebnisse nicht die Gesamtkonzeption der GPO, sondern nur die betroffenen Teilbereiche, gehen aber methodisch z. T. über die theoretischen Ausführungen hinaus.

### 7.2.3    Phasenbezogene Darstellung der Geschäftsprozeßoptimierung und der Projektergebnisse

#### 7.2.3.1  Die Prozeßstrukturermittlung

Zur Ausgrenzung und Dekomposition des Geschäftsprozesses „KH-Schaden bearbeiten" bediente sich die Projektgruppe der **interviewzentrierten Befragung** im Rahmen einer aufgabenanalytischen Vorgehensweise. Da zu Beginn des Projektes die dargestellten elf Tätigkeitsfelder unterschieden wurden, sollte zur vollständigen Prozeßstrukturermittlung zu jedem Tätigkeitsfeld ein SB befragt werden. Um etwaige bereichsbezogene Unterschiede der Schadenbearbeitung zu erfassen, mußten die elf Tätigkeitsfelder jeweils für beide Regionalabteilungen erhoben werden. Insgesamt wurden in der Zeit von Anfang Oktober bis Mitte November 1996 somit 22 Processworker auf Sachbearbeitungsebene zur Prozeßstruktur befragt. Die Ergebnisse dieser induktiven Analyse konnten durch Interviews mit jeweils einem Gruppenleiter aus den Regionen Nord/Ost und Süd vervollständigt werden, um zum einen die gruppenleiterspezifischen Tätigkeiten und Prozesse zu erfassen und zum anderen die erfaßte Struktur deduktiv zu kontrollieren und ggf. zu ergänzen. Jedes Interview wurde von zwei Mitarbeitern der Projektgruppe geführt, wobei die Interviewteams jeweils aus einem Processworker und einem Mitarbeiter mit instrumentellen Kenntnissen zusammengesetzt waren. Auf diese Weise war gesichert, daß das methodische Wissen zur Durchführung der Interviews und das fachliche Wissen zur Beurteilung und zum Verständnis der Angaben der Befragten bei den Interviewteams vorhanden war.

Jeder Inteviewteilnehmer wurde mindestens zweimal befragt. Das erste Interview diente dabei einer groben Prozeßstrukturermittlung und wurde in nicht-standardisierter, offener Form durchgeführt. Ziel war es, den Befragten möglichst frei und ungezwungen über sein Tätigkeitsfeld berichten zu lassen und aus diesen Informationen die Tätigkeiten und Prozesse herauszufiltern. Dem Interviewteam diente eine Formatvorlage, ähnlich dem in Abb. 32 dargestellten Rasterblatt zur Dokumentation der Aufgabenanalyse als Dokumentationshilfe. Die Ergebnisse der ersten Befragung wurden sodann aufbereitet und dem Befragten in schriftlicher Form vor der Durchführung des zweiten Interviews zur Verfügung gestellt. Das zweite Interview konnte - aufbauend auf diesen Ergebnissen - in ebenfalls nicht-standardisierter Form geführt werden, um festzustellen, ob die ermittelten Tätigkeiten und Prozesse vollständig waren und mit dem wahren Tätigkeitsfeld des Befragten übereinstimmten. Als stichwortartiger Interviewleitfaden dienten allerdings die im theoretischen Teil der Untersuchung erarbeiteten Fragen der Verrichtungs- und Objektanalyse.[1] Mit deren Hilfe konnten die Interviewer die genannten Objekte und Verrichtungen gezielt tiefer analysieren und so nicht genannte Prozesse und Tätigkeiten aufdecken. Die Befragungsdauer betrug je Interview maximal drei Stunden.

Die auf diese Weise identifizierten Tätigkeiten und Prozesse des Geschäftsprozesses „KH-Schaden bearbeiten" der Abteilung HUK-Schaden sind in Abb. 85 ausschnittweise visualisiert. In der Abbildung sind auf der ersten Gliederungsebene sechs Prozesse erkennbar, von denen lediglich der Prozeß „Schadensachbearbeitung durchführen" weiter untergliedert worden ist. Obgleich die Prozesse der ersten Ebene als Kette dargestellt sind, werden nicht bei jeder Schadenbearbeitung auch alle Prozesse tatsächlich durchgeführt. Diesem Umstand wird nicht grafisch, sondern im Rahmen der **Prozeßdatenermittlung** Rechnung getragen, indem die Prozesse mit den spezifischen durchschnittlichen Prozeßmengen eines Monats „gewichtet" werden. Die Prozesse der zweiten Gliederungsebene sind weiter in Tätigkeiten zergliedert, die für jeden Prozeß untereinander angeordnet sind.

Die Informationen der Interviews waren ursprünglich wesentlich detaillierter als dies in der Abbildung erkennbar ist. Eine sich daraus ergebende Gliederungstiefe von vier z. T. sogar fünf Prozeßebenen mußte aber verdichtet werden, da die einzelnen Tätigkeiten und Prozesse nicht eindeutig abgrenzbar waren und eine Prozeßdatenermittlung auf Basis einer tieferen Prozeßgliederung unwirtschaftlich erschien. So ist es auch zu erklären, daß die Prozesse „Akte anlegen", „Prüfungen vornehmen" und „Vorlagen erstellen" nicht in Tätigkeiten dekomponiert worden sind, obwohl dies sachlogisch durchaus möglich wäre.

---

[1]    Vgl. Kapitel 5.2.2.1.

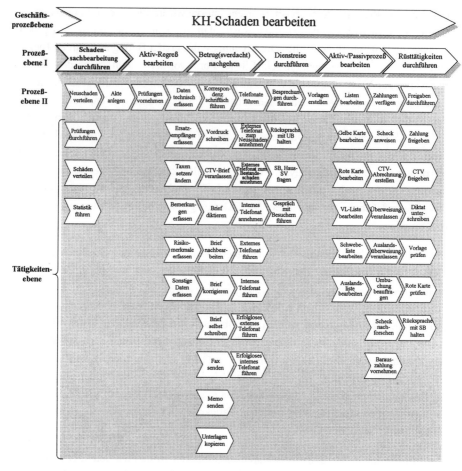

Abb. 85: Ausschnitt aus der Prozeßarchitektur des Geschäftsprozesses
„KH-Schaden bearbeiten"

Ohne alle Prozesse und Tätigkeiten an dieser Stelle im Detail zu erklären, sei auf zwei
Besonderheiten hingewiesen. Die Prozesse „Neuschaden verteilen" und „Freigaben
durchführen" der ersten Gliederungsebene werden vor allem von Gruppenleitern bzw.
von deren Vertretern (1. SB) durchgeführt. Alle übrigen Prozesse werden sowohl von
Sachbearbeitern als auch von Gruppenleitern bearbeitet. Darüber hinaus sind die unterschiedlichen Möglichkeiten der schriftlichen Korrespondenz hervorzuheben. Insbesondere bei der Korrespondenz via Diktat ist bemerkenswert, daß u. U. zwei weitere Tätigkeiten notwendig werden, um das Diktat vollständig zu erstellen. So ist der Brief,
nachdem er von den Schreibkräften getippt, ausgedruckt und dem SB zugesendet wor-

den ist, von diesem korrekturzulesen und zu unterschreiben sowie ggf. zu korrigieren bzw. neu zu diktieren.

### 7.2.3.2 Die Prozeßdatenermittlung

Auf Basis der dargestellten Prozeßstruktur wurden in der nächsten Phase der GPO die Prozeß- bzw. Tätigkeitszeiten und Prozeß- bzw. Tätigkeitsmengen erhoben, da aus beiden Datenarten die Kosten der Tätigkeiten bzw. Prozesse und die prozeßbezogenen Personalbedarfe errechnet werden können.

### 7.2.3.2.1 Erhebung der Zeiten

Ziel der zeitlichen Datenerfassung waren die Durchführungszeiten (Rüstzeiten und Ausführungszeiten) der Prozesse und Tätigkeiten. Zur Erfassung konnte das Instrument der **Selbstaufschreibung** vor allem aufgrund der hohen Erfahrung mit diesem Zeiterfassungsinstrument im Unternehmen und der daraus resultierenden hohen Akzeptanz genutzt werden. Als Grundlage der Messung durch den Mitarbeiter diente die in der Prozeßstrukturermittlungsphase der GPO identifizierte Prozeßlandschaft, die in Form eines Selbstaufschreibungsbogens aufbereitet wurde. Dazu mußten die Prozesse und Tätigkeiten geordnet und nummeriert dargestellt sowie kurz inhaltlich erläutert werden, damit die an der Selbstaufschreibung teilnehmenden SB und GL von den gleichen Prozeß- und Tätigkeitsdefinitionen ausgingen. Der so aufbereitete Aufschreibungsbogen ist in Abb. 86 dargestellt.

Alle an der Aufschreibung beteiligten Mitarbeiter trugen ihre Tätigkeits- und Prozeßzeiten jeden Erhebungstag in einen der dargestellten **Tagesbogen** ein. Der 1. SB, der GL und SB mit Ausbildungstätigkeiten erhielten zu dem Bogen jeden Erhebungstag einen besonderen Aufschreibebogen mit den spezifischen Tätigkeiten dieser Stellen. Zusätzlich zu den Tagesbogen gab es für die Prozesse „Dienstreise durchführen" und „Betrug(sverdacht) nachgehen" aufgrund ihrer vergleichsweise geringen Häufigkeit **Prozeßbogen.** Diese verblieben bei den SB und wurden wie Laufzettel schadenfallbezogen aufgenommen und erst bei Abschluß der letzten Dienstreise- bzw. Betrugsbearbeitungstätigkeit zur Auswertung weitergegeben.

Zu diesen Tages- und Prozeßbogen war von den Teilnehmern an der Selbstaufschreibung u. U. ein **Abbruchbogen** auszufüllen, auf dem die Tätigkeitsnummer und die Zeit bis zum Abbruch der Bearbeitung notiert werden mußte (vgl. Abb. 87). Dem Abbruchbogen liegt die Beobachtung zugrunde, daß eingehende Schriftstücke z. T. an SB weitergegeben werden, die den betroffenen Schadenfall nicht bearbeiten. Durch diese fehlgeleiteten Schriftstücke werden Tätigkeiten ausgelöst, die nochmals von dem zuständigen SB durchgeführt werden müssen. Es kommt zu Doppelarbeiten. Die separate Erfassung dieser „Abbruchzeiten" hat zwei Funktionen. Zum einen ist die Aufnahme zur möglichst exakten Zeiterfassung und zur darauf aufbauenden beanspruchungsgerechten Kostenzuordnung auf die Prozesse zwingend notwendig. Zum anderen gibt sie Hinweise auf organisatorische Schwachstellen bei der Postverteilung, die - falls existent - im Rahmen der Prozeßgestaltungsphase eliminiert werden müssen.

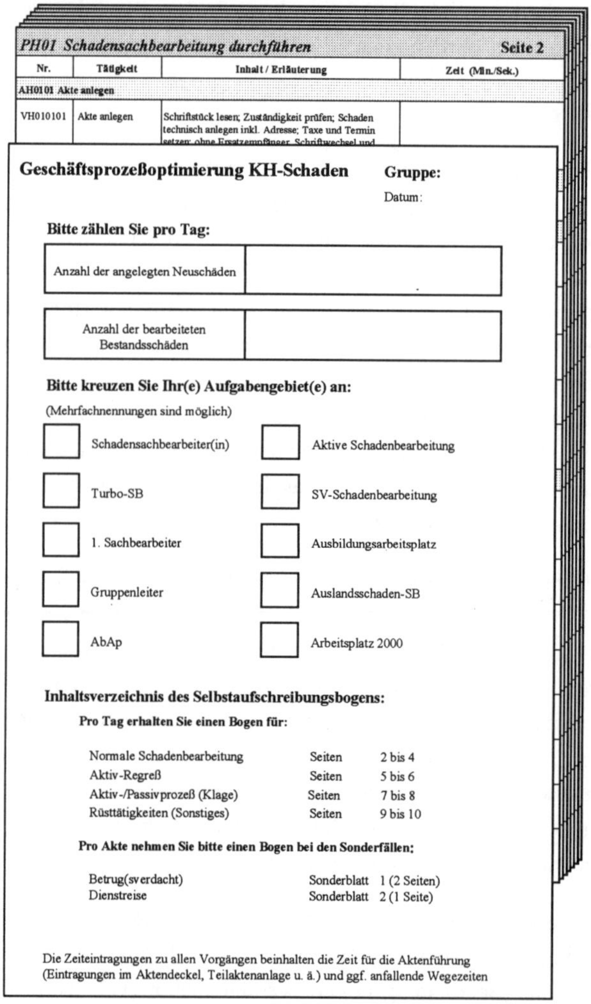

*PH01 Schadensachbearbeitung durchführen* **Seite 2**

| Nr. | Tätigkeit | Inhalt / Erläuterung | Zeit (Min./Sek.) |
|---|---|---|---|
| AH0101 Akte anlegen | | | |
| VH010101 | Akte anlegen | Schriftstück lesen; Zuständigkeit prüfen; Schaden technisch anlegen inkl. Adresse; Taxe und Termin setzen; ohne Ersatzempfänger, Schriftwechsel und | |

**Geschäftsprozeßoptimierung KH-Schaden** **Gruppe:**

Datum:

**Bitte zählen Sie pro Tag:**

| | |
|---|---|
| Anzahl der angelegten Neuschäden | |
| Anzahl der bearbeiteten Bestandsschäden | |

**Bitte kreuzen Sie Ihr(e) Aufgabengebiet(e) an:**

(Mehrfachnennungen sind möglich)

- ☐ Schadensachbearbeiter(in)
- ☐ Aktive Schadenbearbeitung
- ☐ Turbo-SB
- ☐ SV-Schadenbearbeitung
- ☐ 1. Sachbearbeiter
- ☐ Ausbildungsarbeitsplatz
- ☐ Gruppenleiter
- ☐ Auslandsschaden-SB
- ☐ AbAp
- ☐ Arbeitsplatz 2000

**Inhaltsverzeichnis des Selbstaufschreibungsbogens:**

**Pro Tag erhalten Sie einen Bogen für:**

| | | |
|---|---|---|
| Normale Schadenbearbeitung | Seiten | 2 bis 4 |
| Aktiv-Regreß | Seiten | 5 bis 6 |
| Aktiv-/Passivprozeß (Klage) | Seiten | 7 bis 8 |
| Rüsttätigkeiten (Sonstiges) | Seiten | 9 bis 10 |

**Pro Akte nehmen Sie bitte einen Bogen bei den Sonderfällen:**

| | | |
|---|---|---|
| Betrug(sverdacht) | Sonderblatt | 1 (2 Seiten) |
| Dienstreise | Sonderblatt | 2 (1 Seite) |

Die Zeiteintragungen zu allen Vorgängen beinhalten die Zeit für die Aktenführung (Eintragungen im Aktendeckel, Teilaktenanlage u. ä.) und ggf. anfallende Wegezeiten

*Abb. 86: Aufschreibebogen zur Erfassung der Durchführungszeiten*

| Abbruchbogen | Gruppe: |
| --- | --- |
| | Datum: |

**Tätigkeits-/Prozeßnr.**  **Zeit bis zum Abbruch**

**VH**

Bitte diesen Abbruchbogen nutzen, wenn eine Tätigkeit bzw. ein Prozeß nicht beendet werden kann. Tragen Sie die Tätigkeits-/Prozeßnummer und Zeit ein. Der Beleg wird am Folgetag mit den Tagesbogen eingesammelt.

*Abb. 87: Abbruchbogen*

Dieses System von Tagesbogen, Prozeßbogen und Abbruchbogen wurde Ende November 1996 nach Information des Betriebsrates des Unternehmens über die weitere Vorgehensweise zunächst in Form eines **Pretests** auf Praktikabilität und Vollständigkeit geprüft. Aus jeder KH-Gruppe erfaßte ein Mitarbeiter für einen Zeitraum von fünf Arbeitstagen die durchzuführenden Tätigkeits- bzw. Prozeßdurchführungszeiten. Dazu standen den siebzehn Teilnehmern des Pretests zwei Stoppuhren zur Verfügung. Die erste Uhr diente der Messung der Durchführungszeit, während mit der zweiten Stoppuhr die Dauer von Tätigkeiten bzw. Prozessen, welche den ursprünglich ausgeführten Arbeitsvorgang unerwartet unterbrachen (z. B. die Tätigkeiten „Externes Telefonat ... annehmen"), registriert wurden. Auf diese Weise war sichergestellt, daß alle Prozeß- und Tätigkeitszeiten auch tatsächlich erfaßt wurden. Vor dem Pretest wurde den Teilnehmern das Untersuchungsziel und die Handhabung der Bogen und der Stoppuhren im Rahmen einer Kick off-Veranstaltung erklärt. Während des Pretests suchten die Projektgruppenmitglieder die Befragungsteilnehmer mehrmals an ihrem Arbeitsplatz auf, um diese nach ihren Erfahrungen mit dem Erhebungsdesign zu befragen. Diese Erfahrungen zeigten vor allem, daß die den Aufschreibebogen zugrundeliegende Prozeßstruktur zu detailliert war, so daß die in Abb. 85 dargestellte Prozeßlandschaft erst nach dem Pretest entgültig festgelegt wurde. Nach einer kurzen Einarbeitungszeit gaben die Teilnehmer eine weitgehende Sicherheit im Umgang mit den Erfassungsbogen und den Stoppuhren an.

Die **Hauptaufschreibung** mit Hilfe der Tages- und Abbruchbogen wurde nach einer Einweisung der Teilnehmer in die Ziele und Methodik der Selbstaufschreibung an zehn Arbeitstagen im Dezember 1996 durchgeführt. Die Erfassung mittels der Prozeßbogen wurde bis Mitte Januar 1997 ausgedehnt. Die Aufschreibungen erfolgten aus Wirtschaftlichkeitsgründen auf Stichprobenbasis: Aus jeder KH-Gruppe waren maximal drei Mitarbeiter beteiligt, wobei insgesamt 47 Mitarbeiter an der Selbstaufschreibung teilnahmen. Mit der Abteilungsleitung konnte vereinbart werden, daß die während der Aufschreibung von den Teilnehmern nicht bearbeiteten Schadenfälle auf alle Gruppenmitglieder aufgeteilt wurden. Dies führte zu einer großen Akzeptanz der Aufschreibung bei den Teilnehmern. Die Tages- und Abbruchbogen wurden täglich von Projektgruppenmitgliedern abgeholt, um eine „psychologische Betreuung" der durch die Aufschreibung belasteten Mitarbeiter sicherzustellen.

Als Ergebnis der Hauptaufschreibung wurde das arithmetische Mittel der Einzelzeiten je Tätigkeit bzw. Prozeß als **mittlere Durchführungszeit (mDz)** festgelegt. Der große Stichprobenumfang der Aufschreibung führte dazu, daß bis zu 13.480 Einzelzeiten je Tätigkeit bzw. Prozeß[1] zur Bildung des arithmetischen Mittels verfügbar waren und daher von einer großen Übereinstimmung der Schätzwerte mit den wahren aber unbekannten Durchführungszeiten ausgegangen werden konnte. Erwies sich der Stichprobenumfang als klein und schwankten die Einzelzeiten stark, wurde die Meßgenauigkeit der mDz mit Hilfe des Variationszahlenverfahrens[2] geprüft, um ggf. Zeiten nachzuerheben. Die Abbruchzeiten je betroffene Tätigkeit bzw. Prozeß ergaben sich, indem zunächst die gesamte Abbruchzeit je Tätigkeit bzw. Prozeß aus dem Produkt des arithmetischen Mittels der Abbruchzeit mit der Abbruchmenge ermittelt und dann diese Gesamtabbruchzeit durch den Stichprobenumfang der Tätigkeit bzw. des Prozesses dividiert wurde. Dem Prozeß „Akte anlegen" wurden beispielsweise auf diesem Weg vier Sekunden Abbruchzeit zugerechnet.[3]

### 7.2.3.2.2 Erhebung der Mengen

Ziel der Projektgruppe war es, die Prozeß- und Tätigkeitsmengen nur in Ausnahmefällen aus der Selbstaufschreibung zu generieren, da offensichtlich war, daß die an der Aufschreibung beteiligten SB durch die Zeitmessung erheblich in ihrem üblichen Arbeitsfluß gestört werden würden. Die beteiligten SB berichteten nach der Selbstaufschreibung denn auch, daß weniger die Bearbeitungszeit je Prozeß bzw. Tätigkeit als

---

[1]　Dieses Mengenvolumen fällt bei dem Prozeß der Ebene II „Prüfungen vornehmen" an. Die Höhe erscheint zunächst wenig plausibel. Wird jedoch berücksichtigt, daß die 47 an der Aufschreibung beteiligten Mitarbeiter über zehn Tage die Durchführungszeiten erfaßten, wobei pro Tag durchschnittlich sieben Stunden und 42 Minuten gearbeitet wurde, so ist im Durchschnitt ca. alle 16 Minuten eine Prüfung durchgeführt worden. Eine Prüfung ist als das Lesen eines Schriftstücks oder eines Memos (inkl. einer einfachen zur Kenntnisnahme) zu einem angelegten Schadenfall und die Prüfung auf Versicherungsschutz nach Art, Umfang und Höhe definiert.

[2]　Vgl. Kapitel 5.3.1.2.3.

[3]　Diese resultiert aus einer durchschnittlichen Abbruchzeit des Prozesses von 94 Sek. und 99 Abbrüchen im Erhebungszeitraum sowie einem Stichprobenumfang von 2.196 Zeitwerten.

vielmehr die Bearbeitungsmenge durch die Aufschreibung beeinflußt wird.[1] Die Prozeßmengen je Gruppe wurden daher auf anderen Wegen erhoben, die in Abb. 88 dargestellt sind.

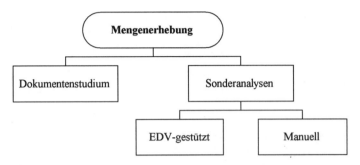

*Abb. 88: Arten der Mengenerhebung*

Die Mengenermittlung erfolgte zunächst über das **Studium von Dokumenten** die nicht primär zur Geschäftsprozeßoptimierung im Unternehmen planmäßig erstellt und gepflegt werden. Beispielsweise werden die Anzahl von Schecksperrungen, Scheckstornierungen und Klagen permanent zentral in entsprechenden Statistiken erfaßt. Diese Informationsquellen lieferten relativ sichere Mengendaten. Als zweiter Ermittlungsweg wurden eigens für das GPO-Projekt durchgeführte **Sonderanalysen** herangezogen. Ähnlich zu der Vorgehensweise der im theoretischen Teil der Untersuchung beschriebenen EDV-gestützten Zeitmessung[2] konnte eine große Anzahl von Tätigkeits- bzw. Prozeßmengen **DV-gestützt** ermittelt werden. So wird beispielsweise die Tätigkeitsmenge des Prozesses „Daten technisch erfassen" ständig gespeichert und mußte lediglich über den gewünschten Zeitraum und die festgelegte Verdichtungsstufe (Gruppe, Bereich, Abteilung) ausgewertet werden. Darüber hinaus wurden Telefonfrequenzmessungen durchgeführt, bei denen über zehn Arbeitstage die Mengen aller eingehenden und ausgehenden internen und externen Telefongespräche der KH-Gruppen DV-gestützt gezählt wurden. Diese sehr sichere und genaue Mengenermittlungsmethode stand jedoch nicht allen Tätigkeiten und Prozessen offen. Der größte Teil der verbleibenden Tätigkeits- und Prozeßmengen konnte durch **manuelle Sonderanalysen** in Form von Zählungen gewonnen werden. So registrierten die SB und GL z. B. über

---

[1]     Der Erhebungsbogen in Abb. 86 zeigt, daß die Anzahl bearbeiteter Neu- und Bestandsschäden täglich von den an der Aufschreibung beteiligten Mitarbeitern vermerkt wurde. Diese Mengen dienten lediglich projektgruppeninternen Plausibilitätsprüfungen.

[2]     Vgl. Kapitel 5.3.1.2.4.

einen Zeitraum von zehn Arbeitstagen die Vorlagenmenge, die Anzahl an Rücksprachen mit Sachbearbeitern/Gruppenleitern und Poststücke. Der dazu genutzte Erhebungsbogen ist in Abb. 89 dargestellt.

| **Erhebungsbogen** | **(zur Mengenermittlung für die Geschäftsprozeßoptimierung)** | |
|---|---|---|
| **Pro Tag nur ein Formular!** | **Keine Zeiten - nur Mengen per Striche zählen!** | |
| Zählen Sie bitte alle hier aufgeführten Tätigkeiten, auch wenn es sich um Vertretung handelt. Ihr Gruppenleiter wird täglich das Formular des Vortages einsammeln. | | |
| **Post** | **Erläuterung** | **Striche** |
| **Eingehende Poststücke** | Ohne Listen wie Gelbe und Rote Karten, Schwebeliste usw. | |
| **Terminliste** | ein Wert pro Schadenakte | |
| | | |
| **Vorlagen** | **Erläuterung** | **Striche** |
| - zur Schadenbearbeitung | Grüner Bogen bei V-Schutz, Neuwagen, Großschaden usw. | |
| - zu einem Regreß | Grüner Bogen bei Mahnbescheid, Regreßeinstellung usw. | |
| - zu einem Betrugsfall | Grüner Bogen bei Abgabe an Betrugsabteilung | |
| - zu einem Prozeß | Aktiv- und Passivprozeß; i. d. R. Roter Bogen; Grüner Bogen bei Urteil zur Kenntnisnahme, Berufung, Vergleich usw. | |
| | | |
| **Betrug/ Betrugsverdacht** | Verdacht liegt vor, wenn erste Prüfungen (z. B. HUK-Datei) durchgeführt werden und anschließend konkret weiterermittelt wird. | |
| | | |
| **Gespräche mit Vorgesetzten** | | **Striche** |
| - als SB mit GL, BL, AL ... | | |
| | | |
| - als GL mit BL, AL, AD ... | | |

*Abb. 89: Erhebungsbogen zur manuellen Mengenermittlung*

Mit Hilfe des abgebildeten Erhebungsbogens wurden weniger als 5 % aller Tätigkeits-
bzw. Prozeßmengen der KH-Gruppen ermittelt.

Zur Erfassung des verbleibenden sehr geringen Teils an Tätigkeiten- und Prozeßmengen, der vor allem aufgrund von Wirtschaftlichkeitsüberlegungen nicht manuell ermittelt wurde (z. B. „Gespräch mit Besuchern führen", „SB, Haus-SV fragen"), mußte
die Selbstaufschreibung in Kombination mit pragmatischen Plausibilitätsüberlegungen
herangezogen werden. Aus diesem Grund wurde die Kennzahl **Prozeßfrequenz** als
prozentuales Verhältnis der Selbstaufschreibungsmenge des Betrachtungsprozesses zu
der Selbstaufschreibungsmenge eines Bezugsprozesses, dessen Menge relativ sicher
über die Auswertung von Dokumenten bzw. im Rahmen einer Sonderanalyse zu bestimmen ist, definiert. Der Anwendung liegt die Annahme zugrunde, daß die Prozeßfrequenz stets konstant ist, so daß bei Kenntnis der Prozeßmenge des Bezugsprozesses
mit Hilfe der Kennzahl die unbekannte Menge des Betrachtungsprozesses errechnet
werden kann. Die Vorgehensweise soll an der Tätigkeit „SB, Haus-SV fragen" verdeutlicht werden. Während der Selbstaufschreibung sind 442 Zeiten für Rücksprachen

mit SB bzw. Haus-SV und 2.215 Zeiten für die Dauer von Schadenaktenanlagen notiert worden. Die Prozeßfrequenz[1] der Tätigkeit „SB, Haus-SV fragen" im Verhältnis zu dem Prozeß „Akte anlegen" beträgt daher ca. 20 %. Oder anders ausgedrückt: Im Durchschnitt fragt jeder KH-SB zu jeder fünften von ihm bearbeiteten Schadenmeldung einen Kollegen bzw. den Haus-SV um Rat. Die Menge des Prozesses „Akte anlegen" wird regelmäßig von der Abteilung Zentrale Dienste des VU gruppenbezogen erfaßt und kann daher mit durchschnittlich 15.207 Anlagen für alle KH-Gruppen pro Monat sicher bestimmt werden. Unter Rückgriff auf die errechnete Kennzahl ergibt sich das Mengenvolumen der Tätigkeit „SB, Haus-SV fragen" dann näherungsweise als 3.034 pro Monat.

### 7.2.3.2.3 Berechnung der Prozeßkosten und der prozeßbezogenen Personalbedarfe

Auf Basis der Prozeßdurchführungszeiten und Prozeßmengen können die Prozeßkosten und prozeßbezogenen Personalbedarfe bestimmt werden. Zur Ermittlung der **Prozeßkosten** wurden die Gesamtkosten einer Kostenstelle nach den zeitlichen Ressourcenbedarfen aufgeteilt. Als Gesamtkosten dienten dabei die Personalkosten je Kostenstelle, welche allerdings nicht kostenstellenbezogen aufsummiert und dann über den aus dem Produkt von Prozeßmenge und mDz ermittelten anteiligen Zeitbedarf aufgeteilt wurden. Vielmehr wurden die Personalkosten in „Personalkostenklassen", die sich an den betrieblichen Gehaltsklassen anlehnen, eingeteilt. Konkret wurden durchschnittliche Personalkosten für die Klassen GL, 1. SB, Turbo-SB und SB gebildet.[2] Die zeitlichen Ressourcenbedarfe jeder Klasse je Prozeß ließen sich dann problemlos als Verhältnis der Summe aller Produkte aus Tätigkeits- bzw. Prozeßmengen einer Klasse und den jeweiligen mittleren Durchführungszeiten zu der Gesamtzeit der Klasse errechnen. So ergibt sich beispielsweise, daß die Prozesse und Tätigkeiten des Prozesses „Schadensachbearbeitung durchführen" zu ca. 5 % vom GL, zu ca. 5 % vom 1. SB, zu ca. 10 % von Turbo-Sachbearbeitern und zu ca. 80 % von Sachbearbeitern durchgeführt werden. Dieser Ressourcenbeanspruchung folgte die Zuordnung der Personalkosten auf den Prozeß, für den monatliche Prozeßkosten von ca. 1.782.000 DM auf Gesamtabteilungsebene kalkuliert werden können. Über diese prozentualen Zeitanteile läßt sich auch ein durchschnittlicher Kostensatz pro Zeiteinheit (z. B. pro

---

[1]  Recht pragmatisch wird die Kennzahl, unabhängig davon, ob es sich um ein Tätigkeits- oder ein Prozeßverhältnis handelt, stets mit Prozeßfrequenz bezeichnet.

[2]  Neben der Stelle gibt es eine große Anzahl weiterer Einflußgrößen auf die Personalkostenhöhe wie z. B. die Dauer der Unternehmenszugehörigkeit und das Alter, die grundsätzlich zur Klassenbildung herangezogen werden könnten. Diese Einflußgrößen wurden aus pragmatischen Gründen allerdings vernachlässigt.

Stunde) ermitteln, mit dessen Hilfe die Kosten bis auf Tätigkeitsebene errechnet werden können. Die Berücksichtigung der übrigen Kostenarten (z. B. Sachkosten) kann pragmatisch über einen prozentualen Aufschlag auf den Kostensatz erfolgen. Im Rahmen des Projektes wurde auf einen solchen Aufschlag allerdings verzichtet.

Die **prozeßbezogenen Personalbedarfe**[1] wurden unter Rückgriff auf die Mengen- und Zeitdaten nach folgender Formel ermittelt:[2]

$$(42) \qquad Pb_i = \frac{m_i \cdot mDz_i}{T}$$

Zur Berechnung des Personalbedarfs pro Prozeß/Tätigkeit und Periode ($Pb_i$) wird zunächst das Produkt aus der durchschnittlichen Prozeß-/Tätigkeitsmenge in der Periode ($m_i$) und der mittleren Durchführungszeit je Tätigkeit ($mDz_i$) errechnet und anschließend durch die Arbeitszeit laut Tarifvertrag je Periode und Mitarbeiter (T) dividiert. Die Berücksichtigung von Verteil- und Rüstzeiten kann auf zweierlei Wegen erfolgen. Rüst- und Verteiltätigkeiten können im Rahmen der Prozeßstrukturermittlung erhoben werden, so daß Zeitbedarfe und Mengen über die Selbstaufschreibung erfaßbar sind. Bleiben die Rüst- und Verteiltätigkeiten bei der Selbstaufschreibung unberücksichtigt ist die Multiplikation der angegebenen Formel mit einem pauschalen Verteilzeitfaktor notwendig. Wie aus der Prozeßstruktur in Abb. 85 ersichtlich ist, wurde im Rahmen des Projektes der erstgenannte Weg beschritten.

Um die beschriebenen Berechnungen der Prozeßkosten und Personalbedarfe effizient zu gestalten, wurde das EDV-Tool *OPAL* entwickelt.[3] Diese auf einer Lotus Approach-Datenbank basierende Software ermöglicht nach der Eingabe der entsprechenden Grunddaten (Kostenstellen, Bereiche, Gruppen, Mitarbeiter je Gruppe, Personalkosten etc.)

- die Erfassung aller Tätigkeiten einer Fachabteilung strukturiert in Geschäftsprozesse, Prozesse unterschiedlicher Gliederungsebenen und Tätigkeiten,

- die Darstellung der Mengen, Zeiten, Gruppenverteilungen und Bearbeitungsebenen je Tätigkeit,

---

[1]     Vgl. hierzu auch Wiesehahn/Olthues/Steller 1997; Wiesehahn 1999.

[2]     Vgl. auch die Formel zur Personalbedarfsrechnung nach THOMSEN bei Hentze/Metzner 1994, S. 191f.

[3]     Vgl. Wiesehahn/Olthues/Steller 1997, S. 1009f.

- die Berechnung des Personalbedarfs je Tätigkeit, Prozeß, Geschäftsprozeß sowohl in der Kostenstelle als auch im Bereich, sowie

- die Ermittlung und Darstellung der Kosten auf Tätigkeits-, Prozeß- und Geschäftsprozeßebene.

Abb. 90 zeigt einen Ausschnitt aus dem umfangreichen prozeßbezogenen Berichtswesen von OPAL.

**OPAL** Übergeordnete Kostenstelle: Direktion    **Personalbedarf pro KSt**

| KSt Vorgangs-nummer | Bezeichnung | Vorgangs-Jahres-menge | Vorgangs-anteil der KSt | Vorgangs-volumen pro Monat | Bearbeitungs-zeit pro Vorgang h : m : s | Bearbeitungs-zeit pro Monat h : m : s | Personalbedarf pro Vorgang | Kosten pro Vorgang | Kosten pro Monat |
|---|---|---|---|---|---|---|---|---|---|
| **20000** | **HUK-Schaden** | | | | | | | | |
| **PH01** | **Schadensachbearbeitung durchführen** | | | | | | | | |
| VH010101 | Akte anlegen | 182.478 | 100,00% | 15.206,50 | 00:02:17 | 578 41 31 | 5,09 | 2,55 DM | 38.714,86 DM |
| VH010201 | Prüfungen vornehmen | 1.137.373 | 100,00% | 94.781,08 | 00:02:07 | 3.343 39 58 | 29,39 | 2,36 DM | 223.693,43 DM |
| VH010301 | Ersatzempfänger erfassen | 506.280 | 100,00% | 42.190,00 | 00:00:44 | 515 39 20 | 4,53 | 0,82 DM | 34.497,69 DM |
| VH010302 | Taxen setzen/ändern | 118.642 | 100,00% | 9.886,83 | 00:00:27 | 74 9 5 | 0,65 | 0,50 DM | 4.960,77 DM |
| VH010303 | Bemerkungen erfassen | 43.425 | 100,00% | 3.618,75 | 00:00:28 | 28 8 45 | 0,25 | 0,52 DM | 1.882,97 DM |
| VH010304 | Risikomerkmale erfassen | 6.808 | 100,00% | 567,33 | 00:01:06 | 10 24 4 | 0,09 | 1,23 DM | 695,84 DM |
| VH010305 | Sonstige Daten erfassen | 218.148 | 100,00% | 18.179,00 | 00:00:35 | 176 44 25 | 1,55 | 0,65 DM | 11.824,04 DM |
| VH010401 | Scheck anweisen | 258.842 | 100,00% | 21.570,17 | 00:01:05 | 389 27 41 | 3,42 | 1,21 DM | 26.055,22 DM |
| VH010402 | CTV-Abrechnung erstellen | 186.063 | 100,00% | 15.505,25 | 00:02:19 | 598 40 30 | 5,26 | 2,58 DM | 40.051,74 DM |
| VH010606 | Erfolgloses externes Telefonat | 58.581 | 100,00% | 4.881,75 | 00:00:57 | 77 17 40 | 0,68 | 1,06 DM | 5.171,04 DM |
| VH010607 | Erfolgloses internes Telefonat | 48.042 | 100,00% | 4.003,50 | 00:00:34 | 37 48 39 | 0,33 | 0,63 DM | 2.529,57 DM |
| VH010701 | Rücksprache mit UB halten | 25.679 | 100,00% | 2.139,92 | 00:06:56 | 247 16 45 | 2,17 | 7,73 DM | 16.543,14 DM |

© by LVM-Organisationsentwicklung

*Abb. 90: Prozeßdatenermittlung mit OPAL[1]*

Die Spalte „Vorgangsanteil der KSt" trägt der Tatsache Rechnung, daß ein Prozeß bzw. eine Tätigkeit über mehrere Kostenstellen hinweg verlaufen kann. Bei dem kostenstellenbezogenen Prozeßkostenausweis kann es daher sein, daß nicht die gesamten Prozeß- bzw. Tätigkeitskosten ausgewiesen werden, sondern nur der Anteil, der die Berichtskostenstelle betrifft. In der Abbildung bedeuten die 100 % allerdings, daß die abgebildeten Tätigkeiten bzw. Prozesse lediglich in dieser Kostenstelle durchgeführt werden und daher alle Kosten der entsprechenden Tätigkeit bzw. des entsprechenden Prozesses dargestellt sind.

---

[1]    Im Rahmen von OPAL werden nicht Prozesse und Tätigkeiten, sondern Aufgaben und Vorgänge als Bestandteile von Geschäftsprozessen unterschieden.

### 7.2.3.3 Die Prozeßbeurteilung

Die Prozeßbeurteilung erstreckte sich vor allem auf die Prozeßzeiten, Prozeßkosten und Personalbedarfe, die den Daten anderer Bereiche im Rahmen eines internen **Prozeßbenchmarking** gegenübergestellt wurden. Da das Mengengerüst des Prozesses „Schadensachbearbeitung durchführen" vom Zufall abhängt, erschien eine Gegenüberstellung der Mengen unterschiedlicher Bereiche wenig inhaltsreich. Allerdings kann ein bereichsbezogener Vergleich des geplanten mit dem tatsächlichen Mengenvolumen Aufschluß über die Planungsqualität geben. Aussagekräftig ist ebenso die bereichsweise Erfassung und Errechnung der mDz der Tätigkeiten und Prozesse, die bis auf Prozeßebene I verdichtet verglichen werden können. Eine entsprechende Auswertung mit *OPAL* zeigt Abb. 91.

*OPAL* 🔷                                              Übersicht Prozeßanalyse

| KSt | Bezeichnung der KSt | Anzahl der Vorgänge im Prozeß | Menge pro Monat | Personalbedarf | Kosten pro Monat | Durchschnittliche Bearbeitungszeit | Durchschnittliche Kosten |
|---|---|---|---|---|---|---|---|
| **PH01** | **Schadensachbearbeitung durchführen** | | | | | | |
| 20000 | HUK-Schaden | 48 | 15.206,50 | 100,27 | 1.782.150 DM | 00:45 | 117,20 DM |
| 21100 | Bereich 1 | 48 | 2.471,06 | 15,64 | 280.082 DM | 00:43:11 | 113,35 DM |
| 21200 | Bereich 2 | 48 | 2.504,51 | 17,76 | 317.255 DM | 00:48:23 | 126,67 DM |
| 21300 | Bereich 3 | 48 | 3.389,52 | 21,74 | 387.189 DM | 00:43:46 | 114,23 DM |
| 22400 | Bereich 4 | 48 | 2.867,94 | 17,77 | 315.312 DM | 00:42:16 | 109,94 DM |
| 22500 | Bereich 5 | 48 | 2.299,22 | 15,35 | 271.117 DM | 00:45:33 | 117,92 DM |
| 22600 | Bereich 6 | 48 | 1.674,23 | 13,20 | 228.594 DM | 00:49 | 136,54 DM |
| | | | | | | | |
| **PH02** | **Aktiv-Regreß bearbeiten** | | | | | | |
| 20000 | HUK-Schaden | 29 | 5.687,58 | 5,53 | 97.504 DM | 00:06:37 | 17,14 DM |
| 21100 | Bereich 1 | 29 | 800,24 | 0,83 | 14.721 DM | 00:07:04 | 18,40 DM |
| 22400 | Bereich 4 | 32 | 850,30 | 1,21 | 19.677 DM | 00:09 | 23,14 DM |
| 22500 | Bereich 5 | 32 | 632,20 | 0,81 | 14.181 DM | 00:08:45 | 22,43 DM |

© by LVM-Organisationsentwicklung

*Abb. 91: Prozeßbeurteilung mit OPAL*

Die auftretenden Unterschiede bei den bereichsbezogenen mDz des Geschäftsprozesses „Schadensachbearbeitung durchführen" von bis zu 16 % ergeben sich allerdings nicht nur durch Produktivitätsunterschiede der Bereiche, sondern werden auch durch **schaden- und bereichsspezifische Einflußfaktoren** verursacht. Können erstere noch durch die Definition eines „Normalschadens", der etwa jede Tätigkeit lediglich einmal enthält, eliminiert werden, sind bereichsbezogene Unterschiede bei der mDz von Tätigkeiten, an denen der Versicherungsnehmer beteiligt ist (z. B. Tätigkeit „Externes Telefonat zum Bestandsschaden annehmen"), nicht zu beseitigen. Solche Differenzen zwischen den mDz sind weder von den Sachbearbeitern noch von den Gruppenleitern des Bereichs zu verantworten. Eine aussagefähige Interpretation von zeitlichen Prozeßperformanceunterschieden macht die Definition eines „Normalschadens" unter Elimination von Tätigkeiten, an denen der externe Faktor „Kunde" beteiligt ist, unumgänglich.

Die bereichsbezogenen Unterschiede zwischen den **monatlichen Prozeßkosten** werden neben Produktivitätsunterschieden auch durch die spezifische personelle Zusammensetzung der Gruppen verursacht. Selbst wenn die sich aus den Mengen- und Zeitdaten ergebenden prozentualen Ressourcenbedarfe der Personalkostenklassen identisch wären, würden bereichsbezogene Unterschiede durch unterschiedliche durchschnittliche Personalkosten der verschiedenen Klassen auftreten. Diese ergeben sich aus den personalspezifischen Einflußfaktoren auf die Gehaltshöhe wie z. B. Alter, Familienstand und sind mithin nicht eliminierbar. Würde hingegen der Kostensatz je Zeiteinheit durch die Definition eines „Normalsachbearbeiters" über alle Bereiche konstant gehalten, würde auch dies nicht dazu führen, daß nur die Produktivitätsunterschiede bei der Prozeßbearbeitung in Geldgrößen ausgewiesen werden. Unterschiede bei den monatlichen Prozeßkosten ließen sich immer auch auf die bei der Prozeßmengen und Prozeßzeiten diskutierten Einflußfaktoren zurückführen.

Mit Hilfe von *OPAL* wurde schließlich eine Beurteilung der Personalsituation aller KH-Gruppen vorgenommen. Dazu mußten die **Personalbedarfe** über alle Prozesse der KH-Gruppen, wie beschrieben, aus den ermittelten mDz und den Prozeß- und Tätigkeitsmengen des Jahres 1996 errechnet und dem Ist-Personalbestand gegenübergestellt werden. Als Ergebnis ergab sich eine Personalunterdeckung aller KH-Gruppen von ca. 8,5 %. Die bereichsbezogenen Personalbedarfe variierten dabei in den Grenzen von ca. + 0,5 % (Personalüberdeckung) bis ca. - 19,3 % (Personalunterdeckung).

### 7.2.3.4 Die Prozeßgestaltung

Im Anschluß an die Prozeßbeurteilungsphase folgt die Prozeßgestaltungsphase. Im Rahmen des Projektes war es das Ziel dieser Phase, Gestaltungsvorschläge zur Verbesserung der Prozeßstruktur zu entwickeln sowie diese in Form von konkreten Personaleinsparungspotentialen zu quantifizieren. Da die vorangegangene Phase allerdings eine abteilungsweite Personalunterdeckung ergeben hatte, würden organisatorische Veränderungen dazu beitragen die Unterdeckung abzuschwächen und somit zu einer Entlastung der Mitarbeiter aller KH-Gruppen führen.

Zur Generierung von Gestaltungsvorschlägen wurde unabhängig von der Art und dem Umfang der erkannten Schwachstelle eine Vorgehensweise gewählt, die dem **klassi-**

**schen Brainstorming** ähnlich ist. Konkret wurden die Projektgruppenmitglieder ab April 1997 in Zweiergruppen eingeteilt. Die Teilgruppen setzten sich aus einem Processworker und einem Projektgruppenmitglied mit spezifischen organisatorischen Kenntnissen zusammen. In den Teilgruppen wurden unter weitgehender Zugrundelegung der Regeln der Suchphase des klassischen Brainstorming[1] Verbesserungsvorschläge generiert, wobei man auch die Ideen der Interviewteilnehmer der Prozeßstrukturermittlungsphase berücksichtigte. Aus diesen Ideen wurden auf Teilgruppenebene die Besten selektiert, um dann der gesamten Projektgruppe vorgestellt zu werden. Die Gruppe sammelte, diskutierte, verwarf oder entwickelte die Ideen ggf. zu den abschließenden Verbesserungsvorschlägen weiter. Die verschiedenen Gestaltungsvorschläge wurden sodann in **prozeßübergreifende** (z. B. aufbauorganisatorische Vorschläge, generelle Vorschläge zum vermehrten Technikeinsatz) und **prozeß- und tätigkeitsorientierte Verbesserungsvorschläge** (z. B. zum Prozeß „Schadensachbearbeitung durchführen", zur Tätigkeit „Taxen setzen/ändern") eingeteilt. Darüber hinaus wurde abgeschätzt, wann die Verbesserungen umsetzbar und die daraus abgeleiteten Einsparungspotentiale realisierbar sein würden. Hierzu unterteilten die Gruppenmitglieder die Vorschläge in **kurzfristig** (Umsetzung innerhalb eines Jahres möglich), **mittelfristig** (Umsetzung dauert zwischen ein und zwei Jahren) und **langfristig** (Umsetzung wird vermutlich länger als zwei Jahre dauern) umsetzbare Empfehlungen. Von den so strukturierten Vorschlägen werden nachfolgend wenige ausgewählte prozeßübergreifende Verbesserungsvorschläge vorgestellt. Insbesondere die prozeß- und tätigkeitsbezogenen Vorschläge sind z. T. so spezifisch, daß sie nur über eine tiefe Kenntnis der Sachbearbeitungstätigkeiten in dem untersuchten VU und damit über einen hohen Beschreibungsaufwand, der den Rahmen dieser Darstellung sprengen würde, nachvollziehbar sind.

Die größte Verbesserung der Prozeßperformance ist durch die Einführung einer **Workflow-Anwendung**, wie sie im theoretischen Teil dargestellt worden ist,[2] erzielbar. Workflow-Anwendungen sind bereits in anderen Sparten des untersuchten VU umgesetzt und werden in den KH-Gruppen zum Zeitpunkt des Projektes nicht genutzt, da zunächst im Zusammenhang mit der Schadenbearbeitung auftretende rechtliche, technische und organisatorische Fragen zu beantworten sind. So ist beispielsweise zu prüfen, inwieweit bestimmte Dokumente im Rahmen der Schadenbearbeitung im Original aufbewahrt werden müssen (z. B. Klageschriften, Ladungen) und ob die technische Bearbeitungsdauer auch bei umfangreichen Schriftstücken (z. B. Gutachten) ak-

---

[1]     Vgl. Kapitel 5.5.2.2.1.

[2]     Vgl. Kapitel 5.5.3.3.

zeptabel ist. Eine Workflow-Anwendung würde generell zu einer Elimination von Tätigkeiten führen, dafür aber auch neue Tätigkeiten im Rahmen des Geschäftsprozesses notwendig machen. Beispielsweise entfallen alle Tätigkeiten, welche die manuelle Weiterleitung bzw. Vorlage der Schadenakte zur Aufgabe haben, da sie von der Workflow-Anwendung übernommen werden. Dafür ist allerdings vorab die Digitalisierung des Schriftstücks (neue Tätigkeit „Schriftsstück scannen") notwendig. Durch die Nutzung einer Workflow-Anwendung kann unter Zugrundelegung der ermittelten mittleren Durchführungszeiten und Prozeßmengen sowie einer aufgrund der Erfahrungen in den anderen Sparten geschätzten durchschnittlichen Dauer der Tätigkeit „Schriftstück scannen" von 15 Sek. eine mittelfristige Nettoersparnis von ca. 40 % des festgestellten Personalunterdeckungsvolumens festgestellt werden.

Da im Rahmen der Einführung der Workflow-Anwendung die SB einen PC erhalten, sind sie zudem in der Lage, ihre individuellen Schriftstücke selbst zu erstellen und auszudrucken. Da die CTV wenig flexibel ist, war dies bislang nur durch die Tätigkeit **„Brief diktieren"** mit den damit verbundenen Nachbearbeitungs- und Korrekturtätigkeiten möglich. Diese Tätigkeiten müssen im Durchschnitt bei jedem dritten diktierten Brief durchgeführt werden. Ein Ergebnis der Prozeßstrukturermittlung war zudem die Erkenntnis, daß die SB insbesondere auch dann Briefe diktierten, wenn der auslösende Sachverhalt umfangreiche Kopiertätigkeiten erforderte, da die Schreibkräfte neben dem Schreiben des Diktattextes dann auch die Kopiertätigkeiten übernahmen. Eine Elimination aller Tätigkeiten, die mit dem Diktieren von Briefen verbunden sind, führen bei den SB allerdings zu keiner größeren Nettoarbeitsentlastung, da die Briefe nun selbst geschrieben und Kopiertätigkeiten selbst durchgeführt werden müssen. Die Nettoersparnis beträgt mittelfristig ca. 3 % des errechneten Personalunterdeckungsvolumens.

Darüber hinaus haben die Verbesserungsvorschläge eine weitgehende Erhöhung der Eigenverantwortung der SB zum Gegenstand. Dies geht konform mit Vorschlägen, die auf die Zusammenlegung der K-Schadengruppen und K-Vertragsgruppen im Sinne eines **Case Management** abstellen und Gegenstand eines anderen Projektes in dem untersuchten VU sind. Im Detail sollte die Freigabevollmacht gezielt erhöht werden. Die Gespräche während der Prozeßstrukturermittlung ergaben, daß SB innerhalb ihres Vollmachtsrahmens generell gewissenhafter und verantwortungsvoller arbeiteten, da sie für die Zahlungen alleinverantwortlich sind. Bei Zahlungen oberhalb der Freigabevollmacht vertrauten die SB z. T. auf die Prüfung durch den UB. Dieser konnte aber im allgemeinen aufgrund der großen Mengen an Freigaben (im Durchschnitt ca. 40 pro

Tag und Gruppe) keine intensive Prüfung vornehmen.[1] Eine gezielte individuelle Erhöhung der Freigabevollmacht auf SB-Ebene führt somit zu einer Entlastung der UB
und zu keinem größeren Risiko für das VU, da jede Schadenakte aufgrund des Ergebnisses eines Zufallsgenerators u. U. zur näheren Prüfung vorgelegt werden muß.
Werden die Vollmachten aller UB so erhöht, daß nahezu alle Zahlungen innerhalb
einer Gruppe freigegeben werden, entfallen ca. 80 % des Mengenvolumens der Tätigkeit „Zahlung freigeben". Dies führt zu einer kurzfristig realisierbaren Ersparnis von
ca. 15 % des kalkulierten Personalunterdeckungsvolumens.

Diese und eine große Zahl weiterer z. T. qualitativer Verbesserungsvorschläge, deren
Auswirkungen nur schwer zu quantifizieren sind, weil sie

- die Tätigkeiten des Geschäftsprozesses „KH-Schaden bearbeiten" erleichtern (z. B. Dialogmaske für Auslandsüberweisungen und Umbuchungen
  anlegen),

- die Qualität der Schadenbearbeitung erhöhen (z. B. automatische Datenban-
  kabfragen),

- den Kundenservice verbessern (z. B. aktive Ansprache der Geschädigten)
  und/oder

- vorteilhaft für die Mitarbeiter sind (z. B. Materialbestellung durch den GL),

wurden zum Ende des Projektes an die Abteilungsleitung zur Umsetzung übergeben.
Ebenso wurde das EDV-Tool *OPAL* der Fachabteilung zur kontinuierlichen Pflege und
Erweiterung des prozeßbezogenen Berichtswesens zur Verfügung gestellt.

## 7.3    Fallstudie II: Die Bewertung des Beitrags der alternierenden Telear-
### beit zur Geschäftsprozeßoptimierung

Die Bewertung des Beitrags der alternierenden Telearbeit zur Geschäftsprozeßoptimierung erfolgte im Rahmen des Projektes „**B**ewertung **a**lternierender **T**elearbeit im Hinblick auf **A**rbeitsverhalten und **A**rbeitsergebnisse (BALTASAR)". Das Projekt wurde
vom Vorstand in enger Zusammenarbeit mit dem Betriebsrat, der Personalabteilung
und dem Bereich Organisationsentwicklung des *LVM* initiiert. Demgemäß setzte sich
die Projektgruppe aus zwei Telearbeitern, zwei Mitarbeitern des Bereichs Organisationsentwicklung, einem Mitarbeiter der Personalabteilung und einem Mitarbeiter des
Betriebsrates des Unternehmens zusammen. Damit verfügte die Projektgruppe über
breite arbeitsformbezogene, methodische und personalwirtschaftliche Kenntnisse, die

---

[1]    Dies spiegelt sich auch in der mDz dieser Tätigkeit wider.

durch die konzeptionellen und methodischen Erfahrungen des Verfassers, der die Gruppe leitete und zugleich Mitglied des Projektführungsteams und des Projektausschusses war, vervollständigt wurden. Der Mitarbeiter des Betriebsrates stellte zudem sicher, daß die Arbeitnehmerinteressen in allen Projektphasen gewahrt blieben und Zustimmungen der Arbeitnehmervertretung zu speziellen Untersuchungsmethoden schnell eingeholt werden konnten. Nach konzeptionellen und organisatorischen Vorarbeiten nahm diese Gruppe ihre operative Arbeit im November 1997 auf.

### 7.3.1 Ziele des Projektes

Das Projekt BALTASAR verfolgte das Ziel, den Beitrag der Telearbeit zur Geschäftsprozeßoptimierung zu evaluieren. Daraus ergaben sich die in Abb. 92 dargestellten Einzelziele.

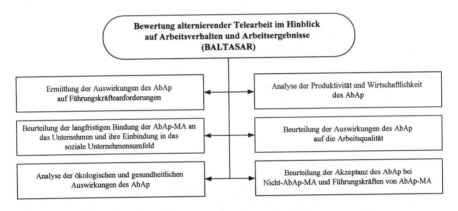

*Abb. 92: Ziele des Projektes BALTASAR*

Die Ziele lassen erkennen, daß sich die Analyse nicht auf eine enge Wirtschaftlichkeits- und Produktivitätserfassung beschränkte, sondern die vielfältigen quantitativen und qualitativen Auswirkungen der alternierenden Telearbeit auf Geschäftsprozesse nahezu vollständig zu beurteilen waren. Im Detail wurde neben der Beurteilung der zeitlichen, qualitativen und monetären Folgen des AbAp auch eine Analyse der Akzeptanz der Arbeitsform bei den alternierenden Telearbeitern (AbAp-MA), Mitarbeitern, welche die Arbeitsform nicht nutzten (N-AbAp-MA), den Führungskräften von alternierenden Telearbeitern (F-AbAp-MA) und Mitarbeitern, die den Telearbeitsplatz beantragt hatten (Z-AbAp-MA) durchgeführt. Der Berücksichtigung der Akzeptanz des AbAp liegt die Überlegung zugrunde, daß die Effizienz und Qualität der Versicherungsschutzproduktion in hohem Maße von der Leistungsfähigkeit und -bereitschaft der Mitarbeiter abhängt. Nur wenn diese die Arbeitsform alternierende Telearbeit akzeptieren, ist sie als Mittel der GPO grundsätzlich einsetzbar. Ferner waren die von der Arbeitsform ausgehenden Auswirkungen auf die Anforderungen an den Führungsstil und die Erfüllung der Anforderungen durch die F-AbAp-MA sowie die ökologischen und gesundheitlichen Effekte der alternierenden Telearbeit zu evaluieren.[1]

Als theoretischer Bezugsrahmen der Untersuchung diente das im theoretischen Teil der Arbeit entwickelte **Drei-Ebenen-Konzept**.[2] Dieser theoretische Rahmen mußte für die spezielle Untersuchungssituation des *LVM* ausgefüllt werden. Dazu erfolgte zunächst eine Zuordnung der dargestellten Projektziele zu den unterschiedlichen Bewertungsebenen des Konzeptes. Das Ergebnis dieser Zuordnung ist in Tab. 32 dargestellt.

| Ebene | Inhaltliche Beschreibung | Untersuchungsziel |
|-------|--------------------------|-------------------|
| I | Arbeitsplatzbezogene Bewertung: Analyse der Input-Outputsituation des Telearbeitsplatzes | – Produktivität<br>– Wirtschaftlichkeit |
| II | Unternehmensbezogene Bewertung: Analyse der kurz- und langfristigen Auswirkungen der Telearbeit auf das Unternehmen | Kurzfristig:<br>– Arbeitsqualität<br>– Führungskräfteanforderungen<br>Langfristig:<br>– Langfristige Bindung der AbAp-MA<br>– Soziale Einbindung der AbAp-MA<br>– Akzeptanz des AbAp |
| III | Gesellschaftsbezogene Bewertung: Analyse der Auswirkungen der Telearbeit auf die Gesellschaft | – Ökologische Auswirkungen<br>– Gesundheitliche Auswirkungen |

*Tab. 32: Zuordnung der Untersuchungsziele zu den Konzeptebenen*

Jedes Untersuchungsziel kann einer Ebene zugeordnet werden, so daß im Rahmen des Projektes alle Konzeptebenen gleichermaßen berücksichtigt werden. Das analytische Schwergewicht, gemessen an der Anzahl der einer Ebene zugerechneten Untersuchungsziele, liegt auf der **unternehmensbezogenen Bewertung**. Die einzelnen Ebenen sind allerdings als Kontinuum aufzufassen und in praxi nicht so trennscharf unterscheidbar, wie dies in der Tabelle zum Ausdruck kommt. Aus diesem Grund ist die

---

[1]      Mit der Evaluation der gesundheitlichen Folgen wurden das *Institut für Arbeitsmedizin* und der *Betriebsärztliche Dienst* der *Universität Münster* beauftragt. Aus diesem Grund werden die Ergebnisse der gesundheitlichen Analyse des AbAp nicht im Rahmen dieser Untersuchung dargestellt.

[2]      Vgl. Kapitel 5.5.3.2.2.

Zuordnung der Untersuchungsziele zu den Konzeptebenen auch nicht völlig eindeutig. Beispielsweise hätte das gesundheitliche Untersuchungsziel auch auf der zweiten Konzeptebene eingeordnet werden können. Aufbauend auf dieser Konkretisierung der Konzeptebenen mußten die Untersuchungsmethoden zur Erreichung der Ziele festgelegt werden.

### 7.3.2  Untersuchungsmethoden

Die Projektergebnisse stützen sich auf **Indikatormessungen** zur Produktivität, eine umfassende **Kostenanalyse** sowie die detaillierte **schriftliche Befragung** der AbAp-MA, N-AbAp-MA, F-AbAp-MA und Z-AbAp-MA.

Die Indikatormessungen zur Produktivität erstreckten sich auf die **Selbstaufschreibung** und **EDV-gestützte Analyse** der Tätigkeitszeiten und -mengen der AbAp-MA und N-AbAp-MA sowie die **Auswertung der Krankentage** der genannten Personengruppen. Die Selbstaufschreibung und EDV-gestützte Messung wurden aufgrund der Annahme, daß AbAp-MA wegen der geringeren Störungen am Telearbeitsplatz ihre Tätigkeiten und Prozesse schneller durchführen als N-AbAp-MA, durchgeführt. Damit werden die Durchführungszeiten und die Tätigkeitsmengen zum Indikator der Produktivität des AbAp.[1] Die Erhebung der Durchführungszeiten erfolgte im Rahmen einer **Selbstaufschreibung**, die auf der Grundlage von der bei Projekten zur Geschäftsprozeßoptimierung ermittelten Prozeßstruktur und nach der in Kapitel 7.2.3.2.1. beschriebenen methodischen Vorgehensweise durchgeführt wurde. Da die mittleren Durchführungszeiten von N-AbAp-MA aufgrund von bereits durchgeführten Geschäftsprozeßoptimierungen relativ leicht berechnet werden konnten,[2] wurden nur AbAp-MA an der Aufschreibung beteiligt[3]. Diese registrierten ihre Durchführungszeiten sowohl an ihrem Arbeitstag am außerbetrieblichen Arbeitsplatz (AbAp-Tag) als auch an ihrem Arbeitstag am innerbetrieblichen Arbeitsplatz (IbAp-Tag), um einen durchschnittlichen Gesamtzeitwert je Tätigkeit ermitteln zu können. Dieser wurde sodann mit der mDz der N-AbAp-MA verglichen. Die Selbstaufschreibung wurde an 15 Arbeitstagen im März 1998 unter Beteiligung von 12 AbAp-Mitarbeitern der Kraftfahrtbetriebsabteilung durchgeführt.

---

[1]    Vgl. hierzu auch die Ausführungen zur Bearbeitungsproduktivität der Telearbeit in Kapitel 5.5.3.2.2.3.

[2]    Die bei Geschäftsprozeßoptimierungen errechneten mittleren Durchlaufzeiten sind ein Mischwert der in Kapitel 7.2.1. dargestellten Tätigkeitsfelder. Diese Zeiten mußten nur um die Angaben der AbAp-MA bereinigt werden, um die mittleren Durchführungszeiten der N-AbAp-MA zu erhalten.

[3]    Die an den Selbstaufschreibungen im Rahmen von Geschäftsprozeßoptimierungen beteiligten AbAp-MA stellten einen zu geringen Stichprobenumfang dar, um auf dieser Basis valide mittlere Durchlaufzeiten berechnen zu können.

Neben der Selbstaufschreibung erfolgte zur Ermittlung des Mengenvolumens der technikgestützten Tätigkeiten und Prozesse eine **EDV-gestützte Analyse** der Tätigkeitsmengen der AbAp-MA und N-AbAp-MA. In der Zeit von März bis Juni 1998 wurden die Tätigkeitstabellen des Kraftfahrtversicherungsdialoges der Kraftfahrtbetriebsabteilung in der Zeit von 7:00 Uhr bis 18:00 Uhr in Abständen von 15 Minuten, getrennt nach AbAp-MA, AbAp-MA am außerbetrieblichen Arbeitsplatz und AbAp-MA am innerbetrieblichen Arbeitsplatz, ausgewertet.

Die **Auswertung der Krankentage** von AbAp-MA und N-AbAp-MA sollten ferner Aufschluß über das Krankmeldeverhalten geben, was wiederum als Indikator der Produktivität gewertet werden kann. Wie im theoretischen Teil dargestellt, liegt dieser Vorgehensweise die Annahme zugrunde, daß die Produktivität der Telearbeit auch durch die tatsächliche Nutzung der Arbeitsform determiniert wird.[1] Konkret wurde die Analyse auf drei unterschiedlichen Wegen durchgeführt: Zunächst wurde ein Vergleich der Krankentage von 196 AbAp-MA im ersten Jahr ihrer AbAp-Tätigkeit mit den Krankentagen im Jahr vor der Einrichtung des Telearbeitsplatzes durchgeführt. Der zweite Analysegang vollzog sich über die Erfassung und den Vergleich der Krankentage von AbAp-MA und N-AbAp-MA im ersten Halbjahr 1998. Als dritter Weg konnte schließlich auf die Analyse der Krankentage des untersuchten VU des Jahres 1997 durch den Bereich Statistik der Personalabteilung zurückgegriffen werden. Die drei Analysen sind, wie noch zu diskutieren sein wird, isoliert voneinander nicht problemlos als Indikator der Produktivität des AbAp interpretierbar, können sich aber zu einer „realitätsnahen Produktivitätsschätzung" ergänzen.

Die **Kostenanalyse** stützte sich, gemäß der im theoretischen Teil der Untersuchung identifizierten monetären Auswirkungen der Telearbeit[2], auf die Erhebung der durch den AbAp verursachten einmaligen und laufenden Auszahlungen/Kosten sowie der einmaligen und laufenden Einzahlungen/Einsparungen auf Basis von 400 eingerichteten Telearbeitsplätzen. Die Daten lagen zum größten Teil im Rechnungswesen bzw. in anderen Abteilungen des VU vor und mußten im Rahmen des Projektes lediglich zusammengetragen und systematisch aufbereitet werden. Da sich schnell abzeichnete, daß die einmaligen Auszahlungen/Kosten die realen einmaligen Einsparungen und die laufenden Auszahlungen/Kosten je Periode die laufenden Einzahlungen/Einsparungen

---

[1]     Vgl. hierzu die Ausführungen zur Nutzungsproduktivität der Telearbeit in Kapitel 5.5.3.2.2.3.

[2]     Vgl. Kapitel 5.5.3.2.2.3.

je Periode übersteigen würden,[1] konnte auf den Einsatz eines dynamischen Investitionsrechenverfahrens verzichtet werden. Im Detail erstreckte sich die Analyse auf eine systematische Gegenüberstellung der durch den AbAp tatsächlich verursachten Auszahlungen/Kosten und der realisierten Einzahlungen/Einsparungen.

Im Rahmen der Erfassung und Auswertung der monetären Auswirkungen der Telearbeit wird insbesondere von Consultants häufig die **Monetarisierung** von Produktivitätseffekten in Form von eingesparten Personalkosten und eine Anrechnung als tatsächlich realisierte Einzahlungen/Einsparungen vorgenommen.[2] Ein solches Vorgehen hat regelmäßig zur Folge, daß die durch Telearbeit realisierbaren Einzahlungen/Einsparungen die Auszahlungen/Kosten übersteigen. Unter Vernachlässigung der Tatsache, daß Produktivitätseffekte in diesen Veröffentlichungen zumeist auf Schätzungen beruhen, impliziert eine Monetarisierung, daß für die Telearbeiter weitere Arbeit verfügbar ist und diese von ihnen in der durch die Produktivitätseffekte zur Verfügung stehenden „zusätzlichen Arbeitszeit" tatsächlich getan wird. Beide Annahmen sind in praxi nicht automatisch erfüllt: Beispielsweise nehmen AbAp-MA an dem IbAp-Tag die am AbAp-Tag zu bearbeitenden Schadenakten mit nach Hause und können folglich am AbAp auch nur diese Arbeitsmenge bearbeiten, selbst wenn dies schneller als vermutet möglich ist. Auch bei langjährigen AbAp-MA ist eine solche Fehleinschätzung der Bearbeitungsdauer der Schadenfälle nicht vollständig ausgeschlossen, da eine realistische Beurteilung eine tiefe Einarbeitung in die Akte verlangt. Sind die beschriebenen Annahmen in praxi nicht erfüllt und werden die Produktivitätseffekte dennoch monetarisiert, führt dies zwangsläufig zu einem „Schönrechnen" der Telearbeit. Da zum Zeitpunkt des Projektes die Arbeitsmengen in dem untersuchten VU nicht an alle außerbetrieblichen Arbeitsplätze IuK-gestützt übermittelbar waren, wurde eine Monetarisierung von Produktivitätseffekten nicht zur Beurteilung der tatsächlichen, sondern lediglich zur Abschätzung der möglichen Kostensituation vorgenommen. Mit dieser Monetarisierung war die Ermittlung eines Kapitalwertes verbunden.

Die dargestellten Analysemethoden werden durch eine umfassende **schriftliche Befragung** von AbAp-MA, N-AbAp-MA, F-AbAp-MA und Z-AbAp-MA in standardisierter Form ergänzt. Ziel der Befragung war es vor allem, Aussagen zur Bewertung

---

[1]  Damit leistet das untersuchte VU einen Beitrag zur Verifikation der in der Literatur formulierten **Kostendifferenz-Hypothese**: Telearbeitsplätze sind bei unterstellten einheitlichen Beschäftigungsverhältnissen (= gleiche Personalkosten) aufgrund der höheren Bereitstellungs-, Betriebs- und Kontrollkosten teurer als vergleichbare Nicht-Telearbeitsplätze (vgl. zu dieser Hypothese Wollnik 1992, Sp. 2413, sowie die dort angegebene Literatur).

[2]  Vgl. beispielsweise Gareis/Kordey/Korte 1999, S. 528; Loskant 1999, S. 531.

des AbAp auf den Ebenen II und III machen zu können. Die fragebogenzentrierte Befragung erfolgte dabei entlang des in Kapitel 5.5.3.2.2.3. beschriebenen Phasenschemas.

Im Rahmen der **Befragungsdesignphase** war zunächst der Umfang der Befragung festzulegen, der Fragebogen zu konstruieren und sodann die Güte des Bogens zu prüfen. Der Befragungsumfang erstreckte sich auf 399 AbAp-MA (Vollerhebung zum Zeitpunkt der Festlegung des Befragungsumfangs[1]) und 399 durch einfache Zufallsstichprobe ausgewählte N-AbAp-MA. Als F-AbAp-MA mit häufigem Kontakt zu den AbAp-MA wurden insgesamt 200 BL, GL, und 1. SB befragt (Vollerhebung zum Festlegungszeitpunkt des Befragungsumfangs).[2] In dem untersuchten VU erfolgt die Einrichtung eines Telearbeitsplatzes nach der schriftlichen Antragstellung durch den interessierten Mitarbeiter. Zum Zeitpunkt der Festlegung des Befragungsumfangs lagen 26 Anträge vor, so daß diese Z-AbAp-MA ebenfalls vollständig an der Befragung beteiligt wurden (Vollerhebung zum Festlegungszeitpunkt des Befragungsumfangs). Zur Konzeption der Fragebogen[3] konnte auf die Untersuchungsziele und die Ergebnisse eines im Dezember 1997 im *LVM* durchgeführten AbAp-Workshops sowie auf Veröffentlichungen zu inhaltlich ähnlichen Untersuchungen[4] zurückgegriffen werden. Die auf dieser Basis konstruierten Fragebogen wurden in der Projektgruppe besprochen, den Projektführungsgremien sowie dem Betriebsrat vorgelegt und bei den einzelnen Befragtengruppen im Rahmen eines Pretests auf Verständlichkeit und Interesse geprüft.

Die Prüfung der **Güte** der Fragebogen umfaßt die Beurteilung der Zuverlässigkeit (Reliabilität) und Gültigkeit (Validität).[5] Die durchdachte, sorgfältige Ausarbeitung der Fragebogen und Fragen, das Bemühen um eine einfache Formulierung der Fragen und Antwortvorgaben sowie die Prüfungen der Fragebogen im Rahmen von Pretests sichern eine relativ hohe Reliabilität der Variablen. Die Vollständigkeit der Fragebogen kann zudem durch die Orientierung an dem entwickelten Bezugsrahmen und den

---

[1]    Festlegungszeitpunkt des Befragungsumfangs war der 6. März 1998.

[2]    Da in dem untersuchten VU nur sehr wenige reine Telearbeitsgruppen existieren, haben die F-AbAp-MA nicht nur Telearbeiter, sondern auch Nicht-Telearbeiter in ihrer Führungsspanne.

[3]    Der Fragebogen für AbAp-MA findet sich im Anhang I. Die Fragebogen der anderen Befragtengruppen basieren auf dem dargestellten Bogen und unterscheiden sich nur durch wenige Fragen und Fragenformulierungen.

[4]    Vgl. Glaser/Glaser 1995; Niggl 1997; Cammerer/Heyl/Niggl 1997. GLASER und GLASER regen eine Nutzung ihres Untersuchungsdesigns in Folgeuntersuchungen explizit an (vgl. Glaser/Glaser 1995, S. 3f.).

[5]    Die Unabhängigkeit der Befragungsergebnisse von dem Verfasser (Objektivität) kann bei einer schriftlichen, standardisierten Befragung als hoch angenommen werden und wird daher nicht weiter geprüft.

Ergebnissen des AbAp-Workshops weitgehend sichergestellt werden. Eine weitere Ausdehnung der Bogen um zusätzliche Fragen hätte die ohnehin umfassenden Fragebogen unzumutbar lang werden lassen. Grundsätzlich kann aber angenommen werden, daß die Gültigkeit der Ergebnisse durch eine leicht positive Antwortverzerrung der befragten AbAp-MA eingeschränkt wird. Dies ist jedoch interpretatorisch in gewisser Weise durch den Rückgriff auf die Ergebnisse der anderen Befragtengruppen im Sinne von Kontrollgruppen ausgleichbar. Insgesamt ist daher von einem akzeptablen Grad an Objektivität, Reliabilität und Validität der empirischen Untersuchung auszugehen.

Die **Befragungsdurchführungsphase** umfaßte das Festlegen des Befragungszeitraums sowie das Verteilen der Fragebogen. Die Befragung wurde in dem Zeitraum von Juni bis August 1998 durchgeführt. Obgleich das Rücklaufproblem durch die Befragung eines homogenen Spezialquerschnitts der Bevölkerung zumindest theoretisch relativ gering war, wurde den Fragebogen ein gemeinsames Anschreiben des Vorstands und Betriebsrates des Unternehmens zur Akzeptanzsteigerung der Untersuchung und Motivationssteigerung der Befragten beigefügt. Nach der schriftlichen Ankündigung der Fragebogen über das Intranet des Unternehmens verteilten die Projektgruppenmitglieder die Bogen an die Beteiligten. So konnten mögliche Unklarheiten zu dem Hintergrund und den Zielen der Befragung bei den Befragungsteilnehmern mit der persönlichen Übergabe des Fragebogens direkt ausgeräumt werden. Zur Abgabe der Bogen wurden an zentralen Stellen im VU Abgabeurnen aufgestellt, in welche die Fragebogen in einem verschlossenen, neutralen Umschlag eingeworfen werden konnten. Um eine möglichst hohe Rücklaufquote zu erzielen setzte die Projektgruppe den Beteiligten nach Ablauf des Abgabetermins eine Nachfrist zur Abgabe.

Die beschriebene Durchführung der Befragung ist durch ein hohes Maß an persönlicher Ansprache der Beteiligten gekennzeichnet. Dies ist sicher der Grund für die hohe, z. T. sehr hohe Rücklauf- und Auswertungsquote (vgl. Tab. 33).

| | | Befragtengruppe | | | |
|---|---|---|---|---|---|
| | | AbAp-MA | N-AbAp-MA | F-AbAp-MA | Z-AbAp-MA |
| 1. | Ausgeteilte Fragebogen absolut | 399 | 399 | 200 | 26 |
| 2. | Rücklauf Fragebogen absolut | 306 | 295 | 129 | 12 |
| 3. | Auswertbare Fragebogen absolut | 305 | 294 | 127 | 12 |
| 4. | Rücklaufquote in Prozent (= 2.·100/1.) | 76,7 | 73,9 | 64,5 | 46,2 |
| 5. | Auswertungsquote in Prozent (= 3.·100/1.) | 76,4 | 73,7 | 63,5 | 46,2 |

*Tab. 33: Befragungs- und Antwortdetails*

In der **Befragungsauswertungsphase** waren die statistischen Verfahren und die Auswertungssoftware festzulegen. Aufgrund des explorativen Charakters der Untersuchung beschränkten sich die zur Anwendung gelangenden Verfahren weitgehend auf deskriptive Analysemethoden wie z. B. Häufigkeitsverteilungen und Mittelwertberechnungen. Bei ordinalskalierten Merkmalen wurde die Analyse auf Zusammenhänge innerhalb einer Stichprobe mit dem Rangkorrelationskoeffizienten nach SPEARMAN und die daran anschließende statistische Signifikanzprüfung mittels t-Test durchgeführt.[1] Mittelwertvergleiche metrisch skalierter Variablen von mehr als zwei unabhängigen Stichproben erfolgten mit der einfachen Varianzanalyse.[2] Die Prüfung, ob Mittelwerte von zwei unabhängigen Meßreihen einen im statistischen Sinne signifikanten Unterschied aufweisen, wurde mit dem verteilungsfreien U-Test nach MANN und WHITNEY durchgeführt.[3] Bei mehr als zwei unabhängigen Stichproben wurde der H-Test nach KRUSKAL und WALLIS herangezogen.[4] Dem üblichen statistischen Sprachgebrauch folgend, werden in Abhängigkeit von den ermittelten Korrelationen und Irrtumswahrscheinlichkeiten die in Tab. 34 dargestellten Formulierungen zu deren Beschreibung verwendet.

| Korrelation | Sprachgebrauch | Irrtumswahrscheinlichkeit | Sprachgebrauch |
|---|---|---|---|
| $0,9 < r \leqslant 1,0$ | sehr hohe Korrelation | $p \leqslant 0,001$ | höchst signifikant |
| $0,7 < r \leqslant 0,9$ | hohe Korrelation | $p \leqslant 0,01$ | sehr signifikant |
| $0,5 < r \leqslant 0,7$ | mittlere Korrelation | | |
| $0,2 < r \leqslant 0,5$ | geringe Korrelation | $p \leqslant 0,05$ | signifikant |
| $0 < r \leqslant 0,2$ | sehr geringe Korrelation | $p > 0,05$ | nicht signifikant |

*Tab. 34: Sprachgebrauch im Rahmen der statistischen Auswertung[5]*

Die statistische Auswertung wurde mit dem Softwarepaket „SPSS für Windows 95 Version 7.5" durchgeführt.

Zusammenfassend zeigt Tab. 35 auf welchen Konzeptebenen und für welche Untersuchungsziele die beschriebenen Untersuchungsmethoden konkret zum Einsatz kamen.

---

[1]   Vgl. zu den statistischen Hintergründen Hartung 1985, S. 79f.

[2]   Vgl. zu dieser Analyse Hartung 1985, S. 610ff.

[3]   Vgl. zu diesem Test Hartung 1985, S. 519f.

[4]   Vgl. Hartung 1985, S. 613f.

[5]   Darstellung in Anlehnung an Bühl/Zöfel 1998, S. 111f. u. S. 239.

| Ebene | Inhaltliche Beschreibung | Untersuchungsziel | Untersuchungsmethode |
|---|---|---|---|
| I | Arbeitsplatzbezogene Bewertung: Analyse der Input-Outputsituation des Telearbeitsplatzes | – Produktivität | – Schriftliche Befragung<br>– Auswertung der Krankentage<br>– Selbstaufschreibung<br>– EDV-gestützte Analyse |
|  |  | – Wirtschaftlichkeit | – Kostenanalyse<br>– Schriftliche Befragung |
| II | Unternehmensbezogene Bewertung: Analyse der kurz- und langfristigen Auswirkungen der Telearbeit auf das Unternehmen | Kurzfristig:<br>– Arbeitsqualität<br>– Führungskräfteanforderungen | – Schriftliche Befragung |
|  |  | Langfristig:<br>– Akzeptanz des AbAp<br>– Soziale Einbindung der AbAp-MA<br>– Langfristige Bindung der AbAp-MA | – Schriftliche Befragung |
| III | Gesellschaftsbezogene Bewertung: Analyse der Auswirkungen der Telearbeit auf die Gesellschaft | – Ökologische Auswirkungen | – Schriftliche Befragung |
|  |  | – Gesundheitliche Auswirkungen | – Schriftliche Befragung |

*Tab. 35: Untersuchungsziele und -methoden im Überblick*

Im Folgenden werden die Projektergebnisse ebenenbezogen dargestellt.

### 7.3.3  Ebenenbezogene Darstellung der Projektergebnisse

### 7.3.3.1  Ebene I: Arbeitsplatzbezogene Bewertung

Ziel dieser Ebene war die Analyse der Auswirkungen der alternierenden Telearbeit auf die **Produktivität** der AbAp-MA und die Ermittlung der **Wirtschaftlichkeit** des AbAp.

#### 7.3.3.1.1 Produktivität des AbAp

Im Rahmen der **schriftlichen Befragung** wurden den verschiedenen Gruppen mehrere Fragen zu deren Produktivitätsvermutungen bzw. -erfahrungen im Zusammenhang mit der alternierenden Telearbeit gestellt. Als Ergebnis dieser Fragen läßt sich festhalten, daß AbAp-MA im Vergleich zu N-AbAp-MA produktiver sind, wobei sich allerdings die Einschätzungen zur Produktivität zwischen den einzelnen Befragtengruppen höchst signifikant unterscheiden.

Zunächst wurden die Führungskräfte von AbAp-MA direkt nach der Produktivität von AbAp-MA im Vergleich zu N-AbAp-MA befragt. Abb. 93 macht deutlich, daß die Mehrheit der beteiligten F-AbAp-MA die Telearbeiter produktiver als ihre Nicht-Telearbeitskollegen einschätzen.

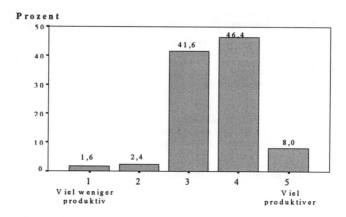

*Abb. 93: Produktivität von AbAp-MA aus der Sicht ihrer Führungskräfte im Vergleich zu N-AbAp-MA*

Mehr als die Hälfte (54,4 %) der F-AbAp-MA beurteilen AbAp-MA als produktiver bzw. viel produktiver als N-AbAp-MA (Mittelwert: 3,6; Median: 4). Diese höhere Gesamtproduktivität der AbAp-MA ist nach Meinung der F-AbAp-MA in einem höchst signifikanten Maße auf die höhere bzw. viel höhere Produktivität der AbAp-MA an deren AbAp-Tag im Vergleich zum IbAp-Tag zurückzuführen.[1] Alle Befragtengruppen beurteilen AbAp-MA am AbAp-Tag als produktiver bzw. viel produktiver als an deren IbAp-Tag. Abb. 94 zeigt die rechtsschiefe Häufigkeitsverteilung der Antworten.

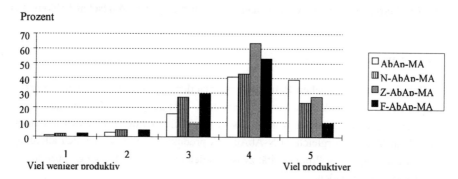

*Abb. 94: Produktivität von AbAp-MA am AbAp-Tag im Vergleich zum IbAp-Tag*

---

[1]     Rangkorrelationskoeffizient nach SPEARMAN: 0,564; Signifikanzniveau: 0,0001.

Obgleich die Produktivität am AbAp-Tag von allen Befragten im Mittel höher als am IbAp-Tag beurteilt wird, sind die Antwortunterschiede zwischen den Gruppen höchst signifikant.[1] Während zwischen N-AbAp-MA und F-AbAp-MA, AbAp-MA und Z-AbAp-MA sowie N-AbAp-MA und Z-AbAp-MA keine signifikanten Unterschiede feststellbar sind, herrschen zwischen AbAp-MA und N-AbAp-MA sowie AbAp-MA und F-AbAp-MA höchst signifikante und zwischen Z-AbAp-MA und F-AbAp-MA signifikante Antwortdifferenzen.[2] 90,9 % der Z-AbAp-MA (Mittelwert: 4,2) und 80,2 % der AbAp-MA (Mittelwert: 4,1) beurteilen die Produktivität am AbAp-Tag als höher bzw. viel höher als am Arbeitstag im Unternehmen. N-AbAp-MA und F-AbAp-MA urteilen vergleichsweise zurückhaltender: 66,1 % der erstgenannten und 62,9 % der letztgenannten Befragtengruppe halten AbAp-MA am AbAp-Tag für produktiver bzw. viel produktiver (Mittelwert N-AbAp-MA: 3,8; F-AbAp-MA: 3,6) als am IbAp-Tag.

Die höhere Produktivität am AbAp-Tag läßt sich durch mehrere Befragungsergebnisse erklären. F-AbAp-MA erkennen zwischen dem allgemein **höheren Arbeitseinsatz bei der Arbeit zu Hause** im Vergleich zur Arbeit im Unternehmen und der höheren Produktivität am AbAp-Tag einen höchst signifikanten Zusammenhang geringer Stärke.[3] Bei den AbAp-MA ist dieser Zusammenhang gleich signifikant aber stärker feststellbar.[4] Wie Abb. 95 deutlich macht, ist die Mehrheit aller Befragtengruppen der Meinung, daß im allgemeinen die Tendenz zu einem höheren Arbeitseinsatz zu Hause stärker als im Unternehmen vorhanden ist.

Auch hier existieren höchst signifikante Antwortdifferenzen zwischen den Gruppen,[5] wobei N-AbAp-MA und F-AbAp-MA vorsichtiger als die übrigen Befragtengruppen urteilen: 48,5 % der N-AbAp-MA (Mittelwert: 3,4), 51,6 % der F-AbAp-MA (Mittelwert: 3,5), 63,6 % der Z-AbAp-MA (Mittelwert: 3,7) und 70,1 % der AbAp-MA (Mittelwert: 3,9) sehen eine stärkere bzw. viel stärkere Tendenz zu einem höheren

---

[1]   Signifikanzniveau: 0,0001.

[2]   Signifikanzniveaus: N-AbAp-MA u. F-AbAp-MA: 0,052; AbAp-MA u. Z-AbAp-MA: 0,870; N-AbAp-MA u. Z-AbAp-MA: 0,180; AbAp-MA u. N-AbAp-MA: 0,0001; AbAp-MA u. F-AbAp-MA: 0,0001; Z-AbAp-MA u. F-AbAp-MA: 0,025.

[3]   Rangkorrelationskoeffizient nach SPEARMAN: 0,404; Signifikanzniveau: 0,0001.

[4]   Rangkorrelationskoeffizient nach SPEARMAN: 0,485; Signifikanzniveau: 0,0001.

[5]   Das Signifikanzniveau über alle Gruppen beträgt 0,0001. Die Niveaus ergeben sich im Detail wie folgt: N-AbAp-MA u. F-AbAp-MA: 0,481; AbAp-MA u. Z-AbAp-MA: 0,341; AbAp-MA u. N-AbAp-MA: 0,0001; AbAp-MA u. F-AbAp-MA: 0,0001; Z-AbAp-MA u. F-AbAp-MA: 0,415; N-AbAp-MA u. Z-AbAp-MA: 0,287.

Arbeitseinsatz zu Hause als im Unternehmen. Der Median liegt denn auch bei N-AbAp-MA bei drei und bei den anderen Befragtengruppen bei vier.

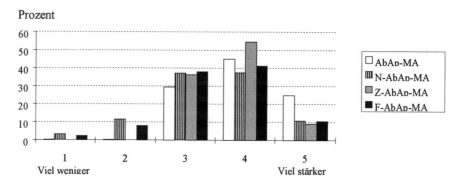

*Abb. 95: Tendenz zu einem höheren Arbeitseinsatz zu Hause im Vergleich zum Unternehmen*

Ferner kommen AbAp-MA am AbAp-Tag (nach eigenen Angaben) **schneller in Schwung** als am IbAp-Tag. Hier ist eine geringe Korrelation zwischen dem Schwung und der höheren Produktivität am AbAp-Tag in höchst signifikantem Ausmaß festzustellen.[1] 50,3 % der AbAp-MA geben auf eine entsprechende Frage an, schneller bzw. viel schneller in Schwung zu kommen, wohingegen lediglich 6,6 % der AbAp-MA langsamer bzw. viel langsamer arbeitsbereit werden. 43,1 % der alternierenden Telearbeiter verspüren keine Änderung im Vergleich zum IbAp-Tag.

Als dritter Grund für die höhere Produktivität am AbAp-Tag ist das Gefühl der AbAp-MA von **Ungestörtheit und Ruhe am AbAp** im Gegensatz zu einem Gefühl der Getrenntheit und Isoliertheit anzuführen. Abb. 96 zeigt das Ergebnis einer entsprechenden Frage an die AbAp-MA im Detail. Auch hier ist ein Zusammenhang geringer Stärke zwischen dem Gefühl der Ruhe und der erhöhten Produktivität am AbAp-Tag auf höchst signifikantem Niveau bemerkbar.[2] Eine genauere Aufstellung über den Prozentsatz der Arbeitszeit, die am AbAp ungestört gearbeitet werden kann, zeigt die folgende Abb. 97. Die AbAp-MA geben im Mittel an, zwischen 81 und 90 Prozent der Arbeitszeit ungestört arbeiten zu können.

---

[1]   Rangkorrelationskoeffizient nach SPEARMAN: 0,317; Signifikanzniveau: 0,0001.

[2]   Rangkorrelationskoeffizient nach SPEARMAN: 0,437; Signifikanzniveau: 0,0001.

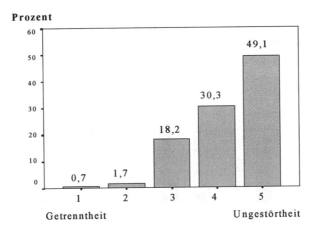

Abb. 96: Getrenntheits- und Ungestörtheitsempfinden der AbAp-MA am
außerbetrieblichen Arbeitsplatz

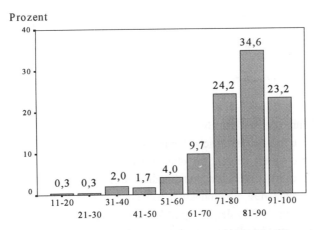

Abb. 97: Ungestörte Arbeitszeit am AbAp

Die Produktivzeitquote[1] am AbAp ist insbesondere im Vergleich zu den Antworten auf die Frage nach dem Zeitanteil, der im Unternehmen ungestört gearbeitet werden kann,

---

1    Vgl. zu der Kennzahl N.3 ausführlich Kapitel 5.5.3.2.2.3.

die sowohl AbAp-MA als auch N-AbAp-MA und Z-AbAp-MA gestellt wurde, aussagefähig. Die aus den in Abb. 98 dargestellten Häufigkeitsverteilungen resultierenden Mittelwerte der Antworten sind höchst signifikant unterschiedlich.[1]

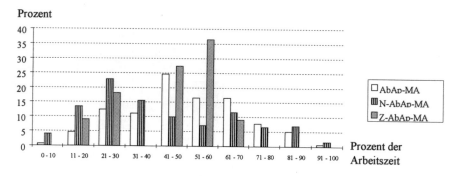

Ahh. 98· Ungestörte Arbeitszeit im Unternehmen

Kein signifikanter Unterschied besteht zwischen den Antworten der AbAp-MA und Z-AbAp-MA: Sie können im Durchschnitt zwischen 41 % und 50 % ihrer täglichen Arbeitszeit ungestört im VU arbeiten.[2] Dieser Zeitanteil liegt bei N-AbAp-MA im Durchschnitt lediglich zwischen 31 % und 40 %.[3] Werden die N-AbAp-MA als Kontrollgruppe aufgefaßt, so kann deren ungestörte Arbeitszeit im Vergleich zu AbAp-MA an ihrem Telearbeitstag rein rechnerisch bis zu viereinhalb Stunden pro Tag weniger betragen.

Allerdings könnte der mit der alternierenden Telearbeit zusammenhängende Produktivitätsvorteil durch organisatorische Umgestaltungen im Zusammenhang mit der Arbeitsform konterkariert werden. So könnten die von einem zum anderen Arbeitsplatz zu transportierenden Unterlagen grundsätzlich sogar gegen eine höhere Produktivität sprechen oder zumindest die Produktivitätsgewinne in gewisser Weise aufzehren. Beispielsweise geben 40,9 % der AbAp-MA an, eine große (31,7 %) bzw. sehr große (9,2 %) Menge an Unterlagen zwischen dem AbAp und dem IbAp hin und her zu transportieren. Befragt, ob dies bei der Durchführung der Arbeit störe, antworten allerdings lediglich 16,2 % der alternierenden Telearbeiter, daß dies eine Behinderung der Arbeit sei. Im Mittel stellen die zu transportierenden Unterlagen keine Behinderung der Arbeit dar (Mittelwert: 4,4; Median: 5). Ebenso wird im Mittel angegeben, die Ar-

---

[1]    Signifikanzniveau: 0,0001; Konfidenzintervall: 95 %.

[2]    Signifikanzniveau: 0,356.

[3]    Der Unterschied zwischen N-AbAp-MA und AbAp-MA ist höchst signifikant zum Niveau 0,0001.

beit nur sehr selten nicht durchführen zu können, weil die dazu notwendigen Unterlagen an dem anderen, nicht genutzten Arbeitsplatz liegen. Demgemäß geben 60,4 % der befragten AbAp-MA an, daß eine Verbesserung der Aufteilung der Arbeitsunterlagen zwischen AbAp und IbAp nicht notwendig sei.

Auch eine schlechtere Technikausstattung am Telearbeitsplatz könnte die Produktivität beeinträchtigen, wenn z. B. die Antwortzeiten am AbAp wesentlich höher als im Unternehmen wären, eine große Anzahl an Systemabstürzen auftreten würde und die Telearbeiter mit dieser Situation sich selbst überlassen blieben. Allerdings geben 81,5 % der AbAp-MA an, daß sie mit der Funktionsfähigkeit ihrer technischen Ausstattung im allgemeinen zufrieden sind. Ferner sind 80,5 % der befragten Personengruppen mit der Software-Ausstattung am AbAp grundsätzlich zufrieden. Im Mittel muß das System einmal pro AbAp-Tag erneut gebootet werden. 29,6 % der alternierenden Telearbeiter geben an, daß ein erneuter Systemstart pro Tag gar nicht notwendig ist, während 39,0 % angeben, daß dies einmal und 20,7 %, daß dies im Durchschnitt zweimal pro Tag notwendig ist.[1] 53,2 % der alternierenden Telearbeiter sind mit der Hilfestellung bei technischen Problemen am Telearbeitsplatz zufrieden bzw. sehr zufrieden. Die praktische Umsetzung der Idee, den Telearbeitsplatz technisch identisch zu dem innerbetrieblichen Arbeitsplatz auszustatten, ist offenbar weitgehend gelungen. Technische Gründe, welche die Produktivität der AbAp-MA einschränken könnten, sind auf der Grundlage der Befragungsergebnisse in einem nur geringen Umfang festzustellen.

Die bislang herangezogenen Befragungsergebnisse sind als erster Indikator einer erhöhten Produktivität am AbAp zu interpretieren. Zur Verdichtung auf eine prozentuale Produktivitätssteigerungsquote sind diese Ergebnisse aber zu grob. Erste Aussagen zu der prozentualen Produktivitätssteigerung läßt die **Analyse der Krankentage** von AbAp-MA und N-AbAp-MA zu. Die Analyse bestätigt tendenziell die Befragungsergebnisse. Die beschrittenen Analysewege zur Ermittlung der Krankentage zeigen bei den Telearbeitern eine geringere Anzahl im Vergleich zu der Kontrollgruppe der Nicht-Telearbeiter. Auf Grundlage der durchgeführten Analysen beträgt dieser Unterschied bei konservativer Quantifizierung ca. 15 %.

Als erster Beurteilungsansatz dient der Vergleich der Krankentage der AbAp-MA im ersten Jahr der Telearbeitsnutzung mit den Krankentagen im Jahr vor Nutzung der Arbeitsform. Konkret wurden die Krankentage von 196 Mitarbeitern, die zum Stichtag

---

[1]    Bei der Interpretation der Antworten ist allerdings zu berücksichtigen, daß das gewählte Antwortraster offenbar zu fein war: Eine sehr große Anzahl von AbAp-MA haben neben ihrem Kreuz in die Antwortvorgabe „Einmal" bzw. „Zweimal" handschriftlich den Zusatz „pro Woche" vermerkt (vgl. zu der Frage Anhang I, Fragebogenseite 17, Frage 3).

der Ermittlung[1] mindestens 365 Tage die alternierende Telearbeit nutzten, über einen Betrachtungszeitraum von 248 Arbeitstage vor und nach der Nutzung der Telearbeit aufsummiert. Hierbei zeigt sich eine deutlich geringere Anzahl an Krankentagen nach Nutzung der alternierenden Telearbeit. Der Rückgang beträgt ca. 18 %.[2] Ohne der kritischen Würdigung in Kapitel 7.4. vorgreifen zu wollen, ist jedoch anzumerken, daß nicht sicher bestimmbar ist, wie hoch der Anteil des Rückganges ist, der kausal auf die Nutzung der alternierenden Telearbeit zurückgeführt werden kann. Daher wurden zwei weitere Analysewege beschritten. Der zweite Ansatz den Krankentagerückgang zu bestimmen, ist die Untersuchung der Krankentage des Unternehmens im ersten Halbjahr des Jahres 1998, getrennt nach AbAp-MA und N-AbAp-MA. Hierbei stellt sich heraus, daß die Krankenquote der AbAp-MA deutlich unter derjenigen der N-AbAp-MA liegt. Der Unterschied beträgt ca. 15 % und bestätigt somit den Trend des ersten Analyseweges. Ein dritter Berechnungsweg zur weiteren Absicherung der Ergebnisse führt über die Analyse der Krankentage des untersuchten VU durch den Bereich Statistik der Abteilung Personal über den Betrachtungszeitraum 1997. Die Krankentage werden dazu für AbAp-MA und N-AbAp-MA nach Geschlechtern getrennt analysiert. Auch dieser Auswertungsweg ergibt für das Jahr 1997 eine geringere Krankentagezahl der AbAp-MA im Vergleich zu den N-AbAp-MA. Der prozentuale Rückgang zwischen AbAp-MA und N-AbAp-MA beträgt hiernach sogar ca. 19 %, wobei die Krankentage der weiblichen Telearbeiter um mehr als ein Viertel (ca. 27 %) und der männlichen Telearbeiter um ca. 16 % geringer sind als die der jeweiligen Vergleichsgruppe von Nicht-Telearbeitern.

Die Produktivitätsanalysen werden schließlich durch die Ergebnisse der **Selbstaufschreibung** und der **EDV-gestützten Produktivitätsmessung** vervollständigt. Auf Basis der Selbstaufschreibung der Prozeßdurchführungszeiten von AbAp-MA in der Kraftfahrtbetriebsabteilung des untersuchten VU wurden die mDz der AbAp-MA, wie im Rahmen der ersten Fallstudie dargestellt, errechnet. Sodann wurde mit Hilfe von *OPAL* das Mengengerüst aus einer im Mai 1998 in dieser Abteilung durchgeführten Geschäftsprozeßanalyse zugrundegelegt und die Personalbedarfe auf Basis der mDz der AbAp-MA und der N-AbAp-MA errechnet. Auf diese Weise kann über alle zu berücksichtigenden Tätigkeiten bzw. Prozesse ein um 5,4 % geringerer Mitarbeiterbedarf auf Grundlage der mDz der AbAp-MA errechnet werden. Würden also die Tätigkeiten und Prozesse der Kraftfahrtbetriebsabteilung nur durch alternierende Telearbeiter

---

[1]    Stichtag der Krankentagezählung war der 01.04.1998.

[2]    Da es sich bei den Krankentagen des Unternehmens um höchst sensible Daten handelt, können die exakten Zahlen zur Berechnung dieser und der folgenden Quoten nicht transparent gemacht werden.

durchgeführt, so könnten aufgrund der schnelleren Bearbeitung rein theoretisch 5,4 % der Mitarbeiter dieser Abteilung eingespart werden.

Die **EDV-gestützte Produktivitätsmessung** setzt nicht bei den Durchführungszeiten, sondern bei den Prozeß- bzw. Tätigkeitsmengen an. Gemessen wurde die Anzahl der technischen Verarbeitungen in der Kraftfahrtbetriebsabteilung getrennt nach N-AbAp-MA und AbAp-MA in der Zeit von März bis Juni 1998 in zeitlichen Abständen von 15 Minuten. Die folgende Tab. 36 gibt einen Auszug aus der Gesamtauswertung wieder.

| Uhrzeit | N-AbAp-MA | | | AbAp-MA | | |
|---------|-----------|---|---|---------|---|---|
| | Durchschnittliche Anzahl MA | Durchschnittliche Anzahl Bearbeitungen | Durchschnittliche Anzahl Bearbeitungen je MA | Durchschnittliche Anzahl MA | Durchschnittliche Anzahl Bearbeitungen | Durchschnittliche Anzahl Bearbeitungen je MA |
| 07.00 | 22,07 | 53,17 | 2,41 | 6,54 | 17,64 | 2,70 |
| 07.15 | 32,93 | 80,55 | 2,45 | 7,79 | 21,13 | 2,71 |
| 07.30 | 40,31 | 98,84 | 2,45 | 8,59 | 23,48 | 2,73 |
| 07.45 | 44,50 | 107,52 | 2,42 | 9,35 | 25,46 | 2,72 |
| 08.00 | 45,48 | 107,12 | 2,36 | 9,68 | 25,18 | 2,60 |
| 08.15 | 47,12 | 110,84 | 2,35 | 10,56 | 29,00 | 2,75 |
| 08.30 | 49,58 | 113,12 | 2,28 | 10,77 | 28,49 | 2,65 |
| 08.45 | 53,31 | 123,40 | 2,31 | 12,03 | 31,95 | 2,66 |
| 09.00 | 57,03 | 126,14 | 2,21 | 11,70 | 30,54 | 2,61 |

*Tab. 36: Verarbeitungsmengen in den Morgenstunden*

In der Tabelle ist erkennbar, daß die AbAp-MA in den Morgenstunden eine höhere durchschnittliche Menge an technischen Tätigkeiten und Prozessen bearbeiten als N-AbAp-MA. Die durchschnittliche Verarbeitungsmenge der AbAp-MA ist in dem dargestellten Zeitabschnitt sowohl an deren AbAp-Tag als auch an deren IbAp-Tag im Vergleich zu den Mengen der N-AbAp-MA höher. Wird die größere durchschnittliche Arbeitsmenge der AbAp-MA an ihrem Arbeitstag zu Hause durch die vorab dargestellten Ergebnisse der Selbstaufschreibung und Befragung erklärbar, ist die größere Menge an Verarbeitungen an dem Arbeitstag im Unternehmen nicht unmittelbar plausibel. Die Projektgruppe vermutet, daß der Zeitpunkt der Postverteilung im Unternehmen mit der Beobachtung zusammenhängt. Während AbAp-MA an ihrem IbAp-Tag die Post vom Vortag vorfinden und daher direkt mit der Arbeit beginnen können, erhalten die N-AbAp-MA die erste Post erst gegen 10.00 Uhr. Unter Berücksichtigung der gesamten Betrachtungszeit läßt sich eine um durchschnittlich 1,8 % größere Menge an technischen Verarbeitungstätigkeiten der AbAp-MA im Vergleich zu den N-AbAp-MA feststellen.

Auf Grundlage der dargestellten Indikatormessungen kann als Ergebnis der Produktivitätsermittlung für das untersuchte VU eine durch die alternierende Telearbeit hervorgerufene **durchschnittliche Produktivitätssteigerung** über alle Tätigkeiten und Prozesse des untersuchten Bereiches von ca. 5 % als vergleichsweise sicher angenommen werden.[1] Eine z. T. durch die Befragungsergebnisse, die prozentualen Krankentagerückgänge und einschlägige Veröffentlichungen naheliegende größere Steigerung ließ sich nicht gesichert nachweisen. Es ist allerdings zu vermuten, daß mit einem höheren Anteil an Arbeit zu Hause, die Produktivität der Telearbeiter tendenziell gesteigert werden kann. Ein größerer Anteil an Arbeit zu Hause wird aber mit einer Zunahme der Isolation der Telearbeiter einhergehen. Valide empirische Forschungsergebnisse, die eine derartige Hypothese stützen, existieren nach Kenntnis d. Verf. allerdings bislang nicht.

### 7.3.3.1.2 Wirtschaftlichkeit des AbAp

Die Wirtschaftlichkeitsbeurteilung des AbAp stützt sich auf eine umfassende **Kostenanalyse**, bei der alle der im theoretischen Teil der Untersuchung identifizierten Auszahlungs-/Kosten- und Einzahlungs-/Einsparungspositionen ihrer Höhe nach erfaßt wurden. Grundlage der Kostenanalyse sind 400 eingerichtete Telearbeitsplätze. Weiterhin konnte festgestellt werden, daß 75 % der frei werdenden Büroräume anderweitig genutzt, und 75 % des eingesparten Mobiliars und der technischen Anlagen tatsächlich anstelle von Neukäufen verwendet werden. Ferner werden für die Jahre 1996, 1997 und 1998 unterschiedliche **Stundenverrechnungssätze**, die vor allem Personalkosten enthalten, zugrundegelegt. Diese sind notwendig, um, wie im Rahmen der Darstellung von Instrumenten zur Erfassung von Prozeßkosten beschrieben,[2] z. B. die Kosten von Arbeitsplatzzusammenlegungen auf der Grundlage der benötigten Zeit bestimmen zu können.

Die **einmaligen Auszahlungen/Kosten** der Telearbeit des untersuchten VU umfassen die Planungs- und Entwicklungskosten sowie weitere einmalige Auszahlungen/Kosten für die zentrale und dezentrale IuK-technische Ausstattung. Da die Telearbeit bereits 1995 im Unternehmen eingeführt wurde, können die Planungs- und Entwicklungskosten nicht mehr exakt bestimmt, sondern nur noch geschätzt werden. Bei der Schätzung sind u. a. die Entwicklungskosten der Telefon-/PC-Anwendung, die Kosten der Informationsgruppe, die zur Unterstützung und Betreuung des Pilotprojektes eingerichtet wurde, die Schulungskosten für ca. 150 Telearbeiter, die Kosten der Entwicklung der Regelungsabrede, aus der die Betriebsvereinbarung hervorgegangen ist sowie

---

[1]     Die im Rahmen der EDV-gestützten Produktivitätsmessung ermittelte Steigerungsquote von 1,8 % berücksichtigt nur technische Verarbeitungstätigkeiten und erfaßt daher nicht die volle Produktivitätswirkung der alternierenden Telearbeit.

[2]     Vgl. Kapitel 5.3.2.

die Kosten des AbAp-Workshops zu berücksichtigen. Die Planungs- und Entwicklungskosten können mit ca. 1.500.000 DM angesetzt werden.

Die Höhe der **weiteren einmaligen AbAp-Auszahlungen/-Kosten** sind grundsätzlich davon abhängig, wie der jeweilige außerbetriebliche Arbeitsplatz ausgestattet ist. Zur Hardwareausstattung eines AbAp zählen Computer, Tastatur, Maus und Monitor. Der Anschaffungspreis für einen PC liegt zwischen 5.000 und 8.300 DM, wobei sich der Preisunterschied durch unterschiedliche Anschaffungszeitpunkte und verschiedene Monitorausstattungen ergibt. Ferner gibt es außerbetriebliche Arbeitsplätze, die aufgrund der Stellenspezifika zusätzlich mit einem Drucker und/oder einem Faxgerät ausgestattet sind. Diese zusätzlichen Hardwarekosten betragen für 400 AbAp ca. 36.000 DM. Darüber hinaus sind Anschaffungskosten für die notwendigen ISDN-Anschlüsse zu berücksichtigen, die sich aus den Kosten der ISDN-Karten, den ISDN-Telefonen sowie den Kosten für die Bereitstellung und Einrichtung der Telefonanlage zusammensetzen. Je AbAp betragen diese Kosten ca. 1.300 DM. Ferner sind Kosten für die Software und die entsprechenden Anwenderprogramme in die Bewertung zu integrieren. Auf Wunsch des Mitarbeiters stellt das Unternehmen nach Möglichkeit die Büroausstattung leihweise zur Verfügung. Hierzu wurden gebrauchte Möbel aus dem Lager genommen, aber z. T. auch neue Möbel angeschafft. Die Kosten der Lagerentnahme und die Anschaffungskosten sind ebenfalls in die Analyse zu integrieren. Ferner sind die Speditionskosten zur Anlieferung der Möbel an den AbAp, die Kosten für die unternehmensinterne Arbeitsplatzzusammenlegung sowie die Kosten für zusätzliches Büromaterial (z. B. Locher, Taschenrechner) anzusetzen. Die einmaligen Auszahlungen/Kosten je alternierenden Telearbeitsplatz liegen in dem betrachteten VU zwischen 7.700 DM und 12.500 DM.

Neben den Planungs- und Entwicklungskosten und den einmaligen Auszahlungen/Kosten entstehen durch die alternierende Telearbeit **laufende Auszahlungen/Kosten**. Im einzelnen setzen sich diese vor allem aus den folgenden Positionen zusammen:

- Kostenpauschale für die Raumbereitstellung und anfallende Nebenkosten (monatlich 100 DM je AbAp)

- Support- und Koordinationskosten (z. B. Betreuung via Hotline, Installation)

- Telekommunikationskosten für den Datenaustausch sowie die Sprachverbindungen zwischen dem Unternehmen und dem AbAp und die ISDN-Grundgebühren (täglich durchschnittlich ca. 47 DM je AbAp)

In Abhängigkeit von der Entfernung des AbAp zum *LVM* liegen die laufenden Aus-
zahlungen/Kosten je Telearbeitsplatz monatlich zwischen 400 DM und 1.600 DM.

Den Auszahlungen/Kosten sind einmalige Einsparungen und laufende Einzahlun-
gen/Einsparungen entgegenzuhalten. Die **einmaligen Einsparungen** ergeben sich vor
allem durch die Zusammenlegung von freigewordenen innerbetrieblichen Arbeitsplätzen, bei der für jeweils zwei AbAp-MA ein physischer Arbeitsplatz im Unternehmen
eingespart werden kann. Das hierdurch zur Verfügung stehende Mobiliar und der PC
können im VU anstelle von Neukäufen eingesetzt werden. Durch die Nutzung der alternierenden Telearbeit konnten zudem Mietkosten für einen Container eingespart
werden, der während umfangreicher Umbaumaßnahmen in der Vergangenheit als
„Büroersatz" hätte angemietet werden müssen. Unter den eingangs getroffenen Annahmen summiert sich das einmalige Einsparungspotential für alle außerbetrieblichen
Arbeitsplätze auf ca. 2.200.000 DM.

Die **laufenden Einsparungen** durch die alternierende Telearbeit umfassen kalkulatori-
sche Mieten für die tatsächlich umgesetzten Raumeinsparungen und die Bereitschafts-
zulage für AbAp-MA, die in der Abteilung DV-Betrieb tätig sind. Bei einem eingetre-
tenen Störfall mußten diese Mitarbeiter vor der Einführung der alternierenden Telearbeit zum Unternehmen fahren, um diesen zu beheben. Durch den AbAp haben die Mitarbeiter die Möglichkeit, die Störfälle von zu Hause aus zu beseitigen, so daß die damit
zusammenhängenden Fahrten zum *LVM* stark zurückgegangen sind. Unter Berücksichtigung von eingesparten freiwilligen Sozialleistungen (z. B. Essengeldzuschuß)
und Überstundenzuschlägen, da Mitarbeiterinnen wegen der Möglichkeit der alternierenden Telearbeit den Mutterschutz frühzeitig beendet haben, ergeben sich monatliche
Einsparungen von ca. 200 DM je AbAp-MA.

In Tab. 37 sind die unter den getroffenen Annahmen ermittelbaren monetären Auswirkungen der alternierenden Telearbeit zusammengefaßt.

| Position | Gesamt 400 AbAp (DM) | Je AbAp (DM) |
|---|---|---|
| ● Planungs-/Entwicklungskosten | 1.500.000 | -*) |
| ● Einmalige Auszahlungen/Kosten<br>(= Einmalige Auszahlungen/Kosten - einmalige Einsparungen) | 1.200.000 | 3.000 |
| ● Laufende Auszahlungen/Kosten je Monat<br>(= Laufende Auszahlungen/Kosten - laufende Einzahlungen/Einsparungen je Monat) | 140.000 | 350 |

*) 　Auf eine Proportionalisierung der größtenteils fixen Planungs-/Entwicklungskosten wurde wegen des nur geringen Aussagegehaltes
verzichtet.

*Tab. 37: Monetäre Auswirkungen der alternierenden Telearbeit*

In der Tabelle wird deutlich, daß die durchschnittlichen Auszahlungen/Kosten des AbAp die realisierbaren Einzahlungen/Einsparungen unter den getroffenen Annahmen übersteigen. Eine explizite Berücksichtigung der Zeit, wie dies durch die Nutzung von dynamischen Investitionsrechenverfahren möglich wird, ist zur Beurteilung des „Investitionsprojektes AbAp" daher nicht notwendig. Unter den getroffenen Annahmen würde sich stets ein negativer Kapitalwert ergeben, der das Investitionsprojekt Telearbeit als nicht wirtschaftlich erscheinen ließe.

Werden bei der Beurteilung der monetären Auswirkungen der alternierenden Telearbeit die

- festgestellte Produktivitätssteigerung von 5 % monetarisiert sowie

- die Planungs- und Entwicklungskosten und eingesparten Containerkosten nicht berücksichtigt, da diese nicht mehr beeinflußbar sind (sunk-costs),

übersteigen die durchschnittlichen laufenden Einzahlungen/Einsparungen, wie Tab. 38 zeigt, die durchschnittlichen laufenden Auszahlungen/Kosten je Monat.

| Position | Gesamt 400 AbAp (DM) | Je AbAp (DM) |
|---|---|---|
| • Einmalige Auszahlungen/Kosten<br>(= Einmalige Auszahlungen/Kosten - einmalige Einsparungen) | 1.800.000 | 4.500 |
| • Laufende Einzahlungen/Einsparungen je Monat<br>(= Laufende Einzahlungen/Einsparungen je Monat - laufende Auszahlungen/Kosten) | 20.500 | 51 |

Tab. 38: Monetäre Auswirkungen der alternierenden Telearbeit unter veränderten Annahmen

Wird unterstellt, daß sich die durchschnittlichen laufenden Einzahlungen/Einsparungen je Monat über einen Planungshorizont von zehn Jahren nicht ändern und der Kalkulationszinssatz 6 % p. a. beträgt, so ergibt sich der Kapitalwert nach (40) ohne Berücksichtigung von Steuerwirkungen zu $K_0 = 10.581$. Auf Basis dieser Annahmen zeigt das ermittelte Ergebnis, daß die Investition gegenüber der Alternative „Nicht-Telearbeit" vorteilhaft ist. Da zukünftig von einem Rückgang der Kosten für die zentrale und dezentrale IuK-technische Ausstattung sowie für die Telekommunikation ausgegangen werden kann, erscheint die Annahme eines zukünftig eher höheren als niedrigeren Kapitalwertes durchaus realistisch.[1]

---

[1]   Auf detaillierte Sensitivitätsanalysen zur Ermittlung der Elastizität des Kapitalwertes in Abhängigkeit von Parameteränderungen wurde an dieser Stelle bewußt verzichtet. Der Nutzen aus der genaueren Information hätte nach Meinung der Projektgruppe die Kosten der Berechnung nicht überstiegen.

Die Kostenanalyse des AbAp zeigt, daß die festgestellten Produktivitätszuwächse der alternierenden Telearbeit mit Kosten in nicht unerheblicher Höhe einhergehen. Diese überwiegen bei dem untersuchten VU die mit der Arbeitsform zusammenhängenden direkt monetär meßbaren Erträge bei weitem. Nur unter der Annahme, daß die Produktivitätszuwächse in voller Höhe als Einsparungen bzw. Erträge berücksichtigt werden können und die Planungs- und Entwicklungskosten vernachlässigt werden, wird der Kapitalwert über einen Planungshorizont von zehn Jahren positiv.[1] Dann ist die alternierende Telearbeit unter den getroffenen Annahmen im engen Sinne wirtschaftlich. Zusammenfassend sind die im Rahmen der arbeitsplatzbezogenen Bewertung der alternierenden Telearbeit festgestellten Produktivitätszuwächse aus Unternehmenssicht als positiv, die Kosten der alternierenden Telearbeit als negativ zu bewerten.

### 7.3.3.2 Ebene II: Unternehmensbezogene Bewertung

#### 7.3.3.2.1 Kurzfristige Betrachtung

Die kurzfristige Betrachtung konzentrierte sich auf die Analyse der Auswirkungen der alternierenden Telearbeit auf die **Arbeitsqualität** und die **Führungskräfteanforderungen**. Die folgenden Aussagen zu den Untersuchungszielen stützen sich auf die Auswertungen der schriftlichen Befragung.

Das im Rahmen der Produktivitätsermittlung dargestellte Ergebnis der größeren Ruhe am Telarbeitsplatz im Vergleich zum Unternehmen legt die Vermutung nahe, daß diese Ungestörtheit neben der Arbeitsgeschwindigkeit auch die Qualität der Tätigkeiten der Telearbeiter am Arbeitstag zu Hause beeinflußt. Bei den AbAp-MA ist in der Tat ein Zusammenhang geringer Stärke zwischen der größeren Ruhe und Ungestörtheit und der **Arbeitsqualität** am Telearbeitsplatz in höchst signifikantem Ausmaß bemerkbar.[2] Neben der Beurteilung der AbAp-MA geben die Einschätzungen der F-AbAp-MA aussagefähige Hinweise auf die Arbeitsqualität der Telearbeiter. Die Beurteilung der F-AbAp-MA zur Qualität der Arbeit von AbAp-MA im Vergleich zu N-AbAp-MA ist in Abb. 99 dargestellt.

---

[1]    Diese Annahmen sind selbstverständlich nur in einer Unternehmenssituation weitgehend realitätsnah, bei der die Arbeitsform Telearbeit im Unternehmen existiert und die im Zusammenhang mit dem vollständigen Ansatz der monetisierten Produktivitätsvorteile diskutierten Annahmen Gültigkeit besitzen.

[2]    Rangkorrelationskoeffizient nach SPEARMAN: 0,303; Signifikanzniveau: 0,0001.

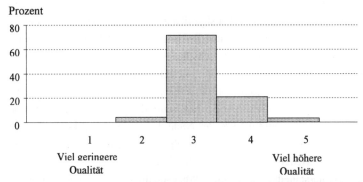

*Abb. 99: Qualität der Arbeit von AbAp-MA aus der Sicht ihrer Führungskräfte im Vergleich zu N-AbAp-MA*

Nahezu drei Viertel (71,5 %) der F-AbAp-MA erkennen keinen Unterschied zwischen der Arbeitsqualität von AbAp-MA und N-AbAp-MA (Mittelwert: 3,2; Median: 3). Etwa ein Viertel (24,4 %) der Befragten stellen aber eine höhere bzw. viel höhere Qualität der Arbeit von AbAp-MA fest. Zwischen der Qualität der Arbeit von Telearbeitern im Vergleich zu der von Nicht-Telearbeitern und der Qualität der AbAp-MA am AbAp-Tag ist ein höchst signifikanter Zusammenhang mittlerer Stärke feststellbar.[1] Damit wird die tendenziell höhere Qualität der Arbeit der Telearbeiter durch die höhere Arbeitsqualität am Arbeitstag zu Hause erklärbar. Diese wird tendenziell, wie Abb. 100 zeigt, von allen Befragtengruppen erkannt.

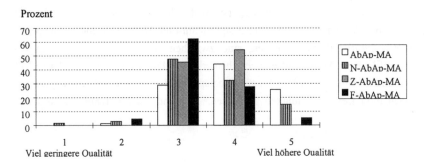

*Abb. 100: Beurteilung der Qualität der Arbeit von AbAp-MA am AbAp im Vergleich zum IbAp*

---

1    Rangkorrelationskoeffizient nach SPEARMAN bei den F-AbAp-MA: 0,560; Signifikanzniveau: 0,0001.

Obgleich die Häufigkeitsverteilungen der Gruppen ähnlich aussehen, unterscheiden sich die Antworten im Mittel höchst signifikant.[1] Zwischen der Beurteilung der AbAp-MA (Mittelwert: 3,94; Median: 4) und Z-AbAp-MA (Mittelwert: 3,55; Median: 4) ergeben sich keine signifikanten Unterschiede.[2] Die Qualität am Telearbeitstag wird im Durchschnitt als höher angegeben. Die Selbsteinschätzung der AbAp-MA unterscheidet sich aber höchst signifikant von derjenigen der F-AbAp-MA und N-AbAp-MA.[3] Rund ein Drittel (33,1 %) der F-AbAp-MA beurteilt die Qualität der Arbeit am AbAp höher bzw. viel höher, und 47,4 % der Nicht-Telearbeiter bescheinigen ihren telearbeitenden Kollegen eine höhere Arbeitsqualität zu Hause. 47,8 % der N-AbAp-MA (Mittelwert: 3,6; Median: 3) und 62,2 % der F-AbAp-MA (Mittelwert: 3,3; Median: 3) sehen keine Unterschiede zwischen der Arbeitsqualität am AbAp und am IbAp.

Neben der Bearbeitungsqualität wurde die Qualität im Sinne von zeitlicher Flexibilität und daraus resultierender höherer Servicebereitschaft der Mitarbeiter über Indikatoren zu dem Nutzungsverhalten der Arbeitsform gemessen. Abb. 101 zeigt die ermittelten Mittelwerte auf das entsprechende Fragenset. Bei der Interpretation dieser und folgender ähnlicher Abbildungen ist zu berücksichtigen, daß Unterschiede in den gleichen Bewertungsstufen nicht interpretierbar sind. In der Abb. 101 müßten die Linien in der gleichen Bewertungsstufe (z. B. bei dem Item „AbAp-MA nutzen den AbAp auch zu unüblichen Zeiten.") genaugenommen übereinander gezeichnet werden. Dies wurde lediglich aus Gründen der besseren Darstellbarkeit unterlassen.

Obgleich die Abb. 101 nur wenig Unterschiede zwischen den Mittelwerten der einzelnen Befragtengruppen offenbart, sind im Detail über alle Items höchst signifikante Antwortunterschiede zwischen den Gruppen feststellbar.[4] Während sich AbAp-MA und N-AbAp-MA über alle Items höchst signifikant und AbAp-MA und F-AbAp-MA mindestens signifikant unterscheiden, sind zwischen AbAp-MA und Z-AbAp-MA keine signifikanten Antwortdifferenzen bemerkbar.[5] Die Mehrheit der AbAp-MA (38,8 %) und Z-AbAp-MA (45,5 %) geben beispielsweise an, den Telearbeitsplatz gar nicht nach ihrer Leistungsfähigkeit zu nutzen,[6] während die Mehrzahl der N-AbAp-

---

[1]     Signifikanzniveau: 0,0001.

[2]     Signifikanzniveau: 0,085.

[3]     Signifikanzniveau jeweils: 0,0001.

[4]     Signifikanzniveau für alle Items jeweils über alle Befragtengruppen stets 0,0001.

[5]     Vgl. zu den Signifikanzniveaus der Items über alle Befragtengruppen detailliert Anhang II.

[6]     Bei den Z-AbAp-MA bezog sich die Fragestellung auf die vermutete zukünftige Nutzung des Telearbeitsplatzes.

MA (32,2 %) und F-AbAp-MA (34,1 %) annimmt, daß dies zumindest zum Teil getan wird. In der Abbildung wird erkennbar, daß AbAp-MA im Mittel ihre Arbeitszeit weitgehend den beruflichen Anforderungen anpassen und den AbAp zum Teil auch zu unüblichen Zeiten nutzen. Somit ist die Qualitätssteigerung nach dieser Befragtengruppe eher aufgrund einer verstärkten Anpassung an die beruflichen Anforderungen und nicht primär durch eine Ausrichtung der Arbeiten an persönlichen „Leistungshochs" zu erklären. Speziell diese Befragungsergebnisse deuten auf eine zeitliche Flexibilität der AbAp-MA hin. Diese haben dann Zeit, wenn der Kunde mit hoher Wahrscheinlichkeit auch z. B. für telefonische Rückfragen zu einem Schadenfall erreichbar ist.

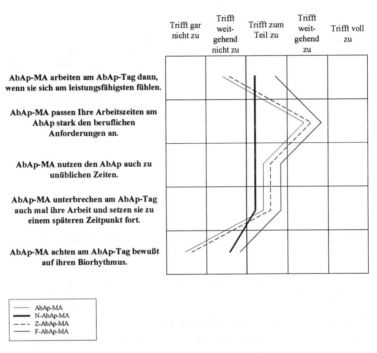

*Abb. 101: Arbeitsverhalten am AbAp*

Neben der Arbeitsqualität waren im Rahmen der kurzfristigen unternehmensbezogenen Betrachtung Aussagen zu den Anforderungen an Führungskräfte von AbAp-MA zu machen. Erste Aussagen zu den spezifischen **Anforderungen an F-AbAp-MA** lassen sich auf der Grundlage einer entsprechenden Frage machen, die allen Befragtengruppen gleichermaßen gestellt wurde. Abb. 102 zeigt die Ergebnisse im Detail.

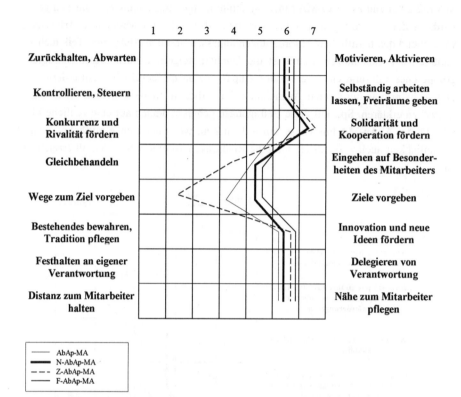

*Abb. 102: „Optimaler Führungsstil" von AbAp-MA aus der Sicht aller
Befragtengruppen*

Bei den Items „Zurückhalten ... Motivieren ...", „Gleichbehandeln ... Besonderheiten ...", „Bestehendes ... Innovation ...", „Festhalten ... Delegieren ..." und „Distanz ...
Nähe ..." können über alle Befragtengruppen keine signifikanten Antwortunterschiede
festgestellt werden.[1] Der „optimale Führungsstil" zur Führung von Telearbeitern soll
sich nach Meinung aller Befragtengruppen demnach durch ein hohes Maße an Motivation, individuelle Behandlung der Telearbeiter und Ideenförderung auszeichnen.
Ferner sollen F-AbAp-MA in der Lage sein, Verantwortung zu delegieren und eine
gewisse Nähe zu den Telearbeitern aufzubauen, obwohl, oder besser gerade weil diese
einen großen Teil ihrer Arbeitszeit nicht im Unternehmen anwesend sind.

---

[1]     Signifikanzniveaus in der Reihenfolge der Nennung der Items: 0,118; 0,051; 0,068; 0,675; 0,468.

Neben den genannten Charakteristika sind für einen ergebnisorientierten Führungsstil vor allem auch die Zielvorgabe (Item „Wege zum Ziel ... Ziele ...“) und die weitgehende Selbständigkeit der Telearbeiter bei ihrer Arbeit (Item „Kontrollieren ... Selbständig ...“) kennzeichnende Merkmale. Bei der Beurteilung der Zielvorgabe sind die Antwortunterschiede zwischen AbAp-MA und F-AbAp-MA sehr signifikant.[1] F-AbAp-MA und N-AbAp-MA beurteilen dieses Item im Mittel nicht signifikant unterschiedlich als wichtiger als die genaue Angabe des Arbeitsweges. Die AbAp-MA entscheiden sich zwischen beiden Extrempositionen durchschnittlich für eine indifferente Position, während die Z-AbAp-MA sogar signifikant stärker zur Vorgabe des Arbeitsweges als des Arbeitsergebnisses tendieren. Obgleich diese Befragtengruppen die Arbeitsform Telearbeit nutzen bzw. in Zukunft nutzen werden, halten sie stärker an der Arbeitswegvorgabe fest als ihre Führungskräfte. Signifikante bzw. höchst signifikante Unterschiede zwischen AbAp-MA und Z-AbAp-MA bzw. F-AbAp-MA sind ebenfalls bei der Beurteilung der Kontrolle der Telearbeiter zu registrieren. 93,7 % der AbAp-MA, 81,8 % der Z-AbAp-MA und 79,4 % der F-AbAp-MA halten einen Führungsstil, der den Telearbeitern eine hohe bzw. sehr hohe Selbständigkeit einräumt, als geeignet zur Führung von AbAp-MA.[2]

Ferner wurden die Führungskräfte von AbAp-MA danach befragt, wie sie ihren eigenen Führungsstil einschätzen. Die Mittelwerte der Antworten dieser Selbstprojektion und der durch die Führungskräfte charakterisierte „optimale Führungsstil“ von AbAp-MA sind in Abb. 103 visualisiert.

Es ist festzustellen, daß die an der Befragung beteiligten F-AbAp-MA im Mittel ihren Führungsstil in weiten Teilen als identisch zu dem von ihnen charakterisierten, zur Führung von AbAp-MA besonders geeigneten Führungsstil ansehen. Demgemäß läßt sich eine höchst signifikante mittlere bzw. hohe Korrelation zwischen der Selbsteinschätzung und dem „optimalen Führungsstil“ bei allen Items ermitteln.[3] Lediglich bei der Zielvorgabe und der Verantwortungsdelegation ergeben sich im Durchschnitt Unterschiede zu dem von ihnen definierten Optimum. Wie stark sich die Selbstreflektion

---

[1]   Signifikanzniveau: 0,006 (vgl. zu den einzelnen Signifikanzniveaus umfassend Anhang III).

[2]   Zur Ermittlung der Prozentwerte wurden alle Antworten gezählt, die in den mit „5“, „6“ und „7“ überschriebenen Feldern der Abb. 102 dieses Items waren.

[3]   Im Detail ergeben sich die folgenden Rangkorrelationskoeffizienten nach SPEARMAN zwischen den jeweils gleichen Items der unterschiedlichen Fragen: „Zurückhalten ... Motivieren“: 0,712; „Kontrollieren ... Selbständig ...“: 0,559; „Konkurrenz ... Solidarität ...“: 0,711; „Gleichbehandeln ... Eingehen ...“: 0,654; „Wege ... Ziele ...“: 0,815; „Bestehendes ... Innovation ...“: 0,752; „Festhalten ... Delegieren ...“: 0,720; „Distanz ... Nähe ...“: 0,719. Die Signifikanzniveaus liegen stets bei 0,0001.

von der Beurteilung durch die AbAp-MA im Mittel unterscheidet ist in Abb. 104 dargestellt.

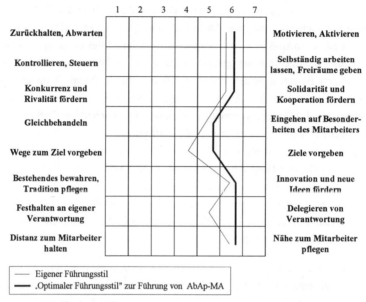

*Abb. 103: Führungsstil der F-AbAp-MA in der Selbstreflektion*

*Abb. 104: Beurteilung des Führungsstils durch F-AbAp-MA und AbAp-MA*

In der Gegenüberstellung wird deutlich, daß die Selbstreflektion in nahezu allen Beurteilungspunkten „besser" ausgefallen ist als die Beurteilung durch die AbAp-MA. Die Telearbeiter charakterisieren ihre Führungskräfte im Mittel insbesondere höchst signifikant zurückhaltender, traditioneller und distanzierter als diese sich selbst.[1] Bei den besonders telearbeitsrelevanten Führungsmerkmalen „Selbständigkeit" und „Zielvorgabe" stimmen die Beurteilungen des Führungsstils durch die AbAp-MA allerdings nahezu vollständig mit dem von ihnen gewünschten Führungsstil überein[2] und sind zudem nicht signifikant unterschiedlich zu der Selbstreflektion der F-AbAp-MA.[3] Der Führungsstil der F-AbAp-MA kann damit auch aus Sicht der AbAp-MA als durchaus „telearbeitstauglich" beurteilt werden.

Da die F-AbAp-MA im Mittel der Meinung sind, daß der von ihnen gelebte Führungsstil optimal zur Führung von AbAp-MA ist, hat er sich auch durch den AbAp nur sehr wenig verändert, wie die folgende Abb. 105 deutlich macht.

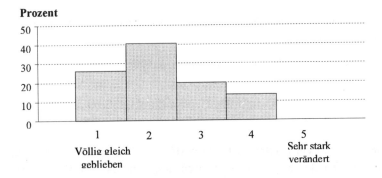

*Abb. 105: Änderung des Führungsstils durch alternierende Telearbeit*

66,7 % der F-AbAp-MA geben an, daß sich ihr Führungsstil durch den AbAp gar nicht oder nur sehr wenig verändert hat (Mittelwert: 2,2; Median: 2). Die Führungskräfte, die eine Änderung angeben, beurteilen diese im Durchschnitt (Mittelwert: 3,3; Median: 4) eher positiv als negativ (vgl. Abb. 106).

---

1   Die Unterschiede sind höchst signifikant zum Niveau 0,0001.

2   Vgl. Abb. 102.

3   Die Signifikanzniveaus sind in der genannten Reihenfolge 0,996 und 0,118.

**Prozent**

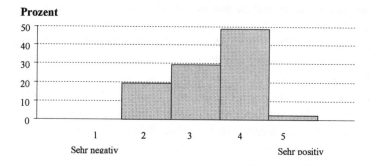

Abb. 106: Beurteilung der Änderung des Führungsstils

Wird die Veränderung als positiv bzw. sehr positiv bewertet, so geben die Führungskräfte in einer entsprechend formulierten offenen Frage dafür hauptsächlich die folgenden Gründe an:

- Kreative organisatorische Lösungen durch AbAp verlangen auf Mitarbeiterebene mehr Verantwortung

- Positive Reaktion der AbAp-MA auf Verantwortungsdelegation wirkt motivierend

- Stärkere und engere Zusammenarbeit und dadurch größerer Zusammenhalt in der Gruppe

Allerdings beurteilt fast ein Fünftel der F-AbAp-MA (19,5 %), die eine Veränderung ihres Führungsstils durch AbAp festgestellt haben (insgesamt ca. 6 % aller F-AbAp-MA) diese als eher negativ. Diese Führungskräfte bemängeln insbesondere den hohen Arbeitsaufwand für zusätzliche Informationsweitergaben (z. B. doppelte Besprechungen) und die Organisation des Tagesgeschäftes (z. B. Übersicht über AbAp- und IbAp-Tage der Mitarbeiter, mehr Rückfragen).

Als Ergebnis der kurzfristigen unternehmensweiten Bewertung des AbAp kann festgehalten werden, daß die Bearbeitungs- und Servicequalität von AbAp-MA leicht höher ist als bei N-AbAp-MA. Führungskräfte von alternierenden Telearbeitern sollen sich durch einen ergebnisorientierten Führungsstil auszeichnen. Dieser Führungsstil wird von den F-AbAp-MA des untersuchten VU nach mehr als drei Jahren nach der ersten Erfahrung mit der innovativen Arbeitsform weitgehend gepflegt. Auf der Grundlage der Befragungsergebnisse ist der AbAp, bezogen auf die Arbeitsqualität und die Erfüllung der Führungskräfteanforderungen, daher als positiv zu bewerten.

## 7.3.3.2.2 Langfristige Betrachtung

Die langfristige unternehmensweite Bewertung des AbAp erstreckt sich über die Analyse der **Akzeptanz** des AbAp im Unternehmen, der **sozialen Einbindung** der AbAp-MA und der **langfristigen Bindung** der AbAp-MA an das untersuchte VU fast vier Jahre nach der ersten Erfahrung mit der alternierenden Telearbeit. Auch diese Bewertung erfolgt auf der Grundlage der schriftlichen Befragung.

Zur direkten **Beurteilung des AbAp** wurde im Rahmen des Projektes das Image der Telearbeit bei dem *LVM*, verstanden als die Assoziation, welche die Befragten mit dem Begriff „Außerbetrieblicher Arbeitsplatz" verbinden, gemessen. Dazu wurde ein telearbeitspezifisches Multi-Item-Profil entwickelt[1] und den verschiedenen Befragtengruppen vorgelegt. Das Ergebnis ist in der folgenden Abb. 107 dargestellt. Die gegensätzlichen Begriffspaare sind so geordnet, daß die tendenziell negativen Begriffe auf der linken und die eher positiven Begriffe auf der rechten Seite des Profils zu finden sind. Damit wird auf den ersten Blick deutlich, daß das Image des AbAp bei allen Befragtengruppen im Mittel gut ist: Alle Beurteilungen liegen unmittelbar nebeneinander und ausschließlich im positiven rechten Bereich des Profils. Die Arbeitsform alternierende Telearbeit wird von AbAp-MA, N-AbAp-MA, Z-AbAp-MA und F-AbAp-MA fast vier Jahre nach ihrer ersten Einführung im Mittel als eindeutig positiv beurteilt und gleichermaßen angenommen. Bei genauerer Analyse sind lediglich bei den Beurteilungen der Items „unmodern - modern" und „alt - neu" keine signifikanten Antwortunterschiede über alle Befragtengruppen feststellbar.[2] Alle Befragtengruppen charakterisieren den AbAp als neu und modern. Alle anderen Beurteilungen der Items unterscheiden sich zwischen den Befragtengruppen sehr bzw. höchst signifikant.[3] Die Z-AbAp-MA beurteilen die alternierende Telearbeit im Durchschnitt in weiten Teilen gleich positiv oder positiver (vgl. z. B. „interessant", „miteinander", „natürlich") als die anderen Befragtengruppen.[4] Dies läßt sich vermutlich dadurch erklären, daß die Arbeitsform für die Z-AbAp-MA neu und damit noch von einem besonderen Reiz und mit ganz speziellen Erwartungen verbunden ist, während die AbAp-MA und F-AbAp-MA aufgrund ihrer praktischen Erfahrung mit der Arbeitsform eine nüchternere Einstellung entwickelt haben. Ferner ist bemerkenswert, daß die Arbeitsform von den N-

---

[1]  Vgl. ähnlich auch Glaser/Glaser 1995, S. 42f.

[2]  Signifikanzniveaus in dieser Reihenfolge: 0,179 u. 0,104.

[3]  Die Niveaus im Detail über alle Befragtengruppen: „gewöhnlich - ungewöhnlich": 0,006; „bürokratisch - unbürokratisch": 0,0001; „konservativ - progressiv": 0,006. Alle übrigen Signifikanzniveaus (bis auf die bereits genannten Ausnahmen) errechnen sich zu 0,0001.

[4]  Vgl. zu den einzelnen Signifikanzniveaus zwischen zwei Befragtengruppen im Detail Anhang IV.

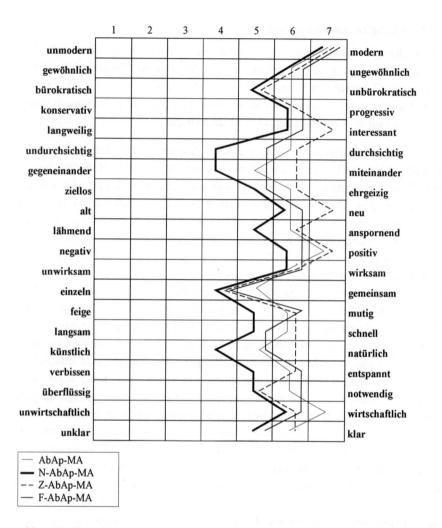

| | 1 | 2 | 3 | 4 | 5 | 6 | 7 | |
|---|---|---|---|---|---|---|---|---|
| unmodern | | | | | | | | modern |
| gewöhnlich | | | | | | | | ungewöhnlich |
| bürokratisch | | | | | | | | unbürokratisch |
| konservativ | | | | | | | | progressiv |
| langweilig | | | | | | | | interessant |
| undurchsichtig | | | | | | | | durchsichtig |
| gegeneinander | | | | | | | | miteinander |
| ziellos | | | | | | | | ehrgeizig |
| alt | | | | | | | | neu |
| lähmend | | | | | | | | anspornend |
| negativ | | | | | | | | positiv |
| unwirksam | | | | | | | | wirksam |
| einzeln | | | | | | | | gemeinsam |
| feige | | | | | | | | mutig |
| langsam | | | | | | | | schnell |
| künstlich | | | | | | | | natürlich |
| verbissen | | | | | | | | entspannt |
| überflüssig | | | | | | | | notwendig |
| unwirtschaftlich | | | | | | | | wirtschaftlich |
| unklar | | | | | | | | klar |

— AbAp-MA
— N-AbAp-MA
-- Z-AbAp-MA
— F-AbAp-MA

*Abb. 107: Charakterisierung des AbAp aus Sicht unterschiedlicher Befragtengruppen*

AbAp-MA im Durchschnitt über alle Items gleich positiv oder negativer beurteilt wird. Aus der Sicht der N-AbAp-MA scheint der AbAp eher „undurchsichtig", „gegenein-ander", „lähmend", „negativ", „feige", „langsam", „künstlich" und „verbissen" zu sein als aus der Sicht der anderen Befragtengruppen. Dieses Ergebnis weist auf einen Auf-klärungsbedarf bei den N-AbAp-MA über die Arbeitsform und den typischen Ablauf eines Telearbeitstages, der u. U. von einigen als Urlaubstag mißverstanden wird, hin. Es könnte jedoch auch auf den Umstand zurückzuführen sein, daß kurzfristig anfallen-de, dringende Arbeitsaufgaben naturgemäß nur von anwesenden Mitarbeitern durchgeführt werden können. Bei einer großen Menge solcher „ad hoc-Tätigkeiten" würden die N-AbAp-MA folglich durch die Existenz der alternierenden Telearbeit zusätzlich belastet, was zu einer negativeren Einstellung dieser Mitarbeitergruppe gegenüber der Arbeitsform führen könnte.

Neben dem Multi-Item-Profil kann als Indikator der guten Erfahrungen mit der Arbeitsform und einer daraus resultierenden hohen Akzeptanz des AbAp die Anzahl der bisherigen Beendigungen bzw. Auflösungen von Telearbeitsplätzen herangezogen werden. Von der ersten Einführung des AbAp im Jahre 1995 bis zum Juli 1998 sind insgesamt 28 außerbetriebliche Arbeitsplätze (ca. 7 % der Bezugsbasis) aufgelöst worden. Diese geringe Anzahl zeigt in Kombination mit den in Tab. 39 dargestellten Auflösungsgründen eine sehr hohe Akzeptanz der Arbeitsform.

| Gründe der AbAp-Beendigungen | Prozentualer Anteil |
|---|---|
| • Versetzung in andere Abteilung | 32,2 |
| • Eintritt in ruhendes Arbeitsverhältnis (Mutterschutz) | 25,0 |
| • Beförderung | 17,9 |
| • Verrentung | 7,1 |
| • Fachliche Probleme des Mitarbeiters | 7,1 |
| • Persönliche Gründe des Mitarbeiters | 7,1 |
| • Kündigung des Arbeitsverhältnisses | 3,6 |

*Tab. 39: Gründe für Auflösungen des außerbetrieblichen Arbeitsplatzes*

Nur in ca. 14 % der Beendigungen waren fachliche oder persönliche Gründe des Telearbeiters ausschlaggebend für die Beendigung. In nahezu allen anderen Fällen gab es Gründe, die in (positiven) Veränderungen im Umfeld des Mitarbeiters lagen, dazu zählen insbesondere Ernennungen, Versetzungen in andere Abteilungen oder auch der Eintritt in den Mutterschutz. Die geringe absolute Außlösungsanzahl und der Umstand, daß die Auflösungen überwiegend keine fachlichen oder arbeitsformbedingten Gründe hatten, können als Indikator einer hohen Akzeptanz bei den AbAp-MA und auch bei F-AbAp-MA gedeutet werden.

Bei der **sozialen Einbindung** der AbAp-MA war zu untersuchen, ob die Telearbeit zu einer vermehrten Isolation und dem Rückgang des Kontaktes zwischen AbAp-MA und N-AbAp-MA führt. Darüber hinaus geben die Informiertheit der AbAp-MA und die Erreichbarkeit von Zielen informeller Kommunikation mit AbAp Aufschluß über die Nähe der AbAp-MA zur Restbelegschaft des untersuchten VU. Zur Erreichung dieses Untersuchungszieles wurden den AbAp-MA und den N-AbAp-MA zunächst die beiden Fragen

- „Sprechen Sie mit Ihren Arbeitskollegen über private Dinge?" und

- „Treffen Sie sich mit Ihren Arbeitskollegen privat?",

gestellt. Es läßt sich kein statistisch signifikanter Unterschied zwischen den Antworten der beiden Befragtengruppen feststellen,[1] wodurch die Hypothese bestätigt wird, daß die alternierende Telearbeit keinen bedeutenden Einfluß auf den privaten Kontakt der AbAp-MA und N-AbAp-MA hat. Die Mitarbeiter wurden aber auch direkt nach der Veränderung des privaten Kontaktes durch den AbAp befragt. Die Antworten gibt Abb. 108 wieder.

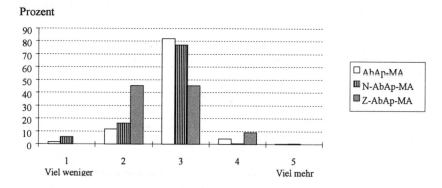

Abb. 108: Veränderung des privaten Kontaktes durch AbAp

Obgleich im Mittel (Median für alle Befragtengruppen: 3) der private Kontakt der Mitarbeiter untereinander durch den AbAp unverändert ist, bestehen höchst signifikante Antwortunterschiede zwischen den Gruppen.[2] Im Detail sind zwischen N-AbAp-MA und F-AbAp-MA keine signifikanten Unterschiede feststellbar, während AbAp-MA und N-AbAp-MA höchst signifikant und AbAp-MA und F-AbAp-MA signifikant differieren.[3] 11,8 % der befragten AbAp-MA und 16,4 % der N-AbAp-MA geben eine leichte Abnahme des privaten Kontaktes an. 1,6 % der AbAp-MA und 5,7 % der N-AbAp-MA registrieren einen sehr starken Rückgang. Die Mehrheit der Mitarbeiter, die eine Abnahme des privaten Kontaktes angeben, bedauern diese jedoch, wie Abb. 109 zeigt.

---

[1]   Signifikanzniveaus in der Reihenfolge der Fragen: 0,150 u. 0,439.

[2]   Signifikanzniveau: 0,001.

[3]   Signifikanzniveaus in der genannten Reihenfolge: 0,298; 0,0001 u. 0,034.

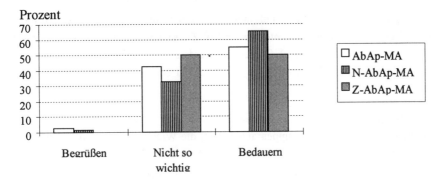

*Abb. 109: Einstellung zur Abnahme des privaten Kontaktes*

65,6 % der N-AbAp-MA, 55,0 % der AbAp-MA, und 50 % der Z-AbAp-MA bedauern den Rückgang des privaten Kontaktes durch die Einführung der alternierenden Telearbeit im Unternehmen.

Ein weiterer Indikator der sozialen Einbindung der AbAp-MA ist deren Informationsstand. Abb. 110 gibt Aufschluß darüber, wie die unterschiedlichen Befragtengruppen den Informationsstand der AbAp-MA im Vergleich zu N-AbAp-MA beurteilen.

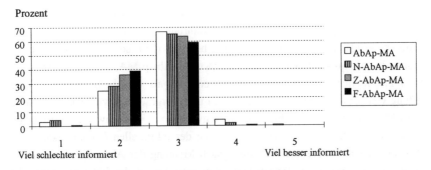

*Abb. 110: Informationsstand von AbAp-MA im Vergleich zu N-AbAp-MA aus Sicht aller Befragtengruppen*

Obwohl im Mittel der Informationsstand von allen Befragtengruppen als gleich beurteilt wird (Median für alle Befragtengruppen: 3), wird eine linksschiefe Häufigkeitsverteilung der Antworten in der Abbildung deutlich, die auch in den Mittelwerten der Gruppen zum Ausdruck kommt. Die Mittelwerte der AbAp-MA, N-AbAp-MA, Z-AbAp-MA und F-AbAp-MA errechnen sich in dieser Reihenfolge zu 2,8, 2,7, 2,6 und 2,6. Demgemäß geben 28,1 % der AbAp-MA die eigene schlechtere bzw. viel schlechtere Informiertheit an, während 32,7 % der N-AbAp-MA, 36,4 % der Z-AbAp-MA und 39,7 % der befragten Führungskräfte den Informationsstand der AbAp-MA als schlechter bzw. viel schlechter beurteilen. Zwischen den Befragtengruppen kann kein signifikanter Unterschied festgestellt werden,[1] so daß ein leicht schlechterer Informationsstand von AbAp-MA im Vergleich zu N-AbAp-MA konstatiert werden kann.

Ein ähnliches Ergebnis läßt sich für die informelle Kommunikation ableiten. Zunächst wurden dazu die Befragtengruppen angehalten, die Wichtigkeit von unterschiedlichen Zielen der informellen Kommunikation anzugeben, bevor sie deren Erreichbarkeit am AbAp zu beurteilen hatten. Die Ergebnisse dieses Fragenkomplexes zeigen die Abbildungen 111 und 112. Erkennbar wird zunächst, daß die informelle Kommunikation im Durchschnitt von den AbAp-MA als grundsätzlich wichtig für ihre Arbeit angesehen wird. Lediglich bei der Beurteilung der Ermittlung eines günstigsten Zeitpunktes für die eigenen Pläne herrscht kein signifikanter Unterschied zwischen den Befragtengruppen.[2] Insbesondere die Ziele informeller Kommunikation, die sich im weitesten Sinne auf den Kontakt mit Kollegen beziehen, werden von den AbAp-MA als wichtig beurteilt. Nach dieser Gewichtung ist in Abb. 112 eine höchst unterschiedliche Beurteilung der Wichtigkeit der Ziele der informellen Kommunikation durch die einzelnen Befragtengruppen erkennbar, die ihren Ausdruck auch in den sehr bzw. höchst signifikanten Antwortunterschieden findet.[3] Nach der Beurteilung der F-AbAp-MA sind alle Ziele im Mittel am AbAp schwerer zu erreichen. Auch wenn die neuesten Entwicklungen und „Gerüchte" in Erfahrung zu bringen von den Befragten im Mittel nicht als wichtig oder sehr wichtig beurteilt wird, so finden doch mehr als die Hälfte der AbAp-MA (57,1 %) und 72,2 % der F-AbAp-MA, daß der AbAp dieses Ziel der informellen Kommunikation erschwert. Das als wichtig beurteilte Ziel der Schaffung von persönlicher Nähe zu Kollegen und Vorgesetzten wird von 84,9 % der F-AbAp-MA und 69,8 % der AbAp-MA als schwerer bzw. viel schwerer zu realisieren eingeschätzt. Bei den übrigen genannten Zielen der informellen Kommunikation hat die Nutzung der alternierenden Telearbeit nach Meinung der AbAp-MA keinen Einfluß auf die Zielerreichung. Jedoch beurteilen zwei Drittel der Führungskräfte, daß kollegiale Fachgespräche durch die Telearbeit schwerer bzw. viel schwerer zu führen sind. Obgleich die soziale Einbindung der AbAp-MA insgesamt als gut beurteilt wer-

---

[1]   Signifikanzniveau: 0,069.

[2]   Die Signifikanzniveaus sind über alle Befragtengruppen im Detail: „... „Gerüchte" ...": 0,002; „... Zeitpunkt ...": 0,073; „... Unterstützung ...": 0,006; „... Nähe ...": 0,0001; „... Fachgespräche ...": 0,002.

[3]   Die Signifikanzniveaus sind über alle Befragtengruppen im Detail: „... „Gerüchte" ...": 0,001; „... Zeitpunkt ...": 0,002; „... Unterstützung ...": 0,0001; „... Nähe ...": 0,0001; „... Fachgespräche ...": 0,0001.

den kann, ist bei dem Informationsstand der AbAp-MA und der informellen Kommunikation eine gewisse Verschlechterung der Situation der AbAp-MA festzustellen. Das persönliche Wort kann offenbar nur zum Teil durch das Telefon und die moderne IuK-Technik ersetzt werden. Naturgemäß versagen diese Kommunikationswege, wenn Ziele der informellen Kommunikation zu erreichen sind, die einen hohen Grad an sozialer Kohäsion erfordern.

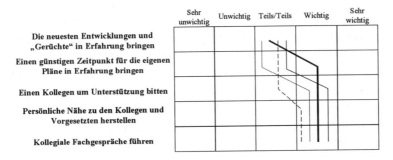

*Abb. 111: Wichtigkeit von Zielen informeller Kommunikation für die Arbeit*

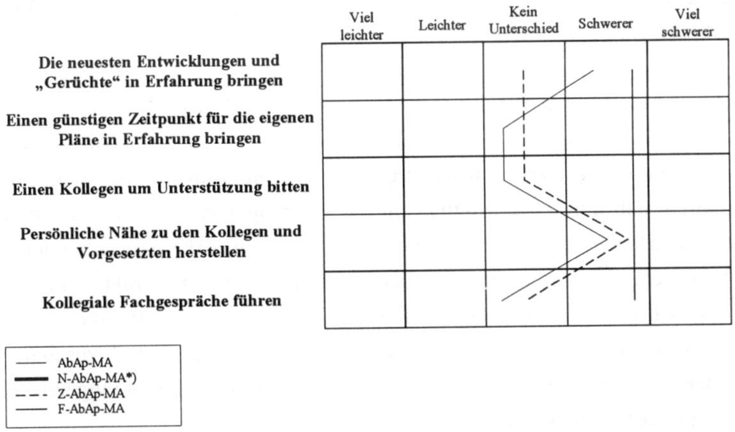

*Abb. 112: Erreichbarkeit der Ziele informeller Kommunikation am AbAp*

*) Die N-AbAp-MA wurden nicht nach der Erreichbarkeit der Ziele informeller Kommunikation am AbAp befragt.

Obgleich keine Zeitraumuntersuchung, sondern lediglich eine Zeitpunktbefragung durchgeführt wurde, können dennoch Tendenzaussagen zu der **langfristigen Bindung** der AbAp-MA an das Unternehmen gemacht werden.[1] Als Indikatoren zur Beurteilung des zu untersuchenden Sachverhaltes kann die Attraktivität des *LVM* als Arbeitgeber und die Vereinbarkeit von Familie und Beruf durch das Angebot eines außerbetrieblichen Arbeitsplatzes herangezogen werden. Die überwiegende Mehrheit aller Befragten hat eine **positive Einstellung zum untersuchten VU**. Durch die alternierende Telearbeit ist die Attraktivität des untersuchten VU als Arbeitgeber aus Sicht von allen Z-AbAp-MA, 83,4 % der AbAp-MA, 77,2 % der F-AbAp-MA und 74,0 % der N-AbAp-MA stark bzw. sehr stark gestiegen. Bei 73,8 % der AbAp-MA ist die Arbeitszufriedenheit durch Telearbeit stark bzw. sehr stark gestiegen, und 83,1 % dieser Befragtengruppe erkennen eine gesteigerte bzw. stark gesteigerte Flexibilität bei der Arbeit durch die Nutzung des AbAp. 66,0 % der AbAp-MA können durch den AbAp selbständiger arbeiten. Allerdings sind lediglich 10,0 % der AbAp-MA der Meinung, daß die Telearbeit zu einer Steigerung der beruflichen Qualifikation führt. Aber auch nur 6,7 % der Telearbeiter sehen eine schlechtere bzw. viel schlechtere Beurteilung der eigenen Leistung im Vergleich zu Nicht-Telearbeitern durch die Nutzung der Arbeitsform.

Nahezu drei Viertel (72,7 %) der AbAp-MA bemerken, daß sie **Familie und Beruf** durch die Telearbeit besser bzw. erheblich besser vereinbaren können. Das Übertragen von Berufstreß auf die Familie und die Zunahme an familiären Streitereien durch den AbAp wird demgemäß nur von 0,3 % bzw. 0 % der AbAp-MA erlebt. 15,8 % der Telearbeiter haben durch die Arbeitsform mehr bzw. viel mehr Zeit für private Kontakte. Ferner ist bemerkenswert, daß seit 1995 dreizehn Mitarbeiterinnen aufgrund der Möglichkeit der Nutzung der Telearbeit frühzeitig ihren Erziehungsurlaub beendet haben. Es ist festzuhalten, daß durch die Möglichkeit der Nutzung von Telearbeit das untersuchte VU als Arbeitgeber attraktiver geworden ist. Durch die Arbeitsform können die private und berufliche Sphäre besser vereinbart werden. Bei einem attraktiven Arbeitgeber, der ein flexibles und selbständiges Arbeiten ermöglicht, ist die Wahrscheinlichkeit, daß Mitarbeiter das Unternehmen verlassen grundsätzlich gering einzuschätzen. Die Bindung der AbAp-MA an das untersuchte VU wird aufgrund der herangezogenen Indikatoren eher enger als lockerer.

Werden die Ergebnisse der langfristigen, unternehmensweiten Ebene zusammengefaßt, so ist die Akzeptanz des AbAp bei allen Mitarbeitergruppen als hoch bis sehr hoch zu beurteilen. Lediglich bei den N-AbAp-MA ist eine tendenziell schwächere Akzeptanz festzustellen. Die soziale Einbindung der Telearbeiter ist als grundsätzlich hoch zu be-

---

[1]    Vgl. auch die Grenzen der Fallstudie in Kapitel 7.4.2.

werten, obgleich bei den AbAp-MA, aufgrund ihrer temporären Abwesenheit vom Unternehmen, ein gewisses Informationsdefizit, welches sowohl die formelle als auch die informelle Kommunikation umfaßt, ermittelt werden konnte. Die zeitweise Abwesenheit führt nicht dazu, daß die Bindung der AbAp-MA an das VU weniger wird. Vielmehr erfüllt die Telearbeit in hohem Maße die Anforderungen der Mitarbeiter an einen flexiblen und modernen Arbeitsplatz und bindet sie daher enger an das Unternehmen, das diese Arbeitsform offeriert. Auf der Grundlage der vorliegenden Analyseergebnisse ist die alternierende Telearbeit über alle zugrundegelegten Indikatoren der langfristigen unternehmensweiten Bewertung positiv zu beurteilen.

### 7.3.3.3 Ebene III: Gesellschaftsbezogene Bewertung

Bei der gesellschaftlichen Bewertung des AbAp standen **ökologische** und **gesundheitliche** Auswirkungen der alternierenden Telearbeit im Mittelpunkt der Analyse, die auf der Grundlage der Befragungergebnisse beurteilt werden.

Da in der Literatur weitgehend Einigkeit darüber herrscht, daß Telearbeit in hohem Maße zur Verkehrsentlastung und dadurch zu einer Verminderung der durch den Verkehr verursachten Schadstoffemissionen und Immissionen führt, war es von Interesse, Aussagen über die ökologischen Auswirkungen des AbAp zu machen. Daher bezog sich ein Fragebogenteil ausschließlich auf diesen Aspekt. Die an der Befragung beteiligten AbAp-MA wohnen in der in Abb. 113 dargestellten Entfernung zum untersuchten Unternehmen.

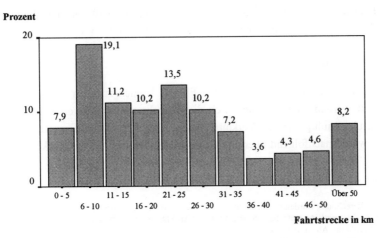

*Abb. 113: Einfache Fahrtstrecke der alternierenden Telearbeiter zum LVM*

Wird der Versuch unternommen, aus diesen Ergebnissen die eingesparten Kilometer pro Jahr zu errechnen, so ergibt sich, daß 400 AbAp-MA im Durchschnitt eine Strecke von jährlich ca. 1.800.000 Kilometern weniger fahren.[1] Da ca. 80 % der Strecke mit dem PKW oder Motorrad zurückgelegt werden, sind ca. 1.440.000 km direkt emissions- und immissionsmindernd. Diese Distanz ist allerdings zunächst eine Bruttoersparnis, die durch weitere Befragungsergebnisse korrigiert werden muß. Vor der Einführung der alternierenden Telearbeit nutzten 59,1 % der AbAp-MA für ihren Arbeitsweg einen PKW oder ein Motorrad alleine, und 20,8 % der Befragten fuhren in Fahrgemeinschaften zum *LVM*. Mit AbAp ist der Anteil an Fahrgemeinschaften auf 15,7 % zurückgegangen und der Anteil der „Alleinfahrer" auf 65,2 % gestiegen. Ferner führen 17,1 % der AbAp-MA zusätzliche Fahrten für Erledigungen durch, die sie vorher auf dem Weg zur Arbeit vorgenommen haben. Die durchschnittliche Länge dieser Fahrten addiert sich zu ca. 19 km pro Woche. Bei nahezu der Hälfte der Befragten (46,2 %) wird der PKW, wenn er nicht von ihnen zu Fahrten zum Unternehmen genutzt wird, von anderen Haushaltsangehörigen genutzt. Diese Fahrten betragen im Durchschnitt 72 km pro Woche. Werden die Zusatzfahrten auf 400 AbAp-MA umgerechnet, ergibt dies eine Strecke von ca. 640.000 km pro Jahr.[2] Damit kann die durchschnittliche, theoretische emissions- und immissionswirksame Nettoersparnis auf Grundlage der getroffenen Annahmen und der Befragungsergebnisse mit ca. 800.000 km pro Jahr kalkuliert werden.

Insgesamt bleibt daher festzustellen, daß der AbAp unter ökologischen Gesichtspunkten sehr positiv zu bewerten ist. Die Ergebnisse der Erstauswertung der gesundheitlichen Fragen an die Befragtengruppen deuten zudem an, daß von der alternierenden Telearbeit positive gesundheitliche Folgen zu erwarten sind.

### 7.3.3.4 Gesamtbewertung

Die Einzelwertungen der verschiedenen Ebenen können zu einer Gesamtbeurteilung aggregiert werden. Dies könnte durch die Vergabe von Punktwerten und einer anschließenden multiplikativen Verknüpfung der Werte zu einem Gesamtpunktwert erfolgen, wurde nachfolgend aber aus Gründen der besseren Darstellbarkeit in Matrix-

---

[1]    Zur Berechnung wurden die folgenden realitätsnahen Annahmen getroffen:
       • Durchschnittliche einfache Fahrtstrecke der AbAp-MA zum *LVM*: 21 km
       • Anzahl der AbAp-MA: 400
       • Arbeitstage pro Jahr: 220

[2]    Zur Berechnung wurde unterstellt, daß 44 Wochen pro Jahr gearbeitet wird. Der festgestellte Rückgang an Fahrgemeinschaften und die Zunahme an „Alleinfahrern" sind in den Zusatzfahrten nicht berücksichtigt.

form vorgenommen. Abb. 114 zeigt das Gesamtergebnis der dreistufigen Bewertung des AbAp.

| Ebene | Untersuchungsziel | Bewertung | | | | |
|---|---|---|---|---|---|---|
| | | sehr negativ | negativ | neutral | positiv | sehr positiv |
| I | ● Produktivität | -- | - | 0 | + | ++ |
| | ● Wirtschaftlichkeit | -- | | 0 | + | ++ |
| II | ● Arbeitsqualität | -- | - | 0 | | ++ |
| | ● Führungskräfteanforderungen | -- | - | 0 | | ++ |
| | ● Akzeptanz des AbAp | -- | - | 0 | | ++ |
| | ● Soziale Einbindung der AbAp-MA | -- | - | 0 | | ++ |
| | ● Langfristige Bindung der AbAp-MA | -- | - | 0 | | ++ |
| III | ● Ökologische Auswirkungen | -- | - | 0 | + | ++ |
| | ● Gesundheitliche Auswirkungen | -- | - | 0 | + | ++ |

++ = sehr hoch     + = hoch     0 = keine Änderung / Indifferent     -- = sehr gering     - = gering

*Abb. 114: Gesamtbewertung des AbAp*

Werden die Einzelergebnisse zu einer Gesamtbewertung verknüpft, so ergibt sich eine insgesamt positive Beurteilung der alternierenden Telearbeit. Bis auf die Wirtschaftlichkeit i. e. S. werden alle Untersuchungsziele positiv bis sehr positiv bewertet. Im Rahmen der Matrixdarstellung werden alle Beurteilungskriterien zwangsläufig als gleich wichtig interpretiert. In praxi wird im allgemeinen „harten" Kostendaten ein größeres Gewicht beigemessen als „weichen" Akzeptanzfaktoren, so daß die schlechte Bewertung der Kostensituation des AbAp das Gesamtergebnis negativ beeinflussen würde. Wird aber die Produktivitäts- und Wirtschaftlichkeitsbewertung durch die Monetarisierung der Produktivitätseffekte zusammengefaßt - was unter Beachtung der gesetzten Annahmen durchaus wirklichkeitsnah sein kann - ergibt sich eine eher positive Beurteilung der arbeitsplatzbezogenen Bewertung der alternierenden Telearbeit. Mathematisch exakt werden unterschiedliche Prioritäten der Einzelziele der Bewertung über verschiedene Zielgewichtungen erfaßt, mit denen dann die vergebenen Punktwerte multipliziert werden. Diese gewichteten Punktwerte würden sodann additiv zu einem Gesamtpunktwert verknüpft. Da im Rahmen dieser Fallstudie jedoch von einer Gleichgewichtung der Beurteilungskriterien ausgegangen wird, spiegelt die obige Matrix das Untersuchungsergebnis in zutreffender Form wider. Die alternierende Telearbeit in der untersuchten Form und umsetzungsweise ist somit zur zielgerichteten Gestaltung von Geschäftsprozessen in Versicherungsunternehmen geeignet.

## 7.4     Grenzen der praktischen Untersuchungen

Die Ergebnisse der beiden Fallstudien und vor allem ihre Interpretationen sind vor dem Hintergrund der praktischen Durchführung des Konzeptes der Geschäftsprozeßoptimierung in Versicherungsunternehmen durchgeführt worden. Fallstudienübergreifend kann daher zunächst festgestellt werden, daß keines der beiden Projekte alle Phasen des in Kapitel 4. entwickelten Modells der GPO umfaßt und damit keine vollständige Anwendung im engen Sinne erfolgt ist. Wenn auch das konstruierte Modell eine solche unternehmensindividuelle Anpassung ausdrücklich zuläßt und aufgrund des Phasencharakters sogar begünstigt,[1] so ist dennoch festzustellen, daß in den durchgeführten Phasen nicht alle im theoretischen Teil der Untersuchung thematisierten Instrumente angewendet und die zum Einsatz gelangenden Instrumente nicht stets exakt in der vorgestellten theoretischen Ausgestaltung verwendet wurden. Damit werden die Instrumente in gewisser Weise aus dem Kontext der theoretischen Konzeption gelöst und bedarfsweise modifiziert. Vor allem dies und die geringe Anzahl an Fallstudien im Rahmen dieser Untersuchung verhindern, daß die Darstellungen dieses Kapitels als empirische Absicherung der theoretischen Konzeption der GPO im wissenschaftlichen Sinne angesehen werden können. Die Fallstudien haben damit **beispielhaften Charakter** und erlauben keine Verallgemeinerung der praktischen Untersuchungsergebnisse. Im Folgenden werden die wichtigsten Unterschiede zwischen der praktischen Durchführung und der theoretischen Konzeption fallstudienbezogen diskutiert.

### 7.4.1  Grenzen der Fallstudie I

Zur Beseitigung des Zielkonfliktes zwischen der Prozeßökonomie und der Ressourcenökonomie wurde im theoretischen Teil der Untersuchung zunächst ein strategischer Bezugsrahmen entwickelt, mit dessen Hilfe die Ziele der GPO systematisch aus den Oberzielen von VU abgeleitet werden konnten.[2] In diesem Zusammenhang sind die der Fallstudie I zugrundeliegenden Projektziele der Projektgruppe vorgegeben worden, ohne deren **Bezug zu den übergeordneten Unternehmenszielen** deutlich zu machen. Ferner wurde keine Konkretisierung der Ziele im Sinne einer quantifizierten Zielvorgabe (z. B. Senkung der Prozeßkosten um x %) vorgenommen und das Ziel der Steigerung der Prozeßqualität scheinbar völlig vernachlässigt. Die genannten Unterschiede zur theoretischen Konzeption der GPO ergeben sich direkt aus der Fokussierung des Projektes auf die Bestimmung des prozeßorientierten Personalbedarfs und erst darauf aufbauend auf die Optimierung des betrachteten Geschäftsprozesses. Dadurch war das

---

[1]     Vgl. Kapitel 4.

[2]     Vgl. ausführlich Kapitel 2.

Projekt von Beginn an nicht als Kostensenkungs- bzw. Personalabbauprojekt, sondern vielmehr als Untersuchung zur Bestimmung des Ist-Zustandes des Geschäftsprozesses angelegt. Hierin ist auch der Grund für den sehr begrenzten Einsatz von Instrumenten zur Prozeßgestaltung zu sehen.

Streng der theoretischen Konzeption und dem zugrundeliegenden Paradigma des Denkens in Prozessen folgend, sind alle einem Geschäftsprozeß angehörenden Prozesse und Tätigkeiten in die Optimierungsüberlegungen einzubeziehen. Nur so ist ein Gesamtoptimum erzielbar. In der Fallstudie I wurden hingegen nur solche Prozesse und Tätigkeiten des Geschäftsprozesses „KH-Schaden bearbeiten" in der Untersuchung berücksichtigt, die in der HUK-Schadenabteilung und speziell in den betrachteten KH-Gruppen durchgeführt wurden. Vernachlässigt wurde dadurch z. B. eine tiefere Analyse aller Tätigkeiten, deren Ziel die Verteilung der eingehenden Poststücke im VU ist. Obwohl nach Schätzung d. Verf. ca. 98 % aller Tätigkeiten des Geschäftsprozesses analysiert wurden und zudem die in diesem Projekt nicht berücksichtigten Tätigkeiten aufgrund des kontinuierlichen Charakters der GPO nicht völlig aus der Analyse eliminiert werden, muß dennoch eine **gewisse Einschränkung** des Aussagegehalts der Fallstudie konstatiert werden. Denkbar ist (zumindest theoretisch), daß die generierten Optimierungsvorschläge im Vergleich zu denjenigen, die unter Berücksichtigung der vollständigen Prozeßstruktur entstanden wären, eine nur suboptimale Lösung darstellen.

In der **Prozeßstrukturermittlungsphase** der GPO wurde auf eine explizite Zugrundelegung eines der im theoretischen Teil der Untersuchung dargestellten Prozeßmodelle als Systematisierungsrahmen der Prozeßstruktur verzichtet. Dennoch wurden die in dem Prozeßmodell nach PFEIFFER, WEIß und STRUBL getrennten Faktoren Input, Output, Personal, Organisation und Technik in den Interviews zur Strukturermittlung häufig angesprochen und sind damit - wenn auch eher implizite - Strukturmerkmale der Arbeitsabläufe.[1] Ausführlich dokumentiert und analysiert wurde allerdings lediglich der Faktor Personal. Ferner ist bemerkenswert, daß die Bestimmung der optimalen Prozeßgliederungstiefe nicht instrumentell gestützt erfolgte und eine Visualisierung der Prozeßstruktur, wie sie im theoretischen Untersuchungsteil in Kapitel 5.2.3. dargestellt ist, nicht vorgenommen wurde. Während auch in Folgeprojekten zur GPO die Prozeßgliederungstiefe stets eher nach dem Kriterium „eindeutige Abgrenzbarkeit der Tätigkeit" festgelegt wurde, denn instrumentell gestützt erfolgte, wurde die Visualisierung der Prozeßstruktur in Folgeprojekten mit Hilfe unterschiedlicher DV-Tools geprüft.

---

[1]		Vgl. zu diesem Modell Kapitel 5.2.1.3.

Die allein verbale Beschreibung der Prozeßstruktur erschwerte in dem Projekt vor allem die Diskussionen im Rahmen der Prozeßgestaltungsphase. Die Projekterfahrung zeigt, daß die Visualisierung vor allem dann unverzichtbar zu sein scheint, wenn nicht die Personalbedarfsermittlung, sondern die Optimierung aller Prozeßelemente im Zentrum der Untersuchung steht.

Die **Prozeßdatenermittlung** erstreckte sich über die Erhebung der Prozeßdurchführungszeiten und Prozeßmengen und die Berechnung der prozeßbezogenen Personalbedarfe. Obgleich die Prozeßdurchführungszeiten mit Hilfe der Selbstaufschreibung aufgrund des großen Stichprobenumfangs den festgelegten Genauigkeitsanforderungen entsprachen, ist die Selbstaufschreibung im strengen Sinne kein Instrument, daß in der Lage ist, Zeiten von selten durchzuführenden Prozessen zu ermitteln.[1] Ein methodisch gestützter Zeitvergleich mit Hilfe der Komplexität-Index-Analyse hätte die Zeitermittlung von Prozessen bzw. Tätigkeiten, die im Zeitraum der Selbstaufschreibung nicht anfielen, zumindest aus theoretischer Sicht präzisieren können. Aus pragmatischen Gründen erscheinen demgegenüber aber die Berechnung der Prozeßkosten auf Basis der Personalkosten und die Vernachlässigung der Trennung in beschäftigungsgradabhängig fixe und variable Kosten durchaus vertretbar. Die Erfassung und Aufbereitung der Bindungsdauer der Fixkosten hätte, vor allem unter Berücksichtigung der Ziele der Fallstudie, keinen Erkenntnisfortschritt bedeutet. Den ermittelten prozeßbezogenen Personalbedarfen muß allerdings vorgehalten werden, den vergangenen Mitarbeiterbedarf widerzuspiegeln, da das zur Berechnung herangezogene Prozeßmengengerüst ausnahmslos **vergangenheitsbezogen** ist.[2] Die Abweichung zwischen dem errechneten und dem tatsächlichen Personalbedarf wird aber geringer, je zeitnaher und häufiger die Bedarfsermittlung durchgeführt wird. Mit Hilfe des EDV-Tools *OPAL* kann die Datenqualität daher erhöht werden. An dieser Stelle sei zudem nochmals auf die Vernachlässigung der Prozeßqualität als Zielgröße der Fallstudie hingewiesen, die dazu führte, daß die Prozeßdurchlaufzeit nicht explizit ermittelt wurde.

Im Zentrum der **Prozeßbeurteilung** stand die Würdigung der Prozeßdaten und weniger der Prozeßstruktur. Dies geschah vor allem auf der Grundlage der Prozeßkosten und prozeßbezogenen Personalbedarfe, die im Rahmen eines internen Prozeßbenchmarking vor allem bereichsbezogen verglichen wurden. Nicht nur aus theoretischer Sicht sind (mindestens) zwei zusätzliche Analysen zur vollständigen Prozeßbeurteilung notwendig, die aufgrund des gesetzten Zeitrahmens des Projektes nicht durchgeführt werden konnten: Zur Beurteilung der zeitlichen Prozeßperformance wäre ein Vergleich

---

[1]     Vgl. hierzu Kapitel 5.3.1.2.

[2]     Vgl. auch Wiesehahn/Olthues/Steller 1997, S. 1010; Wiesehahn 1999, S. 94.

der ermittelten Prozeßdurchführungszeiten mit den mittels Methods-Time Measurement erfaßten Soll-Ausführungszeiten zweckmäßig gewesen. Auf diese Weise hätte beurteilt werden können, welchen Rüstzeitanteil die Prozeßdurchführungszeiten tatsächlich enthalten und ob bei der eigentlichen Prozeßdurchführung Verbesserungsbedarf bestand. Darüber hinaus hätte die Ermittlung des Liege- und Transferzeitanteils an der Prozeßdurchlaufzeit wichtige Hinweise zur zeitlichen Prozeßperformancebeurteilung gegeben. Dies erfordert jedoch eine Erfassung der Prozeßdurchlaufzeit in der Prozeßbeurteilungsphase.

## 7.4.2 Grenzen der Fallstudie II

Die zweite Fallstudie bezieht sich ausschließlich auf die Prozeßgestaltungsphase der GPO und hat zum Ziel, den Beitrag der alternierenden Telearbeit zur zielgerichteten Gestaltung von Geschäftsprozessen am Beispiel der Umsetzung der Arbeitsform bei dem untersuchten VU zu evaluieren. Wichtige methodische Bestandteile der Analyse sind insbesondere die Indikatormessungen zur Produktivität und die schriftliche Befragung der AbAp-MA, N-AbAp-MA, F-AbAp-MA und der Z-AbAp-MA.

Mit Hilfe der Indikatormessungen kann im streng wissenschaftlichen Sinne nicht exakt festgestellt werden, ob die ermittelten Produktivitätsvorteile auf die alternierende Telearbeit oder auf andere Umstände zurückzuführen sind. Bei der **Selbstaufschreibung** und der **EDV-gestützten Produktivitätsmessung** müßten dazu genaugenommen alle übrigen Faktoren, die Einfluß auf die Durchführungszeit haben (z. B. Fähigkeiten der SB, spezifischer Schadenfall) konstant gehalten und nur die Arbeitsform variiert werden. Idealtypisch hätten identische Sachbearbeiter identische Schadenfälle bearbeiten müssen, wobei die Meßgruppe im Unternehmen und zu Hause und die Kontrollgruppe vollständig im VU arbeiten müßte. Solche Laborbedingungen können jedoch in praxi nur bedingt geschaffen werden und waren im Rahmen der Fallstudie nicht gestaltbar. Je weiter sich aber die Untersuchungsbedingungen von den Laborbedingungen unterscheiden, um so unsicherer werden die Aussagen, die aus den Ergebnissen gewonnen werden können. Gleiches gilt für die Auswertung der Krankentage, wobei die folgenden generellen und unternehmensspezifischen Besonderheiten die Aussagefähigkeit der Daten zusätzlich einschränken:

- Das durchschnittliche Alter der AbAp-MA ist geringer als das der gesamten Belegschaft des untersuchten VU.

- In dem untersuchten Unternehmen arbeiten ca. 60 % Männer und 40 % Frauen. Das Verhältnis zwischen Männern und Frauen ist bei den AbAp-MA jedoch etwa gleich (50:50).

- Die Anzahl der Krankentage war im Jahre 1996 im Vergleich zum langjährigen Durchschnitt des untersuchten VU relativ hoch und fiel 1997 auf den
  Durchschnittswert zurück.

- Die Abteilungen des untersuchten VU haben z. T. stark unterschiedliche
  durchschnittliche Krankentage je Mitarbeiter und Periode. Da diese Unterschiede in dem Unternehmen nicht genauer bekannt sind, konnten sie auch in
  der Analyse nicht berücksichtigt werden.

Von besonderer Aussagekraft wäre in diesem Zusammenhang zudem die Untersuchung, ob sich die Krankentagezahl durch die Nutzung der alternierenden Telearbeit
im Bereich der Kurz- oder Langzeiterkrankungen verändert hat. Eine derartige Trennung konnte nicht vorgenommen werden.

Der Rückgriff auf die **schriftlichen Befragungsergebnisse** zur Beurteilung der langfristigen unternehmensbezogenen Auswirkungen der alternierenden Telearbeit ist insofern ungenau, als das die Befragung eine statische Zeitpunktbefragung war und daher
genaugenommen nur Aussagen zum Befragungszeitpunkt zuläßt. Exaktere Aussagen
können über eine Befragung der gleichen Personen mit dem gleichen Fragebogen zu
unterschiedlichen Zeitpunkten und einen Vergleich der Befragungsergebnisse gewonnen werden. Die beschränkte Projektdauer ließ eine Wellenerhebung nicht zu. Auch
ein Vergleich mit Ergebnissen ähnlicher Untersuchungen zur Ableitung von allgemeinen Aussagen ist nur eingeschränkt möglich. Naheliegend wäre hier vor allem ein
Vergleich mit den Untersuchungsresultaten von GLASER und GLASER.[1] Im Rahmen
dieser primär psychologisch ausgerichteten Untersuchung kommen jedoch andere
Untersuchungsmethoden zum Einsatz. Die Autoren generieren ihre Aussagen auf der
Grundlage von 38 standardisierten Interviews mit alternierenden Telearbeitern und den
Ergebnissen einer schriftlichen Befragung von 33 Führungskräften von Telearbeitern.[2]
Insbesondere diese methodischen Unterschiede und die Tatsache, daß die Tätigkeits-
felder der Telearbeiter in den untersuchten Unternehmen nur bedingt vergleichbar sind,
erschweren eine im wissenschaftlichen Sinne aussagefähige Vergleichsziehung.

Werden die diskutierten Interpretationsgrenzen der beiden Fallstudien berücksichtigt,
ist immer noch zu beachten, daß die Ergebnisse durch die subjektive Wahrnehmung
d. Verf. beeinflußt werden. Trotz der genannten Aussagegrenzen und dem lediglich
beispielhaften Charakter, sind die Fallstudien aber als Indikator für die **Realitätsnähe**
und die **praktische Einsetzbarkeit** des Konzeptes zu werten. Die Kenntnis der Aussa-

---

[1]    Vgl. Glaser/Glaser 1995.

[2]    Vgl. Glaser/Glaser 1995, S. 3f.

gegrenzen gestattet zudem eine im Anwendungszusammenhang zweckmäßige Interpretation der praktischen Ergebnisse. Damit leisten die Fallstudien einen Beitrag zur Erfüllung des im ersten Kapitel gesetzten pragmatischen Untersuchungsziels.

# 8 Zusammenfassung der Untersuchungsergebnisse

Die vorliegende Untersuchung verfolgt das Ziel, einen theoretischen aber nicht praxisfernen Beitrag zur Organisationslehre von Versicherungsunternehmen zu leisten. Dazu wird ein Konzept zur zielgerichteten Gestaltung der Geschäftsprozesse des Dienstleistungsgeschäftes von VU theoriegeleitet entwickelt und beispielhaft praktisch angewendet. Vor dem Hintergrund der erheblichen Dynamisierung des Wettbewerbs in der deutschen Assekuranz, deren Ursachen insbesondere in der Schaffung des europäischen Binnenversicherungsmarktes und dem veränderten Nachfrageverhalten der Privat- und Firmenkunden zu sehen sind, ist eine nachhaltige Umgestaltung der internen Organisationsstruktur erforderlich. Ihre ideologische Basis findet die Reorganisation in dem weitgehenden Abrücken von der eher statischen Spartenorientierung hin zu der vergleichsweise dynamischen Prozeßorientierung im Innendienst.

Zur Erreichung des theoretischen Untersuchungsziels werden im ersten Kapitel die für diese Untersuchung notwendigen begrifflichen Grundlagen geschaffen. Es zeigt sich, daß die begriffliche Präzisierung sowohl zur Einengung und Abgrenzung des Untersuchungsgegenstands als auch zur Vermeidung von Verständigungs- und Verständnisschwierigkeiten aufgrund der „in Theorie und Praxis" zu beobachtenden Mehr-Deutigkeit und Mehr-Namigkeit der zentralen Begriffe dieser Untersuchung unerläßlich ist. Auf diesem Fundament aufbauend wird zunächst argumentiert, daß die GPO zur nachhaltigen Sicherung der Wettbewerbsfähigkeit von VU Ziele verfolgen muß, die mit den unternehmerischen Oberzielen in Einklang zu bringen sind. Aus diesem Grund wird in Kapitel 2. ein Bezugsrahmen der GPO geschaffen, in dessen Zentrum die schrittweise Deduktion der Ziele der Geschäftsprozeßoptimierung steht. Als strategischer Anknüpfungspunkt erweist sich die ressourcenorientierte Unternehmensstrategie als fruchtbar. Die Gemeinsamkeiten zwischen der ressourcenorientierten Unternehmensstrategie und der Geschäftsprozeßoptimierung münden in der Überlegung, daß das unter Einsatz der GPO konstruierte Geschäftsprozeßsystem zu einer wertstiftenden, seltenen, unvollkommen imitierbaren und nicht substituierbaren **strategischen Meta-Ressource** wird und damit in der Lage ist, einen nachhaltigen Wettbewerbsvorteil zu generieren.

Im Zentrum des dritten Kapitels steht die Präzisierung der zeitlichen, kostenmäßigen und qualitativen Ziele der Geschäftsprozeßoptimierung. Das klassisch konfliktäre Zielverhältnis kann im Rahmen der entwickelten Konzeption nicht vollständig aufgelöst werden, ergibt sich aber auf einem höheren Zielerreichungsniveau, so daß von einer **Situation der neuen Zielharmonie** im Rahmen der Geschäftsprozeßoptimierung gesprochen werden kann. Diese wird vor allem durch die gestiegene Mitarbeiterqualifikation, die Tendenz zur Verantwortungsdelegation und die konsequente Ausschöpfung der Potentiale der IuK-Technik ermöglicht.

Zur vollständigen Nutzung der Ressourcenpotentiale und damit zur weitgehenden Milderung des Zielkonfliktes zwischen Prozeß- und Ressourceneffizienz wird in Kapitel vier ein Phasenmodell zur Geschäftsprozeßoptimierung entwickelt. Diese an den Wesen und den Zielen der GPO orientierte Vorgehensweise ist gleichzeitig Strukturierungsrahmen des Kerns der vorliegenden Untersuchung: der Darstellung und Analyse von Instrumenten zur Geschäftsprozeßoptimierung in VU (Kapitel 5.). Im Instrumentalteil wird die **„Hypothese der gleichen Prozeßhülsen"** angenommen, wonach auf der Makroprozeßebene idealtypische Geschäftsprozesse des Dienstleistungsgeschäfts von Versicherungsunternehmen identifiziert werden können, die auf einer niedrigeren Abstraktionsstufe unternehmensspezifisch konstruiert werden müssen. Demgemäß werden die sieben Geschäftsprozesse „Produkt entwickeln", „Produkt vertreiben", „Antrag bearbeiten", „Vertrag bearbeiten/Bestände verwalten", „Schaden/Leistung bearbeiten", „Be- und Abrechnung durchführen" und „Abrechnung mit Dritten durchführen" unterschieden. Zur Auswahl des konkreten Optimierungsobjektes werden die ABC-Analyse und die Prozeßselektion in Kombination mit der Prozeßabhängigkeitsanalyse vorgestellt.

An die Prozeßerkennungs- und Prozeßauswahlphase der Geschäftsprozeßoptimierung schließt sich die Identifikation der Prozeßstruktur an. Für VU eignet sich dazu das Prozeßmodell nach PFEIFFER, WEIß und STRUBL als Systematisierungsrahmen, das die bedeutsamen Analyseparameter vorgibt. In dessen Lichte kann mit Hilfe der klassischen Aufgabenanalyse die operative Prozeßausgrenzung und -dekomposition vollzogen werden. Ein in diesem Zusammenhang weitgehend ungelöstes Problem stellt die Bestimmung der **optimalen Prozeßgliederungstiefe** dar. Es zeigt sich, daß die Problemlösung, je nach Literat, in das Belieben des Optimierungsteams gestellt wird oder über pauschale Vorgaben der maximalen Gliederungstiefe erfolgt. Dieser weitgehend unstrukturierten Vorgehensweise wird eine Heuristik zur Bestimmung der optimalen Prozeßgliederungstiefe entgegengestellt, die an dem Bedarf der Prozeßstrukturermittlungsphase der GPO ausgerichtet ist. Die Prozeßstrukturermittlung wird durch die Visualisierung der Prozeßlandschaft vervollständigt.

Aufbauend auf der Annahme, daß ein Geschäftsprozeß nur zielgerichtet gestaltbar ist, wenn dessen Input und Output gemessen werden, wird im Kapitel 5.3. das Instrumentarium zur Erfassung der Prozeßdaten Zeit, Kosten und Qualität vielschichtig diskutiert. Die **zeitfokussierenden Instrumente** werden nach den zu Beginn der Untersuchung identifizierten Elementen der Prozeßzeit strukturiert, wobei der Untersuchungsschwerpunkt auf der Darstellung der Instrumente zur Erfassung der Prozeßdurchführungszeit liegt. Unter Zugrundelegung der Entscheidungskriterien „Genauigkeit des Ergebnisses" und „Durchschnittliche Kosten der Durchführungszeitermittlung" sind für selten durchzuführende Prozesse die Multimomentaufnahme und für häufig durchzuführende Prozesse die EDV-gestützte Zeitmessung zu bevorzugen. Ein geeignetes Instrument zur **prozeßorientierten Kostenverrechnung** im Rahmen der Prozeßdatenermittlung muß sowohl für einmalige als auch für repetitive Prozesse anwendbar sein und darüber hinaus dem größtenteils beschäftigungsgradfixen Charakter der Betriebskosten in VU Rechnung tragen. Aus diesen Anforderungen leitet sich die Erweiterung des pragmatischen Time Based Costing zum Extended Time Based Costing ab, dessen Besonderheit die bindungsdauerbezogene Aufspaltung der fixen Kosten ist. Als methodisch-theoretischer Ansatzpunkt zur Ermittlung von Qualitätsmerkmalen in VU wird das Integrative Qualitätsmodell vorgestellt, dessen Prozeßdimension die identifizierten Geschäftsprozesse des Dienstleistungsgeschäftes von VU zugrundelegt. Die Operationalisierung der Prozeßqualität erfolgt dabei nach den versicherungsspezifischen Qualitätsmerkmalen „Verfügbarkeit", „Sicherheit", „Flexibilität" und „Transparenz". Auf instrumenteller Ebene werden zur Ermittlung der **Prozeßqualität** die ereignisorientierten Ansätze Critical Incident Technique und das Beschwerdemanagement vorgeschlagen, die um das nach den versicherungsspezifischen Qualitätsmerkmalen strukturierte attributorientierte Prozeßqualitätsdiagramm bedarfsweise ergänzt werden können.

Entsprechend dem zugrundegelegten Phasenkonzept der Geschäftsprozeßoptimierung knüpft an die Erfassung der Prozeß-Ist-Situation die Würdigung der Ist-Daten und der Ist-Struktur in Kapitel 5.4. an. Die **Prozeßbeurteilung** baut auf der Idee des klassischen Soll-Ist-Vergleichs als Instrument der Schwachstellenidentifikation auf, das auf alle Zielgrößen der Geschäftsprozeßoptimierung übertragen wird. Als zentrales Instrument, mit dessen Hilfe sowohl daten- als auch strukturorientierte Prozeßbeurteilungen vorgenommen werden können, wird das Prozeßbenchmarking vorgestellt. Zeit- und qualitätsspezifische Optimierungsbedarfe können mit dem Methods-Time Measurement und dem Statistical Process Control aufgedeckt werden. Ferner wird das Extended Time Based Costing in seiner Ausgestaltung als Plankosten und Plan-Fallzahlen berücksichtigendes Instrument zur Beurteilung der Prozeßkosten diskutiert.

Zur Beseitigung der mit Hilfe des bislang vorgeschlagenen Instrumentariums identifizierten Prozeßperformance- und Prozeßstrukturdefizite ist ein spezifisches Instrumentarium zur **Prozeßgestaltung** notwendig, das in Kapitel 5.5. entwickelt wird. Um nicht die Symptome, sondern die Ursachen der Schwachstellen zu beseitigen, muß die Maßnahmenplanung der Prozeßgestaltung an dem suboptimalen Tätigkeits- und Prozeßgefüge und damit an der Prozeßstruktur ansetzen. Die Maßnahmen können auf theoretische Prinzipien zurückgeführt werden, die auf die Vermeidung oder die Beherrschung im Sinne der Komplexitätsbewältigung und -kontrolle der Prozesse abstellen. Auf operativer Ebene ergibt sich jedoch zunächst das Problem der Festlegung der Reihenfolge der Schwachstellenbeseitigung und der Grad der instrumentellen Unterstützung bei der Behebung der Strukturdefizite. Demgemäß wird ein Portfoliosystem zur Bestimmung des Prozeßgestaltungsweges entwickelt, mit dessen Hilfe Normstrategien auf der Basis der Ergebnisse des Portfolios zur Bestimmung der Beseitigungspriorität und des Portfolios zur Bestimmung der Notwendigkeit der instrumentellen Unterstützung der Prozeßgestaltung abgeleitet werden können. Ergibt sich als Resultat dieser Analyse die Notwendigkeit der instrumentellen Unterstützung der Schwachstellenbeseitigung, so können dazu Kreativitätstechniken und das prozeßgestaltungsunterstützende Vorschlags- und Verbesserungswesen genutzt werden.

In der Praxis wird der IuK-Technik eine zentrale Rolle bei der Prozeßgestaltung zugeschrieben, da sich deren Einfluß nicht nur auf die Schaffung der grundsätzlichen Vorraussetzungen der Optimierung beschränkt (Enabler), sondern sich auch auf die konkrete Unterstützung durch die Bereitstellung von DV-Tools (Facilitator) und die Umsetzung der Optimierungsergebnisse (Implementer) erstreckt. In der Rolle des Enablers läßt sich ein Desintegrationskreislauf durch die IuK-Technik konstatieren, der im wesentlichen auf eine raum-zeitliche und institutionell-rechtliche Entkoppelung von Geschäftsprozessen durch den Technikeinsatz zurückzuführen ist. Beide Entkoppelungsdimensionen werden vor allem durch Telearbeit und Workflow-Anwendungen begünstigt. Zur Analyse der zielgerichteten Prozeßgestaltungspotentiale der **Telearbeit** sind neben deren direkten arbeitsplatzbezogenen vor allem auch die unternehmens- und gesellschaftsbezogenen Auswirkungen zu erfassen. Diesem Umstand trägt das entwickelte Drei-Ebenen-Konzept Rechnung, als dessen operative Konkretisierung ein Produktivitätskennzahlensystem der Telearbeit, die kapitalwertbasierte Beurteilung der monetären Auswirkungen der Arbeitsform und die fragebogenzentrierte Befragung vorgestellt werden. Der Beitrag der **Workflow-Anwendungen** zur Prozeßgestaltung erstreckt sich vor allem auf die Synchronisation, Elimination, Umstellung, Flexibilisierung und Auslagerung von Prozessen. Im Anschluß daran wird der Beitrag des **Case Mangement** zur Prozeßgestaltung analysiert. Es wird argumentiert, daß dieses arbeitsorganisatorische Konzept vor allem bei stark repetitiven Geschäftsprozessen zweckmäßig angewendet werden kann, da der mit dessen Einführung verbundene Verlust an Spezialisierungsnutzen durch die reduzierten Koordinierungskosten kompensiert werden kann.

Die Rolle der IuK-Technik als **Facilitator** und **Implementer** steht im Zentrum des sechsten Kapitels. Hierzu werden zunächst aus dem Phasenmodell der GPO spezifische Anforderungen an DV-Tools abgeleitet, die sich von Mindestanforderungen an die Software-Ergonomie und -Technik, über Möglichkeiten zur Visualisierung der

Prozeßstruktur bis schließlich zur Notwendigkeit der Prozeßsimulation erstrecken. Der in praxi erkennbare DV-Tool-Dschungel wird sodann durch eine Klassifizierung in Darstellungstools, Ablauftools, Geschäftsprozeßoptimierungtools und Organisations-Modellierungstools in gewisser Weise gerodet. Es zeigt sich, daß bereits einfache Spreadsheetsoftware in der Lage ist, die Geschäftsprozeßoptimierung wirkungsvoll zu unterstützen.

Zur Erreichung des pragmatischen Untersuchungzieles wird im abschließenden siebten Kapitel die praktische Durchführung der Geschäftsprozeßoptimierung am Beispiel von zwei Fallstudien dargestellt. Im Zentrum der **ersten Fallstudie** steht die Optimierung des Geschäftsprozesses „KH-Schaden bearbeiten". Hierbei zeigt sich u. a., daß die Prozeßdatenermittlungsphase der GPO neben der Erfassung der Prozeßzeiten und -kosten um die Errechnung der prozeßbezogenen Personalbedarfe erweitert werden kann. Das in diesem Zusammenhang entwickelte DV-Tool *OPAL* kann zwar die Schwächen von auf vergangenheitsbezogenen Prozeßdaten basierenden Personalbedarfsrechnungen nicht beheben, aber durch die effiziente Durchführbarkeit der Rechnung zumindest mildern. Die Vorschläge zur Prozeßgestaltung stellen vor allem auf den umfassenden Einsatz der IuK-Technik im Rahmen von Workflow-Anwendungen ab. Die **zweite Fallstudie** hat die Bewertung des Beitrags der alternierenden Telearbeit zur Geschäftsprozeßoptimierung zum Ziel. Im Lichte des im theoretischen Teil der Untersuchung entwickelten Drei-Ebenen-Konzeptes werden u. a. die Wirtschaftlichkeit der Arbeitsform sowie deren Auswirkungen auf die Produktivität der Mitarbeiter, die Arbeitsqualität, die soziale Einbindung der Telearbeiter und die ökologische Umwelt analysiert. Die Fallstudie zeigt, daß die alternierende Telearbeit in der untersuchten Umsetzungsform zur zielgerichteten Gestaltung von Geschäftsprozessen in Versicherungsunternehmen vor allem aufgrund ihrer positiven unternehmens- und gesellschaftsbezogenen Auswirkungen geeignet ist. Die Grenzen der praktischen Durchführung der Geschäftsprozeßoptimierung sind insbesondere in ihrem beispielhaften Charakter zu sehen, der keine Verallgemeinerung der praktischen Untersuchungsergebnisse gestattet.

# Anhang I

 **BALTASAR**

## Fragebogen für AbAp-Mitarbeiter

Das Projekt BALTASAR dient der Feststellung und Bewertung der quantitativen und qualitativen Auswirkungen des AbAp auf den LVM, um daraus Verbesserungspotentiale ableiten zu können. BALTASAR wird von unserem Hause in enger Zusammenarbeit mit dem Lehrstuhl Industriebetriebslehre der Universität Dortmund durchgeführt. Im Rahmen des Projektes kommen unterschiedliche Analysetechniken zum Einsatz, wobei die qualitativen Auswirkungen des AbAp unter anderem mit Hilfe dieses Fragebogens ermittelt werden.

*Wir wissen um Ihre zeitliche Belastung. Dennoch bitten wir Sie, den Fragebogen so vollständig wie möglich zu beantworten. Wenn Sie Fragen nicht beantworten können, lassen Sie die Beantwortung aus und gehen zur nächsten Frage über. Die im Fragebogen verwendeten Bezeichnungen "Mitarbeiter" und "Kollege" schließen die weiblichen Bezeichnungsformen mit ein.*

*Die Auswertung des Fragebogens wird am Lehrstuhl Industriebetriebslehre (Herr Wiesehahn) und - für den gesundheitlichen Teil - am Institut für Arbeitsmedizin der Universität Münster (Dr. med. Schilder) durchgeführt. Sämtliche Angaben werden lediglich im Rahmen des Projektes BALTASAR vertraulich verwendet und unterliegen dem Datenschutz.*

*Bitte geben Sie den ausgefüllten Fragebogen im beiliegenden Kuvert bis zum*

### 10. Juni 1998

*bei den folgenden Personen ab, um eine schnelle statistische Auswertung zu ermöglichen:*

| | | |
|---|---|---|
| **Kolde-Ring:** | **Frau D...** | **(Betriebsrat)** |
| **Hegerskamp:** | **Frau D...** | **(K-Schaden Süd)** |
| **An den Loddenbüschen:** | **Herrn G...** | **(K-Schaden Süd)** |
| **Friedrich-Ebert-Straße:** | **Frau B...** | **(AH-Betrieb)** |
| **Fliednerstraße:** | **Frau B...** | **(Kranken)** |

*Über die Ergebnisse des Projektes werden Sie informiert. Sollten Sie Fragen haben, wenden Sie sich bitte jederzeit an:*

| | | | | |
|---|---|---|---|---|
| **Herrn B...** | **(DVO/OE)** | ☎ .... | **Herrn K...** | **(Personal)** ☎ .... |
| **Herrn K...** | **(Betriebsrat)** | ☎ .... | **Frau L...** | **(K-Betrieb)** ☎ .... |
| **Herrn S...** | **(K-Schaden Süd)** | ☎ .... | **Herrn Wiesehahn** | **(Uni Do)** ☎ .... |

---

**BALTASAR**

## I. Tätigkeitsanalyse

**1.** Nachfolgend sind **mögliche Bestandteile** ihrer Arbeit mit Erklärungen dargestellt. Bitte kreuzen Sie an, wie häufig die genannten Tätigkeiten von Ihnen durchgeführt werden. Führen Sie Tätigkeiten durch, die nicht genannt sind, können Sie diese unter „Sonstige" eintragen. Vergessen Sie bitte dann nicht, die Häufigkeit der Durchführung zu beurteilen.
Lassen Sie keine Tätigkeit aus, und machen Sie bitte in jeder Zeile genau ein Kreuz!

| Tätigkeit | Erklärung | Beurteilung | | | | | |
|---|---|---|---|---|---|---|---|
| | | Nie | Sehr selten | selten | manch-mal | häufig | Sehr häufig |
| **Überzeugen** | Andere Personen zu einer bestimmten Handlung bzw. Einstellung bewegen | | | | | | |
| **Verhandeln** | Um z. B. Interessen zu vertreten, Übereinstimmungen zu erzielen oder Lösungen zu erreichen | | | | | | |
| **Beraten** | Fachliche Ratschläge oder Empfehlungen erteilen | | | | | | |
| **Probleme diskutieren** | Z. B. mit Mitarbeitern, VN, VM etc. | | | | | | |
| **Routine-Informationen austauschen** | Z. B. Routinemäßige Informationen entgegennehmen, weitergeben, Routinemäßige Bearbeitungsfragen beantworten | | | | | | |
| **Nicht-Routine-Informationen austauschen** | Z. B. Teilnahme an Besprechungen, Arbeitssitzungen, Projektplanungen | | | | | | |
| **Koordinieren und Planen** | Z. B. Ziele setzen, Konzepte entwickeln, Projektarbeiten koordinieren | | | | | | |
| **Beurteilen und Bewerten** | Z. B. Vorschläge, Angebote, Leistungen von Mitarbeitern, Sachverhalte einschätzen | | | | | | |
| **Allg. Bürotätigkeiten durchführen** | Z. B. Post verteilen, Termine vereinbaren, kopieren | | | | | | |
| **Sonstige** | | | | | | | |
| | | | | | | | |
| | | | | | | | |

**BALTASAR**

2. Bitte sehen Sie sich die gleiche Liste nochmals an. An welchem Arbeitsplatz (am AbAp oder am IbAp) werden diese Tätigkeiten von Ihnen zumeist durchgeführt?
Machen Sie – wie in Frage 1 – genau ein Kreuz in jeder Zeile.

| Tätigkeit | Erklärung | Beurteilung | | | |
|---|---|---|---|---|---|
| | | Nie | Am AbAp | Teils/Teils | Am IbAp |
| **Überzeugen** | Andere Personen zu einer bestimmten Handlung bzw. Einstellung bewegen | | | | |
| **Verhandeln** | Um z. B. Interessen zu vertreten, Übereinstimmungen zu erzielen oder Lösungen zu erreichen | | | | |
| **Beraten** | Fachliche Ratschläge oder Empfehlungen erteilen | | | | |
| **Probleme diskutieren** | Z. B. mit Mitarbeitern, VN, VM etc. | | | | |
| **Routine-Informationen austauschen** | Z. B. Routinemäßige Informationen entgegennehmen, weitergeben, Routinemäßige Bearbeitungsfragen beantworten | | | | |
| **Nicht-Routine-Informationen austauschen** | Z. B. Teilnahme an Besprechungen, Arbeitssitzungen, Projektplanungen | | | | |
| **Koordinieren und Planen** | Z. B. Ziele setzen, Konzepte entwickeln, Projektarbeiten koordinieren | | | | |
| **Beurteilen und Bewerten** | Z. B. Vorschläge, Angebote, Leistungen von Mitarbeitern, Sachverhalte einschätzen | | | | |
| **Allg. Bürotätigkeiten durchführen** | Z. B. Post verteilen, Termine vereinbaren, kopieren | | | | |
| **Sonstige** | | | | | |
| | | | | | |
| | | | | | |

AbAp-MA                                      3                      © Lehrstuhl IBL und LVM

**BALTASAR**

## II. Arbeitsorganisation

*Nachfolgend sind Fragen mit gegensätzlichen Antwortmöglichkeiten aufgeführt. Bitte stufen Sie die Antwortmöglichkeiten auf der Skala von 1 bis 5 ein, wobei die extremen Antworten durch die Werte 1 und 5 abgebildet werden. Am Beispiel der Frage 1 erklärt, bedeutet ein Kreuz unter dem Wert 1, daß Sie mit AbAp viel weniger in Teamarbeit arbeiten. Ein Kreuz unter dem Wert 5 bedeutet somit, daß Sie viel mehr in Teamarbeit arbeiten. Liegt die Veränderung der Teamarbeit durch den AbAp zwischen diesen extremen Antwortmöglichkeiten, so müßte zur Beantwortung ein Kreuz unter die Werte 2 (= weniger), 3 (= unverändert) oder 4 (= mehr) gemacht werden.*

*Bitte machen Sie zur Beantwortung der Fragen ganz nach Ihrem persönlichen Empfinden Ihr Kreuz unter einen der fünf Werte. Bitte tragen Sie genau ein Kreuz je Zeile ein.*

| | Beurteilung | 1 | 2 | 3 | 4 | 5 | Beurteilung |
|---|---|---|---|---|---|---|---|
| **1.** Arbeiten Sie mit AbAp mehr oder weniger in Teamarbeit als früher, ohne AbAp? | Viel weniger | | | | | | Viel mehr |
| **2.** Hat sich Ihre Arbeitsorganisation durch den AbAp verändert, oder ist sie nahezu gleich geblieben? | Völlig gleich geblieben | | | | | | Sehr stark verändert |
| **3.** Hat sich die Arbeitsorganisation in Ihrer Arbeitsgruppe mit AbAp im Vergleich zu früher ohne AbAp verändert, oder ist sie nahezu gleich geblieben? | Völlig gleich geblieben | | | | | | Sehr stark verändert |
| **4.** Das Arbeiten zu Hause verlangt eine hohe Selbstdisziplin. Empfinden Sie dies sehr stark oder überhaupt nicht? | Überhaupt nicht | | | | | | Sehr stark |
| **5.** Haben Sie an Ihrem AbAp-Tag häufig das Gefühl langsamer in Schwung zu kommen als am IbAp-Tag oder kommen Sie am AbAp-Tag schneller in Schwung? | Komme viel langsamer in Schwung | | | | | | Komme viel schneller in Schwung |

*Bitte beantworten Sie jetzt die nachfolgenden Fragen.*

**6.** Gibt es an Ihren AbAp-Tagen eine typische Verteilung der Arbeitszeit, oder sind alle AbAp-Tage zeitlich anders gegliedert?

   ○ Typische Verteilung der Arbeitszeit

   ○ Jeder AbAp-Tag ist zeitlich anders gegliedert

**7.** Verteilen Sie Ihre Arbeitszeit an Ihrem AbAp-Tag anders als an Ihrem IbAp-Tag, oder ist die Arbeitszeitverteilung gleich?

   ○ Arbeitszeit im wesentlichen gleich      ○ Andere Verteilung der Arbeitszeit

*Wenn Sie "Andere Verteilung ..." angekreuzt haben: Trifft eine der beiden Aussagen zu?*

   ○ Deutlich früherer Arbeitsbeginn am AbAp-Tag ○ Deutlich späterer Arbeitsbeginn am AbAp-Tag

   ○ Keine der beiden Aussagen trifft zu

**BALTASAR**

**8.** Welche der folgenden Aussagen trifft auf Sie zu? Entscheiden Sie ganz nach Ihrem Gefühl. Bitte machen Sie genau ein Kreuz pro Zeile.

| | Beurteilung | | | | |
|---|---|---|---|---|---|
| | Trifft gar nicht zu | Trifft weitgehend nicht zu | Trifft zum Teil zu | Trifft weitgehend zu | Trifft voll zu |
| *Ich arbeite am AbAp-Tag dann, wenn ich mich am leistungsfähigsten fühle.* | | | | | |
| *Ich passe meine Arbeitszeiten am AbAp stark den beruflichen Anforderungen an.* | | | | | |
| *Ich nutze meinen AbAp auch zu unüblichen Zeiten.* | | | | | |
| *Ich unterbreche am AbAp-Tag auch mal meine Arbeit und setze sie zu einem späteren Zeitpunkt fort.* | | | | | |
| *Ich achte am AbAp-Tag bewußt auf meinen Biorhythmus.* | | | | | |

*Bitte beantworten Sie die folgenden Fragen.*

**9.** Wenn man einen Telefonanruf erhält, muß man häufig seine Arbeit unterbrechen. Oft wird aber eine andere Arbeit durch die Informationen des Anrufs vorangebracht. Wird der Telefonanruf eher am IbAp-Tag oder eher am AbAp-Tag zur lästigen Unterbrechung?

　　○ Eher am IbAp-Tag　　○ Kein Unterschied　　　　　　　　　　○ Eher am AbAp-Tag

**10.** Glauben Sie, daß es Menschen gibt, die Hemmungen haben, Sie aus dienstlichen Gründen am AbAp-Tag anzurufen?

　　○ Ja　　　　　　　　○ Weiß ich nicht　　　　　　　　　　○ Nein

*Wenn Sie in Frage 10 "Ja" angekreuzt haben, machen Sie bitte mit Frage 11 weiter.*

*Sollten Sie "Weiß ich nicht" oder "Nein" angekreuzt haben, fahren Sie bitte mit Frage 12 fort.*

**11.** Wer, glauben Sie, könnte solche Hemmungen empfinden ...

　　*... Vorgesetzte?*

　　○ Ja　　　　　　　　○ Weiß ich nicht　　　　　　　　○ Nein

　　*... direkte Kollegen?*

　　○ Ja　　　　　　　　○ Weiß ich nicht　　　　　　　　○ Nein

　　*... Mitarbeiter des LVM?*

　　○ Ja　　　　　　　　○ Weiß ich nicht　　　　　　　　○ Nein

| | | |
|---|---|---|
| AbAp-MA | 5 | © Lehrstuhl IBL und LVM |

**BALTASAR**

*Nachfolgend sind wieder Fragen mit gegensätzlichen Antwortmöglichkeiten aufgeführt. Zur Beantwortung der Fragen machen Sie wieder ganz nach Ihrem persönlichen Empfinden Ihr Kreuz. Tragen Sie auch hier bitte genau ein Kreuz je Zeile ein.*

| | | Beurteilung | 1 | 2 | 3 | 4 | 5 | Beurteilung |
|---|---|---|---|---|---|---|---|---|
| 12. | Ist die Menge an Unterlagen, die Sie zwischen dem AbAp und ihrem IbAp hin und her transportieren, eher groß oder eher klein? | Sehr groß | | | | | | Sehr klein |
| 13. | Behindert Sie das bei der Durchführung ihrer Arbeit oder ist das keine Behinderung? | Sehr starke Behinderung | | | | | | Gar keine Behinderung |
| 14. | Haben Sie viele Unterlagen doppelt, also sowohl am AbAp als auch am IbAp, oder haben Sie gar keine Unterlagen doppelt? | Sehr viele | | | | | | Gar keine |
| 15. | Wenn Sie an Ihrem **IbAp** sind, kann es sein, daß Sie Ihre Arbeit nicht durchführen können, weil die dazu notwendigen Unterlagen am AbAp liegen. Kommt dies eher häufig oder eher selten vor? | Sehr häufig | | | | | | Sehr selten |
| 16. | Wenn Sie an Ihrem **AbAp** sind, kann es sein, daß Sie Ihre Arbeit nicht durchführen können, weil die dazu notwendigen Unterlagen am IbAp liegen. Kommt dies eher häufig oder eher selten vor? | Sehr häufig | | | | | | Sehr selten |

17. Könnte die Aufteilung der Arbeitsunterlagen zwischen IbAp und AbAp verbessert werden?

   ○ Nein folgt:       ○ Verbesserung nicht notwendig       ○ Ja, und zwar wie

_____

_____

_____

_____

_____

_____

_____

### *BALTASAR*

*Zur Beantwortung der folgenden Frage machen Sie Ihr Kreuz wieder ganz nach Ihrem persönlichen Empfinden.*

| Beurteilung | 1 | 2 | 3 | 4 | 5 | Beurteilung |
|---|---|---|---|---|---|---|
| **18.** Können Sie nach Ihrer bisherigen Erfahrung Ihre Arbeit besser in der festen, vertrauten Umgebung des eigenen Schreibtisches ausführen, oder können Sie überall arbeiten, wenn die technischen Voraussetzungen gegeben sind? <br><br> Brauche feste, vertraute Umgebung | | | | | | Kann überall arbeiten |

**19.** Würden Sie - wenn alle organisatorischen Probleme gelöst wären - auf Ihren festen Schreibtisch beim LVM verzichten und jeden Tag an irgendeinem freien Schreibtisch arbeiten, oder würden Sie auf keinen Fall darauf verzichten wollen?

    ⃝ Ein Verzicht würde mir nichts ausmachen        ⃝ Ich würde nur ungerne verzichten

    ⃝ Nein, ich würde nicht verzichten

## III. Arbeitsqualität und -produktivität

*Nachfolgend sind wieder Fragen mit gegensätzlichen Antwortmöglichkeiten aufgeführt. Die extremen Antwortmöglichkeiten werden wieder durch die Werte 1 und 5 abgebildet. Zur Beantwortung der Fragen machen Sie ganz nach Ihrem persönlichen Empfinden Ihr Kreuz. Bitte machen Sie auch hier in jeder Zeile genau ein Kreuz.*

| Beurteilung | 1 | 2 | 3 | 4 | 5 | Beurteilung |
|---|---|---|---|---|---|---|
| **1.** Glauben Sie, daß man allgemein bei der Arbeit zu Hause stärker zu einem hohen Arbeitseinsatz tendiert als im Unternehmen oder weniger? <br> Viel weniger | | | | | | Viel stärker |
| **2.** Empfinden Sie Ihre Arbeitsbelastung insgesamt eher zu hoch oder eher zu niedrig? <br> Viel zu niedrig | | | | | | Viel zu hoch |
| **3.** Die Arbeit zu Hause kann mit unterschiedlichen Gefühlen verbunden sein. Zum einen kann man ein Gefühl der Ruhe und Ungestörtheit empfinden oder sich stark isoliert und getrennt von seinen Kollegen fühlen. Wie geht es Ihnen? <br> Fühle sehr stark Getrenntheit und Isoliertheit | | | | | | Fühle sehr stark Ungestörtheit und Ruhe |
| **4.** Wenn Sie heute - mit AbAp - zu ihrem IbAp-Tag ins Unternehmen fahren, haben Sie dann das Gefühl weniger gut informiert zu sein als früher - ohne AbAp - oder fühlen Sie sich besser informiert? <br> Fühle mich viel schlechter informiert | | | | | | Fühle mich viel besser informiert |

| | | | | | | |
|---|---|---|---|---|---|---|

**LVM** Versicherungen        **BALTASAR**        IBL Universität Dortmund

| | Beurteilung | 1 | 2 | 3 | 4 | 5 | Beurteilung |
|---|---|---|---|---|---|---|---|
| **5.** Ist die Teamarbeit heute - mit AbAp - effektiver oder weniger effektiv als früher ohne AbAp? | Viel weniger effektiv | | | | | | Viel effektiver |
| **6.** Ist die Zusammenarbeit mit Ihrem direkten Vorgesetzten heute - mit AbAp - effektiver oder weniger effektiv als früher ohne AbAp? | Viel weniger effektiv | | | | | | Viel effektiver |

*Zur Beantwortung der folgenden beiden Fragen machen Sie Ihr Kreuz bitte unter den entsprechenden Prozentbereich. Bitte schätzen Sie:*

| | Prozent | | | | | | | | | |
|---|---|---|---|---|---|---|---|---|---|---|
| | 0 - 10 | 11 - 20 | 21 - 30 | 31 - 40 | 41 - 50 | 51 - 60 | 61 - 70 | 71 - 80 | 81 - 90 | 91 - 100 |
| **7.** Wieviel Prozent Ihrer täglichen Arbeitszeit können Sie am **AbAp** ungestört arbeiten? | | | | | | | | | | |
| **8.** Wieviel Prozent Ihrer täglichen Arbeitszeit können Sie am **IbAp** ungestört arbeiten? | | | | | | | | | | |

*Beantworten Sie die folgende Frage wieder ganz nach Ihrem persönlichen Empfinden.*

| | Beurteilung | 1 | 2 | 3 | 4 | 5 | Beurteilung |
|---|---|---|---|---|---|---|---|
| **9.** Haben Sie das **Gefühl**, daß Ihre Arbeit am AbAp-Tag qualitativ besser ist als am IbAp-Tag oder gibt es am AbAp Hindernisse, die dazu führen, daß Ihre Arbeit von geringerer Qualität ist? | Viel geringere Qualität | | | | | | Viel höhere Qualität |

*Wenn Sie in Frage 9 Ihr Kreuz unter 1 oder 2 gemacht haben, machen Sie bitte mit Frage 10 weiter. Sollte Ihr Kreuz unter 3, 4 oder 5 stehen, fahren Sie bitte mit Frage 11 fort.*

**10.** Was glauben Sie, ist der Grund dafür, daß Ihre Arbeit am AbAp-Tag eine **geringere** Qualität aufweist als am IbAp-Tag?

_____

_____

_____

AbAp-MA                              8                        © Lehrstuhl IBL und LVM

Versicherungen

**BALTASAR**

*Zur Beantwortung der Fragen machen Sie Ihr Kreuz bitte wieder unter den entsprechenden Prozent-bereich. Bitte schätzen Sie:*

| | Prozent | | | | | | | | | |
|---|---|---|---|---|---|---|---|---|---|---|
| | 0 - 10 | 11 - 20 | 21 - 30 | 31 - 40 | 41 - 50 | 51 - 60 | 61 - 70 | 71 - 80 | 81 - 90 | 91 - 100 |
| **11.** Durch Besprechungen, Registraturtätigkeiten etc. ist Ihre Erreichbarkeit am IbAp-Tag im Vergleich zum AbAp-Tag vermindert. Bitte schätzen Sie, wieviel Prozent Ihrer Arbeitszeit Sie am **IbAp-Tag** direkt zu erreichen sind. | | | | | | | | | | |

*Zur Beantwortung der folgenden Frage machen Sie Ihr Kreuz ganz nach Ihrem persönlichen Empfinden.*

| Beurteilung | 1 | 2 | 3 | 4 | 5 | Beurteilung |
|---|---|---|---|---|---|---|
| **12.** Haben Sie das **Gefühl**, daß Sie am AbAp-Tag produktiver arbeiten können als am IbAp-Tag, oder gibt es am AbAp-Tag Hindernisse, die dazu führen, daß Sie weniger produktiv arbeiten? — Viel weniger produktiv | | | | | | Viel produktiver |

*Wenn Sie in Frage 12 Ihr Kreuz unter 1, 2 oder 3 gemacht haben, machen Sie bitte mit Frage 14 weiter.*
*Sollte Ihr Kreuz unter 4 oder 5 stehen, fahren Sie bitte mit Frage 13 fort.*

**13.** Wodurch könnte diese höhere Produktivität gefährdet werden?

_____

_____

_____

_____

_____

**14.** Führen Sie Dienstreisen lieber an Ihrem AbAp-Tag oder an Ihrem IbAp-Tag durch, oder macht das für Sie keinen Unterschied?

○ Ich führe keine Dienstreisen durch.

○ Lieber am AbAp-Tag          ○ Kein Unterschied          ○ Lieber am IbAp-Tag

| AbAp-MA | 9 | © Lehrstuhl IBL und LVM |
|---|---|---|

**BALTASAR**

## IV.　Kommunikation

1. Welche der folgenden beruflichen Kommunikationswege mit den genannten Personengruppen ist, seitdem Sie am AbAp arbeiten, im Vergleich zu früher ohne AbAp, seltener oder häufiger geworden bzw. ist gleich geblieben oder kommt vielleicht gar nicht vor? Bitte machen Sie in jeder Zeile genau ein Kreuz, und lassen Sie keine Zeile aus!

| Kontakte mit meinem Vorgesetzten: | Kommt nicht vor | Seltener | Gleich | Häufiger |
|---|---|---|---|---|
| ... persönlich | | | | |
| ... telefonisch | | | | |
| ... brieflich, per Fax | | | | |
| ... Besprechungen | | | | |
| ... per Memo | | | | |

| Kontakte mit meinen Kollegen in der Gruppe/ im Team: | Kommt nicht vor | Seltener | Gleich | Häufiger |
|---|---|---|---|---|
| ... persönlich | | | | |
| ... telefonisch | | | | |
| ... brieflich, per Fax | | | | |
| ... Besprechungen | | | | |
| ... per Memo | | | | |

| Kontakte mit sonstigen LVM-Mitarbeitern und VM´s: | Kommt nicht vor | Seltener | Gleich | Häufiger |
|---|---|---|---|---|
| ... persönlich | | | | |
| ... telefonisch | | | | |
| ... brieflich, per Fax | | | | |
| ... Besprechungen | | | | |
| ... per Memo | | | | |

| Kontakte mit Externen (z. B. Kunden, Rechtsanwälten ...): | Kommt nicht vor | Seltener | Gleich | Häufiger |
|---|---|---|---|---|
| ... persönlich | | | | |
| ... telefonisch | | | | |
| ... brieflich, per Fax | | | | |
| ... Besprechungen | | | | |
| ... per e-mail | | | | |

**BALTASAR**

LVM Versicherungen

IBL Universität Dortmund

**2.** Welche der beruflichen Kommunikationswege sollten Ihrer Meinung nach zu einer Optimierung der Arbeit häufiger oder seltener genutzt werden, und bei welcher ist die Häufigkeit angemessen? Bitte machen Sie auch hier in jeder Zeile genau ein Kreuz.

| Kontakte mit meinem Vorgesetzten: | Kommt nicht vor | Seltener | Gleich | Häufiger |
|---|---|---|---|---|
| ... persönlich | | | | |
| ... telefonisch | | | | |
| ... brieflich, per Fax | | | | |
| ... Besprechungen | | | | |
| ... per Memo | | | | |

| Kontakte mit meinen Kollegen in der Gruppe/ im Team: | Kommt nicht vor | Seltener | Gleich | Häufiger |
|---|---|---|---|---|
| ... persönlich | | | | |
| ... telefonisch | | | | |
| ... brieflich, per Fax | | | | |
| ... Besprechungen | | | | |
| ... per Memo | | | | |

| Kontakte mit sonstigen LVM-Mitarbeitern und VM´s: | Kommt nicht vor | Seltener | Gleich | Häufiger |
|---|---|---|---|---|
| ... persönlich | | | | |
| ... telefonisch | | | | |
| ... brieflich, per Fax | | | | |
| ... Besprechungen | | | | |
| ... per Memo | | | | |

| Kontakte mit Externen (z. B. Kunden, Rechtsanwälten ...): | Kommt nicht vor | Seltener | Gleich | Häufiger |
|---|---|---|---|---|
| ... persönlich | | | | |
| ... telefonisch | | | | |
| ... brieflich, per Fax | | | | |
| ... Besprechungen | | | | |
| ... per e-mail | | | | |

**BALTASAR**

3. Im Unternehmen gibt es neben dem offiziellen Kommunikationsaustausch auch die informelle Kommunikation. Beurteilen Sie die Wichtigkeit der nachfolgend genannten Ziele informeller Kommunikation für Ihre Arbeit ganz nach Ihrem Gefühl. Bitte machen Sie in jeder Zeile genau ein Kreuz.

| | Beurteilung | | | | |
|---|---|---|---|---|---|
| | Sehr unwichtig | Unwichtig | Teils/Teils | Wichtig | Sehr wichtig |
| Die neuesten Entwicklungen und "Gerüchte" in Erfahrung bringen | | | | | |
| Einen günstigen Zeitpunkt für die eigenen Pläne in Erfahrung bringen | | | | | |
| Einen Kollegen um Unterstützung bitten | | | | | |
| Persönliche Nähe zu den Kollegen und Vorgesetzten herstellen | | | | | |
| Kollegiale Fachgespräche führen | | | | | |

4. Können die oben genannten Ziele informeller Kommunikation nach Ihrer Erfahrung am AbAp leichter oder schwerer erreicht werden? Machen Sie bitte genau ein Kreuz je Zeile.

| | Beurteilung | | | | |
|---|---|---|---|---|---|
| | Viel leichter | Leichter | Kein Unterschied | Schwerer | Viel schwerer |
| Die neuesten Entwicklungen und "Gerüchte" in Erfahrung bringen | | | | | |
| Einen günstigen Zeitpunkt für die eigenen Pläne in Erfahrung bringen | | | | | |
| Einen Kollegen um Unterstützung bitten | | | | | |
| Persönliche Nähe zu den Kollegen und Vorgesetzten herstellen | | | | | |
| Kollegiale Fachgespräche führen | | | | | |

**BALTASAR**

*Zur Beantwortung der folgenden Frage machen Sie Ihr Kreuz ganz nach Ihrem Gefühl.*

| Beurteilung | 1 | 2 | 3 | 4 | 5 | Beurteilung |
|---|---|---|---|---|---|---|
| **5.** Bitte denken Sie zurück: War die Möglichkeit, mit Menschen Kontakt zu haben, bei Ihrer Berufswahl ein wichtiger Aspekt, oder war das unwichtig? | Sehr unwichtig | | | | | Sehr wichtig |

**6.** Sprechen Sie mit Ihren Arbeitskollegen über private Dinge?

○ Oft      ○ Manchmal      ○ Nie

**7.** Treffen Sie sich mit Ihren Arbeitskollegen privat?

○ Oft      ○ Manchmal      ○ Nie

| Beurteilung | 1 | 2 | 3 | 4 | 5 | Beurteilung |
|---|---|---|---|---|---|---|
| **8.** Haben Sie heute - mit AbAp - mehr privaten Kontakt mit Ihren Kollegen als früher - ohne AbAp - oder ist der Kontakt weniger geworden? | Viel weniger | | | | | Viel mehr |

*Wenn Sie in Frage 8 Ihr Kreuz unter 1 oder 2 gemacht haben, machen Sie bitte mit Frage 9 weiter. Sollte Ihr Kreuz unter 3, 4 oder 5 stehen, fahren Sie bitte mit Frage 10 fort.*

**9.** Begrüßen oder bedauern Sie diese Entwicklung, oder ist Ihnen das nicht so wichtig?

○ Begrüßen      ○ Nicht so wichtig      ○ Bedauern

**10.** Welcher der beiden sehr extrem formulierten Ansichten können Sie am ehesten zustimmen?

A: "Heute kann die moderne Technik die persönliche Anwesenheit im Unternehmen vollständig ersetzen."

B: "Auch die modernste Technik wird die persönliche Anwesenheit im Unternehmen niemals vollständig ersetzen können.

○ Eher A      ○ Eher B      ○ Unentschieden

**BALTASAR**

## V. Führungsstil

1. Jede Führungskraft hat einen eigenen Führungsstil. Wie läßt sich der Führungsstil Ihres/r direkten Vorgesetzten auf der folgenden Liste von Gegensatzpaaren einordnen? Sollte ein bestimmter Stil Ihres/r direkten Vorgesetzten nicht aufgeführt sein, können Sie diesen unter "Sonstiges" eintragen. Machen Sie in jeder Zeile ganz nach Ihrem persönlichen Empfinden genau ein Kreuz.

| | 1 | 2 | 3 | 4 | 5 | 6 | 7 | |
|---|---|---|---|---|---|---|---|---|
| Zurückhalten, Abwarten | | | | | | | | Motivieren, Aktivieren |
| Kontrollieren, Steuern | | | | | | | | Selbständig arbeiten lassen, Freiräume geben |
| Konkurrenz und Rivalität fördern | | | | | | | | Solidarität und Kooperation fördern |
| Gleichbehandeln | | | | | | | | Eingehen auf Besonderheiten des Mitarbeiters |
| Wege zum Ziel vorgeben | | | | | | | | Ziele vorgeben |
| Bestehendes bewahren, Tradition pflegen | | | | | | | | Innovation und neue Ideen fördern |
| Festhalten an eigener Verantwortung | | | | | | | | Delegieren von Verantwortung |
| Distanz zum Mitarbeiter halten | | | | | | | | Nähe zum Mitarbeiter pflegen |

Sonstiges

_____

_____

_____

_____

_____

_____

AbAp-MA        14        © Lehrstuhl IBL und LVM

**BALTASAR**

2. Bitte sehen Sie sich die gleiche Liste nochmals an. Welchen Führungsstil sollte eine Führungskraft von AbAp-Mitarbeitern besonders mitbringen? Machen Sie - wie in Frage 1 - in jeder Zeile ganz nach Ihrem persönlichen Empfinden Ihr Kreuz mehr rechts oder mehr links.

|  | 1 | 2 | 3 | 4 | 5 | 6 | 7 |  |
|---|---|---|---|---|---|---|---|---|
| Zurückhalten, Abwarten |  |  |  |  |  |  |  | Motivieren, Aktivieren |
| Kontrollieren, Steuern |  |  |  |  |  |  |  | Selbständig arbeiten lassen, Freiräume geben |
| Konkurrenz und Rivalität fördern |  |  |  |  |  |  |  | Solidarität und Kooperation fördern |
| Gleichbehandeln |  |  |  |  |  |  |  | Eingehen auf Besonderheiten des Mitarbeiters |
| Wege zum Ziel vorgeben |  |  |  |  |  |  |  | Ziele vorgeben |
| Bestehendes bewahren, Tradition pflegen |  |  |  |  |  |  |  | Innovation und neue Ideen fördern |
| Festhalten an eigener Verantwortung |  |  |  |  |  |  |  | Delegieren von Verantwortung |
| Distanz zum Mitarbeiter halten |  |  |  |  |  |  |  | Nähe zum Mitarbeiter pflegen |

Sonstiges

_____

_____

_____

_____

_____

_____

**BALTASAR**

## VI. Technik/Ausstattung

1. Bitte beschreiben Sie anhand der folgenden Tabelle die Ausstattung Ihres AbAp. Wenn Ihr AbAp mit den genannten Geräten/Möbeln **ausgestattet** ist, geben Sie bitte an, ob diese von Ihnen oder dem LVM bereitgestellt worden sind. Sind die Geräte/Möbel **nicht vorhanden**, entscheiden Sie unter Beachtung der Wirtschaftlichkeit, wie wichtig diese für Ihre Arbeit am AbAp wären. Nicht genannte Geräte/Möbel können Sie unter "Sonstiges" eintragen.

|  | Vorhanden | | Nicht vorhanden | | |
|---|---|---|---|---|---|
|  | Vom LVM gestellt | Von mir gestellt | Nicht vorhanden, wäre aber zwingend nötig | Nicht vorhanden, wäre aber ganz nützlich | Nicht vorhanden, ist aber auch nicht notwendig |
| Drucker |  |  |  |  |  |
| Faxgerät, Faxmodem |  |  |  |  |  |
| Laptop, Notebook |  |  |  |  |  |
| Normales Telefon |  |  |  |  |  |
| Schnurloses Telefon |  |  |  |  |  |
| Schreibmaschine |  |  |  |  |  |
| Kopiergerät |  |  |  |  |  |
| Allg. Büroausstattung (z. B. Diktiergerät ...) |  |  |  |  |  |
| Gebrauchter Schreibtisch |  |  |  |  |  |
| Neuer Schreibtisch |  |  |  |  |  |
| Gebrauchter Bürostuhl |  |  |  |  |  |
| Neuer Bürostuhl |  |  |  |  |  |
| Gebrauchter Aktenbock |  |  |  |  |  |
| Neuer Aktenbock |  |  |  |  |  |
| Gebrauchter Rollcontainer |  |  |  |  |  |
| Neuer Rollcontainer |  |  |  |  |  |
| Sonstiges |  |  |  |  |  |
|  |  |  |  |  |  |
|  |  |  |  |  |  |

AbAp-MA                           16                  © Lehrstuhl IBL und LVM

Versicherungen

**BALTASAR**

---

*Bitte beantworten Sie jetzt die folgenden Fragen.*

**2.** Empfinden Sie das Antwortzeitverhalten Ihrer Systeme am AbAp besser, schlechter oder genausogut wie am IbAp?

  ○ Besser     ○ Genausogut     ○ Schlechter

**3.** Wie häufig pro AbAp-Tag müssen Sie Ihr System im Durchschnitt erneut starten?

  ○ Gar nicht     ○ Einmal     ○ Zweimal

  ○ Dreimal     ○ Viermal     ○ Mehr als Viermal

**4.** Ist Ihre technische Ausstattung am AbAp besser, schlechter oder genausogut wie am IbAp?

  ○ Besser     ○ Genausogut     ○ Schlechter

**5.** Sind Sie mit der Funktionsfähigkeit Ihrer technischen Ausstattung am AbAp grundsätzlich zufrieden?

  ○ Ja     ○ Nein

**6.** Sind Sie mit den Hilfestellungen bei technischen Problemen an Ihrem AbAp (Support) eher unzufrieden oder eher zufrieden?

  ○ Sehr unzufrieden   ○ Unzufrieden   ○ Teils/Teils   ○ Zufrieden   ○ Sehr zufrieden

**7.** Sind Sie mit Ihrer Software-Ausstattung am AbAp grundsätzlich zufrieden?

  ○ Ja     ○ Nein

**8.** Nachfolgend sind wichtige Software-Anwendungen aufgeführt. Falls an Ihrem AbAp die genannte Anwendung verfügbar ist, beurteilen Sie, ob Sie mit der Stabilität der Anwendung unzufrieden oder zufrieden sind. Sollte die Anwendung nicht verfügbar sein, kreuzen Sie bitte "Anwendung nicht verfügbar" an. Bitte machen Sie in jeder Zeile genau ein Kreuz.

| | Anwendung nicht verfügbar | Anwendung verfügbar | | | | |
|---|---|---|---|---|---|---|
| | | Sehr unzufrieden | Unzufrieden | Teils/Teils | Zufrieden | Sehr zufrieden |
| Image | | | | | | |
| Lotus Palette (AmiPro ...) | | | | | | |
| MULTSESS-Anwendungen (IMS, IMST, MEMO, TSO, IMSF) | | | | | | |
| Internet | | | | | | |
| Intranet | | | | | | |
| Telefonanwendung | | | | | | |

---

**Versicherungen**                **BALTASAR**

---

### VII. Auswirkungen und Akzeptanz

1. Die Telearbeit beeinflußt sowohl Ihr berufliches als auch Ihr privates Leben. Beurteilen Sie bitte nachfolgend mit Hilfe der aufgeführten Skala, wie stark die Auswirkungen und Effekte Ihrer Meinung nach durch Telearbeit hervorgerufen werden. Lassen Sie keine Auswirkung und keinen Effekt aus, und machen Sie in jeder Zeile genau ein Kreuz. Falls Sie zusätzliche Auswirkungen nennen wollen, können Sie diese unter "Sonstiges" eintragen. Vergessen Sie dann bitte nicht die Beurteilung.

Durch Telearbeit kann/erlebt/hat man:

| Auswirkungen/Effekte | Beurteilung | | | | | |
|---|---|---|---|---|---|---|
|  | Gar nicht | Sehr schwach | Schwach | Teils/Teils | Stark | Sehr stark |
| *Selbständiger arbeiten* |  |  |  |  |  |  |
| *Steigende Arbeitszufriedenheit* |  |  |  |  |  |  |
| *Familie und Beruf besser vereinbaren* |  |  |  |  |  |  |
| *Die Attraktivität des LVM als Arbeitgeber steigern* |  |  |  |  |  |  |
| *Flexibler arbeiten* |  |  |  |  |  |  |
| *Berufsstreß auf die Familie übertragen* |  |  |  |  |  |  |
| *Bessere Chancen in der Karriere* |  |  |  |  |  |  |
| *Eine Steigerung der Lebensqualität der Gesellschaft bewirken* |  |  |  |  |  |  |
| *Mehr bei der Hausarbeit mithelfen* |  |  |  |  |  |  |
| *Kundenorientierter arbeiten* |  |  |  |  |  |  |
| *Mehr Zeit für private Kontakte* |  |  |  |  |  |  |
| *Eine Zunahme der eigenen beruflichen Qualifikation erreichen* |  |  |  |  |  |  |
| *Eine Zunahme der sozialen Isolierung* |  |  |  |  |  |  |
| *Vermehrt Streitereien in der Familie* |  |  |  |  |  |  |
| *Eine schlechtere Beurteilung der eigenen Leistung gegenüber Nicht-AbAp-MA* |  |  |  |  |  |  |
| *Mehr Ärger mit den Kollegen* |  |  |  |  |  |  |

Sonstiges (*Benutzen Sie bei Platzmangel bitte die Rückseite.*)

_____

_____

---

| AbAp-MA | 18 | © Lehrstuhl IBL und LVM |
|---|---|---|

**BALTASAR**

**2.** Nachfolgend sind wieder gegensätzliche Begriffspaare dargestellt. Charakterisieren Sie bitte jetzt den **Außerbetrieblichen Arbeitsplatz** anhand dieser Begriffe, und machen Sie in jeder Zeile ganz nach Ihrem persönlichen Empfinden Ihr Kreuz mehr rechts oder mehr links. Machen Sie bitte in jeder Zeile genau ein Kreuz, und lassen Sie keine Zeile aus!

*Versuchen Sie, sich möglichst spontan zu entscheiden und nicht lange zu zögern!*

| | 1 | 2 | 3 | 4 | 5 | 6 | 7 | |
|---|---|---|---|---|---|---|---|---|
| unmodern | | | | | | | | modern |
| gewöhnlich | | | | | | | | ungewöhnlich |
| bürokratisch | | | | | | | | unbürokratisch |
| konservativ | | | | | | | | progressiv |
| langweilig | | | | | | | | interessant |
| undurchsichtig | | | | | | | | durchsichtig |
| gegeneinander | | | | | | | | miteinander |
| ziellos | | | | | | | | ehrgeizig |
| alt | | | | | | | | neu |
| lähmend | | | | | | | | anspornend |
| negativ | | | | | | | | positiv |
| unwirksam | | | | | | | | wirksam |
| einzeln | | | | | | | | gemeinsam |
| feige | | | | | | | | mutig |
| langsam | | | | | | | | schnell |
| künstlich | | | | | | | | natürlich |
| verbissen | | | | | | | | entspannt |
| überflüssig | | | | | | | | notwendig |
| unwirtschaftlich | | | | | | | | wirtschaftlich |
| unklar | | | | | | | | klar |

AbAp-MA  19[1]  © Lehrstuhl IBL und LVM

---

[1] Die Seiten 20 bis 24 des Bogens umfassen Fragen zur Evaluation der gesundheitlichen Auswirkungen der alternierenden Telearbeit. Die Fragen wurden von dem *Institut für Arbeitsmedizin* der *Universität Münster* konzipiert und werden daher nicht im Rahmen dieser Untersuchung dargestellt.

**BALTASAR**

---

**IX.    Verkehrsaufkommen**

**1.**  Wieviel km beträgt Ihre einfache Fahrstrecke zum LVM?

    ○ 0 - 5 km        ○ 6 - 10 km       ○ 11 - 15 km     ○ 16 - 20 km

    ○ 21 - 25 km     ○ 26 - 30 km     ○ 31 - 35 km     ○ 36 - 40 km

    ○ 41 - 45 km     ○ 46 - 50 km     ○ Über 50 km

**2.**  Welches Verkehrsmittel haben Sie früher - vor AbAp - am häufigsten für den Weg zur Arbeit genutzt?

    ○ PKW (allein)     ○ PKW (Fahrgemeinschaft)  ○ Öffentliche Verkehrsmittel

    ○ Gehe zu Fuß      ○ Fahrrad         ○ Sonstiges _____

**3.**  Wie lange dauerte früher - vor AbAp - im Durchschnitt eine einfache Fahrt?

    ○ 0 - 10 Minuten   ○ 11 - 20 Minuten   ○ 21 - 30 Minuten   ○ 31 - 40 Minuten

    ○ 41 - 50 Minuten  ○ 51 - 60 Minuten  ○ Über 60 Minuten

**4.**  Welches Verkehrsmittel nutzen Sie heute - mit AbAp - am häufigsten für den Weg zur Arbeit?

    ○ PKW (allein)     ○ PKW (Fahrgemeinschaft)  ○ Öffentliche Verkehrsmittel

    ○ gehe zu Fuß      ○ Fahrrad         ○ Sonstiges _____

**5.**  Wie lange dauert heute - mit AbAp - im Durchschnitt eine einfache Fahrt?

    ○ 0 - 10 Minuten   ○ 11 - 20 Minuten   ○ 21 - 30 Minuten   ○ 31 - 40 Minuten

    ○ 41 - 50 Minuten  ○ 51 - 60 Minuten  ○ Über 60 Minuten

**6.**  Haben Sie, bevor Ihr AbAp eingerichtet wurde, auf dem Weg zur Arbeit bzw. von der Arbeit gewisse Erledigungen durchgeführt, für die Sie heute zusätzlich mit dem Auto oder Motorrad fahren müssen?

    ○ Ja       ○ Nein

*Falls Sie in Frage 6 "Ja" angekreuzt haben, machen Sie bitte mit Frage 7 weiter.*

*Sollten Sie "Nein" angekreuzt haben, fahren Sie bitte mit Frage 8 fort.*

**7.**  Wieviel km betragen diese Zusatzfahrten etwa pro Woche?

    Etwa [＿＿＿] km pro Woche.

**8.**  Wird Ihr PKW, wenn er nicht von Ihnen zur Arbeit genutzt wird, von anderen Haushaltsangehörigen genutzt?

    ○ Ja       ○ Nein

---

AbAp-MA                                  25                        © Lehrstuhl IBL und LVM

**BALTASAR**

*Falls Sie in Frage 8 "Ja" angekreuzt haben, machen Sie bitte mit Frage 9 weiter.*
*Sollten Sie "Nein" angekreuzt haben, machen Sie bitte mit Frage 10 weiter.*

**9.** Wieviel km betragen diese Fahrten etwa pro Woche?

Etwa [          ] km pro Woche.

**10.** Haben Sie durch Ihren AbAp einen geplanten Kauf eines Zweitwagens nicht durchgeführt oder einen existierenden Zweitwagen verkauft?

○ Ja          ○ Nein

## X. Allgemeine Angaben

*Machen Sie bitte abschließend noch die folgenden allgemeinen Angaben.*

**1.** *Geschlecht:*    ○ männlich        ○ weiblich

**2.** *Alter:*    ○ bis 20 J.   ○ 21 - 30 J.   ○ 31 - 40 J.   ○ 41 - 50 J.   ○ über 50 J.

**3.** *Arbeiten Sie in Vollzeit oder in Teilzeit?*    ○ Vollzeit ○ Teilzeit

**4.** *Wie lange nehmen Sie schon am AbAp teil?*

○ 1 - 3 Monate      ○ 4 - 6 Monate      ○ 7 - 9 Monate      ○ 10 - 12 Monate

○ über 12 Monate

**5.** *Wieviele Personen leben in Ihrem Haushalt?*    [          ] Anzahl (Sie eingeschlossen)

*Wieviele sind davon ...*    *Kleinkinder?*    [          ] Anzahl

*Kindergartenkinder?*    [          ] Anzahl

*Schulkinder?*    [          ] Anzahl

**6.** *In welcher Funktion arbeiten Sie im LVM? (Falls nötig, machen Sie bitte mehrere Kreuze.)*

○ Schreibtechnische(r) Mitarbeiter(in)

○ Sachbearbeiter(in)    (z. B. Antrags-, Bestands-, Vertrags-, Schadens-, Leistungs-, Vertriebs-Sachbearbeiter(in), Buchhalter(in))

○ Fachkraft/Spezialist    (spezielles Fach- bzw. Expertenwissen ist für Ihre Arbeit notwendig: z. B. Programmierer(in), Jurist(in) etc.)

○ Führungskraft    (1. SB, GL, BL, etc.)

**Zum Abschluß ein herzliches "Dankeschön" für Ihre Unterstützung.**
**Ihre Angaben werden sicher dazu beitragen, die zukünftige Arbeit im LVM zu verbessern.**

## Anhang II

| | Mit dem U-Test nach MANN und WHITNEY errechnetes Signifikanzniveau der Prüfung des Unterschiedes der Antworten zwischen den nachfolgend genannten Befragtengruppen auf die in der ersten Spalte genannten Items | | | | | |
|---|---|---|---|---|---|---|
| | AbAp-MA u. N-AbAp-MA | AbAp-MA u. F-AbAp-MA | AbAp-MA u. Z-AbAp-MA | N-AbAp-MA u. F-AbAp-MA | N-AbAp-MA u. Z-AbAp-MA | F-AbAp-MA u. Z-AbAp-MA |
| Ich arbeite am AbAp-Tag dann, wenn ich mich am leistungsfähigsten fühle. | 0,0001 | 0,013 | 0,943 | 0,009 | 0,141 | 0,495 |
| Ich passe meine Arbeitszeiten am AbAp stark den beruflichen Anforderungen an. | 0,0001 | 0,019 | 0,780 | 0,133 | 0,275 | 0,576 |
| Ich nutze meinen AbAp auch zu unüblichen Zeiten. | 0,0001 | 0,012 | 0,163 | 0,067 | 0,740 | 0,441 |
| Ich unterbreche am AbAp-Tag auch mal meine Arbeit und setze sie zu einem späteren Zeitpunkt fort. | 0,0001 | 0,0001 | 0,527 | 0,038 | 0,064 | 0,233 |
| Ich achte am ApAp-Tag bewußt auf meinen Biorhythmus. | 0,0001 | 0,0001 | 0,975 | 0,048 | 0,080 | 0,231 |

# Anhang III

| | AbAp-MA u. N-AbAp-MA | AbAp-MA u. F-AbAp-MA | AbAp-MA u. Z-AbAp-MA | N-AbAp-MA u. F-AbAp-MA | N-AbAp-MA u. Z-AbAp-MA | F-AbAp-MA u. Z-AbAp-MA |
|---|---|---|---|---|---|---|
| **Mit dem U-Test nach MANN und WHITNEY errechnetes Signifikanzniveau der Prüfung des Unterschiedes der Antworten zwischen den nachfolgend genannten Befragtengruppen auf die in der ersten Spalte genannten Items** | | | | | | |
| Zurückhalten ... Aktivieren | 0,070 | 0,485 | 0,942 | 0,027 | 0,474 | 0,873 |
| Kontrollieren ... Freiräume geben | 0,004 | 0,0001 | 0,042 | 0,228 | 0,373 | 0,620 |
| Konkurrenz ... Kooperation fördern | 0,227 | 0,027 | 0,899 | 0,003 | 0,712 | 0,630 |
| Gleichbehandeln ... des Mitarbeiters | 0,155 | 0,499 | 0,010 | 0,574 | 0,044 | 0,012 |
| Wege ... Ziele vorgeben | 0,012 | 0,006 | 0,015 | 0,534 | 0,006 | 0,002 |
| Bestehendes bewahren ... Ideen fördern | 0,961 | 0,016 | 0,878 | 0,012 | 0,848 | 0,445 |
| Festhalten ... Verantwortung | 0,722 | 0,838 | 0,246 | 0,910 | 0,268 | 0,190 |
| Distanz ... Mitarbeiter pflegen | 0,415 | 0,117 | 0,653 | 0,382 | 0,797 | 0,964 |

## Anhang IV

| | Mit dem U-Test nach MANN und WHITNEY errechnetes Signifikanzniveau der Prüfung des Unterschiedes der Antworten zwischen den nachfolgend genannten Befragtengruppen auf die in der ersten Spalte genannten Items | | | | | |
|---|---|---|---|---|---|---|
| | AbAp-MA u. N-AbAp-MA | AbAp-MA u. F-AbAp-MA | AbAp-MA u. Z-AbAp-MA | N-AbAp-MA u. F-AbAp-MA | N-AbAp-MA u. Z-AbAp-MA | F-AbAp-MA u. Z-AbAp-MA |
| unmodern ⇔ modern | 0,089 | 0,501 | 0,218 | 0,511 | 0,114 | 0,169 |
| gewöhnlich ⇔ ungewöhnlich | 0,001 | 0,055 | 0,769 | 0,322 | 0,479 | 0,692 |
| bürokratisch ⇔ unbürokratisch | 0,0001 | 0,806 | 0,482 | 0,0001 | 0,765 | 0,345 |
| konservativ ⇔ progressiv | 0,001 | 0,080 | 0,755 | 0,182 | 0,486 | 0,740 |
| langweilig ⇔ interessant | 0,0001 | 0,096 | 0,060 | 0,001 | 0,001 | 0,012 |
| undurchsichtig ⇔ durchsichtig | 0,0001 | 0,0001 | 0,966 | 0,002 | 0,019 | 0,183 |
| gegeneinander ⇔ miteinander | 0,0001 | 0,040 | 0,930 | 0,002 | 0,121 | 0,595 |
| ziellos ⇔ ehrgeizig | 0,0001 | 0,006 | 0,873 | 0,199 | 0,160 | 0,308 |
| alt ⇔ neu | 0,741 | 0,092 | 0,106 | 0,149 | 0,085 | 0,033 |
| lähmend ⇔ anspornend | 0,0001 | 0,001 | 0,686 | 0,009 | 0,016 | 0,106 |
| negativ ⇔ positiv | 0,0001 | 0,0001 | 0,060 | 0,197 | 0,0001 | 0,0001 |
| unwirksam ⇔ wirksam | 0,0001 | 0,0001 | 0,785 | 0,809 | 0,032 | 0,037 |
| einzeln ⇔ gemeinsam | 0,0001 | 0,001 | 0,274 | 0,075 | 0,572 | 0,984 |
| feige ⇔ mutig | 0,0001 | 0,004 | 0,486 | 0,011 | 0,194 | 0,701 |
| langsam ⇔ schnell | 0,0001 | 0,001 | 0,819 | 0,029 | 0,031 | 0,173 |
| künstlich ⇔ natürlich | 0,0001 | 0,0001 | 0,269 | 0,007 | 0,003 | 0,026 |
| verbissen ⇔ entspannt | 0,0001 | 0,001 | 0,627 | 0,040 | 0,013 | 0,079 |
| überflüssig ⇔ notwendig | 0,0001 | 0,0001 | 0,018 | 0,029 | 0,993 | 0,437 |
| unwirtschaftlich ⇔ wirtschaftlich | 0,0001 | 0,0001 | 0,761 | 0,924 | 0,129 | 0,125 |
| unklar ⇔ klar | 0,0001 | 0,0001 | 0,869 | 0,059 | 0,020 | 0,090 |

# Literatur- und Quellenverzeichnis

Aaker, D. A. (1992): Strategic Market Management, 4. Aufl., New York u. a. 1992.

Abramowski, M.; Beckmann, M. (1998): Leitfaden zur prozeßorientierten Unternehmensdiagnose, in: Kuhn, A. (Hrsg.): Wege zur innovativen Fabrikorganisation, Band 1, Dortmund 1998, S. 1 - 83.

Aichele, C. (1997): Kennzahlenbasierte Geschäftsprozeßanalyse, Wiesbaden 1997.

Albrecht, P. (1987): Was ist Versicherung? - Erklärungsbeiträge der Risikotheorie, in: Albrecht, P.; Brinkmann, T.; Zweifel, P.: Was ist Versicherung?, Schriftenreihe des Ausschusses Volkswirtschaft des Gesamtverbandes der Deutschen Versicherungswirtschaft e. V., Band 8, Karlsruhe 1987, S. 22 - 37.

Albrecht, P. (1994): Gewinn und Sicherheit als Ziele der Versicherungsunternehmung: Bernoulli-Prinzip vs. Safety first-Prinzip, in: Schwebler, R. und die Mitglieder des Vorstands des Deutschen Vereins für Versicherungswissenschaft (Hrsg.): Dieter Farny und die Versicherungswissenschaft, Karlsruhe 1994, S. 1 - 18.

Andersen Consulting (Hrsg.) (1991): Zur Entwicklung des europäischen Versicherungsmarktes: 1990 - 1995, Stuttgart 1991.

Antweiler, J. (1995): Wirtschaftlichkeitsanalyse von IKS auf der Basis von Wirtschaftlichkeitsprofilen, in: Information Management, 10. Jg. (1995), Nr. 4, S. 56 - 64.

Arz, H. (1997a): Telearbeit in der Versicherungswirtschaft: Einführung von Telearbeit - Konzepte und Strategien, Unterlagen zum Vortrag auf der 3. AIC Fachkonferenz Organisation und Technik zur Anbindung des Versicherungsaußendienstes, Köln 31.10.1997.

Arz, H. (1997b): Telearbeit in der Versicherungswirtschaft: Kosten und Nutzen der Einführung von Telearbeit, Unterlagen zum Vortrag auf der 3. AIC Fachkonferenz Organisation und Technik zur Anbindung des Versicherungsaußendienstes, Köln 31.10.1997.

Arz, H.; Wiesehahn, A. (1999): Alternierende Telearbeit bei den LVM-Versicherungen: Entwicklung und Erfahrungen, in: Deges, F. (Hrsg.): Einsatz interaktiver Medien im Unternehmen, Stuttgart 1999, S. 227 - 246.

Atteslander, P.; Kneubühler, H.-U. (1975): Verzerrungen im Interview: Zu einer Fehlertheorie der Befragung, Opladen 1975.

Bachmann, W. (1988): Leistung und Leistungserstellung in Versicherungsunternehmen: Theoretische Ansätze und praktische Folgerungen im Lichte des Informationskonzeptes, Karlsruhe 1988.

Backhaus, K.; Erichson, B.; Plinke, W.; Weiber, R. (1994): Multivariate Analysemethoden: eine anwendungsorientierte Einführung, 7. Aufl., Berlin u. a. 1994.

Bamberg, G.; Baur, F. (1984): Statistik, 3. Aufl., München 1984.

Barney, J. B. (1991): Firm Resources and Sustained Competitive Advantage, in: Journal of Management, 17. Jg. (1991), Nr.1 , S. 99 - 120.

Barney, J. B. (1997): Gaining and sustaining competetive advantage, Massachusetts u. a. 1997.

Bartel-Lingg, G. (1996): Die Mitarbeiterorientierung im Total Quality Management - Eine Untersuchung in der Automobilindustrie -, München 1996.

Bauer, R. (1996): Der Einführungsprozeß der Telearbeit in einem Versicherungsunternehmen - Das Beispiel 'Die Continentale' -, Unterlagen zum Vortrag auf der Konferenz „Telearbeit Deutschland '96", Bonn 11. - 13.11.1996.

Bechmann, K. (1995): Servicequalität bei Sachversicherungen, in: Kirchner, W. (Hrsg.): Reader zum Thema Controlling in Versicherungsunternehmen, Karlsruhe 1995, S. 368 - 375.

Bechmann, K.; Röhr, W. (1991): Schritte zur kundenorientierten Rundum-Sachbearbeitung, in: VW, 46. Jg. (1991), Nr. 18, S. 1114 - 1124.

Becker, M. (1970): Verbesserung der Produktivität mit Hilfe der Verfahren vorbestimmter Zeiten, in: Zeitschrift für wirtschaftliche Fertigung, 65. Jg. (1970), Nr. 10, S. 554 - 555.

Becker, J. F.; Vossen, G. (1996): Geschäftsprozeßmodellierung und Workflow-Management: Eine Einführung, in: Vossen, G.; Becker, J. (Hrsg.): Geschäftsprozeßmodellierung und Workflow-Management, Bonn u. a. 1996, S. 17 - 26.

Beckmann, H. (1998): Integrale Logistik als Wachstumskonzept, in: Jahrbuch der Logistik 1998, Düsseldorf 1998, S. 23 - 29.

Beckmann, H.; Kühling, M.; Laakmann, F. (1998): Überlegungen zur Gestaltung großer Netze in der Logistik mit Hilfe von Konstruktionsregelwerken und -baukästen, in: Kuhn, A. (Hrsg.): Wege zur innovativen Fabrikorganisation, Band 1, Dortmund 1998, S. 1 - 78.

Behn, F. (1990): Ablauforganisation im Dienstleistungsbereich mit Hilfe vorbestimmter Zeiten, in: REFA-Nachrichten, 43. Jg. (1990), Nr. 5, S. 9 - 11.

Beinhauer, M. (1996): Controlling im administrativen Bereich: Konzeption eines Planungs- und Steuerungssystems, Wiesbaden 1996.

Bendeich, E.; Dauser, R.; Gentner, R. (1979): Wirtschaftliche Datenerfassung in Klein- und Mittelbetrieben: AWV-Projektergebnis, das insbesondere mittelständische Unternehmen bei der Lösung ihrer speziellen Probleme auf diesem Gebiet eine fundierte und neutrale Hilfestellung vermitteln soll, München 1979.

Benkenstein, M. (1993): Dienstleistungsqualität, in: ZfB, 63. Jg. (1993), Nr. 11, S. 1095 - 1116.

Benölken, H. (1993): Erfolg durch schlanke Strukturen. Lean Management in der Versicherungswirtschaft, in: Versicherungskaufmann, 39. Jg. (1993), Nr. 12, S. 15 - 20.

Berekoven, L.; Eckert, W.; Ellenrieder, P. (1993): Marktforschung: methodische Grundlagen und praktische Anwendung, 6. Aufl., Wiesbaden 1993.

Bertsch, L. H. (1991): Expertensystemgestützte Dienstleistungskostenrechnung, Stuttgart 1991.

Bethke, H. D. (1970): MTM in Büro und Verwaltung, in: Zeitschrift für wirtschaftliche Fertigung, 65. Jg. (1970), Nr. 10, S. 550 - 553.

Bichler, K.; Gerster, W.; Reuter, R. (1994): Logistik-Controlling mit Benchmarking: Praxisbeispiele aus Industrie und Handel, Wiesbaden 1994.

Bick, D. (1994): Business Reengineering - ein neuer Weg für Versicherungen?, in: VW, 49. Jg. (1994), Nr. 8, S. 506 - 509.

Birn, S. A.; Crossan, R. M.; Eastwood, R. W. (1964): Wege zur Senkung und Kontrolle der Verwaltungskosten, Berlin 1964.

Bittl, A. (1998): Image und Vertrauen als zukünftige Erfolgsfaktoren in der Assekuranz, in: VW, 53. Jg. (1998), Nr. 10, S. 662 - 667.

Blawath, S.; Heimes, K. (1996): Das Internet als Kommunikationsinstrument für Versicherungsunternehmen, in: VW, 51. Jg. (1996), Nr. 20, S. 1402 - 1407.

Blawath, S. (1997): Nutzung des Internets in Versicherungsunternehmen, in: VW, 52. Jg. (1997), Nr. 8, S. 518 - 522.

Blohm, H.; Lüder, K. (1974): Investition: Schwachstellen im Investitionsbereich des Industriebetriebes und Wege zu ihrer Beseitigung, 3. Aufl., München 1974.

Bogaschewsky, R.; Rollberg, R. (1998): Prozeßorientiertes Management, Berlin u. a. 1998.

Bongartz, U. (1997): Strategische Ressourcen und erhaltbare Wettbewerbsvorteile: Die ressourcenorientierte Sicht am Beispiel der Treasury, in: ZfB, 67. Jg. (1997), Ergänzungsheft Nr. 1, S. 21 - 43.

Bokranz, R. (o. J.): Arbeitswissenschaft, Zeitaufnahme und weitere Techniken, Teil 2, Wiesbaden o. J.

Bokranz, R. (1978): Das MTM-Bürodaten-System, in: REFA-Nachrichten, 31. Jg. (1978), Nr. 6, S. 363 - 373.

Brand, U.; Krian, P. (1997): Wirtschaftlichkeitsbetrachtung zum Einsatz von Telearbeit, in: Godehardt, B.; Korte, W. B.; Michelsen, U.; Quadt, H.-P. (Hrsg.): Managementhandbuch Telearbeit, Heidelberg 1997, Kap. 610, Nr. 2.

Brandt, D. R. (1988): How Service Marketers Can Identify Value-Enhancing Service Elements, in: The Journal of Services Marketing, 2. Jg. (1988), Nr. 3, S. 35 - 41.

Braue, C.; Sure, M. (1998): Benchmarking: Die Fehler der Unternehmenspraxis, in: VW, 53. Jg. (1998), Nr. 11, S. 740 - 744.

Braun, S. (1996): Die Prozeßkostenrechnung: Ein fortschrittliches Kostenrechnungssystem?, Berlin 1996.

Braun, K.; Lawrence, C. (1995): Den Vergleich mit Vorbildern wagen, in: Harvard Business Manager, 17. Jg. (1995), Nr. 3, S. 118 - 125.

Brede, H. (1998): Prozeßorientiertes Controlling: Ansatz zu einem neuen Controllingverständnis im Rahmen wandelbarer Prozeßstrukturen, München 1998.

Brinkmann, E. P. (1992): Das betriebliche Vorschlagswesen: Leitfaden für Arbeitgeber und Arbeitnehmer, Freiburg u. a. 1992.

Bröckelmann, J. (1995): Entscheidungsorientiertes Qualitätscontrolling, Wiesbaden 1995.

Brokemper, A.; Gleich, R. (1998): Benchmarking als Ausgangsbasis für die Reorganisation indirekter Bereiche, in: krp, 42. Jg. (1998), Sonderheft 1, S. 49 - 56.

Brokemper, A.; Gleich, R. (1999): Empirische Analyse von Gemeinkostenprozessen zur Herleitung eines branchenspezifischen Prozeß(kosten-)modells, in: DBW, 59. Jg. (1999), Nr. 1, S. 76 - 89.

Bruhn, M. (1986): Beschwerdemanagement, in: Harvard Manager, 8. Jg. (1986), Nr. 3, S. 104 - 108.

Bruhn, M. (1995): Qualitätssicherung im Dienstleistungsmarketing - eine Einführung in die theoretischen und praktischen Probleme, in: Bruhn, M.; Stauss, B. (Hrsg.): Dienstleistungsqualität: Konzepte, Methoden, Erfahrungen, 2. Aufl., Wiesbaden 1995, S. 19 - 46.

Bruhn, M. (1996): Qualitätsmanagement für Dienstleistungen: Grundlagen, Konzepte, Methoden, Berlin u. a. 1996.

Brunner, F.; Nagel, P. (1980): Leistungskennzahlen, in: Schweizerische Vereinigung für Datenverarbeitung (Hrsg.): EDV-Kennzahlen: praxisbezogenes Instrumentarium zur Beurteilung der EDV-Wirtschaftlichkeit, Bern u. a. 1980, S. 56 - 78.

Bühl, A.; Zöfel, P. (1998): SPSS für Windows Version 7.5: praxisorientierte Einführung in die moderne Datenanalyse, Bonn u. a. 1998.

Büssing, A.; Aumann, S. (1997): Die Organisation von Telearbeit: Formen, Erfolgsbedingungen und Konsequenzen, in: ZfbF, 49. Jg. (1997), Nr. 1, S. 67 - 83.

Buggert, W.; Maier, D.; Wielpütz, A. (1998): Bausteine der Prozeßoptimierung, in: controller magazin, 23. Jg. (1998), Nr. 1, S. 49 - 54.

Bundesministerium für Arbeit und Sozialordnung; Bundesministerium für Wirtschaft; Bundesministerium für Bildung, Wissenschaft, Forschung und Technologie (Hrsg.) (1998): Telearbeit: Ein Leitfaden für die Praxis, Bonn 1998.

Bundesministerium für Bildung, Wissenschaft, Forschung und Technologie (1996): Internetseite: http://www.iid.de/telearbeit/leitfaden/definition.html.

Bundesministerium für Wirtschaft und Technologie; Bundesministerium für Arbeit und Sozialordnung (Hrsg.) (1998): Telearbeit: Chancen für neue Arbeitsformen, mehr Beschäftigung, flexible Arbeitszeiten, Bonn 1998.

Bungenstock, C. (1995): Entscheidungsorientierte Kostenrechnungssysteme: eine entwicklungsgeschichtliche Analyse, Wiesbaden 1995.

Buresch, M.; Kirmair, M.; Cerny, A. (1997): Auswahl von Organisations-Engineering-Tools, in: ZfO, 66. Jg. (1997), Nr. 6, S. 367 - 373.

Burr, W.; Kreis-Engelhardt, B. (1998a): Telearbeit und organisatorischer Wandel in Versicherungsunternehmen: Eine empirische Erhebung zu Stand und Problemen der Einführung von Telearbeitsformen bei deutschen Versicherungsunternehmen, unveröffentlichtes Manuskript, 12. Mai 1998.

Burr, W.; Kreis-Engelhardt, B. (1998b): Telearbeit in Versicherungsunternehmen - Stand und Entwicklungsperspektiven, in: VW, 53. Jg. (1998), Nr. 20, S. 1415 - 1422.

Cammerer, P. (1998a): TWIST - Teleworking in flexiblen Strukturen bei der BMW AG, Unterlagen zum Vortrag auf der Handelsblatt Konferenz „Telearbeit", Bonn 17. - 19.3.1998.

Cammerer, P. (1998b): TWIST - Teleworking in flexiblen Strukturen, in: technologie & management, 47. Jg. (1998), Nr. 6, S. 10 - 13.

Cammerer, P.; Heyl, R.; Niggl, M. (1997): Teleworking in flexiblen Strukturen - Realisierung innovativer Arbeits- und Lebensformen bei der BMW AG, in: Godehardt, B.; Korte, W. B.; Michelsen, U.; Quadt, H.-P. (Hrsg.): Managementhandbuch Telearbeit, Heidelberg 1997, Kap. 900, Nr. 2.

Camp, R. C. (1989): Benchmarking - The search for industry best practices that lead to superior performance, Milwaukee u. a. 1989.

Camp, R. C. (1994): Benchmarking, München u. a. 1994.

Chrobok, R.; Tiemeyer, E. (1996): Geschäftsprozeßorganisation - Vorgehensweise und unterstützende Tools, in: ZfO, 65. Jg. (1996), Nr. 3, S. 165 - 172.

Clement, W. (1997): Perspektiven für Telearbeit in Nordrhein-Westfalen, in: Ministerium für Wirtschaft und Mittelstand, Technologie und Verkehr des Landes Nordrhein-Westfalen (Hrsg.): Telearbeit und Telekooperation: Grundlagen der Arbeit und Projekte der Task-Force Telearbeit/Telekooperation im Rahmen der Landesinitiative media NRW, Band 4, Düsseldorf 1997, S. 3 - 5.

Coenenberg, A. G.; Fischer, T. M. (1991): Prozeßkostenrechnung - Strategische Neuorientierung in der Kostenrechnung, in: DBW, 51. Jg. (1991), Nr. 1, S. 21 - 38.

Collardin, M. (1995): Aktuelle Rechtsfragen der Telearbeit, Berlin 1995.

Collis, D. J.; Montgomery, C. A. (1995): Competing on Resources: Strategy in the 1990s, in: Harvard Business Review, 73. Jg. (1995), Nr. 4, S. 118 - 128.

Corsten, H. (1990): Betriebswirtschaftslehre der Dienstleistungsunternehmen, 2. Aufl., München u. a. 1990.

Corsten, H. (1994): Versicherungsproduktion - Vergleichende Analyse des Versicherungsschutzkonzeptes und des Informationskonzeptes der Versicherung, in: Schwebler, R. und die Mitglieder des Vorstands des Deutschen Vereins für Versicherungswissenschaft (Hrsg.): Dieter Farny und die Versicherungswissenschaft, Karlsruhe 1994, S. 63 - 87.

Davenport, T. H. (1993): Process Innovation: reengineering work through information technology, Boston 1993.

Davenport, T. H.; Nohria, N. (1995): Der Geschäftsvorfall ganz in einer Hand - Case Management, in: Harvard Business Manager, 17. Jg. (1995), Nr. 1, S. 81 - 90.

Dearden, J. (1978): Cost Accounting comes to Service Industries, in: Harvard Business Review, 56. Jg. (1978), Nr. 5, S. 132 - 140.

Dechange, A.; Deuss, J. (1999): Effizientere Prozesse durch neue Technologien, in: Deges, F. (Hrsg.): Einsatz interaktiver Medien im Unternehmen, Stuttgart 1999, S. 117 - 138.

Dernbach, W. (1993): Organisation und Wettbewerbsfähigkeit, in: Scharfenberg, H. (Hrsg.): Strukturwandel in Management und Organisation, Baden-Baden 1993, S. 125 - 159.

Deuter, M.; Hartung, M. (1997): Wirtschaftliche Datenerfassung und Analyse, in: REFA-Nachrichten, 50. Jg. (1997), Nr. 1, S. 27 - 30.

Deutsche MTM-Vereinigung (Hrsg.) (o. J.): MTM für den administrativen Dienstleistungsbereich, Hamburg o. J.

Deutsche MTM-Vereinigung (Hrsg.) (1981): MTM-Handbuch I: Grundlehrgangsunterlage, 3. Aufl., Hamburg 1981.

Deutscher Gewerkschaftsbund (Hrsg.) (1988): Telearbeit: Elektronische Einsiedelei oder neue Form der persönlichen Entfaltung?, Hamburg 1988.

Deutscher Verein für Versicherungswissenschaft (1966): Niederschrift über die Satzung der Abteilung für Versicherungslehre am 17.3.1966, Sankt Gallen 1966.

Deutsches Institut für Betriebswirtschaft e. V. (Hrsg.) (1998a): Internationale BVW-STATISTIK '96, Frankfurt a. M. 1998.

Deutsches Institut für Betriebswirtschaft e. V. (Hrsg.) (1998b): BVW-STATISTIK '97, Frankfurt a. M. 1998.

Deutsches Institut für Betriebswirtschaft e. V. (Hrsg.) (1998c): BVW-Punktbewertung zur dib-Jahresstatistik 1997, Frankfurt a. M. 1998.

Deutsches Institut für Betriebswirtschaft e. V.; Wuppertaler Kreis e. V.; Bundesministerium für Wirtschaft (Hrsg.) (o. J.): Ideenmanagement für mittelständische Unternehmen: Mehr Innovation durch kreative Mitarbeiter, Köln o. J.

DIN 55350 (1987): DIN 55350 Teil 1: Begriffe der Qualitätssicherung und Statistik, Grundbegriffe der Qualitätssicherung, Berlin 1987.

Doerken, W. (1992): Zeitstudium, in: HWP, 2. Aufl., Stuttgart 1992, Sp. 2369 - 2382.

Donabedian, A. (1980): The Definition of Quality and Approaches to its Assessment, Explorations in Quality, Assessment and Monitoring, Volume I, Ann Arbor u. a. 1980.

Drosdowski, G.; Müller, W.; Scholze-Stubenrecht, W.; Wermke, M. (Hrsg.) (1990): Der große Duden, Fremdwörterbuch, Band 5, 5. Aufl., Mannheim u. a. 1990.

Dworatschek, S.; Donike, H. (1972): Wirtschaftlichkeitsanalyse von Informationssystemen, Berlin u. a. 1972.

Eccles, R. G.; Nohria, N. (1992): Beyond the Hype. Rediscovering the Issue of Management, Cambridge, Massachusetts 1992.

Eckert, H. (1995): Die Workflow-Management-Coalition - Zielsetzung, Arbeitsgebiete und erste Arbeitsergebnisse, in: Office Management, 43. Jg. (1995), Nr. 6, S. 26 - 32.

Eisele, R.; Hauser, C.; Schwan, T. (1995): Bewertung von Werkstattsteuerungssystemen, in: CIM MANAGEMENT, 11. Jg. (1995), Nr. 3, S. 73 - 77.

Eisen, R.; Müller, W. (1993): Qualität und Qualitätsmanagement in der Versicherungswirtschaft, in: ZfB, 63. Jg. (1993), Nr. 3, S. 289 - 293.

Eisen, R.; Müller, W.; Zweifel, P. (1990): Unternehmerische Versicherungswirtschaft: Konsequenzen der Deregulierung für Wettbewerbsordnung und Unternehmensführung, Wiesbaden 1990.

Eker, E. (1994): Unendlich dimensionale Portfoliotechniken, unveröffentlichte Diplomarbeit, Universität Dortmund 1994.

Emrich, C. (1996): Business Process Reengineering: forcierter Unternehmenswandel durch «Revolution» statt «Evolution», in: io Management, 65. Jg. (1996), Nr. 6, S. 53 - 56.

Endres, W. (1980): Theorie und Technik des betriebswirtschaftlichen Vergleichs, Schriftenreihe für Forschung und Praxis, Betriebswirtschaftliche Vergleiche, Band 5, Berlin 1980.

Eschner, K.; Nestler, A. (1994): Strategische Neuorientierung und Prozeßoptimierung bei der Allianz Versicherungs-AG, in: Frese, E.; Maly, W. (Hrsg.): Organisationsstrategien zur Sicherung der Wettbewerbsfähigkeit: Lösungen deutscher Unternehmungen, Zfbf, 46. Jg. (1994), Sonderheft Nr. 33, Düsseldorf 1994, S. 33 - 45.

Etzel, T. (1995): Benchmarking in Versicherungsunternehmen: Chance oder Risiko?, in: VW, 50. Jg. (1995), Nr. 12, S. 772 - 776.

Evans, J. R.; Anderson, D. R.; Sweeney, D. J.; Williams, T. A. (1990): Applied production and operations management, 3. Aufl., Saint Paul u. a. 1990.

Eversheim, W. (1995): Prozeßorientierte Unternehmensorganisation: Konzepte und Methoden zur Gestaltung „schlanker" Organisationen, Berlin 1995.

Eversheim, W.; Caesar, C. (1991): Produktionsnahe Kostenbewertung am Beispiel variantenreicher Serienprodukte, in: DBW, 51. Jg. (1991), Nr. 4, S. 533 - 536.

Farny, D. (1966): Unternehmerische Ziel- und Mittelentscheidungen in der Versicherungswirtschaft, in: ZVersWiss, 55. Jg. (1966), Nr. 2, S. 129 - 159.

Farny, D. (1967): Gewinn und Sicherheit als Ziele von Versicherungsunternehmen, in: ZVersWiss, 56. Jg. (1967), Nr. 1, S. 49 - 81.

Farny, D. (1990): Versicherungsbetriebslehre: Wirtschaftliche Theorie des Versicherungsunternehmens und seiner Beziehung zur Umwelt, in: ZVersWiss, 79. Jg. (1990), Nr. 1, S. 1 - 30.

Farny, D. (1991): Besprechung des Buchs „Unternehmerische Versicherungswirtschaft", in: ZVersWiss, 80. Jg. (1991), Nr. 2, S. 399 - 406.

Farny, D. (1992a): Buchführung und Periodenrechnung im Versicherungsunternehmen, 4. Aufl., Wiesbaden 1992.

Farny, D. (1992b): Kosten-, Leistungs- und Erfolgsrechnung in Versicherungsbetrieben, in: Männel, W. (Hrsg.): Handbuch Kostenrechnung, Wiesbaden 1992.

Farny, D. (1993): Versicherung, in: HWB, 5. Aufl., Stuttgart 1993, Sp. 4581 - 4598.

Farny, D. (1995): Versicherungsbetriebslehre, 2. Aufl., Karlsruhe 1995.

Ferk, H. (1996): Geschäfts-Prozessmanagement: ganzheitliche Prozessoptimierung durch die Cost-driver-Analyse; Methodik, Implementierung, Erfahrungen, München 1996.

Fiedler, H. (1995): Informationelle Garantien für eine vernetzte Welt, in: Reinermann, H. (Hrsg.): Neubau der Verwaltung, Heidelberg 1995, S. 81 - 89.

Fifer, R. M. (1989): Cost benchmarking functions in the Value Chain, in: Planning Review, 17. Jg. (1989), Nr. 3, S. 18 - 27.

Finkeißen, A.; Forschner, M.; Häge, M. (1996): Werkzeuge zur Prozeßanalyse und -optimierung, in: Controlling, 8. Jg. (1996), Nr. 1, S. 58 - 67.

Finsinger, J. (1988): Verbraucherschutz auf Versicherungsmärkten: Wettbewerbsbeschränkungen, staatliche Eingriffe und ihre Folgen, München 1988.

Fischer, H. (1987): Plankostenrechnung im Versicherungsunternehmen unter besonderer Berücksichtigung der Grenzplankostenrechnung, Köln 1987.

Fischer, H. (1989): Plankostenrechnung im Versicherungsunternehmen unter besonderer Berücksichtigung der Grenzplankostenrechnung, 2. Aufl., Köln 1989.

Fischer, H. (1994): Prozeßkostenrechnung im Versicherungsunternehmen, in: Mehring, H.-P.; Wolff, V. (Hrsg): Festschrift für Dieter Farny zur Vollendung seines 60. Lebensjahres von seinen Schülern, Karlsruhe 1994, S. 77 - 86.

Fischer, H. (1996): Prozeßkostenrechnung und Prozeßoptimierung für Dienstleistungen: Das Beispiel eines Versicherungsunternehmens, in: Controlling, 8. Jg. (1996), Nr. 2, S. 90 - 101.

Fischer, K. (1994): Qualitätsmanagement in der Assekuranz, in: VW, 49. Jg. (1994), Nr. 7, S. 408 - 413.

Fischer, T. M.; Schmitz, J. (1994): Ansätze zur Messung von kontinuierlichen Prozeßverbesserungen. Aufbau und Verwendung des Half-Life-Konzeptes im Unternehmen, in: Controlling, 6. Jg. (1994), Nr. 4, S. 196 - 203.

Flanagan, J. C. (1954): The Critical Incident Technique, in: Psychological Bulletin, 51. Jg. (1954), Nr. 4, S. 327 - 358.

Fornell, C.; Westbrook, R. A. (1984): The Vicious Cycle of Consumer Complaints, in: Journal of Marketing, 48. Jg. (1984), Nr. 3, S. 68 - 78.

Franck, E. P. (1995): Neue Arbeitsformen: Die elektronische Aufhebung raum-zeitlicher Grenzen, in: Reinermann, H. (Hrsg.): Neubau der Verwaltung, Heidelberg 1995, S. 38 - 61.

Franck, E. P. (1997): Über die raum-zeitliche und institutionelle Entkopplung von Arbeitsprozessen durch Informations- und Kommunikationstechnik, in: Information Management, 12. Jg. (1997), Nr. 2, S. 6 - 16.

Franck, H. (1978): Das Work-Factor-Mento-Verfahren, in: Angewandte Arbeitswissenschaft, 77. Jg. (1978), Nr. 1, S. 15 - 21.

Franke, G.; Hax, H. (1990): Finanzwirtschaft des Unternehmens und Kapitalmarkt, 2. Aufl., Berlin u. a. 1990.

Franz, K.-P. (1990): Die Prozeßkostenrechnung - Darstellung und Vergleich mit der Plankosten- und Deckungsbeitragsrechnung -, in: Ahlert, D.; Franz, K.-P.; Göppel, H. (Hrsg.): Finanz- und Rechnungswesen als Führungsinstrument. Festschrift zum 65. Geburtstag von Herbert Vormbaum, Wiesbaden 1990, S. 109 - 136.

Franz, K.-P. (1991): Prozeßkostenrechnung - Renaissance oder Vollkostenidee?, in: DBW, 51. Jg. (1991), Nr. 4, S. 536 - 540.

Frenkel, W. (1995): Aspekte beim Einsatz der Prozesskosten-Kalkulation am Beispiel Versicherung, in: controller magazin, 20. Jg. (1995), Nr. 3, S. 162 - 166.

Frese, E. (1994): Organisationsorientierte Typologie von Absatzaufgaben, in: Schwebler, R. und die Mitglieder des Vorstands des Deutschen Vereins für Versicherungswissenschaft (Hrsg.): Dieter Farny und die Versicherungswissenschaft, Karlsruhe 1994, S. 119 - 132.

Frese, E.; Beecken, T.; Engels, M.; Lehmann, P.; Theuvsen, L. (1995): Nach der ersten Restrukturierungswelle, in: Die Unternehmung, 49. Jg. (1995), Nr. 5, S. 293 - 319.

Frese, E.; v. Werder, A. (1994): Organisation als strategischer Wettbewerbsfaktor - Organisationstheoretische Analyse gegenwärtiger Umstrukturierungen -, in: Frese, E.; Maly, W. (Hrsg.): Organisationsstrategien zur Sicherung der Wettbewerbsfähigkeit: Lösungen deutscher Unternehmungen, Zfbf, 46. Jg. (1994), Sonderheft Nr. 33, Düsseldorf 1994, S. 1 - 27.

Fricke, W. (1997): Telearbeit in der Praxis, in: Computer Fachwissen, 6. Jg. (1997), Nr. 9, S. 12 - 16.

Frigo-Mosca, F. (1998): Referenzmodelle für Supply Chain Management nach den Prinzipien der zwischenbetrieblichen Kooperation: Eine Herleitung und Darstellung des Modells Advanced Logistic Partnership, Zürich 1998.

Fröhling, O.; Baumöl, U. (1996): Informationsprozeß-Controlling, in: Berkau, C.; Hirschmann, P. (Hrsg.): Kostenorientiertes Geschäftsprozeßmanagement: Methoden, Werkzeuge, Erfahrungen, München 1996, S. 141 - 164.

Fröhling, O. (1994): Dynamisches Kostenmanagement - Konzeptionelle Grundlagen und praktische Umsetzung im Rahmen eines strategischen Kosten- und Erfolgs-Controlling, München 1994.

Fromm, H. (1992): Das Management von Zeit und Variabilität in Geschäftsprozessen, in: CIM MANAGEMENT, 8. Jg. (1992), Nr. 5, S. 7 - 14.

Fuhrmann, B. (1998): Prozeßmanagement in kleinen und mittleren Unternehmen: ein Konzept zur integrativen Führung von Geschäftsprozessen, Wiesbaden 1998.

Gabor, A. (1999): Internet-Strategien für Versicherungsunternehmen, in: VW, 54. Jg. (1999), Nr. 8, S. 516 - 519.

Gaitanides, M. (1983): Prozeßorganisation: Entwicklung, Ansätze und Programme prozeßorientierter Organisationsgestaltung, München 1983.

Gaitanides, M. (1995): Je mehr desto besser?, in: technologie & management, 44. Jg. (1995), Nr. 2, S. 69 - 76.

Gaitanides, M.; Müffelmann, J. (1995): Das Prozeßsystem als strategischer Wettbewerbsfaktor, in: Zeitschrift für wirtschaftlichen Fabrikbetrieb, 90. Jg. (1995), Nr. 7/8, S. 340 - 345.

Gaitanides, M.; Müffelmann, J. (1996): Das Prozeßsystem als Kernelement einer ressourcenorientierten Strategieentwicklung, in: Industrie Management, 12. Jg. (1996), Nr. 5, S. 36 - 39.

Gaitanides, M.; Scholz, R.; Vrohlings, A. (1994): Prozeßmanagement - Grundlagen und Zielsetzungen, in: Gaitanides, M.; Scholz, R.; Vrohlings, A.; Raster, M. (Hrsg.): Prozeßmanagement: Konzepte, Umsetzungen und Erfahrungen des Reengineering, München u. a. 1994, S. 1 - 19.

Gaitanides, M.; Scholz, R.; Vrohlings, A.; Raster, M. (Hrsg.) (1994): Prozeßmanagement: Konzepte, Umsetzungen und Erfahrungen des Reengineering, München u. a. 1994.

Gaitanides, M.; Sjurts, I. (1995): Wettbewerbsvorteile durch Prozeßmanagement - Eine ressourcenorientierte Analyse -, in: Corsten, H.; Will, T. (Hrsg.): Unternehmensführung im Wandel: Strategien zur Sicherung des Erfolgspotentials, Stuttgart u. a. 1995, S. 61 - 82.

Galler, J. (1997): Vom Geschäftsprozessmodell zum Workflow-Modell, Wiesbaden 1997.

Gareis, K.; Kordey, N.; Korte, W. B. (1999): Umsetzung von Telearbeit in der Praxis, in: VW, 54. Jg. (1999), Nr. 8, S. 524 - 528.

Garvin, D. A. (1988): Managing Quality, New York 1988.

Gauly, P. (1995): Schadenregulierung entscheidet über Image, in: Kirchner, W. (Hrsg.): Reader zum Thema Controlling im Versicherungsunternehmen, Karlsruhe 1995, S. 376 - 382.

GDV (Hrsg.) (1996a): Wettbewerbsfaktoren von Kompositversicherungsunternehmen in Deutschland - Empirische Analyse 1985 bis 1994 -, Schriftenreihe des Ausschusses Volkswirtschaft des GDV, Band 19, Bonn 1996.

GDV (Hrsg.) (1996b): Versicherungsanwendungsarchitektur: Fachliche Beschreibung, Ausschuß Betriebswirtschaft des GDV, Bonn 1996.

GDV (Hrsg.) (1996c): VAA: Die Anwendungsarchitektur der Versicherungswirtschaft, CD-ROM, Version 1.0, Bonn 1996.

Gehart, T. (1991): Rechnergestütztes Zeitmanagement, in: PERSONAL, 43. Jg. (1991), MTM-Report '91/'92, S. 18 - 20.

Gentner, A. (1994): Time Based Management - wie Prozesszeitenmanagement funktioniert, in: Thexis, 11. Jg. (1994), Nr. 1, S. 128 - 135.

Gerberich, C. W.; Silberg, I. (1996): Benchmarking - Der erfolgreiche Weg zur permanenten Qualitätsverbesserung in Produktion und Logistik, in: Meyer, J. (Hrsg.): Benchmarking: Spitzenleistungen durch Lernen von den Besten, Stuttgart 1996, S. 97 - 148.

Gerpott, T. J. (1996): Simultaneous Engineering, in: Handwörterbuch der Produktionswirtschaft, 2. Aufl., Stuttgart 1996, Sp. 1852 - 1861.

Geschka, H. (1986): Kreativitätstechniken, in: Staudt, E. (Hrsg.): Das Management von Innovationen, Frankfurt a. M. 1986, S. 147 - 160.

Geyer, E. (1987): Kreativität im Unternehmen, Landsberg/Lech 1987.

Geyer, G.; Leuenberger, M.-D.; Bäumler, A. (1995): Die Informationstechnologie (IT) im Schweizer Versicherungsmarkt, in: io Management, 64. Jg. (1995), Nr. 9, S. 48 - 51.

Gilles, M. (1997): 'Solution of the Year'-Award 1997 an LVM-Versicherungen, in: TeleTalk, o. Jg. (1997), Nr. 7, S. 30 - 31.

Glaser, W. R.; Glaser, M. O. (1995): Telearbeit in der Praxis: psychologische Erfahrungen mit Außerbetrieblichen Arbeitsstätten bei der IBM Deutschland GmbH, Neuwied u. a. 1995.

Godehardt, B.; Klinge, C. (1997): Zur Gestaltung der Einführung von Telearbeit in Organisationen, in: Ministerium für Wirtschaft und Mittelstand, Technologie und Verkehr des Landes Nordrhein-Westfalen (Hrsg.): Telearbeit und Telekooperation: Grundlagen der Arbeit und Projekte der TaskForce Telearbeit/Telekooperation im Rahmen der Landesinitiative media NRW, Band 4, Düsseldorf 1997, S. 82 - 93.

Godehardt, B.; Worch, A. (1994a): Telearbeit: Rahmenbedingungen und Potentiale - Kurzfassung -, Materialien und Berichte der ISDN-Forschungskommission des Landes Nordrhein-Westfalen, Nr. 15, Düsseldorf 1994.

Godehardt, B.; Worch, A. (1994b): Telearbeit: Rahmenbedingungen und Potentiale, Opladen 1994.

Götze, U.; Bloech, J. (1993): Investitionsrechnung: Modelle und Analysen zur Beurteilung von Investitionsvorhaben, München 1993.

Gomez, P. (1993): Wertmanagement: Vernetzte Strategien für Unternehmen im Wandel, Düsseldorf u. a. 1993.

Grabowski, H.; Furrer, M.; Renner, D.; Schmid, C. (1996): Geschäftsprozeßmodellierung im World Wide Web, in: Industrie Management, 12. Jg. (1996), Nr. 5, S. 11 - 14.

Gray, M.; Hodson, N.; Gordon, G. (1993): Teleworking explained, Chichester 1993.

Greiner, R. (1994): Business-Reengineering: Der Weg zum prozeßorientierten Versicherungsunternehmen, in: VW, 49. Jg. (1994), Nr. 18, S. 1203 - 1206.

Grochla, E. (1986): Grundlagen der Materialwirtschaft: das materialwirtschaftliche Optimum im Betrieb, 3. Aufl, Wiesbaden 1986.

Grönroos, C. (1982): Strategic Management and Marketing in the Service Sector, Helsingfors 1982.

Grote, G. (1993): Schneller, besser, anders kommunizieren?, Zürich u. a. 1993.

Günter, B. (1995): Beschwerdemanagement, in: Simon, H.; Homburg, C. (Hrsg.): Kundenzufriedenheit: Konzepte - Methoden - Erfahrungen, Wiesbaden 1995, S. 275 - 291.

Gummesson, E.; Grönroos, C. (1987): Quality of Services - Lessons from the Products Sector, in: Surprenant, C. (Hrsg.): Add Value to Your Service, 6th Annual Services Marketing Conference Proceedings, Chicago 1987, S. 35 - 39.

Gutenberg, E. (1983): Grundlagen der Betriebswirtschaftslehre, Erster Band: Die Produktion, 24. Aufl., Berlin u. a. 1983.


Haberstock, L. (1987): Kostenrechnung I: Einführung mit Fragen, Aufgaben und Lösungen, 8. Aufl., Wiesbaden 1987.

Hafermalz, O. (1976): Schriftliche Befragung - Möglichkeiten und Grenzen, Wiesbaden 1976.

Hahn, D.; Kaufmann, L. (1997): Maschinenstundensatzrechnung und Prozeßkostenrechnung - Grundzüge und vergleichende Würdigung, in: Becker, W.; Weber, J. (Hrsg.): Kostenrechnung. Stand und Entwicklungsperspektiven, Wiesbaden 1997, S. 219 - 234.

Haiber, T. (1997): Controlling für öffentliche Unternehmen: Konzeption und instrumentelle Umsetzung aus der Perspektive des New Public Management, München 1997.

Haist, F.; Fromm, H. (1989): Qualität im Unternehmen. Prinzipien - Methoden - Techniken, München 1989.

Hall, G.; Rosenthal, J.; Wade, J. (1994): Reengineering: Es braucht kein Flop zu werden, in: Harvard Business Manager, 16. Jg. (1994), Nr. 4, S. 82 - 93.

Haller, S. (1993): Methoden zur Beurteilung von Dienstleistungsqualität, in: ZfbF, 45. Jg. (1993), Nr. 1, S. 19 - 40.

Haller, S. (1998): Beurteilung von Dienstleistungsqualität: dynamische Betrachtung des Qualitätsurteils im Weiterbildungsbereich, 2. Aufl., Wiesbaden 1998.

Haller-Wedel, E. (1969): Das Multimoment-Verfahren in Theorie und Praxis, München 1969.

Hamel, W. (1992): Zielsysteme, in: HWO, 3. Aufl., Stuttgart 1992, Sp. 2634 - 2652.

Hammer, M.; Champy, J. (1993): Reengineering the Corporation: a manifesto for business revolution, New York 1993.

Harbrücker, U. (1995a): Empirische Marketing-Forschung von Versicherungsunternehmen, in: Kirchner, W. (Hrsg.): Reader zum Thema Controlling in Versicherungsunternehmen, Karlsruhe 1995, S. 156 - 159.

Harbrücker, U. (1995b): Qualitätsmanagement in Versicherungsunternehmen, in: Kirchner, W. (Hrsg.): Reader zum Thema Controlling in Versicherungsunternehmen, Karlsruhe 1995, S. 383 - 386.

Hartmann, H. (1993): Materialwirtschaft: Organisation, Planung, Durchführung, Kontrolle, 6. Aufl., Gernsbach 1993.

Harrington, H. J. (1991): Business Process Improvement, New York u. a. 1991.

Hartung, J. (1985): Statistik: Lehr- und Handbuch der angewandten Statistik, 4. Aufl., München u. a. 1985.

Haupt, R. (1979): ABC-Analyse, in: Handwörterbuch der Produktionswirtschaft, Stuttgart 1979, Sp. 1 - 5.

Hauschildt, J. (1992): Innovationsmanagement, in: HWO, 3. Aufl., Stuttgart 1992, Sp. 1029 - 1041.

Hax, K. (1972): Auf dem Wege zu einer Versicherungsbetriebslehre, in: Braess, P.; Farny, D.; Schmidt, R. (Hrsg.): Praxis und Theorie der Versicherungsbetriebslehre, Festgabe für H.-L. Müller-Lutz zum 60. Geburtstag, Karlsruhe 1972, S. 135 - 145.

Heidrick & Struggles International Inc. (Hrsg.) (1992): Versicherungswirtschaft im Wandel: Tendenzen und Perspektiven für Struktur, Markt und Führungskräfte, o. O. 1992.

Heinen, E. (1962): Die Zielfunktion der Unternehmung, in: Koch, H. (Hrsg.): Zur Theorie der Unternehmung, Festschrift zum 65. Geburtstag von Erich Gutenberg, Wiesbaden 1962, S. 9 - 71.

Heinisch, J.; Sämann, W. (1973): Planzeitwerte im Büro: Möglichkeiten des Aufbaus und der Anwendung, Berlin u. a. 1973.

Heinrich, L. J. (1999): Informationsmanagement: Planung, Überwachung und Steuerung der Informationsinfrastruktur, 6. Aufl., München u. a. 1999.

Heinz, K.; Jehle, E.; Mönig, M.; Schütze, A.; Willeke, M. (1997): Prozeßkostenrechnung für die Logistik kleiner und mittlerer Unternehmen: Methodik und Fallbeispiele, Dortmund 1997.

Heinz, K.; Olbrich, R. (1989): Zeitdatenermittlung in indirekten Bereichen, Köln 1989.

Helten, E. (1992): Wettbewerbsvorteile durch Wissensbasierte Systeme, in: VW, 47. Jg. (1992), Nr. 5, S. 291 - 298.

Helten, E. (1993): Versicherungsbetriebslehre, in: HWB, 5. Aufl., Stuttgart 1993, Sp. 4598 - 4611.

Helten, E. (1995): „Gleich und gleich gesellt sich gern", in: Kirchner, W. (Hrsg.): Reader zum Thema Controlling in Versicherungsunternehmen, Karlsruhe 1995, S. 160 - 163.

Helten, E.; Schmidt, H.; Schneider, W. (1992): Qualitätszirkel - Ergebnisse einer empirischen Untersuchung von Versicherungsunternehmen, in: VW, 47. Jg. (1992), Nr. 16, S. 998 - 1002.

Helms, W. (1991): MTM - Ein Verfahren vorbestimmter Zeiten, in: PERSONAL, 43. Jg. (1991), MTM-Report '91/'92, S. 33 - 39.

Helms, W. (1993): Personalbemessung mit MTM im administrativen Bereich, in: PERSONAL, 45. Jg. (1993), MTM-Report '93/'94, S. 426 - 430.

Hendricks, B. (1996): Mein Büro ist zu Hause: Ihre Chancen in der neuen Welt der Telearbeit, Stuttgart 1996.

Henkel, K.; Schwetz, R. (1992): Techniken der Schwachstellenanalyse, in: HWO, 3. Aufl., Stuttgart 1992, Sp. 2245 - 2255.

Hentschel, B. (1990): Die Messung wahrgenommener Dienstleistungsqualität mit SERV-QUAL - eine kritische Auseinandersetzung, in: Marketing Zeitschrift für Forschung und Praxis, 12. Jg. (1990), Nr. 4, S. 230 - 240.

Hentschel, B. (1995): Multiattributive Messung von Dienstleistungsqualität, in: Bruhn, M.; Stauss, B. (Hrsg.): Dienstleistungsqualität: Konzepte, Methoden, Erfahrungen, 2. Aufl., Wiesbaden 1995, S. 347 - 378.

Hentze, J.; Metzner, J. (1994): Personalwirtschaftslehre 1: Grundlagen, Personalbedarfser-mittlung, -beschaffung, -entwicklung und -einsatz, 6. Aufl., Bern u. a. 1994.

Heppner, K. (1996): Potentiale und Grenzen eines Prozeßmanagements in der Ersatzteil-versorgung, in: DBW, 56. Jg. (1996), Nr. 3, S. 351 - 362.

Herb, A. (1986): Telearbeit - Chancen, Risiken und rechtliche Einordnung des Computerar-beitsplatzes zu Hause, in: Der Betrieb, 39. Jg. (1986), Nr. 35, S. 1823 - 1825.

Hermann, U. (1996): Wertorientiertes Ressourcenmanagement: Neuausrichtung der Kosten-rechnung aus ressourcenbasierter Sicht, Wiesbaden 1996.

Herrmann, H. (1985): Telearbeit aus frauenpolitischer Sicht, in: Institut der deutschen Wirt-schaft (Hrsg.): Telearbeit, Beiträge zur Gesellschafts- und Bildungspolitik, Band 109, Köln 1985, S. 37 - 45.

Herter, R. N. (1992): Weltklasse mit Benchmarking - ein Werkzeug zur Verbesserung der Leistungsfähigkeit aller Unternehmensbereiche, in: Fortschrittliche Betriebsführung und Industrial Engineering, 41. Jg. (1992), Nr. 5, S. 254 - 258.

Hesch, G.; Böttcher, S. (1997): Tele-Arbeits- und -Service-Center (TASC): Ein innovatives Konzept der Integration neuer Arbeits- und Dienstleistungsformen, in: Godehardt, B.; Korte, W. B.; Michelsen, U.; Quadt, H.-P. (Hrsg.): Managementhandbuch Telearbeit, Hei-delberg 1997, Kap. 230, Nr. 1.

Heskett, J. L. (1988): Management von Dienstleistungsunternehmen: erfolgreiche Strategien in einem Wachstumsmarkt, Wiesbaden 1988.

Hess, T. (1996): Entwurf betrieblicher Prozesse: Grundlagen - bestehende Methoden - neue Ansätze, Wiesbaden 1996.

Hesse, D. (1988): Vertriebs-Controlling in Versicherungsunternehmen, Frankfurt a. M. u. a. 1988.

Hill, W.; Fehlbaum, R.; Ulrich, P. (1989): Organisationslehre 1: Ziele, Instrumente und Be-dingungen der Organisation sozialer Systeme, 4. Aufl., Bern u. a. 1989.

Hinterhuber, H. H. (1994): Paradigmenwechsel: Vom Denken in Funktionen zum Denken in Prozessen, in: Journal für Betriebswirtschaft, 44. Jg. (1994), Nr. 2, S. 58 - 75.

Höher, K.; Jäckel, P.; Picot, A.; Reichwald, R. (1983): Der Einsatz von Selbstaufschrei-bungsmethoden auf Stichprobenbasis bei Verwaltungsuntersuchungen, in: ZfB, 53. Jg. (1983), Nr. 6, S. 551 - 570.

Holm, K. (Hrsg.) (1986): Die Befragung 1: Der Fragebogen - Die Stichprobe, 3. Aufl., Tübin-gen 1986.

Holst, J. (1991): Prozeß-Management im Verwaltungsbereich der IBM Deutschland GmbH, in: IFUA Horváth & Partner GmbH (Hrsg.): Prozeßkostenmanagement, München 1991, S. 271 - 290.

Holzapfel, M. (1992): Wirtschaftlichkeit wissensbasierter Systeme, Wiesbaden 1992.

Homburg, C.; Demmler, W. (1995): Ansatzpunkte und Instrumente einer intelligenten Kostenreduktion, in: krp, 39. Jg. (1995), Nr. 1, S. 21 - 28.

Hopp, F. W. (1992): Kriterien für ein effizientes Controlling - Gedanken eines Versicherers -, in: Horváth, P. (Hrsg.): Effektives und schlankes Controlling, Stuttgart 1992, S. 87 - 98.

Horváth, P; Herter, R. N. (1992): Benchmarking. Vergleich mit den Besten der Besten, in: Controlling, 4. Jg. (1992), Nr. 1, S. 4 - 11.

Horváth, P.; Kaufmann, L. (1998): Balanced Scorecard - ein Werkzeug zur Umsetzung von Strategien, in: Harvard Business Manager, 20. Jg. (1998), Nr. 5, S. 39 - 48.

Horváth, P.; Mayer, R. (1989): Prozeßkostenrechnung - Der neue Weg zu mehr Kostentransparenz und wirkungsvolleren Unternehmensstrategien, in: Controlling, 1. Jg. (1989), Nr. 4, S. 214 - 219.

Horváth, P.; Mayer, R. (1993): Prozeßkostenrechnung - Konzeption und Entwicklung, in: krp, 37. Jg. (1993), Sonderheft 2, S. 15 - 28.

Horváth, P. (1997): Die „Vorderseite" der Prozeßorientierung, in: Controlling, 9. Jg. (1997), Nr. 2, S. 114.

Huber, J. (1987): Telearbeit: ein Zukunftsbild als Politikum, Opladen 1987.

Hug, W.; Weber, J. (1980): Zum Zeitbezug der Grundrechnung im entscheidungsorientierten Rechnungswesen, in: krp, 24. Jg. (1980), Nr. 2, S. 81 - 92.

Hummel, S.; Männel, W. (1983): Kostenrechnung 2: Moderne Verfahren und Systeme, 3. Aufl., Wiesbaden 1983.

Hummel, S.; Männel, W. (1986): Kostenrechnung 1: Grundlagen, Aufbau und Anwendung, 4. Aufl., Wiesbaden 1986.

Hummel, S. (1997): Plädoyer für klare kostenrechnerische Begriffe und Aussagen, in: Becker, W.; Weber, J. (Hrsg.): Kostenrechnung. Stand und Entwicklungsperspektiven, Wiesbaden 1997, S. 247 - 270.

Jaeschke, P. (1996): Geschäftsprozeßmodellierung mit INCOME, in: Vossen, G.; Becker, J. (Hrsg.): Geschäftsprozeßmodellierung und Workflow-Management, Bonn u. a. 1996, S. 141 - 162.

Jaspert, T.; Müffelmann, J. (1996): »... das Team muß nun von der Ideenfindung zur Umsetzung schreiten«, in: ZfO, 65. Jg. (1996), Nr. 3, S. 174 - 178.

Jehle, E. (1993): Fortschritte bei der Gemeinkostensenkung durch Prozeßkostenrechnung, in: Management in der Rezession: ... Chancen, Vorgehen, Ergebnisse; Tagung Bonn, 22./23. Juni 1993, Düsseldorf 1993, S. 185 - 203.

Jehle, E. (1995): Wertanalyse und Kostenmanagement, in: Reichmann, T. (Hrsg.): Handbuch Kosten- und Erfolgs-Controlling, München 1995, S. 146 - 165.

Jehle, E.; Müller, K.; Michael, H. (1994): Produktionswirtschaft: eine Einführung mit Anwendungen und Kontrollfragen, 4. Aufl., Heidelberg 1994.

Jehle, E.; Wiesehahn, A.; Willeke, M. (1997): Ansätze des prozeßorientierten Gemeinkostenmanagement, in: Becker, W.; Weber, J. (Hrsg.): Kostenrechnung. Stand und Entwicklungsperspektiven, Wiesbaden 1997, S. 271 - 296.

Jehle, E.; Willeke, M. (1998): Prozeßwertanalyse als Instrument des Controlling, in: Lachnit, L.; Lange, C.; Palloks, M. (Hrsg.): Zukunftsfähiges Controlling: Konzeption, Umsetzung, Praxiserfahrungen, Prof. Dr. Thomas Reichmann zum 60. Geburtstag, München 1998, S. 129 - 151.

Jira, A.; Litz, U. (1999): Neue Informationstechnologien im Einsatz, in: VW, 54. Jg. (1999), Nr. 5, S. 316 - 318.

JOAS & COMP. (Hrsg.) (1997): JOAS-Studie: Chancen im Betrieblichen Vorschlagswesen - Kurzfassung -, Bad Homburg 1997.

John, B. (1987): Handbuch der Planzeiten-Praxis, München u. a. 1987.

Johnson, H. T. (1991): Activity-Based Management: Past, Present, and Future, in: The Engineering Economist, 36. Jg. (1991), Nr. 3, S. 219 - 238.

Jost, H. (1974): Kosten- und Leistungsrechnung, Wiesbaden 1974.

Juran, J. M. (1988): The Quality Function, in: Juran, J. M.; Gryna, F. M. (Hrsg.): Juran´s Quality Control Handbook, 4. Aufl., New York u. a. 1988, Abschnitt 2.

Kaeseler, J. (1998): Geschäftsprozeßgestaltung unter Berücksichtigung verhaltenswissenschaftlicher Ansätze, Dortmund 1998.

Kaleja, E.; Meyer, M. (1996): Telearbeit in deutschen Unternehmen - eine Unternehmensbefragung für die Wirtschaftswoche, Universität Witten/Herdecke, Witten 1996.

Kaluza, B. (1979): Entscheidungsprozesse und empirische Zielforschung in Versicherungsunternehmen, Karlsruhe 1979.

Kamiske, G. F.; Füermann, T. (1995): Reengineering versus Prozeßmanagement, in: ZfO, 64. Jg. (1995), Nr. 3, S. 142 - 148.

Kamiske, G. F.; Tomys, A.-K. (1993): Qualitätsmanagement verbessert den Wirkungsgrad der Produktion, in: Zeitschrift für wirtschaftliche Fertigung und Automatisierung, 88. Jg. (1993), Nr. 1, S. 41 - 43.

Kampmann, S. (1995): Bankkostenrechnung: Neukonzeption unter Einsatz der Prozeßkostenrechnung, Wiesbaden 1995.

Kaplan, R. S.; Murdock, L. (1991): Core Process Redesign, in: The McKinsey Quarterly, 27. Jg. (1991), Nr. 2, S. 27 - 43.

Kaplan, R. S.; Norton, D. P. (1996): The Balanced Scorecard - Translating Strategy into Action, Boston 1996.

Karlöf, B.; Östblom, S. (1994): Das Benchmarking-Konzept: Wegweiser zur Spitzenleistung in Qualität und Produktivität, München 1994.

Kaufmann, L. (1996): Komplexitäts-Index-Analyse von Prozessen, in: Controlling, 8. Jg. (1996), Nr. 4, S. 212 - 221.

Kaufmann, L. (1997): Controllingorientierte Segmentierung von Prozessen, in: krp, 41. Jg. (1997), Nr. 4, S. 211 - 217.

Kienbaum Personalberatung GmbH (Hrsg.) (1997): Praxishandbuch Telearbeit - Mit Informationen zur Einführung flexibler Arbeitsplätze, Gummersbach 1997.

Kieser, A.; Kubicek, H. (1992): Organisation, 3. Aufl., Berlin u. a. 1992.

Kilger, W. (1967): Flexible Plankostenrechnung. Theorie und Praxis der Grenzplankostenrechnung und Deckungsbeitragsrechnung, 3. Aufl., Köln 1967.

Kilger, W. (1981): Flexible Plankostenrechnung und Deckungsbeitragsrechnung, 8. Aufl., Wiesbaden 1981.

Kilger, W. (1993): Flexible Plankostenrechnung und Deckungsbeitragsrechnung, 10. Aufl., Wiesbaden 1993.

Kingman-Brundage, J. (1989): The ABC´s of Service System Blueprinting, in: Bitner, M. J.; Cosby, L. A. (Hrsg.): Designing a Winning Service Strategy, Chicago 1989, S. 30 - 33.

Kirchhoff, S. (1994): Abbildungsqualität von wissensbasierten Systemen: eine Methodologie zur Evaluierung, Bergisch Gladbach u. a. 1994.

Kirchmer, M. (1995): Markt- und produktgerechte Definition von Geschäftsprozessen, in: m&c-Management und Computer, 3. Jg. (1995), Nr. 4, S. 267 - 273.

Kleinaltenkamp, M. (1987): Die Dynamisierung strategischer Marketing-Konzepte - Eine kritische Würdigung des „Outpacing Strategies"-Ansatzes von Gilbert und Strebel -, in: ZfbF, 39. Jg. (1987), Nr. 1, S. 31 - 52.

Kleinaltenkamp, M. (1989): Outpacing Strategies, in: DBW, 49. Jg. (1989), Nr. 5, S. 651 - 652.

Kleinsorge, P. (1994): Geschäftsprozesse, in: Masing, W. (Hrsg.): Handbuch Qualitätsmanagement, 3. Aufl., München u. a. 1994, S. 49 - 64.

Klenger, F.; Andreas, C. (1994): Prozeßkostenrechnung im Versicherungsunternehmen, in: krp, 38. Jg. (1994), Nr. 6, S. 401 - 406.

Klinger, A. (1999): Referenzmodelle für die Abbildung von Personalsteuerung in der Simulation, Diss. Dortmund 1999.

Klimmer, M. (1995): Business Reengineering, in: DBW, 55. Jg. (1995), Nr. 2, S. 257 - 260.

Klöpper, H.-J. (1991): Logistikorientiertes strategisches Management - ein analytischer und konzeptioneller Beitrag, Köln 1991.

Kloock, J.; Dierkes, S. (1996): Kostenkontrolle mit der Prozeßkostenrechnung, in: Berkau, C.; Hirschmann, P. (Hrsg.): Kostenorientiertes Geschäftsprozeßmanagement: Methoden, Werkzeuge, Erfahrungen, München 1996, S. 93 - 119.

Knupfer, S. (1994): Organisation und Prozeßinnovation, Frankfurt a. M. 1994.

Koch, P. (1972): Zur Geschichte der Versicherungsbetriebslehre in Deutschland, in: Braess, P.; Farny, D.; Schmidt, R. (Hrsg.): Praxis und Theorie der Versicherungsbetriebslehre, Festgabe für H.-L. Müller-Lutz zum 60. Geburtstag, Karlsruhe 1972, S. 171 - 193.

Koch, P.; Weiss, W. (Hrsg.) (1994): Gabler-Versicherungslexikon, Wiesbaden 1994.

Koch, P. (1998): Geschichte der Versicherungswissenschaft in Deutschland, Karlsruhe 1998.

Körmeier, K. (1997): Zielorientierte Festlegung von Geschäftsprozessen, Diss. Dresden 1997.

Kollmar, A.; Niemeier, D. (1994): Der Weg zum richtigen Benchmarking-Partner: Unter den Besten wählen, in: GM, 8. Jg. (1994), Nr. 5, S. 31 - 35.

Konradt, U.; Zimolong, B. (1997): Arbeits- und Organisationspsychologische Aspekte der Telearbeit und Telekooperation, in: Ministerium für Wirtschaft und Mittelstand, Technologie und Verkehr des Landes Nordrhein-Westfalen (Hrsg.): Telearbeit und Telekooperation: Grundlagen der Arbeit und Projekte der TaskForce Telearbeit/Telekooperation im Rahmen der Landesinitiative media NRW, Band 4, Düsseldorf 1997, S. 120 - 129.

Kordey, N.; Gareis, K. (1997): Wirtschaftlichkeitsbetrachtungen bei der Einführung von Telearbeit, in: Ministerium für Wirtschaft und Mittelstand, Technologie und Verkehr des Landes Nordrhein-Westfalen (Hrsg.): Telearbeit und Telekooperation: Grundlagen der Arbeit und Projekte der TaskForce Telearbeit/Telekooperation im Rahmen der Landesinitiative media NRW, Band 4, Düsseldorf 1997, S. 94 - 109.

Kordey, N.; Korte, W. B. (1996): Telearbeit erfolgreich realisieren: das umfassende, aktuelle Handbuch für Entscheidungsträger und Projektverantwortliche, Braunschweig u. a. 1996.

Korte, W. B. (1997): Perspektiven von Telearbeit und Telekooperation in Wirtschaft und Verwaltung, in: Godehardt, B.; Korte, W. B.; Michelsen, U.; Quadt, H.-P. (Hrsg.): Managementhandbuch Telearbeit, Heidelberg 1997, Kap. 100, Nr. 2.

Kosiol, E. (1976): Organisation der Unternehmung, 2. Aufl., Wiesbaden 1976.

Kreilkamp, P. (1998): Flexibler Arbeiten durch Telearbeit - Wie profitieren Unternehmen von alternativen Arbeitsformen?, Unterlagen zum Vortrag auf der Handelsblatt Konferenz „Telearbeit", Bonn 17. - 19.3.1998.

Kromschröder, B. (1993): Qualitätsmanagement in der Versicherungswirtschaft, Mannheimer Vorträge zur Versicherungswissenschaft, Band 58, Karlsruhe 1993.

Kromschröder, B.; Buchwieser, S.; Gründl, H.; Haindl, A. (1992): Qualität und Qualitätsmanagement in der Versicherungswirtschaft, in: ZfB, 62. Jg. (1992), Nr. 1, S. 43 - 74.

Krüger, W. (1983): Grundlagen der Organisationsplanung, Gießen 1983.

Krüger, W. (1994): Umsetzung neuer Organisationsstrategien: das Implementierungsproblem, in: Frese, E.; Maly, W. (Hrsg.): Organisationsstrategien zur Sicherung der Wettbewerbsfähigkeit: Lösungen deutscher Unternehmen, Zfbf, 46. Jg. (1994), Sonderheft Nr. 33, Düsseldorf 1994, S. 197 - 221.

Kruschwitz, L. (1990): Investitionsrechnung, 4. Aufl., Berlin 1990.

Kruse, C. (1996): Referenzmodellgestütztes Geschäftsprozeßmanagement: ein Ansatz zur prozeßorientierten Gestaltung vertriebslogistischer Systeme, Wiesbaden 1996.

Kruse, W.; Röper, J. W. (1994): Service- und Kosten-Führerschaft durch Fallabschließende Bearbeitung, in: VW, 49. Jg. (1994), Nr. 19, S. 1262 - 1265.

Kürble, G. (1991): Analyse von Gewinn und Wachstum deutscher Lebensversicherungsunternehmen, Wiesbaden 1991.

Küting, K.; Lorson, P. (1996): Benchmarking von Geschäftsprozessen als Instrument der Geschäftsprozeßanalyse, in: Berkau, C.; Hirschmann, P. (Hrsg.): Kostenorientiertes Geschäftsprozeßmanagement: Methoden, Werkzeuge, Erfahrungen, München 1996, S. 121 - 140.

Kuhlmann, W. (1988): DV-gestützte Ablaufgestaltung und Personalbedarfsrechnung mit MTM-Sachbearbeiterdaten bei der Versicherungsgruppe Hannover, in: PERSONAL, 40. Jg. (1988), MTM-Report '88/'89, S. 26 - 28.

Kuhn, A. (1995): Prozeßketten in der Logistik: Entwicklungstrends und Umsetzungsstrategien, Dortmund 1995.

Kuhn, A. (1998): Logistiknetze im Fokus, in: Fördertechnik, 10. Jg. (1998), Nr. 8, S. 12 - 13.

Kuhn, A.; Manthey, C. (1996): Kosten- und Leistungstransparenz durch die ressourcenorientierte Prozeßkettenanalyse, in: krp, 40. Jg (1996), Nr. 3, S. 129 - 138.

Kupsch, U. P.; Lindner, T.: Materialwirtschaft, in: Heinen, E. (Hrsg.): Industriebetriebslehre: Entscheidungen im Industriebetrieb, 8. Aufl., Wiesbaden 1985, S. 269 - 359.

Kurze, B.; Pelizäus, R. (1998): Eine alternative Form der Deckungsbeitragsrechnung in Versicherungsunternehmen, in: VW, 53. Jg. (1998), Nr. 21, S. 1518 - 1522.

Lamla, J. (1995): Prozessbenchmarking: dargestellt an Unternehmen der Antriebstechnik, München 1995.

Landau, K. (1996): Neue Ansätze der Zeitwirtschaft, in: REFA-Nachrichten, 49. Jg. (1996), Nr. 6, S. 22 - 30.

Lehmann, A. (1990): Qualitäts-Management im Aussendienst - Von der Idee zur Umsetzung, in: Ackermann, W.; Lehmann, A. (Hrsg.): Qualitäts-Management im Versicherungsunternehmen, Kongreßband der IX. Internationalen Management- und Ausbildertage vom 17.-19. April 1989 in Lugano, Sankt Gallen 1990, S. 106 - 118.

Lehmann, A. (1994): Total Quality Management made in USA, in: Kirchner, W. (Hrsg.): Reader zum Thema Controlling im Versicherungsunternehmen, Karlsruhe 1995, S. 387 - 397.

Lehmann, A. (1995): Dienstleistungsmanagement: Strategien und Ansatzpunkte zur Schaffung von Servicequalität, 2. Aufl., Stuttgart u. a. 1995.

Lehmann, F. R.; Ortner, E. (1997): Entwicklung von Workflow-Management-Anwendungen im Kontext von Geschäftsprozeß- und Organisationsmodellierung, in: Information Management, 12. Jg. (1997), Nr. 4, S. 62 - 69.

Lenk, T. (1989): Telearbeit, Möglichkeiten und Grenzen einer telekommunikativen Dezentralisierung von betrieblichen Arbeitsplätzen, Berlin 1989.

Liebelt, W. (1992): Methoden und Techniken der Ablauforganisation, in: HWO, 3. Aufl., Stuttgart 1992, Sp. 19 - 34.

Liebelt, W.; Sulzberger, M. (1989): Grundlagen der Ablauforganisation, Schriftenreihe „DER ORGANISATOR", Band 9, Gießen 1989.

Lienert, G. A. (1961): Testaufbau und Testanalyse, Weinheim 1961.

Lipke, O.; Rendenbach, H.-G. (1997): Permanentes Prozeßkostenmanagement in der Assekuranz, in: Controlling, 9. Jg. (1997), Nr. 2, S. 84 - 93.

Lohoff, P.; Lohoff, H.-G. (1993): Verwaltung im Visier: Optimierung der Büro- und Dienstleistungsprozesse, in: ZfO, 62. Jg. (1993), Nr. 4, S. 248 - 254.

Loos, P. (1998): Integriertes Prozeßmanagement direkter und indirekter Bereiche durch Workflow-Management, in: Industrie Management, 14. Jg. (1998), Nr. 2, S. 13 - 18.

Loskant, M. N. (1999): Wirtschaftlichkeitsbetrachtung für Telearbeit, in: VW, 54. Jg. (1999), Nr. 8, S. 529 - 533.

Lücke, W. (1955): Investitionsrechnung auf der Grundlage von Ausgaben oder Kosten?, in: Zeitschrift für handelswissenschaftliche Forschung, 7. Jg. (1955), Nr. 3, S. 310 - 324.

Lüthi, A.; Krahn, A.; Küng, P. (1998): Herleitung von Indikatoren zur Messung der Geschäftsprozeßqualität, in: Die Unternehmung, 52. Jg. (1998), Nr. 1, S. 35 - 47.

Lullies, V.; Pastowsky, M.; Grandke, S. (1998): Geschäftsprozesse optimieren - ohne Diktat der Technik, in: Harvard Business Manager, 20. Jg. (1998), Nr. 2, S. 65 - 72.

Lund, M. (1995): Kostenmanagement in Versicherungsunternehmen, in: Zeitschrift für Versicherungswesen, 46. Jg. (1995), Nr. 1, S. 4 - 12.

LVM Landwirtschaftlicher Versicherungsverein a. G. (Hrsg.) (1997): Berichte über das Geschäftsjahr 1997, Münster 1997.

Maglitta, J. (1994): In Depth: Michael Hammer, in: Computerworld, 24. Januar 1994, S. 84 - 86.

Mahoney, J. T.; Pandian, J. R. (1992): The resource-based view within the conversation of strategic management, in: Strategic Management Journal, 13. Jg. (1992), Sonderausgabe Sommer 1992, S. 363 - 380.

Mahr, W. (1976): „Versicherung" - Prolegomena zu einer Inhaltsbestimmung, in: Reichert-Facilides, F.; Rittner, F.; Sasse, J. (Hrsg.): Festschrift für Reimer Schmidt, Karlsruhe 1976, S. 433 - 448.

Marr, R.; Kötting, M. (1992): Implementierung, organisatorische, in: HWO, 3. Aufl., Stuttgart 1992, Sp. 827 - 841.

Matzler, K.; Hinterhuber, H. H.; Handlbauer, G. (1997): Fünf „falsche" Thesen zur Kundenzufriedenheit, in: technologie & management, 46. Jg. (1997), Nr. 2, S. 4 - 7.

Maurer, G.; Schwickert, A. C. (1998): Kritische Anmerkungen zur prozeßorientierten Unternehmensgestaltung, in: Industrie Management, 14. Jg. (1998), Nr. 2, S. 9 - 12.

Mayer, R. (1990): Prozeßkostenrechnung - Rückschritt oder neuer Weg?, in: Controlling, 2. Jg. (1990), Nr. 5, S. 272f.

Mayer, R. (1991): Prozeßkostenrechnung und Prozeßkostenmanagement, in: IFUA Horváth & Partner GmbH (Hrsg.): Prozeßkostenmanagement, München 1991, S. 73 - 99.

Mayer, R. (1996): Prozeßkostenrechnung und Prozeß(kosten)optimierung als integrierter Ansatz - Methodik und Anwendungsempfehlungen, in: Berkau, C.; Hirschmann, P. (Hrsg.): Kostenorientiertes Geschäftsprozeßmanagement: Methoden, Werkzeuge, Erfahrungen, München 1996, S. 43 - 67.

Meffert, H. (1988): Strategische Unternehmensführung und Marketing: Beitrag zur marktorientierten Unternehmenspolitik, Wiesbaden 1988.

Meffert, H.; Bruhn, M. (1981): Beschwerdeverhalten und Zufriedenheit von Konsumenten, in: DBW, 41. Jg. (1981), Nr. 4, S. 597 - 613.

Meinhardt, S. (1995): Geschäftsprozeßorientierte Einführung von Standard-Software am Beispiel des SAP-Systems „R/3", in: Wirtschaftsinformatik, 37. Jg. (1995), Nr. 5, S. 487 - 499.

Mertens, P. (1996): Process focus considered harmful?, in: Wirtschaftsinformatik, 38. Jg. (1996), Nr. 4, S. 446 - 447.

Mertens, P. (1997a): Die Kehrseite der Prozeßorientierung, in: Controlling, 9. Jg. (1997), Nr. 2, S. 110 - 111.

Mertens, P. (1997b): Erwiderung zu Reiß und Horváth, in: Controlling, 9. Jg. (1997), Nr. 2, S. 115.

Meyer, A. (1991): Dienstleistungs-Marketing, in: DBW, 51. Jg. (1991), Nr. 2, S. 195 - 209.

Meyer, A.; Mattmüller, R. (1987): Qualität von Dienstleistungen - Entwurf eines praxisorientierten Qualitätsmodells, in: Marketing, 9. Jg. (1987), Nr. 3, S. 187 - 195.

Meyer, J. (1996): Benchmarking: Ein Prozeß zur unternehmerischen Spitzenleistung, in: Meyer, J. (Hrsg.): Benchmarking: Spitzenleistungen durch Lernen von den Besten, Stuttgart 1996, S. 3 - 26.

Miers, D. (1994): Use of tools and technology within a BPR initiative, in: Coulson-Thomas, C. (Hrsg.): Business Process Re-engineering: Myth & Reality, London 1994, S. 142 - 165.

Miller, R. W. (1965): PERT: Ein Leitfaden für die Anwendung in Entwicklung und Fertigung, Hamburg u. a. 1965.

Ministerium für Wirtschaft und Mittelstand, Technologie und Verkehr des Landes Nordrhein-Westfalen (Hrsg.) (1997): Telearbeit und Telekooperation: Grundlagen der Arbeit und Projekte der TaskForce Telearbeit/Telekooperation im Rahmen der Landesinitiative media NRW, Band 4, Düsseldorf 1997.

Mintzberg, H. (1979): The structuring of organizations, Englewood Cliffs, New Jersey u. a. 1979.

Mintzberg, H. (1989): Mintzberg on management: inside our strange world of organizations, New York u. a. 1989.

Mollet, G.; Egger, P. (1995): Das VW-Konzept, in: Personalwirtschaft, 22. Jg. (1995), Nr. 10, S. 18 - 20.

Mohr, G. (1991): Qualitätsverbesserung im Produktionsprozeß, Würzburg 1991.

Muchowski, E.; von Eiff, W. (1996): Prozesse verstehen und beherrschen, in: GM, 10. Jg. (1996), Nr. 4, S. 22 - 27.

Müller, H. (1996): Prozeßkonforme Grenzplankostenrechnung: Stand, Nutzanwendungen, Tendenzen, 2. Aufl., Wiesbaden 1996.

Müller, R. (1999): Jahr-2000-Problem: Helfen und hoffen, in: VW, 54. Jg. (1999), Nr. 8, S. 562 - 563.

Müller, W. (1981): Das Produkt der Versicherung, in: Jung, M.; Lucius, R.-R.; Seifert, W. G. (Hrsg.): Geld und Versicherung, Festgabe für Wilhelm Seuß, Karlsruhe 1981, S. 155 - 171.

Müller, W. (1995): Informationsprodukte, in: ZfB, 65. Jg. (1995), Nr. 9, S. 1017 - 1044.

Müller, S.; Lohmann, F. (1997): Qualitative oder quantitative Erfassung von Dienstleistungsqualität? Die Critical Incident Technique und die Gap-Analyse im Methodenvergleich, in: ZfbF, 49. Jg. (1997), Nr. 11, S. 973 - 987.

Müller-Lutz, H.-L. (1979): Die Arbeitsproduktivität in der Versicherungsverwaltung, in: Institut für Versicherungswissenschaft der Universität Mannheim (Hrsg.): Mannheimer Vorträge zur Versicherungswissenschaft, Nr. 10, Karlsruhe 1979.

Müller-Lutz, H.-L. (1983): Grundbegriffe der Versicherungs-Betriebslehre, Band 2: Rechnungswesen des Versicherungsbetriebes, 3. Aufl., Karlsruhe 1983.

Müller-Merbach, H. (1973): Operations Research - Methoden und Modelle der Optimierung, 3. Aufl., München 1973.

Müllner, W. (1985): Privatisierung des Arbeitsplatzes: Chancen, Risiken und rechtliche Gestaltbarkeit der Telearbeit, Stuttgart 1985.

Musiol, A. (1981): Präsentations- und Kreativitätstechniken, Wiesbaden 1981.

Muth, M. (1994): Versicherungswirtschaft im Umbruch, in: VW, 49. Jg. (1994), Nr. 5, S. 288 - 298.

Nagel, K. (1990): Nutzen der Informationsverarbeitung: Methoden zur Bewertung von strategischen Wettbewerbsvorteilen, Produktivitätsverbesserungen und Kosteneinsparungen, 2. Aufl., München u. a. 1990.

Nagel, P. (1992): Techniken der Problemanalyse und -lösung, in: HWO, 3. Aufl., Stuttgart 1992, Sp. 2014 - 2024.

Niggl, M. (1997): Teleworking als innovative Form organisationaler Zusammenarbeit - Ein erster Erfahrungsbericht zur Einführung von alternierender Telearbeit bei der BMW AG, in: Zeitschrift für Arbeitswissenschaften, 51. Jg. (1997), Nr. 4, S. 259 - 266.

Nouvortne, D.; Timm, M. (1995): Das Versicherungsunternehmen der Zukunft und die Entwicklungen der Informations- und Kommunikationstechnologie, in: Kirchner, W. (Hrsg.): Reader zum Thema Controlling im Versicherungsunternehmen, Karlsruhe 1995, S. 554 - 563.

Oakland, J. S. (1986): Statistical Process Control, London 1986.

Obenauf, J. (1985): Beitrag zur Verbesserung der Organisation innerbetrieblicher Materialflußsysteme durch rechnergestützte Zeitwirtschaft, Diss. Dortmund 1985.

Österle, H. (1995): Business Engineering: Prozeß- und Systementwicklung, Band 1: Entwurfstechniken, 2. Aufl., Berlin u. a. 1995.

Oess, A. (1991): Total Quality Management: Die ganzheitliche Qualitätsstrategie, 2. Aufl., Wiesbaden 1991.

Olbrich, R. (1993): Aufbau einer Zeitwirtschaft: Beschreibung der Vorgehensweise, Köln 1993.

Osterloh, M.; Frost, J. (1994): Business Reengineering: Modeerscheinung oder „Business Revolution"?, in: ZfO, 63. Jg. (1994), Nr. 6, S. 356 - 363.

Osterloh, M.; Frost, J. (1996): Prozeßmanagement als Kernkompetenz: wie Sie Business Process Reengineering strategisch nutzen können, Wiesbaden 1996.

Ostrenga, M. R.; Ozan, T. R.; McIlhattan, R. D.; Harwood, M. D. (1992): The Ernst & Young guide to total cost management, New York 1992.

o. V. (1985a): Zeitwirtschaft im Büro, in: IBM-Nachrichten, 35. Jg. (1985), Nr. 280, S. 54 - 55.

o. V. (1985b): Von der Textverarbeitung zur Bürokommunikation, in: IBM-Nachrichten, 35. Jg. (1985), Nr. 280, S. 50 - 51.

o. V. (1998): Simulieren statt Testen, in: Industrielle Informationstechnik, 35. Jg. (1998), Nr. 5, S. 46.

o. V. (1999a): Banken und Versicherungen - Partner und Konkurrenten, VW, 54. Jg. (1999), Nr. 8, S. 566 - 567.

o. V. (1999b): Zwei Drittel sorgen individuell fürs Alter vor, in: VW, 54. Jg. (1999), Nr. 7, S. 412.

o. V. (1999c): Assekuranz 1998: In schwieriegem Umfeld gut behauptet, in: VW, 54. Jg. (1999), Nr. 7, S. 437 - 439.

Pampel, J. R. (1996): Ressourcenorientierung für das Kostenmanagement, in: krp, 40. Jg. (1996), Nr. 6, S. 321 - 330.

Parasuraman, A.; Zeithaml, V.; Berry, L. L. (1985): A Conceptual Model of Service Quality and its Implications for Future Research, in: Journal of Marketing, 49. Jg. (1985), Nr. 3, S. 41 - 50.

Parasuraman, A.; Zeithaml, V.; Berry, L. L. (1988): SERVQUAL: A Multi-Item Scale for Measuring Consumer Perceptions of Service Quality, in: Journal of Retailing, 64. Jg. (1988), Nr. 1, S. 12 - 40.

Parkinson, C. N. (1966): Parkinsons Gesetz und andere Untersuchungen über die Verwaltung, Reinbeck 1966.

Penrose, E. T. (1980): The theory of the growth of the firm, 2. Aufl., Guildford u. a. 1980.

Perlitz, M. (1977): Sensitivitätsanalysen für Investitionsentscheidungen, in: ZfbF, 29. Jg. (1977), Nr. 3, S. 223 - 232.

Pfarr, H. M.; Drüke, H. (1989): Rechtsprobleme der Telearbeit: Arbeitsrechtliche Aspekte der Dezentralisierung von Angestelltentätigkeiten mit Hilfe neuer Informations- und Kommunikationstechnologien, Baden-Baden 1989.

Pfeiffer, W.; Weiß, E.; Strubl, C. (1994): Systemwirtschaftlichkeit: Konzeption und Methodik zur betriebswirtschaftlichen Fundierung innovationsorientierter Entscheidungen, Göttingen 1994.

Pfohl, H.-C.; Krings, M.; Betz, G. (1996): Techniken der prozeßorientierten Organisationsanalyse, in: ZfO, 65. Jg. (1996), Nr. 4, S. 246 - 251.

Picot, A. (1979): Rationalisierung im Verwaltungsbereich als betriebswirtschaftliches Problem, in: ZfB, 49. Jg. (1979), Nr. 12, S. 1145 - 1165.

Picot, A. (1982a): Zur Steuerung der Verwaltung in Unternehmen - Notwendigkeit, Probleme, Ansätze -, in: Reichwald, R. (Hrsg): Neue Systeme der Bürotechnik: Beiträge zur Büroarbeitsgestaltung aus Anwendersicht, Berlin 1982, S. 365 - 395.

Picot, A. (1982b): Neue Techniken der Bürokommunikation in wirtschaftlicher und organisatorischer Sicht, in: CW-CSE (Hrsg.): Europäischer Kongress über Büro-Systeme und Informations-Management, München 1982, Vortrag 1.1.

Picot, A.; Neuburger, R.; Niggl, J. (1991): Ökonomische Perspektiven eines „Electronic Data Interchange", in: Information Management, 6. Jg. (1991), Nr. 2, S. 22 - 29.

Picot, A.; Reichwald, R. (1994): Auflösung der Unternehmung?: Vom Einfluß der IuK-Technik auf Organisationsstrukturen und Kooperationsformen, in: ZfB, 64. Jg. (1994), Nr. 5, S. 547 - 570.

Picot, A.; Reichwald, R.; Wigand, R. T. (1998): Die grenzenlose Unternehmung: Information, Organisation und Management, Lehrbuch zur Unternehmensführung im Informationszeitalter, 3. Aufl., Wiesbaden 1998.

Picot, A.; Rohrbach, P. (1995): Organisatorische Aspekte von Workflow-Management-Systemen, in: Information Management, 10. Jg. (1995), Nr. 1, S. 28 - 35.

Pielok, T. (1994): Was kosten die Leistungen ihrer Geschäftsprozesse?, in: Der Betriebswirt, 33. Jg. (1994), Nr. 1, S. 14 - 19.

Pielok, T. (1995): Prozeßkettenmodulation - Management von Prozeßketten mittels Logistic Function Deployment, Dortmund 1995.

Pieper, H. W. (1990): Qualität der Kundenzufriedenheit: Zurück in die Zukunft - Das Beispiel COLONIA Versicherung, in: Ackermann, W.; Lehmann, A. (Hrsg.): Qualitäts-Management im Versicherungsunternehmen, Kongreßband der IX. Internationalen Management- und Ausbildertage vom 17.-19. April 1989 in Lugano, Sankt Gallen 1990, S. 53 - 59.

Pieske, R. (1994): Kundenzufriedenheit, die große Unbekannte, in: absatzwirtschaft, 37. Jg. (1994), Sondernummer Oktober 1994, S. 180 - 189.

Pieske, R. (1995): Die Auswahl von Benchmarking-Partnern, in: Mertins, K.; Siebert, G.; Kempf, S. (Hrsg.): Benchmarking: Praxis in deutschen Unternehmen, Berlin u. a. 1995, S. 49 - 71.

Plein, C. (1997): „Neue" Organisationskonzepte für die Versicherungsunternehmung: organisationstheoretische Grundlagen und die Verwendbarkeit von Lean Management und Business Reengineering in der Versicherungsunternehmung, Frankfurt a. M. u. a. 1997.

Pöltz, R. (1996): Das Testfeld 'Hausverbundene Arbeit' bei der Allianz Lebensversicherungs-AG, Unterlagen zum Vortrag auf der Konferenz „Telearbeit Deutschland '96", Bonn 11. - 13.11.1996.

Pohlner, P.; Lohoff, H.-G. (1993): Lean Insurance, in: Versicherungskaufmann, 39. Jg. (1993), Nr. 1, S. 41 - 44.

Pornschlegel, H.; Schiffer, K.-H. (1970): Die Multimomentaufnahme, Köln 1970.

Pornschlegel, H. (1994): Unternehmensstrategisches Zeitmanagement - neue Rollen für die Zeitwirtschaft unter neuen Managementkonzepten, in: REFA-Nachrichten, 47. Jg. (1994), Nr. 6, S. 26 - 33.

Porter, M. E. (1987): Wettbewerbsstrategie: Methoden zur Analyse von Branchen und Konkurrenten, 4. Aufl., Frankfurt a. M. u. a. 1987.

Porter, M. E. (1996): Wettbewerbsvorteile: Spitzenleistungen erreichen und behaupten, 4. Aufl., Frankfurt a. M. 1996.

Prahalad, C. K.; Hamel, G. (1991): Nur Kernkompetenzen sichern das Überleben, in: Harvard Manager, 13. Jg. (1991), Nr. 2, S. 66 - 78.

Pressmar, D. B. (1979): Verbrauchsfunktionen, in: HWP, Stuttgart 1979, Sp. 2067 - 2077.

Pribilla, P.; Reichwald, R.; Goecke, R. (1996): Telekommunikation im Management: Strategien für den globalen Wettbewerb, Stuttgart 1996.

Pusch, H.-D. (1976): Versicherungsproduktion als Input/Output-Prozess - Eine entscheidungsorientierte Betrachtung, Diss. Hamburg 1976.

Quint, M. (1996): Entwicklung eines projektorientierten Leitfadens für das Management logistischer Prozeßketten, unveröffentlichte Diplomarbeit, Universität Dortmund 1996.

Randolph, R. (1979): Pragmatische Theorie der Indikatoren: Grundlagen einer methodischen Neuorientierung, Göttingen 1979.

Rasche, C. (1993): Kernkompetenzen, in: DBW, 53. Jg. (1993), Nr. 3, S. 425 - 427.

Rasche, C.; Wolfrum, B. (1994): Ressourcenorientierte Unternehmensführung, in: DBW, 54. Jg. (1994), Nr. 4, S. 501 - 516.

Rau, H. (1996): Benchmarking: Die Fehler der Praxis, in: Harvard Business Manager, 18. Jg. (1996), Nr. 4, S. 21 - 25.

Rebstock, M. (1997): Grenzen der Prozeßorientierung, in: ZfO, 66. Jg. (1997), Nr. 5, S. 272 - 278.

Reckenfelderbaumer, M. (1995): Marketing-Accounting im Dienstleistungsbereich: Konzeption eines prozeßkostengestützten Instrumentariums, Wiesbaden 1995.

REFA (Hrsg.) (1997): Methodenlehre der Betriebsorganisation: Datenermittlung, München 1997.

Reichmann, T. (1997): Controlling mit Kennzahlen und Managementberichten: Grundlagen einer systemgestützten Controlling-Konzeption, 5. Aufl., München 1997.

Reichmann, T.; Fröhling, O. (1991): Fixkostenmanagementorientierte Plankostenrechnung vs. Prozeßkostenrechnung. Zwei Welten oder Partner?, in: Controlling, 3. Jg. (1991), Nr. 1, S. 42 - 44.

Reichmann, T.; Fröhling, O. (1993): Integration von Prozeßkostenrechnung und Fixkostenmanagement, in: krp, 37. Jg. (1993), Sonderheft 2, S. 63 - 73.

Reichmann, T.; Scholl, H.-J. (1984): Kosten- und Erfolgscontrolling auf der Basis von Umsatzplänen, in: DBW, 44. Jg. (1984), Nr. 3, S. 427 - 437.

Reichmann, T.; Schwellnuß, A. G.; Fröhling, O. (1990): Fixkostenmanagementorientierte Plankostenrechnung. Kostentransparenz und Entscheidungsrelevanz gleichermaßen sicherstellen, in: Controlling, 2. Jg. (1990), Nr. 2, S. 60 - 67.

Reichwald, R. (1984): Bürokommunikation im Teletexdienst - Produktivitätsmessungen im Feldexperiment, in: Witte, E. (Hrsg.): Bürokommunikation: ein Beitrag zur Produktivitätssteigerung, Vorträge des am 3./4. Mai 1983 in München abgehaltenen Kongresses, Berlin u. a. 1984, S. 100 - 133.

Reichwald, R. (1998): Besondere Chancen der Telearbeit für Wirtschaft und Gesellschaft, Unterlagen zum Vortrag auf der Handelsblatt Konferenz „Telearbeit", Bonn 17. - 19.3.1998.

Reichwald, R.; Höfer, C.; Weichselbaumer, J. (1996): Erfolg von Reorganisationsprozessen: Leitfaden zur strategieorientierten Bewertung, Stuttgart 1996.

Reichwald, R.; Möslein, K.; Sachenbacher, H.; Englberger, H.; Oldenburg, S. (1998): Telekooperation: Verteilte Arbeits- und Organisationsformen, Berlin u. a. 1998.

Reichwald, R.; Weichselbaumer, J. (1996): Bewertung von Reorganisationsprozessen - Ein strategieorientierter Ansatz zur erweiterten Wirtschaftlichkeit, in: Scheer, A.-W. (Hrsg.): Rechnungswesen und EDV: Kundenorientierung in Industrie, Dienstleistung und Verwaltung, 17. Saarbrücker Arbeitstagung 1996, Heidelberg 1996, S. 27 - 51.

Reiß, M. (1994): Führung, in: Corsten, H.; Reiß, M. (Hrsg.): Betriebswirtschaftslehre, München u. a. 1994, S. 233 - 343.

Reiß, M. (1997): Was ist schädlich an der Prozeßorientierung?, in: Controlling, 9. Jg. (1997), Nr. 2, S. 112 - 113.

Reiß, M.; Beck, T. C. (1995): Kernkompetenzen in virtuellen Netzwerken: Der ideale Strategie-Struktur-Fit für wettbewerbsfähige Wertschöpfungssysteme?, in: Corsten, H.; Will, T. (Hrsg.): Unternehmensführung im Wandel: Strategien zur Sicherung des Erfolgspotentials, Stuttgart u. a. 1995, S. 33 - 60.

Reitsperger, W. D.; Daniel, S. J.; Tallman, S. B.; Chismar, W. G. (1993): Product Quality and Cost Leadership: Compatible Strategies?, in: Management International Review, 33. Jg. (1993), Special Issue Nr. 1, S. 7 - 21.

Remitschka, R. (1992): Erhebungstechniken, in: HWO, 3. Aufl., Stuttgart 1992, Sp. 599 - 611.

Remme, M. (1997): Konstruktion von Geschäftsprozessen: ein modellgestützter Ansatz durch Montage generischer Prozeßpartikel, Wiesbaden 1997.

Rendenbach, H.-G. (1998): Prozeßmanagement in Versicherungen, in: VW, 53. Jg. (1998), Nr. 16, S. 1145 - 1147.

Rensmann, J. H.; Gröpler, K. (1998): Telearbeit: ein praktischer Wegweiser, Berlin u. a. 1998.

Riebel, P. (1985): Einzelkosten- und Deckungsbeitragsrechnung, 5. Aufl., Wiesbaden 1985.

Richter, H. J. (1998): Neue Entwicklungen im Versicherungsmanagement und Controlling, in: Controlling, 10. Jg. (1998), Nr. 6, S. 350 - 355.

Rieder, W.; Franssen, M. (1993): Die strategische Optimierung von Geschäftsprozessen bei Versicherern, in: VW, 48. Jg. (1993), Nr. 24, S. 1552 - 1556.

Riege, J. (1993): Gewinn- und Wachstumsstrategien von Versicherungsunternehmen, Bergisch Gladbach u. a. 1993.

Riemer, M. (1986): Beschwerdemanagement, Frankfurt a. M. u. a. 1986.

Rock, R. (1997): Telearbeit und Telekooperation in der Informationsgesellschaft, in: Ministerium für Wirtschaft und Mittelstand, Technologie und Verkehr des Landes Nordrhein-Westfalen (Hrsg.): Telearbeit und Telekooperation: Grundlagen der Arbeit und Projekte der TaskForce Telearbeit/Telekooperation im Rahmen der Landesinitiative media NRW, Band 4, Düsseldorf 1997, S. 6 - 16.

Röthig, I. (1996): Glücklich zu Hause, in: Wirtschaftswoche, o. Jg. (1996), Nr. 11, S. 98 - 102.

Röhr, W. (1995a): Perspektiven der Produktgestaltung in der Versicherungswirtschaft (I), in: Kirchner, W. (Hrsg.): Reader zum Thema Controlling in Versicherungsunternehmen, Karlsruhe 1995, S. 468 - 478.

Röhr, W. (1995b): Perspektiven der Produktgestaltung in der Versicherungswirtschaft (II), in: Kirchner, W. (Hrsg.): Reader zum Thema Controlling in Versicherungsunternehmen, Karlsruhe 1995, S. 479 - 491.

Rolz, G.; Lehmann P. (1994): Aktuelle Reorganisationstendenzen bei der Quelle, in: Frese, E.; Maly, W. (Hrsg.): Organisationsstrategien zur Sicherung der Wettbewerbsfähigkeit: Lösungen deutscher Unternehmungen, Zfbf, 46. Jg. (1994), Sonderheft Nr. 33, Düsseldorf 1994, S. 143 - 162.

Rosander, A. C. (1985): Applications of Quality Control in the Service Industries, New York u. a. 1985.

Rossi, P. H.; Anderson, A. B. (1982): The Factorial Survey Approach. An Introduction, in: Rossi, P. H.; Nock, S. L. (Hrsg.): Measuring Social Judgments, Beverly Hills u. a. 1982, S. 15 - 68.

Rühli, E. (1994): Die Resource-based View of Strategy: Ein Impuls für einen Wandel im unternehmenspolitischen Denken und Handeln?, in: Gomez, P.; Hahn, D.; Müller-Stewens, G.; Wunderer, R. (Hrsg.): Unternehmerischer Wandel: Konzepte zur organisatorischen Erneuerung, Wiesbaden 1994, S. 31 - 57.

Samli, S. (1987): Arbeitswissenschaftliche Untersuchungen zum Work-Factor-Mento-Grundverfahren, Diss. Berlin 1987.

Samusch, T.; Schöffski, O. (1996): Wie deutsche Versicherungsunternehmen das Internet erobern, in: VW, 51. Jg. (1996), Nr. 20, S. 1408 - 1411.

Sassone, P. G. (1984): Cost Benefit Analysis for Office Information Systems: A Hedonic Pricing Approach, in: Taylor, K. W. (Hrsg.): IEEE First International Conference on Office Automation, Proceedings, December 1984, New Orleans 1984, S. 145 - 153.

Sauerbrey, C.; Niemeyer, A. (1998): Service-Orientierung in der deutschen Versicherungswirtschaft, in: VW, 53. Jg. (1998), Nr. 11, S. 762 - 764.

Scheer, A.-W. (1995): Wirtschaftsinformatik - Referenzmodelle für industrielle Geschäftsprozesse, 6. Aufl., Berlin u. a. 1995.

Scheer, A.-W. (1996): Modellunterstützung für das kostenorientierte Geschäftsprozeßmanagement, in: Berkau, C.; Hirschmann, P. (Hrsg.): Kostenorientiertes Geschäftsprozeßmanagement: Methoden, Werkzeuge, Erfahrungen, München 1996, S. 3 - 25.

Scheer, A.-W. (1998): ARIS - Vom Geschäftsprozeß zum Anwendungssystem, 3. Aufl., Berlin u. a. 1998.

Scheer, A.-W.; Nüttgens, M.; Zimmermann, V. (1995): Rahmenkonzept für ein integriertes Geschäftsprozeßmanagement, in: Wirtschaftsinformatik, 37. Jg. (1995), Nr. 5, S. 426 - 434.

Schiemann, E.; Pöltz, R. (1997): Das Testfeld „Hausverbundene Arbeit" bei der Allianz Lebensversicherungs-AG, in: Godehardt, B.; Korte, W. B.; Michelsen, U.; Quadt, H.-P. (Hrsg.): Managementhandbuch Telearbeit, Heidelberg 1997, Kap. 900, Nr. 6.

Schildbach, T. (1993): Vollkostenrechnung als Orientierungshilfe, in: DBW, 53. Jg. (1993), Nr. 3, S. 345 - 359.

Schiemenz, B. (1996): Die Komplexität von Geschäftsprozessen und Möglichkeiten zu deren Handhabung, in: Wildemann, H. (Hrsg.): Geschäftsprozeßorganisation, Tagungsband zur Sitzung der Wissenschaftlichen Kommission Produktionswirtschaft am 12./19. September 1996 in München, München 1996, S. 103 - 126.

Schimmelpfeng, K. (1995): Kostenträgerrechnung in Versicherungsunternehmen: ein Instrument des strategischen Controlling, Wiesbaden 1995.

Schimmelpfeng, K.; Schöffski, I. (1997): Kostenrechnung in Versicherungsunternehmen, in: Freidank, C.-C.; Götze, U.; Huch, B.; Weber, J. (Hrsg.): Kostenmanagement: neuere Konzepte und Anwendungen, Berlin u. a. 1997, S. 513 - 531.

Schindel, V. (1977): Risikoanalyse, München 1977.

Schleth, U. (1989): Die Datensammlung, Gewinnung und Aufbereitung von Informationen: Von der Beabachtung zur Datei, in: Frenzel, G.; Hermann, D. (Hrsg.): Statistik mit SPSS$^x$: eine Einführung nach M. J. Norusis, Stuttgart u. a. 1989, S. 15 - 47.

Schlicksupp, H. (1977): Kreative Ideenfindung in der Unternehmung: Methoden und Modelle, Berlin u. a. 1977.

Schmalenbach, E. (1963): Kostenrechnung und Preispolitik, 8. Aufl., Köln u. a. 1963.

Schmid-Grotjohann, W. (1999): Einige Gedanken zur Prozesskostenrechnung im Versicherungsbetrieb, in: controller magazin, 24. Jg. (1999), Nr. 1, S. 73 - 76.

Schmidt, G. (1989): Methode und Techniken der Organisation, 8. Aufl., Schriftenreihe „DER ORGANISATOR", Band 1, Gießen 1989.

Schmidt, J. (1989): Wirtschaftlichkeit in der öffentlichen Verwaltung, 3. Aufl., Berlin 1989.

Schmidt, W. (1996): Außerbetriebliche Arbeitsplätze für Sachbearbeiter und Führungskräfte bei den LVM-Versicherungen. Organisation & Erfahrungen, Unterlagen zum Vortrag auf der Konferenz „Telearbeit Deutschland '96", Bonn 11. - 13.11.1996.

Schmidt, W. (1997a): Außerbetriebliche Arbeitsplätze für Sachbearbeiter und Führungskräfte bei den LVM-Versicherungen - Organisation & Erfahrungen -, in: Ministerium für Wirtschaft und Mittelstand, Technologie und Verkehr des Landes Nordrhein-Westfalen (Hrsg.): Telearbeit und Telekooperation: Grundlagen der Arbeit und Projekte der TaskForce Telearbeit/Telekooperation im Rahmen der Landesinitiative media NRW, Band 4, Düsseldorf 1997, S. 66 - 77.

Schmidt, W. (1997b): Im Trend: Zu Hause arbeiten, in: Versicherungskaufmann, 43. Jg. (1997), Nr. 12, S. 12 - 16.

Schmidt, W. (1998): Telearbeit als Motor für Veränderungsprozesse, Unterlagen zum Vortrag auf der Handelsblatt Konferenz „Telearbeit", Bonn 17. - 19.3.1998.

Schneider, D. (1992): Investition, Finanzierung und Besteuerung, 7. Aufl., Wiesbaden 1992.

Schnell, R.; Hill, P. B.; Esser, E. (1992): Methoden der empirischen Sozialforschung, 3. Aufl., München u. a. 1992.

Schönheit, M. (1997): Wirtschaftliche Prozeßgestaltung: Entwicklung, Fertigung, Auftragsabwicklung, Berlin u. a. 1997.

Scholl, A. (1993): Die Befragung als Kommunikationssituation: zur Reaktivität im Forschungsinterview, Opladen 1993.

Scholl, H.-J. (1981): Fixkostenorientierte Plankostenrechnung. Die Grenzplankostenrechnung als Informationsinstrument zur Planung, Steuerung und Kontrolle unter besonderer Berücksichtigung der Betriebsbereitschaftskosten, Würzburg 1981.

Scholz, G.; Stobbe, C. (1994): Telearbeit - Erfahrungen und Empfehlungen; in: VW, 49. Jg. (1994), Nr. 20, S. 1346 - 1352.

Scholz, R. (1995): Geschäftsprozeßoptimierung: crossfunktionale Rationalisierung oder strukturelle Reorganisation, 2. Aufl., Bergisch Gladbach u. a. 1995.

Scholz, R.; Müffelmann, J. (1995): Reengineering als strategische Aufgabe, in: technologie & management, 44. Jg. (1995), Nr. 2, S. 77 - 84.

Scholz, R.; Vrohlings, A. (1994a): Prozeß-Struktur-Transparenz, in: Gaitanides, M.; Vrohlings, A.; Raster, M. (Hrsg.): Prozessmanagement: Konzepte, Umsetzungen und Erfahrungen des Reengineering, München u. a. 1994, S. 37 - 56.

Scholz, R.; Vrohlings, A. (1994b): Realisierung von Prozeßmanagement, in: Gaitanides, M.; Vrohlings, A.; Raster, M. (Hrsg.): Prozessmanagement: Konzepte, Umsetzungen und Erfahrungen des Reengineering, München u. a. 1994, S. 21 - 36.

Scholz, R.; Vrohlings, A. (1994c): Prozeß-Redesign und kontinuierliche Prozeßverbesserung, in: Gaitanides, M.; Vrohlings, A.; Raster, M. (Hrsg.): Prozessmanagement: Konzepte, Umsetzungen und Erfahrungen des Reengineering, München u. a. 1994, S. 99 - 122.

Schröder, A. (1996): Investition und Finanzierung bei Umweltschutzprojekten: Entwicklung eines fünfstufigen erweiterten Wirtschaftlichkeitsanalysemodells (FEWA) zur Bewertung von Umweltschutzinvestitionen, Frankfurt a. M. 1996.

Schröder, A.; Wiesehahn, A.; Willeke, M. (1996): Investments in environmental protection can be economical, in: International Federation for Information and Documentation News Bulletin, 46. Jg. (1996), Nr. 9, S. 255 - 261.

Schütze, U. (1994): Veränderungen in Versicherungsunternehmen - praktische Fragen bei ihrer Konzeption und Umsetzung, in: Mehring, H.-P.; Wolff, V. (Hrsg): Festschrift für Dieter Farny zur Vollendung seines 60. Lebensjahres von seinen Schülern, Karlsruhe 1994, S. 231 - 241.

Schuh, G. (1988): Gestaltung und Bewertung von Produktvarianten - Ein Beitrag zur systematischen Planung von Serienprodukten, Diss. Aachen 1988.

Schuh, G. (1993): Anwendungserfahrung mit der ressourcenorientierten Prozeßkostenrechnung bei der Bewertung von Produktvarianten, in: Scheer, A.-W. (Hrsg.): Rechnungswesen und EDV, 14. Saarbrücker Arbeitstagung 1993, Heidelberg 1993, S. 173 - 195.

Schuh, G. (1997): Wohin bewegt sich das Kostenmanagement? Methoden zur verursachungsgerechteren Zuweisung von Gemeinkosten auf die einzelnen Produkte, in: krp, 41. Jg. (1997), Nr. 1, S. 34 - 39.

Schuh, G.; Brandstetter, H.; Groos, C. P. (1992): Grenzen der Prozeßkostenrechnung, in: TR, 84. Jg. (1992), Nr. 23, S. 46 - 50.

Schuh, G.; Tanner, H. R. (1996): Ressourcenorientiertes Prozeßkostenmanagement: Integration des Systems KOMO© in Anwendungen des Prozeß- und Kostenmanagements, in: Berkau, C.; Hirschmann, P. (Hrsg.): Kostenorientiertes Geschäftsprozeßmanagement: Methoden, Werkzeuge, Erfahrungen, München 1996, S. 255 - 274.

Schuh, G.; Kaiser, A. (1994): Kostenmanagement in Entwicklung und Produktion mit der Ressourcenorientierten Prozeßkostenrechnung, in: krp, 38. Jg. (1994), Sonderheft 1, S. 76 - 82.

Schuh, G.; Hermann, U.; Martini, C. (1995): Auftragskalkulation mit der ressourcenorientierten Prozesskostenrechnung (RPK), in: Fördertechnik, 64. Jg. (1995), Nr. 1, S. 3 - 8.

Schuhmacher, B. (1972a): Die Anwendung von Zeitstandards in „Büro und Verwaltung" (I), in: Zeitschrift für wirtschaftliche Fertigung, 67. Jg. (1972), Nr. 10, S. 557 - 560.

Schuhmacher, B. (1972b): Die Anwendung von Zeitstandards in „Büro und Verwaltung" (II), in: Zeitschrift für wirtschaftliche Fertigung, 67. Jg. (1972), Nr. 12, S. 678 - 681.

Schuhmacher, B. (1973): Die Anwendung von Zeitstandards in „Büro und Verwaltung" (III), in: Zeitschrift für wirtschaftliche Fertigung, 68. Jg. (1973), Nr. 2, S. 111 - 114.

Schulte-Noelle, H. (1998): Renaissance der Allfinanz-Vision, in: ZfO, 67. Jg. (1998), Nr. 6, S. 324 - 327.

Schulte-Zurhausen, M. (1995): Organisation, München 1995.

Schulze, E. (1997): Wohnen und Schlafen im Büro, in: wirtschaft & weiterbildung, 10. Jg. (1997), Nr. 4, S. 46 - 50.

Schumann, M. (1993): Wirtschaftlichkeitsbeurteilung für IV-Systeme, in: Wirtschaftsinformatik, 35. Jg. (1993), Nr. 2, S. 167 - 178.

Schwarzer, B.; Krcmar, H. (1995): Grundlagen der Prozeßoptimierung: eine vergleichende Untersuchung in der Elektronik- und Pharmaindustrie, Wiesbaden 1995.

Schweitzer, Man.; Grundei, J. (1994): Strategische Maßnahmen bei der Dresdner Bank AG, in: Frese, E.; Maly, W. (Hrsg.): Organisationsstrategien zur Sicherung der Wettbewerbsfähigkeit: Lösungen deutscher Unternehmungen, Zfbf, 46. Jg. (1994), Sonderheft Nr. 33, Düsseldorf 1994, S. 47 - 61.

Schweitzer, Mar.; Küpper, H.-U. (1991): Systeme der Kostenrechnung, 5. Aufl., Landsberg/Lech 1991.

Sebastian, K.-H.; Paffrath, R.; Lauszus, D.; Runneboom, T. (1995): Messung von Kundenzufriedenheit bei industriellen Dienstleistungen, in: Simon, H.; Homburg, C. (Hrsg.): Kundenzufriedenheit: Konzepte - Methoden - Erfahrungen, Wiesbaden 1995, S. 341 - 365.

Seimert, W. (1997): Telearbeit: was Chefs und Mitarbeiter wissen müssen, Wiesbaden 1997.

Selznick, P. (1957): Leadership in administration, New York u. a. 1957.

Seng, P. (1989): Informationen und Versicherungen: produktionstheoretische Grundlagen, Wiesbaden 1989.

Serfling, K.; Jeiter, V. (1995): Gemeinkostencontrolling in Dienstleistungsbetrieben auf Basis der Prozeßkostenrechnung, in: krp, 39. Jg. (1995), Nr. 6, S. 321 - 329.

Shostack, G. L. (1982): How to Design a Service, in: European Journal of Marketing, 16. Jg. (1982), Nr. 1, S. 49 - 63.

Shostack, G. L. (1987): Service Positioning Through Structural Change, in: Journal of Marketing, 51. Jg. (1987), Nr. 1, S. 34 - 43.

Siegle, K.-P. (1994): Geschäftsprozesse und Kernkompetenzen, in: Gaitanides, M.; Scholz, R.; Vrohlings, A.; Raster, M. (Hrsg.): Prozeßmanagement: Konzepte, Umsetzungen und Erfahrungen des Reengineering, München u. a. 1994, S. 164 - 180.

Simon, A. (1986a): Datenermittlung - Ein Kern der Personalbemessung, in: IfaA (Hrsg.): Personalbemessung: Verfahren und Anwendungsbeispiele, Materialien und Referate zur IfaA-Fachveranstaltung Personalbemessung, Köln 1986, S. 29 - 44.

Simon, A. (1986b): Verfahren, in: IfaA (Hrsg.): Personalbemessung: Verfahren und Anwendungsbeispiele, Materialien und Referate zur IfaA-Fachveranstaltung Personalbemessung, Köln 1986, S. 45 - 147.

Simon, H. (1989): Die Zeit als strategischer Erfolgsfaktor, in: ZfB, 59. Jg. (1989), Nr. 1, S. 70 - 93.

Simons, B. (1987): Das Multimoment-Zeitmeßverfahren, Köln 1987.

Skubowius, F.; Walther, R. (1978): Abschlußbericht der Arbeitsgruppe Bildschirmsachbearbeitung, in: Reichwald, R.; Sorg, S. (Hrsg.): Sollzeit - Ermittlung bei Bürotätigkeiten auf der Grundlage des REFA-Arbeitszeitstudiums, Studientexte des Fachbereichs Wirtschafts- und Organisationswissenschaft der Hochschule der Bundeswehr München, Band 3, München 1978, S. 87 - 102.

Sönnichsen, C. (1992): Rating-Systeme am Beispiel der Versicherungswirtschaft, Berlin 1992.

Sönnichsen, C. (1994): Zur Notwendigkeit der Qualitätssicherung von Versicherungsprodukten, in: Mehring, H.-P.; Wolff, V. (Hrsg): Festschrift für Dieter Farny zur Vollendung seines 60. Lebensjahres von seinen Schülern, Karlsruhe 1994, S. 243 - 251.

Sommerlatte, T.; Wedekind, E. (1991): Leistungsprozesse und Organisationsstrukturen, in: Little, A. D. (Hrsg.): Management der Hochleistungsorganisation, 2. Aufl., Wiesbaden 1991, S. 23 - 41.

Spendolini, M. J. (1992): The Benchmarking Book, New York u. a. 1992.

Stahlknecht, P. (1995): Einführung in die Wirtschaftsinformatik, 7. Aufl., Berlin u. a. 1995.

Stalk, G.; Hout, T. M. (1990): Zeitwettbewerb - Schnelligkeit entscheidet auf den Märkten der Zukunft, Frankfurt a. M. 1990.

Stauss, B. (1991): „Augenblicke der Wahrheit" in der Dientsleistungserstellung - Ihre Relevanz und ihre Messung mit Hilfe der Kontaktpunkt-Analyse, in: Bruhn, M.; Stauss, B. (Hrsg.): Dienstleistungsqualität: Konzepte, Methoden, Erfahrungen, 2. Aufl., Wiesbaden 1995, S. 379 - 399.

Stauss, B. (1995): Beschwerdemanagement, in: HWM, 2. Aufl., Stuttgart 1995, Sp. 226 - 238.

Stauss, B.; Hentschel, B. (1991a): Dienstleistungsqualität, in: WiSt, 20. Jg. (1991), Nr. 5, S. 238 - 244.

Stauss, B.; Hentschel, B. (1991b): Attribute-Based Versus Incident-Based Measurement of Service Quality: Results of an Empirical Study in the German Car Service Industry, in: van der Wiele, T.; Timmers, J. (Hrsg.): EIASM Workshop: Proceedings of the „Workshop on Quality Management in Services", Brüssel 1991, S. 27 - 46.

Steinbuch, P. A. (Hrsg.) (1997): Prozessorganisation - Business Reengineering - Beispiel R/3, Ludwigshafen (Rhein) 1997.

Stephan, E.; Weitekamp, K. (1996): Benchmarking in der Versicherungspraxis, in: VW, 51. Jg. (1996), Nr. 20, S. 1416 - 1422.

Stommel, H.-J.; Kunz, D. (1973): Untersuchungen über Durchlaufzeiten in Betrieben der metallverarbeitenden Industrie mit Einzel- und Kleinserienfertigung, Opladen 1973.

Strebel, H. (1986): Scoring-Methoden, in: Staudt, E. (Hrsg.): Das Management von Innovationen, Frankfurt a. M. 1986, S. 171 - 183.

Stremitzer, H.; Ennsfellner, K. C. (1994): Gedanken zur kundenorientierten Qualität von Versicherungsdienstleistungen, in: Hesberg, D. (Hrsg.): Risiko, Versicherung, Markt, Festschrift für Walter Karten zur Vollendung des 60. Lebensjahres, Karlsruhe 1994, S. 381 - 399.

Striening, H.-D. (1988): Prozeß-Management: Versuch eines integrierten Konzeptes situationsadäquater Gestaltung von Verwaltungsprozessen - dargestellt am Beispiel eines multinationalen Unternehmen - IBM Deutschland GmbH, Frankfurt a. M. 1988.

Striening, H.-D. (1989): Prozeßmanagement im indirekten Bereich, in: Controlling, 1. Jg. (1989), Nr. 6, S. 324 - 331.

Strubl, C. (1993): Systemgestaltungsprinzipien: Entwicklung einer Prinzipienlehre und ihre Anwendung auf die Gestaltung „zeitorientierter" Unternehmen, Göttingen 1993.

Surminski, A. (1996): Vom Bauernverein zum Versicherungskonzen:100 Jahre LVM-Versicherungen, Münster 1996.

Sydow, J.; Krebs, M.; Loose, A.; van Well, B.; Windeler, A. (1994): Informationstechnikeinsatz in Versicherungsnetzwerken - Kurzfassung -, ISDN-Forschungskommission des Landes Nordrhein-Westfalen, Nr. 16, Düsseldorf 1994.

Theuvsen, L. (1996): Business Reengineering - Möglichkeiten und Grenzen einer prozeßorganisierten Organisationsgestaltung -, in: ZfbF, 48. Jg. (1996), Nr. 1, S. 65 - 82.

Thom, N. (1980): Grundlagen des betrieblichen Innovationsmanagements, 2. Aufl., Königstein 1980.

Thom, N. (1996): Vorschlags- und Verbesserungswesen, in: Handwörterbuch der Produktionswirtschaft, 2. Aufl., Stuttgart 1996, Sp. 2226 - 2238.

Tiemeyer, E.; Chrobok, R. (1996): OrgTools: AfürO - Softwareführer für die Organisationsarbeit, Band: 1: Geschäftsprozeßorganisation, Stuttgart 1996.

Tönz, C. (1994): Prozessorientierte Schwachstellenanalyse in kleinen und mittleren Unternehmen, Diss. Sankt Gallen 1994.

Tomys, A.-K. (1994): Wertschöpfung als Wirkungsgrad von Geschäftsprozessen, in: Kamiske, G. F. (Hrsg.): Die Hohe Schule des Total Quality Management, Berlin u. a. 1994, S. 216 - 232.

Tomys, A.-K. (1995): Kostenorientiertes Qualitätsmanagement: Qualitätscontrolling zur ständigen Verbesserung der Unternehmensprozesse, München 1995.

Tränckner, J.-H.: Entwicklung eines prozeß- und elementorientierten Modells zur Analyse und Gestaltung der technischen Auftragsabwicklung von komplexen Produkten, Diss. Aachen 1990.

Traut, A.; Corrêa, G. N. (1997): Leitfaden für ein dynamisches Geschäftsprozeßmanagement, in: Information Management, 12. Jg. (1997), Sonderausgabe Nr. 1, S. 69 - 75.

Tröndle, B. (1974): Grundgedanken zu einem systemtheoretischen Strukturkonzept der Versicherungsunternehmung, Diss. Köln 1974.

Ulich, E. (1994): Arbeitspsychologie, 3. Aufl., Stuttgart 1994.

Ulrich, R. (1994): Gemeinkostenmanagement in Versicherungsunternehmen, in: Mehring, H.-P.; Wolff, V. (Hrsg): Festschrift für Dieter Farny zur Vollendung seines 60. Lebensjahres von seinen Schülern, Karlsruhe 1994, S. 121 - 132.

Urban, C. (1993): Das Vorschlagswesen und seine Weiterentwicklung zum europäischen KAIZEN: das Vorgesetztenmodell; Hintergründe zu aktuellen Veränderungen im betrieblichen Vorschlagswesen, Kostanz 1993.

Venohr, B.; Naujoks, H. (1998): Neugestaltung der Schadenprozesse als strategische Herausforderung, in: VW, 53. Jg. (1998), Nr. 12, S. 806 - 810.

Verband der Lebensversicherungsunternehmen e. V. (Hrsg.) (1971): Arbeitsmessung und Zeitvorgabe im Büro, Ausschuß für Betriebstechnik, Ergebnisbericht Nr. 38, Bonn 1971.

Verband der Lebensversicherungsunternehmen e. V. (Hrsg.) (1994): Wirtschaftlichkeitsanalysen im praktischen Betrieb von Versicherungsunternehmen, Ausschuß für Betriebstechnik, Ergebnisbericht Nr. 43, Bonn 1994.

VDI (Hrsg.) (1962): VDI-Richtlinie 3258: Kostenrechnung mit Maschinenstundensätzen: Begriffe, Bezeichnungen, Zusammenhänge, Blatt 1, Düsseldorf 1962.

VDI (Hrsg.) (1968): VDI-Richtlinie 2492: Multimoment-Aufnahmen im Materialfluß, Düsseldorf 1968.

VDI (Hrsg.) (1992): VDI-Richtlinie 5015: Bürokommunikation: Technikbewertung der Bürokommunikation, Düsseldorf 1992.

VDI (Hrsg.) (1995): VDI-Richtlinie 2803 (Entwurf): Funktionenanalyse: Grundlagen und Methode, Düsseldorf 1995.

Venohr, B. (1996): Kundenbindungsmanagement als strategisches Unternehmensziel, in: VW, 51. Jg. (1996), Nr. 6, S. 365 - 368.

Viel, J.; Bredt, O.; Renard, M. (1975): Die Bewertung von Unternehmungen und Unternehmungsanteilen, 5. Aufl., Zürich 1975.

Vikas, K. (1988a): Controlling im Dienstleistungsbereich mit Grenzplankostenrechnung, Wiesbaden 1988.

Vikas, K. (1988b): Controlling, Dienstleistungsbereich: Neues Einsatzgebiet?, in: GM, 2. Jg. (1988), Nr. 1, S. 27 - 29.

Vikas, K. (1996): Neue Konzepte für das Kostenmanagement: Vergleich der aktuellen Verfahren für Industrie- und Dienstleistungsunternehmen, 3. Aufl., Wiesbaden 1996.

Vogel, N. (1994): Qualitätsmanagement in Versicherungsunternehmen, in: Mehring, H.-P.; Wolff, V. (Hrsg): Festschrift für Dieter Farny zur Vollendung seines 60. Lebensjahres von seinen Schülern, Karlsruhe 1994, S. 253 - 261.

von Kirschhofer-Bozenhardt, A.; Kaplitza, G. (1986): Der Fragebogen, in: Holm, K. (Hrsg.): Die Befragung 1: Der Fragebogen - Die Stichprobe, 3. Aufl., Tübingen 1986, S. 92 - 126.

von Kortzfleisch, H. F. O.; Winand, U. (1997): Tele-Insuring: Der Beitrag neuer Kommunikations- und Informationstechniken (KIT) zur Verbesserung der Kundenorientierung im Versicherungsbereich, in: DBW, 57. Jg. (1997), Nr. 3, S. 338 - 356.

Wälder, J. (1971): Über das Wesen der Versicherung: Ein methodologischer Beitrag zur Diskussion um den Versicherungsbegriff, Berlin 1971.

Wagner, F. (1994): Liquiditätsmanagement im Versicherungsunternehmen, in: Mehring, H.-P.; Wolff, V. (Hrsg.): Festschrift für Dieter Farny zur Vollendung seines 60. Lebensjahres von seinen Schülern, Karlsruhe 1994, S. 145 - 160.

Warnecke, H.-J. (1992): Die Fraktale Fabrik, Berlin 1992.

Watzlawick, P.; Beavin, J. H.; Jackson, D. D. (1990): Menschliche Kommunikation, 8. Aufl., Bern u. a. 1990.

Weber, J. (1992): Entfeinerung der Kostenrechnung?, in: Scheer, A.-W. (Hrsg.): Rechnungswesen und EDV, 13. Saarbrücker Arbeitstagung 1992, Heidelberg 1992, S. 173 - 199.

Weiß, E. (1989): Management diskontinuierlicher Technologie-Übergänge: Analyse und Therapie hemmender Faktoren, Göttingen 1989.

Weiß, E. (1996): Optimierung von Produktionsnetzwerken auf der Basis des „Wirtschaftsglobus-Modells", in: Wildemann, H. (Hrsg.): Produktions- und Zuliefernetzwerke, München 1996, S. 105 - 144.

Weißkopf, K.; Korte, W. B.; Nikutta, R. (1996): Telearbeit in einem Versicherungsunternehmen, in: Office Management, 44. Jg. (1996), Nr. 9, S. 22 - 25.

Weth, M. (1997): Reorganisation zur Prozeßorientierung, Frankfurt a. M. u. a. 1997.

Wiesehahn, A. (1996a): Ausgestaltung der Prozeßkostenrechnung in Versicherungsunternehmen (I), in: VW, 51. Jg. (1996), Nr. 22, S. 1559 - 1562.

Wiesehahn, A. (1996b): Ausgestaltung der Prozeßkostenrechnung in Versicherungsunternehmen (II), in: VW, 51. Jg. (1996), Nr. 23, S. 1644 - 1649.

Wiesehahn, A. (1999): Prozeßorientierte Personalbedarfsrechnung, in: Controlling, 11. Jg. (1999), Nr. 2, S. 93 - 94.

Wiesehahn, A.; Althaus, T. (1996): Business Process Reengineering in der Beschaffung, in: io Management, 65. Jg. (1996), Nr. 6, S. 57 - 61.

Wiesehahn, A.; Olthues, J.; Steller, F. (1997): Prozeßorientierte Personalbedarfsrechnung in Versicherungsunternehmen, in: VW, 52. Jg. (1997), Nr. 14, S. 1007 - 1010.

Wiesehahn, A.; Willeke, M. (1998): Prozeßschwachstellenanalyse, in: Controlling, 10. Jg. (1998), Nr. 1, S. 48 - 49.

Wicher, H. (1988): Telearbeit - Chancen und Risiken, in: WISU, 17. Jg. (1988), Nr. 3, S. 145 - 150.

Wildemann, H. (1992): Das Just-in-Time-Konzept. Produktion und Zulieferung auf Abruf, 3. Aufl., Sankt Gallen 1992.

Wildemann, H. (1996): Geschäftsprozeßreorganisation in indirekten Bereichen, in: Wildemann, H. (Hrsg.): Geschäftsprozeßorganisation, Tagungsband zur Sitzung der Wissenschaftlichen Kommission Produktionswirtschaft am 12./19. September 1996 in München, München 1996, S. 13 - 41.

Winz, G.; Quint, M. (1997): Prozeßkettenmanagement: Leitfaden für die Praxis, Dortmund 1997.

Witte, E. (1984): Produktivitätsmängel im Büro, in: Witte, E. (Hrsg.): Bürokommunikation: ein Beitrag zur Produktivitätssteigerung, Vorträge des am 3./4. Mai 1983 in München abgehaltenen Kongresses, Berlin u. a. 1984, S. 17 - 35.

Wollnik, M. (1992): Telearbeit, in: HWO, 3. Aufl., Stuttgart 1992, Sp. 2400 - 2417.

Wood, M.; Preece, D. (1993): The Use of Statistical Process Control For Service Processes, in: The Swedish School of Economics and Business Administration (Hrsg.): Proceedings of the Workshop on Quality management in Services III, 3./4. Mai 1993, Helsinki 1993, S. 435 - 454.

Wrieske, U.-A. (1994): Controlling von Produktivität, Wirtschaftlichkeit und Geschäftsablauf in Versicherungsunternehmen, in: Zeitschrift für Versicherungswesen, 45. Jg. (1994), Nr. 23, S. 638 - 646.

Zangemeister, C. (1993): Erweiterte Wirtschaftlichkeitsanalyse (EWA), Schriftenreihe der Bundesanstalt für Arbeitsschutz, Forschung Fb 676, Dortmund 1993.

Zangl, H. (1987): Durchlaufzeiten im Büro: Prozeßorganisation und Aufgabenintegration als effizienter Weg zur Rationalisierung der Büroarbeit mit neuen Bürokommunikationstechniken, 2. Aufl., Berlin 1987.

Zeithaml, V. A.; Berry, L. L.; Parasuraman, A. (1995): Kommunikations- und Kontrollprozesse bei der Erstellung von Dienstleistungsqualität, in: Bruhn, M.; Stauss, B. (Hrsg.): Dienstleistungsqualität: Konzepte, Methoden, Erfahrungen, 2. Aufl., Wiesbaden 1995, S. 131 - 160.

Zeithaml, V. A.; Parasuraman, A.; Berry, L. L. (1992): Qualitätsservice, Frankfurt a. M. u. a. 1992.

Zorn, W. (1997): Telearbeit - eine neue Arbeitskultur, in: ZfO, 66. Jg. (1997), Nr. 3, S. 173 - 176.

zu Knyphausen, D. (1993): Why are Firms different?, in: DBW, 53. Jg. (1993), Nr. 6, S. 771 - 792.

# Stichwortverzeichnis